자치통감

1

열국지와 초한지, 삼국지의 시대

資治通鑑

자치통감

1

사마광 저
신동준 역주

인간사랑

자치통감1권 차례

제3부 전한시대

– 자치통감 전체 차례 –

제4부 왕망시대

제5부 후한시대

제6부 삼국시대 1

제7부 삼국시대 2

미완성의 완성: 신동준의 『자치통감』

최웅(강원대학교 명예교수)

'조물주의 시기를 받음인가!'

보통의 경지를 훌쩍 뛰어넘는 재능을 보인 인물이 오래 살지 못 하고, 그것도 뜻하지 않게 유명을 달리할 때 신의 영역을 침범한 대가를 받은 것으로 여기어 옛날부터 써오는 말이다. 문성으로 추앙받는 공자가 자신의 학문을 전수할 것으로 믿었던 으뜸제자 안회, 절대적인 열세 속에서 조조의 압도적인 대군을 격파하여 삼국시대를 정립한 오나라의 장수 주유, 세종의 문화적인 위업을 증대시켜나갈 것으로 기대되었던 조선조 5대 임금 문종, 열악한 환경 속에서도 세기를 뛰어넘는 문학적 가능성을 보였던 한국근대문학 초기의 이상 등이 문득 떠오른다. 안회가 세상을 떠난 후 "하늘이 나를 망하게 하는구나, 하늘이 나를 망하게 하는구나!"라고 애타게 부르짖은 공자의 탄식이 이런 안타까운 경우를 대변하는 단적인 사례이다.

중국의 고전, 경서는 물론 제자백가서와 역사서를 번역하고 또 이를 통해 온축해온 바탕으로 현대사회에 응용할 수 있는 실용적인 저서들을 집필하는 활동을 왕성하게 해오던 신동준이 갑자기 별세했다는 소식을 들었을 때, 문득 떠오른 것이 역시 '조물주의 시기를 받음인가!'라는 생각이다.

신동준은 그동안 참으로 활기찬 저술활동을 하여 두고두고 펼쳐볼 만한 수많은 업적을 이루었다. 그 대강을 들어보면 다음과 같다.

번역서 –『전국책』,『국어』,『장자』,『한비자』,『귀곡자』,『상군서』,『묵자』,『관자』,『시경』,『서경』,『채근담』,『명심보감』,『당시삼백수』,『동주열국지』,『십팔사략』.

응용서 –『조조통치론』,『조조의 병법경영』,『삼국지통치학』,『후흑학』,『인물로 읽는 중국현대사』,『고전으로 분석한 춘추전국의 제자백가』,『G2시대 리더십으로 본 조선왕 성적표』.

한 사람의 힘으로 과연 이만큼의 저술 성과가 가능한 것인가라는 점에서 우선 신동준의 문화적 업적에 대한 높은 평가가 가능하겠지만, 더욱 주목되는 것은 이런 저술들의 질적인 면에 있다.

우선, 신동준의 번역서들은 완역 중심이다. 한 편의 저술에는 시종일관 바탕을 이루는, 중심사상이라 부르는 중심축이 있다. 따라서 어느 한 부분이나 여기저기 발췌한 부분을 다룬 번역으로는 원전에 대한 온전한 이해를 하기 어렵다. 특히 경서나 제자백가서의 경우 더욱 그러하다.

다음, 신동준의 저술에는 하나같이 정밀한 주석이 존재한다. 그것도 어구풀이나 표피적 해석에 그치는 주석이 아니라 종횡으로 연계된 관계 문헌자료를 망라하여 원용하고 대비하여 분석한 주석이다. 그만큼 신동준의 저술에 신빙성을 부여할 수 있는 구실을 하는 주석인 것이다.

다음, 신동준의 저술은 기존 번역서나 응용서의 오류를 상당수 지적해내어 시정하고 있다. 한문 전문가를 길러내는 태동고전학원과 지성인을 양성하는 명문대학인 서울대학교에서 갈고 닦은 한문 실력과 정치한 분석력 그리고 예리한 비판력에 유려한 어학 실력(중국어)을 바탕으로 하고 있기에 가능한 성과이다.

다음, 신동준의 저술은 과거의 문화적 성과를 화석으로 다루지 않고 항상 현대적인 응용을 모색함으로써 원전의 가치에 생명을 불어넣고 있다. 의미 있는 고전이 고전으로서의 영원성을 확보하는 길을 닦아주어 고전의 새로움을 재발견하는 것이다.

이러한 신동준의 역동적인 저술활동이 더욱 기대되는 즈음에 들린 갑작스런 소식은 한 존재로서 갖는 임종의 슬픔을 넘어 문화적 큰 손실을 생각하지 않을 수 없는 비보임에 틀림없다. 더구나 그가 항상 가슴에 담고 있었고, 따라서 가장 열정을 쏟아 작업하고 있던 『자치통감』의 번역 중에 일어난 비보이기에 역시 '조물주의 시기를 받음인가!' 생각하지 않을 수 없다.

몸은 비록 갔지만 이제 신동준이 그토록 혼을 불어넣고 있던 『자치통감』 번역이 완성은 되지 못 하였더라도 전국시대부터 삼국시대까지의 번역원고가 깔끔하게 정리되어 남아 있기에, 비록 『자치통감』 완역은 아니더라도 약 삼분의 일의 분량이나마 출간할 수 있게 된 것은 그나마 분명 다행한 일이다.

『자치통감自治通鑑』은 1065–1084년에 걸쳐 북송의 사마광이 책임자로서 주나라 위열왕이 3진(한, 위, 조)을 각각 제후로 인정한 BC 403년부터 시작하여 960년 후주 세종에 이르기까지 1362년간의 역사를 1년씩 묶어 편년체로 편찬한 역사서이다. 편차를 보면 주기周紀 5권, 진기秦紀 3권, 한기漢紀 60권, 위기魏紀 10권, 진기晋紀 40권, 송기宋紀 16권, 제기齊紀 10권, 양기梁紀 22권, 진기陳紀 10권, 수기隋紀 8권, 당기唐紀 81권, 후량기後梁紀 6권, 후당기後唐紀 8권, 후진기後晉紀 6권, 후한기後漢紀 4권, 후주기後周紀 5권으로 열여섯 나라의 역사를 총294권에 담고 있다. 『자치통감』을 편찬하는 데에는 정사, 실록, 야사, 소설, 묘지류 등 322종의 각종

자료를 참고하였고, 『춘추좌씨전』의 서법에 따라 완성하였는바, 송나라 신종이 『자치통감』이라 명명하였다고 한다. 『자치통감』은 실용주의 사관에 의해 기사를 선택한 점, 정치나 인물의 득실을 평론하여 감계가 될 만한 사적을 많이 습록한 점, 국가 간 정통을 변정한 점, 비교적 객관적인 사평을 내리고 있는 점 등으로 인해 사마천의 『사기』와 더불어 중국 역사서의 쌍벽을 이루는 저술로 평가되어 왔다.

신동준은 자신의 그 어느 저술보다 『자치통감』의 번역에 심혈을 기울였는데, 『자치통감』의 현재적 가치와 그 실용성을 강조한 본 번역서의 해설부분과 여타 역사서와의 정밀한 대비를 통한 역사적 실상에 대한 정확한 변정, 선행 번역서의 오류를 지적하고 시정을 꾀한 풍부한 양의 정치한 주석 등이 그의 노력을 단적으로 증명하고 있다.

비록 완역은 아니더라도 그의 『자치통감』이 다룬 시대가 전국시대부터 삼국시대를 거쳐 진나라 초기까지인 바, 유학을 비롯한 제자백가의 다양한 사상과 학문 그리고 분열과 통합이 거듭되는 동안 겪은 각양각색의 역사적 경험이 대부분 시현되었던 이 시기의 시대적 특징을 감안한다면 신동준의 『자치통감』은 완역을 충분히 대신할만하다고 여겨 '미완성의 완성'인 『자치통감』으로 간주하여도 무방할 것이다.

과거에 비해 비교할 수 없을 정도로 연장되고 있는 사람들의 평균수명으로 볼 때 아직도 장년에 불과한 연륜에 유명을 달리한 망자에게 아깝고 안타까운 심정을 전하면서, 원세조 쿠빌라이와 조선조의 세종대왕 그리고 중국의 모택동이 『자치통감』을 항상 몸에 가까이 두고 열독했던 것처럼 '미완성의 완성'인 신동준의 『자치통감』이 많은 독자들의 손에서 항상 떠나지 않기를 기대한다.

역자 서문

흔히 중국의 대표적인 역사서를 꼽으라고 하면 대개 사마천의 『사기』를 든다. 『사기』는 귀족과 관료, 장군, 책사, 자객, 토호, 은자, 미희 등 온갖 유형의 인물이 등장하는 「열전」이 전체의 절반 이상인 총 70편에 달한다. 사마천이 등장인물을 마치 살아 움직이는 것처럼 묘사해 놓은 덕분에 많은 사람들이 사기를 읽으면서 자신도 모르게 책상을 치거나 한숨을 내쉬거나 한다. 사서의 형식으로 된 「본기」와 「세가」도 중요 대목에서는 해당 인물의 삶을 일화逸話 위주로 구성해 「열전」과 크게 다르지 않다.

주목할 것은 이런 인물묘사는 사서가 아닌 위인전 등 문학서에서 볼 수 있는 특징이라는 점이다. 많은 사람들이 『사기』를 사서보다는 문학서에 가깝다고 평하는 이유다. 실제로 사마천은 한무제 앞에서 불가항력의 상황에서 적에게 항복한 이릉을 비호하다가 궁형宮刑을 당했다. 『아Q정전』을 통해 중국인의 각성을 촉구하며 혁명문학을 주도함으로써 '중국 근대화의 아버지'로 불리는 루신魯迅을 방불하는 열혈 행보다. 이런 열혈 행보는 문학가에 어울리는 것으로 엄정한 사료 비판과 객관적 기술을 중시하는 역사가의 모습과는 거리가 있다. 부친 사마담과 더불어 대대로 사관의 직무를 수행해 온 사가史家 집안의 배경을 무색케 만드는 대목이다.

북송의 위대한 정치가이자 사상가였던 사마광이 필생의 역저로 펴낸 『자치통감』은 저술배경 등에서 『사기』와 정반대의 모습을 보여주고 있다. 사람과 시대 및 사건이 유기적으로 얽혀 있는 역사적 사실을 엄정한 사가의 입장에서 있는 그대로 치밀하게 기술해 놓은 게 그렇다. 신종황제로부터 치도治道의 자료資料로 두루 통通할 만한 역사의 거울인 사감史鑑에 해당한다는 취지로 '자치통감'의 명칭을 하사받은 배경을 짐작케 해준다. 학계 일각에서 『사기』를 '열혈문인 출신 사가가 지은 역사서', 『자치통감』을 '당대 최고의 정치가 출신 사가가 지은 역사서'로 평하는 것도 이 때문이다.

사마천의 『사기』와 사마광의 『자치통감』이 보여주는 이런 차이는 두 사람의 저술 당시 상황이 사뭇 달랐던 사실과 무관치 않다. 사마천은 홀로 방방곳곳을 돌아다니며 고을에 전해져 내려오는 여러 얘기를 직접 취재해 서술할 수밖에 없었다. 「열전」의 내용과 문체가 요즘으로 치면 기자들의 '현장르포'에 가까운 근본 배경이 여기에 있다. 이에 반해 사마광은 송영종의 전폭적인 지지 하에 범조우 등 당대 최고 학자들의 도움에 힘입어 많은 사료를 수집해 철저히 고증할 수 있었다. 집현원集賢院 교리校理 유반劉攽은 전국시대와 한나라, 비서승祕書丞 유서劉恕는 삼국시대와 남북조시대, 봉의랑奉議郎 범조우范祖禹는 당나라 부분을 맡았다. 『자치통감』이 역대 사서 가운데 '가장 사실史實에 충실한 사서'라는 칭송을 얻게 된 이유가 바로 이런 당대 최고의 학자들이 협업에 나선 덕분이다.

이밖에도 『사기』와 『자치통감』의 차이는 상이한 편제에서 기인한 측면도 무시할 수 없다. 『사기』는 기전체紀傳體의 원조이고, 『자치통감』은 대표적인 편년체編年體 사서이다. 원래 동양 전래의 역대 사서는 이들 2가지 편제를 벗어난 적이 없다. 기전체는 군왕을 그 밖의 제후 내지 중요 인물 등과 구별해 다룬 것이 가장 큰 특징이다. 「본기」와 「세가」, 「열전」 등의 구분이 생긴 이유다. 이에 대해 편년체는 사건을 시간대 별로 추적해 있는 그대로 기술하는 게 가장 큰 특징이다. 그 남상濫觴은 춘추시대의 역사를 정밀하게 추적한 동양 최고最古의 사서 『춘추좌전』이다.

주목할 것은 『자치통감』이 편제뿐만 아니라 문체와 구성 등 모든 면에서 『춘추좌전』을 그대로 본받고 있다는 점이다. 가히 『춘추좌전』의 후속편이라고 이를 만하다. 춘추시대를 집중 조명한 『춘추좌전』의 춘추필법春秋筆法을 이어받아 그 다음 시기인 전국시대, 진한시대, 삼국시대, 서진시대, 남북조시대, 수당시대, 오대십국시대의 역사를 기술한 게 그렇다. 이는 사마광이 어렸을 때부터 '『춘추좌전』 마니아'의 뜻을 지닌 이른바 좌전벽左傳癖으로 불린 사실과 무관할 수 없다. 실제로 그는 『자치통감』 서문에서 『춘추좌전』의 후속편을 쓰기 위해 붓을 들었다고 밝힌 바 있다.

원래 『자치통감』의 남상이 된 『춘추좌전』은 일본 메이지유신의 사상적 스승인 후쿠자와 유키치福澤諭吉가 평생에 걸쳐 13번 읽은 것으로 유명하다. 일본에 서양학문을 전파하는 데 가장 앞장선 후쿠자와는 말년에 펴낸 『복옹자전福翁自傳』에서 『춘추좌전』을 비롯한 동양 고전을 깊숙이 탐사한 위에 서양의 과학기술을 결합하는 이른바 '화혼양재和魂洋才'를 일본이 살아남을 수 있는 유일한 활로로 제시한 바 있다. '화혼양재'를 통해서만 서구 열강의 식민지 위협으로부터 벗어나 동양 전체를 구할 수 있다고 본 게 그렇다. 실제로 일본은 이를 충실히 좇은 덕분에 메이지유신 이래 21세기 현재까지 미국 및 중국과 어깨를 겨루는 G2 내지 G3의 일원으로 군림할 수 있었다.

메이지유신의 주역 사카모토 료마坂本龍馬가 『춘추좌전』을 비롯해 그 후속편인 『자치통감』을 통독하며 메이지유신의 큰 밑그림을 그린 것도 이런 맥락에서 이해할 수 있다. 이는 '신 중화제국'의 창업주인 마오쩌둥이 사카모토 료마처럼 『자치통감』을 통독한 덕분에 철학서인 『주역』에 심취한 장개석을 내쫓고 대륙을 석권한 것에 비유할 만하다. 마오쩌둥은 죽는 순간까지 『자치통감』을 옆에 끼고 살며 도합 17번이나 통독한 것으로 유명하다. 개혁개방의 상징인 덩샤오핑 이래 어렵사리 집권한 이후 '부패척

결'을 명분으로 총 25만여 명을 축출한 바 있는 시진핑 주석에 이르기까지 '신 중화제국'의 역대 지도자들이 『자치통감』을 필독서로 꼽은 것도 초대 황제인 마오쩌둥의 이런 족적과 무관할 수 없다.

『자치통감』을 치국평천하의 기본 자료로 삼고자 하는 이런 흐름은 비단 중국에만 존재한 것도 아니다. 조선조 최고의 성군으로 손꼽히는 세종이 『자치통감』을 통독해 치국평천하의 요체를 파악한 게 대표적이다. 그의 치세 때 조선조 최고의 성세를 구가한 게 결코 거저 나온 것이 아니다. 세자 시절부터 호학好學한 세종이 즉위할 당시 조선에는 『자치통감』 완질完帙이 없었다. 세종은 이를 얻기 위해 사자를 통해 명나라 황제에게 특별히 부탁하기도 했다. 중국의 역대 황제 가운데 『자치통감』을 독파한 인물은 그리 많지 않았다. 대부분 주희가 축약해 놓은 『자치통감강목』만을 읽었을 뿐이다. 그런 점에서 『자치통감』 완질을 통독코자 한 세종의 이런 행보는 주목할 만하다. 세종은 즉위 후 신민에게 『자치통감』의 취지를 널리 알릴 생각으로 집현전 학자들을 대거 동원해 『자치통감』의 요약본인 주희의 『자치통감강목』에 정밀한 주석인 훈의訓義를 단 『통감강목훈의』를 대량 간행해 관공서에 널리 배포한 바 있다.

이민족 가운데 세종에 앞서 『자치통감』에 심취한 대표적인 인물로 원세조 쿠빌라이를 들 수 있다. 그는 몽골초원을 중심으로 천하를 호령했던 조부 칭기즈칸과 달리 중원으로 들어와 명실상부한 사상 최초의 '세계제국'을 세우고자 했다. 그는 중원으로 들어와 남송을 멸하고 천하를 통일한 뒤 좌우에 명해 가장 먼저 『자치통감』의 몽골어 번역에 착수했다. 그가 천하를 다스리는 온갖 이치를 『자치통감』의 몽골어 번역서를 통해 습득한 것은 말할 것도 없다. 극소수의 유목민인 몽골족이 자신들보다 근 1,000배나 많은 한족을 효과적으로 다스릴 수 있었던 근본 배경이 여기에 있다. 이를 통해 『자치통감』이 동양에서 1천여 년 넘게 '제왕학의 바이

블'로 불리게 된 게 결코 우연이 아님을 알 수 있다.

당초 필자는 경기고 2학년 재학 중인 1973년에 한학의 대가인 청명 임창순 선생 밑에서 『자치통감』의 원형에 해당하는 『춘추좌전』을 배운 바 있다. 이후 서울대에서 정치학을 전공하고 석사학위를 얻은 뒤 10여 년 동안 언론인 생활을 하다가 다시 모교로 들어가 『춘추좌전』으로 박사학위를 취득했다. 당시 정치 현장에서 바라본 대다수 정치인들의 어지러운 행보는 사가들이 글로써 준엄하게 처벌하는 이른바 필주筆誅의 대상이 될 만했다. 지난 2017년 전대미문의 대통령탄핵 사태를 목도하면서 더욱 그런 생각을 하게 됐다. 박사학위 취득 후 근 20년 가까이 '포스트 닥터'의 일환으로 동양 고전 번역에 매진해 온 필자가 이번에 서둘러 난세의 핵심적인 시기에 해당하는 전국시대에서 삼국시대에 이르는 시기에 초점을 맞춘 『자치통감』 번역서를 펴내게 된 배경이다. 이는 필자가 생각하는 '필주'의 대상이 더욱 확대되고 필요성이 더욱 절실해졌음을 뜻한다.

한반도 주변의 정세를 객관적으로 살펴볼 때 조속한 통일을 이루기 위해서는 모든 사람이 『자치통감』의 가르침을 더욱 깊이 깨우칠 필요가 있다. 실제로 난세 타개의 방략과 관련해 『자치통감』의 가르침은 간단치 않다. 사마광이 엄밀한 잣대로 치국평천하에 도움이 될 만한 역사적 사실만을 정밀하게 추적한 덕분이다. 대표적인 예로 『사기』에 실린 '상산사호商山四皓'와 항우의 '해하가垓下歌' 전설을 비롯해 북송 당시 변경汴京의 와사瓦肆라고 불리는 공연장에서 강사講史가 나와 청중에게 과장되게 들려주며 미화된 '적벽대전赤壁大戰' 대목 등을 전부 누락시킨 점을 들 수 있다. 이는 사료 비판이 전제되지 않은 항간의 얘기에 지나지 않는다고 보았기 때문이다.

필자가 수십 년에 걸쳐 동양 고전 번역서를 펴내면서 지난 2003년에 국내 최초로 삼국시대와 관련한 대목만을 발췌해 『자치통감 삼국지』 번역서를 펴낸 것도 같은 취지에서 비롯됐다. 독자들로 하여금 온갖 유형의 소설『삼국지』의 허구 속에 헤매도록 방치해서는 안 된다는 판단에 따른 것이었다.『자치통감』 전체의 10분의 1가량을 번역했던 필자의『자치통감 삼국지』는 당시 삼국시대의 사실史實을 정확히 파악코자 하는 독자들에게 적잖은 도움을 주었을 것으로 본다.

이후에도 필자는 춘추전국시대와 한나라 초기를 다룬『자치통감』과『사기』의 해당 대목을 발췌한 뒤 하나로 묶어 번역한『실록 열국지』와『실록 초한지』를 펴낸 바 있다. 춘추전국시대의 상황과 곧바로 그 뒤를 이어 전개된 항우와 유방의 초한전 시기를 집중 조명코자 하는 독자들을 위해 국내 최초로 시도한 특이한 편집이었다. 말할 것도 없이 사마광이 필생에 걸쳐 심혈을 기울여 저술한『자치통감』의 '춘추필법' 정신을 계속 이어나가고자 한 것이다.

이런 점 등을 감안하면 필자의『자치통감』 번역 작업은 이미 2003년부터 시작된 것이나 다름없다. 이번에 펴내는『자치통감』 번역 작업이 전국시대부터 삼국시대까지 진행된 시기에 초점을 맞춘 배경이 여기에 있다. 사실 이 시기는 필자가 오래전부터 많은 저서와 논문 등을 통해 집중적으로 다룬 난세의 핵심적인 시기이기도 하지만 21세기 현재까지『자치통감』의 압권으로 손꼽히는 시기이기도 하다.

중국의 전 역사를 개관할 때 북송이 장성 이남을 통일한 뒤 중원으로 밀려 내려온 요나라와 금나라 등과 남북으로 대립한 200여년을 제외하면 모두 남북을 하나로 통일한 원, 명, 청 등 통일제국의 모습으로 진행됐다. 결과적으로『자치통감』은 전국시대와 삼국시대, 남북조시대, 오대십국시대 등의 표현이 암시하듯이 난세의 시기를 집중조명하고 있는 셈이다. 앞으로도 이런 시대는 다시 오기 어려울 것이다. 이런 점 등을 감안할 때 전국시대에서 삼국시대에 이르는 이 시기를 집중 조명한『자치통감』의 내용은 동서고금을 통틀어 전무후무한 '난세 리더십의 보고'에 해당한다. 일찍이 건륭제 때 활약한 저명한 사학자 왕명성王鳴盛은 『자치통감』의 중요성을 이같이 요약한 바 있다.

"천지간에 없어서는 안 되는 불가무不可無의 책이 『자치통감』이고, 배우는 사람이 반드시 읽지 않으면 안 되는 불가부독不可不讀의 책이 바로 『자치통감』이다."

객관적으로 볼 때 동서고금을 통틀어 질과 양 등 모든 면에서 『자치통감』만큼 사서의 진면목을 유감없이 보여주는 고전은 없다. 필자가 이번에 수십 년간 지속해 온 동양 고전 번역 작업의 대미를 『자치통감』 번역에서 찾고자 한 이유다.

본서는 기본적으로 원문인 한문을 한 글자씩 축자逐字 해석한 위에 한문 원문을 덧붙인 게 특징이다. 여기에는 오래전부터 제자백가서를 비롯해 『춘추좌전』과 『사기』 등의 전래의 사서를 거의 빠짐없이 완역한 게 커다란 도움이 됐다. 본서의 출간은 필자 본인의 동양 고전 번역 작업의 총결산에 해당하는 것이기도 하다.

필자는 본서를 펴내면서 지난 1993년 국내 최초로 번역한 삼국시대 관련 『자치통감 삼국지』를 펴낼 때 적극 참고한 『자치통감전역資治通鑑全譯』(귀주인민출판사, 1990)을 저본으로 삼았다. 이번 『자치통감』 번역 작업에는 지난 2013년에 중화서국에서 출간한 호삼성胡三省 음주音注의 『자치통감資治通鑑』을 비롯해 2002년에 중앙민족대학출판사가 펴낸 『황가독본皇家讀本 자치통감』을 적극 활용했다. 판본의 차이에 따른 원문의 출입出入 등을 정확히 확인코자 한 것이다. 그밖에도 역사적 사실의 배경 및 정확한 번역어 등을 찾아내기 위해 여러 종류의 관련 서적 및 논문 등을 참조했다.

흔히 21세기를 두고 미·중이 치열하게 각축하는 'G2시대' 내지 인공

지능 AI가 과학기술 및 사회 각 부문을 선도하는 '제4차 산업혁명 시대'라고 한다. 대략 민족의 염원인 통일도 이 와중에 이뤄질 것이다. 안팎의 위기상황을 현명히 돌파하기 위해서는 위기를 오히려 기회로 삼는 전화위복轉禍爲福의 지혜가 필요하다. 이웃에 세계 최대 시장으로 부상한 중국이 있기에 더욱 그렇다.

중국을 깊숙이 이해하는 것은 이제 선택이 아닌 필수에 해당한다. 한반도의 생존과 미래가 달려 있기 때문이다. 이를 위해 중국의 역사 문화를 깊숙이 탐사한 『자치통감』만큼 좋은 참고서도 없다. 조선조 최고의 성군 세종이 밤낮을 가리지 않고 『자치통감』을 탐독하며 요약본의 주해서를 널리 간행해 배포한 취지를 상기할 필요가 있다. 매사가 그렇듯이 아는 만큼 보이게 마련이라는 이치를 통찰한 결과다. 모쪼록 본서가 한반도 통일 이후의 명실상부한 '동북아 허브시대'를 여는 데 앞장서고자 하는 모든 사람에게 나름 도움이 됐으면 하는 바람이다.

2018년 여름 학오재學吾齋에서 역자 쓰다.

『자치통감』과 사마광

중국의 역대 사가 가운데 사마광처럼 장구한 역사를 일관된 논조로 써내려간 사가는 21세기 현재까지 그리 흔치 않다. 그가 쓴 필생의 역저 『자치통감』은 그의 나이 48세 때인 치평 3년의 1066년에 시작해 나이 66세 때인 원풍 7년의 1084년에 마무리됐다. 무려 19년에 걸친 방대한 작업이었다.

『자치통감』의 원래 이름은 『통지通志』였다. 당초 사마광은 전국시대에서 진나라 말기까지의 역사를 8권으로 묶어 송영종宋英宗 조서趙曙에게 올렸다. 크게 감동한 조서가 사마광에게 진나라 이후의 역사까지 정리해 줄 것을 당부했다. 사마광은 송영종이 일찍 죽는 바람에 그 뒤를 이어 즉위한 송신종宋神宗에게 완성된 『통지』를 진헌했다. 송신종은 자신의 즉위 첫 해인 희녕熙寧 원년의 1068년에 이를 증정 받고는 크게 감격해했다. 이내 사마광의 노고를 크게 기리며 『자치통감』이라는 서명書名을 하사하고 서문을 써주었다. 그러나 이는 서막에 불과했다.

이후 사마광은 18년간에 걸쳐 사실상의 유배 생활을 하면서 오직 『자치통감』의 저술에 매달려야만 했다. 송영종 때의 저술 작업 기간까지 합치면 총 19년이 소요된 셈이다. 마치 조선조 최고의 학자인 정약용이 18년간에 걸친 유배 기간에 『목민심서』 등의 뛰어난 저서를 대거 펴낸 것에 비유할 만하다.

사마광의 정치적 불운은 전적으로 신종의 절대적인 신임을 받고 있던 정적 왕안석王安石의 신법당과 대립한 데서 비롯됐다. 당시 그는 왕안석의 신법과 대립하는 구법당의 영수로 있었다. 사마광이 『자치통감』을 쓰게 된 자세한 내막을 알기 위해서라도 당시의 시대상황을 간략히 살펴볼 필요가 있다.

원래 사마광은 송진종宋眞宗의 천희天禧 3년인 1019년에 지금의 산서성 하현인 섬주陝州에서 태어났다. 왕안석보다 2살 위였다. 어릴 때부터 신동으로 알려진 그는 물이 가득 차 있는 커다란 독에 빠진 아이를 돌로 깨서 구한 「소아격옹도小兒擊甕圖」 일화를 남기기도 했다. 20세 때 진사에 급제해 순조롭게 승진했다. 부친과 조부 모두 진사 출신이었다. 지방의 하급관원 집안 출신인 왕안석과 대비된다. 사마광은 2세 연하의 왕안석이 기용됐을 때 한림학사로 있었다. 그러나 이후 신법이 채택되고 왕안석의 시대가 오자 사마광은 미련 없이 곧바로 사퇴한 뒤 『자치통감』의 저술을 명한 송영종의 제의를 받아들여 낙양에 칩거하며 저술에 몰두했다.

그렇다면 비슷한 시기에 중앙조정으로 진출한 사마광과 왕안석은 왜 구법당과 신법당으로 나뉘어 서로 다투게 된 것일까? 두 사람이 활약한 11세기 당시의 북송은 세계 최대의 경제대국이었다. 평화까지도 돈으로 산 게 그렇다. 그러나 이 또한 일정한 한계가 있을 수밖에 없었다. 요遼와 서하西夏에 대한 세폐歲幣는 재정에 엄청난 부담을 안겨주고 있었다. 게다가 송진종의 뒤를 이은 송인종宋仁宗 조정趙禎은 씀씀이가 헤펐다. 그는 죽으면서 대신들에게 유언으로 하사품을 내리는 거액의 유사遺賜를 행하기도 했다. 사마광은 대신들을 대표해 이를 거부했으나 받아들여지지 않았다. 능묘의 조영에 기부라도 하겠다고 제의했으나 이 또한 허락되지 않았다.

당시 북송은 건국 이후 100여년의 세월이 지나면서 여러 폐해가 표면에 나타나 서서히 무너져 내리고 있었다. 송인종 때 국가 재정이 문득 적자로 돌아선 게 그렇다. 송인종 경력慶曆 8년인 1048년에는 1,400여만 관貫의 흑자였으나 이듬해에는 세입과 세출이 같아졌다. 이후 송영종 치평治平 2년인 1065년에는 마침내 흑자 기조가 1,570만 관의 적자로 바뀌었다. 서하와 7년간에 걸친 오랜 전쟁을 치르고도 승리하지 못한 게 가장 큰 원인이었다.

당초 송태조宋太祖 조광윤趙匡胤은 정병精兵을 고집한 까닭에 그의 만년에도 군사는 황제 직속의 금군禁軍이 20만 명이었고, 각 주州를 지키는 상군廂軍과 향촌의 방위군인 향병鄕兵 등을 모두 합쳐도 총 38만 명 정도에 불과했다. 그러던 것이 서하와 전쟁을 치른 송인종 경력 연간에 이르러 금군이 82만, 상군과 향군을 포함하면 126만 명으로 급격히 늘어나게 됐다. 군사 유지비가 연간 5천만 관에 달했다. 무기 등의 비용을 합산하면 군사비는 세출의 약 8할에 달했다.

군사비 다음으로 재정 팽창에 악영향을 미친 것은 관원의 폭발적인 증가였다. 북송은 특정 관직에 권력이 집중되는 것을 방지하기 위해 하나의 직무에도 복수의 관원을 배치했다. 관원의 숫자가 기하급수적으로 늘어난 배경이다. 여기에는 공신의 자제를 무조건 관원으로 채용하는 은음恩蔭 제도가 크게 기여했다. 북송은 문관 우대정책을 취한 까닭에 통상의 급여 이외에도 여러 가지 명목의 경제적 지원을 했다. 퇴직 후에도 봉급전액이 지급된 게 그렇다.

그러나 북송은 강남을 중심으로 한 농업생산력과 상품경제의 발전으로 국고가 풍부해지면서 크게 자만한 나머지 빠른 시간 내에 이를 탕진하기 시작했다. 남아도는 병사인 용병冗兵, 할 일 없이 관록만 타먹는 용관冗官, 황실의 사치에 소요되는 낭비인 용비冗費 등 이른바 3용三冗을 방치한 결과다. 줄곧 흑자 기조를 유지하던 국가 재정이 송영종 때에 이르러 부득이 적자로 바뀐 배경이다.

당시 중앙조정은 재정상황이 어려워지자 국가 재정을 축소할 생각을 하지 않은 채 오히려 정반대의 길로 나갔다. 모든 수단을 동원해 수입증대를 꾀한 게 그렇다. 최악의 선택이었다. 온갖 종류의 세금이 부과되자 중과세에 견디지 못한 농민들이 크고 작은 반란을 일으키며 적극 저항하고 나섰다. 해가 지날수록 규모가 커졌다. 수도 개봉부開封府조차 도적떼로 가득 차게 됐다는 탄식이 나온 게 그렇다. 지방에는 쓸모없는 상군廂軍밖에 없었다. 서하와 전쟁을 치른 후 재정난과 사회불안을 근원적으로 해결해야 한다는 목소리가 젊은 관원들 내에서 높아졌다. 개혁 방안은 제각각이었지만 개혁의 절박성에 대해서는 일치했다. 왕안석 신법에 대해 맹렬히 반대했던 사마광조차 열성적으로 개혁을 주장한 게 그 증거다.

당시 지방관 가운데 비록 제한된 지역이기는 했으나 농민들의 피폐를 구하기 위해 다양한 개혁안을 제시한 자들이 제법 많았다. 섬서 일대에서는 고리대로 인해 몰락해 가는 농민들을 구하기 위해 봄에 자본을 대부해 주었다가 수확 후에 곡물로 변제케 하는 청묘전青苗錢 제도를 창시한 자가 있었다. 이 제도는 이후 왕안석이 주도한 신법 가운데 하나인 청묘법青苗法의 연원이 됐다. 강남지역에서는 농민에게 가장 커다란 부담이 되고 있던 차역差役을 폐지하고 모역법募役法을 시도했다. 이 역시 신법의 하나로 채택됐다.

원래 왕안석은 지방의 하급관원 집안 출신으로, 19세 때 부친을 잃자 세상일을 완전히 도외시한 채 오직 학문에 매달렸다. 경서를 읽는 것만으로는 부족하다고 판단해 제자백가서를 비롯해 의서와 소설류에 이르기까지 모든 전적을 두루 탐독했다. 경전의 해석도 전한 이래의 주석으로 제한하지 않고 자신의 판단에 따라 자유롭게 해석했다. 여기에는 송인종 경력 연간에 일어난 새로운 학문 경향이 큰 영향을 미쳤다. 그는 농민이나 수공업자들을 직접 방문해 책을 통해 얻은 지식이 실생활에 곧바로 적용될 수 있는지 여부를 확인했다. 공부는 즐거워도 벼슬살이는 적성에 맞지 않는다고 생각한 이유다. 그러나 부친이 일찍 사망한 까닭에 그는 어머니와 오누이들을 먹여 살려야 할 책무가 있었다. 녹봉을 받기 위해서라도 과거공부를 하지 않을 수 없게 된 이유다.

그는 마침내 23세 때인 인종 경력 2년인 1042년에 과거에 급제해 벼슬길에 나섰다. 당시 중앙에 근무해야 출세의 가도를 달릴 수 있었으나 그는 계속 지방관의 자리를 맴돌았다. 가족 부양 문제 때문이었다. 그러나 이는 2가지 점에서 왕안석에게 커다란 도움이 됐다.

첫째, 중앙정치의 권모술수 현장에서 벗어나 상대적으로 한가한 틈을 이용해 공부를 더욱 깊게 할 수 있었다. 둘째, 지방민들의 실생활을 오랫동안 접하며 그들이 무엇을 절실히 원하는지 나름 숙고하게 됐다. 이게 훗날 중앙정치에 몰두한 사람보다 더 큰 성공 요인으로 작용했다. 게다가 그는 30대 후반에 이르러 유가경전의 해석에서 타의 추종을 불허하는 당대 최고의 실력자라는 평가를 받았다.

왕안석은 인종 가우嘉祐 3년인 1058년에 중앙관직으로 올라가면서 인종에게 「만언서萬言書」를 올렸다. 그는 여기서 선왕의 정치를 본받아 일대 변혁을 꾀하고, 인재를 양성하여 이재理財에 유념할 것을 역설했다. 그는 「만언서」에서 인종의 총명함과 근면함을 칭송하면서 정반대의 현실을 가차 없이 지적했다.

"안을 살펴보면 국가에 중환이 없는 것이 아니고, 밖을 살펴보면 오랑캐가 쳐들어올 위험이 없는 것이 아니고, 그 위에 전하의 재력은 날로 쇠퇴해가고 있습니다."

그는 그 원인을 법도가 제대로 시행되지 못하는 데서 찾았다. 선왕의 정신을 따르는 법고法古와 옛 것을 스승으로 삼는 사고師古에 기초하면서 시대 변화에 맞춘 변법變法을 전면적으로 실시해야만 적폐를 일소할 수 있다는 주장이었다.

그러나「만언서」에 대한 반응은 전혀 없었다. 그는 재차 시정時政에 관한「건백서建白書」를 올렸다. 매우 짧은 내용이지만 취지는 1만 자에 이르는「만언서」와 같았다. 어투는 더욱 준엄해졌다. 그러나 이 역시 아무런 대답도 듣지 못했다. 가우 8년인 1063년에 송인종이 죽고, 이해 8월에는 모친상마저 맞게 됐다. 송인종의 뒤를 이어 송영종이 즉위했으나 왕안석은 복상을 위해 고향인 강녕에 가 있었던 까닭에 송영종과 면대할 일이 없었다.

송영종의 재위 기간은 역대 북송 황제 가운데 금나라 군사에게 납치된 송흠종宋欽宗을 제외하고는 유일하게 4년밖에 안 된다. 이 사이 왕안석은 한 번도 상경하지 않았다. 결과적으로 이는 그에게 도움이 됐다. 당시 조정은 이른바 '복의濮議'라는 골치 아픈 전례典禮 문제로 크게 시끄러웠다. 사대부들의 여론이 완전히 양분됐다.

치평 4년인 1067년 정월에 송영종 조서가 죽자 장자인 19세의 송신종宋神宗 조욱趙頊이 즉위했다. 신종은 개혁의 필요성을 절감하고 있었다. 송영종이 이루지 못한 개혁을 단행해 해묵은 적폐를 일소코자 했다. 묘당廟堂에 있던 중신들 중에는 그런 일을 함께 할 인물이 없었다. 개혁을 주도할 적임자를 사방으로 구하다가 결국 왕안석을 발견했다. 당시 왕안석은 소장 학자들 내에서 가장 평판이 높았다. 곧바로 그를 중앙으로 불러 한림학사翰林學士 겸 시강侍講으로 삼았다.

여기에는 송신종의 태자 시절 사부였던 한유韓愈의 주선이 크게 작용했다. 한유는 왕안석의 사돈의 사돈이었다. 왕안석에 대한 송신종의 첫인상은 그다지 좋지 않았다. 송신종이 물었다.

"짐에게 도움이 될 만한 이야기라면 무엇이든 말해주시오. 경이 생각하기에 지금 가장 긴요한 정책은 어떤 것이오?"

왕안석이 대답했다.

"풍속을 바꾸고 법도를 세우는 것이 급선무입니다. 무릇 풍속을 아름답게 하려면 군자의 세력을 왕성하게 하고, 소인의 세력을 억눌러야 합니다. 예의와 염치는 군자에게서 나오기 때문입니다."

원칙에 치우친 그저 그런 대답이었다. 신종이 볼 때 가장 화급한 문제는 서하의 간섭을 물리치고, 재정적자를 해소하는 것이었다. 재위 2년째가 되는 희녕 2년인 1069년에 왕안석을 참지정사參知政事로 임명해 신법을 입안케 했다. 이해에 균수법均輸法이 마련됐다. 신법 실시의 신호탄이었다. 이는 백성들의 부담을 공평하고 균등하게 하려는 취지에서 나왔다. 지방에서 올라오는 공물貢物의 운송을 발운사發運司가 통제토록 한 게 핵심이었다. 균수법의 실시로 원거리에서 공물을 바칠 때 신선도를 유지할 수 없어 사실상 중간상인들이 대납하고 폭리를 취해 온 관행을 차단할 수 있었다.

같은 해에 청묘법青苗法이 발효됐다. 국가가 저리로 춘궁기에 소농에게 식량과 자금을 빌려주어 소작농으로 몰락하는 것을 막고자 한 조치였다. 이자는 2할이었다. 청묘법의 실시로 지주와 호족은 커다란 타격을 입었다. 청묘법 이전만 해도 춘궁기에 굶주린 소농들은 높은 이자로 대지주에게 식량과 종자를 빌리고, 그 빚으로 인해 대거 소작농으로 전락했다. 국가가 대금업貸金業을 하는 것은 부당하다는 주장이 쏟아져 나왔다. 신법에 찬성하면서도 청묘법만은 수긍할 수 없다고 말하는 자가 매우 많았다. 이는 사대부 지주들의 이익이 그만큼 공고했음을 보여준다.

희녕 3년인 1070년이 되자 왕안석은 동중서문하평장사同中書門下平章事로 승진했다. 내각의 최고책임자인 재상이 된 것이다. 이해 2월에 3명의 황제를 모신 원로 한기韓琦가 부임지인 하북에서 청묘법의 폐지를 주장하는 상소문을 올렸다. 그의 비판은 주로 운용 문제에 초점이 맞춰져 있었다. 송신종도 동요했다. 왕안석이 자신의 진퇴를 걸고 저항하여 겨우 매듭지었다. 이때를 계기로 원로급 중신들은 거의 모두 신법 반대의 입장으로 돌아서 있었다.

이 와중에 모역법募役法이 실시됐다. 이는 5등급 가운데 1등호와 2등호의 지방호족인 형세호形勢戶를 고용해 부역을 대신 맡기는 제도를 말한다. 북송 때 형세호 가운데 과거에 급제하고 관료가 된 자들이 많았다. 이들은 '형세관호形勢官戶'로 불렸다. 일종의 지주관료층에 해당한다.

당시 형세호와 형세관호 모두 농민들에게 고리대금업을 하며 치부하고 있었다. 일단 고급관리를 배출하면 그 집은 관호가 되어 직역職役도 면제됐다. 왕안석은 관호의 직역 면제를 부조리한 것으로 간주해 그들에게도 돈을 내게 했다. 면역免役의 경우는 반액만 내도록 했다. 이를 조역전助役錢이라고 했다.

객관적으로 볼 때 북송은 물론 남송 모두 관원들의 천국이었다. 급제 여부에 일족의 부침이 갈린 게 그렇다. 직역의 면제 여부는 형세호의 사활이 걸린 문제였다. 형세호 출신 관원이 청묘법에 극렬히 반대한 것은 당연했다.

이해에 실시된 하창법河倉法은 매우 참신했다. 서리에게도 녹봉을 주고 정식 관원으로 승진할 기회를 주되 부정부패는 엄히 단속한다는 게 골자였다. 당시 사대부들은 유학과 문학의 교양을 몸에 익혀 백성들 위에 군림할 뿐 기술과 기능은 천시했다. 이를 담당한 자들이 바로 서리胥吏였다. 관원과 백성 사이에서 실제 업무를 수행했던 자들을 가리킨다. 그럼에도 사대부들은 이들을 완전히 무시했다. 왕안석은 상급 관청에 서리에 대한 뿌리 깊은 편견을 철폐하라고 요구했다. 같은 해 말 보갑법保甲法이 실시됐다. 향촌을 열 집씩 묶어 행정의 효율성과 향촌방위의 강화를 도모한 것으로 강병을 위한 조치였다.

희녕 4년인 1071년 2월에 오래 전부터 숙원이었던 과거제도를 개혁했다. 핵심은 3가지였다. 첫째, 과거의 명경과明經科를 폐지하고 진사과에 통합했다. 둘째, 진사과의 수험 과목은 종래의 암기 위주의 첩경묵의捷經墨義를 폐지하고 경전해석인 경의經義와 역사적 사실이나 경전 가운데 중요한 의미를 지니는 부분에 주관적인 견해를 덧붙여 설명하는 논論, 시사문제에 대한 해법을 제시하는 책策으로 규정했다. 셋째, 천자가 출제하는 최종 시험인 전시殿試에는 종래의 시詩, 부賦, 론論 등 이른바 3제를 폐지하고 하나의 논제를 주제로 1,000자 이상을 써내도록 했다. 이는 이후 명대와 청대에도 그대로 계승됐다. 학문과 현실을 일치시키고자 하는 그의 생각이 반영된 결과였다. 이해 10월에는 앞의 개혁안에 입각하여 학교 제도도 개혁됐다

주목할 것은 당시 신법을 강하게 반대해 온 구법당의 영수 사마광의 행보였다. 그는 과거제도가 대대적으로 개혁된 직후인 이해 4월에 도성인 개봉부를 떠나 낙양으로 갔다. 자신의 힘으로는 신법의 세력을 꺾을 수 없다고 판단한 것이다. 원래 왕안석과 사마광은 동시대의 신진 관원 출신으로 서로 의기투합한 사이였으나 신법의 시행으로 인해 각자 다른 길을 가게 됐다. 사마광은 이로부터 15년 동안 낙양에서 침묵을 계속했다. 공적인 정치적 발언은 일절 하지 않았다. 그는 자신의 남은 여력을 전부터 계획하고 있던『자치통감』의 편찬에 모두 쏟아 부었다. 덕분에 그는 정치적으로 불우한 시기에『자치통감』과 같은 위대한 저작을 펴낼 수 있었다.

당시 왕안석은 중앙정치의 동요로 인해 낙향했다가 재상으로 복귀한 지 1년 만인 희녕 9년의 1076년 10월에 다시 강녕부 지사가 되어 낙향하게 됐다. 이후 두 번 다시 중앙조정으로 진출하는 일은 없었다. 왕안석의

정치적 생애는 실질적으로 이 해에 끝났다고 할 수 있다. 그가 사직한 지 얼마 안 돼 연호가 원풍元豊으로 바뀌었으나 신법은 그의 후계자들에 의해 지속됐다. 국가 재정도 어느 정도 호전됐다. 원풍 3년인 1080년 『대당육전大唐六典』이 완성되면서 관제의 대개혁이 이루어졌다. 이는 당나라 때의 법전을 모델로 한 것으로 신법이 법제화된 것이다. 왕안석은 대체로 만족해했다.

원풍 7년인 1084년 봄에 왕안석은 중병을 앓다가 요행이 목숨을 건졌다. 그는 남은 날이 길지 않다는 것을 깨달았다. 그는 양산의 저택을 절에 기부하고 싶다는 뜻을 국가에 청원했다. 기부 명목은 송신종의 장수 기원이었다. 곧 그의 양산 저택은 보녕선사報寧禪寺가 됐다. 그를 전적으로 지원했던 송신종이 내려준 사명寺名이었다. 당시 왕안석은 불교에 귀의해 있었다.

원풍 8년인 1085년 3월에 송신종이 38세의 나이로 붕어했다. 왕안석이 저택을 기부하여 만수를 기원했던 다음 해의 일이었다. 연호가 바뀐 원우元祐 원년인 1086년 4월에 왕안석이 숨을 거뒀다. 향년 66세였다. 자신을 전폭 지지했던 송신종이 숨을 거둔 지 1년 뒤의 일이다.

송신종의 뒤를 이어 10세의 어린 아들 송철종宋哲宗 조후趙煦가 즉위했다. 조모인 선인태후宣仁太后 고씨高氏가 섭정을 했다. 원래 신법을 싫어했던 선인태후 고씨는 곧바로 신법당 관원들을 쫓아낸 뒤 사마광을 비롯한 구법당 인물을 대거 기용했다. 구법당의 영수 사마광이 곧바로 중앙조정으로 복귀했다. 그러나 이미 19년간에 걸친 『자치통감』 집필의 과로로 인해 건강을 크게 상한 상황이었다. 이를 지켜 본 지우가 제갈량이 적게 먹으면서 격무를 처리하다가 오장원에서 진몰한 것을 상기시키며 주의를 당부했으나 듣지 않았다. 결국 그는 계속 무리를 하다가 이듬해인 철종 원우 원년인 1086년 9월 숨을 거두고 말았다. 향년 68세였다. 정적인 왕안석이 숨을 거둔 지 꼭 5달 뒤였다.

정치적으로 볼 때 사마광은 왕안석에게 패해 불행한 삶을 살았다고 볼 수 있다. 그러나 그는 덕분에『자치통감』이라는 위대한 저술을 남길 수 있었다. 결과적으로 그는『자치통감』의 저술을 위해 온 삶을 불사른 셈이다. 덕분에 21세기 현재에 이르기까지 치가治家와 치국治國 및 치천하治天下에 종사하거나 종사코자 하는 모든 사람들에게 무한한 존경을 받고 있다. 송신종이 하사한 서명의 취지처럼『자치통감』은 오늘날까지 기업과 국가 및 천하를 제대로 다스리고자 하는 모든 사람들에게 두루 통용되는 뛰어난 역사 거울의 자료 역할을 충실히 수행하고 있기 때문이다. 이는 이전에도 없고 앞으로도 없을 전무후무한 일이다.

물론『자치통감』은 사마광 개인이 홀로 모든 것을 저술한 것은 아니다. 시대별로 나눠 당대 최고의 학자들이 적극 참여했다. 송영종이 편찬국을 설립해 지원을 아끼지 않은 게 결정적인 배경으로 작용했다. 고군분투하며『사기』를 저술한 사마천과 비교할 수 없을 정도로 유리한 입장에서 저술한 셈이다. 그러나 사마광 자신이 밝혔듯이『자치통감』은 단순히 당대 최고의 학자들이 참여했다고 해서 이뤄질 수 있는 작품이 아니었다. 자신의 혼을 철저히 불사른 결과였다. 송영종에게 헌상한『통지』8권을 기초로,『춘추좌전』의 '춘추필법'을 철저히 추종하고, 상상을 초월하는 노력과 열정 및 시간 등을 투입해 완성한 작품이다. 궁형의 수모를 견디고『사기』를 완성한 사마천 못지않은 고심의 역작이라고 평할 만하다.

객관적으로 볼 때 송영종이 사마광에게 사서의 편찬을 명한 데에는 당시 지나치게 격화되어 있던 구법당과 신법당의 갈등을 완화시키고자 하는 의도가 적잖이 작용했다. 구법당의 거두인 사마광에게 사서 편찬을 명함으로써 정계에서 영예롭게 물러날 수 있는 길을 터준 셈이다. 나아가 사서 편찬이 꼭 구법당에게 불리했다고 단정할 수도 없다. 사서 편찬 과

정에서 자신들의 주장을 뒷받침할 수 있는 사례를 대거 확보할 수 있었기 때문이다. 실제로 『자치통감』은 옛 가치와 윤리도덕 및 정치제도 등을 옹호하는 관점을 유지하고 있다. '신광왈臣光曰'의 사평이 그렇다.

사마광은 탈고 후 별도의 고증이 필요하다고 인정되는 대목에 관해서는 사료의 고증에 도움을 줄 수 있도록 『통감고이通鑑考異』 30권을 저술했다. 『자치통감』 연표 30권도 따로 편제했다. 사마광 본인이 본편의 목록과 범례를 정리한 『통감목록通鑑目錄』 30권과 『통감석례通鑑釋例』 1권도 펴냈다. 『계고록稽古錄』 20권의 경우는 본편에서 사마광 스스로 보완이 필요하다고 생각한 대목을 보충한 것이다.

당대 최고의 정치가였던 사마광은 『자치통감』을 통해 수신제가와 치국평천하를 유기적으로 결합한 제왕과 신하들의 리더십인 이른바 '군신공치君臣共治의 리더십'을 제시코자 노력했다. 검약과 겸양의 기풍 위에 부국강병富國强兵의 실리와 예의염치禮義廉恥의 명분을 공히 추구하는 국가가 바로 사마광이 『자치통감』을 통해 구현코자 한 이상적인 치국평천하의 모델이었다.

객관적으로 볼 때 사마광 역시 왕안석과 마찬가지로 적폐를 개혁해야 한다는 당위와 취지 면에서는 하등 차이가 없었다. 단지 온건과 급진의 상대적인 방법론 차이만 있었을 뿐이다. 왕안석의 실각 이후에도 신법을 지지하는 여혜경呂惠卿 등이 조정에 남아 신법을 꾸준히 뒷받침한 사실이 이를 뒷받침한다. 당시 황태후 고씨의 지지로 재차 권력에 성공한 구법당 역시 신법보다 더 나은 구체적인 정책을 제시하지는 못했다. 왕안석의 신법 정책이 그만큼 뛰어났음을 반증한다. 황태후 고씨가 섭정 8년 만에 죽고 송철종 조후가 친정에 나서면서 구법당이 쫓겨나고 다시 장돈章惇 등이 주도하는 신법당의 세상이 됐다.

송철종 사후, 동생 송휘종宋徽宗 조길趙佶이 즉위하면서 섭정에 나선 황태후 상씨尙氏는 신법당과 구법당의 융합을 꾀했다. 이후 송휘종이 친정에 나서면서 재차 신법당의 시대가 열렸다. 그러나 재상 채경蔡京은 이전의 왕안석처럼 깊은 철학과 높은 격조의 품행이 없었다. 신료들 사이의 대립이 정책 논쟁이 아니라 권력 장악을 둘러싼 당쟁으로 변질된 근본 배경이다. 채경은 황태후 고씨의 섭정 때 등용된 구법당에 탄압을 가하고 그들의 이름을 석비에 새긴 뒤 이를 '원우간당비元祐奸黨碑'로 명명했다. 개봉부의 태학 문밖에 세워진 이 비석에는 구법당의 영수인 사마광을 비롯해 120명의 명단이 새겨졌다.

주목할 것은 정권이 신법당과 구법당 사이를 오가는 사이 민생이 피폐해졌고, 민심이 극도로 흉흉해지면서 도처에서 도적이 날뛰게 된 점이다. 『수호지』가 바로 당시를 배경으로 한 작품이다. 후대의 대다수 사가들이 천하를 혼란시킨 원흉으로 신법의 폐지와 부활을 수시로 오간 당쟁을 꼽는 이유가 여기에 있다.

객관적으로 볼 때 왕안석이 시행한 신법은 재정 수입과 규모를 늘리고, 대지주와 대상인에 맞서 소농과 소상인을 보호하는 성격을 띠고 있었다. 부국강병이 궁극적인 목적이었다. 이 와중에 자신들의 이익을 삭감 내지 박탈당한 관호와 형세호, 호상豪商, 고리대금업자 등이 격렬히 반대했다. 이들은 하나로 뭉쳐 신법의 시행에 강력 저항했다. 이는 결국 왕안석의 낙마를 불러왔다.

여기에는 왕안석의 고집불통이 적잖이 작용했다. 하급관원 시절 사마광과 함께 '포청천'이라는 별명으로 유명한 포증包拯의 초대를 받아 술자리에 참석한 일화가 이를 상징적으로 보여준다. 왕안석은 사석에서도 관원이 몸가짐을 흐트러뜨려서는 안 된다는 이유로 포증이 권하는 술잔을 전혀 받지 않았다. 그날 밤 내내 포증은 '딱 한 잔'만 마시기를 간청했으나 결국 왕안석의 고집으로 실패했다. 오직 주는 술을 그대로 받아 마신 사마광만 대취해 자리에 쓰러지고 말았다.

그렇다고 왕안석이 고루한 원칙주의자는 아니다. 그는 사소한 예절에는 전혀 신경을 쓰지 않았다. 게다가 매우 지혜롭고 박식했다. 왕안석이 좀 더 겸허하고 포용적인 자세로 대했다면 신법 반대론자들의 반발도 상당히 느슨해졌을 공산이 컸다. 원래 그의 정적인 사마광을 비롯해서 구양수와 소식 등 당대의 문인 모두 왕안석의 선배 또는 동료로서 개혁의 필요성에 공감하는 사람들이었다. 그러나 왕안석은 자신의 고집으로 인해 이들을 두루 포용하지 못했다.

남송 때 성리학이 정립되면서 역대 사가들 가운데 신법을 칭송한 사람보다는 비판한 사람이 훨씬 많았던 것도 이런 맥락에서 이해할 수 있다. 왕안석에 대한 새로운 평가가 시도된 것은 건륭제 때 활약한 사학자 채상상蔡上翔이 등장한 이후이다. 그는 「왕형공년보고략王荊公年譜考略」을 통해 남송 이후 고질화된 왕안석과 그의 개혁에 대한 편견을 바로잡고자 노력했다. 청조 말기 최고의 지식인으로 칭송받은 양계초梁啓超 역시 평전 『왕형공王荊公』을 통해 왕안석의 선견지명과 개혁정책이 지닌 근대성을 역설하며 그를 위대한 영웅으로 묘사해 놓았다.

최근의 연구경향은 아직 왕안석과 개혁에 대한 종합적 평가보다는 구체적인 개혁책을 개별적으로 분석하는 수준에 머물고 있다. 일본학자들을 중심으로 그의 개혁 기반과 성격에 주목한 논문이 주종을 이루고 있는 게 그렇다. 사마광 등의 북방출신 대토지 소유자 및 독점상인에 맞서 남방출신의 신흥 중소지주층의 이해관계를 대변했다는 식의 분석이 그렇다. 이런 분석은 송나라의 지주전호제地主佃戶制에 비춰 나름 일리가 있다.

그러나 이는 부분적인 타당성밖에 없다. 신법을 둘러싼 왕안석과 사마광의 논쟁을 보다 입체적으로 조명할 필요가 있다. 이를 최초로 시도한 인물이 바로 죽는 순간까지 평생에 걸쳐 사마광의 『자치통감』을 17번이나 읽은 마오쩌둥이다. 지난 1975년 그는 시중을 들던 멍진윈孟錦雲에게 이같이 말한 바 있다.

"중국에는 두 개의 대작이 있다. 『사기』와 『자치통감』이 그것이다. 두 작품은 모두 재간을 지닌 사람이 정치적으로 불우한 처지에서 편찬했다. 사람이 어려움에 처해졌다고 해서 반드시 나쁜 것만은 아닌 것 같다. 물론 이것은 재간과 뜻이 있는 사람을 두고 하는 말이다."

그는 침대 머리에 늘 『자치통감』을 놓아두었다. 너무 많이 읽어 책이 너덜너덜해졌고, 적지 않은 페이지는 투명 반창고로 붙여놓기까지 했다. 그는 멍진윈에게 『자치통감』을 해설해 놓은 『자치통감평석』을 주면서 읽어보라고 권하기도 했다. 『자치통감평석』은 『자치통감』에 대한 그의 깊은 관심과 해박한 지식을 세상에 알린 노작勞作으로 평가받고 있다.

하루는 마오쩌둥이 점심 식사를 끝내고 대청의 소파에 한가하게 앉아 있을 때였다. 멍진윈이 『자치통감』과 관련해 내내 궁금해 했던 것을 하나 물었다.

"왕안석과 사마광은 적수이면서 동시에 친구였다고 하는데, 이는 어찌 된 영문입니까?"

마오쩌둥이 대답했다.

"두 사람은 정치면에서 적수였소. 왕안석은 개혁을 주장했고 사마광은 이를 반대했소. 그러나 학문적인 측면에서는 좋은 친구로서 서로 존중했소. 그들이 존중한 것은 상대방의 학문이었소. 우리는 이것을 배워야 하오. 정견이 다르다고 해서 학문마저 부인해서는 안 되오."

마오쩌둥의 지적처럼 원래 사마광 역시 국정개혁 방안을 골몰하게 고민한 인물이다. 왕안석이 신법을 시행한 초기만 해도 사마광을 비롯한 구법당의 생각을 대거 정책에 반영한 게 그렇다. 그러나 사마광은 기본적으로 현실을 중시한 정치가였다.『자치통감』에 이상주의 성향을 보인『맹자』가 단 한 구절도 인용되지 못한 데 반해 오직『순자』의 구절만 인용된 사실이 이를 뒷받침한다. 순자는 이상주의적인 왕도王道만 인정한 맹자와 달리 상황에 따라서는 법과 무력을 기초로 한 패도霸道를 구사할 수 있다는 이른바 왕패병용王霸竝用을 역설한 사상가이다. 제자인 한비자가 변법變法을 중시하며 법가사상을 완성한 게 우연이 아니었다. 사마광이 왕안석 못지않게 국정개혁에 적극적이었음을 반증하는 대목이다.

그럼에도 당시 송신종의 왕안석에 대한 신임은 사마광이 끼어들 수 없을 정도로 매우 두터웠다. 송신종이 일시 왕안석을 강녕으로 보낸 것은 황태후 고씨의 불만을 무마시키기 위한 조처에 가까웠다. 정적인 사마광은 왕안석이 죽은 지 5달 뒤인 원우 원년인 1086년의 9월에 숨을 거뒀다. 왕안석과 사마광은 살아있을 때 서로 편지를 주고받으며 각자의 생각과 정책 방향을 논했다. 구법당의 일원으로 활약한 소식은 전근하는 도중 금릉에서 은둔하고 있는 왕안석을 방문키도 했다. 왕안석은 결코 구법당 인사들과 인간적으로 대립한 적이 없다. 단지 신념이 너무 강해 입장을 달리했을 뿐이다.

남송 때 성리학이 정립된 이후 고루한 성리학자들은 왕안석을 '소인'으로 몰아갔다. 주희의 성리학을 고식적으로 받아들인 조선조는 더욱 심했다. 조선조 최고의 성군인 세종조차 왕안석을 가리켜 재주가 많은 소인으로 평한 게 그렇다. 세종과 어깨를 나란히 한 호학군주 정조 역시 지적키를, '왕안석이 시행한 신법이 어찌 모두 잘못이었겠는가?'라고 했다. 많은 면에서 잘못을 범했지만 모두 그런 것은 아니라는 취지이다. 성리학의 덫에서 완전히 벗어나지 못한 한계를 드러낸 셈이다.

객관적으로 볼 때 사마광과 왕안석의 개혁 내지 변법에 대한 기본 입장을 '구법'과 '신법'의 2분법으로 접근하는 것은 잘못이다. 특히 사마광을 평하면서 개혁을 거부한 '수구守舊'의 화신으로 매도하는 풍조는 조속히 불식될 필요가 있다. 사마광이 영수로 활약한 구법당은 왕안석으로 상징되는 신법당과 동일한 국정개혁 목표를 지향했음에도 방법론상의 차이를 극복하지 못한 안타까운 경우에 속한다.

『자치통감』과 통감학

지난 2014년 중국 상하이 푸단대 역사학 교수인 장펑姜鵬은 중국 중앙TV의 '백가강단百家講壇' 프로그램에서 '제왕의 교과서 『자치통감』'을 강의해 커다란 반향을 불러일으켰다. 당시 그는 이 강의에서 『자치통감』을 관통하는 수제치평修齊治平의 덕성으로 『예기』「중용」에 나오는 '신독愼獨'을 강조한 바 있다. 이는 『대학』이 역설하고 있는 '수제치평' 이념과 정확이 일치하는 것이다. 비록 장펑은 『자치통감』에서 역설한 '난세 리더십'의 요체를 '치평'으로 확대하지 못하고 '수제'로 축약시킨 한계가 있기는 하나 '수제'와 '치평'이 불가분의 관계를 맺고 있는 점을 감안할 때 전혀 틀린 지적은 아니다. 실제로 『자치통감』이 다루고 있는 1362년의 역사 속에 명멸한 무수한 권문세가의 흥망성쇠 사례를 보면 '수제'에 초점을 맞춘 것은 나름 일리가 있다.

대표적인 인물이 시종 '신독'의 자세를 유지해 당대는 물론 후대에 이르기까지 명성을 유지한 후한 중엽의 양진楊震이다. 『자치통감』「한안제 영초 4년」조는 그의 삶을 이같이 요약해 놓았다.

"양진은 어려서 고아가 되어 빈한했으나 호학好學했다. 전한 때 구양고歐陽高가 주석한 『상서』에 밝았고, 여러 분야에 통달해 두루 살피는 통달박람通達博覽의 모습을 보인 게 그렇다. 제유諸儒들이 그를 두고 '관서關

西의 공자'로 칭한 이유다. 20여 년 동안 학생들에게 교수敎授하면서 주군州郡에서 예를 갖춘 초빙인 예명禮命을 했으나 이에 응하지 않았다. 중인衆人이 너무 늦었다고 말했으나 양진은 오히려 그 뜻을 더욱 돈독히 했다. 등황후의 오라비인 등즐鄧騭이 풍문으로 소식을 듣고 그를 초청했을 당시 양진의 나이는 이미 50여세였다. 이후 그는 거듭 승진해 형주 자사와 동래 태수가 됐다. 동래 태수로 임명됐을 때 군으로 가는 길에 창읍을 경유하게 됐다. 전에 천거해준 일이 있는 형주의 수재秀才 출신 왕밀王密이 창읍의 현령으로 있었다. 왕밀은 밤에 금 10근을 품고 와 양진에게 주었다. 양진이 묻기를, '옛 친구인 나는 그대를 아는데, 그대는 나를 이해하지 못하니 이는 무슨 까닭이오?'라고 했다. 왕밀이 대답키를, '늦은 밤에는 아는 사람이 없습니다'라고 하자 양진이 힐책키를, '하늘과 땅과 나와 그대가 아는 천지天知, 지지地知, 아지我知, 자지子知의 상황인데, 어찌하여 아는 사람이 없다고 말하는 것이오!'라고 했다. 왕밀이 부끄러워하며 나갔다."

양진의 자손들은 이후 양진의 가르침을 철저히 지킨 덕분에 무려 500년에 걸친 양씨 가문의 '청백리 신화'를 만들어낼 수 있었다. 양진의 학문과 청렴이 자손들에게 본보기가 된 덕분이다. 그의 자손들은 그의 가훈을 언행으로 실천하며 청백리 가풍을 형성했다. 양씨 가문이 후한의 패망 후 삼국시대와 서진시대를 거치면서도 여전히 정계에서 막강한 힘을 발휘한 배경이다. 이처럼 여러 왕조의 명멸에도 불구하고 몇 세기에 걸쳐 위대한 가문의 명성을 쌓게 된 것은 말할 것도 없이 재산을 가벼이 여기고 덕행을 중시한 가풍이 있기에 가능했다. 양진이 바로 이런 가풍의 창시자이다.

사마광은 『자치통감』에서 바로 양진의 이런 위대한 측면을 집중 부각시켰다. 『자치통감』이 기왕에 존재한 역대 왕조의 정사를 단순히 요약한 사서가 아님을 잘 보여주는 대목이다. 이는 한나라의 권세가였던 곽광霍光과 장안세張安世의 흥망을 비교한 대목에서 더욱 극명하게 나타난다. 『자치통감』「원강 3년」조는 장안세의 행보를 이같이 묘사해 놓았다.

"장안세는 근신謹愼하는 것이 주밀周密했다. 매번 국가대사인 대정大政을 의논하는 일에 참여할 때마다 결정이 이뤄지면 아무도 모르게 곧바로 칭병하며 외출했다. 조령詔令이 반포된 후에는 크게 놀란 모습을 보이며 휘하 관원을 승상부로 보내 그 내용을 묻게 했다. 모두 조정대신들로 하여금 자신이 의논에 참여했는지 여부를 모르게 하려는 조치였다. 일찍이 어떤 사람을 천거하자 그 사람이 찾아와 사의謝意를 표했다. 장안세가 이를 몹시 한스럽게 여겨 말하기를, '현자를 천거해 능력을 발휘케 하는 거현능달擧賢達能을 했을 뿐이다. 어찌 사사로이 사의를 표한단 말인가!' 라고 했다. 그러고는 절대로 다시 내왕하지 않았다."

이런 '신독'의 가풍은 장안세의 가르침을 통해 몇 대에 걸쳐 계속 이어졌다. 그의 가문이 한나라의 전 역사를 통틀어 가장 오래되고 가장 성공한 가문으로 존재하게 된 근본 배경이 여기에 있다. 하늘을 나는 새를 떨어뜨린 곽씨 가문이 곽광 사후 일거에 멸문지화를 당한 것과 극명한 대조를 이룬다.

고금을 막론하고 '신독'의 한계를 벗어나면 거의 예외 없이 탈이 나게 마련이다. 한 사람이 동시에 두 갈래 길을 갈 수는 없는데도 이를 가능한 것으로 착각한 욕심이 원흉이다. 권력을 쥔 정치가 및 행정권을 쥔 관원들이 정무나 공무에 열중하지 않고 물질적 풍요를 추구하는 게 대표적이다. 한 순간에 뇌물죄 등에 얽혀 어렵게 쌓아 올린 명성을 허물어뜨리고 스스로 영어囹圄의 몸이 되고 만다. 명성을 먹고사는 학자의 경우도 크게 다르지 않다. 푸단대의 장평은 '백가강단'을 통해 『자치통감』에 소개된 '신독'의 사례를 잘 보여준 셈이다.

그러나 장평의 '백가강단'처럼 '신독'에 초점을 맞출 경우 자칫『자치통감』의 저술 의도를 자칫 왜곡할 소지가 크다.『자치통감』은 나름 '신독'으로 표현된 수제修齊를 중시하기는 했으나 결코 주희 등의 성리학자들처럼 '수제'에 방점을 찍은 나머지 치평治平을 소홀히 하지는 않았다. 오히려 더욱 중시했다. 이는 사마광 스스로 보완이 필요하다고 생각한 대목을 편집한『계고록稽古錄』에 잘 반영돼 있다. 그는 이 책에서『자치통감』의 역할 및 존재 이유에 관해 크게 2가지 사항을 강조하고 있다.

첫째, 역사의 연구 및 존재 이유는 어디까지나 치국평천하의 '치평'을 구현키 위한 목적에 있다고 역설했다. 이른바 '사학史學의 목적론目的論'에 해당한다. 이는 곧 역사를 공부하지 않고는 치국평천하를 논할 자격이 없다는 취지이기도 하다. '정치가 출신 사가'인 사마광의 이런 주장은 옛 것을 알아야 오늘의 것을 알 수 있고, 앞으로 일어날 일도 미리 알 수 있다는 판단에 따른 것이다. '제4차 산업혁명 시대'인 21세기의 관점에서 보아도 그의 이런 주장이 타당한 것임은 말할 것도 없다.

둘째, 그는 위정자가 정사를 펼칠 때는 백성을 사랑하는 기본 자세를 지니고, 정확한 민심 파악을 통해 치국평천하를 구현해야 한다고 역설했다. 이른바 '사학의 방법론方法論'에 해당한다. 이는 백성이란 늘 이익을 추구하고 해가 되는 것을 피하는 호리오해好利惡害의 존재라는 사실에서 나온 것이다. 원래 '호리오해'는『관자』「판법해版法解」에 나오는 용어이다. 해당 대목이다.

"무릇 백성은 이익을 좋아하고 손해를 싫어하는 '호리오해'에서 벗어난 적이 없다. 천하의 백성과 더불어 이익을 향유코자 하는 자는 천하의 백성이 지지하고, 천하의 이익을 독점코자 하는 자는 천하의 백성이 제거하려 든다."

『관자』는 군주에게 '호리오해'의 민성民性을 지니고 있는 백성들을 대상으로 치국평천하에 성공할 수 있는 비결을 「형세해形勢解」에서 이같이 제시하고 있다.

"군주가 정령을 발해 명하면 행해지고 금하면 중지되는 것은 반드시 백성의 호오를 좇아 명하거나 금하기 때문이다. 민정民情은 이승을 좋아하고 저승을 싫어하는 호생오사好生惡死와 이익을 좋아하고 손해를 싫어하는 '호리오해'의 본성에서 벗어난 적이 없다. 군주가 백성을 살리고 이롭게 하는 것을 명하면 행해지고, 백성을 죽이고 손해를 끼치는 것을 금하면 중지되는 이유다."

한마디로 말해 관중은 치국평천하의 비결을 반드시 백성에게 이익을 안겨주는 이민利民에서 찾은 것이다. 사마광이 『계고록』에서 밝힌 '사학의 방법론'과 정확히 일치하고 있다. 사마광이 『자치통감』의 사평史評에서 제자백가를 인용하면서 오직 『순자』만 인용하고, 『맹자』를 단 한 구절도 인용하지 않은 것도 이런 맥락에서 이해할 수 있다.

『자치통감』이 간행된 직후 사대부들 내에서 편년체 사서의 저술이 맹위를 떨치고, 『자치통감』을 잇거나 보충코자 하는 일련의 학풍學風이 거세게 일어난 것도 같은 맥락에서 파악할 수 있다. 이는 당시까지만 해도 공자사상의 사상적 후계자로 맹자가 아닌 순자로 간주하는 견해가 사대부 내에서 주류를 이룬 사실과 무관치 않다. 실제로 맹자는 북송 때 제자백가의 일원에 불과했다. 『맹자』가 문득 『논어』와 더불어 사서四書의 일원으로 편입된 것은 전적으로 주희 덕분이다. 남송의 주희는 『예기』에서 「대학」과 「중용」을 떼어 『논어』 및 『맹자』와 더불어 유가의 기본경전인 '사서'로 규정했다.

그러나 사마광이 활약하는 북송 때만 해도 맹자는 그리 중요한 인물이 아니었다. 오히려 『자치통감』의 인용 사례가 보여주듯이 별다른 관심을 받지 못한 제자백가의 일원에 불과했다. 특히 사마광처럼 사상에 방점을 찍은 왕안석과 달리 역사를 훨씬 중시한 사대부의 경우는 이런 경향이 더욱 심했다. 이를 상징적으로 보여준 인물이 바로 사마광과 함께 『자치통감』 편제에 참여한 유서劉恕이다.

그는 생전에 이미 『자치통감』에서 다루지 않았던 주위열왕 23년 이전의 전 역사를 『통감외기通鑑外紀』 10권으로 요약했다. 비록 도중에 죽는 바람에 뜻을 이루지는 못했으나 『자치통감』의 뒷부분에서 다루지 못한 송나라 건국 이후의 역사를 『통감후기通鑑後紀』로 요약하려고 한 것도 같은 맥락이다. 유서가 생전에 오대십국 군신君臣의 사적을 다룬 『황조십국기년皇朝十國紀年』 42권을 펴낸 것도 유사한 노력의 일환이다. 역사 공부를 통해 모든 사안의 배경을 분석하고 해결방안을 모색코자 한 것이다.

당시 사대부들은 이런 일련의 흐름을 이른바 '통감학通鑑學'으로 통칭했다. 이 용어는 『자치통감』에 최초로 주석을 가한 남송 말기의 대학자 호삼성胡三省의 『통감석문변오通鑑釋文辯誤』의 서문에 처음으로 나오는 용어이다. 『자치통감』 출간 이후 '통감학'의 열풍이 얼마나 거세게 일었는지 대략 짐작할 수 있다.

여기서 주목할 것은 『자치통감』에 최초로 주석을 가한 호삼성이 『자치통감』의 요약본인 『자치통감강목資治通鑑綱目』의 요지 및 취지와 맥을 같이하고 있는 점이다. 약칭 『통감강목』으로 불린 『자치통감강목』은 『자치통감』 전체의 3분의 1가량으로 편년체인 『자치통감』과 달리 큰 제목인 강綱 밑에 목目이 등장하는 이른바 강목체綱目體로 구성돼 있는 게 특징이다. 그러나 '강목체'는 집필자의 주관이 지나치게 개입되고, 기록의 원문이 집필자에 의해 임의로 깎이거나 바뀌는 등의 단점이 있었다. 원래의 뜻이 뒤바뀌는 게 가장 큰 결점이었다. 주희가 『통감강목』을 출간할 당시 첨삭된 부분과 자의적인 편제가 너무 많아 커다란 비판을 받은 이유다. 삼국시대를 기술하면서 『자치통감』의 기본 입장인 무통론無統論을 뒤집고 촉

한정통론蜀漢正統論을 내세운 게 대표적이다.

그러나 이후 『통감강목』은 몽골족이 막북漠北으로 쫓겨난 명나라 때부터 크게 중시되기 시작했다. 성리학에 입각한 치국평천하 논리가 한족이 세운 명나라의 건립이념에 부합했기 때문이다. 원세조 쿠빌라이가 중원에 '대원大元'을 건설할 때 가장 먼저 방대한 분량의 『자치통감』의 몽골어 번역을 명한 것과 대비된다.

주목할 것은 극단적인 명분론으로 치달은 이른바 '조선성리학'을 만들어낸 조선 사대부들의 행보이다. 이들은 원본에 해당하는 『자치통감』을 멀리한 채 오직 『통감강목』만을 중시하는 왜곡된 모습을 보였다. 이런 잘못된 행보는 그 연원이 제법 길다. 멀리 고려조 중엽까지 거슬러 올라간다.

고려시대에는 『자치통감』을 『자리통감資理通鑑』이라고 했다. 고려의 제6대 군주 성종成宗 왕치王治의 이름을 기휘했기 때문이다. 이는 김부식의 『삼국사기』에서 중국의 기록을 인용한 부분의 원문에서 쉽게 찾아볼 수 있다. 그러나 김부식은 『삼국사기』에서 사마광의 『자치통감』이 역설한 '무통론'을 배제하고 주희의 『통감강목』이 강조한 '정통론'에 입각해 '신라정통론'을 내세운 대표적인 사대주의자이다. 사상사적으로 보면 과도한 명분주의로 치달은 '조선성리학'의 사상적 교주에 해당한다. 사마광의 『자치통감』보다 주희의 『통감강목』이 훨씬 널리 읽힌 것은 고려조 중엽부터 나타나기 시작한 '신라정통론'의 연장선상에서 나왔다고 볼 수 있다.

당시 민간 내에서는 『통감강목』과 더불어 원나라의 고려지배 때 유입된 『소미가숙통감절요小微家熟通鑑節要』 약칭 『통감절요通鑑節要』가 널리 퍼졌다. 『통감절요』는 마치 짝퉁 진품이 유행하는 것처럼 조선조 말까지 『자치통감』은 물론 『통감강목』보다 더 널리 대중적으로 읽혔다. 원래 이 책은 송나라 휘종 때 활약한 강지江贄가 집안의 아이들을 가르치기 위한 교재로 편제한 것이었다. 주희의 『통감강목』보다 훨씬 이전에 편제됐으나 출간은 그보다 훨씬 늦은 13세기 초에 이뤄졌다.

『통감절요』가 간행됐을 때는 이미 주희의 『통감강목』이 널리 퍼진 뒤여서 중국에서는 인지도가 형편없었다. 명대와 청대로 넘어가면서 아무도 이런 책이 존재했다는 자체조차 알지 못했다. 시중에 『통감절요』의 유통 자체가 사라진 결과다. 그럼에도 유독 조선에서만 『자치통감』은 말할 것도 없고 『통감강목』조차 읽지 않고 오직 『통감절요』만 읽는 선비들이 대거 존재했다. 조선조 정조 때의 실학자인 이덕무와 정약용이 원전을 완전히 배제한 채 축약본 『통감절요』에만 매달리는 조선 사대부들의 한심한 작태를 강도 높게 비판한 게 그 증거다.

다만 여기서 감안해야 할 것은 조선조 후기의 열악한 경제상황이 『자치통감』 원본 내지 이를 축약한 『통감강목』보다 『통감절요』를 더 많이 읽게 된 중요한 배경으로 작용케 된 점이다. 왜란과 호란 이후 조선의 경제상황은 극히 열악했다. 방대한 분량의 『자치통감』은 말할 것도 없고 이를 축약한 『통감강목』을 인쇄할 만한 여력이 없었다. 『통감강목』을 인쇄하는 데만도 종이가 959첩帖이나 필요했다. 16세기 기준 종이 한 첩은 20장이었다. 『통감강목』 1질을 완간하는 데 거의 2천 장의 종이가 소요된 셈이다. 여기에 간행 과정에서 버려지는 양은 제외한 것이다. 편집본인 『통감강목』도 이 정도로 많은 양의 종이가 소비된 점을 감안할 때 294권이나 되는 원전 『자치통감』의 인쇄는 당시 기준으로 볼 때 상상을 초월하는 일이었다.

그러나 보다 근원적인 문제는 오직 주희가 주석을 한 사서삼경 위주의 천박한 과거시험 제도에 있었다. 서당이나 가숙에서 한문의 문리를 터득하는 기초 교과서로 『통감절요』를 활용한 게 그렇다. 『통감절요』조차 완질을 다 읽지 않은 채 제7권인 「양태부가의상소梁太傅賈誼上疏」까지만 읽힌 뒤 문리가 트이면 『통감절요』를 더 이상 읽지 않고 다른 경서로 넘어갔다.

조선조의 과거시험은 극히 편협한 지식만을 요구한 비정상적인 등용제도였다. 원래 과거제를 채택한 중국의 당대와 송대만 하더라도 시문을 비롯해 경서 및 사서 등 이른바 문·사·철 전반에 대한 폭넓은 지식을 요구했다. 당나라의 한유와 유종원, 송나라의 구양수와 소식 및 왕안석 등 '당송8대가唐宋八大家'처럼 뛰어난 문인정치가가 등장한 근본 배경이다. 물론 명청대에 들어와서는 고식적인 시험제도인 이른바 '팔고문八股文'으로 인해 이런 인재들이 발을 붙이기가 어려웠다. 당시에 '팔고문'이 관원이 아닌 아전 선발을 부추겼다는 비난을 받은 이유다. 노량진 고시학원 등을 전전하며 주어진 문제집을 집중 연마한 사람에게 유리하게 되어 있는 21세기 한국의 고시제도와 사뭇 닮아 있다.

명대와 청대는 '팔고문'의 이런 단점을 보완하기 위해 한림원翰林院 제도를 설치했다. 이는 진사 합격자 중 우수한 자들만을 추려 한림원에 진학시킨 뒤 보다 자유로운 입장에서 시문과 제자백가서 등을 연마토록 배려한 제도이다. 중앙조정의 현직顯職에 임용되기 위해서는 반드시 진사시험에 합격했을지라도 다시 한림원에 들어가 몇 년 동안 수준 높은 학문을 더 연마해야만 했다. 한림원에 들어가지 못한 진사 합격자는 지방관으로 발령이 났다.

명대 말기 선교사로부터 기하학과 천문학 등을 배워 『기하원본』을 펴낸 서광계徐光啓와 청대 말기 태평천국의 난을 진압하고 양무운동을 주도한 증국번曾國藩과 그의 제자인 이홍장李鴻章 등이 모두 한림원 출신이다. 이들의 학문은 '당송8대가'의 수준을 뛰어넘는다. 명대와 청대는 '팔고문'을 채택키는 했으나 나름 그 단점을 보완할 수 있는 장치를 마련해 놓은 셈이다. 시문 등을 통해 '당송8대가'와 같은 뛰어난 문인정치가를 배출한 역사를 지니고 있었기에 '한림원'과 같은 보완장치를 강구할 수 있었던 셈이다.

이런 전통이 전혀 없이 과도한 명분론에 함몰된 조선조에서는 과거 응시생이 명청대에 비해 턱없이 적었음에도 '한림원'을 설치할 생각을 아예 하지 않았다. 시험과목 또한 당쟁의 온상인 서원에서 가르치는 주자학 이론에 치우쳐 있었다. 지방의 향교와 성균관 등의 관학이 피폐해지고 시험관의 당파에 따라 당락과 등위가 엇갈린 근본 배경이다. 더 한심한 것은 턱없이 짧은 학업연마 기간과 터무니없는 현직顯職 임용이다.

조선조에서는 대과응시 자격시험인 소과小科에 합격한 생원과 진사는 명청대에서 동생시童生試를 통과한 생원生員에 해당했다. 성균관과 국자감에 입학할 수 있는 자격을 준 점 등이 그렇다. 성균관에서 일정한 수업기간을 마친 후 치르는 조선조의 대과에 합격한 자는 명청대에서 국자감 등을 다닌 뒤 향시鄕試에 합격한 거인擧人 수준에 불과했다. 그럼에도 조선조는 이들을 곧바로 최고의 중앙기관인 홍문관과 사헌부 등에 배치했다. 이는 정형화된 시험에 합격한 사람을 짧은 기간의 연수 후 곧바로 인명과 직결된 판검사에 임용하는 현행 고시제도와 사뭇 닮았다.

거인이 된 후에도 진사시험을 통과하고 이어 한림원에서 오랫동안 학문을 닦아야만 중앙조정의 현직에 나아갈 수 있었던 명청대 제도와 하늘과 땅만큼의 차이가 있다. 조선조가 명나라 패망 후 '소중화小中華' 운운하며 우물 안의 개구리처럼 자폐自閉의 길로 치닫다가 패망에 이르게 된 것도 결코 우연으로만 볼 수 없다.

객관적으로 볼 때 거인 수준의 인물을 마치 한림원 출신처럼 우대한 조선조의 사대부에게 치국평천하의 경륜을 바라는 것은 연목구어나 다름없다. 『자치통감』은 말할 것도 없고 『통감강목』조차 제대로 익힌 적이 없는 조선조의 대과 합격자는 문·사·철을 두루 연마한 베트남은 말할 것도 없고 이웃 일본 에도江戶 시대의 사무라이만도 못했다. 동아3국의 성리학 전개과정을 깊이 연구한 바 있는 미조구치 유조溝口雄三 전 도쿄대 교수는『중국사상강의』에서 이같이 갈파한 바 있다.

"중국의 근세는 10세기, 조선은 14세기, 일본은 17세기에 시작됐다. 이는 성리학이 전파된 과정을 그대로 반영하고 있다. 중국은 양명학이 나오면서 상호 경쟁과정에서 오히려 성리학이 더 널리 확산되는 결과를 낳았다. 조선은 이퇴계와 기대승이 4단7정 논쟁을 벌이면서 인간윤리를 탐구하는 형이상의 방향으로 나아갔다. 일본은 성리학과 함께 양명학을 받아들이면서 성리학을 비판하는 고학파古學派와 유학 전체를 비판하는 국학파國學派가 잇달아 출현했다. 일본이 뒤늦게 성리학을 받아들였음에도 가장 먼저 개화에 성공한 이유가 여기에 있다."

그런 점에서 지난 2010년 중앙대 명예교수 권중달이『자치통감』을 완역해 총 32권으로 출간한 것은 높이 평가할 만하다.『통감절요』로 상징되는 조선조의 천박한 학문풍토를 획기적으로 바꿀 수 있는 계기를 마련한 셈이다. 그러나 조선조 이래의 천박한 학문풍토에 일대 경종을 울린 쾌거에도 불구하고, 권 교수의『자치통감』은 크게 3가지 점에서 적지 않은 문제점을 노정하고 있다.

첫째, 한문 원문이 완전히 배제되어 있는 점이다. 이는 한문문화의 전통을 지니고 있는 한중일 3국에서 동양 고전에 대한 번역서를 대할 때 통상 치명적인 결함으로 지적되는 것이기도 하다. 그런 의미에서 그의 번역본은 완역본이라고 말하기 어렵다. 둘째, 각주와 용어 등이 통일되지 못한 들쭉날쭉한 번역 사례를 들 수 있다. 이는 여러 사람이 공역共譯한데 따른 불가피한 결함으로 해석할 수밖에 없다. 셋째, 문맥 전체를 제대로 이해하지 못한 데 따른 오역誤譯이 매우 많다는 점이다. 사실 이게 가장 큰 문제점이기도 하다.

대표적인 예로 우선「한무제 건원 3년」조에 나오는 기원전 138년의 다음 구절 해석을 들 수 있다.

"좌우에 있는 말 타며 활 잘 쏘는 사람과 더불어 여러 전문殿門에서 기약하였다."

원문은 여좌우능기사자기저전문與左右能騎射者期諸殿門이다. 기저전문期諸殿門의 저諸는 지어之於의 준말이다. 한무제가 좌우의 말 타며 활 잘 쏘는 시위侍衛들과 미복微服 차림으로 궁정의 문인 전문에서 만나기로 은밀히 약속했다는 뜻이다. 여기의 저諸를 제諸로 간주해 해석하면 '제전문'이 목적어가 되어 황제가 여러 궁정의 문을 기약했다는 뜻이 된다. 무슨 의미인지 도무지 알 길이 없다. 이를 목적어가 없는 문장으로 간주해 '여러 전문에서 기약했다'고 억지 해석을 시도해도 뜻이 통하지 않기는 마찬가지이다. 지어之於의 준말인 '저諸'로 해석해야만 문장이 순조롭게 통하게 된다.

「한성제 영시永始 원년」조에 나오는 기원전 16년의 다음 구절 번역도 유사한 문제를 안고 있다.

"천하의 모든 사람들이 바라는 것을 막아도 자손을 갖게 되는 상서로움은 오히려 늦어질까 두렵습니다."

원문은 '색천하망塞天下望, 자손지상유공만모子孫之祥猶恐晩暮'이다. 이는 색塞을 통상적인 의미의 '막을 색'으로 풀이한 데서 나온 오역이다. 이같이 해석할 경우 앞뒤 문맥이 부자연스럽다. 여기의 '색'은 막는다는 의미가 아니라 충족시킨다는 의미로 풀이해야만 다음과 같이 앞뒤 문맥이 서로 순통順通하게 된다.

"천하 사람이 바라는 것을 모두 만족시킬지라도 자손을 얻는 상서로움이 오히려 늦어질까 두렵습니다!"

「왕망 시건국 2년」에 나오는 기원후 10년의 다음 구절 번역도 대표적인 오역에 속한다.

"진승과 오광이 그 흰 몽둥이를 떨치고, 유방과 항우가 따라서 그를 죽였다."

원문은 '진오분기백정陳吳奮其白梃, 유항수이폐지劉項隨而斃之'이다. 백정白梃은 직역하면 '흰 몽둥이'이나 여기서는 '커다란 몽둥이'의 의미로 사용된 것이다. 『한서漢書』「제후왕표諸侯王表」에 대한 안사고顔師古의 주에서 '백정'을 대장大杖으로 풀이해 놓은 게 그 증거다. '수이폐지隨而斃之' 구절은 유방과 항우가 진승과 오광의 뒤를 따라 거병해 진나라를 멸했다는 뜻으로 사용된 것이다. 이를 직역해 '따라서 그를 죽였다'는 식으로 번역해 놓으면 독자들은 도대체 무슨 뜻인지 알 길이 없게 된다. 이는 다음과 같이 번역해야만 앞뒤 문맥이 자연스럽게 통하게 된다.

"진승陳勝과 오광吳廣이 커다란 몽둥이를 들고 떨쳐 일어나자, 유방劉邦과 항우項羽가 그 뒤를 좇아 거병해 진나라를 멸했다."

「광무제 건무 25년」에 나오는 기원후 49년의 다음 구절 번역은 아예 한 구절을 생략키도 했다.

"조서를 내려서 두보의 관직을 면직시키고, 용술을 발탁하여 영릉零陵 태수로 삼았다."

이 대목은 마지막 구절인 '송유시한원松由是恨援'이 생략된 것이다. 올바른 번역은 다음과 같다.

"광무제가 조서를 내려 월기교위越騎校尉의 휘하 사마인 두보杜保를 면직시키고, 산도山都 현장 용술龍術을 발탁해 영릉零陵 태수로 삼았다. 양송梁松이 이 일로 마원馬援에게 원한을 품었다."

그 외에도 유사한 사례가 너무 많아 일일이 매거枚擧키도 쉽지 않다. 권 교수의 번역본이 나름 『자치통감』은 커녕 『통감강목』조차 제대로 연마치 못한 조선조 이래의 천박한 학문풍토에 일대 경종을 울렸음에도 못내 아쉬움을 느끼게 만드는 대목이다. 지난 2003년 비록 발췌본 번역이기는 했으나 삼국시대 대목의 『자치통감』을 국내 최초로 번역한 바 있는 필자가 이번에 『자치통감』 번역에 뛰어들게 된 근본 배경이다.

『자치통감』과 시대구분

『자치통감』이 다루는 시기는 주나라 위열왕 23년인 기원전 403년부터 시작해 오대십국의 혼란기가 마무리되는 후주後周 현덕 6년인 959년에 끝난다. 1,362년간에 걸쳐 16개 왕조의 역사가 총 294권 300만 자에 파노라마처럼 시간대별로 정리돼 있다.

『자치통감』의 시대구분에 대한 관점을 보면, 첫 번째로 한족 중심의 중화사관中華史觀에 입각해 있는 점을 들 수 있다. 이는 『사기』의 사마천을 비롯해 『한서』의 반고와 『후한서』의 범엽 등의 역대 사가에게 공통적으로 보이는 모습이기도 하다. 객관적으로 볼 때 남북조시대의 주역이 북조에 있었음에도 불구하고 남조 위주로 편제를 한 게 대표적이다. 기존의 오호십육국五胡十六國 내지 위진남북조魏晉南北朝 등의 용어에 대한 검토가 필요한 이유다.

두 번째로 진시황이 천하를 통일하는 기원전 221년과 삼국시대가 종식되는 기원후 280년 등의 시점을 하나의 '역사적 전환점'으로 간주해 그 전후의 시기를 명확히 구분하지 않는 모습을 보이고 있다. 『자치통감』의 이런 시대구분법은 21세기 학계의 통상적인 시대구분법에 배치되는 것이다.

먼저 사마광이 『자치통감』에서 남북조시대의 주역이 북조에 있었음에도 불구하고 남조 위주로 편제한 점과 관련해 기존의 위진남북조魏晉南北

朝 용어에 대한 정밀한 분석부터 시작할 필요가 있다. 위진시대는 조조가 세운 위나라와 사마씨가 천하를 통일한 이후의 서진이 존속한 시기를 말한다. 약 100여 년에 이른다. 남북조시대는 서진의 후신인 동진을 포함한 한족의 남조 정권과 북방민족이 장성 이남으로 내려와 잇달아 세운 북조 정권이 대치하다가 수나라가 천하를 통일할 때까지의 기간을 가리킨다. 약 300년에 달한다. 양자를 합치면 총 400여 년이 된다.

21세기 현재 중국의 역사가들은 총 400년에 달하는 위진남북조시대를 중국 역사상 가장 고통스럽고 어두운 시기로 보고 있다. 남북조시대 초기에 등장한 북조의 정권을 '5호16국五胡十六國의 난'으로 표현하는 게 대표적이다. '위진남북조' 대신 6조六朝 표현을 쓰는 것도 같은 맥락이다. '6조'는 삼국시대 오나라를 비롯해 서진과 동진, 남조의 송·제·양·진 등 6개의 한족 왕조를 지칭한다. 5호16국을 비롯해 북중국을 통일한 북위와 그 후신인 북제와 북주 등은 말할 것도 없고 그 이전의 삼국시대 위나라까지 암흑의 역사로 치부한 결과다. 남쪽의 '6조'는 북쪽의 '오랑캐'와 달리 풍부한 물산을 배경으로 동질성을 유지한 채 한족 고유의 뛰어난 문명을 지속적으로 발전시켜 왔다는 전제 위에 서 있다.

이것이 한족의 오만과 왜곡된 화이華夷 사상에서 비롯된 것임은 말할 필요 없다. 북조는 결코 야만인의 문화가 아니었다. 강건한 상무정신을 토대로 뛰어난 정치군사 문화를 독자적으로 만들어 낸 게 그렇다. 이게 수당의 시기에 이르러 천하통일의 밑거름이 됐다. 위진남북조시대를 모르면 수당시대가 지니고 있는 역사적 의미와 그 이후의 역사 전개과정을 제대로 이해하기가 힘들다는 얘기가 나오는 이유다. 5백년에 걸친 춘추전국시대를 모르면 진한제국의 출현 및 그 이후의 전개과정을 정확히 파악할 수 없는 것과 같다.

위진남북조시대는 춘추전국시대가 그랬듯이 매우 역동적인 시기였다.

사상사적으로 볼 때 유교와 불교 및 도교 모두 상호 치열하게 경쟁하면서도 상대의 장점을 적극 흡입해 사상통합의 가능성을 탐색했다. 정치군사적으로 보아도 북쪽의 호인胡人과 남쪽의 한족을 하나로 묶기 위한 다양한 정책이 실시됐다. 문화적으로도 남조의 섬세하면서도 화려한 문체와 북조의 간결하면서도 굳센 문체가 극명하게 대비되는 상황에서 서로 장점을 베끼려고 노력했다. 20세기 초 청화대의 저명한 역사학자 진인각陳寅恪은 이를 호한융합胡漢融合으로 표현했다.

'호한융합'에 기초한 수당대의 성세가 등장케 된 것은 전래의 한족 문화에 선비, 강, 저, 갈, 흉노 등으로 구성된 여러 호인들의 참신한 문화와 상무정신이 적극 유입된 결과이다. 하드웨어와 소프트웨어의 융합을 뜻하는 '스마트혁명'이 그렇듯이 이질적인 남북의 문화를 하나로 녹이고자 하는 각 방면의 노력이 바로 '호한융합'에 기초한 수당의 통일로 이어졌다.

그럼에도 오랫동안 중국의 역대 사가들은 호한융합에 기초한 위진남북조시대를 지금의 남경인 건강建康을 수도로 삼은 삼국시대의 동오와 동진, 송, 제, 양, 진에 초점을 맞춰 '6조'로 좁혀 불렀다. 말할 것도 없이 한족 중심의 그릇된 화이사상에 입각한 것이다. 현재 중국학계 일각에서는 편협한 '6조' 용어를 사용하지 않고 있다. 그러면서 '위진남북조' 대신 '양진남북조兩晉南北朝' 용어를 새롭게 만들어 사용하고 있다. 동진이 패망하는 420년에서 얼마 떨어지지 않은 439년에 북위가 북중국을 통일한 것을 기점으로 명실상부한 남북조가 시작됐다는 주장이다. 이는 기본적으로 다음과 같은 문제를 안고 있다.

첫째, 동진이 패망한 420년에서 북위가 북중국을 통일하는 439년 사이의 19년이 '양진'도 아니고 '남북조'의 시기도 아닌 애매한 시기로 남게 된다. 통일정권인 '서진'이 무너지고 남쪽에 '동진'이 성립하는 시점부터 분열시대인 남북조가 열렸다고 보면 아무 문제가 없는 것을 공연히 한족 중심의 '양진' 개념을 고집하는 바람에 이런 일이 빚어진 것이다.

둘째, 북조의 역사를 16국이 난립한 전기와 북위가 북중국을 통일한 후기로 구분한 것은 역사적 사실을 무시한 것이다. 이는 북조의 후기를 남조의 역사와 억지로 대비시키려는 속셈에서 비롯된 것이다. 북조의 북위가 비슷한 시기의 남조 송나라와 남북으로 대립한 점은 나름 이해할 수 있으나 남조의 동진과 송을 굳이 구분해야 하는 이유가 무엇인지 알 길이 없다. 이는 기본적으로 한족 역대 사가들의 그릇된 '중화' 개념을 고식적으로 답습한 결과로 볼 수밖에 없다. 위진남북조시대와 관련한 여러 용어를 도식으로 정리하면 다음과 같다.

a) 위진남북조

1. 위삼국시대 → 2. 진서진 → 3. 남북조5호16국·북위·북주의 북조 vs 동진·송·제·양·진의 남조

b) 서진남북조

1. 서진 → 2. 남북조5호16국·북위·북주의 북조 vs 동진·송·제·양·진의 남조

c) 양진남북조

1. 서진 → 2. 동진5호16국의 존재 무시 → 3. 남북조북위·북주의 북조 vs 송·제·양·진의 남조

d) 육조

1. 동오삼국시대 → 2. 진서진 및 동진 → 3. 송 → 4. 제 → 5. 양 → 6. 진

원래 '위진남북조'는 남북조의 전개가 서진의 흥망에서 비롯되고, 이는 조조의 위나라에 뿌리를 두고 있다는 생각에서 나온 것이다. 이에 반해 '양진남북조'는 남북조 전개가 조조의 위나라가 아닌 서진에서 비롯됐다고 보는 시각이다. 삼국시대와 그 이후의 시기를 엄격히 구분코자 하는 취지가 반영된 결과이기는 하나 '양진'을 굳이 강조하는 이유가 석연치 않다.

객관적으로 볼 때 서기 317년에 성립된 '동진'은 남조의 일개 정권에 불과했다. 5호16국의 등장과 더불어 남북조시대의 개막을 알린 '동진'은 삼국시대에 종지부를 찍은 사마씨의 '서진'과 엄격히 구분할 필요가 있다. 이를 전제로 할 경우 '양진남북조'는 '서진남북조'로 바꾸는 게 타당하다. 사실 그래야만 위, 촉, 오 등 삼국이 한 치의 양보도 없이 치열하게 다툰 '삼국시대'와 그 이후의 '서진남북조' 시기가 확연히 구별될 수 있다.

이 경우 '서진남북조' 시기는 크게 두 시기로 나눌 수 있다. 하나는 사마염에 의해 삼국이 통일되는 280년에서 동진이 건립되는 317년 직전까지 모두 37년 동안 지속된 서진의 통일 시기다. 다른 하나는 동진의 성립에서 남조의 마지막 왕조인 진陳나라가 북중국을 통일한 수나라에 의해 통합되는 589년 정월까지 모두 273년 동안 지속된 '남북조'의 분열 시기다. 두 시기를 합치면 '서진남북조'의 기간은 총 310년에 달하게 된다.

역대 사가들은 북위와 그 후신인 동위, 서위, 북제, 북주의 5개 왕조만을 북조北朝로 인정했다. 여기에 수나라까지 더해 북조의 역사를 기술한 이연수李延壽의 『북사北史』가 대표적이다. 이는 북위가 북중국을 통일하기 이전까지의 북조 역사를 역사로 간주하지 않은 데 따른 것이다. '5호16국' 용어가 출현한 근본 배경이다. '양진남북조'의 '양진'도 같은 맥락이다. 오직 한족의 역사만 정통 중국사에 편입시킬 수 있다는 편견에서 비롯된 것임은 말할 것도 없다.

이는 모든 소수민족의 역사를 중국사에 편입시키고자 하는 현대 중국의 입장과 배치된다. 현재 중국학계는 물론 중국인 사이에서도 '5호16국'과 '6조' 용어는 완전히 자취를 감췄다. 학술적으로 보아도 이런 편협한 관점을 고집할 경우 북중국을 통일한 북위가 534년을 기점으로 동위와 서위로 다시 나뉜 뒤 다시 권신인 고씨와 우문씨의 북제와 북주로 바뀐 사실을 제대로 설명하기 어렵다.

원래 남조는 동진의 성립 이후 마지막 왕조인 진나라까지 줄곧 단일정권으로 존재했다. 이에 반해 북조는 수나라에 의해 통일될 때까지 시종 여러 나라가 서로 한 치의 양보도 없이 치열하게 다투는 양상을 보였다. 북위가 거의 1백 년 동안 북중국을 하나로 통합한 정권으로 존재한 것도 남북 대립이라는 큰 틀에 넣어 바라보면 일시적인 현상에 불과하다.

사실 이같이 접근해야만 북중국을 통일한 북위가 동위와 서위 및 북제와 북주로 나뉘었다가 40여년 만인 576년에 북주로 통합된 뒤 다시 581년 수나라로 바뀐 사실이 자연스럽게 설명된다. 북위 자체가 동진이 등장하는 317년에서 불과 20년밖에 떨어지지 않은 338년에 이미 독자적인 연호를 사용하고 있었다. 북위를 5호16국에서 배제한 것 자체가 어불성설이다. 북위의 북중국 통일을 기점으로 북조의 역사를 전기와 후기로 나눈 뒤 전기는 아예 무시한 채 '양진'의 시기로 못 박고, 이어 후기만 따로 떼어내 남조와 대립한 시기로 간주하는 것 자체가 비과학적이라는 얘기다.

'위진남북조' 내지 '서진남북조' 시기에 대한 정확한 이해는 북조의 전기 역사를 5호16국으로 한정하는 기존의 견해를 과감히 폐기하는 데서 출발할 필요가 있다. 그런 점에서 삼국시대와 그 이후의 시기를 명확히 구분하고, 통일정권인 서진이 무너진 후 북쪽에 여러 나라가 명멸하면서 남쪽의 한족 정권과 각축을 벌인 사실을 분명히 드러내고자 할 경우 '서진남북조'로 명명하는 게 타당하다. 동진의 성립 이후 남북이 시종 대립하는 모습을 보인 게 이를 뒷받침한다.

주목할 것은 서진남북조시대 이후 호인들이 청대 말기까지 시종 중국사 전개의 중심축으로 작용한 점이다. 통일시대에 등장한 원제국과 청제국은 말할 것도 없고 분열시대에 등장한 요·금과 북원·후금 모두 무력 면에서는 한족 정권인 송과 명을 압도했다. 호인이 '호한융합'의 중심축에서 밀려난 것은 20세기 초 청조가 패망한 이후로 아직 1백년도 안 되는 극히 최근의 일일 뿐이다. 그런 점에서 호인이 중국의 역사 전개과정에 본격적으로 개입해 주도권을 행사하기 시작한 위진남북조시대의 역사는 중국 역사의 실체를 파악하는 관건에 해당한다.

『자치통감』의 시대구분과 관련해 2번째로 주목할 것은 진한시대秦漢時代의 개막 시점이다. 진시황이 사상 처음으로 천하를 통일하는 이 시기에 이뤄진 만큼 그 이전과 이후의 시기를 엄밀하게 나눌 필요가 있다. 그럼에도 『자치통감』은 그 이전과 이후의 시기를 하나로 뭉뚱그려 모두 권7인 '진기秦紀 2'에 묶어서 기술해 놓았다. 이것이 학계의 통설과 다른 것임은 말할 필요도 없다.

삼국시대三國時代에 대한 기술도 마찬가지이다. 오나라가 패망하는 진무제 태강 원년인 280년에 종언을 고하고, 사마씨의 서진西晉이 공식 출범하게 된다. 같은 해에 2가지 큰 사건이 동시에 진행된 셈이다. 원래 태강 원년의 기록은 삼국시대를 집중 조명하고 있는 권80에 편제하는 게 타당했다. 그럼에도 사마광은 이를 굳이 권81에 편제했다. '삼국시대의 종식'보다 '서진의 천하통일'에 방점을 찍은 결과다.

객관적으로 볼 때 서진의 통일은 100년 간 지속된 삼국시대를 종식하고 진시황과 한고제 유방에 이어 사상 3번째로 천하를 통일한 '역사적 전환점'의 일대 사건에 해당한다. 그만큼 의미가 크다. 필자는 사마광의 편제 취지를 최대한 살려야 한다는 기본 원칙을 정했다. 그러나 '삼국시대'

와 '서진시대'를 놓고 권81의 내용을 둘로 쪼개 태강 원년인 280년의 기록은 '삼국시대', 나머지 태강 2년부터 태강 9년까지의 기록은 '서진시대'로 분류할 수밖에 없었다.

본서가 시기구분에서 진한시대와 삼국시대를 놓고 이런 이견을 보인 것은 『자치통감』의 편제시기와 21세기의 시대상황이 다른 만큼 크게 문제 삼을 일은 없다. 다만 사마광이 『자치통감』을 시작하면서 굳이 기원전 403년을 전국시대의 시점始點으로 간주할 필요가 있었는가 하는 점은 학계에서도 아직까지 정론이 없는 상황인 만큼 좀 더 자세한 고찰을 요한다.

이는 사마광이 『춘추좌전』의 뒤를 이어 전국시대부터 붓을 들어 『자치통감』을 기술한 것과 같은 취지이다. 원래 '춘추'는 공자가 쓴 것으로 알려진 『춘추』라는 사서의 이름에서 나온 것이고, '전국'은 전한 말기 유향劉向이 쓴 『전국책』에서 비롯된 것이다. 춘추시대는 주유왕이 서융西戎의 침공으로 도성인 호경鎬京 부근의 여산에서 죽고, 뒤를 이은 주평왕이 낙읍으로 천도한 기원전 770년부터 시작한다. 『자치통감』의 시대구분에 따를 경우 전국시대는 주 왕실이 진晉나라의 3분을 공인하는 기원전 403년부터 시작한다. 이는 진시황이 중국을 최초로 통일한 기원전 221년에 끝난다. 두 시기를 합치면 정확히 550년에 달한다.

학계에서는 춘추전국시대 대신 선진시대先秦時代 표현을 즐겨 사용한다. 진시황이 세운 진제국과 유방이 세운 한제국을 통칭하는 진한시대秦漢時代와 구분코자 하는 의도에서 나온 것이다. 선진시대는 전설적인 삼황오제三皇五帝의 시기를 비롯해 하나라와 은나라, 서주의 시기까지 포함한다. 『사기』는 바로 이런 분류에 입각한 사서에 해당한다. 사마천이 「본기本紀」에서 선진시대를 크게 「오제본기」와 「하본기」, 「은본기」, 「주본기」, 「진본기」로 나눈 게 그렇다. 이는 21세기 현재까지 학계에서 널리 사용되는 시대구분법이기도 하다.

그러나 이런 식의 분류는 적잖은 오해를 불러일으킬 수 있다. 학계에서는 낙양으로 천도하는 기원전 770년을 기점으로 서주시대西周時代와 동주시대東周時代가 확연히 구분되고 있는데도 「주본기」로 묶어 놓은 게 그렇다. 춘추전국시대를 하나의 일과성 시기로 간주한 결과로 해석할 수밖에 없다. 동주시대는 주나라의 천하가 아니었다. 왕실은 낙양을 중심으로 한 작은 제후국에 불과했다. 서주시대와 동주시대를 하나로 묶은 『사기』의 분류법은 진한시대의 특징을 부각시켜 서술하는 경우에만 유리할 뿐이다.

그렇다면 춘추전국시대는 어떻게 분류하는 게 옳은 것일까? 통상 춘추전국시대와 동주시대를 뒤섞어 사용하고 있으나 학술적으로는 엄격히 구분할 필요가 있다. 동주시대와 춘추전국시대 모두 낙양으로 천도하는 주평왕 원년인 기원전 770년을 공히 시점始點으로 삼고 있다. 그러나 그 종점終點만큼은 커다란 차이가 있다.

형식적으로 볼 때 동주시대의 종점은 주나라가 역사무대에서 완전히 사라지는 주난왕 59년인 기원전 256년이다. 진시황이 천하를 통일하는 기원전 221년과 35년의 차이가 난다. 그러나 내용적으로 볼 때는 이보다 훨씬 거슬러 올라가야만 한다. 많은 학자들은 전국시대가 시작되는 5세기 초로 잡고 있다. 삼국시대 당시 한헌제의 선양이 황초 원년인 220년에 이뤄지기는 했으나 이때부터 삼국시대가 시작됐다고 보지 않는 것과 같다. 이 경우 동주시대와 춘추전국시대의 종점은 무려 200년의 차이가 나게 된다.

사마천의 『사기』처럼 춘추전국시대를 동주시대와 동일시할 경우 춘추전국시대의 역사적 특성을 무시하고 있다는 지적을 면키 어렵다. 객관적으로 볼 때 전국시대가 시작된 이후 주 왕실은 존재하지 않은 것이나 다름없다. 그럼에도 오랫동안 춘추전국시대를 동주시대로 명명하는 관행이 지속됐다. 『사기』의 영향이 그만큼 컸다.

사마천은 기본적으로 주 왕조의 정통성이 진나라를 거치지 않은 채 곧바로 유방의 한나라로 넘어왔다고 보았다. 이를 관철할 경우 진제국은 잠시 등장했다 사라진 반란집단에 지나지 않게 된다. 그가 춘추전국시대를 동주시대와 동일시한 근본 이유가 여기에 있다. 후대의 성리학자들은 사마천의 이런 관점을 그대로 수용했다. 주나라의 지방분권적인 봉건제封建制를 바람직한 통치체제로 간주하면서 진시황을 '만고의 폭군'으로 매도한 게 그렇다. 이런 황당한 주장이 청대 말까지 그대로 이어졌다. 이 점에 관해서 『자치통감』은 『사기』와 확연한 차이를 보이고 있다. 전국시대를 기술한 「주기周紀」에 이어 진시황의 천하통일을 다룬 「진기秦紀」를 거쳐 한고제 유방에 의한 전한과 후한의 400년 역사를 다룬 「한기漢紀」로 이어지고 있기 때문이다.

제도사적으로 볼 때 진나라가 처음으로 실시한 중앙집권적인 군현제郡縣制는 천하대세를 좇은 매우 선진적인 것이다. 이는 사상사적으로도 매우 중요한 의미를 지니고 있다. 주나라의 봉건제는 신분세습을 전제로 한 것이다. 능력이 없는 자일지라도 오직 혈통 하나만으로 높은 자리에 앉게 된다. 이것이 역사의 흐름에 반하는 것임은 말할 것도 없다. 제자백가의 효시인 공자가 지덕을 겸비한 군자만이 군주의 자리에 올라야 한다고 역설한 이유가 여기에 있다. 그는 모든 악의 근원이 바로 혈통에 따른 신분세습의 봉건제에서 비롯됐다고 보았다.

훗날 공자를 보수반동의 괴수로 몰아간 광란의 문화대혁명 시기에도 초대 사회과학원장을 지낸 궈모뤄郭沫若는 공자를 '혁명가'로 평가한 기존의 신념을 굽히지 않았다. 절친한 친구인 마오쩌둥의 비호로 큰 화를 면하기는 했으나 그가 자신의 주장을 굽히지 않은 것은 기본적으로 신분세습의 봉건제가 얼마나 퇴행적인 체제인지를 통찰한 데 따른 것이었다. 엄밀히 따지면 봉건제는 사실상 21세기 현재에도 존재하고 있다. 부의 세습과 지역할거 구도의 붕당체제가 그 증거다. 이를 조속히 혁파하지 못할 경우 이내 패망의 길로 치닫게 된다.

진시황이 천하통일 이후 천하를 대상으로 예외 없이 실시한 군현제는 철저한 능력주의에 입각한 것이었다. 황제의 자식일지라도 능력이 없으면 통치체제에서 배제됐다. 그러나 이는 진제국의 급속한 몰락을 초래하는 요인으로 작용했다. 황실의 울타리가 너무 허약했기 때문이다.

한고제 유방은 진나라가 황실의 울타리가 허약한 탓에 급속히 무너졌다고 판단한 나머지 군현제와 봉건제를 절충한 군국제郡國制를 택했다. 그러나 이로 인한 폐해가 막심했다. 전한 초기에 터져 나온 '오초7국의 난'을 비롯해 남북조시대를 초래한 서진 때의 '8왕의 난' 모두 황제의 후손들이 봉건세습의 왕에 봉해진 데서 비롯됐기 때문이다. 만일 진나라가 오랫동안 유지됐으면 21세기의 공화제를 방불하는 선진적인 통치체제가 기원전에 정착됐을 공산이 컸다.

여러 민족과 수많은 인민이 하나의 거대한 국가 집단을 이룬 중국은 이미 전국시대가 시작되는 기원전 5세기경부터 신분세습의 봉건제를 더 이상 유지할 명분이 없었다. 신분세습의 봉건제 하에서는 아무리 천하를 삼킬만한 웅지를 품더라도 혈통이 좋지 않으면 그 뜻을 영영 펼 길이 없었다. 공자가 군자가 다스리는 새로운 세상의 도래를 갈구한 이유다. 이는 신분세습의 벽에 가로막혀 신분상승의 사다리가 겨우 하대부下大夫에서 멈춘 그의 뼈아픈 경험과 무관하지 않았다. 전국시대에 들어와 역사 퇴행적인 신분세습의 벽이 급속히 무너지기 시작했다. 군현제는 바로 이런 천하대세의 흐름을 반영한 것이었다.

서민 출신인 유방이 한나라를 세울 수 있었던 것도 따지고 보면 진나라가 전면적인 군현제를 실시한 덕분이다. 만일 진시황이 대다수 신하들의 견해를 좇아 봉건제를 실시했다면 서민 출신인 유방과 같은 인물이 천자의 자리에 오르는 일은 애초부터 일어나지 않았을 것이다. 19세기에 들어와 비로소 신분세습의 봉건질서를 무너뜨리기 시작한 서양과 비교할 때 무려 2,000여 년의 시간차가 존재한다. 따라서 동양이 기원전에 능력 위주의 중앙집권적 관료국가로 이행하게 된 배경을 제대로 알기 위해서는 춘추전국시대에 관해 먼저 알아야 한다.

현재 학계 내에서는 분석의 편의상 춘추시대와 전국시대를 나누는 게 관행이 되어 있으나 전국시대가 개막하는 시점과 관련해서는 아직 통일된 견해가 없다. 『자치통감』의 견해를 좇아 주 왕실이 진나라의 3분을 공식 승인하는 기원전 403년을 전국시대의 개막으로 보는 견해가 주류를 이루고 있으나 그에 따른 반발도 만만치 않다.

한때 『사기』「6국연표」의 기록을 좇아 주원왕 원년인 기원전 476년을 전국시대의 개막으로 보아야 한다는 주장이 널리 유포된 적이 있다. 그렇다면 사마천은 왜 주원왕 원년을 중시한 것일까? 그는 「6국연표」 말미에서 이같이 주장한 바 있다.

"나는 주원왕에서 시작해 6국의 시사時事를 표로 만들어 진나라 2세 황제에까지 이르게 했다. 이로써 전국시대는 모두 270년의 기간에 해당한다."

진제국의 존재 자체를 아예 전국시대의 연장으로 본 것이다. 그러나 설령 이런 주장을 수용할지라도 하필 왜 주원왕 원년을 전국시대의 개막으로 보는지에 대한 의문은 계속 남는다. 당시 열국 사이에 특별한 일이 벌어진 것도 아니기에 더욱 그렇다. 단지 주원왕이 즉위해 새로운 원년이 시작됐다는 것 이외에는 특별한 의미를 찾을 길이 없다.

그 대안으로 나온 것이 진나라의 한, 위, 조 등 세 가문이 집정대부인

지백知伯을 멸하고 진나라를 사실상 3분한 주정왕 16년의 기원전 453년을 개막 시점으로 간주한 견해이다. 중요한 역사적 사실에 기초하고 있는 점에서 나름 일리가 있다. 그러나 진나라의 세 가문이 지백의 영지를 3분했다는 것 이상의 역사적 의미를 찾기가 힘들다.

이후 아예 논란이 되고 있는 약 80년의 기간을 하나로 묶어 '춘추전국교체기' 또는 '춘추전국지제春秋戰國之際'로 하자는 견해가 나왔다. 이는 공자의 사망 시점인 기원전 479년부터 진나라의 3분이 공식 확인되는 기원전 403년까지를 과도기로 간주하는 견해이다. 객관적으로 볼 때 나름 설득력이 있다. 이 시기는 오월이 중원의 패자인 진나라와 남방의 전통 강국인 초나라를 제압하고 천하의 패권을 장악한 시기와 일치한다. '춘추전국지제'는 일명 '오월시대吳越時代'와 같다. '오월시대'는 신흥대국 오월이 천하를 호령한 시대적 특성을 그대로 반영하고 있다. 필자가 다른 책에서 춘추시대와 전국시대의 중간지대로 '오월시대'를 상정한 근본 배경이다.

현재 학계에서 가장 널리 통용되는 설은 『자치통감』이 주장한 '주위열왕 23년설'이다. 기원전 403년에 주왕실이 진晉나라 권신 위사魏斯와 조적趙籍 및 한건韓虔 등 세 사람에게 제후의 봉작을 내린 사실에 주목한 결과다. 사마광은 왜 이 시기를 춘추시대와 전국시대가 갈리는 기점으로 간주한 것일까?

그는 『자치통감』의 권1 첫 대목에서 진나라 대부 3인이 제후가 된 사실을 간략히 언급한 뒤 장문의 사론史論을 통해 왜 이 시기를 전국시대의 시점으로 삼아야 하는지 소상히 밝히고 있다. 그는 주왕실이 세 대부들의 하극상을 응당 토벌해야 했음에도 불구하고 오히려 힘에 굴복해 이들의 요구를 그대로 들어줌으로써 군신지분君臣之分이 붕괴된 점을 그 이유로 들었다.

"삼진三晉이 비록 강성하다 할지라도 만일 천하의 주벌誅罰을 고려하지 않고 의와 예를 어기려 했다면 주위열왕에게 요청하지 않고 스스로 제후를 칭했을 것이다. 정말로 천자에게 요청치 않고 스스로 제후가 됐다면 이들은 패역지신悖逆之臣이 됐을 것이고, 제환공이나 진문공과 같은 사람들이 틀림없이 다시 나타나 예의를 받들고 이들을 정벌했을 것이다. 그런데 지금 이들 세 사람이 요청하자 주위열왕이 이를 허락했다. 천자의 명을 받아 제후가 됐으니 누가 이를 토벌할 수 있겠는가? 따라서 이들 삼진이 제후들의 반열에 서게 된 것은 이들 삼진이 예를 버렸기 때문이 아니고, 주위열왕이 스스로 예의 질서를 무너뜨린 데 따른 것이다. 오호嗚呼! 군신지례君臣之禮가 완전히 무너져 내리니, 천하 사람들이 단지 지략과 무력인 지력智力으로만 서로 겨루게 된 이유가 바로 여기에 있다."

사마광은 천자인 주위열왕이 하극상을 벌인 이들 역적들을 토벌하지도 않고 오히려 이들을 제후의 반열에 올려줌으로써 약육강식의 전국시대가 시작됐다고 판단한 것이다. 통렬하면서도 명쾌한 사론이다. 사마광은 작은 일로 간주할 수도 있는 이 사건을 크게 부각시킴으로써 전국시대의 시점을 분명히 한 셈이다. 21세기 현재 대다수 학자들이 전국시대의 시점을 주위열왕 23년으로 간주하는 것은 바로 사마광의 이런 논리를 추종한 결과다.

사마광이 시대구분에 따른 여러 이견에도 불구하고 근 1,400년에 달하는 역대 왕조의 역사를 총 294권의 『자치통감』에 담을 수 있었던 것은 기본적으로 『춘추좌전』에서 비롯된 춘추필법과 편년체의 체제를 그대로 고수한 덕분이다. 그가 『춘추좌전』이 끝나는 노애공 27년인 기원전 468년에 뒤이어 전국시대가 개막하는 주위열왕 23년인 기원전 403년부터 역사를 기술하기 시작한 것도 그의 이런 신념에서 비롯된 것이다.

『자치통감』과 『춘추좌전』 모두 난세에는 난세의 치리治理가 따로 존재한다는 논리를 전개하고 있다는 점에서 일치하고 있다. 『춘추좌전』은 제齊나라와 진晉나라, 초楚나라, 진秦나라를 중심으로 움직이던 춘추시대를 다루면서 결코 어느 특정 국가에 편중되어 기술하지 않았다. 비록 이적夷狄으로 비하된 초楚나라와 진秦나라일지라도 정사의 내용이 좋을 경우 이를 칭송한 게 그렇다. 『자치통감』이 『춘추좌전』의 이런 화이관華夷觀을 그대로 이어받은 것은 말할 것도 없다.

『춘추좌전』과 『자치통감』이 특정 시기만을 집중적으로 부각하는 방식을 버리고 전 기간에 걸쳐 일어난 모든 사건을 가감 없이 모두 고르게 다룬 것도 이런 맥락에서 이해할 수 있다. 역사소설 『삼국연의』가 극도로 미화한 '적벽대전'을 일개 국지전인 오림지역烏林之役으로 간략히 기술해 놓은 게 대표적이다. 말할 것도 없이 엄정한 사료 비판을 고수한 결과다.

사실 사가들의 이런 객관적인 접근 방식만이 후대인들에게 사서탐독을 통한 난세 극복의 혜안을 밝혀줄 수 있다. 역사를 바라보는 안목인 '정치인 출신 사가' 사마광의 엄정하고도 뛰어난 사안史眼이 형형炯炯히 빛나는 대목이다. 독자들은 사마광이 『춘추좌전』의 후속편인 『자치통감』을 저술하면서 왜 기원전 403년부터 붓을 들고, 기전체 편제를 고수했는가를 감안하고 읽을 필요가 있다. 『자치통감』을 보다 깊이 이해할 수 있는 열쇠가 여기에 숨겨져 있기 때문이다.

일러두기

1. 본서는 『자치통감전역資治通鑑全譯』(귀주인민출판사, 1990)을 저본으로 삼아 북송 때 활약한 '정치가 출신 사가'인 사마광의 『자치통감資治通鑑』을 완역한 것이다. 판본의 차이에 따른 원문의 출입出入 등을 확인하기 위해 지난 2013년에 중화서국에서 출간한 호삼성胡三省 음주音注의 『자치통감資治通鑑』을 비롯해 지난 2002년에 중앙민족대학출판사가 펴낸 『황가독본皇家讀本 자치통감』 등 국내외의 여러 판본과 주석본을 적극 참조했다.
2. 본서는 한문원문을 덧붙인 번역본으로는 국내 최초로 출간된 것이다. 『자치통감』은 편년체 사서의 남상인 『춘추좌전』의 문체와 편제를 그대로 이어받은 까닭에 한 자 한 자 정밀한 축자逐字 해석이 절대 필요하다. 필자는 이미 지난 2006년에 축자 해석을 바탕으로 한 『춘추좌전』을 완역 출간한 바 있다. 본서 역시 이런 방식을 철저히 고수한 것임은 말할 것도 없다. 춘추전국시대를 일이관지一以貫之하여 꿰고자 하는 독자는 본서를 읽었거나 읽기 전에 『춘추좌전』을 일독하면 커다란 도움을 받을 것으로 본다.
3. 본서는 학계에서 널리 통용되는 시대구분법을 좇았다. 전국시대를 위시해 그 이후의 역대 왕조 역사인 진한시대와 삼국시대, 서진시대, 남북조시대, 수당시대, 오대십국시대 등의 구분이 그렇다. 다만 편집기술상의 문제로 인해 진시황의 천하통일과 사마염의 천하통일을 '역사적 전환기'로 간주해야 함에도 그 앞뒤의 역사를 같은 권卷에 기술한 사마광의 편제를 부득이 그대로 좇았다. 소제목 등과 관련해 각 권을 내용에 따라 몇 개의 단락으로 나눠 소제목을 붙이는 번거로움을 피하고 각 권별로 큰 제목만을 붙인 것도 이와 무관치 않다.
4. 필자는 독자들의 편의를 위해 역사지리 및 관직명 등에 관한 통상적인 주석은 모두 본문의 ( ) 내지 ' ' 안에 집어넣는 방식을 취했다. 각주의 번잡을 적극 피하고자 한 것이다. 역대 주석가들의 주석이 대립되고 번역자인 필자의 해석이 필요하다고 생각되는 부분은 각주에서 그 배경 및 정확한 해석 등에 관해 상세한 풀이를 해 놓았다.
5. 원문에 나오는 간지干支는 모두 구체적인 날짜로 바꿔 놓았다. 다만 구체적인 날짜를 추정키 어려운 경우는 간지 그대로 표기해 놓았다. 한글 번역만으로는 그 의미 내지 뉘앙스를 제대로 전달키 어렵다고 판단될 경우는 「 」 안에 한자를 집어넣었다.

〈신종황제神宗皇帝 서문〉

“짐은 생각건대, 군자君子란 이전 사람이 한 말과 행적인 전언왕행前言往行을 많이 알아 그 덕을 쌓아가는 까닭에 능히 『주역』「대축大畜」의 「단사彖辭」에 나오듯이 강건독실剛健篤實하여 휘황히 빛나도록 날마다 새롭게 하는 휘광일신輝光日新을 할 수 있다고 본다. 『서경』「상서商書, 열명說命 하」는 군주가 되어 사람들이 많이 듣고자 하는 바를 추구하면 일을 이룰 수 있는 취지로 ‘인구다문人求多聞, 시유건사時惟建事’를 언급했다. 『시경』과 『서경』, 『춘추』 등의 경전 모두 득실得失의 흔적을 밝혀 왕도가 바르게 존재하고, 후세에 거울이 될 만한 교훈을 남겨주기 위한 것이다. 전한 때의 사마천司馬遷은 『사기』를 저술할 때 석실石室과 금고金庫에 있는 책들을 끌어내면서 좌구명左丘明의 『국어國語』에 근거해 기술했고, 또한 『세본世本』과 『전국책戰國策』 및 『초한춘추楚漢春秋』 같은 책으로 뜻을 미뤄 짐작해 보았던 것이다. 그리고 경전에서 채택하고 천하의 잊힌 옛날 사건들의 소식을 망라했고 행적과 사적도 검토했다. 위로부터 아래까지 수천 년 사이를 오르내리며 위로는 헌원軒轅 황제黃帝 시대로부터 아래로는 한무제의 획린獲麟 시대까지의 역사를 기록한 배경이다. 그는 『사기』를 저술할 때 「본기本紀」와 「표表」, 「세가世家」, 「서書」, 「열전列傳」 등으로 구분해 기록했다. 훗날 역사를 서술하는 자들은 이러한 기전체紀傳體에 입각한 역사 서술 체제를 바꿀 수가 없었다. 오직 그 책에서 시비是非를 가린 것은 성인의 뜻에 어긋난 게 없었고, 포폄褒貶을 가한 것 역시 지극히 합당한 논리에서 출발한 까닭에 훌륭한 사가의 자질인 양사지재良史之材로 불렸다. 나의 부친 영종英宗 황제가 옛 것을 살핀 것을 보면 늘 정신을 옛 전적典籍에 두었고, 천하의 모든 중대사인 만기萬機를 처리하는 와중에 단 한 번도 책을 손에서 놓는 폐권廢卷을 행한 적이 없다. 일찍이 용도각龍圖閣 직학사直學士로 있던 사마광에게 명해 역대 군왕과 신하들의 사적을 차례로 논평케 하고, 비각秘閣에 있는 도서를 열람케 하고, 함께 일하는 관원에게도 필찰筆札을 내려주어 돕게 하면서 주위열왕周威烈王의 역사에서 시작해 오대십국五代十國의 역사에 이르러 그치게 하셨다. 사마광의 뜻은 이러했다. 주나라는 쇠약이 누적돼 왕실이 미미해지면서, 예악禮樂과 정벌征伐이 제후에게서 나오게 됐다. 마침내 주평왕이 동쪽 낙양으로 천도하자 제齊·초楚·진秦·진晉 등이 강대해졌다. 이때 제환공齊桓公과 진문공晉文公 등이 천하의 패권을 쥔 채 존왕尊王을 구실로 천하를 복종시켰다. 이후 주위열왕은 스스로 제후국인 진晉나라의 신하로서 천자의 배신陪臣인 한씨韓氏와 위씨魏氏 및 조씨趙氏를 제후로 삼았다. 이로 인해 주나라는 비록 멸망하지 않았으나 왕제王制만큼은 거의 다 없어진 게 됐다! 이 또한 옛 사람이 사안을 기술하고 글을 짓는 술작述作을 할 때 그 실마리를 만들고 뜻을 세우는 조단립의造端立意와 관계가 있다. 이 책에는 명군明君과 양신良臣이 정치의 도리인 치도治道를 절실하게 연마하며 의논했던 정치精緻한 말들이 실려 있다. 덕을 베풀고 형벌을 주는 좋은 제도, 하늘과 사람이 서로 함께 하는 관계, 아름답거나 혹은 허물이 되는 여러 증거의 원천, 권위와 복의 근원과 성쇠의 근본, 규모를 이롭게 하거나 해롭게 하여 나타나는 효과, 훌륭한 장수인 양장良將의 방략, 순리循吏가 만든 조목조목의 가르침, 사악하거나 올바른 사정邪正에 관한 결단, 잘 다스리고 소홀한 부분에 관한 요점 파악, 외교문서인 사령辭令에 나타나는 기품과 연원 있는 체제, 잠언箴言과 간언諫言이 갖는 깊고 절실한 의미 등까지 아주 잘 갖춰져 있다. 이 책은 총 16개 왕조의 역사를 296권으로 묶어 완성한 것이다. 문틀과 창문인 호유戶牖로 상징되는 모든 유파의 학설을 열거했고, 옛날부터 오늘날까지 이어지는 모든 것을 통합해 놓았다. 폭넓게 기록하면서도 그 요점을 파악해 두었고, 간단히 기록하면서도 사안의 줄거리를 두루 알 수 있게 했다. 또한 모든 전장제도典章制度를 한데 모아 놓은 까닭에 죽간과 종이에 실린 모든 종류의 저작물인 책독策牘이 수록된 깊은 연못과 밀림인 연림淵林에 해당한다. 일찍이 순경荀卿은 『순자』「비상非相」에서 이르기를, '성왕의 형적을 찾아보려면 찬연粲然히 빛나는 것에서 찾아야 한다. 후시대에 등장한 후왕後王이 바로 그들이다'라고 했다. 무릇 한문제漢文帝와 한선제漢宣帝 및 당태종唐太宗과 같은 군왕은 공자가 『논어』「태백泰伯」에서 '내가 깎아 내릴 게 없다'고 말한 것과 같은 사람들이다. 그 나머지 치세의 성대를 이룬 성왕盛王의 사적을 보면 그들이 정사를 근심하며 백성을 아끼는 마음을 지녔고, 충성스럽고 이로운 가르침을 좇고자 했음을 알게 된다. 혹은 사람을 알아보는 지인知人에 뛰어나 일을 적당히 잘 위임했고, 공손하고 검소한 공검恭儉과 부지런하고 두려워하는 근외勤畏의 모습을 보였다. 이들 또한 각자 성현聖賢의 한 부분을 체득한 자들이다. 그러나 이들은 맹가孟軻가 『맹자』「진심하」에서 '『서경』의 내용을 모두 믿는다면 아예 『서경』이 없느니만 못한 까닭에 나는 『서경』「주서周書, 무성武成」의 구절 가운데 몇몇 내용만 믿는다'고 한 것과 같은 수준일 것이다. 황폐하고 타락한 짓으로 뒤집혀 위험해지는 황추전위荒墜顚危의 내용을 읽을 때는 『순자』「성상成相」에서 '앞에 가는 수레인 전거前車가 이미 뒤집혔는데도 뒤에 가는 수레인 후거後車는 진로를 바꿀 줄 모른다'고 경계했듯이 전거지실前車之失의 교훈을 미리 볼 수 있을 것이다. 또한 혼란을 일으킨 도적이나 간사한 사건인 난적간귀亂賊奸宄의 내용을 읽을 때는 『주역』「곤괘坤卦」 초육初六 효사爻辭에서 '서리가 밟히면 점차 단단해진다'고 언급했듯이 복상지점覆霜之漸의 계시를 읽을 수 있을 것이다. 『시경』「대아, 탕蕩」에 이르기를, '은나라의 패망을 역사의 거울로 삼는 것은 주나라에서 시간적으로 멀지 않으니, 은나라는 하나라의 폭군 걸桀을 교훈으로 삼았어야 했네!'라고 했다. 이 책에 대해 치국평천하에 도움이 되는 자료로 가득해 시대를 뛰어넘어 두루 통하는 역사의 거울이라는 취지에서 '자치통감資治通鑑'이라는 서명書名을 내리고자 한다. 이로써 짐의 뜻을 널리 드러내도록 하라."

치평治平 4년 10월에 처음으로 경연을 열고 성지聖旨를 받들어 『자치통감』을 봉독奉讀했다. 그 달 9일에 신 광이 처음으로 나아가 읽자 면전에서 신종황제가 서문을 하사했고, 이 책이 완성되는 날을 기다려 '자치통감'의 명칭을 기입해 넣도록 했다.

* 朕惟君子多識前言往行以畜其德, 故能剛健篤實, 輝光日新. 『書』亦曰, "王, 人求多聞, 時惟建事." 『詩』·『書』·『春秋』, 皆所以明乎得失之跡, 存王道之正, 垂鑑於後世者也. 漢司馬遷紬石室金匱之書, 據左氏『國語』, 推『世本』·『戰國策』·『楚漢春秋』, 采經譎傳, 網羅天下放失舊聞, 考之行事, 馳騁上下數千載間, 首記軒轅, 至於麟止, 作爲紀·表·世家·書·傳, 後之述者不能易此體也. 惟其是非不謬於聖人, 褒貶出於至當, 則良史之材矣. 若稽古英考, 留神載籍, 萬機之下, 未嘗廢卷. 嘗命龍圖閣直學士司馬光論次曆代君臣事跡, 俾就秘閣翻閱, 給吏史筆箚, 起周威烈王, 訖於五代. 光之志以爲周積衰, 王室微, 禮樂征伐自諸侯出, 平王東遷, 齊·楚·秦·晉始大, 桓文更霸, 猶托尊王爲辭以服天下, 威烈王自陪臣命韓·趙·魏爲諸侯, 周雖未滅, 王制盡矣! 此亦古人述作造端立意之所繇也. 其所載明君

良臣, 切摩治道, 議論之精語, 德刑之善制, 天人相與之際, 休咎庶證之原, 威福盛衰之本, 規模利害之效, 良將之方略, 循吏之條敎, 斷之以邪正, 要之於治忽, 辭令淵厚之體, 箴諫深切之義, 良謂備焉. 凡十六代, 勒成二百九十六卷, 列於戶牖之間而盡古今之統, 博而得其要, 簡而周於事, 是亦典刑之總會, 策牘之淵林矣. 荀卿有言曰, "欲觀聖人之跡, 則於其燦然者矣, 後王是也." 若夫漢之文·宣·唐之太宗, 孔子所謂'吾無間焉'者. 自餘治世盛王, 有慘怛之愛, 有忠利之敎, 或知人善任, 恭儉勤畏, 亦各得聖賢之一體, 孟軻所謂'吾於「武成」取二三策而已'. 至於荒墜顚危, 可見前車之失, 亂賊奸宄, 厥有履霜之漸. 『詩』云, "商鑒不遠, 在夏后之世." 故賜書名曰『資治通鑑』, 以著朕之志焉耳.

治平四年十月初開經筵, 奉聖旨讀『資治通鑑』.

其月九日, 臣光初進讀, 面賜禦制序, 令俟書成日寫入.

사마광의 〈봉서표奉書表〉

신臣 광光이 아룁니다.

"먼저 황제의 칙령을 받들어 역대 군왕과 신하들의 사적을 편집했습니다. 이어 성지를 받들 때 『자치통감』의 서명을 하사 받았습니다. 이제야 책을 모두 완성하게 됐습니다. 엎드려 생각건대, 신은 성품이나 아는 것이 어리석고 아둔한 우로愚魯의 상황이고, 학술도 거칠고 성긴 황소荒疏의 입장이어서 무릇 100가지 일을 할 경우 모두 다른 사람보다 못합니다. 다만 지나간 역사에 대해서는 거칠지만 일찍이 마음을 다해 공부해 온 바가 있습니다. 어려서부터 늙을 때까지 역사를 즐기면서 싫어하지 않은 게 그렇습니다. 그러다 보니 늘 걱정하는 게 하나 있었습니다. 사마천의 『사기』와 반고의 『한서』 이후에 나온 사서들의 문자가 번다繁多해 포의布衣조차 이 많은 사서를 두루 읽지 못할 터인데 하물며 인주人主는 하루에 1만 가지의 일을 처리해야 하는 상황에서 어느 겨를에 두루 읽을 수 있겠는가 하는 걱정이 그것입니다. 신은 늘 자신의 능력은 헤아리지 못하고 역사책에서 쓸데없이 긴 것을 잘라내어 역사에서 중심이 되는 것만을 골라내고자 했습니다. 나라의 흥망성쇠에 관한 국가흥쇠國家興衰와 일반 백성들의 애환에 관한 생민휴척生民休戚만을 골라내는 게 그것입니다. 또한 선한 일로 본받을 만한 것과 악한 일로 경계해야 할 만한 것도 골라내고자 했습니다. 이내 이런 내용을 토대로 편년체로 된 사서를 하나 만들고자 했습니다. 앞뒤가 논리에 잘 맞고 중요한 것에 그렇지 않은 것이 섞여

들지 않도록 주의했습니다. 그러나 개인의 능력으로는 힘이 약해 이를 완성할 수 없었습니다. 이때 선제인 영종황제를 엎드려 만나 뵙게 됐습니다. 자질에서 예지睿智를 지닌 성품이고, 문명文明의 다스림을 베풀고자 했고, 고사古事를 두루 읽는 역람歷覽을 하고자 했습니다. 이를 이용해 커다란 계책인 대유大猷를 널리 펼 생각으로 신에게 조서를 내려 이 책을 편집케 한 것입니다. 덕분에 신은 예전부터 바라던 바를 일조一朝에 펼 수 있게 돼 뛸 듯이 기뻐하는 용약踊躍의 모습으로 그 뜻을 받들어 잇는 봉승奉承을 하게 됐습니다. 다만 의도하신 만큼의 결과가 나오지 못할까 걱정한 이유입니다. 선제는 스스로 이 일에 종사할 관속을 선발해 임명하고, 숭문원崇文院에 이 책을 편찬할 편집국을 설치하고, 용도각龍圖閣과 천장각天章閣을 비롯해 소문관昭文館과 집현관集賢館 및 국사관國史館의 삼관三館과 비각秘閣의 서적을 빌어 볼 수 있게 허락했습니다. 또한 어부御府의 필묵筆墨과 증백繒帛, 어전御前의 전錢을 하사하고 과일을 충분히 먹도록 공급했습니다. 이어 내신內臣으로 하여금 황제의 뜻을 이어받아 연락토록 했습니다. 이처럼 특별히 받은 영광은 황제를 가까이 모시는 신하들조차 따라올 수 없을 지경이었습니다. 불행히도 이 책을 진어進御하기도 전에 선제는 신하들을 버리고 떠나버렸습니다. 폐하는 대통을 이어받아 선제의 유지를 삼가 잇고, 책의 첫머리에 서문을 지어주시는 은총을 베풀고, 아름다운 서명인 '자치통감'의 가명嘉名도 내려 주었습니다. 또 매번 경연을 열 때마다 늘 이 책을 나아가 읽어 올리는 진독進讀을 하도록 했습니다. 신이 비록 완고하고 어리석은 완우頑愚의 인물이기는 하나 두 분 황제께서 지우知遇의 은혜를 베풀고 대우해준 것이 이처럼 후했습니다. 이 몸이 죽어 생명이 끊어지는 운신상원隕身喪元이 될지라도 족히 이를 충분히 보답해 메울 길이 없습니다. 실로 지혜와 능력인 지력智力이 미치는 데까지 최선을 다할지라도 어찌 유한遺恨이 있을 수 있겠습니까! 저를 영흥 지역 군사 책임자인 지영흥군知永興軍으로 차출했을 때는 쇠약하고 질병이 있어 그 일을 아주 잘 감당할 수 없을까 우려해 실권이 없는 관직인 용관冗官의 자리로 나아가기를 빌었습니다. 폐하가 이를 굽어 살펴 신이 바라는 바대로 좇아주고, 또한 완곡하게 용모를 보양토록 하사품을 내려주었습니다. 또 서경인 낙양의 행정감찰관 판서경유사어사대判西京留司御史臺의 직책과 숭산崇山의 숭복궁崇福宮 담당관인 제거서경숭산숭복궁提擧西京崇山崇福宮의 직책을 겸하도록 했습니다. 이런 일을 앞뒤로 6번이나 맡게 하면서도 여전히 『자치통감』의 편집국을 저와 함께 이동케 하고, 녹질祿秩을 내려 주면서 직책과 업무에 관한 책임을 전혀 지우지 않았습니다. 신은 이미 다른 중대한 일이 없었으므로 정밀하게 연구하며 끝까지 생각하는 연정극려硏精極慮의 자세로 제가 갖고 있는 능력을 모두 쏟아 부었습니다. 낮에 작업하는 것만으로는 부족해 이를 밤늦게까지 계속했습니다. 옛날부터 내려 온 사서를 두루 읽었고, 항간에 떠도는 소설小說까지 방증傍證으로 채택했습니다. 읽어야 할 죽간과 목간 등의 간행물인 간독簡牘이 가득 쌓여 있는 것이 마치 연무煙霧에 휩싸인 넓은 바다인 연해烟海처럼 많았습니다. 그 속에서 그윽하고 숨겨진 내용을 찾아내면서 터럭 끝 같이 미세한 부분이라도 교정하고 비교했습니다. 위로 전국시대부터 시작해 아래로 오대십국五代十國의 시대에 이르러 끝냈습니다. 시간대로는 모두 1,362년간에 달하고, 완성된 권수는 총 294권입니다. 또 찾아보는 사람에게 도움을 줄 요량으로 사건의 목록을 대략 드러내기 위해 연월을 날줄, 각국에서 일어난 사건을 씨줄로 삼아 목록 30권을 만들었습니다. 나아가 군서群書를 참고해 사건의 동이同異를 평하면서 올바른 한 길로 나아갈 수 있도록 『고이考異』 30권을 만들었습니다. 앞서 편제한 294권에 30권 등을 더해 도합 345권이 된 이유입니다. 치평治平 연간에 편집국을 연 시점부터 오늘 책이 처음 완성된 시점까지 많은 세월이 흘렀습니다. 그 사이 저촉되고 모순되는 저오抵牾의 사항이 제법 많았으나 신은 감히 스스로를 보존하지 못하면서도 지은 죄가 무거워 실로 도망갈 곳조차 없었습니다. 신 광은 실로 황송하고 진실로 두려워 머리를 조아리고 또 조아리는 돈수돈수頓首頓首를 하는 바입니다. 거듭 생각건대 폐하는 신이 궐정厥庭에서 멀리 떨어져 있던 세월이 15년간이나 된 점을 생각해 주셨습니다. 비록 신이 몸은 밖에 있었으나 작은 마음인 구구지심區區之心이나마 아침저녁으로 깨어 있을 때나 잠잘 때나 이른바 조석오매朝夕寤寐의 시간에 어찌 일찍이 폐하 곁에 있지 않은 적이 있었겠습니까? 돌아보건대 신은 어리석고 용렬한 노건駑蹇의 인물이어서 어느 곳에서도 무슨 일을 할 수 있는 입장이 아닙니다. 오로지 책 만드는 일인 연참鉛槧에 종사해 큰 은혜에 보답코자 한 이유입니다. 한 방울의 물과 티끌 같이 작은 힘까지 다해 깊은 바다와 높은 산에 조금이라도 보태고자 했습니다. 신은 이제 해골같이 초췌한 구췌癯瘁의 모습이 됐고, 눈은 가까운 것이나 겨우 희미하게 볼 정도이고, 치아는 거의 없는 상황입니다. 정신과 지식도 쇠모衰耗해 눈앞에서 했던 일도 발길을 돌리는 선종旋踵을 하면 곧바로 잊어버리고 맙니다. 신의 정력은 이 책에 모두 소진된 셈입니다. 엎드려 바라건대 폐하는 이 책이 신의 능력 부족 등으로 인해 망령되게 저작돼 주살될 죄를 지었을지라도 너그러이 생각해 주시고, 이 책에 충성을 다하려는 뜻이 배어 있는 점을 살펴 주기 바랍니다. 폐하는 조용하고 한가하며 즐거운 시간인 청한지연清閑之燕에 이 책을 때로 살펴보아 주십시오. 이어 전세前世의 흥쇠를 거울삼아 오늘날에 득실得失이 될지 여부를 생각함으로써 선한 것을 포상하고 악한 것을 배제하는 가선긍악嘉善矜惡과 나라와 백성에게 득이 될 만한 것을 취하고 그렇지 못한 것을 버리는 취득사비取得舍非를 행하도록 하십시오. 옛 군왕이 이룩한 성덕盛德을 좇아 전에 없던 지극한 성세인 지치至治로 매진해 사해의 모든 창생들로 하여금 그 복을 입게 하십시오. 그리하면 신은 비록 뼈를 구천에 버리는 위골구천委骨九泉을 할지라도 뜻하고 원하는 바를 영원히 완성하는 게 됩니다. 삼가 표문表文을 받들어 진술하며 올립니다. 신 광은 실로 황송하고 송구해 돈수돈수頓首頓首하며 삼가 말씀드립니다."

단명전학사端明殿學士 한림시독학사태중대부翰林侍讀學士太中大夫 서경숭산숭복궁상주국西京嵩山崇福宮上柱國 하내군개국공河內郡開國公으로 식읍 2,600호에 실봉實封 1천 호인 신 광이 상표上表합니다.

원풍元豊 7년1084 11월, 올림

검열문자승사랑檢閱文字承事郞 신 사마강司馬康

동同 수봉의랑修奉議郞 신 범조우范祖禹

동 수비서승修秘書丞 신 유서劉恕

동 수상서둔전원외랑충집현교리修尙書屯田員外郞充集賢校理

신 유반劉攽

편집단명전학사編集端明殿學士 겸 한림시독학사태중대부翰林侍讀學士太中大夫

신 사마광司馬光

* 臣光言, "先奉敕編集歷代君臣事迹, 又奉聖旨賜名『資治通鑒』, 今已了畢者. 伏念臣性識愚魯, 學術荒疏, 凡百事爲, 皆出人下. 獨於前史, 粗嘗盡心, 自幼至老, 嗜之不厭. 每患遷·固以來, 文字繁多, 自布衣之士, 讀之不遍, 況於人主, 日有萬機, 何暇周覽! 臣常不自

揆, 欲刪削冗長, 擧撮機要, 專取關國家興衰, 繫生民休戚, 善可爲法, 惡可爲戒者, 爲編年一書. 使先後有倫, 精粗不雜, 私家力薄, 無由可成. 伏遇英宗皇帝, 資睿智之性, 敷文明之治, 思歷覽古事, 用恢張大猷, 爰詔下臣, 俾之編集. 臣夙昔所願欲, 一朝獲伸, 踊躍奉承, 惟懼不稱. 先帝仍命自選辟官屬, 於崇文院置局, 許借龍圖·天章閣·三館·秘閣書籍, 賜以御府筆墨繒帛及御前錢以供果餌, 以內臣爲承受, 眷遇之榮, 近臣莫及. 不幸書未進御, 先帝違棄群臣. 陛下紹膺大統, 欽承先志, 寵以冠序, 錫之嘉名, 每開經筵, 常令進讀. 臣雖頑愚, 荷兩朝知待如此其厚, 隕身喪元, 未足報塞, 苟智力所及, 豈敢有遺! 會差知永興軍, 以衰疾不任治劇, 乞就冗官. 陛下俯從所欲, 曲賜容養, 差判西京留司御史臺及提擧嵩山崇福宮, 前後六任, 仍听以書局自隨, 給之祿秩, 不責職業. 臣旣無他事, 得以研精極慮, 窮竭所有, 日力不足, 繼之以夜. 遍閱舊史, 旁采小說, 簡牘盈積, 浩如烟海, 抉擿幽隱, 校計豪厘. 上起戰國, 下終五代, 凡一千三百六十二年, 修成二百九十四卷. 又略擧事目, 年經國緯, 以備檢尋, 爲目錄三十卷. 又參考群書, 評其同異, 俾歸一涂, 爲『考異』三十卷. 合三百五十四卷. 自治平開局, 迨今始成, 歲月淹久, 其間抵牾, 不敢自保, 罪負之重, 固無所逃. 臣光誠惶誠懼, 頓首頓首. 重念臣違離闕庭, 十有五年, 雖身處于外, 區區之心, 朝夕寤寐, 何嘗不在陛下之左右! 顧以駑蹇, 無施而可, 是以專事鉛槧, 用酬大恩, 庶竭涓塵, 少裨海岳. 臣今骸骨癯瘁, 目視昏近, 齒牙無幾, 神識衰耗, 目前所爲, 旋踵遺忘. 臣之精力, 盡於此書. 伏望陛下寬其妄作之誅, 察其願忠之意, 以淸閑之燕, 時賜有覽, 監前世之興衰, 考當今之得失, 嘉善矜惡, 取得舍非, 足以懋稽古之盛德, 躋無前之至治. 俾四海群生, 咸蒙其福, 則臣雖委骨九泉, 志願永畢矣! 謹奉表陳進以聞. 臣光誠惶誠懼, 頓首頓首. 謹言."

端明殿學士兼翰林侍讀學士太中大夫提舉西京嵩山崇福宮上柱國河內郡開國公食邑二千六百戶食實封一千戶, 臣司馬光上表.

元豐七年十一月進呈.

檢閱文字承事郞臣 司馬康

同修奉議郞臣 范祖禹

同修祕書丞臣 劉恕

同修尙書屯田員外郞充集賢校理臣 劉攽

編集端明殿學士兼翰林侍讀學士太中大夫臣 司馬光

제1부 전국시대

권1-주기周紀 1: 전국시대가 개막되다

주위열왕周威烈王 23년(BC 403)

1) 주위열왕周威烈王이 제후국인 진晉나라의 대부 위사魏斯와 조적趙籍 및 한건韓虔 등 3인을 제후로 삼았다.

신臣 사마광은 평한다.

"천자의 직책 가운데 예를 준수하는 것보다 중요한 일은 없다. 예를 지키는 데는 직분을 지키는 것이 가장 중요하고 직분을 지키는 데는 직위를 지키는 것이 가장 중요하다. 그러면 무엇을 예라 하는가? 기강이다. 무엇을 직분이라 하는가? 군주는 군주답고 신하는 신하다운 군군신신君君臣臣이다. 무엇을 직위라 하는가? 공公, 후侯, 경卿, 대부大夫가 그것이다. 무릇 세상은 넓고 그 안에 사는 사람은 헤아릴 수 없이 많다. 그러나 이들 모두 천자 한 사람의 통제를 받게 되어 있다. 이 많은 사람들 가운데 비록 절륜한 힘을 갖고 있고 발군인 고세高世의 지혜를 가진 사람이 있을지라도 군주를 위해 정신없이 뛰어다니고 일하지 않는 사람이 없다. 이 어찌 군주를 위해 예를 가지고 엄격히 기강을 잡았기 때문이 아니겠는가? 그래서 천자는 삼공三公을 통제하고, 삼공은 제후들을 영도하고, 제후는 경대부를 다스리고, 경대부는 사민士民을 다스릴 수 있는 것이다. 고귀한 사람은 자기보다 비천한 신분인 사람의 위에 있게 되고, 비천한 사람은 고귀한 사람의 뜻을 받드는 것이다. 그래야만 윗사람이 아랫사람을 부리는 것이 마치 심복心腹이 마음대로 수족을 움직이는 것과 같고, 나무의 본근本根이 지엽枝葉을 통제하는 것과 같이 된다. 아랫사람이 윗사람을 섬기는 것은 수족이 심복을 보위하고 가지와 잎이 뿌리와 줄기를 비호하는 것과 같이 하는 것이다. 이렇게 되고 나서야 윗사람과 아랫사람이 서로 보호할 수 있고 국가도 평안해질 수 있다. 그래서 천자의 직책 가운데 예보다 더 큰 것이 없다고 하는 것이다. 주문왕이 8괘의 순서를 정할 때 '건괘乾卦'와 '곤괘坤卦'를 머리로 삼았다. 공자는 이를 해석하는 계사를 써 이르기를, '하늘은 높고 땅은 낮으니 이로써 건괘와 곤괘의 위치가 정해진 것이다. 낮은 것과 높은 것이 차례로 펼쳐지니 이로써 귀천 모두 그 자리가 있게 된 것이다'라고 했다. 군신君臣의 자리는 천지의 자리와 같으니 바꿀 수 없는 것이다.『춘추』는 제후를 억누르고 왕실을 높이면서 왕이 비록 쇠미할지라도 제후의 위에 두었다. 이로써 성인은 일찍이 군신의 상하 관계에 대해 매우 엄려嚴厲하지 않은 적이 없었음을 알 수 있다. 만일 걸桀·주紂의 잔포殘暴와 탕湯·무武의 인후仁厚로 인해 인심이 혁명한 군주에게 돌아가고 하늘도 천명을 내려 준 경우가 아니라면 군신 간의 분수로 볼 때 신하는 의당 절개를 지켜 복죄伏罪할 뿐이다. 그래서 만일 미자微子 계啓가 주紂를 대신했다면 탕왕은 계속 하늘처럼 받들어졌을 것이고 계찰季札이 오왕이 됐다면 태백太伯은 계속 제사를 받았을 것이다. 그러나 두 사람 모두 차라리 나라를 망칠지언정 예의 대절大節을 어지럽힐 수 없다고 생각했다. 그래서 예에서 군신지분君臣之分보다 더 큰 것은 없다고 하는 것이다. 무릇 예란 귀천을 구별하고, 친소의 차례를 지어주며, 모든 사물을 재단하고, 여러 사안을 통제하는 것이다. 명칭을 사용치 않으면 예를 드러낼 수 없고 거마복식 등의 기물器物을 사용치 않으면 이를 표현할 수 없는 것이다. 명칭으로 예를 칭하고 기물로써 이를 구별하니 그런 후에 상하존비가 선명해지고 질서 또한 잡히는 것이다. 이것이 예의 대원칙이다. 명칭과 기물의 원칙이 이미 존재하지 않으니 예제禮制가 또 어찌 능히 독자적으로 존재할 수 있겠는가? 옛날 위衛나라에 중숙우해中叔于奚라는 사람이 있었다. 마침 위나라가 제나라의 공격을 받아 두 나라가 교전한 결과 위나라 군사가 크게 패하게 됐다. 이때 중숙우해가 사람을 모아 제나라 군사를 격퇴하고 위나라 대부 손량부孫良夫를 구하는 큰 공을 세웠다. 위나라에서 그에게 1개 성읍을 포상하려고 하자 그는 이를 사양하고 대신 천자와 제후들이 타는 말의 장식인 번영繁纓을 달라고 청했다. 이를 두고 공자가 평하기를, '그에게 오히려 더 많은 성읍을 주느니만 못했다'고 했다. 명칭과 기물은 함부로 다른 사람에게 빌려 줄 수 없는 것이고 군주만이 이를 관장하는 것이다. 정치권력이 망하면 국가 또한 뒤좇아 망한다. 위영공衛靈公은 공자를 기다려 다스리고자 했다. 공자는 먼저 명분을 바르게 하고자 했다. 이는 명분이 올바르지 못하면 백성들이 수족을 어디에 놓을지조차 모르게 된다고 생각했기 때문이다. 번영은 아주 작은 물건이나 공자는 이를 함부로 내준 것을 크게 애석해했다. 명분을 바로 한다는 것은 아주 사소한 일 같지만 공자는 이를 제일 먼저 하려고 생각했다. 사실 명분과 기용器用의 기본 원칙이 무너지면 군신상하 간의 관계를 유지할 수 없다는 판단을 한 것이다. 무릇 매사는 당초 미미한 것에서 시작해 나중에 현저해지지 않은 경우는 없다. 성인은 먼 장래까지 염려하기 때문에 비록 사소할지라도 이를 삼가면서 정치를 했던 것이다. 그러나 중인衆人의 식견은 천단淺短하기 때문에 반드시 일이 현저히 드러난 뒤에 이를 구하려고 한다. 만일 사소할 때 잘 다스리면 힘을 덜 들이고도 효과가 크지만 일이 현저해졌을 때 이를 구하려고 하면 온 힘을 다해도 목적을 이룰 수 없는 것이다. 그래서 『주역』에 이르기를, '흰 서리가 밟히면 곧 단단한 얼음이 어는 시절이 오게 된다'고 했다. 또한 『서경』「우서虞書, 고요모皐陶謨」에 이르기를, '매일 은미隱微한 일이 무수히 생긴다'고

했다. 이는 이런 상황을 말한 것이다. 그렇기에 명분에서 명칭보다 더 큰 것이 없다고 하는 것이다. 슬프다, 주여왕周厲王과 주유왕周幽王이 대덕을 잃자 주왕조의 치도治道가 날로 쇠퇴하고, 기강이 무너지고, 아랫사람이 윗사람을 능멸하는 능상凌上을 행하고, 제후들이 멋대로 정벌에 나서는 전정專征을 행하고, 대부들이 멋대로 권력을 휘두르는 천정擅政을 행했다. 예법의 큰 체계에서 10 가운데 7-8이 없어져 버린 이유다. 그럼에도 주문왕과 주무왕의 제사가 면면히 이어진 것은 주나라 자손들이 능히 그 명칭을 지킬 수 있었기 때문이다. 왜 이런 말을 하는가? 옛날 진문공이 주왕실을 위해 큰 공을 세웠다. 당시 그는 주양왕周襄王에게 자신이 죽게 되면 하관할 때 땅을 비스듬히 깎아 관을 옮기는 것으로 천자만이 행하는 장례 의식인 수장隧葬을 행할 수 있도록 허락해 달라고 청했다. 주양왕이 거절하기를, '이는 왕만 행하는 법도요. 지금 주나라의 왕은 나이고 아직 나를 대신할 만한 덕을 지닌 왕도 나타나지 않았소. 그대에게 이를 허용하면 주왕조에 두 명의 천자가 동시에 있게 되오. 이는 숙부도 싫어할 것이오. 아니면 숙부는 땅도 넉넉히 가지고 있으니 마음대로 수장하면 될 터인데 왜 나에게 부탁을 하는 것이오'라고 했다. 진문공이 이를 크게 두려워하며 감히 법도를 위반하지 못했다. 주왕실의 땅은 넓이로 보면 소국인 조曹나 등滕나라보다 작고, 백성들의 숫자를 가지고 보면 소국인 주邾나 거莒나라보다도 적었다. 그러나 수백 년을 거쳐 오면서 천하의 종주국으로 존재했다. 진晉, 초楚, 제齊, 진秦나라 등이 강한 힘을 지니고도 감히 주왕실을 침릉侵陵하지 못한 이유는 어디에 있을까? 주왕실에 여전히 명분이 상존했기 때문이다. 노나라의 실권자 계씨季氏와 제나라의 전상田常, 초나라의 백공白公, 진나라의 지백智伯의 경우도 마찬가지이다. 이들의 세력은 주군을 내쫓고 자립하기에 족했다. 그러나 끝내 감히 그리하지 못했다. 어찌 그들의 힘이 모자라거나 차마 그리하지 못하는 불인지심不忍

之心 때문에 그런 것이었겠는가? 명분을 범하면 천하 사람에 의해 주살될까 두려워했기 때문이다. 지금 진나라 대부들이 그 주군을 극도로 멸시하는 폭멸暴蔑을 행하고, 진나라의 영토를 찢어 가졌다. 그러나 천자는 하극상을 벌인 이들 역도들을 토벌치 않고 오히려 총애하여 작질爵秩을 더해 주고 제후로 삼았다. 남아 있던 구차스런 명분은 다시는 지켜질 수 없게 되고 마침내 버려지기에 이른 것이다. 선왕이 남겨 놓은 예법도 여기서 끝나고 말았다. 이를 두고 혹자는 생각키를, '주왕실이 이미 아주 쇠약해져 있고 삼진三晉이 강성하니 비록 주위열왕이 이를 허락하지 않으려고 한들 그리될 수 있었겠는가?'라고 할지 모르겠다. 그러나 이는 대단히 잘못된 것이다. 삼진이 비록 강성하다 할지라도 만일 천하의 주벌을 고려하지 않고 의와 예를 어기려 했다면 주위열왕에게 요청하지 않고 스스로 제후를 칭했을 것이다. 정말로 천자에게 요청치 않고 스스로 제후가 됐다면 이들은 패역지신이 됐을 것이고, 제환공이나 진문공과 같은 사람들이 틀림없이 다시 나타나 예의를 받들고 이들을 정벌했을 것이다. 그런데 지금 이들 세 사람이 요청하자 주위열왕이 이를 허락했다. 천자의 명을 받아 제후가 됐으니 누가 이를 토벌할 수 있겠는가? 따라서 이들 삼진이 제후들의 반열에 서게 된 것은 이들 삼진이 예를 버렸기 때문이 아니고, 주위열왕이 스스로 예의 질서를 무너뜨린 데 따른 것이다. 오호嗚呼! 군신지례君臣之禮가 완전히 무너져 내리니, 천하 사람들이 단지 지략과 무력인 지력智力으로만 서로 다투게 된 이유가 바로 여기에 있다. 원래는 성현의 후예들로 하여금 제후가 되게 했음에도 마침내 사라지지 않아야 할 사직과 백성들이 거의 없게 됐으니 이 어찌 슬픈 일이 아닌가!"[1]

---

1 『사기』「주본기」는 이때 주나라 왕실에 보관 중인 구정九鼎이 크게 흔들렸다고 기록해 놓았다.

2) 당초 진나라 대부 지선자智宣子는 장차 그의 아들인 지양자智襄子 지요智瑤로 후사를 잇고자 했다. 일족인 지과智果가 간했다.

"서자인 지소智宵를 후계자로 삼느니만 못합니다. 지요는 다른 사람보다 뛰어난 점이 5가지이나 모자라는 점이 1가지 있습니다. 아름다운 턱수염이 길고 크며, 활쏘기와 말 타기인 사어射御에 능하고, 기예가 충분하고, 문장과 말솜씨가 탁월하며, 굳세고 과감한 점 등이 뛰어납니다. 그러나 그는 매우 어질지 못합니다. 무릇 이 다섯 가지에 뛰어나고도 어질지 못하면 그 누가 그를 기다려 주겠습니까? 만일 지요를 후계자로 세우면 지씨 집안은 반드시 망하고 말 것입니다."

그러나 지선자는 이를 듣지 않았다. 지과는 화를 면하기 위해 성씨를 관장하는 태사를 찾아가 성을 보輔씨로 바꿨다.

당시 대부 조간자趙簡子 조앙趙鞅에게는 아들 둘이 있었다. 큰 아들은 백로伯魯, 작은 아들은 무휼無恤이다. 조간자는 후계자를 두고자 했으나 누구를 후계자로 하는 것이 좋을지 몰라 훈계가 될 만한 말을 두 쪽의 죽간에 써서 두 아들에게 내린 뒤 명했다.

"삼가 이를 외우도록 하라."

3년 후 두 아들을 불러 죽간을 외우고 있는지 물었다. 큰 아들 백로는 그 훈계의 내용을 제대로 파악하지 못했다. 이어 죽간을 보자고 하자 벌써 잃어버렸다고 했다. 차자 무휼에게 묻자 훈계를 익히 외우고 있었다. 다시 죽간이 어디에 있는지 묻자 즉시 소매 속에서 꺼내 조간자에게 건넸다. 조간자는 무휼이 낫다고 생각해 마침내 그를 후계자로 세웠다.

이때 조간자가 가신 윤탁尹鐸을 시켜 진양晉陽산서성 태원시 서남쪽을 다스리게 했다. 윤탁이 조간자에게 물었다.

"누에고치에서 실을 뽑아내듯 백성들의 재물을 계속 거둬들여야 합니까, 아니면 보루를 쌓고 부단히 땅을 돋우는 것처럼 백성들의 재물을 조금만 거둬들여 그들의 삶을 풍부하게 만들어 주어야 합니까?"

"보루를 쌓듯이 해야 하오."

윤탁은 진양의 호구수를 줄여 세액을 깎았다. 이로 인해 이곳 백성들의 부담이 줄었다. 조간자가 무휼에게 당부했다.

"만일 진나라에 난이 일어나거든 너는 윤탁을 가벼이 생각하거나 진양이 멀리 떨어져 있다고 생각치 마라. 반드시 난을 피해 몸을 의탁할 만한 곳이라고 생각토록 하라."

지선자가 죽자 지양자 지요가 뒤를 이어 국정을 다루게 됐다. 그는 곧 한강자韓康子와 위환자魏桓子를 불러 남대藍臺에서 연회를 열었다. 이때 지양자가 한강자를 희롱한 데 이어 그의 가신 단규段規를 모욕했다. 지양자의 일족인 지국智國이 이 말을 전해 듣고 지양자에게 간했다.

"그대가 화란을 방비하지 않으면 화란이 반드시 그대 몸에 닥칠 것입니다."

지양자가 호언했다.

"화란은 장차 나로부터 일어날 것이오. 내가 화란을 일으키지 않는데 누가 감히 화란을 일으킨단 말이오."

지국이 반박했다.

"그렇지 않습니다. 『서경』「하서·오자지가」에 이르기를, '한 사람이 여러 번 잘못을 저지르고도 어찌 적원積怨이 현저해질 때까지 기다릴 수 있겠는가? 아직 현저하지 않았을 때 대책을 강구해야 한다'라고 했습니다. 무릇 군자는 아주 작은 일이라도 신중히 해야 커다란 우환을 초래하지 않는 법입니다. 그대는 연회 자리에서 다른 집안의 대부와 그 가신에게 수치를 주고도 대비를 하지도 않고 있습니다. 더구나 호언하기를, '그들은 감히 화란을 일으키지 못할 것이다'라고 했습니다. 그러나 그리되지 않을까 걱정됩니다. 파리매와 왕개미, 벌이나 전갈 같은 미물조차 모두 사람을 해칠 수 있습니다. 그런데 하물며 힘을 지닌 대부와 가신인데 더 이상 말해 무엇 하겠습니까?"

그러나 지양자는 이를 듣지 않았다. 얼마 후 지양자가 한강자에게 땅의 할양을 요구했다. 한강자가 이를 거절하려고 하자 가신 단규가 간했다.

"지백은 이익을 좋아하고 사나우니 땅을 주지 않으면 장차 우리를 치려 할 것입니다. 그에게 땅을 주느니만 못합니다. 지백은 땅을 얻은 것을 당연한 일로 생각해 틀림없이 다른 사람에게도 이런 요구를 할 것입니다. 다른 사람이 그의 요구를 받아들이지 않으면 그는 반드시 군사를 일으킬 것입니다. 그리되면 우리는 우환을 면하고 일이 진행을 지켜볼 수 있을 것입니다."

"그 말이 가히 옳소."

사신을 시켜 1만 호의 성읍을 지양자에게 내주게 했다. 지양자가 크게 기뻐하여 다시 위환자에게 땅의 할양을 요구했다. 이때 위환자도 내키지 않아 이내 가신 임장任章에게 자문을 구했다. 임장이 위환자에게 반문했다.

"왜 땅을 안주려는 것입니까?"

"무고히 땅을 빼앗으려 하기에 안주려는 것이오."

임장이 말했다.

"무고히 땅을 빼앗으려 하니 대부들은 필히 그를 두려워할 것입니다. 우리가 그에게 땅을 베어주면 지백은 반드시 교만해질 것입니다. 지백이 교만해지면 적을 가벼이 생각할 것이고 두려움에 떠는 사람들은 서로 가까워질 것입니다. 서로 가까워진 사람들이 군사를 모아 적을 가벼이 보는 사람을 상대할 터이니 지백의 명운은 반드시 길지 못할 것입니다. 『서경』「주서周書」에 이르기를, '적을 깨뜨리려면 필히 잠시 동안 그를 도와주고,

적을 취하려면 필히 잠시 동안 그에게 주어야 한다'고 했습니다. 주군은 땅을 베어주느니만 못합니다. 이로써 지백을 교만하게 만들고 연후에 이웃을 골라 교제하면서 지백을 도모해야 합니다. 우리가 왜 지백의 첫 번째 공격 목표가 되어야 합니까?"

"훌륭한 계책이오."

위환자도 이내 1만 호의 성읍을 지양자에게 주었다. 지양자는 의기양양해진 나머지 이번에는 조양자에게 채蔡와 고랑皐狼 두 읍을 달라고 요구했다. 그런데 이번에는 조양자가 이를 듣지 않았다. 화가 난 지양자가 한강자와 위환자의 병사들을 이끌고 가 조양자를 쳤다. 조양자가 달아나면서 시종에게 물었다.

"내가 장차 어디로 가는 것이 좋겠소?"

"장자長子산서성 장자현가 가깝고 성도 튼튼하니 그곳으로 가시지요."

조양자가 반문했다.

"그렇다면 틀림없이 백성들을 고생시켜 성을 완성시켰을 것이오. 백성들에게 다시 죽음을 무릅쓰고 그 성을 지키라고 하면 누가 나와 더불어 싸우겠소?"

"한단邯鄲하북성 한단시 서남쪽의 창고가 가득 차 있으니 그곳으로 가시지요."

조양자가 말했다.

"창고가 실하면 틀림없이 백성들의 고혈을 긁어서 채웠을 것이오. 또 그로 인해 적잖은 백성들이 죽었을 것이오. 누가 나와 더불어 싸우겠소? 내 생각에는 진양이 좋을 듯하오. 그곳은 선주先主가 위촉한 곳이기도 하오. 윤탁 또한 관대한 사람이니 그곳 백성들은 반드시 나와 하나가 될 것이오."

그러고는 마침내 진양으로 달아났다.

얼마 후 지씨와 한씨, 위씨 등 3가三家의 국인들이 진양을 포위한 뒤 분수汾水의 물을 막고 이를 진양성 안으로 들여보냈다. 진양성은 겨우 3판三版1판은 2자 정도만 빼놓고 모두 물에 잠기게 됐다. 부엌이 물에 잠겨 개구리가 알을 낳을 정도가 됐으나 백성들은 지양자에게 항복할 생각을 하지 않았다. 지양자가 수레에 올라 물을 건널 때 위환자가 어자御者가 됐고, 한강자가 참승驂乘[2]했다. 이때 지양자가 문득 들뜬 목소리로 말했다.

"나는 오늘에야 마침내 물로써 다른 나라를 망하게 할 수도 있다는 사실을 알게 됐소."

이 말을 들은 위환자가 팔꿈치로 한강자를 툭 치자 한강자도 위환자의 발등을 쿡 밟았다. 이들은 지양자가 분수의 물로 위나라의 안읍安邑산서성 하현에 수공을 펴고 강수絳水의 물로 한나라의 평양平陽산서성 분현을 공격할 수 있다고 생각한 것이다. 이때 지양자의 모신謀臣인 치자絺疵가 지백에게 말했다.

"한씨와 위씨는 필히 배반할 것입니다."

"그대는 어떻게 그것을 아오."

치자가 대답했다.

"인사人事를 통해 알 수 있습니다. 지금 한씨와 위씨는 군사를 이끌고 조씨를 공격하고 있습니다. 그런데 조씨가 망하면 그 환란은 반드시 한씨와 위씨에게 이를 것이라고 그들은 생각할 것입니다. 이제 조씨를 제거한 뒤 그의 땅을 셋으로 나눠 갖자고 약속하기 바랍니다. 지금 진양성에서 물에 잠기지 않은 부분은 겨우 3판뿐이고 성 안에서는 사람과 말을 서로 잡아먹는 형편입니다. 진양은 조만간 항복할 터인데 두 사람은 얼굴에 희색喜色이 없고 우색憂色만 보입니다. 이것이 배반할 징조가 아니고 무엇이

---

2 당시에는 주인이 수레의 왼쪽, 어자가 가운데, 참승인이 오른쪽에 탑승했다.

겠습니까?"

다음 날 지양자가 한강자와 위환자 두 사람에게 치자의 말을 전했다. 두 사람이 시치미를 떼고 입을 모아 말했다.

"이는 참언하는 사람이 조씨를 위해 유세하는 것으로 주인으로 하여금 우리 두 집안을 의심하여 조씨에 대한 공격을 늦추게 하려는 것입니다. 그렇지 않다면 우리 두 집안이 조만간 조씨의 땅을 나눠 갖게 되는데 어찌 이利를 버리고 위난危難을 초래해 일을 그르치게 할 리가 있겠습니까?"

두 사람이 나가자 다시 치자가 들어와 말했다.

"주인은 어찌하여 제 이야기를 두 사람에게 한 것입니까?"

"그대는 그것을 어찌 아오."

치자가 말했다.

"신은 그들이 저를 슬쩍 쳐다보고는 빠르게 지나가는 것을 보았습니다. 이는 제가 그들의 생각을 알고 있기 때문입니다."

그러나 지양자는 전혀 뉘우칠 생각을 하지 않았다. 치자는 제나라에 사신으로 갈 것을 자청했다.

이때 진양성 안에 포위되어 있던 조양자는 마침내 가신 장맹담張孟談을 시켜 몰래 성을 빠져나가 한강자와 위환자를 만나 보게 했다. 장맹담이 성을 몰래 빠져 나가 두 사람에게 말했다.

"저는 순망치한脣亡齒寒이라고 들었습니다. 오늘 지백은 두 사람을 이끌고 우리를 치고 있으나 조씨가 망하면 두 사람이 그 다음 차례일 것입니다."

"나도 내심으로는 이를 알고 있소. 다만 일이 끝나기 전에 모의가 누설되어 화가 바로 닥칠까 두려워하고 있을 뿐이오."

장맹담이 두 사람을 안심시켰다.

"계책이 두 분의 입에서 나오자마자 곧바로 저의 귀로 들어올 뿐인데 무슨 해로운 일이 있겠습니까?"

한강자와 위환자가 장맹담과 밀약하면서 날짜를 정한 뒤 이내 장맹담을 은밀히 배웅했다. 얼마 후 조양자가 군사를 보내 분수汾水의 제방을 지키는 지양자의 관리를 죽인 뒤 물꼬를 터서 오히려 지양자의 군대에게 수공을 가했다. 지양자의 군사는 갑자기 밀어닥치는 물을 막기 위해 허둥지둥하다가 큰 혼란에 빠졌다. 이 틈을 놓치지 않고 한강자와 위환자의 군사가 양익兩翼에서 치고 들어가자 조양자도 성문을 열고 정면으로 치고 나갔다. 마침내 지양자의 무리를 대파한 뒤 지양자를 죽이고 그의 집안까지 몰살했다. 이때 성을 보씨로 바꾼 보과輔果지과智果만이 살아남았다.

신 사마광은 평한다.

"지백의 패망은 재승덕才勝德 때문이다. 무릇 재才와 덕德은 다른 것인데 세상에서는 이를 제대로 구분하지 못하고 통틀어 현賢이라고 생각한다. 이것이 바로 사람을 제대로 보지 못하는 이유인 것이다. 대개 총명하게 살피고 굳건한 것을 재라 하고, 올바르고 화목한 것을 덕이라 한다. 재는 덕의 기본 바탕이고 덕은 재의 총수總帥이다. 비록 운몽택雲夢澤의 대나무가 천하에서 가장 굳다고 하나 화살을 만들 때 구부린 뒤 깃털을 달지 않으면 갑옷을 뚫을 수 없는 것이다. 또 당계棠谿의 쇠는 천하에서 가장 날카롭다고 하나 용범鎔范에 넣어 주조한 뒤 갈고 벼리는 지려砥礪가 없으면 강적을 칠 수 없다. 그래서 재와 덕을 겸비한 사람을 성인聖人, 재와 덕이 모두 없는 사람을 우인愚人, 덕이 재보다 뛰어난 사람을 군자君子, 재가 덕보다 많은 사람을 소인小人이라고 하는 것이다. 무릇 취인取人할 때 비록 성인이나 군자를 얻을 수 없을지라도 더불어 일할 사람을 뽑아야 한다면 소인을 쓰느니보다는 우인을 쓰는 것이 낫다. 왜 그럴까? 군자란 재주를 가지고 선행을 하고 소인은 재주를 가지고 악행을 저지르기 때문이다. 재주를 가지고 선행을 하면 선행이 이르지 않는 곳이 없고, 재주를 지니고 악행을 저지르면 악행이 이르지 않는 곳이 없다. 우인은 비록 악행을 하려 해도 지모가 두루 미치지 못하고 역량 또한 부족해 할 수가 없는 것이다. 이는 비유컨대 강아지가 사람을 물려고 해도 사람이 이를 능히 제압할 수 있는 것과 같다. 그러나 소인은 지모가 간사한 짓을 수행키에 족하고, 용기 또한 포악한 짓을 결단키에 족하다. 이는 호랑이에게 날개를 달아주는 것이나 다름없다. 그 해악이 어찌 많지 않을 수 있겠는가? 무릇 덕이란 사람들이 중히 여기는 것이고, 재주란 사람들이 좋아하는 것이다. 좋아하는 것은 친해지기 쉽고 존경하는 것은 소원해지기 쉽다. 인재를 뽑으려는 사람들 대부분이 재능에 눈이 가려진 나머지 품성에 대해서는 크게 유의치 못하는 것이다. 예로부터 나라의 난신亂臣과 집안의 패륜아인 패자敗子는 재주는 남는 바가 있으나 덕이 부족한 사람이다. 이들 가운데 국가와 집안을 뒤엎어 버리는 사람이 많았으니 어찌 유독 지백만이 그러했겠는가? 그러므로 국가나 집안을 위하는 사람은 실로 재덕才德을 나눠 살피고 선후를 알아야 한다. 그리하면 어찌 인재를 얻지 못할까 근심할 필요가 있겠는가?"

3) 지씨가 망하자 한·위·조 3가三家가 지씨의 영토를 나눠 가졌다. 지양자의 공격으로 사선을 넘나들었던 조양자는 원한이 골수에 사무친 나머지 지양자의 두개골에 옻칠을 하여 술잔으로 삼았다.

이때 지양자의 가신 예양豫讓이 주군의 원수를 갚고자 했다. 거짓으로 형벌을 받아 신체가 손상된 사람인 형인刑人으로 위장한 뒤 비수를 품고 조양자의 집으로 들어가 변소를 수리하는 흉내를 냈다. 당시 조양자는 변소에 가던 중 홀연 이상한 생각이 들어 사람들을 시켜 변소를 수색케 했다. 예양이 붙잡히게 됐다. 좌우에서 예양을 즉시 처형하려고 하자 조양자가 말했다.

"지백은 죽으면서 후사도 남기지 못했는데 이 사람은 원수를 갚고자 했으니 실로 의사義士이다. 내가 삼가 조심해 피하면 될 것이다."

그러고는 이내 풀어 주었다. 예양은 다시 온몸에 옻칠을 하여 피부를 부스럼 덩어리로 만들고 숯불을 삼켜 스스로 벙어리가 됐다. 그가 시장에서 걸식을 하자 그의 처조차 그를 알아보지 못했다. 이때 그의 친구가 지나가다가 그를 발견하고는 읍간泣諫했다.

"그대의 재주로 조양자를 섬기면 반드시 가까이 모실 기회가 있을 것이다. 그리되면 그대가 하고자 하는 일을 쉽게 할 수 있지 않겠는가? 어찌하여 고생을 사서 하는가? 그대가 이같이 하여 원수를 갚고자 하나 이 또한 어렵지 않겠는가?"

"이미 조맹의 신하가 되겠다고 하고 나서서 다시 그를 죽이려 한다면 이는 두 마음을 품은 것이다. 무릇 내가 하고자 하는 것은 지극히 어려운 일이다. 그러나 내가 굳이 이렇게 하는 것은 장차 천하와 후세의 신하된 자들에게 두 마음을 품는 것이 얼마나 부끄러운지를 알리려고 하는 것이다."

하루는 조양자가 외출하자 예양이 다리 밑에 엎드려 숨어 있었다. 조양자가 다리에 이르렀을 때 말이 놀라 펄쩍 뛰었다. 주변을 수색하다가 예양을 잡아내서는 드디어 그를 죽였다.

조양자는 조간자의 둘째 아들로 그의 형 백로 대신 부친의 뒤를 이었다. 그는 아들이 5명이나 있었지만 이들을 후사로 삼지 않았다. 당시 조양자는 백로의 아들을 대代하북성 위현 땅에 봉했다. 그가 바로 대성군代成君이다. 그러나 대성군은 요절하고 말았다. 조양자는 대성군의 아들 완浣으로 하여금 자신의 뒤를 잇게 했다.

그러나 막상 조양자가 죽자 그의 아우 조환자趙桓子가 완을 쫓아내고 스스로 후계자가 됐다. 조환자는 조양자가 죽은 지 1년 만에 죽었다. 조씨

문중 사람들이 모여 상의했다.

"조환자가 후사가 된 것은 조양자의 뜻이 아니다."

그리고 마침내 조환자의 아들을 죽이고 쫓겨난 완을 맞이해 조씨의 후사로 삼았다. 그가 바로 조헌자趙獻子이다. 조헌자는 조적趙籍을 낳아 자신의 뒤를 잇게 했다. 그가 바로 조열후趙烈侯이다.

위사魏斯는 위환자魏桓子의 손자이다. 그가 바로 전국시대 초기에 명성을 떨친 위문후魏文侯이다. 당시 한강자韓康子는 아들 한무자韓武子를 낳고, 한무자는 다시 아들 한건韓虔을 낳았다. 그가 바로 한경후韓景侯이다.

위문후는 공자의 제자 자하子夏[3]와 자공子貢의 가르침을 받은 전자방田子方을 스승으로 삼았다. 위문후는 자하의 제자로 명망이 높은 단간목段干木의 집 앞을 지날 때면 반드시 수레 앞턱의 가로나무에 기대어 머리를 숙이고 지나갔다. 사방에서 현자들이 구름 같이 모여들었다.

하루는 위문후가 군신들과 음주를 하며 즐기는 도중 비가 내렸다. 수레를 몰고 들로 나가려 했다. 좌우의 사람들이 만류했다.

"오늘은 술 마시며 즐기고 있는 데다 비 또한 내리는데 군주는 어디로 가려는 것입니까?"

위문후가 고개를 저었다.

"나는 산택을 관장하는 관원인 우인虞人과 사냥을 약속해 놓았소. 내가 비록 연회를 즐기고는 있으나 어찌 만나기로 한 약속을 어길 수 있겠소."

그리고는 이내 약속 장소로 가 우인에게 사냥 취소를 전했다.

이때 한나라는 위나라의 군사를 빌려 조나라를 치고자 했다. 위문후

---

3 자하子夏는 이름이 복상卜商으로 이극李克 및 오기吳起의 스승이었다.

가 말했다.

"우리와 조나라는 형제지국이오. 귀국의 명을 받들 수 없소."

그런데 이번에는 조나라가 위나라의 군사를 빌려 한나라를 치고자 했다. 위문후는 이번에도 똑같은 말로 거절했다. 두 나라의 사신이 각기 화가 나 돌아갔다. 그러나 돌아가서 위문후가 자신들을 화해시키려 했다는 사실을 알고는 위나라를 조현하게 됐다. 위나라는 삼진 가운데 맏형 노릇을 하게 됐다. 다른 제후국들도 감히 위나라와는 다툴 생각을 하지 못하게 됐다.

얼마 후 위문후가 장군 악양樂羊을 보내 중산국中山國하북성 영수현 일대를 정벌한 뒤 태자 위격魏擊의 봉읍으로 삼았다. 위문후가 여러 신하들에게 물었다.

"나는 어떤 군주인 것 같소?"

모두 입을 모아 칭송했다.

"인군仁君입니다."

이때 대부 임좌任座가 홀로 말했다.

"군주는 중산을 얻은 뒤 아우를 봉하지 않고 자식을 봉했으니 어찌 인군이라 할 수 있겠습니까?"

위문후가 화를 내자 임좌가 급히 자리를 빠져나갔다. 잠시 후 위문후가 대부 척황翟璜[4]에게 이를 다시 묻자 척황이 말했다.

---

4 척황翟璜처럼 성씨로 사용되는 척翟 자는 원래 융적戎狄을 뜻하는 적狄과 통하는 글자이다. 융적戎狄을 융적戎翟으로도 표현하는 이유다. 『원화성찬元和姓纂』과 『통지通志』「씨족략氏族略」에 따르면 상고 때 중원의 북쪽에 적국翟國이 있었다. 춘추시대 때 이웃한 진晉나라에 의해 패망했다. 훗날 진晉나라가 한韓과 조趙 및 위魏로 삼분되고 이후 다시 진秦나라에 의해 패망하는 와중에 중원에 들어와 살던 '적국'의 사람들은 전국 각지로 옮겨가 살면서 나라 이름을 자신의 성씨로 삼았다. 당시 북쪽에 사는 사람들은 적翟을 '적' 즉 '디dí'로 읽었으나, 남쪽으로 이주한 사람들은 '척' 즉 '자이zhái'로 읽었다. 전국시

"인군입니다."

"어떻게 그것을 아시오?"

척황이 대답했다.

"제가 듣건대 '군주가 어질면 신하가 정직하다'고 했습니다. 방금 전 임좌가 한 말이 정직하니 곧 그것으로 알았습니다."

위문후가 기뻐하며 척황을 시켜 임좌를 다시 불러오게 했다. 위문후는 임좌가 돌아오자 친히 뜰로 내려가는 하당을 하여 그를 영접한 뒤 상객上客으로 삼았다.

한번은 위문후가 현자 전자방田子方과 술을 마시고 있을 때였다. 마침 음악으로 나오는 종소리가 들리자 위문후가 말했다.

"종소리가 화음을 이루지 못하고 있소. 왼쪽의 종소리가 높소."

전자방이 미소를 짓자 위문후가 의아한 표정으로 물었다.

"왜 웃는 것이오?"

전자방이 대답했다.

"신이 듣건대 '군주는 악관樂官의 재예才藝를 살피는 데 밝고 소리의 화음을 살피는 데 밝지 않다'고 했습니다. 지금 군주는 소리에 밝으니 저는 군주가 악관의 재예를 살피는 일에 어둡지 않을까 걱정하지 않을 수 없습니다."

"좋은 지적이오."

위문후의 아들 위격魏擊이 길을 가다가 조가朝歌에서 위문후의 사부

대 초기 위나라의 명신 척황翟璜은 북쪽 출신인 까닭에 '적황'으로 읽는 게 옳을 듯이 보인다. 그러나 현재 중국에서는 그의 이름을 두고 적황 즉 디황zháihuáng이 아니라 척황 즉 자이황zháihuáng으로 읽고 있다. '적황'이 아닌 '척황'으로 읽는 셈이다. 이주 지역에 상관없이 성씨로 사용될 경우 '척'으로 통일된 듯하다. 본서가 『자치통감』에 나오는 성씨 척翟을 모두 '적'이 아닌 '척'으로 읽은 이유다.

전자방田子方을 만났다. 위격이 곧 수레에서 내려 엎드리며 예를 차렸다. 그러나 전자방은 위격에게 인사를 하지 않았다. 위격이 노한 어조로 전자방에게 물었다.

"부귀한 자가 교만합니까? 아니면 빈천한 사람이 교만합니까?"

전자방이 대답했다.

"역시 빈천한 사람이 교만할 것입니다. 부귀한 사람이 어찌 감히 교만할 수 있겠습니까? 군주가 교만하면 그 나라를 잃고, 대부가 교만하면 그 집안을 잃게 됩니다. 그 나라를 잃은 사람에게 나라를 들어 기다려 주고, 자기 집안을 잃어버린 사람에게 가문을 들어 기다려 주는 사람이 있다는 이야기를 들은 적이 없습니다. 선비란 대체 빈천한 사람입니다. 자신의 건의가 받아들여지지 않고 자신의 행동이 주군과 맞지 않으면 신발을 신고 가 버릴 뿐입니다. 선비가 어디에 간들 빈천하지 않겠습니까?"

위격이 이내 사과했다.

이때 위문후가 자하의 제자인 대부 이극李克에게 물었다.

"선생은 일찍이 말하기를, '집안이 가난하면 착한 아내를 생각하고, 나라가 어지러우면 훌륭한 재상을 생각한다'고 했소. 지금 나는 내 아우 위성魏成이나 적황翟璜을 재상으로 삼을 생각이오. 이 두 사람 가운데 누가 좋겠소?"

이극이 대답했다.

"아랫사람은 윗사람의 일에 관해, 소원한 사람은 관계가 가까운 사람의 일에 관해 참의參議하지 않는 법입니다. 저는 궐문 밖에 살고 있으니 감히 대답할 수 없습니다."

"선생은 이런 일에 임해 사양치 말기 바라오."

이극이 대답했다.

"이는 주군이 잘 살펴보지 않은 데 따른 것입니다. 신하를 살피려면 우선 평소 그가 누구와 가까이 지내는지, 부유하게 됐을 때 누구와 사귀었는지, 현달했을 때 누구를 천거했는지, 곤경에 처했을 때 하지 않는 일이 무엇인지, 가난할 때 재물을 탐하지 않았는지를 살펴보십시오. 이 다섯 가지로 두 사람을 비교하여 보면 충분히 재상을 확정할 수 있을 것입니다. 왜 저의 말을 기다리십니까?"

위문후가 이 말을 듣고 말했다.

"선생, 잘 알았으니 이제 숙소로 돌아가도 좋소. 재상감은 정했소."

이극이 밖으로 나오다가 척황을 만났다. 척황이 이극에게 물었다.

"지금 듣건대 주군이 선생을 불러 재상감을 문의했다 하는데 과연 누구로 결정했소?"

"위성魏成입니다."

척황이 분연히 낯을 붉히는 작색作色을 했다.

"나는 전에 황하의 서쪽인 서하西河를 지키는 오기吳起를 추천했소. 군주가 업鄴하남성 임장현 땅 문제로 고심할 때 내가 서문표西門豹를 추천했소. 또 군주가 중산中山을 정벌하고자 할 때 내가 악양樂羊을 추천했소. 중산을 점령했을 때 이를 지킬 사람이 없어 내가 선생을 추천했소. 이어 군주의 아들을 가르칠 선생이 없어 나는 굴후부屈侯鮒를 추천했소. 귀와 눈으로 듣고 기억하는 것으로 말하더라도 내 어찌하여 위성보다 못하단 말이오."

이극이 말했다.

"그대가 나를 그대의 군주에게 천거하면서 어찌 결당하여 사리를 꾀하는 비주比周를 하여 대관의 자리를 구하려고 했겠소? 군주가 나에게 재상감을 물어 나는 바로 대답했소. 그래서 군주가 재상으로는 반드시 위성으로 할 것이라는 것을 알게 된 것이오. 위성은 식록이 1천 종鍾1종은 64두斗인데 9할을 대외적인 일에 쓰고 1할만 가사에 쓰고 있소. 군주가 동쪽으로 자하子夏와 전자방田子方, 단간목段干木 같은 사람과 교결케 된 것이오. 군주는 이들 3인을 모두 스승으로 생각하고 있으나 그대가 추천한 5명은 모두 신하로 생각하고 있소. 그대가 어찌 위성과 비교될 수 있겠소?"

척황이 참괴慙愧한 나머지 한 발 물러나 재배했다.

"나 척황은 비루한 사람이오. 방금 전 내가 한 이야기는 잘못이었소. 원컨대 평생 선생의 제자가 되고자 하오."

원래 오기는 위衛나라 사람으로 젊어서 노나라에서 벼슬살이를 했다. 마침 제나라가 침공하자 노나라 사람들이 오기를 장수로 삼으려 했다. 그러나 오기는 제나라 여인을 처로 맞이한 바 있어 노나라 사람들이 그의 충성심을 의심했다.

오기가 그의 처를 죽이고 노나라의 장수가 된 뒤 제나라의 군사를 대파했다. 이때 어떤 사람이 노나라의 군주에게 그를 참소했다.

"오기는 처음에 공자의 후기제자인 증삼曾參을 섬기면서 모친이 죽었는데도 분상奔喪을 하지 않았습니다. 증삼이 그와의 관계를 끊어 버렸습니다. 그런데 이번에 다시 자신의 처를 죽이고 장수가 되기를 구했습니다. 오기는 잔인하고 야박한 사람입니다. 게다가 오기로 인해 노나라 같이 작은 나라가 적을 이겼다는 명성을 얻게 됐으니 이제 다른 제후국들이 노나라를 치려고 할 것입니다."

오기가 이 이야기를 듣고 죄를 얻을까 두려워하다가 위문후가 현명하다는 말을 듣고는 마침내 그에게 가 귀부했다. 위문후가 오기의 이야기를 이극에게 묻자 이극이 말했다.

"오기는 욕심이 많고 색을 밝힙니다. 그러나 용병만큼은 제경공 때의 전설적인 명장인 사마양저司馬穰苴라도 그를 당해내지 못할 것입니다."

위문후가 오기를 장수로 삼자 오기가 진나라를 공격해 5개 성읍을 함락했다. 오기는 위나라 장수가 되자 의식衣食을 사졸 가운데 최하위자와 똑같이 했다. 잠잘 때도 잠자리를 펴지 않고, 나다닐 때도 말을 타지 않은 채 자신이 먹을 양식도 직접 짊어지고 다니며 병사들과 고락을 같이 했다.

한번은 한 병사가 종기로 고생을 하자 오기가 직접 입으로 그 종기를 빨아 치료했다. 병사의 모친이 이 이야기를 듣고 통곡했다. 어떤 사람이 의아해하며 그녀에게 물었다.

"그대의 아들은 병사에 불과한데도 장군이 직접 그대 아들의 종기를 입으로 빨아 치료해 주었는데 어찌하여 운단 말이오?"

병사의 모친이 대답했다.

"그렇지 않소. 옛날 오공이 내 남편의 종기를 빨아 준 적이 있었소. 내 남편은 오공에게 감복한 나머지 후퇴할 줄도 모르고 분전하다가 마침내 적에게 죽고 말았소. 그런데 오공이 이제 또다시 내 아들의 종기를 빨아 주었으니 나는 내 아들이 어느 곳에서 죽을지 모르게 됐소. 그래서 통곡하는 것이오."

4) 연민공燕湣公이 홍거薨去[5]하고. 그의 아들이 연희공燕僖公으로 즉위했다.

** 起著雍攝提格, 盡玄黓困敦, 凡三十五年[6].

---

5 원문은 홍薨이다. 공경公卿과 제후왕 등의 죽음을 가리킨다. 통상 천자나 황후 태후 등은 붕崩을 쓴다. 백세百歲, 천추千秋, 안가晏駕, 대행大行, 등하登遐, 산릉붕山陵崩 등은 천자와 제후왕에게 두루 사용했다. 대부는 졸卒, 선비는 불록不祿, 서민은 사死로 표현했다.

6 『자치통감』은 매 권卷 앞에 각 권이 다루고 있는 시기를 북송시대에 유행한 간지干支로 표시해 놓았다. 권1 주기周紀 1의 맨 앞에 나오는 '기저옹섭제격起著雍攝提格, 진현묵곤돈盡玄黓困敦, 범35년凡三十五年'이 대표적이다. 이는 '무인년戊寅年에서 시작해 임자년壬子年까지 모두 기록했고, 총 35년에 달하다'는 뜻이다. 여기의 '저옹'과 '제섭격'

＊ 威烈王 二十三年

初命晉大夫魏斯·趙籍·韓虔爲諸侯.

臣光曰, "臣聞天子之職莫大於禮, 禮莫大於分, 分莫大於名. 何謂禮? 紀綱是也. 何謂分? 君臣是也. 何謂名? 公·侯·卿·大夫是也. 夫以四海之廣, 兆民之衆, 受制於一人, 雖有絶倫之力, 高世之智, 莫敢不奔走而服役者, 豈非以禮爲之綱紀哉! 是故天子統三公, 三公率諸侯, 諸侯制卿大夫, 卿大夫治士庶人. 貴以臨賤, 賤以承貴. 上之使下, 猶心腹之運手足, 根本之制支葉. 下之事上, 猶手足之衛心腹, 支葉之庇本根. 然後能上下相保而國家治安. 故曰, 天子之職莫大於禮也. 文王序『易』, 以乾坤爲首. 孔子系之, '天尊地卑, 乾坤定矣, 卑高以陳, 貴賤位矣' 言君臣之位, 猶天地之不可易也. 『春秋』抑諸侯, 尊周室, 王人雖微, 序於諸侯之上, 以是見聖人於君臣之際, 未嘗不惓惓也. 非有桀·紂之暴, 湯·武之仁, 人歸之, 天命之, 君臣之分, 當守節伏死而已矣. 是故以微子而代紂, 則成湯配天矣. 以季札而君吳, 則太伯血食矣. 然二子寧亡國而不爲者, 誠以禮之大節不

등은 『이아爾雅』「석천釋天」에 나오는 간지를 사용한 것이다. 「석천」에 따르면 천간天干의 갑甲은 알봉閼逢, 을乙은 전몽旃蒙, 병丙은 유조柔兆, 정丁은 강어强圉, 무戊는 저옹著雍, 기己는 도유屠維, 경庚은 상장上章, 신辛은 중광重光, 임壬은 현묵玄黓, 계癸는 소양昭陽에 해당한다. 또 지지地支의 자子는 곤돈困敦, 축丑은 적분약赤奮若, 인寅은 섭제격攝提格, 묘卯는 단알單閼, 진辰은 집서執徐, 사巳는 대황락大荒落, 오午는 돈장敦牂, 미未는 협흡協洽, 신申은 군탄涒灘, 유酉는 작악作噩, 술戌은 엄무閹茂, 해亥는 대연헌大淵獻에 해당한다. 『사기』「역서曆書」에도 언봉焉逢과 단몽端蒙, 유조游兆, 적분약赤奮若, 섭제격攝提格 등의 표현이 나온다. 그러나 『이아』의 명칭과 일치하는 게 아니다. 21세기 현재 거의 모든 나라가 서력西曆을 사용하고 있다. '저옹섭제격', '현묵곤돈' 등의 간지는 현대에도 여전히 사용되는 '무인' 및 '임자' 등의 간지와도 거리가 멀다. 『자치통감』의 각 권 맨 앞에 나오는 「석천」의 간지를 그대로 표기해 두기는 했으나 일일이 번역하지는 않은 이유다.

可亂也. 故曰, 禮莫大於分也. 夫禮, 辨貴賤, 序親疏, 裁群物, 制庶事. 非名不著, 非器不形. 名以命之, 器以別之, 然後上下粲然有倫, 此禮之大經也. 名器旣亡, 則禮安得獨在哉? 昔仲叔於奚有功於衛, 辭邑而請繁纓, 孔子以爲不如多與之邑. 惟器與名, 不可以假人, 君之所司也. 政亡, 則國家從之. 衛君待孔子而爲政, 孔子欲先正名, 以爲名不正則民無所措手足. 夫繁纓, 小物也, 而孔子惜之. 正名, 細務也, 而孔子先之. 誠以名器旣亂, 則上下無以相有故也. 夫事未有不生於微而成於著. 聖人之慮遠, 故能謹其微而治之. 衆人之識近, 故必待其著而後救之. 治其微, 則用力寡而功多. 救其著, 則竭力而不能及也. 『易』, '履霜, 堅冰至' 『書』, '一日二日萬幾' 謂此類也. 故曰, 分莫大於名也. 嗚呼! 幽·厲失德, 周道日衰, 綱紀散壞, 下陵上替, 諸侯專征, 大夫擅政. 禮之大體, 什喪七八矣. 然文·武之祀猶綿綿相屬者, 蓋以周之子孫尙能守其名分故也. 何以言之? 昔晉文公有大功於王室, 請隧於襄王, 襄王不許, 曰, '王章也. 未有代德而有二王, 亦叔父之所惡也. 不然, 叔父有地而隧, 又何請焉!' 文公於是乎懼而不敢違. 是故以周之地則不大於曹·滕, 以周之民則不衆於郲·莒, 然歷數百年, 宗主天下, 雖以晉·楚·齊·秦之强, 不敢加者, 何哉? 徒以名分尙存故也. 至於季氏之於魯, 田常之於齊, 白公之於楚, 智伯之於晉, 其勢皆足以逐君而自爲, 然而卒不敢者, 豈其力不足而心不忍哉? 乃畏奸名犯分而天下共誅之也. 今晉大夫暴蔑其君, 剖分晉國, 天子旣不能討, 又寵秩之, 使列於諸侯, 是區區之名分復不能守而並棄之也. 先王之禮於斯盡矣. 或者以爲當是之時, 周室微弱, 三晉强盛, 雖欲勿許, 其可得乎? 是大不然. 夫三晉雖强, 苟不顧天下之誅而犯義侵禮, 則不請於天子而自立矣. 不請於天子而自立, 則爲悖逆之臣. 天下苟有桓·文之君, 必奉禮義而征之. 今請於天子而天子許之, 是受天子之命而爲諸侯也, 誰得而討之! 故三晉之列於諸侯, 非三晉之壞禮, 乃天子自壞之也. 嗚呼! 君臣之禮旣壞矣, 則天下以智力相雄長, 遂使聖賢之後爲諸侯者, 社稷無不泯絶, 生民之害糜滅幾盡, 豈不哀哉!"

初, 智宣子將以瑤爲後. 智果曰, "不如宵也. 瑤之賢於人者五, 其不逮者一也. 美鬢長大則賢, 射御足力則賢, 伎藝畢給則賢, 巧文辯慧則賢, 强毅果敢則賢, 如是而甚不仁. 夫以其五賢陵人, 而以不仁行之, 其誰能待之? 若果立瑤也, 智宗必滅." 弗聽, 智果別族於太史爲輔氏. 趙簡子之子, 長曰伯魯, 幼曰無恤. 將置後, 不知所立. 乃書訓戒之辭於二簡, 以授二子曰, "謹識之." 三年而問之, 伯魯不能擧其辭, 求其簡, 已失之矣. 問無恤, 誦其辭甚習, 求其簡, 出諸袖中而奏之. 於是簡子以無恤爲賢, 立以爲後. 簡子使尹鐸爲晉陽. 請曰, "以爲繭絲乎? 抑爲保障乎?" 簡子曰, "保障哉!" 尹鐸損其戶數. 簡子謂無恤曰, "晉國有難, 而無以尹鐸爲少, 無以晉陽爲遠, 必以爲歸." 及智宣子卒, 智襄子爲政, 與韓康子·魏桓子宴於藍台. 智伯戲康子而侮段規, 智國聞之, 諫曰, "主不備, 難必至矣!" 智伯曰, "難將由我. 我不爲難, 誰敢興之?" 對曰, "不然. 『夏書』有之曰, '一人三失, 怨豈在明, 不見是圖' 夫君子能勤小物, 故無大患. 今主一宴而恥人之君相, 又弗備, 曰不敢興難, 無乃不可乎! 蚋·蟻·蜂·蠆, 皆能害人, 況君相乎!" 弗聽.

智伯請地於韓康子, 康子欲弗與. 段規曰, "智伯好利而愎, 不與, 將伐我. 不如與之. 彼狃於得地, 必請於他人. 他人不與, 必向之以兵. 然則我得免於患而待事之變矣." 康子曰, "善." 使使者致萬家之邑於智伯, 智伯悅. 又求地於魏桓子, 桓子欲弗與. 任章曰, "何故弗與?" 桓子曰, "無故索地, 故弗與." 任章曰, "無故索地, 諸大夫必懼. 吾與之地, 智伯必驕. 彼驕而輕敵, 此懼而相親. 以相親之兵待輕敵之人, 智氏之命必不長矣. 『周書』曰, '將欲敗之, 必姑輔之. 將欲取之, 必姑與之' 主不如與之以驕智伯, 然後可以擇交而圖智氏矣. 奈何獨以吾爲智氏質乎!" 桓子曰, "善." 復與之萬家之邑一. 智伯又求蔡·皐狼之地於趙襄子, 襄子弗與. 智伯怒, 帥韓·魏之甲以攻趙氏. 襄子將出, 曰, "吾何走乎?" 從者曰, "長子近, 且城厚完." 襄子曰, "民罷力以完之, 又斃死以守之, 其誰與我!" 從者曰, "邯鄲之倉庫實." 襄子曰, "浚民之膏澤以實之, 又因而殺之, 其誰與我! 其晉陽乎, 先主之所屬也, 尹鐸之所寬也, 民必和矣." 乃走晉陽.

三家以國人圍而灌之, 城不浸者三版. 沈灶産蛙, 民無叛意. 智伯行水, 魏桓子御, 韓康子驂乘. 智伯曰, "吾乃今知水可以亡人國也." 桓子肘康子, 康子履桓子之跗, 以汾水可以灌安邑, 絳水可以灌平陽也. 絺疵謂智伯曰, "韓·魏必反矣." 智伯曰, "子何以知之?" 絺疵曰, "以人事知之. 夫從韓·魏之兵以攻趙, 趙亡, 難必及韓·魏矣. 今約勝趙而三分其地, 城不沒者三版, 人馬相食, 城降有日, 而二子無喜志, 有憂色, 是非反而何?" 明日, 智伯以絺疵之言告二子, 二子曰, "此夫讒臣欲爲趙氏游說, 使主疑於二家而懈於攻趙氏也. 不然, 夫二家豈不利朝夕分趙氏之田, 而欲爲危難不可成之事乎?" 二子出, 絺疵入曰, "主何以臣之言告二子也?" 智伯曰, "子何以知之?" 對曰, "臣見其視臣端而趨疾, 知臣得其情故也." 智伯不悛. 絺疵請使於齊.

趙襄子使張孟談潛出見二子, 曰, "臣聞脣亡則齒寒. 今智伯帥韓·魏而攻趙, 趙亡則韓·魏爲之次矣." 二子曰, "我心知其然也, 恐事未遂而謀洩, 則禍立至矣." 張孟談曰, "謀出二主之口, 入臣之耳, 何傷也?" 二子乃陰與張孟談約, 爲之期日而遣之. 襄子夜使人殺守堤之吏, 而決水灌智伯軍. 智伯軍救水而亂, 韓·魏翼而擊之, 襄子將卒犯其前, 大敗智伯之衆. 遂殺智伯, 盡滅智氏之族. 唯輔果在.

臣光曰, "智伯之亡也, 才勝德也. 夫才與德異, 而世俗莫之能辨, 通謂之賢, 此其所以失人也. 夫聰察强毅之謂才, 正直中和之謂德. 才者, 德之資也. 德者, 才之帥也. 雲夢之竹, 天下之勁也, 然而不矯揉, 不羽括, 則不能以入堅. 棠溪之金, 天下之利也, 然而不熔范, 不砥礪, 則不能以擊强. 是故才德全盡謂之聖人, 才德兼亡謂之愚人, 德勝才謂之君子, 才勝德謂之小人. 凡取人之術, 苟不得聖人·君子而與之, 與其得小人, 不若得愚人. 何則? 君子挾才以爲善, 小人挾才以爲惡. 挾才以爲善者, 善無不至矣. 挾才以爲惡者, 惡亦無不至矣. 愚者雖欲爲不善, 智不能周, 力不能勝, 譬之乳狗搏人, 人得而制之. 小人智足以遂其奸, 勇足以決其暴, 是虎而翼者也, 其爲害豈不多哉! 夫德者人之所嚴, 而才者人之所愛. 愛者易親, 嚴者易疏, 是以察者多蔽於才而遺於德. 自古昔以來, 國之亂臣, 家之敗子, 才有餘而德不足, 以至於顚覆者多矣, 豈特智伯哉! 故爲國爲家者, 苟能審於才德之分而知所先後, 又何失人之足患哉!"

三家分智氏之田. 趙襄子漆智伯之頭, 以爲飮器. 智伯之臣豫讓欲爲之報仇, 乃詐爲刑人, 挾匕首, 入襄子宮中塗廁. 襄子如廁心動, 索之, 獲豫讓. 左右欲殺之, 襄子曰, "智伯死無後, 而此人欲爲報仇, 眞義士也! 吾謹避之耳." 乃捨之. 豫讓又漆身爲癩, 呑炭爲啞, 行乞於市, 其妻不識也. 行見其友, 其友識之, 爲之泣曰, "以子之才, 臣事趙孟, 必得近幸. 子乃爲所欲爲, 顧不易邪? 何乃自苦如此! 求以報仇, 不亦難乎?" 豫讓曰, "不可! 旣已委質爲臣, 而又求殺之, 是二心也. 凡吾所爲者, 極難耳. 然所以爲此者, 將以愧天下後世之爲人臣懷二心者也." 襄子出, 豫讓伏於橋下. 襄子至橋, 馬驚, 索之, 得豫讓, 遂殺之. 襄子爲伯魯之不立也, 有子五人, 不肯置後. 封伯魯之子於代, 曰代成君, 早卒, 立其子浣爲趙氏後. 襄子卒, 弟桓子逐浣而自立, 一年卒. 趙氏之人曰, "桓子立, 非襄主意." 乃共殺其子, 復迎浣而立之, 是爲獻子. 獻子生籍, 是爲烈侯. 魏斯者, 桓子之孫也, 是爲文侯. 韓康子生武子, 武子生虔, 是爲景侯.

魏文侯以卜子夏·田子方爲師, 每過段干木之廬必式. 四方賢士多歸之. 文侯與群臣飮酒, 樂, 而天雨, 命駕將適野. 左右曰, "今日飮酒樂, 天又雨, 君將安之?" 文侯曰, "吾與虞人期獵, 雖樂, 豈可無一會期哉!" 乃往, 身自罷之. 韓借師於魏以伐趙. 文侯曰, "寡人與趙, 兄弟也, 不敢聞命." 趙借師於魏以伐韓, 文侯應之亦然. 二國皆怒而去. 已而知文侯以講於己也, 皆朝於魏. 魏由是始大於三晉, 諸侯莫能與之爭. 使樂羊伐中山, 克之, 以封其子擊. 文侯問於群臣曰, "我何如主?" 皆曰, "仁君." 任座曰, "君得中山, 不以封君之弟而以封君之子, 何謂仁君?" 文侯怒, 任座趨出. 次問翟璜, 對曰, "仁君也." 文侯曰, "何以知之?" 對曰, "臣聞君仁則臣直. 向者任座之言直, 臣是以知之." 文侯悅, 使翟璜召任座而反之, 親下堂迎之, 以爲上客. 文侯與田子方飮, 文侯曰, "鐘聲不比乎? 左高." 田子方笑. 文侯曰, "何笑?" 子方曰, "臣聞之, 君明樂官, 不明樂音. 今君審於音, 臣恐其聾於官也." 文侯曰, "善." 子擊出, 遭田子方於道, 下車伏謁. 子方不爲禮. 子擊怒, 謂子方曰, "富貴者驕人乎? 貧賤者驕人乎?" 子方曰, "亦貧賤者驕人耳, 富貴者安敢驕人? 國君而驕人則失其國, 大夫而驕人則失其家. 失其國者未聞有以國待之者也, 失其家者未聞有以家待之者也. 夫士貧賤者, 言不用, 行不合, 則納履而去耳, 安往而不得貧賤哉!" 子擊乃謝之. 文侯謂李克曰, "先生嘗有言曰, '家貧思良妻, 國亂思良相' 今所置非成則璜, 二子何如?" 對曰, "卑不謀尊, 疏不謀戚. 臣在闕門之外, 不敢當命." 文侯曰, "先生臨事勿讓."

克曰, "君弗察故也. 居視其所親, 富視其所與, 達視其所擧, 窮視其所不爲, 貧視其所不取, 五者足以定之矣, 何待克哉!" 文侯曰, "先生就捨, 吾之相定矣." 李克出, 見翟璜. 翟璜曰, "今者聞君召先生而卜相, 果誰爲之?" 克曰, "魏成." 翟璜忿然作色曰, "西河守吳起, 臣所進也. 君內以鄴爲憂, 臣進西門豹. 君欲伐中山, 臣進樂羊. 中山已拔, 無使守之, 臣進先生. 君之子無傅, 臣進屈侯鮒. 以耳目之所睹記, 臣何負於魏成?" 李克曰, "子之言克於子之君者, 豈將比周以求大官哉? 君問相於克, 克之對如是. 所以知君之必相魏成者, 魏成食祿千鍾, 什九在外, 什一在內, 是以東得卜子夏·田子方·段干木. 此三人者, 君皆師之. 子所進五人者, 君皆臣之. 子惡得與魏成比也!" 翟璜逡巡再拜曰, "璜, 鄙人也, 失對, 願卒爲弟子."

吳起者, 衛人, 仕於魯. 齊人伐魯, 魯人欲以爲將, 起取齊女爲妻, 魯人疑之, 起殺妻以求將, 大破齊師. 或譖之魯侯曰, "起始事曾參, 母死不奔喪, 曾參絕之. 今又殺妻以求爲君將. 起, 殘忍薄行人也. 且以魯國區區而有勝敵之名, 則諸侯圖魯矣." 起恐得罪. 聞魏文侯賢, 乃往歸之. 文侯問諸李克, 李克曰, "起貪而好色, 然用兵, 司馬穰苴弗能過也." 於是文侯以爲將, 擊秦, 拔五城. 起之爲將, 與士卒最下者同衣食, 臥不設席, 行不騎乘, 親裹贏糧, 與士卒分勞苦. 卒有病疽者, 起爲吮之. 卒母聞而哭之. 人曰, "子, 卒也, 而將軍自吮其疽, 何哭爲?" 母曰, "非然也. 往年吳公吮其父, 其父戰不還踵, 遂死於敵. 吳公今又吮其子, 妾不知其死所矣, 是以哭之."

燕湣公薨, 子僖公立.

주위열왕 24년(BC 402)

1) 주위열왕周威烈王이 붕어崩御했다. 왕자 교驕가 주안왕周安王으로

즉위했다.

2) 초나라의 도적들이 초성왕楚聲王을 죽였다. 초나라 사람들이 그의 아들 웅의熊疑를 초도왕楚悼王으로 옹립했다.

* 威烈王二十四年

王崩, 子安王驕立.

盜殺楚聲王, 國人立其子悼王.

주안왕周安王 원년(BC 401)

1) 진나라가 위魏나라를 쳤다. 양호陽狐산서성 신강현까지 진출했다.

* 安王元年

秦伐魏, 至陽狐.

주안왕 2년(BC 400)

1) 위魏·한韓·조趙의 이른바 삼진三晉 연합군이 초나라를 쳐 상구桑丘산동성 자양현까지 진격했다.

2) 정나라가 한나라 도성 양적陽翟하남성 우현을 포위했다.

3) 한경후韓景侯한건韓虔가 훙거했다. 그의 아들이 한열후韓烈侯한취韓取로 즉위했다.

4) 조열후趙烈侯조적趙籍가 훙거했다. 국인들이 그의 아우를 조무후趙武侯로 옹립했다.

5) 친간공秦簡公이 훙거했다. 그의 아들이 친혜공秦惠公으로 즉위했다.

* 安王二年

魏·韓·趙伐楚, 至桑丘.

鄭圍韓陽翟.

韓景侯薨, 子烈侯取立.

趙烈侯薨, 國人立其弟武侯.

秦簡公薨, 子惠公立.

주안왕 3년(BC 399)

1) 주왕실의 왕자 정定이 삼진으로 달아났다.

2) 괵산虢山하남성 협현이 무너져 내려 황하의 물줄기를 막았다.

* 安王三年

王子定奔晉.

虢山崩, 壅河.

주안왕 4년(BC 398)

1) 초나라 군사가 정나라 도성 신정新鄭하남성 신정현을 포위했다. 정나라 사람들이 재상 사자양駟子陽은 정목공의 아들 공자 비騑의 자가 자사子駟인 데서 나온 성씨이다.[7]

* 安王四年

---

7 '자양'의 죽음과 관련해 『여씨춘추』「적위適威」는 "자양은 매사에 극히 엄격한 태도를 취했다. 한 사람이 잘못하여 활을 부러뜨린 후 틀림없이 죽을 것으로 생각해 마침내 미친 개인 제구猘狗를 이용해 자양을 죽였다"고 기록해 놓았다.

楚圍鄭. 鄭人殺其相駟子陽.

주안왕 5년(BC 397)

1) 일식이 있었다.

2) 3월, 도적들이 한나라 재상 협루俠累를 죽였다. 원래 협루와 복양濮陽하남성 활현 땅 사람 엄중자嚴仲子는 구원仇怨이 있었다. 하루는 엄중자가 지軹하남성 제원현 동남쪽 땅에 섭정聶政이라는 용사가 살고 있다는 말을 듣고 황금 100일鎰24량兩을 들고 가 섭정 모친의 장수를 빌었다. 그러고는 섭정이 자신을 대신해 원수를 갚아 주기를 바랐다. 섭정이 사양했다.

"노모가 아직 살아 계시기 때문에 이 몸을 감히 다른 사람에게 맡길 수 없습니다."

마침내 섭정의 모친이 죽자 엄중자가 섭정에게 협루의 척살을 청했다. 섭정이 이를 승낙하여 곧 협루를 찾아갔다. 마침 협루가 재상부宰相府의 높은 자리에 앉아 있었다. 그의 주변에는 호위 병사가 매우 많았다. 그러나 섭정은 순식간에 계단 위로 뛰어올라가 협루를 척살했다. 그러고는 스스로 칼로 자신의 얼굴 가죽을 들어내고 눈을 뽑은 뒤 배를 갈라 내장을 밖으로 내쏟았다.

한나라 사람들이 그의 시체를 저자에 내놓고 누구인지를 수소문했으나 아무도 그가 누구인지를 아는 사람이 없었다. 이때 섭정의 누이 앵嫈이 이 소식을 듣고 달려왔다. 그러고는 통곡하며 말했다.

"이 사람은 지읍軹邑 심정리深井里에 사는 섭정이라는 사람이오. 아직 그곳에 살고 있는 까닭에 내가 연루될까 두려운 나머지 스스로 중형을 내려 흔적을 지운 것이오. 그러나 내가 어찌 주살될까 두려워 끝내 현제賢弟의 이름을 없어지게 할 수 있겠소!"

그러고는 드디어 섭정 곁에서 죽었다.

＊ 安王五年

日有食之.

三月, 盜殺韓相俠累. 俠累與濮陽嚴仲子有惡. 仲子聞軹人聶政之勇, 以黃金百鎰爲政母壽, 欲因以報仇. 政不受, 曰, "老母在, 政身未敢以許人也!" 及母卒, 仲子乃使政刺俠累. 俠累方坐府上, 兵衛甚衆, 聶政直入上階, 刺殺俠累, 因自皮面抉眼, 自屠出腸. 韓人暴其屍於市, 購問, 莫能識. 其姊嫈聞而往哭之, 曰, "是軹深井里聶政也. 以妾尙在之故, 重自刑以絶從. 妾奈何畏歿身之誅, 終滅賢弟之名!" 遂死於政屍之旁.

주안왕 6년(BC 396)

1) 정나라 재상을 지내다가 죽임을 당한 사자양駟子陽의 당우黨羽들이 정수공鄭繻公 태駘를 죽이고 그의 아우인 을乙을 정강공鄭康公으로 옹립했다.

2) 송도공宋悼公이 훙거했다. 그의 아들 전田이 뒤를 이어 송휴공宋休公으로 즉위했다.

＊ 安王六年

鄭駟子陽之黨弑繻公, 而立其弟乙, 是爲康公.

宋悼公薨, 子休公田立.

주안왕 8년(BC 394)

1) 제나라가 노나라를 치고 도성인 곡부 동쪽의 최읍最邑을 취했다.

2) 정나라의 부칠읍負黍邑하남성 등봉현 서남쪽에서 반란이 일어났다. 이어 원래 귀속해 있던 한나라로 13년 만에 복귀했다.

＊ 安王八年

齊伐魯, 取最. 韓救魯.

鄭負黍叛, 復歸韓.

주안왕 9년(BC 393)

1) 위나라가 정나라를 쳤다.

2) 진열공晉烈公 지止가 훙거했다. 그의 아들 경傾이 진효공晉孝公으로 즉위했다.[8]

＊ 安王九年

魏伐鄭.

晉烈公薨, 子孝公傾立.

주안왕 11년(BC 391)

1) 진나라가 한나라의 의양宜陽하남성 의양현 서쪽 땅을 치고 6읍을 취했다.

2) 당초 제나라의 전상田常진항陳恒이 아들 전반田盤을 낳고, 전반은 아들 전백田白을 낳고, 전백은 아들 전화田和를 낳았다. 이 해에 전화는 제강공齊康公으로 하여금 수도인 임치臨淄산동성 치박시를 떠나 동쪽 바다 근처에 있는 조그마한 마을로 가 살게 했다. 그러고는 작은 성 하나를 식읍으로 주고 강씨姜氏 선조들의 제사를 받들게 했다.

---

8 『사기』「진세가」는 이를 『자치통감』보다 2년 앞서 일어난 일로 기록해 놓았다. 경傾이 「진세가」에는 기頎로 나온다.

* 安王十一年

秦伐韓宜陽, 取六邑.

初, 田常生襄子盤, 盤生莊子白, 白生太公和. 是歲, 田和遷齊康公於海上, 使食一城, 以奉其先祀.

주안왕 12년(BC 390)

1) 진나라와 삼진三晉이 무성武城섬서성 화현 동쪽에서 싸웠다.

2) 제나라가 위나라를 치고 양양襄陽하남성 수양현을 취했다.

3) 노나라가 도성 곡부 부근의 평륙平陸산동성 문양현에서 제나라의 군사를 격파했다.

* 安王十二年

秦·晉戰於武城.

齊伐魏, 取襄陽.

魯敗齊師於平陸.

주안왕 13년(BC 389)

1) 진秦나라가 진晋나라를 쳤다.

2) 제나라의 전화田和와 위문후魏文侯, 초인楚人, 위인衛人이 탁택濁澤하남성 우현 동북쪽에서 회동했다. 이때 제나라의 전화가 제후들의 반열에 들 수 있도록 해 줄 것을 청했다. 위문후가 전화를 위해 주안왕과 다른 제후들에게 이를 청했다. 주안왕이 이를 받아들였다.

* 安王十三年

秦侵晉.

齊田和會魏文侯·楚人·衛人於濁澤, 求爲諸侯. 魏文侯爲之請於王及諸侯, 王許之.

주안왕 15년(BC 387)

1) 진秦나라가 촉蜀사천성 성도시나라로 쳐들어가 남정南鄭[9]을 취했다.

2) 위문후가 훙거했다. 태자 격擊이 위무후魏武侯로 즉위했다.

한번은 위무후가 서하西河에서 배를 타고 아래로 내려가던 중 중간쯤 이르렀을 때 오기吳起를 돌아보고 말했다.

"아름답구나, 산하의 험고險固함이여. 과연 우리 위나라의 보배로다."

오기가 말했다.

"국가를 지키는 요체는 험고에 있는 것이 아니라 수덕修德에 있습니다. 옛날 삼묘씨三苗氏는 왼쪽에 동정호洞定湖, 오른쪽에 팽려호彭蠡湖파양호鄱陽湖가 있었지만 덕의를 닦지 않아 우禹에게 멸망당했습니다. 하나라의 걸桀은 왼쪽에 황하와 제수, 오른쪽에 태화산泰華山섬서성 화음현, 남쪽에 이궐산伊闕山하남성 낙양시 남쪽, 북쪽에 양장판羊腸坂산서성 교성현 동북쪽이 있었습니다. 그러나 정사가 어질지 못해 탕왕湯王이 그를 쫓아냈습니다. 또 은나라의 주紂가 다스린 나라는 왼쪽에 맹문孟門하남성 기현 서북쪽, 오른쪽에 태항산太行山, 북쪽에 항산恒山, 남쪽에 황하가 있었습니다. 그러나 정사가 부덕不德하여 주무왕이 그를 죽였습니다. 이렇게 보건대 나라의 안위는 수덕에 있지 험고에 있는 것이 아닙니다. 만일 군주가 덕을 닦지 않으면 이 배 안에 있는 사람조차 모두 적국 사람이 될 수 있을 것입니다."

"참으로 훌륭한 말이오."

---

9 『사기』「육국연표」는 촉나라가 진나라의 남정을 취한 것으로 기록해 놓았으나 이는 잘못이다.

이때 위나라가 재상宰相 제도를 두면서 전문田文[10]을 첫 재상으로 삼았다. 오기가 불쾌한 표정으로 전문에게 말했다.

"그대와 더불어 논공論功하고자 하는데 가능하겠소."

"좋소."

오기가 말했다.

"3군을 이끌고 가 병사들로 하여금 즐겨 목숨을 내걸고 싸우게 하여 적국이 감히 우리를 넘보지 못하게 만든 점에서 누가 더 낫소."

"나는 그대만 못하오."

"백관을 잘 통제하고, 백성들과 친히 지내고, 부고府庫를 가득 채워 놓은 점에서 누가 더 낫소."

"나는 그대만 못하오."

"서하를 지켜 진나라가 감히 동쪽으로 진출치 못하게 하고, 한·조가 우리를 추종케 만든 점에서 누가 더 낫소."

"나는 그대만 못하오."

"이 3가지 점에서 그대는 모두 나보다 한 수 아래인데도 나보다 높은 자리에 앉아 있으니 이는 어찌된 일이오."

전문이 대답했다.

"군주가 어린 데다 나라는 아직 안정되지 못하고 있소. 또 대신들은 새 군주에게 귀부하지 않고 있고 백성들도 머뭇거리며 불안해하고 있소. 이런 상황에서 재상의 자리를 그대에게 맡기겠소, 아니면 나에게 맡기겠소."

오기가 한참 침묵하다가 말했다.

10 여기의 전문田文은 전국시대 말기 천하를 풍미한 4군자四君子의 우두머리격인 제나라의 맹상군孟嘗君 전문과 동명이인이다.

"응당 그대에게 맡길 것이오."

한참 세월이 흐른 뒤 위나라 재상 공숙公叔이 상주尙主[11]한 뒤 오기를 해치고자 했다. 공숙의 시종이 말했다.

"오기는 쉽게 제거할 수 있습니다. 그는 사람됨이 강경한 것을 스스로 좋아하니 그대가 군주에게 말하기를, '오기는 현명한 사람입니다. 그러나 군주의 나라는 작기 때문에 오기가 오래 머물 생각이 없을까 걱정입니다. 시험 삼아 공주 한 명을 그에게 시집보내도록 하십시오. 오기가 머물 생각이 없다면 반드시 이를 사양할 것입니다'라고 하십시오. 그러고는 오기를 데리고 집으로 가면서 공주를 시켜 그대를 욕하게 만드십시오. 오기는 공주가 그대를 천대하는 것을 보고는 틀림없이 공주의 하가下嫁를 사양할 것입니다. 그러면 그는 그대의 계략에 빠지는 것입니다."

공숙이 이를 좇았다. 과연 오기는 공주를 사양했다. 위무후는 오기를 크게 의심하여 믿지 않게 됐다. 오기는 주살을 두려워하여 마침내 초나라로 달아났다.

초도왕楚悼王은 평소 오기가 현명하다는 말을 듣고 있던 차에 그가 오자 곧바로 재상을 시켰다. 오기는 즉각 광범위하게 법령을 펴고 용관冗官 필요치 않은 관원을 쫓아냈다. 또 공족 가운데 관계가 먼 친척의 작록을 없애고 전투에 참여하는 병사들을 어루만지며 육성해 장차 강군을 만들고자 했다. 또 유세만을 일삼는 종횡가縱橫家를 쫓아 버렸다.

이같이 하여 남쪽으로 백월百越[12]을 물리치고 북쪽으로 삼진을 물리쳤다. 다시 서쪽으로 진나라를 치니 제후들이 모두 초나라의 강성함을 두려워했다. 그러나 오기로 인해 실권失權한 초나라의 귀척貴戚과 대신들 대

---

11 상주尙主는 공주를 부인으로 맞아들여 부마가 되는 것을 의미한다.

12 백월百越은 장강 중하류에 살던 이민족을 지칭한다. 백월百粵로도 쓴다.

부분이 오기를 크게 원망했다.

3) 친혜공秦惠公이 훙거했다. 그의 아들이 친출공秦出公으로 즉위했다.

4) 조무후趙武侯가 훙거했다. 국인들이 조열후의 태자 조장趙章을 조경후趙敬侯로 옹립했다.

5) 한열후가 훙거했다. 그의 아들이 한문후韓文侯로 즉위했다.

* 安王十五年

秦伐蜀, 取南鄭.

魏文侯薨, 太子擊立, 是爲武侯.

武侯浮西河而下, 中流顧謂吳起曰, “美哉山河之固, 此魏國之寶也!” 對曰, “在德不在險. 昔三苗氏, 左洞庭, 右彭蠡, 德義不修, 禹滅之. 夏桀之居, 左河濟, 右泰華, 伊闕在其南, 羊腸在其北, 修政不仁, 湯放之. 商紂之國, 左孟門, 右太行, 常山在其北, 大河經其南, 修政不德, 武王殺之. 由此觀之, 在德不在險. 若君不修德, 舟中之人皆敵國也.” 武侯曰, “善.” 魏置相, 相田文. 吳起不悅, 謂田文曰, “請與子論功, 可乎?” 田文曰, “可.” 起曰, “將三軍, 使士卒樂死, 敵國不敢謀, 子孰與起?” 文曰, “不如子.” 起曰, “治百官, 親萬民, 實府庫, 子孰與起?” 文曰, “不如子.” 起曰, “守西河而秦兵不敢東鄉, 韓·趙賓從, 子孰與起?” 文曰, “不如子.” 起曰, “此三者子皆出吾下, 而位加吾上, 何也?” 文曰, “主少國疑, 大臣未附, 百姓不信, 方是之時, 屬之子乎, 屬之我乎?” 起默然良久, 曰, “屬之子矣.” 久之, 魏相公叔尙魏公主而害吳起. 公叔之僕曰, “起易去也. 起爲人剛勁自喜, 子先言於君曰, ‘吳起, 賢人也, 而君之國小, 臣恐起之無留心也, 君盍試延以女? 起無留心, 則必辭矣’ 子因與起歸而使公主辱子, 起見公主之賤子也, 必辭, 則子之計中矣." 公叔從之, 吳起果辭公主. 魏武侯疑之而未信, 起懼誅, 遂奔楚. 楚悼王素聞其賢, 至則任之爲相. 起明法審令, 捐不急之官, 廢公族疏遠者, 以撫養戰鬥之士, 要在强兵, 破游說之言從橫者. 於是南平百越, 北卻三晉, 西伐秦, 諸侯皆患楚之强, 而楚之貴戚大臣多怨吳起者.

秦惠公薨, 子出公立.

趙武侯薨, 國人復立烈侯之太子章, 是爲敬侯.

韓烈侯薨, 子文侯立.

주안왕 16년(BC 386)

1) 주안왕이 제나라 대부 전화田和를 제나라의 군주로 공식 임명했다.[13]

2) 조나라 공자 조朝가 난을 일으켰다가 위나라로 달아났다. 얼마 후 공자 조가 위나라 군사와 함께 한단을 쳤으나 성과를 거두지 못했다.

* 安王十六年

初命齊大夫田和爲諸侯.

趙公子朝作亂, 出奔魏, 與魏襲邯鄲, 不克.

주안왕 17년(BC 385)

1) 진나라 서장庶長[14] 개改가 하서河西감숙성 중부 일대로 달아나 있는 진

13 『사기』「위세가」는 위문후魏文侯가 제나라의 전화田和와 지금의 산서성 운성시 서쪽인 탁택濁澤에서 회맹해 제후로 인정할 것을 합의한 데 이어 곧 사자를 위환왕과 제후들에게 보내 전화를 제후로 올려 줄 것을 청했다고 기록해 놓았다.

14 서장庶長은 진나라의 20등급 관위 가운데 10등급부터 18등급까지의 관위를 총칭

헌공秦獻公 사습師隰을 맞이해 새 군주로 옹립했다. 또한 진간공秦簡公의 손자인 출자出子진출공秦出公와 그 어미를 죽여 깊은 연못에 빠뜨렸다.[15]

2) 제나라가 노나라를 쳤다.

3) 한나라가 정나라로 쳐들어가 양성陽城하남성 등봉현 동남쪽을 점령했다. 또 송나라를 치고 송휴공宋休公을 포로로 잡았다.

4) 제태공齊太公 전화田和가 훙거했다. 그의 아들 오午가 뒤를 이어 제환공齊桓公[16]으로 즉위했다.

* 安王十七年

秦庶長改逆獻公於河西而立之. 殺出子及其母, 沉之淵旁.

齊伐魯.

韓伐鄭, 取陽城. 伐宋, 執宋公.

齊太公薨, 子桓公午立.

주안왕 19년(BC 383)

1) 위나라가 조나라 군사를 토대兔臺에서 격파했다.

* 安王十九年

한 말이다.

15 원래 진영공秦靈公이 죽자 진영공의 숙부가 진간공秦簡公이 되어 뒤를 이었다. 진영공의 아들 진헌공은 보위에 오르지 못하고 하서에 가서 살았다. 이후 진간공이 죽자 그의 아들 진혜공秦惠公이 뒤를 이었다. 다시 진혜공이 죽자 그의 아들 출자가 보위에 올랐다가 죽임을 당한 것이다. 이때의 정변으로 진헌공은 부친 진영공의 뒤를 30년 만에 잇게 됐다.

16 전국시대 초기 전씨 제나라의 제환공齊桓公 전오田午는 춘추시대 중엽에 활약한 최초의 춘추5패인 제환공 소백小白과 시호가 같다.

魏敗趙師於兎臺.

주안왕 20년(BC 382)

1) 개기 일식이 있었다.

* 安王二十年

日有食之, 旣.

주안왕 21년(BC 381)

1) 초도왕楚悼王이 훙거했다. 초나라의 귀척과 대신들이 작란하여 오기吳起를 공격했다. 오기가 초도왕의 시신이 있는 곳으로 달아나 그 밑에 숨었다. 오기를 쫓던 무리들이 오기를 겨냥해 활을 쏘자 화살이 초도왕의 시신에 무수히 꽂혔다. 초도왕의 아들이 초도왕의 장례를 치르고 초숙왕楚肅王으로 즉위한 뒤 곧 영윤을 시켜 난을 일으킨 자들을 모두 주살케 했다. 이때 오기를 공격했다가 주살을 당한 공족이 모두 70여 가家나 됐다.

* 安王二十一年

楚悼王薨, 貴戚大臣作亂, 攻吳起, 起走之王屍而伏之. 擊起之徒因射刺起, 並中王屍. 旣葬, 肅王卽位. 使令尹盡誅爲亂者, 坐起夷宗者七十餘家.

주안왕 22년(BC 380)

1) 제나라가 연나라를 치고 상구桑丘하북성 서북현 서남쪽를 빼앗았다. 삼진이 연합해 제나라를 치고 상구에 이르렀다.

* 安王二十二年

齊伐燕, 取桑丘. 魏·韓·趙伐齊, 至桑丘.

주안왕 23년(BC 379)

1) 조나라가 위衛나라를 쳤으나 이기지 못했다.

2) 제나라의 권신 전화田和에 의해 바닷가로 쫓겨난 제강공齊康公 대貸가 훙거했다. 아들이 없었다. 이로써 강씨姜氏의 제나라가 완전히 사라지고, 전씨田氏가 마침내 제나라를 모두 차지하게 됐다. 이 해에 제환공齊桓公 전오田午도 훙거했다. 그의 아들 인제因齊가 뒤를 이어 제위왕齊威王으로 즉위했다.

* 安王二十三年

趙襲衛, 不克.

齊康公薨, 無子, 田氏遂並齊而有之.

是歲, 齊桓公亦薨, 子威王因齊立.

주안왕 24년(BC 378)

1) 적인狄人들이 회산澮山산서성 익성현에서 위나라 군사를 격파했다.

2) 삼진三晉 연합군이 제나라가 상사喪事를 당한 틈을 타 제나라로 쳐들어가 영구靈丘산동성 고당현 남쪽까지 이르렀다.

3) 진효공晉孝公이 훙거했다. 그의 아들 구주俱酒가 뒤를 이어 진정공晉靖公[17]으로 즉위했다.

17 진정공晉靖公이 『사기』「진세가」에는 진정공晉靜公으로 나온다.

* 安王二十四年

狄敗魏師於澮.

魏·韓·趙伐齊, 至靈丘.

晉孝公薨, 子靖公俱酒立.

주안왕 25년(BC 377)

1) 촉蜀나라가 초나라를 치고 자방玆方호북성 송자현 서쪽을 빼앗았다.

2) 공자의 손자인 자사子思 공급孔伋이 위신공衛愼公에게 구변苟變을 천거했다.

"이 사람의 재주는 가히 500승의 병거兵車를 거느릴 만합니다."

위신공이 말했다.

"나도 그가 많은 군사를 거느릴 수 있다는 것을 알고 있소. 그러나 구변은 일찍이 관원이 되어 백성에게 세금을 부과하면서 민가의 달걀 2개를 먹은 일이 있었소. 그래서 그를 등용하지 않은 것이오."

자사가 반박했다.

"무릇 성인이 관원을 임용하는 것은 마치 목수가 나무를 사용하는 것과 같습니다. 장점을 취하고 단점을 버리는 것입니다. 그래서 아름드리나무가 있으면 비록 몇 자 정도 썩었을지라도 훌륭한 목수는 이를 버리지 않는 것입니다. 지금 군주는 전국시대에 처해 조아爪牙와 같은 장수를 선발해야 하는데 단지 달걀 2개로써 간성지장干城之將을 버리려는 것입니까? 이 일이 이웃 나라에 알려지게 해서는 안 될 것입니다."

위신공이 재배하고 말했다.

"삼가 가르침을 받겠소."

이때 위신공이 잘못된 계책을 말했다. 그런데도 군신들이 동조하는 목소리가 마치 한 입에서 나오는 듯했다. 자사가 힐난했다.

"내가 위나라를 보건대 이른바 '군주는 군주답지 않고 신하는 신하답지 않다'는 말이 이와 같습니다."

대부 공구의자公丘懿子가 물었다.

"어찌하여 그와 같다는 말이오?"

자사가 대답했다.

"군주가 스스로 잘한다고 생각하니 군신들이 계책을 내려고 하지 않는 것입니다. 설령 사리에 맞아 고명하다는 칭송을 듣게 되더라도 많은 사람들이 오히려 계책을 내지 않게 됩니다. 하물며 잘못된 계책에 화답하여 어찌 저열한 기풍을 조장할 수 있겠습니까? 무릇 사리의 시비를 가리지 않고 다른 사람의 자신에 대한 칭찬을 기뻐하니 이보다 더 큰 혼암昏闇이 어디에 있겠습니까? 사리의 소재를 헤아리지 않고 무턱대고 아유阿諛하면서 호감을 얻으려 하니 이보다 더 큰 해악을 끼치는 아첨이 어디에 있겠습니까? 군주는 혼암하고 신하는 아유하면서 백성들 위에 군림하고 있으니 백성들이 지지하지 않는 것입니다. 만일 이런 일을 그치지 아니하면 나라는 곧 멸망하고 말 것입니다."

하루는 또 자사가 위신후에게 말했다.

"장차 군주의 국사國事가 날로 잘못될 것입니다."

"왜 그렇다는 것이오?"

자사가 대답했다.

"여기에는 연유가 있습니다. 군주가 말을 하고 스스로 옳다고 생각하니 경대부卿大夫들이 감히 그 잘못을 고쳐 줄 수 없습니다. 경대부가 말을 하고 스스로 옳다고 생각하니 사서인士庶人이 감히 그 잘못을 고쳐 줄 수 없습니다. 군신이 모두 스스로 현명하다고 생각하니 군하群下가 모두 한 목소리로 그를 현명하다고 합니다. 현명하다고 하면 복을 받게 되고 이를 고치려고 하면 오히려 화를 입게 되니 좋은 일은 과연 어디서 생겨나겠습니까? 『시경』「소아, 정월正月」에 이르기를, '모두 자신을 성인이라고 하네. 그러면 누가 까마귀의 자웅雌雄을 가릴 수 있을까?'라고 했습니다. 대략 군주의 조정에 있는 군신君臣도 이와 같을 것입니다!"

3) 노목공魯穆公이 훙거했다. 그의 아들 분奮이 노공공魯共公으로 즉위했다.

4) 한문후韓文侯가 훙거했다. 그의 아들이 한애후韓哀侯로 즉위했다.

* 安王二十五年

蜀伐楚, 取玆方.

子思言苟變於衛侯曰, "其材可將五百乘." 公曰, "吾知其可將. 然變也嘗爲吏, 賦於民而食人二雞子, 故弗用也." 子思曰, "夫聖人之官人, 猶匠之用木也, 取其所長, 棄其所短. 故杞梓連抱而有數尺之朽, 良工不棄. 今君處戰國之世, 選爪牙之士, 而以二卵棄干城之將, 此不可使聞於鄰國也." 公再拜曰, "謹受敎矣." 衛侯言計非是, 而群臣和者如出一口. 子思曰, "以吾觀衛, 所謂'君不君, 臣不臣'者也." 公丘懿子曰, "何乃若是?" 子思曰, "人主自臧, 則衆謀不進. 事是而臧之, 猶卻衆謀, 況和非以長惡乎! 夫不察事之是非而悅人贊己, 暗莫甚焉. 不度理之所在而阿諛求容, 諂莫甚焉. 君暗臣諂, 以居百姓之上, 民不與也. 若引不已, 國無類矣!" 子思言於衛侯曰, "君之國事將日非矣!" 公曰, "何故?" 對曰, "有由然焉. 君出言自以爲是, 而卿大夫莫敢矯其非. 卿大夫出言亦自以爲是, 而士庶人莫敢矯其非. 君臣既自賢矣, 而群下同聲賢之, 賢之則順而有福, 矯之則逆而有禍, 如此則善安從生! 『詩』曰, '具曰予聖, 誰知烏之雌雄?' 抑亦似君之君臣乎?"

魯穆公薨, 子共公奮立.

韓文侯薨, 子哀侯立.

주안왕 26년(BC 376)

1) 주안왕周安王이 붕어했다. 왕자 희喜가 주열왕周烈王으로 즉위했다.

2) 삼진이 함께 진정공晉靖公을 폐위시켜 평민으로 만든 뒤 그 땅을 나눠 가졌다. 이로써 명목상이나마 존재했던 진나라가 완전히 사라지고 말았다.

* 安王二十六年

王崩, 子烈王喜立. 魏·韓·趙共廢晉靖公爲家人而分其地.

주열왕周烈王 원년(BC 375)

1) 일식이 있었다.

2) 한나라가 정나라를 공격해 멸망시켰다. 한나라가 도성을 정나라의 도성으로 옮겨 신정新鄭으로 칭했다.

3) 조경후趙敬侯가 훙거했다. 그의 아들 종種이 조성후趙成侯로 즉위했다.

* 烈王元年

日有食之.

韓滅鄭, 因徒都之.

趙敬侯薨, 子成侯種立.

주열왕 3년(B C 373)

1) 연나라가 임호林狐에서 제나라 군사를 격파했다. 노나라도 제나라

를 쳐 양관陽關산동성 태안현 동남쪽을 함락했다. 위나라도 제나라를 쳐 박릉博陵산동성 치평현 서북쪽까지 진공했다.

2) 연희공燕僖公이 훙거했다. 그의 아들이 연환공燕桓公으로 즉위했다.

3) 송휴공宋休公이 훙거했다. 그의 아들이 송벽공宋辟公으로 즉위했다.

4) 위신공衛愼公이 훙거했다. 그의 아들 훈訓이 위성공衛聲公으로 즉위했다.

＊ 烈王三年

燕敗齊師於林狐.

魯伐齊, 入陽關.

魏伐齊, 至博陵.

燕僖公薨, 子辟公立.

宋休公薨, 子桓公立.

衛愼公薨, 子聲公訓立.

주열왕 4년(BC 372)

1) 조나라가 위나라를 쳐 공경대부의 식읍과 왕의 자제들의 식읍인 도비都鄙로 있는 73개 성읍을 빼앗았다.

2) 위나라가 북린北藺산서성 이석현 서쪽에서 조나라의 군사를 격파했다.

＊ 烈王四年

趙伐衛, 取都鄙七十三.

魏敗趙師於北藺.

주열왕 5년(BC 371)

1) 위나라가 초나라를 쳐 노양魯陽하남성 노산현 땅을 빼앗았다.

2) 한나라 대부 엄수嚴遂가 한애후韓哀侯를 시해했다. 국인들이 한애후의 아들을 한의후韓懿侯[18]로 옹립했다. 당초 한애후는 한외韓廆를 재상으로 임명하고 엄수를 총애했다. 그러나 두 사람은 서로를 해치게 됐다.

하루는 엄수가 사람을 시켜 조정에서 한외를 척살케 했다. 한외가 한애후에게 달아나자 한애후가 그를 껴안았다. 이때 자객이 한외를 척살하는 과정에서 한애후까지 죽이고 말았다.

3) 위무후魏武侯가 훙거했다. 위무후는 생전에 태자를 미리 세워두지 않았다. 그의 아들 앵罃위혜왕魏惠王과 공중완公中緩위원魏緩이 태자 자리를 놓고 다투자 위나라가 크게 혼란스러워졌다.

* 烈王五年

魏伐楚, 取魯陽.

韓嚴遂弑哀侯, 國人立其子懿侯. 初, 哀侯以韓廆爲相而愛嚴遂, 二人甚相害也. 嚴遂令人刺韓廆於朝, 廆走哀侯, 哀侯抱之. 人刺韓廆, 兼及哀侯.

魏武侯薨, 不立太子, 子罃與公中緩爭立, 國內亂.

주열왕 6년(BC 370)

1) 제위왕이 주열왕을 조현했다. 당시 주왕실이 미약하자 제후들이 주왕실에 내조來朝하지 않았다. 그러나 제나라만이 홀로 찾아와 조현했던 것이다. 천하 사람들이 제위왕이 현명하다는 사실을 더욱 잘 알게 됐다.

2) 조나라가 제나라로 쳐들어가 견鄄산동성 견성현 북쪽 땅에 이르렀다.

18 한의후韓懿侯가 『사기』「육국연표」에는 한장후韓莊侯로 나온다.

3) 위나라가 조나라 군사를 회懷하남성 무척현 땅에서 격파했다.

4) 제위왕이 즉묵卽墨산동성 평도현 동남쪽 땅의 대부를 불러 칭송했다.

"그대가 즉묵을 다스리면서 그대를 비방하는 말이 매일 끊임없이 나에게 들려왔소. 그래서 내가 사람을 보내 이를 알아보게 했소. 전야가 개간되고, 백성들이 풍족하며, 관부官府가 깨끗하고, 동쪽 지역이 안녕하다는 사실을 알게 됐소. 그런데도 비방하는 말이 들린 것은 그대가 내 주변에 있는 사람들을 섬기면서 도움을 청하는 일을 하지 않았기 때문이오."

그러고는 그에게 1만 호의 봉읍을 더 얹어 주었다.

이어 아阿산동성 양곡현 동북쪽 땅의 대부를 불러 책망했다.

"그대가 아 땅을 지키게 된 이래 그대를 칭찬하는 말이 매일 끊임없이 나에게 들려왔다. 그래서 내가 사람을 보내 이를 알아보게 했다. 전야가 개간되지 않고, 백성들이 가난으로 주려 있다는 사실을 알게 됐다. 지난번에 조나라가 견鄄 땅을 공격했을 때 그대는 이를 구하지 못했고, 위衛나라가 설릉薛陵산동성 양곡현 동북쪽 땅을 점령했을 때 그대는 이를 알지도 못했다. 그런데도 칭송하는 말이 들린 것은 그대가 많은 뇌물로 내 주변에 있는 사람을 섬기면서 좋은 이야기를 해 주기를 청했기 때문이다."

그러고는 이날 곧바로 아 땅의 대부와 그를 칭찬했던 자들을 모두 팽살烹殺했다. 군신들이 모두 크게 두려워한 나머지 감히 말을 꾸미거나 거짓말을 하지 못하고 열성을 다해 직무를 수행케 됐다. 제나라가 크게 다스려져 천하의 강국이 됐다.

5) 초숙왕楚肅王이 훙거했으나 아들이 없었다. 국인들이 그의 아우 웅량부熊良夫를 초선왕楚宣王으로 옹립했다.

6) 송벽공宋辟公이 훙거했다. 그의 아들 척성剔成이 뒤를 이어 보위에 올랐다.

＊ 烈王六年

齊威王來朝. 是時周室微弱, 諸侯莫朝, 而齊獨朝之, 天下以此益賢威王.

趙伐齊, 至鄄.

魏敗趙師於懷.

齊威王召卽墨大夫, 語之曰, “自子之居卽墨也, 毁言日至. 然吾使人視卽墨, 田野辟, 人民給, 官無事, 東方以寧. 是子不事吾左右以求助也.” 封之萬家. 召阿大夫, 語之曰, “自子守阿, 譽言日至. 吾使人視阿, 田野不辟, 人民貧餒. 昔日趙攻鄄, 子不救. 衛取薛陵, 子不知. 是子厚幣事吾左右以求譽也.” 是日, 烹阿大夫及左右嘗譽者. 於是群臣聳懼, 莫敢飾詐, 務盡其情, 齊國大治, 强於天下.

楚肅王薨, 無子, 立其弟良夫, 是爲宣王.

宋辟公薨, 子剔成立.

주열왕 7년(BC 369)

1) 일식이 있었다.

2) 주열왕周烈王이 붕어했다. 그의 아우 편扁이 주현왕周顯王으로 즉위했다.

3) 위나라 대부 왕조王錯가 한나라로 달아났다. 한나라 대부 공손기公孫頎가 한의후韓懿侯에게 건의했다.

“위나라에 내란이 일어났으니 가히 취할 만합니다.”

한의후가 조성후趙成侯와 연합군을 결성해 위나라를 쳤다. 드디어 탁택濁澤의 교전에서 위나라 군사를 대파하고 위나라 도성 안읍安邑산서성 하현을 포위했다. 이때 조성후가 한의후에게 제안했다.

“앵罃을 죽인 뒤 공중완公中緩을 제후로 세워 놓고 물러가면 우리 두

나라에 이익이 될 것입니다."

"불가하오. 위나라 군주를 죽이는 것은 폭력이고 땅을 나눠 갖는 것은 탐욕이오. 차라리 위나라를 둘로 나눠 앵과 완에게 주느니만 못하오. 위나라가 둘로 나뉘면 송나라나 위衛나라보다 강하지 못할 것이오. 그리되면 우리는 끝까지 위나라 걱정을 하지 않아도 될 것이오."

그러나 조성후는 이를 듣지 않았다. 한의후가 불쾌하게 생각해 군사들을 이끌고 밤에 철군해 버렸다. 조성후도 철군했다. 이때 앵이 공중완을 죽이고 보위에 올라 위혜왕魏惠王이 됐다. 이를 두고『사기』를 저술한 태사공太史公 사마천은 이같이 평했다.

"위혜왕이 죽지 않고 나라도 둘로 나뉘지 않은 것은 한·조 두 나라가 불화했기 때문이다. 만일 어느 한쪽의 꾀를 따랐다면 위나라는 반드시 나뉘었을 것이다. 그래서 말하기를, '군주가 죽었을 때 적자가 없으면 그 나라는 가히 깨뜨릴 수 있다'라고 하는 것이다."

* 烈王七年

日有食之.

王崩, 弟扁立, 是爲顯王.

魏大夫王錯出奔韓. 公孫頎謂韓懿侯曰, "魏亂, 可取也." 懿侯乃與趙成侯合兵伐魏, 戰於濁澤, 大破之, 遂圍魏. 成侯曰, "殺罃, 立公中緩, 割地而退, 我二國之利也." 懿侯曰, "不可. 殺魏君, 暴也. 割地而退, 貪也. 不如兩分之. 魏分爲兩, 不强於宋·衛, 則我終無魏患矣." 趙人不聽. 懿侯不悅, 以其兵夜去. 趙成侯亦去.·罃遂殺公中緩而立, 是爲惠王.

太史公曰, "魏惠王之所以身不死, 國不分者, 二國之謀不和也. 若從一家之謀, 魏必分矣. 故曰, '君終, 無適子, 其國可破也.'"

권2-주기周紀 2: 열국이 치열하게 다투다

주현왕周顯王 원년(BC 368)

1) 제나라가 위나라를 치고 관진觀津하북성 무읍현 동남쪽을 취했다.

2) 조나라가 제나라로 쳐들어가 제나라 노현盧縣에 있는 장성長城산동성 장청현 서남쪽을 취했다.

** 起昭陽赤奮若, 盡上章困敦, 凡四十八年.

* 顯王元年

齊伐魏, 取觀津.

趙侵齊, 取長城.

주현왕 3년(BC 366)

1) 위魏·한韓 두 나라가 택양宅陽하남성 정주시 북쪽에서 회동했다.

2) 진秦나라가 위·한 두 나라의 연합군을 낙양洛陽에서 격퇴했다.

* 顯王三年

魏·韓會於宅陽.

秦敗魏師·韓師於洛陽.

주현왕 4년(BC 365)

1) 위나라가 송宋나라를 쳤다.

* 顯王四年

魏伐宋.

주현왕 5년(BC 364)

1) 진헌공秦獻公이 삼진三晉의 군사를 석문石門섬서성 한중현 서북쪽에서 격파하고 6만 명을 참수했다. 주현왕이 보불지복黼黻之服[19]을 진헌공에게 내려 주었다.

* 顯王五年

秦獻公敗三晉之師於石門, 斬首六萬. 王賜以黼黻之服.

주현왕 7년(BC 362)

1) 위나라가 한韓·조趙 연합군을 회수澮水에서 격파했다.

2) 진秦·위魏 두 나라가 소량小梁섬서성 한성현 남쪽의 하양夏陽에서 교전했다. 진나라가 위나라 군사를 격파한 뒤 마침내 위나라 대부 공숙좌公叔痤[20]를 포로로 잡았다.

3) 위성공衛聲公이 훙거했다. 그의 아들 속速이 위성후衛成侯로 즉위했다.

---

19 보불지복黼黻之服은 도끼 등의 무늬가 있는 제후들의 예복을 말한다.

20 원문은 공손좌公孫痤이다. 이는 공숙좌公叔痤의 잘못이다. 번역문은 바꿔 놓았다.

4) 연환공燕桓公이 훙거했다. 그의 아들이 연문공燕文公으로 즉위했다.

5) 진헌공秦獻公이 훙거했다. 그의 아들인 거량渠梁이 진효공秦孝公으로 즉위했다. 그의 나이는 21세였다. 이때 황하와 화산華山 이동에는 강력한 6국六國이 있었고, 회수淮水와 사수泗水 사이에는 10여 개의 소국이 존재했다.

이들 6국 가운데 초·위 두 나라는 진나라와 접경하고 있었다. 위나라는 진나라의 침공을 막기 위해 장성을 쌓았다. 장성은 정현鄭縣섬서성 화현에서 시작해 낙수洛水[21]를 지나 북상하여 상군上郡섬서성 유림현 동쪽에 이르렀다. 초나라의 경계는 한중漢中섬서성 남정현을 기점으로 남하하여 파성巴城사천성 동남부 일대과 검중黔中호남성 상덕시에 이르렀다.

이들 나라는 모두 진나라를 이적夷狄으로 간주하여 배척해 물리치는 빈척擯斥을 했다. 진나라는 중원에 있는 제후국들의 회맹에는 참여하지 못했다. 진효공秦孝公이 발분發憤하여 덕정을 펼치는 포덕수정布德修政을 했다. 진효공은 진나라를 열국 가운데 가장 부강하게 만들고자 했다.

* 顯王七年

魏敗韓師·趙師於澮. 秦·魏戰於少梁, 魏師敗績. 獲魏公孫痤.

衛聲公薨, 子成侯速立.

燕桓公薨, 子文公立.

秦獻公薨, 子孝公立. 孝公生二十一年矣. 是時河·山以東强國六, 淮·泗之間小國十餘, 楚·魏與秦接界. 魏築長城, 自鄭濱洛以北有上郡. 楚自漢中, 南有巴·黔中. 皆以夷翟遇秦, 擯斥之, 不得與中國之

21 낙수洛水는 섬서성 화음현의 북쪽에서 발원해 위수渭水로 유입한다.

會盟. 於是孝公發憤, 布德修政, 欲以强秦.[22]

주현왕 8년(BC 361)

1) 진효공이 국중國中에 하령했다.

"옛날 선군 진목공秦穆公은 기산岐山섬서성 기산현 동북쪽과 옹수雍水섬서성 봉상현 서남쪽 사이에서 덕을 닦고 무력을 길러, 동쪽으로 진晋나라의 내란을 평정하고 황하를 경계로 삼았다. 또한 서쪽으로는 융적戎狄을 제압하고 땅을 1천 리나 더 넓혔다. 천자가 우리에게 방백方伯의 칭호를 내리니 제후들이 모두 경하했다. 후대를 위해 기업基業을 개창한 것이 실로 빛나고 아름다웠다.

그러나 불행히도 진여공공秦厲共公과 진조공秦躁公, 진간공秦簡公, 진출공秦出公의 몇 대 동안 정국이 불안정하고 국내에 우환이 있어 밖의 일을 처리할 여가가 없었다. 삼진이 이 틈을 노려 선군의 땅인 하서河西를 빼앗았다. 이보다 더 큰 치욕은 없을 것이다. 진헌공秦獻公은 즉위한 뒤 변경을 진무하고 도성을 약양櫟陽섬서성 임동현 동북쪽으로 옮겼다.[23] 이어 동

---

22 『자치통감』은 주현왕 9년인 기원전 360년에 관해 아무것도 기록해 놓지 않았으나 『사기』「진본기」는 이때 주현왕이 천자가 사당에 제사 지낸 제육祭肉을 진나라 제후에게 보내 패자覇者로 공인하는 치조致胙를 행했다고 기록해 놓았다.

23 『사기집해』는 서진西晉 때 활약한 서광徐廣의 주를 인용해 당시 진헌공이 약양櫟陽에 성을 쌓은 뒤 비로소 천도했다고 풀이했다. 약양은 진효공 때 도성이 된 함양과 더불어 관중關中의 핵심지역 가운데 하나이다. 함양이 항우의 분탕으로 폐허가 된 상황에서는 관중 제1의 도시가 되기도 했다. 초한전 때 한고제 유방이 한중漢中에서 관중으로 진출한 뒤 곧바로 이곳을 임시수도로 삼은 이유다. 약양의 '약'을 '역'이 아닌 '약'으로 읽는 점에 주의할 필요가 있다. 원래 '약櫟'은 상수리나무를 뜻하는 글자로 '역'으로 읽는다. 지명으로 사용될 때도 같다. 춘추시대 당시 정나라의 대표적인 도시로 존재한 하남성의 역성櫟城을 '역'으로 읽는 게 그렇다. 그러나 섬서성에 있는 약양만큼은 '역'이 아닌 '약'으로 읽는다. 현대 중국어 발음으로도 섬서성의 '약양'은 yuè yáng, 하남성의 '역성'은 lì chéng으로 읽는다. 21세기 현재까지 같은 글자의 지명인데도 달리 읽는 것은 희귀한 경우에 속한

쪽으로 진출해 진목공 때의 고지를 회복하고 당시의 정령을 실행하고자 했다. 과인은 선군들을 생각해 실지를 회복하고 정령의 본의를 밝게 드러내고자 했다. 늘 마음속에 부끄럽고 비통한 생각뿐이다. 빈객과 군신들 중에 기계奇計를 내어 진나라를 부강하게 할 수 있는 사람이 있으면 내가 그에게 관작을 내리고 땅도 나눠 줄 것이다."

위나라의 공손앙公孫鞅이 진효공의 이야기를 전해 듣고 드디어 서쪽 진나라로 들어갔다. 공손앙은 위衛나라 공족의 서출로 형명학刑名學[24]을 좋아했다. 그는 위나라에서 재상 공숙좌公叔座를 섬겼다. 공숙좌는 공손앙의 현능賢能을 알고 그를 위혜왕에게 추천하려고 했으나 그 전에 먼저 병이 들어 눕고 말았다. 이때 위혜왕이 공숙좌를 찾아가 물었다.

"공숙이 병이 들었으니 만일 그대에게 불가휘不可諱[25]가 있으면 장차 사직을 어찌해야 좋겠소?"

공숙좌가 대답했다.

"저의 중서자中庶子에 위앙衛鞅이 있습니다. 나이는 비록 어리나 기재奇才가 있습니다. 원컨대 군주는 국가 대사를 맡겨 처리토록 하는 거국청지擧國聽之를 하기 바랍니다."

위혜왕은 묵연默然히 아무 말도 하지 않았다. 공숙좌가 다시 간했다.

"군주가 그를 채용치 않을 생각이면 반드시 그를 죽여 국경을 넘지 못

다. 『사기』의 고주古注에서 '약양'을 '역양'이 아닌 '약양'으로 읽어야 한다고 주장한 이후 관행으로 굳어진 결과다. 『사기정의』는 『괄지지括地志』를 인용해 당나라 때 약양 고성故城이 옹주雍主에서 동북쪽으로 120리 떨어진 땅에 위치해 있었고, 일명 만년성萬年城으로 불렸다고 기록해 놓았다.

24 형명학刑名學은 형명학形名學과 같은 말이다. 통상 법가法家를 지칭하나 명가名家를 가리킬 때도 있다.

25 불가휘不可諱는 죽음은 꺼릴 필요가 없다는 속어에서 나온 말로 죽음을 상징한다.

하게 해야 합니다."

위혜왕이 이를 허락한 뒤 자리를 떠났다. 공숙좌가 곧 위앙을 불러 말했다.

"나는 먼저 군주를 생각하고 나서 신하를 생각하는 선군후신先君後臣을 할 수밖에 없소. 그래서 먼저 군주를 위해 계책을 낸 것이오. 이어 이 사실을 그대에게 알리는 것이니 그대는 속히 떠나도록 하시오."

위앙이 말했다.

"군주가 그대의 말을 듣고도 나를 임용하지 않았는데 또 어찌 그대의 말을 듣고 나를 죽일 리 있겠습니까?"

그러고는 끝내 달아나지 않았다. 당시 위혜왕은 밖으로 나오면서 좌우에게 말했다.

"공숙좌의 병이 심하니 슬프기 그지없소. 그는 과인에게 국사를 위앙에게 물어 처리하라고 했소. 그러고는 또다시 그를 죽이라고 권하니 이 어찌 사리에 어긋나는 일이 아니겠소."

위앙은 진나라에 이른 뒤 진효공이 총애하는 폐신嬖臣 경감景監을 통해 진효공의 진현을 구했다. 진현하는 자리에서 위앙이 부국강병책을 건의하자 진효공이 크게 기뻐하며 그와 더불어 국사를 논의하기 시작했다.

* 顯王八年

孝公令國中曰, "昔我穆公, 自岐·雍之間修德行武, 東平晉亂, 以河爲界, 西霸戎翟, 廣地千里, 天子致伯, 諸侯畢賀, 爲後世開業甚光美. 會往者厲·躁·簡公·出子之不寧, 國家內憂, 未遑外事. 三晉攻奪我先君河西地, 丑莫大焉. 獻公卽位, 鎭撫邊境, 徙治櫟陽, 且欲東伐, 復穆公之故地, 修穆公之政令. 寡人思念先君之意, 常痛於心. 賓客群臣有能出奇計强秦者, 吾且尊官, 與之分土." 於是衛公孫鞅聞是令下, 乃西入秦. 公孫鞅者, 衛之庶孫也, 好刑名之學. 事魏相公叔痤, 痤知其賢, 未及進. 會病, 魏惠王往問之曰, "公叔病如有不可諱, 將奈社稷何?" 公叔曰, "痤之中庶子衛鞅, 年雖少, 有奇才, 願君擧國而聽之!" 王嘿然. 公叔曰, "君卽不聽用鞅, 必殺之, 無令出境." 王許諾而去. 公叔召鞅謝曰, "吾先君而後臣, 故先爲君謀, 後以告子. 子必速行矣!" 鞅曰, "君不能用子之言任臣, 又安能用子之言殺臣乎?" 卒不去. 王出, 謂左右曰, "公叔病甚, 悲乎! 欲令寡人以國聽衛鞅也, 旣又勸寡人殺之, 豈不悖哉!" 衛鞅旣至秦, 因嬖臣景監以求見孝公, 說以富國强兵之術. 公大悅, 與議國事.

주현왕 10년(BC 359)

1) 위앙이 진나라 전래의 법제에 대해 일대 변법變法을 시도하려고 하자 진나라 사람들이 기뻐하지 않았다. 위앙이 진효공에게 건의했다.

"무릇 백성은 함께 시작을 논의하는 여시慮始를 할 수는 없습니다. 그러나 함께 성공을 즐기는 낙성樂成을 할 수는 있습니다. 지덕至德을 논하는 사람은 속인과 어울리지 않고, 대공大功을 이루는 사람은 많은 무리들과 계책을 도모하지 않습니다. 그래서 성인은 실로 나라를 강하게 만들고자 할 때 굳이 과거의 기준을 답습하지 않았던 것입니다."

대부 감룡甘龍이 반대했다.

"그렇지 않습니다. 구법에 의거해 나라를 다스리는 것은 관리들이 이미 그에 익숙해져 있는 데다 백성들도 그를 편히 생각해 법을 잘 지키기 때문입니다."

위앙이 반박했다.

"상인常人은 옛 풍속을 편하게 생각하고, 학자學者는 옛 소문에 구애받고 있으니 이들 두 종류의 사람을 관원으로 삼아 수법守法하도록 하는 것은 가합니다. 그러나 이들과 더불어 법 이외의 일을 논할 수는 없습니다. 지자智者는 법을 만들지만 우자愚者는 이를 사수합니다. 현자賢者는 예를 바꾸지만 불초자不肖者는 예에 얽매입니다."

"참으로 훌륭한 말이오."

진효공이 이내 위앙을 좌서장左庶長으로 삼았다. 위앙이 마침내 변법의 명을 확정했다. 백성들이 5호戶의 오伍 및 10호의 십什으로 꾸며진 십오什伍로 편성되어 서로 감시하며 고발하는 수사收司와 연루連坐에 놓이게 됐다. 간적奸賊을 고발하는 사람은 전쟁에서 적의 목을 벤 자와 같은 상을 받게 됐다. 또 범법자를 알리지 않은 자는 전쟁에서 적에게 항복한 자와 같은 벌을 받게 됐다. 이어 군공을 세운 사람은 각기 일정한 기준에 따라 높은 작위를 받게 됐다.

사사로이 다툰 자는 각기 경중에 따라 크고 작은 형을 받았다. 전력을 다해 본업本業인 농사에 종사하며 밭을 갈고 옷감을 짜며 곡식과 비단인 속백粟帛을 많이 쌓아 놓은 자에게는 요역을 면제해 주었다. 그러나 말업末業인 상공업으로 돈을 벌거나 나태로 인해 빈곤에 처한 자는 그 재산을 모두 몰수한 뒤 노비로 삼았다.

종실에 속한 사람 가운데 이렇다 할 군공을 세우지 못한 자는 종실의 적을 얻을 수 없게 됐다. 또 존비와 관작의 등급을 밝히고 각기 차등 있게 전택田宅과 신첩臣妾, 의복衣服을 사용케 됐다. 유공자는 영화를 드러내는 현영顯榮을 하고, 무공자無功者는 비록 부유할지라도 그 빛을 드러내지 못했다.

위앙은 법령을 다 만든 뒤 혹여 백성들이 이를 불신할까 걱정했다. 이내 3장丈 길이의 나무를 도성의 남문에 세워 놓고 이를 북문으로 옮길 수 있는 사람에게 10금金을 주겠다고 선전했다. 그러나 백성들은 이를 이상하게 생각하고 감히 아무도 나서지 않았다. 다시 하령했다.

"이를 능히 옮기는 자에게 50금을 주겠다."

이때 어떤 사람이 이를 옮기자 곧바로 50금을 주었다. 그러고는 마침내 만들어 놓은 법령을 일제히 공포했다.

영이 반포된 지 1년이 되자 진나라 도성의 백성들 가운데 새 법령이 불편하다고 말하는 자가 1천여 명이나 됐다. 마침 태자 사駟가 새 법령을 위반하자 위앙이 말했다.

"법령이 제대로 시행되지 않은 것은 위에서부터 이를 범했기 때문이다. 그러나 태자는 군주의 뒤를 이을 사람이니 형벌을 내릴 수 없다. 대신 태자부太子傅 공자 건虔을 의형劓刑, 태자사太子師 공손 가賈에게는 묵형墨刑에 처한다."

다음 날 진나라 백성들이 모두 새 법령을 좇았다. 새 법령을 시행한 지 10년이 지나자 진나라의 도로에서는 길에 떨어진 물건을 줍는 사람이 없었다. 또한 산에는 도적이 사라지고, 백성들은 공전公戰에는 용감하나 사투私鬪에는 겁을 먹게 됐다. 이로써 향읍鄕邑이 잘 다스려졌다. 진나라 백성들이 처음에는 새 법령이 불편하다고 말했으나 이내 편하다고 말하게 됐다. 위앙이 말했다.

"이는 모두 법령을 어지럽히는 자들이다."

그러고는 새 법령이 편하다고 말한 자들까지 모두 색출해 변경으로 내쫓았다. 이후 백성들 가운데 감히 법령을 언급하는 자가 없게 됐다.

신 사마광은 평한다.

"대신大信은 군주의 보배이다. 나라는 백성에 의해 보위되고, 백성은 신의에 의해 보호된다. 신의가 없으면 백성을 부리는 사민使民을 할 수 없고, 사민할 수 없으면 나라를 지키는 수국守國을 할 수 없다. 그래서 옛 왕자王者는 천하 사람을 속이지 않았고, 패자霸者도 주변의 제후국들을 속이지 않은 것이다. 나라를 잘 다스리는 자는 그 백성을 속이지 않고, 한 집안을 잘 다스리는 자는 그 친속을 속이지 않았다. 잘 다스리지 못하는 자는 오히려 이웃나라를 속이고, 백성을 속이며, 심지어 그 형제와 부자까지 속였다. 윗사람이 아랫사람을 믿지 못하고, 아랫사람이 윗사람을 믿지 못하면 상하가 이심離心하여 실패에 이르게 된다. 이때 얻어지는 이익으로는 그로 인한 상처를 치유할 수 없다. 또한 그 이익으로 그 손실을 보충할 수 없으니 이 어찌 슬픈 일이 아니겠는가? 옛날 제환공은 조말曹沫과 맺은 약속을 배반하지 않았고, 진문공은 원국原國하남성 제원현 서북쪽 공벌의 이익을 탐하지 않았다. 또한 위문후도 우인虞人과의 약속을 버리지 않았다. 진효공은 나무를 옮기는 자에게 상을 준다는 약속을 폐지하지 않았다. 이 네 군주의 행위는 순수한 청백淸白이 아니며 위앙은 더욱 각박한 사람이라고 할 만하다. 그러나 전국시대와 같이 공벌攻伐이 그치지 않는 시대에 천하가 모두 사력詐力휼계와 무력을 좇았는데도 이들은 오히려 감히 신의를 잊지 않고 백성들을 다스렸다. 하물며 4해四海를 치평治平하려는 자야 더 이상 말해 무엇 하겠는가?"

2) 한의후韓懿侯가 훙거했다. 그의 아들이 한소후韓昭侯가 되어 뒤를 이었다.

＊顯王十年

衛鞅欲變法, 秦人不悅. 衛鞅言於秦孝公曰, "夫民不可與慮始, 而可與樂成. 論至德者不和於俗, 成大功者不謀於衆. 是以聖人苟可以强國, 不法其故." 甘龍曰, "不然. 緣法而治者, 吏習而民安之." 衛鞅曰, "常人安於故俗, 學者溺於所聞, 以此兩者, 居官守法可也, 非所與論於法之外也. 智者作法, 愚者制焉. 賢者更禮, 不肖者拘焉." 公曰, "善." 以衛鞅爲左庶長, 卒定變法之令. 令民爲什伍而相收司·連坐, 告奸者與斬敵首同賞, 不告奸者與降敵同罰. 有軍功者, 各以率受上爵. 爲私鬥者, 各以輕重被刑大小. 僇力本業, 耕織致粟帛多者, 復其身. 事末利及怠而貧者, 擧以爲收孥. 宗室非有軍功論, 不得爲屬籍. 明尊卑爵秩等級, 各以差次名田宅·臣妾·衣服. 有功者顯榮, 無功者雖富無所芬華. 令旣具未布, 恐民之不信, 乃立三丈之木於國都市南門, 募民有能徙置北門者予十金. 民怪之, 莫敢徙. 復曰, "能徙者予五十金!" 有一人徙之, 輒予五十金. 乃下令. 令行期年, 秦民之國都言新令之不便者以千數. 於是太子犯法. 衛鞅曰, "法之不行, 自上犯之. 太子, 君嗣也, 不可施刑. 刑其傅公子虔, 黥其師公孫賈." 明日, 秦人皆趨令. 行之十年, 秦國道不拾遺, 山無盜賊, 民勇於公戰, 怯於私鬥, 鄕邑大治. 秦民初言令不便者, 有來言令便. 衛鞅曰, "此皆亂法之民

也!" 盡遷之於邊. 其後民莫敢議令.

臣光曰, "夫信者, 人君之大寶也. 國保於民, 民保於信. 非信無以使民, 非民無以守國. 是故古之王者不欺四海, 霸者不欺四鄰, 善爲國者不欺其民, 善爲家者不欺其親. 不善者反之. 欺其鄰國, 欺其百姓, 甚者欺其兄弟, 欺其父子. 上不信下, 下不信上, 上下離心, 以至於敗. 所利不能藥其所傷, 所獲不能補其所亡, 豈不哀哉! 昔齊桓公不背曹沫之盟, 晉文公不貪伐原之利, 魏文侯不棄虞人之期, 秦孝公不廢徙木之賞. 此四君者, 道非粹白, 而商君尤稱刻薄, 又處戰攻之世, 天下趨於詐力, 猶且不敢忘信以畜其民, 況爲四海治平之政者哉!"

韓懿侯薨, 子昭侯立.

주현왕 11년(BC 358)

1) 진秦나라가 서산西山 하남성 의양현 경계에서 한나라 군사를 격퇴했다.

* 顯王十一年

秦敗韓師於西山.

주현왕 12년(BC 357)

1) 위·한 두 나라가 호읍鄗邑하북성 백향현 동북쪽에서 회동했다.

* 顯王十二年

魏·韓會於鄗.

주현왕 13년(BC 356)

1) 조·연 두 나라가 아읍阿邑하북성 안신현 서쪽에서 회동했다.

2) 조·제·송 세 나라가 평륙平陸산동성 문상현 서북쪽에서 회동했다.

* 顯王十三年

趙·燕會於阿.

趙·齊·宋會於平陸.

주현왕 14년(BC 355)

1) 제위왕齊威王과 위혜왕魏惠王이 교외에서 수렵했다. 이때 위혜왕이 제위왕에게 물었다.

"귀국 역시 진보珍寶가 있겠지요?"

"없습니다."

위혜왕이 다시 물었다.

"과인의 나라는 비록 작지만 직경이 1촌寸이나 되는 구슬이 있습니다. 이것으로 수레를 비추면 앞뒤로 12승이나 비출 수 있는데 그런 것이 10

개나 됩니다. 그런데 어찌 제나라처럼 큰 나라에 보배가 없단 말입니까?"

제위왕이 대답했다.

"과인이 보배로 여기는 것은 군주의 생각과는 다릅니다. 과인의 신하 가운데 단자檀子라는 사람이 있습니다. 그에게 남성南城을 지키라고 하자 초나라 군사가 감히 노략을 못하고, 사수泗水 일대에 사는 12명의 제후들이 모두 우리 제나라에 조현을 왔습니다. 또 과인의 신하 가운데 반자盼子라는 사람이 있습니다. 그에게 고당高唐산동성 우성현 서남쪽을 지키게 하자 조나라 사람들이 감히 동쪽으로 내려가 황하에서 고기잡이를 못합니다. 과인의 관원 가운데 검부黔夫라는 사람이 있습니다. 그에게 서주徐州산동성 등현 남쪽를 지키게 하자 연나라 사람들이 북문北門에 와 제사를 올리고, 조나라 사람들은 서문西門에 와 제사를 올렸습니다. 두 나라에서 서주로 이사 와 살겠다고 한 사람이 7천여 호나 됐습니다. 이 밖에도 과인의 신하 가운데 종수種首라는 사람이 있습니다. 그에게 도적을 막게 했더니 길에 떨어진 물건을 줍는 사람이 없어졌습니다. 이 네 신하의 능력은 1천 리나 비출 수 있습니다. 어찌 겨우 수레 12승만 비출 뿐이겠습니까?"

위혜왕이 이 얘기를 듣고 크게 부끄러워했다.

2) 진효공과 위혜왕이 두평杜平섬서성 징성현 경계에서 회동했다.

3) 노공공魯共公이 훙거했다. 그의 아들 모毛[26]가 노강공魯康公으로 즉위했다.

＊ 顯王十四年

齊威王·魏惠王會田於郊. 惠王曰, "齊亦有寶乎?" 威王曰, "無有." 惠王曰, "寡人國雖小, 尙有徑寸之珠, 照車前後各十二乘者十枚. 豈

---

26 모毛가 『사기』「노주공세가」에는 둔屯으로 나온다.

以齊大國而無寶乎?" 威王曰, "寡人之所以爲寶者與王異. 吾臣有檀子者, 使守南城, 則楚人不敢爲寇, 泗上十二諸侯皆來朝. 吾臣有盼子者, 使守高唐, 則趙人不敢東漁於河. 吾吏有黔夫者, 使守徐州, 則燕人祭北門, 趙人祭西門, 徙而從者七千餘家. 吾臣有種首者, 使備盜賊, 則道不拾遺. 此四臣者, 將照千里, 豈特十二乘哉!" 惠王有慚色.

秦孝公·魏惠王會於杜平. 魯共公薨, 子康公毛立.

주현왕 15년(BC 354)

1) 진나라가 위나라 군사를 원리元里섬서성 징성현 경계에서 격퇴하고 7천여 명을 참수한 뒤 소량少梁섬서성 한성현 남서쪽 땅을 점령했다.

2) 위혜왕이 조나라로 쳐들어가 한단을 포위했다. 초선왕楚宣王이 대부 경사景舍를 시켜 조나라를 구하게 했다.

* 顯王十五年

秦敗魏師於元里, 斬首七千級, 取少梁.

魏惠王伐趙, 圍邯鄲. 楚王使景捨救趙.

주현왕 16년(BC 353)

1) 제위왕이 장수 전기田忌서주자기徐州子期를 시켜 조나라를 구하게 했다.

당초 제나라의 손빈孫臏은 위나라의 방연龐涓과 함께 귀곡자鬼谷子 밑에서 병법을 배웠다. 이후 방연은 위나라로 가 장군이 됐으나 스스로 손빈을 따라갈 수 없다고 생각해 이내 손빈을 제거할 심산으로 그를 위나라로 초청했다. 방연은 손빈이 오자 곧 법으로 얽어매어 그의 두 발을 자르고 경형黥刑[27]에 처한 뒤 종신토록 폐기하고자 했다.

이때 마침 제나라의 사신이 위나라에 도착했다. 손빈이 형을 받고 있는 신분인 까닭에 은밀히 제나라 사신을 만나 그를 설득했다. 제나라 사신이 몰래 손빈을 수레에 싣고 제나라로 갔다. 손빈이 제나라에 도착하자 전기가 곧 그를 상객으로 후대하면서 제위왕에게 추천했다. 제위왕이 손빈에게 병법에 대해 물어보고는 곧 그를 군사軍師로 삼았다.

당시 제위왕은 조나라를 구하기 위해 손빈을 장수로 삼고자 했다. 손빈이 자신은 형을 받은 사람이라며 이를 사양했다. 제위왕은 전기를 장수로 삼고 손빈을 군사로 삼았다. 손빈은 덮개가 있는 수레인 치거輜車 속에 앉아 계책을 내었다. 전기가 군사를 이끌고 조나라로 가려고 했다. 손빈이 말했다.

"무릇 이리저리 뒤엉킨 것을 풀려면 주먹을 날리는 공권控拳을 해서는 안 됩니다. 또 치고받으며 싸우는 사람을 구할 때에도 손으로 치는 박극搏撠을 해서는 안 됩니다. 상대방의 요해처와 빈틈을 타격하면 형세가 제한당해 즉시 스스로 풀어지게 됩니다. 지금은 대량大梁하남성 개봉시에 도성을 두고 있는 위나라와 조나라가 서로 다투고 있기 때문에 틀림없이 몸이 날렵하고 기민한 병사인 경병예졸輕兵銳卒을 모두 전선에 배치했을 것입니다. 노약老弱하고 지친 병사들이 안에 배치되어 있을 것입니다. 그대는 군사들을 이끌고 대량으로 질주하여 교통 요지를 점거하여 그 허술한 곳을 가격하느니만 못합니다. 그리하면 저들은 틀림없이 조나라의 포위를 풀고 대량을 구하러 올 것입니다. 이는 우리가 단 한 번의 거동으로 조나라의 포위를 풀고 위나라를 피폐하게 만드는 계책이기도 합니다."

전기가 이를 좇았다.

27 경형黥刑은 얼굴에 먹으로 죄인을 표시하는 형벌이다. 묵형墨刑과 같다.

10월, 조나라의 도성 한단邯鄲이 위나라에 투항했다. 위나라 군사가 철군하다가 제나라 군사와 계릉桂陵하남성 장원현 서북쪽 땅에서 교전했다. 이때 위나라 군사가 대패했다.

제나라는 제후들 가운데 가장 강하게 됐다. 스스로 칭왕하면서 천하를 호령하기 시작했다.

2) 한나라가 동주東周[28]를 쳐 능관陵觀과 늠구廩丘[29]를 취했다.

3) 초나라가 소해휼昭奚恤을 재상으로 삼았다. 이때 대부 강을江乙이 초선왕楚宣王에게 말했다.

"어떤 사람이 자신이 기르는 개를 몹시 사랑했습니다. 그런데 그 개가 일찍이 우물에 오줌을 누었습니다. 이웃에 사는 사람이 이를 보고 안으로 들어가 개 주인에게 말하려고 하자 그 개가 문 앞을 지키고 있다가 그 이웃 사람을 물었습니다. 지금 소해휼이 저를 꺼리는 것이 마치 이 개와 같습니다. 어떤 사람이 다른 사람의 장점을 칭송하면 군주는 말하기를, '이 사람은 군자'라며 그를 가까이 합니다. 또 단점을 과장해 말하면 군주는 말하기를, '이 사람은 소인'이라며 그를 멀리 합니다. 그러면 만일 아들이 아비를 죽이고, 신하가 그 군주를 시해해도 군주는 종신토록 이를 모를 것입니다. 왜 그렇겠습니까? 이는 군주가 남의 장점을 이야기하면 그를 좋아하고, 단점을 이야기하면 그를 싫어하기 때문입니다."

"좋은 말이오. 과인은 이제 양쪽의 이야기를 모두 듣고자 하오."

---

28 여기의 동주東周는 주고왕周考王이 7개 읍을 쪼개 주환왕周桓公의 손자 주혜왕周惠公을 봉한 나라를 가리킨다. 서주西周와는 망산芒山과 수산首山을 경계로 삼고 있었다.

29 능관陵觀의 위치는 현재 분명치 않으나 늠구廩丘 주변으로 보인다. '늠구'는 『사기』「한세가韓世家」에 오늘날 산동성 범현 동남쪽인 형구邢丘로 나온다.

＊顯王十六年

齊威王使田忌救趙. 初, 孫臏與龐涓俱學兵法. 龐涓仕魏爲將軍, 自以能不及孫臏, 乃召之. 至, 則以法斷其兩足而黥之, 欲使終身廢棄. 齊使者至魏, 孫臏以刑徒陰見, 說齊使者. 齊使者竊載與之齊. 田忌善而客待之, 進於威王. 威王問兵法, 遂以爲師. 於是威王謀救趙, 以孫臏爲將, 辭以刑餘之人不可. 乃以田忌爲將而孫子爲師, 居輜車中, 坐爲計謀.

田忌欲引兵之趙. 孫子曰, "夫解雜亂紛糾者不控拳, 救斗者不搏撠. 批亢搗虛, 形格勢禁, 則自爲解耳. 今梁·趙相攻, 輕兵銳卒必竭於外, 老弱疲於內. 子不若引兵疾走魏都, 據其街路, 沖其方虛, 彼必釋趙以自救. 是我一擧解趙之圍而收弊於魏也." 田忌從之. 十月, 邯鄲降魏. 魏師還, 與齊戰於桂陵, 魏師大敗.

韓伐東周, 取陵觀·廩丘.

楚昭奚恤爲相. 江乙言於楚王曰, "人有愛其狗者, 狗嘗溺井, 其鄰人見, 欲入言之, 狗當門而噬之. 今昭奚恤常惡臣之見, 亦猶是也. 且人有好揚人之善者, 王曰, '此君子也,' 近之. 好揚人之惡者, 王曰, '此小人也,' 遠之. 然則且有子弑其父·臣弑其主者, 而王終已不知也. 何者? 以王好聞人之美而惡聞人之惡也." 王曰, "善! 寡人願兩聞之."

주현왕 17년(BC 352)

1) 진나라의 대량조大良造[30] 위앙이 위나라를 쳤다.

2) 제후국의 연합군이 위나라의 양릉襄陵하남성 수현 땅을 포위해 공격을 하는 위공圍攻을 했다.

* 顯王十七年

秦大良造衛鞅伐魏.

諸侯圍魏襄陵.

주현왕 18년(BC 351)

1) 진나라의 위앙이 위나라의 고양固陽내몽골 포도시 동쪽 땅을 포위한 뒤 결국 투항케 만들었다.

2) 위나라가 한 해 전에 점령했던 조나라의 한단을 반환하고 조나라와 장수漳水에서 맹서했다.

3) 한소후韓昭侯가 신불해申不害를 재상에 임명했다.

원래 신불해는 정나라의 하급 관원인 천신賤臣이다. 그는 황로학黃老學과 형명학刑名學을 배운 뒤 한소후를 찾아와 벼슬을 구했다. 한소후가 그를 재상으로 발탁했다. 그는 안으로 정교政敎를 널리 실행하고 밖으로는 제후들을 잘 응대했다. 신불해가 재상으로 있다가 죽기까지 15년 동안 한나라는 잘 다스려졌고 무력 또한 매우 강성했다.

신불해는 일찍이 그의 종형에게 벼슬을 내려 줄 것을 청한 적이 있었다. 한소후가 이를 허락하지 않자 신불해가 원망하는 기색을 보였다. 한소후가 말했다.

"과인은 그대에게 배운 것을 가지고 나라를 다스리고자 하오. 그런데 지금 그대의 청을 들어주고 그대로부터 배운 치술治術을 버려야겠소, 아니면 그대의 치술을 행하고 그대의 청을 폐하는 것이 좋겠소. 그대는 일찍이 과인에게 공을 닦고 차제次第를 잘 살피라고 가르쳤소. 그런데 이제

30 대량조大良造는 제16등급의 관위로 대상조大上造로 표현키도 했다. 승상丞相 제도가 등장할 때까지 군정대신의 역할을 했다.

사사로이 벼슬을 구하고 있으니 내가 어찌 그대의 청을 들어줄 수 있겠소."

신불해가 곧 자리를 피해 청죄請罪했다.

"군주는 실로 황로학黃老學의 가르침을 실행하는 분입니다."

하루는 한소후가 시종에게 명해 헌 바지 하나를 잘 보관케 했다. 시종이 물었다.

"군주가 불인不仁한 사람입니다. 어찌하여 이를 좌우左右에게 주지 않고 보관하라고 명하는 것입니까?"

"내가 듣건대 '명주明主는 한 번 찡그리고 한 번 미소 짓는 것도 아낀다'고 했다. 찡그릴 만할 때 찡그리고 미소 지을 만할 때 미소 짓는 것이다. 그런데 지금 이 헌 바지가 어찌 찡그리고 웃는 빈소嚬笑 정도에 그치겠는가? 나는 반드시 공을 세우는 사람을 기다렸다가 이를 상으로 내릴 것이다."

* 顯王十八年

秦衛鞅圍魏固陽, 降之.

魏人歸趙邯鄲, 與趙盟漳水上.

韓昭侯以申不害爲相. 申不害者, 鄭之賤臣也, 學黃·老·刑名, 以干昭侯. 昭侯用爲相, 內修政敎, 外應諸侯, 十五年, 終申子之身, 國治兵强. 申子嘗請仕其從兄, 昭侯不許, 申子有怨色. 昭侯曰, "所爲學於子者, 欲以治國也. 今將聽子之謁而廢子之術乎, 已其行子之術而廢子之請乎? 子嘗敎寡人修功勞, 視次第. 今有所私求, 我將奚聽乎?" 申子乃辟捨請罪曰, "君眞其人也." 昭侯有弊袴, 命藏之. 侍者曰, "君亦不仁者矣. 不賜左右而藏之!" 昭侯曰, "吾聞明主愛一嚬一笑, 嚬有爲嚬, 笑有爲笑. 今袴豈特嚬笑哉! 吾必待有功者."

주현왕 19년(BC 350)

1) 진나라의 위앙이 함양咸陽섬서성 서안시 서북쪽에 교령敎令 등을 적어 놓는 궁궐 밖의 문인 기궐冀闕과 궁정을 쌓았다. 그러고는 약양에서 이곳으로 도성을 옮겼다.

이때 위앙은 영을 내려 춥다는 이유로 부자형제가 한방에서 자는 것을 금했다. 또 여러 작은 향鄕을 모아 하나의 현縣을 만들고 각 현에 현령縣令과 현승縣丞을 두었다. 이런 현은 모두 31개였다. 이어 정전제井田制를 폐지하고 천맥阡陌[31]을 뚫었다. 나아가 도량형에서 부피를 재는 두斗·통桶[32], 무게를 재는 권權·형衡, 길이를 재는 장丈·척尺을 통일했다.

2) 진·위 두 나라 군사가 동읍彤邑섬서성 서화현 서남쪽에서 조우했다.

3) 조성후趙成侯가 훙거했다. 이때 공자 설緤과 태자 어語가 보위를 다퉜다. 공자 설이 패해 한나라로 달아났다.

＊ 顯王十九年

秦商鞅築冀闕宮庭於咸陽, 徙都之. 令民父子·兄弟同室內息者爲禁. 並諸小鄕聚集爲一縣, 縣置令·丞, 凡三十一縣. 廢井田, 開阡陌, 平斗·桶·權·衡·丈·尺.

秦·魏遇於彤.

趙成侯薨, 公子緤與太子爭立. 緤敗, 奔韓.[33]

---

31 천맥阡陌은 밭 사이의 길을 말한다. 남북 방향의 길을 천阡, 동서 방향의 길을 맥陌이라고 했다.

32 통桶은 6되들이의 네모난 통을 가리킨다. 용甬으로도 쓰고 곡斛과 통한다.

33 『자치통감』은 주현왕 20년인 기원전 349년에 관해 아무 것도 기록해 놓지 않았다. 『사기』「육국연표」는 이때 진나라가 처음으로 현縣을 설치하고 관질官秩을 담당하는 질사秩史를 두었다고 기록해 놓았다.

주현왕 21년(BC 348)

1) 진나라의 위앙이 부세법賦稅法[34]을 개정하여 이를 곧바로 시행했다.

* 顯王二十一年

秦商鞅更爲賦稅法, 行之.

주현왕 22년(BC 347)

1) 조나라의 공자 범范이 한단을 습격했다. 그러나 오히려 패하여 죽임을 당했다.

* 顯王二十二年

趙公子范襲邯鄲, 不勝而死.

주현왕 23년(BC 346)

1) 제나라가 대부 전모田牟[35]를 죽였다.

2) 노강공魯康公이 훙거했다. 그의 아들 언偃이 노경공魯景公으로 즉위했다.

3) 위衛나라가 스스로 작호를 깎아 내리는 폄호貶號를 하여 후侯가 된 뒤 삼진三晉에 귀속했다.

* 顯王二十三年

34 부세법賦稅法은 정전법井田法을 폐지하면서 농지의 면적에 따라 세금을 부과하는 제도를 말한다.

35 전모田牟가 『사기』「전경중완세가」에는 모신牟辛으로 나온다.

齊殺其大夫牟.

魯康公薨, 子景公偃立.

衛更貶號曰侯, 服屬三晉.

주현왕 25년(BC 344)

1) 제후들이 경사京師인 낙양에서 회동했다.

* 顯王二十五年

諸侯會於京師.

주현왕 26년(BC 343)

1) 주현왕이 진효공秦孝公에게 제후들의 우두머리인 백伯의 지위를 내리자 제후들이 모두 진효공에게 하례를 올렸다. 진효공이 공자 소관少官을 시켜 군사들을 이끌고 가 봉택逢澤하남성 개봉시 동남쪽에서 제후들과 회동해 함께 주현왕을 조현케 했다.

* 顯王二十六年

王致伯於秦, 諸侯皆賀秦. 秦孝公使公子少官帥師會諸侯於逢澤以朝王.

주현왕 28년(BC 341)

1) 위나라 장수 방연이 한나라를 쳤다. 한나라가 제나라에 구원을 청하자 제위왕이 대신들을 소집해 대책을 상의하면서 물었다.

"일찍 구해 주는 것과 늦게 구해 주는 것 가운데 어느 것이 낫겠소."

성후成侯 추기鄒忌가 대답했다.

"차라리 구해 주지 않느니만 못합니다."

대장 전기田忌가 반박했다.

"만일 구해 주지 않으면 한나라는 점차 꺾여 끝내 위나라에 병탄되고 말 것입니다. 일찍 구해 주느니만 못합니다."

이때 손빈이 건의했다.

"무릇 한·위 두 나라 군사가 아직 피폐하지 않은 상황에서 구원에 나서게 되면 우리가 한나라를 대신해 위나라 군사와 교전케 됩니다. 이는 오히려 한나라의 지휘를 받게 되는 셈입니다. 게다가 지금 위나라는 한나라를 멸할 의지를 갖고 있으니 한나라로서는 망국의 위험을 느끼면 반드시 동쪽을 돌아보며 제나라에 급히 구원을 청할 것입니다. 이때 돕게 되면 우리는 한나라와 깊이 결친하게 되고 이미 피폐해진 위나라 군사를 치게 되니 커다란 이익과 높은 명성을 얻을 수 있을 것입니다."

"좋은 방안이오."

은밀히 한나라 사자의 청을 받아들여 출병할 것을 약속한 뒤 귀국케 했다. 한나라는 제나라만 믿고 전력을 다하지 않아 다섯 번 싸웠으나 모두 이기지 못했다. 결국 한나라는 동쪽의 제나라에 나라의 운명을 맡길 수밖에 없게 됐다.

제나라가 비로소 기병하여 전기와 전영田嬰, 전반田盼을 장수로 삼고, 손빈을 군사軍師로 삼아 한나라 구원에 나섰다. 제나라 구원병이 곧바로 위나라의 도성인 대량大梁으로 진격했다.

위나라 방연은 이 소식을 듣자마자 한나라를 버려두고 철군했다. 당시 위나라는 대군을 일으켜 태자 신申을 장수로 삼고 제나라 군사를 막았다. 이때 손빈이 전기에게 말했다.

"저들 삼진의 병사들은 본래 사납고 용감한 한용悍勇의 모습을 보이며 우리 제나라를 가벼이 본 나머지 제나라 군사를 겁쟁이라 부르고 있습니다. 싸움을 잘하는 사람은 형세를 좇아 자신에게 이롭게 상황을 유인하는 법입니다. 『손자병법』에 이르기를, '급속히 100리를 행군하여 적을 쫓아 승리를 취하려는 자는 병사들을 잃고 상장上將의 좌절을 초래할 것이고, 50리를 행군하여 승리를 취하려는 자는 병사의 절반만이 그 뒤를 쫓을 수 있을 것이다'라고 했습니다."

마침내 제나라 군사들에게 명해 위나라 땅으로 들어가 10만 개의 아궁이를 만들어 놓게 했다. 이어 다음 날에는 5만 개, 또 그 다음 날에는 2만 개의 아궁이를 만들어 놓게 했다. 3일이 지나 방연이 이 소식을 듣고 크게 기뻐하며 말했다.

"나는 원래 제나라 군사들이 겁쟁이임을 알고 있었다. 위나라 땅에 들어온 지 3일 만에 제나라 병사들의 절반 이상이 도주해 버렸다."

그러고는 곧 보군步軍을 버려둔 채 경무장한 정예병인 경예병輕銳兵을 이끌고 하루에 이틀 분의 거리를 빠른 속도로 행군하는 배일병행倍日幷行을 하여 제나라 군사의 뒤를 쫓았다. 이때 손빈은 속으로 이들의 행군을 요량해 저녁이면 마릉馬陵하북성 대명 동남쪽 땅에 이를 것이라고 짐작했다. 당시 마릉은 길이 좁고 주변에 장애물이 매우 많아 복병을 깔아 두기에 적당했다. 손빈은 큰 나무의 껍질을 벗겨 낸 뒤 그 위에 써 놓았다.

'방연은 이 나무 아래에서 죽는다!'

그러고는 활 잘 쏘는 궁수 1만 명을 길 양쪽에 매복해 놓은 뒤 해가 지기를 기다렸다가 횃불이 오르는 것을 보면 일제히 활을 쏘게 했다.

방연이 과연 밤에 마릉에 도착해 껍질을 벗겨낸 나무를 발견하게 됐다. 그가 횃불을 들어 그 위에 쓰인 글씨를 읽어 내려갔다. 그런데 그가 미처 다 읽기도 전에 1만 개의 쇠뇌가 일시에 날아왔다. 위나라 군사가 크게 놀라 어지러워졌다. 방연은 스스로 계책이 궁하여 군사가 패한 사실을 알고는 곧 자결했다.[36]

이때 방연은 자결하면서 말했다.[36]

"기어이 어린 녀석의 이름을 날리게 만들었구나."

제나라 군사는 승세를 몰아 위나라 군사를 대파하고 위나라 태자 신申을 포로로 잡았다.

2) 제나라의 상국인 성후成侯 추기는 전기田忌를 미워한 나머지 사람을 시켜 10금金을 가지고 저자로 나가 점을 치면서 이같이 말하게 했다.

"나는 전기의 사람이오. 전기는 장차 3전3승 한 뒤 대사大事를 실행하고자 하오. 이것이 과연 가능하겠소."

점을 친 자가 나가자 추기는 곧바로 사람을 시켜 그를 잡았다. 함정에 빠진 전기는 스스로 해명하는 자명自明을 할 길이 없다는 사실을 깨달았다. 곧 무리를 이끌고 임치臨淄를 공격해 추기를 잡으려고 했으나 오히려 패해 초나라로 달아났다.[37]

* 顯王二十八年

魏龐涓伐韓. 韓請救於齊. 齊威王召大臣而謀曰, "蚤救孰與晩救?" 成侯曰, "不如勿救." 田忌曰, "弗救則韓且折而入於魏, 不如蚤救之." 孫臏曰, "夫韓·魏之兵未弊而救之, 是吾代韓受魏之兵, 顧反聽命於韓也. 且魏有破國之志, 韓見亡, 必東面而愬於齊矣. 吾因深結韓之親而晩承魏之弊, 則可受重利而得尊名也." 王曰, "善!" 乃陰

36　주현왕 28년인 기원전 341년에 방연이 전사한 이 전투를 마릉지전馬陵之戰이라고 한다. 이보다 13년 전인 주현왕 15년의 기원전 354년 10월, 조나라 수도 한단의 항복을 받고 퇴각하던 위나라 군사가 제나라 군사에게 대패한 계릉지전桂陵之戰 역시 방연이 손빈에게 대패한 전투에 해당한다. 지난 1972년 산동성 임기현 은작산에서 출토된 죽간본 『손빈병법』에는 방연이 계릉지전에서 이미 손빈의 포로가 된 적이 있는 것으로 나온다.

37　『사기』「전경중완세가」와 「육국연표」는 이 사건을 『자치통감』보다 3년 앞서 일어난 일로 기록해 놓았다.

許韓使而遣之. 韓因恃齊, 五戰不勝, 而東委國於齊. 齊因起兵, 使田忌·田嬰·田盼將之, 孫子爲師, 以救韓, 直走魏都. 龐涓聞之, 去韓而歸. 魏人大發兵, 以太子申爲將, 以御齊師. 孫子謂田忌曰, "彼三晉之兵素悍勇而輕齊, 齊號爲怯. 善戰者因其勢而利導之. 『兵法』, '百里而趣利者蹶上將, 五十里而趣利者軍半至' 乃使齊軍入魏地爲十萬灶, 明日爲五萬灶, 又明日爲二萬灶. 龐涓行三日, 大喜曰, "我固知齊軍怯, 入吾地三日, 士卒亡者過半矣!" 乃棄其步軍, 與其輕銳倍日並行逐之. 孫子度其行, 暮當至馬陵. 馬陵道狹而旁多阻隘, 可伏兵. 乃斫大樹, 白而書之曰, "龐涓死此樹下!" 於是令齊師善射者萬弩夾道而伏, 期日暮見火擧而俱發. 龐涓果夜到斫木下, 見白書, 以火燭之. 讀未畢, 萬弩俱發, 魏師大亂相失. 龐涓自知智窮兵敗, 乃自剄, 曰, "遂成豎子之名!" 齊因乘勝大破魏師, 虜太子申.

成侯鄒忌惡田忌, 使人操十金, 卜於市, 曰, "我, 田忌之人也. 我爲將三戰三勝, 欲行大事, 可乎?" 卜者出, 因使人執之. 田忌不能自明, 率其徒攻臨淄, 求成侯. 不克, 出奔楚.

주현왕 29년(BC 340)

1) 진나라의 위앙이 진효공에게 건의했다.

"비유컨대 위나라와 진나라는 서로 뱃속의 병인 복심지질腹心之疾과 같습니다. 위나라가 진나라를 병탄하지 않으면 진나라가 곧 위나라를 병탄해야만 합니다. 왜 그렇겠습니까? 위나라는 영액嶺阨산서성 서남부 산조條山 일대의 서쪽에 자리 잡고 있고 안읍安邑에 도성하여 진나라와는 황하를 경계로 삼고 있습니다. 그래서 화산華山의 동쪽인 산동山東에 위치한 이로움을 독차지하고 있습니다.

위나라는 이로우면 서쪽으로 나아가 진나라를 치고, 불리하면 동쪽으로 나아가 진출 기반을 닦을 것입니다. 지금 군주와 같은 명군이 있기에 진나라는 번성하고 있습니다. 그런데 위나라는 전 해에 제나라에게 크게 패했습니다. 제후들이 위나라를 배반하고 있으니 차제에 가히 위나라를 칠 수 있을 것입니다. 그리되면 위나라는 우리 진나라를 막아 낼 길이 없어 틀림없이 동쪽으로 옮길 것입니다. 이후 우리 진나라가 황하와 조산條山의 험고함에 의지해 동쪽으로 나아가 제후국들과 맹약하게 되면 이것이 곧 제왕의 대업을 이루는 것입니다."

진효공이 이를 좇았다. 위앙을 시켜 군사를 이끌고 가 위나라를 치게 했다. 위나라는 공자 앙卬을 보내 이를 막게 했다. 양측 군사가 대치하고 있을 때 위앙이 공자 앙에게 다음과 같은 서신을 보냈다.

"나는 당초 공자와 서로 좋은 사이였소. 그런데 이제는 서로 두 나라의 장수가 되어 있소. 그러나 나는 차마 공격하지 못하겠소. 공자와 얼굴을 맞대고 맹약을 맺은 뒤 즐거이 음주하고 철군하여 두 나라 백성을 평안케 하는 것이 가할 듯하오."

공자 앙도 그같이 하는 것이 좋다고 생각해 마침내 서로 만나 강화한 뒤 술을 마셨다. 이때 위앙은 갑사를 매복시켜 놓았다가 공자 앙을 습격해 포로로 잡았다. 그러고는 여세를 몰아 위나라 군사를 대파했다.

위혜왕이 크게 두려워한 나머지 곧 사신을 진나라로 보내 하서河西의 땅을 진나라에 헌납하고 강화를 맺었다. 이어 도성을 안읍에서 대량大梁으로 옮기면서 탄식했다.

"내가 전에 공숙좌의 말을 듣지 않은 것이 한스럽기 그지없다."

진나라가 위앙을 상어商於섬서성 상현 일대의 15개 성읍에 봉하고 상군商君으로 호칭했다.

2) 제나라와 조나라가 위나라를 쳤다.

3) 초선왕楚宣王이 홍거했다. 그의 아들 웅상熊商이 뒤를 이어 초위왕

楚威王으로 즉위했다.

＊顯王二十九年

衛鞅言於秦孝公曰, "秦之與魏, 譬若人之有腹心之疾, 非魏並秦, 秦卽並魏. 何者? 魏居嶺阨之西, 都安邑, 與秦界河, 而獨擅山東之利. 利則西侵秦, 病則東收地. 今以君之賢聖, 國賴以盛. 而魏往年大破於齊, 諸侯畔之, 可因此時伐魏. 魏不支秦, 必東徙. 然後秦據河山之固, 東鄕以制諸侯, 此帝王之業也." 公從之, 使衛鞅將兵伐魏. 魏使公子卬將而御之. 軍旣相距, 衛鞅遺公子卬書曰, "吾始與公子歡, 今俱爲兩國將, 不忍相攻, 可與公子面相見盟, 樂飮而罷兵, 以安秦·魏之民." 公子卬以爲然, 乃相與會. 盟已, 飮. 而衛鞅伏甲士, 襲虜公子卬, 因攻魏師, 大破之. 魏惠王恐, 使使獻河西之地於秦以和. 因去安邑, 徙都大梁. 乃歎曰, "吾恨不用公叔之言!"

秦封衛鞅商於十五邑, 號曰商君.

齊·趙伐魏.

楚宣王薨, 子威王商立.

주현왕 31년(BC 338)

1) 진효공이 훙거했다. 그의 아들이 진혜문왕秦惠文王으로 즉위했다. 이때 공자 건虔의 무리들이 상앙商鞅을 무함해 반란을 꾀한다고 일러바치자 진혜문왕이 관원을 풀어 상앙을 잡게 했다. 상앙이 위나라로 도망갔다가 위나라에서 받아들이지 않자 다시 진나라로 돌아왔다.

상앙은 마침내 자신을 따르는 무리들을 이끌고 상어商於 땅으로 들어가 기병한 뒤 북쪽으로 나아가 정현鄭縣섬서성 화현을 쳤다. 진나라 사람들이 상앙을 쳐 죽이고는 시신을 거열형車裂刑에 처하고 저자에 내건 뒤 그의 일족을 모두 주살했다.

당초 상앙은 진나라의 재상으로 있을 때 법을 집행하는 것이 매우 엄혹嚴酷했다. 일찍이 위수渭水 가에서 죄수들을 너무 많이 처결해 위수가 다 붉게 물들 지경이 됐다. 이로 인해 그가 재상으로 있는 10년 동안 많은 사람들이 그를 크게 원망했다. 하루는 대부 조량趙良이 상앙을 찾아가자 상앙이 그에게 물었다.

"그대가 보기에 나와 진목공 때의 명신인 오고대부五羖大夫 백리해百里奚 가운데 누가 더 진나라를 잘 다스렸다고 생각하오."

조량이 대답했다.

"1천 명의 사람이 무조건 아부하며 공순한 것은 한 선비가 두려움 없이 하는 직언만 못합니다. 제가 오늘 종일토록 바른 말을 하고자 하는데 과연 죽이지 않을 수 있겠습니까?"

"그리하겠소."

조량이 말했다.

"당초 오고대부 백리해百里奚는 초나라의 비천한 인물이었습니다. 그런데 진목공은 그를 소먹이를 주는 자리에서 발탁해 백성들의 윗자리에 앉혔습니다. 나라 안에서 그에 대해 감히 원망하거나 불만을 털어놓는 사람이 없게 됐습니다. 그는 6~7년 동안 재상을 하면서 동쪽으로 정나라를 치고, 진晋나라 군주를 세 번이나 옹립했고, 초나라에 닥친 화란을 구해 주었습니다. 그는 재상이 된 후 아무리 피곤해도 앉는 수레를 타지 않았고 더워도 덮개를 하지 않았습니다. 나라 안을 시찰할 때 수종하는 수레도 없었고 간과干戈 등의 무기도 소지하지 않았습니다. 오고대부가 죽자 남녀 모두 눈물을 흘렸고, 아이들도 노래를 부르지 않았고, 절구질을 하는 사람도 창화唱和를 그쳤습니다. 지금과 같이 그대가 진군秦君을 진현하는 것은 총신인 경감景監을 통한 것입니다. 그대는 정사를 주관하면서 공족들을 능멸했고, 백성들에게 커다란 해를 끼쳤습니다. 공자 건虔이 문 밖에 나오지 않은 지 이미 8년이나 됩니다. 게다가 그대는 축환祝懽을 죽였고, 공손 가賈에게 경형黥刑을 내렸습니다. 『시경』에 이르기를, '백성을 얻은 사람은 일어나고, 백성을 잃은 사람은 패망한다'고 했습니다. 지금 제가 언급한 몇 가지 사항은 백성을 얻은 방안이 못됩니다. 그대가 국내에서 출행할 때 갑사를 실은 수레가 뒤따릅니다. 힘이 세고 용감한 호위병이 참승驂乘하고 자루가 긴 창인 모矛를 잡고 경호용 창인 흡극闟戟을 휘두르는 위사衛士가 곁에서 수레를 타고 좇습니다. 이런 것이 어느 하나라도 갖춰지지 않으면 그대는 출행을 하지 않습니다. 『서경』에 이르기를, '덕을 믿는 자는 창성하고, 힘을 믿는 자는 망한다'고 했습니다. 지금 내가 지적한 몇 가지 사항은 덕을 베푸는 자의 모습과 거리가 멉니다. 지금 그대의 위험한 처지는 마치 아침 이슬인 조로朝露와 같습니다. 상어 땅의 부富를 탐하면서, 진나라의 정치를 전단하려고 하는 까닭에 백성들의 원망이 쌓여만 가는 것입니다. 진나라 군주가 하루아침에 연빈객捐賓客[38]을 하여 다시는 조정에 서지 못하게 되면, 진나라 사람들 가운데 그대를 잡아들이려는 사람이 어찌 한둘에 그치겠습니까?"

그러나 상앙은 이를 듣지 않았다. 과연 5개월 후 상앙에게 화란이 닥쳤다.

* 顯王三十一年

秦孝公薨，子惠文王立，公子虔之徒告商君欲反，發吏捕之．商君亡之魏．魏人不受，復內之秦．商君乃與其徒之商於，發兵北擊鄭．秦人攻商君，殺之，車裂以徇，盡滅其家．

---

38 연빈객捐賓客은 손님을 내쫓고 간다는 뜻으로 죽음을 에둘러 표현한 것이다.

初, 商君相秦, 用法嚴酷, 嘗臨渭論囚, 渭水盡赤, 爲相十年, 人多怨之. 趙良見商君, 商君問曰, "子觀我治秦, 孰與五羖大夫賢?" 趙良曰, "千人之諾諾, 不如一士之諤諤. 僕請終燒正言而無誅, 可乎?" 商君曰"諾." 趙良曰, "五羖大夫, 荊之鄙人也, 穆公擧之牛口之下, 而加之百姓之上, 秦國莫敢望焉. 相秦六七年而東伐鄭, 三置晉君, 一救荊禍. 其爲相也, 勞不坐乘, 暑不張蓋. 行於國中, 不從車乘, 不操干戈. 五羖大夫死, 秦國男女流涕, 童子不歌謠, 舂者不相杵. 今君之見也, 因嬖人景監以爲主. 其從政也, 凌轢公族, 殘傷百姓. 公子虔杜門不出已八年矣. 君又殺祝懽而黥公孫賈.『詩』曰, '得人者興, 失人者崩' 此數者, 非所以得人也. 君之出也, 後車載甲, 多力而駢脅者爲驂乘, 持矛而操闟戟者旁車而趨. 此一物不具, 君固不出.『書』曰, '恃德者昌, 恃力者亡' 此數者, 非恃德也. 君之危若朝露, 而尙貪商於之富, 寵秦國之政, 畜百姓之怨. 秦王一旦捐賓客而不立朝, 秦國之所以收君者豈其微哉!" 商君弗從. 居五月而難作.

주현왕 32년(BC 337)

1) 한나라 재상 신불해申不害가 죽었다.

＊ 顯王三十二年

韓申不害卒.

주현왕 33년(BC 336)

1) 송나라 태구太丘에 흙을 돋워 만든 토지신 사당인 사社가 무너졌다.

2) 추鄒 땅의 맹자孟子가 위혜왕魏惠王을 만났다. 위혜왕이 맹자에게

물었다.

"노인장이 1천 리를 멀다 하지 않는 불원천리不遠千里를 하여 여기까지 왔으니 또한 우리나라를 이롭게 할 일이 있지 않겠습니까?"

맹자가 힐난했다.

"군주는 어찌하여 이利만을 이야기하는 것입니까? 오직 의義만 있을 뿐입니다. 군주가 나라를 이롭게 하는 것을 이야기하면, 대부는 자신의 집안만을 이롭게 하는 것을 이야기하고, 사서인士庶人은 자신의 몸을 이롭게 하는 것만을 이야기하여, 상하가 서로 이익을 취하려고 하니 나라가 위태롭게 됩니다. 인仁을 지니고 그 부모를 버리는 자는 없는 법이며 의義를 지니고 그 군주를 버리는 자도 없는 것입니다."

"옳은 말이오."

당초 맹자는 공자의 손자인 자사子思를 스승으로 모셨다. 하루는 맹자가 백성들을 다스리는 도인 목민지도牧民之道 가운데 어느 것을 먼저 해야 하는지 물었다. 자사가 말했다.

"먼저 백성을 이롭게 해야 한다."

맹자가 물었다.

"군자가 백성들을 가르치는 소이는 역시 인의仁義일 뿐인데, 왜 굳이 이利를 말하는 것입니까?"

자사가 대답했다.

"인의야 말로 사실 사람들을 이롭게 하는 것이다. 윗사람이 불인不仁하면 아랫사람은 머물 곳을 얻지 못하고, 윗사람이 불의不義하면 아랫사람들은 즐겨 사위詐僞를 행하는 것이다. 이는 대불리大不利를 말한 것이다. 그래서 『주역』「건괘乾卦」의 괘사에 '이利는 의義의 고른 조화이다'라고 한 것이다. 『주역』「대전大傳」에서 '이利는 능히 몸을 편하게 하고 덕을 높게 한다'고 한 것도 그 때문이다. 이는 대리大利를 말한 것이다."

신 사마광은 평한다.

"자사와 맹자의 말은 사실 같은 것이다. 무릇 인자仁者만이 인의가 이롭다는 것을 알고 불인자不仁者는 이를 모르는 것이다. 맹자는 위혜왕에게 곧바로 인의만 말하고 이利는 언급치 않았다. 이는 말하는 대상이 달랐기 때문이다."

＊ 顯王三十三年

宋太丘社亡.

鄒人孟軻見魏惠王. 王曰, "叟, 不遠千里而來, 亦有以利吾國乎?" 孟子曰, "君何必曰利, 仁義而已矣! 君曰何以利吾國, 大夫曰何以利吾家, 士庶人曰何以利吾身, 上下交征利而國危矣. 未有仁而遺其親者也, 未有義而後其君者也." 王曰, "善."

初, 孟子師子思, 嘗問牧民之道何先. 子思曰, "先利之." 孟子曰, "君子所以敎民, 亦仁義而已矣, 何必利?" 子思曰, "仁義固所以利之也. 上不仁則下不得其所, 上不義則下樂爲詐也. 此爲不利大矣. 故『易』曰, '利者, 義之和也' 又曰, '利用安身, 以崇德也' 此皆利之大者也."

臣光曰, "子思·孟子之言, 一也. 夫唯仁者爲知仁義之利, 不仁者不知也. 故孟子對梁王直以仁義而不及利者, 所與言之人異故也."

주현왕 34년(BC 335)

1) 진나라가 한나라를 쳐서 의양宜陽하남성 의양현 서쪽을 빼앗았다.

＊ 顯王三十四年

秦伐韓, 拔宜陽.

주현왕 35년(BC 334)

1) 제위왕齊威王과 위혜왕魏惠王이 서주徐州산동성 등현 동남쪽의 서주舒州에서 만났다.[39] 두 군주는 서로 왕으로 존중할 것을 약속했다.

2) 한소후가 높고 커다란 궁문인 고문高門을 만들었다. 한나라에 머물고 있던 초나라 대부 굴의구屈宜臼가 말했다.

"군주는 아마도 이 궁문을 통해 밖으로 나가지 못할 것이다. 왜 그럴까? 지금은 궁문을 만들 때가 아니기 때문이다. 나는 날짜를 말한 것이 아니다. 무릇 사람에게는 실로 유리한 때와 불리한 때가 있다. 과거에 군주는 일찍이 유리했음에도 고문을 만들지 않았다. 지난해에는 진나라가 우리의 의양을 빼앗고 올해에는 우리 한나라에 가뭄이 들었다. 그런데도 군주는 백성들을 구휼할 생각을 하지 않고 도리어 더욱 사치에 골몰하고 있다. 이를 일컬어 시세가 쇠잔해졌는데도 행동거지는 사치스럽다는 뜻의 '시굴거영時詘擧嬴'이라고 하는 것이다. 그래서 때에 맞지 않다고 말한 것이다."

3) 월왕 무강無彊이 북쪽으로 제나라를 치려고 했다. 제위왕齊威王이 사람을 월왕에게 보내 초나라를 치는 것이 제나라를 치는 것보다 나은 점을 설득케 했다.[40] 마침내 월왕 무강이 초나라를 쳤다. 그러나 월나라 군사는 오히려 초나라 군사에게 대패하고 말았다. 초나라가 승세를 몰아 월나라가 병탄했던 오나라의 고토를 모두 빼앗고 동쪽으로 진격해 절강

---

39 『사기』「전경중완세가」는 위혜왕이 견 땅의 회견 뒤 곧바로 죽고 이때는 위양왕魏襄王이 제선왕과 만난 것으로 기록해 놓았다.

40 『사기』「월왕구천세가」에는 당초 월왕 구천이 죽자 그의 아들 석여鼫與가 뒤를 잇고 뒤이어 불수不壽, 옹翁, 예翳, 지후之侯가 차례로 즉위했고, 지후 사후 그의 아들 무강無彊이 즉위했을 때 월나라가 군사를 일으켜 북쪽으로 제나라를 공격하고, 서쪽으로 초나라를 치며 중원의 제후들과 힘을 겨루자 제나라 사자가 월왕 무강을 만나 설득에 나선 것으로 되어 있다.

浙江에 이르게 됐다. 월나라 백성들이 사방으로 궤산하고 말았다. 공족들은 다투어 자립한 후 왕 또는 군君이 되어 해변에 살면서 각기 초나라에 신하로서 복종하는 조복朝服을 했다.

* 顯王三十五年

齊王·魏王會於徐州以相王.

韓昭侯作高門, 屈宜臼曰, "君必不出此門. 何也? 不時. 吾所謂時者, 非時日也. 夫人固有利·不利時. 往者君嘗利矣, 不作高門. 前年秦拔宜陽, 今年旱, 君不以此時恤民之急而顧益奢, 此所謂時詘擧贏者也. 故曰不時."

越王無彊伐齊. 齊王使人說之以伐齊不如伐楚之利, 越王遂伐楚. 楚人大敗之, 乘勝盡取吳故地, 東至於浙江. 越以此散, 諸公族爭立, 或爲王, 或爲君, 濱於海上, 朝服於楚.

주현왕 36년(BC 333)

1) 초위왕楚威王 상商이 제나라로 쳐들어가 서주를 포위했다.

2) 한나라의 고문高門이 완성됐다. 한소후가 훙거했다. 그의 아들이 한선혜왕韓宣惠王으로 즉위했다.

3) 당초 주왕실의 도성인 낙양 출신 소진蘇秦이 진혜문공秦惠文公을 만나 천하를 아울러 가질 수 있는 방법을 가지고 유세했다. 그러나 진혜문공은 이를 받아들이지 않았다. 소진은 마침내 진나라를 떠나 연나라로 가 연문공燕文公에게 유세했다.

"연나라가 침공을 받지 않고 군사 소요가 없는 까닭은 조나라가 연나라의 남쪽을 병풍처럼 가려주고 있기 때문입니다. 게다가 진나라가 연나라를 친다 해도 싸움은 1,000리 밖에서 이뤄질 것입니다. 그러나 조나라가 연나라를 치면 싸움은 불과 100리 내에서 이뤄질 것입니다. 100리 내의 일을 근심하지 않고 1,000리 밖의 일을 더 중시하니 잘못된 계책으로 이보다 더한 것이 없을 것입니다. 원컨대 군주는 조나라와 가까이 지내기 바랍니다. 천하가 하나가 될지라도 연나라는 반드시 아무런 우환이 없을 것입니다."

연문공이 이를 받아들여 소진에게 거마를 대 주었다. 소진이 조나라로 가 조숙후趙肅侯에게 유세했다.

"지금 산동山東에서 조나라보다 강한 나라가 없습니다. 진나라가 가장 꺼리는 나라로 조나라만한 나라가 없습니다. 그럼에도 진나라가 감히 군사를 일으켜 조나라를 치지 못하는 것은 한·위 두 나라가 혹여 자신들의 배후를 칠까 두려워하기 때문입니다. 진나라가 한나라와 위나라를 공격하면 그곳에는 명산대천名山大川의 험조險阻가 없어 조금씩 잠식하다가 끝내 도성에 이르러서야 그칠 것입니다. 한·위 두 나라가 진나라를 막지 못하면 반드시 진나라에 신복臣服할 것입니다. 진나라가 한·위 두 나라에 대한 우환이 없게 되면 화란은 곧 조나라에 떨어지고 말 것입니다. 제가 천하의 지도를 놓고 살펴보니 제후들의 영토는 진나라의 5배, 군사는 10배나 될 듯싶습니다. 6국이 하나로 합종合縱하여 서쪽으로 나아가 진나라를 치면 진나라는 반드시 깨지고 말 것입니다. 무릇 연횡連衡을 주장하는 자들은 모두 제후들의 땅을 베어 진나라에 바치려는 것입니다. 진나라가 목표를 달성해 부영富榮해지면 제후국들은 진나라의 침략 위협에 시달릴 뿐이고 진나라는 제후국들과 근심을 함께 나누지 않을 것입니다. 연횡을 주장하는 자들은 밤낮으로 진나라를 앞세워 제후들을 위협하며 할지割地를 요구할 것입니다. 원컨대 군주는 이를 숙계熟計하기 바랍니다. 제가 사적으로 대왕을 위해 계책을 세운다면 삼진과 초·연·제 6국이 남북으로 결속하여 진나라에 대적하느니만 못합니다. 천하의 장상將相들에게 명해 원수洹水하남성 북쪽의 안양하安陽河 가에서 회동한 뒤 서로 인질을 교환하여 결맹케 하십시오. 맹약에 쓰기를, '진나라가 어느 한 나라를 공격하면 나머지 다섯 나라가 각기 정예군인 예사銳師를 내어 진나라를 소란케 만들거나 공격받은 나라를 구원한다. 만일 이 맹약을 이행하지 않는 나라가 있으면 나머지 다섯 나라가 이를 공벌共伐한다'고 하기 바랍니다. 제후들이 남북으로 결속해 진나라를 치면 찬나라 군사는 감히 함곡관函谷關하남성 영보현을 빠져나와 산동을 해치지 못할 것입니다."

조숙후가 크게 기뻐하며 소진을 후대했다. 그를 높이 받들고 총애하면서 크게 상을 내렸다. 조숙후는 소진이 각국을 유세하며 합종의 맹약을 맺도록 적극 도와주었다.

이때 진나라가 서수犀首[41]를 시켜 위나라를 치게 했다. 서수가 위나라 군사 4만여 명을 대파하고 위나라 장수 용가龍賈를 포로로 잡았다. 또 조음雕陰섬서성 감천현 남쪽 땅을 빼앗아 동쪽으로 진격하고자 했다. 당시 소진은 진나라 군사가 조나라로 쳐들어와 합종의 맹약을 깨뜨릴까 걱정했다. 자칫 장차 진나라에 대해 사용할 계책이 없어질까 우려한 나머지 짐짓 책사 장의張儀를 격노케 만들어 진나라로 들여보냈다.

장의는 위나라 사람으로 소진과 함께 귀곡자鬼谷子를 섬기며 종횡학縱橫學을 배웠다. 원래 소진은 스스로 장의를 좇아갈 수 없다고 생각했다. 이때 장의는 제후들에게 유세했으나 특별한 신뢰를 받지 못했다. 장의가 초나라에 체류하고 있을 때 소진이 장의를 조나라로 부른 뒤 짐짓 모욕을 주었다.

대로한 장의는 제후국 가운데 오직 진나라만이 조나라를 공벌할 수

41 서수犀首는 공손연公孫衍을 지칭한다. '서수'는 원래 위나라의 관직명으로 공손연이 이 직책을 맡은 데서 비롯된 명칭이다.

있다고 생각해 드디어 진나라로 들어갔다. 이때 소진이 은밀히 가신인 사인舍人을 보내 장의에게 많은 금품을 제공하면서 편의를 보아주게 했다. 장의가 마침내 진혜문왕을 만날 수 있게 됐다.

진혜문왕이 장의를 보고 크게 기뻐하며 객경客卿으로 대우했다. 이때 소진의 사인이 장의와 작별하면서 말했다.

"소군蘇君은 진나라가 조나라를 쳐 합종의 맹약을 깰까 염려했습니다. 그는 그대가 아니면 진나라의 권력을 쥘 사람이 없다고 여겼습니다. 그래서 짐짓 그대를 격노케 만든 뒤 저로 하여금 몰래 그대에게 금품을 주게 했습니다. 이는 모두 소군의 계책입니다."

장의가 탄식했다.

"아, 나는 소진의 계책 속에 있었는데도 이를 깨닫지 못했소. 내가 소군을 따를 수 없다는 사실이 분명히 드러났소. 부디 나를 대신해 소군에게 사의를 전해 주기 바라오. 소군의 시대에 나 장의가 어찌 감히 말을 하겠소."

이때 소진은 한선혜왕韓宣惠王에게 이같이 유세했다.

"한나라의 땅은 사방 900여 리나 되고 군사도 수십만 명이나 되며, 천하의 강궁强弓과 경노勁弩, 예리한 칼인 이검利劍이 모두 한나라에서 산출되는 것입니다. 한나라 병사는 용감한 데다 견고한 갑옷을 입고, 발로 경노를 밟고 쏘는 연습을 하고, 이검을 차고, 일당백一當百인데 이는 다 말한 것도 아닙니다. 그런데도 군주는 진나라를 섬기려 하고 있습니다. 진나라를 섬기면 장차 그들은 반드시 의양宜陽과 성고成皐하남성 형양현 서북쪽를 떼어 달라고 할 것입니다. 오늘 그리하면 효과를 보겠지만 내년에 또다시 할지割地를 요구할 것입니다. 하다 보면 결국 줄 땅이 없게 됩니다. 주지 않으면 앞서 진나라에 대해 잘한 일은 모두 수포가 되고 뒤에 큰 화를 입게 될 것입니다. 군주가 갖고 있는 땅은 유한하지만 진나라의 요구는 끝이 없을 것이니 유한한 땅으로 무한한 요구를 들어주어야만 하는 것입니다. 이를 가리켜 원망을 사고 화근을 맺는 '시원결화市怨結禍'라고 합니다. 싸우지 않으면 땅은 잘려 나갈 것입니다. 속담에 이르기를, '차라리 닭의 머리가 될지언정 쇠꼬리가 되지 마라'고 했습니다. 무릇 군주의 현명함과 강력한 무력을 보유하고도 오히려 쇠꼬리인 우후牛後의 오명을 듣게 된다면 저는 개인적으로 대왕을 위해 이를 수치스럽게 생각지 않을 수 없습니다."

한선혜왕이 그의 말을 좇았다. 소진이 다시 위나라로 가 위혜왕魏惠王에게 유세했다.

"군주가 다스리는 위나라 땅은 사방 1천 리 정도로 크기는 비록 작지만 전사田舍와 여무廬廡[42]가 매우 많습니다. 일찍이 방목할 공지가 없을 정도였습니다. 백성들과 거마가 많아 밤낮으로 끊이지 않으니 수레가 시끄럽게 질주하는 소리인 이른바 횡횡은은輷輷殷殷이 마치 3군이 진군하는 듯합니다. 제가 가만히 대왕의 나라를 살피건대, 초나라 밑에 들어가지는 않을 듯합니다. 또한 사적으로 듣건대, 대왕의 군사로 무사武士가 20만, 노비로 구성된 창두蒼頭가 20만, 정예병인 분격奮擊이 20만, 노무자인 시도厮徒가 10만 명이라고 했습니다. 또 전차가 600승, 말이 5천 필이라고 합니다. 그런데도 군신들의 말을 듣건대 대왕은 진나라를 신하로서 섬기려 한다고 합니다. 그래서 폐읍敝邑의 조왕이 신을 시켜 우계愚計를 진헌하고, 절실히 구사할 수 있는 맹약을 받들게 했습니다. 저는 대왕의 조서詔書를 기다려 결맹으로 답하고자 합니다."

위혜왕이 이를 허락했다.

42　전사田舍는 농막을 뜻한다. 여무廬廡의 '여'는 작은 민가, '무'는 커다란 민가를 가리킨다.

소진이 제위왕齊威王을 찾아가 유세했다.

"제나라는 사방이 천험天險으로 둘러싸여 있는 나라로 땅은 사방으로 2천여 리나 되고, 갑옷을 입은 군사도 수십만 명이며, 곡식도 산처럼 쌓여 있습니다. 또한 3군이 정예하고, 5가五家[43]의 병사들이 매우 많으니, 진격할 때는 살처럼 빠르고, 전투할 때는 우레와 같은 위세가 있고, 군사를 거두어 해산할 때는 풍우와 같이 민첩합니다. 설령 군역을 위한 소집이 있다 해도 일찍이 태산泰山산동성 태산군 박현을 등지거나, 청하淸河를 도하하거나, 발해渤海를 건넌 적이 없습니다. 또한 도성 임치臨淄에는 7만 호가 살고 있습니다. 제가 가만히 헤아려 보건대 1호당 남자가 3인 이하로 내려가지는 않을 듯합니다. 그렇다면 원지遠地의 현에서 징발하지 않더라도 임치에서 곧바로 모을 수 있는 병력이 자그마치 21만 명이나 되는 것입니다. 나아가 임치는 매우 부유하고 백성들 가운데 투계鬪鷄와 개 경주인 주구走狗, 옥으로 만든 젓가락을 6개 던져 노는 놀이인 6박六博, 공차기 놀이인 탑국闒鞠을 하지 않는 사람이 없습니다. 또 임치의 도로에는 수레가 너무 많이 다녀 바퀴끼리 부딪치고, 사람들이 너무 많이 다녀 어깨가 서로 부딪칩니다. 특히 사람들의 옷자락이 이어진 것이 마치 휘장인 유악帷幄을 친 듯하고, 사람들이 흘리는 땀이 마치 비 오듯 합니다. 대개 한·위 두 나라가 진나라를 크게 두려워하는 이유는 진나라와 접하고 있는 땅 때문입니다. 군대가 대적하면 교전한 지 10일이 못 돼 승패존망의 대세가 판가름 납니다. 설령 한·위 두 나라가 승리한다 해도 군사의 절반을 잃게 될 것이니 그리되면 사방의 변경을 지킬 도리가 없게 됩니다. 만일 이기지 못하면 나라는 곧바로 멸망의 위기에 처하게 됩니다. 한·위 두

---

43 5가五家는 제나라의 5都로 임치臨淄·평륙平陸·아阿·즉묵卽墨·거莒를 뜻한다. 군제軍制로 풀이하는 견해도 있다.

나라는 진나라와 싸우기가 매우 어려울 수밖에 없습니다. 두 나라가 쉽게 진나라에 순복하는 것도 이 때문입니다. 지금 진나라가 제나라를 공격하면 상황은 완전히 달라집니다. 이는 배후에 한·위 두 나라를 두고 있고, 또 위衛나라의 양진陽晉산동성 운성현 서쪽의 험로를 지나야 하고, 제나라의 항보亢父산동성 제녕현의 험요지險要地를 거쳐야 하기 때문입니다. 수레는 두 대가 나란히 진행할 수 없고, 기마도 2기騎가 병행할 수 없고, 100명이 지키면 1천 명일지라도 감히 통과할 수가 없습니다. 진나라가 비록 깊이 쳐들어오고 싶어도 이리처럼 뒤를 돌아보며 기습에 대비하는 이른바 낭고狼顧를 하며 한·위 두 나라가 혹여 후방을 칠까 걱정하지 않을 수 없게 됩니다. 스스로 두려워하고 의심하여, 두 나라에 허장성세로 공갈하고 교만스레 자랑을 떨면서도 감히 앞으로 나아가지 못하는 것입니다. 진나라가 제나라를 해칠 수 없는 것은 자명한 사실입니다. 무릇 진나라가 제나라를 어찌할 것인지를 깊이 생각지 않고 서면西面하여 진나라를 섬기려 하니 이는 군신들이 계책을 잘못 세운 것입니다. 이제 진나라를 섬기려 한다는 소문을 없애고 강국으로서의 내실을 갖추도록 하십시오. 원컨대 대왕은 유의하여 계책을 세우기 바랍니다."

제위왕도 소진의 말을 좇았다.

소진이 다시 서남쪽으로 가 초위왕楚威王에게 유세했다.

"초나라는 천하의 강국입니다. 땅은 사방으로 6천여 리나 되고 갑옷을 갖춘 병사가 100만 명, 전차가 1천 승, 말이 1만 필이나 됩니다. 비축해 놓은 곡식은 10년가량을 지탱할 만합니다. 이는 패왕이 될 수 있는 자산입니다. 지금 진나라가 꺼리는 나라로 초나라만한 나라가 없습니다. 초나라가 강해지면 진나라가 약해지고, 진나라가 강해지면 초나라가 약해지니 두 세력은 양립할 수 없습니다. 대왕을 위해 계책을 세운다면 제후국들이 종縱으로 교결하여 진나라를 고립시키는 것보다 나은 계책이 없습니다.

제가 장차 산동山東에 있는 여러 나라들에게 명해 4계절의 예물을 바치고 대왕의 밝은 조칙을 따르도록 만들겠습니다. 각국이 초나라에 종묘사직을 위탁하고 신속臣屬하여, 군사를 훈련시키고 무기를 정비해 놓은 뒤, 대왕이 이들을 쓰도록 준비해 놓겠습니다. 그래서 종縱으로 화친을 맺으면 제후들이 할지割地하여 초나라를 섬길 것이나, 횡으로 합쳐지면 초나라는 땅을 베어 진나라를 섬겨야 할 것입니다. 이 두 개의 정책은 서로 차이가 많습니다. 대왕은 과연 어느 쪽에 설 것입니까?"

초왕도 이를 좇았다.

이에 소진이 합종책의 주도자가 되어 6국의 재상을 아울러 차지하게 됐다. 이어 북쪽으로 가 조왕에게 이를 보고했다. 이때 그를 수행하는 거기車騎와 치중輜重[44]이 마치 왕자王者의 그것에 비견할 만했다.

4) 제위왕이 죽었다. 그의 아들 벽강辟彊이 제선왕齊宣王으로 즉위했다. 제선왕은 성후成侯 추기가 전기田忌를 무함한 사실을 알고는 마침내 그를 원래의 자리로 복직시켰다.

5) 연문공燕文公이 훙거했다. 그의 아들이 연역왕燕易王으로 즉위했다.

6) 위성후衛成侯가 훙거했다. 그의 아들이 위평후衛平侯로 즉위했다.

* 顯王三十六年

楚王伐齊, 圍徐州.

韓高門成, 昭侯薨, 子宣惠王立.

初, 洛陽人蘇秦說秦王以兼天下之術, 秦王不用其言. 蘇秦乃去,

44 치중輜重의 치輜는 덮개가 있는 큰 수레를 말한다. 원래 출행할 때 함께 갖고 간 포장 상롱箱籠을 가리켰으나 이후 군량과 무기 등을 싣는 수레를 지칭하는 말로 전용됐다. 군수물자를 거듭 쌓은 까닭에 중重 자를 덧붙이게 됐다.

說燕文公曰, "燕之所以不犯寇被甲兵者, 以趙之爲蔽其南也. 且秦之攻燕也, 戰於千里之外. 趙之攻燕也, 戰於百里之內. 夫不憂百里之患而重千里之外, 計無過於此者. 願大王與趙從親, 天下爲一, 則燕國必無患矣." 文公從之, 資蘇秦車馬, 以說趙肅侯曰, "當今之時, 山東之建國莫强於趙, 秦之所害亦莫如趙. 然而秦不敢擧兵伐趙者, 畏韓·魏之議其後也. 秦之攻韓·魏也, 無有名山大川之限, 稍蠶食之, 傅國都而止. 韓·魏不能支秦, 必入臣於秦. 秦無韓·魏之規則禍中於趙矣. 臣以天下地圖案之, 諸侯之地五倍於秦, 料度諸侯之卒十倍於秦. 六國爲一, 並力西鄕而攻秦, 秦必破矣. 夫衡人者皆欲割諸侯之地以與秦, 秦成則其身富榮, 國被秦患而不與其憂, 是以衡人日夜務以秦權恐愒諸侯, 以求割地. 故願大王熟計之也! 竊爲大王計, 莫如一韓·魏·齊·楚·燕·趙爲從親以畔秦, 令天下之將相會於洹水上, 通質結盟, 約曰, '秦攻一國, 五國各出銳師, 或橈秦, 或救之. 有不如約者, 五國共伐之!' 諸侯從親以擯秦, 秦甲必不敢出於函谷以害山東矣." 肅侯大說, 厚待蘇秦, 尊寵賜賚之, 以約於諸侯. 會秦使犀首伐魏, 大敗其師四萬餘人, 禽將龍賈, 取雕陰, 且欲東兵. 蘇秦恐秦兵至趙而敗從約, 念莫可使用於秦者, 乃激怒張儀, 入之於秦.

張儀者, 魏人, 與蘇秦俱事鬼谷先生, 學縱橫之術, 蘇秦自以爲不及也. 儀游諸侯無所遇, 困於楚, 蘇秦故召而辱之. 儀怒, 念諸侯獨秦能苦越, 遂入秦. 蘇秦陰遣其捨人齎金幣資儀, 儀得見秦王. 秦王說之, 以爲客卿. 捨人辭去, 曰, "蘇君憂秦伐趙敗從約, 以爲非君莫能得秦柄, 故激怒君, 使臣陰奉給君資, 盡蘇君之計謀也." 張儀曰, "嗟乎! 此在吾術中而不悟, 吾不及蘇君明矣. 爲吾謝蘇君, 蘇君之時, 儀何敢言!"·

於是蘇秦說韓宣惠王曰, "韓地方九百餘里, 帶甲數十萬, 天下之强弓·勁弩·利劍皆從韓出. 韓卒超足而射, 百發不暇止. 以韓卒之勇, 被堅甲, 跖勁弩, 帶利劍, 一人當百, 不足言也. 大王事秦, 秦必求宜陽·成皐. 今茲效之, 明年又復求割地. 與則無地以給之, 不與則棄前功, 受後禍. 且大王之地有盡而秦之求無已, 以有盡之地逆無已之求, 此所謂市怨結禍者也. 不戰而地已削矣! 鄙諺曰, '寧爲雞口, 無爲牛後' 夫以大王之賢, 挾强韓之兵, 而有牛後之名, 臣竊爲大王羞之." 韓王從其言. 蘇秦說魏王曰, "大王之地方千里, 地名雖小, 然而田舍·廬廡之數, 曾無所芻牧. 人民之衆, 車馬之多, 日夜行不絶, 輷輷殷殷, 若有三軍之衆. 臣竊量大王之國不下楚. 今竊聞大王之卒, 武士二十萬, 蒼頭二十萬, 奮擊二十萬, 廝徒十萬. 車六百乘, 騎五千匹, 乃聽於群臣之說, 而欲臣事秦. 願大王熟察之. 故敝邑趙王使臣效愚計, 奉明約, 以大王之詔詔之." 魏王聽之.

蘇秦說齊王曰, "齊四塞之國, 地方二千餘里, 帶甲數十萬, 粟如丘山. 三軍之良, 五家之兵, 進如鋒矢, 戰如雷霆, 解如風雨. 卽有軍役, 未嘗倍泰山, 絶淸河, 涉渤海也. 臨菑之中七萬戶, 臣竊度之, 不下戶三男子, 不待發於遠縣, 而臨菑之卒固已二十一萬矣. 臨菑甚富而實, 其民無不鬥雞·走狗·六博·闒鞠. 臨菑之塗, 車轂擊, 人肩摩, 連衽成帷, 揮汗成雨. 夫韓·魏之所以重畏秦者, 爲與秦接境壤也. 兵出而相當, 不十日而戰勝存亡之機決矣. 韓·魏戰而勝秦, 則兵半折, 四境不守. 戰而不勝, 則國已危亡隨其後. 是故韓·魏之所以重與秦戰而輕爲之臣也. 今秦之攻齊則不然. 倍韓·魏之地, 過衛陽晉之道, 經乎亢父之險, 車不得方軌, 騎不得比行. 百人守險, 千人不敢過也. 秦雖欲深入則狼顧, 恐韓·魏之議其後也. 是故恫疑·虛喝·驕矜而不敢進, 則秦之不能害齊亦明矣. 夫不深料秦之無奈齊何, 而欲西面而事之, 是群臣之計過也. 今無臣事秦之名而有强國之寶, 臣是故願大王少留意計之.” 齊王許之. 乃西南說楚威王曰, “楚, 天下之强國也, 地方六千餘里, 帶甲百萬, 車千乘, 騎萬匹, 粟支十年, 此霸王之資也. 秦之所害莫如楚, 楚强則秦弱, 秦强則楚弱, 其勢不兩立. 故爲大王計, 莫如從親以孤秦. 臣請令山東之國奉四時之獻, 以承大王之明詔. 委社稷, 奉宗廟, 練士厲兵, 在大王之所用之. 故從親則諸侯割地以事楚, 衡合則楚割地以事秦. 此兩策者相去遠矣, 大王何居焉?” 楚王亦許之. 於是蘇秦爲從約長, 並相六國, 北報趙, 車騎輜重擬於王者.

齊威王薨, 子宣王辟疆立. 知成侯賣田忌, 乃召而復之.

燕文公薨, 子易王立.

衛成侯薨, 子平侯立.

주현왕 37년(BC 332)

1) 진혜왕秦惠王이 서수를 시켜 제나라와 위나라를 속인 뒤 두 나라 연합군이 함께 조나라를 침으로써 합종의 맹약을 깨뜨리게 했다. 이때 조숙후趙肅侯가 소진을 책망하자 소진이 두려워한 나머지 조숙후에게 자신을 연나라에 사신으로 보내 줄 것을 청했다. 소진은 조숙후에게 연왕을 설득해 반드시 제·위 두 나라에 보복하겠다고 장담했다.

소진이 조나라를 떠나자 합종의 맹약이 완전히 무산됐다. 조나라 사람들이 황하의 둑을 터 제·위 두 나라 군사 군영에 물을 쏟아 부었다. 제·위 두 나라 군사가 마침내 조나라에서 철군했다.

2) 위나라가 몰래 음진陰晉섬서성 화음현을 베어 주고 진나라와 화해했다. 이어 화음華陰 일대를 잘 다스렸다.

3) 제선왕齊宣王이 연나라로 쳐들어가 10개 성읍을 빼앗은 뒤 얼마 안 돼 다시 연나라에 돌려주었다.

＊ 顯王三十七年

秦惠王使犀首欺齊·魏, 與共伐趙, 以敗從約. 趙肅侯讓蘇秦, 蘇秦恐, 請使燕, 必報齊. 蘇秦去趙而從約皆解. 趙人決河水以灌齊·魏之師, 齊·魏之師乃去.

魏以陰晉爲和於秦, 實華陰.

齊王伐燕, 取十城, 已而復歸之.

주현왕 39년(BC 330)

1) 진나라가 위나라를 치고 초성焦城하남성 섬현과 곡옥曲沃산서성 문희현을 포위했다. 위나라가 소량少梁과 하서河西의 땅을 베어 진나라에 바쳤다.

＊ 顯王三十九年

秦伐魏, 圍焦·曲沃. 魏入少梁·河西地於秦.

주현왕 40년(BC 329)

1) 진나라가 위나라를 쳐 황하를 건너 분음汾陰산서성 영하현과 피씨皮氏산서성 하진현를 빼앗고 초성을 함락했다.

2) 초위왕이 죽었다. 그의 아들 웅괴熊槐가 뒤를 이어 초회왕楚懷王으로 즉위했다.

3) 송나라 군주 척성剔成宋辟公의 아들은 아우 언偃이 습격하자 싸움에 패하여 제나라로 달아났다. 언이 스스로 보위에 올랐다.

＊ 顯王四十年

秦伐魏, 渡河, 取汾陰·皮氏, 拔焦.

楚威王薨, 子懷王槐立.

宋公剔成之弟偃襲攻剔成. 剔成奔齊, 偃自立爲君.

주현왕 41년(BC 328)

1) 진나라 공자 화華와 장의가 군사를 이끌고 가 위나라의 포양蒲陽산서성 습현을 포위하고 이를 빼앗았다. 이때 장의가 진혜문공에게 포양을 다시 위나라에 돌려주고 공자 요繇를 위나라에 인질로 보내자고 청했다. 이어 장의는 위혜왕魏惠王을 만나 유세했다.

"진나라가 위나라를 이토록 두터이 대우하니 위나라도 진나라에 예의를 차리지 않을 수 없습니다."

위나라는 상군上郡섬서성 유림현 동남쪽의 15개현으로써 진나라에 사례했다. 장의가 진나라로 돌아와 재상이 됐다.

* 顯王四十一年

秦公子華·張儀帥師圍魏蒲陽, 取之. 張儀言於秦王, 請以蒲陽復與魏, 而使公子繇質於魏. 儀因說魏王曰, "秦之遇魏甚厚, 魏不可以無禮於秦." 魏因盡入上郡十五縣以謝焉. 張儀歸而相秦.

주현왕 42년(BC 327)

1) 진나라가 서융의 의거국義渠國감숙성 경양현 서남쪽을 현으로 만들고 그 군주를 신하로 만들었다.

2) 진나라가 초성焦城과 곡옥曲沃을 위나라에 돌려주었다.

* 顯王四十二年

秦縣義渠, 以其君爲臣.

秦歸焦·曲沃於魏.

주현왕 43년(BC 326)

1) 조숙후가 홍거했다. 그의 아들이 조무령공趙武靈公으로 즉위했다. 조무령공이 일종의 왕사王師인 박문사博聞師와 좌사과左司過, 우사과右司過[45]를 각각 3인씩 두었다. 또 선군 조숙후 때의 현신 비의肥義에 관해 여러 가지를 물어본 뒤 그의 봉록을 높여 주었다.

* 顯王四十三年

趙肅侯薨, 子武靈王立. 置博聞師三人, 左·右司過三人, 先問先君貴臣肥義, 加其秩.

주현왕 44년(BC 325)

1) 4월 4일, 진혜문공이 이때 처음으로 왕을 칭했다. 후세에 진혜문왕秦惠文王으로 불리게 됐다.

2) 위평후衛平侯가 홍거했다. 그의 아들이 위사군衛嗣君으로 즉위했다. 위衛나라에서 포승에 묶여 노역을 하는 죄수인 서미胥靡로 있다가 위魏나라로 달아난 사람이 있었다. 그가 위나라 왕후의 병을 고쳐 주었다.

위사군이 이 말을 듣고 위魏나라로 사람을 보내 50금으로 서미를 속금贖金하여 데려오고자 했다. 그러나 위魏나라는 다섯 차례나 이를 거부하고 서미를 위衛나라로 보내 주지 않았다. 마침내 위사군이 좌씨左氏산동성 정도현 서좌성의 땅을 주어 서미를 데려오고자 했다. 주위 사람들이 간했다.

"하나의 성읍으로 하나의 서미를 사려는 것이 과연 가한 일이겠습니

45 좌사과左司過와 우사과右司過 모두 군주의 잘못에 대한 사찰을 전담하는 관원을 가리킨다.

까?"

위사군이 대답했다.

"그대들이 알 수 있는 바가 아니오. 무릇 작은 것을 잘 다스리지 못하면 커다란 난이 일어나는 법이오. 법이 세워지지 않으면 반드시 주벌해야 할 일을 주벌치 못하게 되오. 비록 좌씨와 같은 땅을 10개 잃은들 무슨 해로운 일이 있겠소."

위혜왕이 이 말을 듣고 말했다.

"인주人主가 바라는 바를 들어주지 않는 것은 상서롭지 못하다."

그러고는 속금을 받지 않은 채 곧바로 서미를 사군에게 송환했다.

＊ 顯王四十四年

夏, 四月, 戊午, 秦初稱王.

衛平侯薨, 子嗣君立. 衛有胥靡亡之魏, 因爲魏王之後治病. 嗣君聞之, 使人請以五十金買之. 五反, 魏不與, 乃以左氏易之. 左右諫曰, "夫以一都買一胥靡, 可乎?" 嗣君曰, "非子所知也. 夫治無小, 亂無大. 法不立, 誅不必, 雖有十左氏, 無益也. 法立, 誅必, 失十左氏, 無害也." 魏王聞之曰, "人主之欲, 不聽之不祥." 因載而往, 徒獻之.

주현왕 45년(BC 324)

1) 진나라의 장의가 군사를 이끌고 가 위나라를 치고 섬읍陜邑하남성 삼문협시 서쪽을 빼앗았다.

2) 소진이 연나라에서 연문공의 부인夫人과 사통했다. 마침내 연역왕燕易王이 이 사실을 알게 됐다. 소진이 두려워한 나머지 연역왕에게 말했다.

"제가 연나라에 머물면 연나라의 위망威望을 높일 수 없습니다. 그러나 제나라에 있게 되면 연나라의 위망을 높일 수 있습니다."

연역왕이 이를 허락했다. 소진이 거짓으로 죄를 짓고는 제나라로 달아났다. 제선왕이 소진을 객경으로 삼았다. 소진이 제선왕을 설득해 궁실을 크게 짓고 원유苑囿를 넓혀 득의得意를 선양하도록 했다. 소진은 제나라를 피폐케 하여 간접적으로 연나라를 돕고자 했던 것이다.

* 顯王四十五年

秦張儀帥師伐魏, 取陜.

蘇秦通於燕文公之夫人, 易王知之. 蘇秦恐, 乃說易王曰, "臣居燕不能使燕重,

而在齊則燕重." 易王許之. 乃僞得罪於燕而奔齊, 齊宣王以爲客卿. 蘇秦說齊王高宮室, 大苑囿, 以明得意, 欲以敝齊而爲燕.

주현왕 46년(BC 323)

1) 진나라의 장의가 설상진齧桑津산서성 길현 서쪽에서 제·초 두 나라의 재상과 회동했다.[46]

2) 한·연 두 나라가 칭왕하기 시작했다. 그러나 조무령공趙武靈公은 홀로 이를 거부하면서 말했다.

"내용도 없이 어찌 감히 왕의 명호를 쓴단 말인가?"

그리고 백성들에게 명해 자신을 국군國君으로 부르게 했다.

---

46 『사기』「초세가」는 이때 초나라 출신 종횡가인 진진陳軫이 이른바 사족蛇足의 고사를 인용해 초나라를 설득함으로써 제나라에 대한 공격 계획을 중지시킨 것으로 기록해 놓았다.

＊ 顯王四十六年

秦張儀及齊·楚之相會嚙桑.

韓·燕皆稱王, 趙武靈王獨不肯, 曰, "無其實, 敢處其名乎?" 令國人謂己曰君.

주현왕 47년(BC 322)

1) 진나라의 장의가 설상진에서 회동을 마치고 돌아오자 진나라가 그를 재상에서 면직했다. 장의는 위나라의 재상이 됐다. 장의는 위나라가 먼저 진나라를 섬기도록 만든 뒤 다른 제후들로 하여금 이를 본받게 하려 했으나 위혜왕이 이를 듣지 않았다. 진혜문왕이 위나라를 쳐 곡옥과 평주平周산서성 개휴현 서쪽를 빼앗았다. 이때 진나라가 다시 은밀히 장의를 더욱 두터이 대우했다.

＊ 顯王四十七年

秦張儀自嚙桑還而免相, 相魏. 欲令魏先事秦而諸侯效之, 魏王不聽. 秦王伐魏, 取曲沃·平周. 復陰厚張儀益甚.

주현왕 48년(BC 321)

1) 주현왕周顯王이 붕어했다. 그의 아들 정定이 주신정왕周愼靚王으로 즉위했다.

2) 연역왕이 훙거했다. 그의 아들 쾌噲가 뒤를 이어 보위에 올랐다.

3) 제선왕이 대신 전영田嬰을 설현薛縣산동성 슬현 동남쪽에 봉한 뒤 정곽군靖郭君으로 칭했다. 정곽군이 제선왕을 만나 건의했다.

"해당 직종을 관장하는 다섯 명의 대부인 5관五官이 보고하는 부책簿冊은 매일 처리하면서 수차례 검토하지 않을 수 없습니다."

제선왕이 이를 좇았다. 그러나 제선왕은 곧바로 염증을 느끼고 이를 모두 정곽군에게 위임했다. 정곽군이 제나라의 권력을 오로지하게 됐다. 이때 정곽군은 봉읍인 설현에 성을 쌓고자 했다. 이때 문객 한 사람이 정곽군에게 간했다.

"그대는 일찍이 바다에 대어大魚가 있다는 말을 듣지 못했습니까? 그물로도 잡을 수 없고 낚시로도 끌어당길 수 없지만 방탕히 뭍 위로 올라와 물을 잃게 되면 땅강아지나 개미조차도 그 대어를 제압할 수 있습니다.

지금 제나라는 그대가 의지하는 바닷물입니다. 그대는 장구히 제나라를 보유하고 있으면서 어찌하여 설 땅에 성을 쌓으려는 것입니까? 만일 제나라를 잃으면 비록 설 땅에 하늘에 닿을 만큼 높게 성을 쌓은들 어찌 믿을 만하겠습니까?"

성을 쌓지 않게 됐다.

당시 정곽군은 아들을 40명이나 두었다. 그 가운데 그의 천첩賤妾이 낳은 전문田文이 있었다. 전문은 사물에 통달하고 식견이 뛰어난데다 지략 또한 탁월했다. 이때 그는 정곽군에게 권하여 재산을 풀어 선비들을 모으게 했다.

정곽군은 전문으로 하여금 집안에서 빈객을 대접하게 했다. 빈객들은 그를 다투어 칭찬하면서 모두 정곽군에게 전문을 후사로 삼을 것을 청했다. 정곽군이 죽었다. 전문이 설공薛公의 자리를 이어받았다. 흔히 그를 맹상군孟嘗君이라고 불렀다.

맹상군은 제후들과 협객인 유사游士, 죄를 짓고 도망 다니는 사람까지 초대해 모두에게 집을 지어주고 직업을 갖게 해 이들을 후대했다. 또한 그들의 친척까지 구해 주자 식객이 늘 수천 명이나 됐다. 그들은 각기 스스로 맹상군이 자신과 친하다고 생각했다. 이로 인해 맹상군의 이름이 온

천하에 널리 알려지게 됐다.

신 사마광은 평한다.

"군자가 선비를 기르는 것은 백성을 위하려고 하는 것이다. 『주역』「이괘頤卦」 괘사에 이르기를, '성인이 현자賢者를 기르면 그 혜택이 만민에게 미친다'고 했다. 무릇 현자라면 돈후하게 교화하고 풍속을 광정匡正할 수 있어야 하고, 그 재주는 강상을 떨칠 수 있어야 한다. 또한 그의 지혜는 미세한 것도 밝히고 먼 앞날을 생각해야 하고, 그의 강건함은 우애를 맺고 정의를 두터이 할 수 있어야 한다. 크게는 천하를 이롭게 하고 작게는 한 나라를 이롭게 할 것이다. 그래서 군자는 많은 녹질을 주어 그들을 부유하게 만들고 높은 작위에 봉해 그들을 존중하는 것이다. 한 사람을 길러 만인에게 그 혜택이 미치게 하는 것이 바로 현자를 양육하는 정도이다. 지금 맹상군은 선비들을 기르면서 그 현우賢愚를 신중히 고려하거나 선악善惡을 가리지 않고 군주의 녹질만 도적질하여 사당을 만들고 헛된 명성名聲만 떨치고 있다. 이는 위로는 군주를 모독하고, 아래로는 백성들을 좀먹는 것이다. 그는 간사한 자들의 괴수라 할 만하니 어찌 그를 숭상할 수 있겠는가? 그래서 『서경』에 이르기를, '은나라 주紂는 도망자들의 두목인 천하의 포도주逋逃主이고, 도망자들이 운집하는 연수淵藪이다'라고 한 것이다. 이는 맹상군의 경우를 두고 한 말이다."

4) 제나라의 맹상군이 초나라를 방문하자 초회왕楚懷王이 맹상군에게 상아로 장식한 침상을 주었다. 초회왕이 대부 등도직登徒直을 시켜 침상을 제나라로 운반케 했다. 그러나 등도직은 내켜하지 않았다. 초회왕이 맹상군의 문객인 공손술公孫戌에게 말했다.

"상아로 장식한 이 침대는 값이 1천 금이나 되오. 만일 운반하다가 터럭 만큼이라도 손상을 입히면 처자식을 다 팔아도 이를 변상할 수 없소.

족하足下[47]가 이것을 옮기는 일을 나에게 시키지 않으면, 선대부터 내려오는 보검을 기꺼이 주도록 하겠소."

공손술이 이를 허락한 뒤 맹상군을 찾아가 말했다.

"소국들이 모두 재상의 인장을 그대에게 보낸 것은 그대가 빈궁貧窮을 떨쳐내고 패망한 나라를 부흥시키고 끊어진 후사를 잇게 하는 존망계절存亡繼絶을 할 수 있기 때문입니다. 그대의 의로움을 좋아하고 청렴을 흠모하지 않는 사람이 없는 것입니다. 이제 그대가 처음으로 초나라로 와 상아로 장식한 침상을 받게 되면 장차 그대가 아직 가지 않은 나라에서는 무엇으로 그대를 대접하겠습니까?"

"그대의 말이 실로 좋소."

그러고는 곧 상아 침상을 사양했다. 공손술이 빠른 걸음으로 밖으로 나갔다. 그가 아직 궁중의 작은 문을 빠져나가지 못했을 때 맹상군이 그를 불러 돌아오게 한 뒤 말했다.

"그대는 길을 가면서 왜 경중경중 발을 높이 들고 뛸 듯이 그러는 것이오. 그대의 의기도 매우 양양한 듯하오."

공손술이 하는 수 없이 등도직과 한 말을 사실대로 말했다. 맹상군이 문의 양 옆에 있는 판자인 문판門版에 다음과 같은 내용을 썼다.

'내 이름을 날리게 해 주고 내 허물을 그치게 할 수 있는 사람으로 외부인의 청탁을 받아 사적으로 보물을 취한 사람이 있으면 빨리 와서 나에게 규간하도록 하라'

신 사마광은 평한다.

"맹상군은 가히 규간을 능히 받아들이는 사람이라고 칭할 만하다. 만

---

47 족하足下는 동배同輩에 대한 존칭어이다. 춘추전국시대에는 군주를 지칭할 때도 사용했다.

일 규간이 맞으면 설령 남을 속이려는 마음을 갖고 있을지라도 오히려 이를 채택했다. 하물며 사심 없이 진충盡忠하여 윗사람을 섬기는 데야 더 이상 말해 무엇 하겠는가?『시경』「패풍, 곡풍谷風」에 이르기를, '순무인 봉葑이나 비菲를 맛있게 먹으면 되지 그 밑의 뿌리야 무슨 상관이 있겠는가?'라고 했다. 이는 바로 맹상군의 경우를 두고 이른 말이다."

5) 한선혜왕韓宣惠王이 공중公仲과 공숙公叔을 임용해 정사를 맡기고자 했다. 무류繆留에게 자문을 구하자 무류가 반대했다.

"안 됩니다. 옛날 진나라가 6경六卿[48]을 임용했다가 결국 나라가 갈라졌습니다. 또 제간공齊簡公은 진성자陳成子진항陳恒와 감지闞止를 채용했다가 죽임을 당했습니다. 위나라에서는 서수犀首와 장의張儀를 재상으로 채용했다가 서하西河 밖의 땅을 잃었습니다. 이제 군주가 이 두 사람을 채용케 되면 그 가운데 힘 있는 자는 사당을 만들려 하고 힘없는 자는 밖의 권력에 기대고자 할 것입니다. 군신들 가운데 일부는 안으로 당을 만들어 주군을 위협하고 일부는 사적으로 교섭하여 삭지削地하고자 할 것입니다. 그리되면 군주의 나라는 매우 위험해질 것입니다."

* 顯王四十八年

王崩, 子愼靚王定立.

燕易王薨, 子噲立.

齊王封田嬰於薛, 號曰靖郭君. 靖郭君言於齊王曰, "五官之計, 不可不日聽而數覽也." 王從之. 已而厭之, 悉以委靖郭君. 靖郭君由是得專齊之權. 靖郭君欲城薛, 客謂靖郭君曰, "君不聞海大魚乎? 網

48 6경은 춘추시대 당시 진晉나라의 6경으로 있으면서 군사적 실권을 장악한 범씨范氏, 중항씨中行氏, 지씨智氏, 조씨趙氏, 위씨魏氏, 한씨韓氏 등 6족을 지칭한다.

不能止，鉤不能牽，蕩而失水，則螻蟻制焉．今夫齊，亦君之水也．君長有齊，奚以薛爲！苟爲失齊，雖隆薛之城到於天，庸足恃乎?" 乃不果城．靖郭君有子四十餘人，其賤妾之子曰文．文通儻饒智略，說靖郭君以散財養士．靖郭君使文主家待賓客，賓客爭譽其美，皆請靖郭君以文爲嗣．靖郭君卒，文嗣爲薛公，號曰孟嘗君．孟嘗君招致諸侯游士及有罪亡人，皆捨業厚遇之，存救其親戚．食客常數千人，各自以爲孟嘗君親己．由是孟嘗君之名重天下．

臣光曰，"君子之養士，以爲民也．『易』曰，'聖人養賢，以及萬民.' 夫賢者，其德足以敦化正俗，其才足以頓綱振紀，其明足以燭微慮遠，其强足以結仁固義．大則利天下，小則利一國．是以君子豐祿以富之，隆爵以尊之．養一人而及萬人者，養賢之道也．今孟嘗君之養士也，不恤智愚，不擇臧否，盜其君之祿，以立私黨，張虛譽，上以侮其君，下以蠹其民，是奸人之雄也，烏足尚哉!『書』曰，'受爲天下逋逃主·萃淵藪.' 此之謂也."

孟嘗君聘於楚，楚王遺之象床．登徒直送之，不欲行，謂孟嘗君門人公孫戍曰，"象床之直千金，苟傷之毫髮，則賣妻子不足償也．足下能使僕無行者，有先人之寶劍，願獻之." 公孫戍許諾，入見孟嘗君曰，"小國所以皆致相印於君者，以君能振達貧窮，存亡繼絶，故莫不悅君之義，慕君之廉也．今始至楚而受象床，則未至之國將何以待君哉!" 孟嘗君曰，"善." 遂不受．公孫戍趨去，未至中閨，孟嘗君召而反之，曰，"子何足之高，志之揚也?" 公孫戍以實對．孟嘗君乃書門版曰，"有能揚文之名，止文之過，私得寶於外者，疾入諫!"

臣光曰，"孟嘗君可謂能用諫矣．苟其言之善也，雖懷詐諼之心，猶將用之，況盡忠無私以事其上乎!『詩』云，'采葑采菲，無以下體.' 孟嘗君有焉." 韓宣惠王俗兩用公仲·公叔爲政，問於繆留．對曰，"不可．

晉用六卿而國分, 齊簡公用陳成子及闞止而見殺, 魏用犀首·張儀而西河之外亡. 今君兩用之, 其多力者內樹黨, 其寡力者藉外權. 群臣有內樹黨以驕主, 有外爲交以削地, 君之國危矣!"

권3-주기周紀 3: 진나라가 동진하다

주신정왕周愼靚王 원년(BC 320)

1) 위衛나라가 군주의 호칭을 후侯에서 군君으로 또다시 낮췄다.

** 起重光赤奮若, 盡昭陽大淵獻, 凡二十三年.

* 愼靚王元年

衛更貶號曰君.

주신정왕 2년(BC 319)

1) 진나라가 한나라를 치고 언鄢하남성 언성현 남쪽 땅을 취했다.

2) 위혜왕이 죽었다. 그의 아들이 위양왕魏襄王으로 즉위했다. 이때 맹자孟子가 궁 안으로 들어가 위양왕을 배견한 뒤 사람들에게 말했다.

"멀리서 보니 군주 같지 않고 가까이 다가가 보니 위엄이 없소. 위왕魏王이 문득 나에게 묻기를, '어찌해야 천하가 안정되겠소?'라고 했소. 대답하기를, '통일되면 안정될 것입니다'라고 했소. 다시 묻기를, '누가 능히 천하를 통일하겠소?'라고 했소. 대답하기를, '살인을 좋아하지 않는 자인 불기살인자不嗜殺人者가 능히 통일할 것입니다'라고 했소. 또다시 묻기를, '누가 능히 나라를 그에게 바치겠소'라고 했소. 대답하기를, '천하사람 가운데 감히 그에게 주지 않을 사람이 어디에 있겠습니까? 대왕은 모가 자라는 모습을 아시지 않습니까? 7–8월 사이에 가물면 모가 말라버립니다. 그런데 홀연히 하늘에서 검은 구름이 꽉 차 비가 내리게 되면 모들이 힘이 나서 일어섭니다. 이런 정황에서 누가 능히 이를 막을 수가 있겠습니까?'라고 했소."

* 愼靚王二年

秦伐魏, 取鄢.

魏惠王薨, 子襄王立. 孟子入見而出, 語人曰, "望之不似人君, 就之而不見所畏焉. 卒然問曰, '天下惡乎定?' 吾對曰, '定於一' '孰能一之?' 對曰, '不嗜殺人者能一之' '孰能與之?' 對曰, '天下莫不與也. 王知夫苗乎? 七八月之間旱, 則苗槁矣. 天油然作雲, 沛然下雨, 則苗浡然興之矣. 其如是, 孰能御之?'

주신정왕 3년(BC 318)

1) 초나라가 맹주가 되어 삼진 및 연나라가 함께 진나라로 쳐들어가 함곡관을 공격했다. 진나라 군사가 영격에 나서자 초·조·위·한·연 5국의 군사가 모두 패주했다.

2) 송나라 군주 언偃이 처음으로 칭왕稱王하기 시작했다.

* 愼靚王三年

楚·趙·魏·韓·燕同伐秦, 攻函谷關. 秦人出兵逆之, 五國之師皆敗走.

宋初稱王.

주신정왕 4년(BC 317)

1) 진나라가 한나라 군사를 수어脩魚하남성 원양현 서남쪽 땅에서 격파했다. 이때 한나라 군사 8만 명을 참수하고 한나라 장수 수鱻와 신차申差를 탁택濁澤하남성 우현 동북쪽에서 포로로 잡았다. 이 소식을 들은 제후들이 진나라를 두려워했다.

2) 제나라 대부들이 제선왕의 총애를 놓고 소진蘇秦과 다투었다. 제나라 대부가 자객을 시켜 소진을 찔러 죽였다.

3) 위나라 재상 장의가 위양왕에게 유세했다.

"양梁나라의 영토는 사방 1천 리도 못됩니다. 또한 군사도 30만 명에 불과하고, 땅은 사방으로 평평해 명산대천이 경계를 이룬 곳도 없습니다. 그래서 병사들이 초·한·제·조의 경계에서 수자리를 서야 합니다. 그런데 정亭과 장障의 진지를 지키는 사람은 10만 명에 지나지 않은 데다 지세 또한 전장과 같습니다. 무릇 제후들이 합종의 맹약을 맺으면서 원수洹水에서 맹서하기를, 형제처럼 결속하여 서로 도와주며 보위키로 다짐했습니다. 그러나 지금 같은 부모 밑에서 자란 친형제도 오히려 전재錢財를 놓고 서로 싸우며 서로 살상하고 있습니다. 믿을 수 없는 소진의 계책을 의지하고자 하면 그것이 이뤄질 수 없는 사실 또한 분명합니다. 대왕이 진나라를 섬기지 않으면 진나라가 군사를 내어 하외河外황하 이남로 쳐들어와 권읍卷邑하남성 원양현과 연읍衍邑하남성 정주시 북쪽, 산조酸棗하남성 연진현 서남쪽를 점령할 것입니다. 이어 그곳을 거점으로 위衛나라를 위협하여 양진陽晉산동성 운성현을 취하면 조나라는 남진해 돕지 않을 것이고, 그리되면 위나라도 북쪽으로 가지 않을 것입니다. 위나라가 북쪽으로 가 조나라를 돕지 않으면 합종의 도리는 끊어질 것입니다. 그리되면 군주가 다스리는 위나라는 위험이 없기를 바라더라도 그리할 수가 없을 것입니다. 원컨대 군주는 심사숙고해 계책을 논의하길 바랍니다. 또한 저의 관직 사퇴를 허용해 주길 바랍니다."

위양왕이 장의의 건의를 좇아 마침내 합종의 맹약을 배반한 뒤 장의를 시켜 진나라에 강화를 청하게 했다. 장의가 진나라로 돌아와 다시 재상이 됐다.

4) 노경공이 죽었다. 그의 아들 여旅가 노평공魯平公으로 즉위했다.

* 愼靚王四年

秦敗韓師於脩魚, 斬首八萬級, 虜其將鰒·申差於濁澤. 諸侯振恐.

齊大夫與蘇秦爭寵, 使人刺秦, 殺之.

張儀說魏襄王曰, "梁地方不至千里, 卒不過三十萬, 地四平, 無名山大川之限, 卒戍楚·韓·齊·趙之境, 寧亭·障者不下十萬, 梁之地勢固戰場也. 夫諸侯之約從, 盟洹水之上, 結爲兄弟以相堅也. 今親兄弟同父母, 尙有爭錢財相殺傷, 而欲恃反覆蘇秦之餘謀, 其不可成亦明矣. 大王不事秦, 秦下兵攻河外, 據卷衍·酸棗, 劫衛, 取陽晉, 則趙不南, 趙不南而梁不北, 梁不北則從道絶, 從道絶則大王之國欲毋危, 不可得也. 故願大王審定計議, 且賜骸骨." 魏王乃倍從約, 而因儀以請成於秦. 張儀歸, 復相秦.

魯景公薨, 子平公旅立.

주신정왕 5년(BC 316)

1) 파巴사천성 중경시 일대와 촉蜀사천성 성도시 일대 두 나라가 서로 싸우다가 모두 진나라에 위기를 고하며 구원을 청하는 고급告急을 했다. 이때 진혜문왕秦惠文王은 촉을 치고자 했으나 길이 험하고 좁아 가기가 어려울 것으로 생각했다. 나아가 배후의 한나라가 틈을 노려 쳐들어올까 염려해 유예猶豫하며 쉽게 결정을 내리지 못했다. 이때 대부 사마조司馬錯가 촉을

칠 것을 청했다. 장의가 건의했다.

"한나라를 치느니만 못합니다."

진혜문왕이 물었다.

"그같이 말하는 이유를 듣고 싶소?"

장의가 대답했다.

"위나라와 가까이 지내고 초나라와 교호交好하면서 낙양 일대인 삼천三川 지역으로 출병해 신성新城하남성 이천현 서남쪽과 의양宜陽하남성 의양현 서쪽을 치도록 하십시오. 그리고 동주와 서주인 이주二周의 교외까지 나아가 그곳에 있는 구정九鼎을 근거로 천하의 지도와 호적인 도적圖籍을 장악하십시오. 천자를 옆에 끼는 협천자挾天子를 하여 천하를 호령하면 천하에 감히 명을 듣지 않는 나라가 없을 것입니다. 이것이 바로 왕업입니다. 제가 듣건대 '명성을 다투는 자는 조정에 있고, 이익을 다투는 자는 저자에 있다'고 했습니다. 지금 삼천과 주왕실은 바로 조정과 저자인 천하의 조시朝市입니다. 그런데 군주가 이를 다투지 않으면 결국 융적들이 다투는 대상이 될 것이니 이는 왕업의 길과 배치된 것입니다."

사마조가 말했다.

"그렇지 않습니다. 제가 듣건대 '부국을 만들고자 하는 사람은 그 땅을 넓히는 데 힘쓰고, 강군을 만들고자 하는 사람은 백성을 부유케 만드는 데 힘쓰고, 왕이 되고자 하는 사람은 그 덕을 쌓기에 힘써야 한다'고 했습니다. 이 세 가지를 갖추면 왕의 자리는 저절로 좇아오게 되어 있습니다. 지금 군주의 땅은 작고 백성들은 가난합니다. 그래서 저는 쉬운 일부터 하고자 합니다. 대개 촉나라는 서쪽에 치우쳐 있기는 하나 융적의 우두머리로 자리 잡고 있습니다. 지금 그 나라에는 걸桀·주紂 시대의 혼란이 일어나고 있습니다. 이때 우리 진나라가 그들을 공격하면 마치 승냥이와 늑대인 시랑豺狼을 시켜 양의 무리를 쫓게 하는 것과 같습니다. 그 땅을 얻으면 땅은 나라를 충분히 넓힐 만하고 그 재물을 취하면 백성들을 충분히 부유케 만들 만합니다. 방패와 창 등의 무기인 간과干戈를 잘 정비해 전쟁을 하면 백성들을 크게 상하게 만들지 않고도 저들을 복속시킬 수 있습니다. 한 나라를 점거해도 천하 사람이 이를 포학하다고 여기지 않을 것이고, 사방의 이익을 모두 차지해도 천하 사람이 이를 탐비貪鄙하다고 여기지 않을 것입니다. 이는 한 가지 거동으로 명실名實을 모두 챙기는 것으로 폭란暴亂을 그치게 했다는 명성을 안겨 줄 것입니다. 지금 한나라를 공격해 천자를 겁주면 악명이 따를 뿐 아니라 반드시 이로운 것만도 아닙니다. 게다가 불의不義하다는 이름을 얻게 됩니다. 천하의 모든 나라가 바라지 않는 바를 공격하면 위태롭습니다. 제가 그 연유를 말하고자 합니다. 주나라는 천하의 종실宗室입니다. 또한 제나라와 한나라는 서로 가까운 동맹국입니다. 주나라가 스스로 구정九鼎을 잃어버릴 것을 알고 한나라가 스스로 삼천을 잃을 것을 안다면 두 나라가 힘을 합쳐 계책을 낼 것입니다. 두 나라는 제·조 두 나라를 통해 초·위 두 나라에 화해를 구할 것입니다. 이때 구정을 초나라에 주고 땅을 위나라에 베어 줄 경우 군주는 이를 저지할 수 없을 것입니다. 이것이 제가 위태롭다고 말한 이유입니다. 이는 촉나라를 치는 것으로 끝내느니만 못합니다."

진혜문왕이 사마조의 계책을 좇았다. 출병하여 촉을 치고 10달 만에 점령했다. 이어 촉왕의 호칭을 촉후蜀侯로 깎아내린 뒤 진장陳莊을 보내 촉상蜀相으로 삼았다. 촉이 진나라에 복속하자 진나라가 더욱 부강해졌다. 다른 제후국들을 업신여기게 됐다.

2) 소진이 죽고 난 후 그의 아우 소대蘇代와 소려蘇厲가 소진처럼 제후들을 찾아다니며 유세했다. 연나라 재상 자지子之는 소대와 인척 관계를 맺고 연나라의 정권을 손에 넣으려 했다. 소대가 제나라에 사신으로 갔다가 돌아오자 연왕 쾌噲가 물었다.

"제왕齊王제선왕이 과연 칭패稱覇할 수 있겠소?"

"안 될 것입니다."

"왜 그렇소?"

"제왕은 자신의 신하를 믿지 않습니다."

연왕 쾌는 재상 자지에게 모든 일을 맡겼다. 대부 녹모수鹿毛壽가 연왕 쾌에게 건의했다.

"사람들이 요임금을 현명하다고 한 것은 그가 천하를 선양했기 때문입니다. 지금 만일 나라를 재상인 자지에게 물려주면 군주는 요임금과 같이 나라를 선양했다는 명성을 얻게 될 것입니다."

이로 인해 연왕 쾌가 나라의 대권을 자지에게 맡겼던 것이다. 자지의 권세가 더욱 성해지자 어떤 사람이 연왕에게 말했다.

"우임금은 백익伯益을 천거해 후계자로 삼고 아들 계啓의 사람들을 그의 관원으로 임용했습니다. 우임금은 노년에 이르자 계가 천하를 맡기에는 부족하다고 생각해 왕위를 백익에게 전했습니다. 계가 무리를 만들어 백익을 공격하고는 왕위를 탈취했습니다. 천하 사람은 우임금이 명목상으로만 천하를 백익에게 전했을 뿐 사실상 계를 시켜 이를 빼앗게 한 것이라고 떠들었습니다. 이제 군주가 나라를 자지에게 맡겼으나 관원들은 태자의 사람이 아닌 사람이 없습니다. 이는 명목상으로만 자지에게 국정을 맡긴 것으로 실은 태자가 국정을 다스리고 있는 것입니다."

연왕 쾌가 인수印綬를 거두어들인 뒤 1년의 녹질이 300석 이상인 관원들의 인수를 자지에게 건네주었다. 자지가 남면南面하여 국가 대사를 처리했다. 연왕 쾌는 연로하여 국사 처결에 참여치 않게 됐다. 이로써 그는 도리어 신하와 같은 위치가 됐다. 국가 대사는 모두 자지에 의해 결정됐다.

＊ 愼靚王五年

巴·蜀相攻擊, 俱告急於秦. 秦惠王欲伐蜀. 以爲道險狹難至, 而韓又來侵, 猶豫未能決. 司馬錯請伐蜀. 張儀曰, "不如伐韓." 王曰, "請聞其說." 儀曰, "親魏, 善楚, 下兵三川, 攻新城·宜陽, 以臨二周之郊, 據九鼎, 按圖籍, 挾天子以令於天下, 天下莫敢不聽, 此王業也. 臣聞爭名者於朝, 爭利者於市. 今三川·周室, 天下之朝·市也, 而王不爭焉, 顧爭於戎翟, 去王業遠矣!" 司馬錯曰, "不然, 臣聞之, 欲富國者務廣其地, 欲强兵者務富其民, 欲王者務博其德, 三資者備而王隨之矣. 今王地小民貧, 故臣願先從事於易. 夫蜀, 西僻之國而戎翟之長也, 有桀·紂之亂, 以秦攻之, 譬如使豺狼逐群羊. 得其地足以廣國, 取其財足以富民, 繕兵不傷衆而彼已服焉. 拔一國而天下不以爲暴, 利盡西海而天下不以爲貪, 是我一擧而名實附也, 而又有禁暴止亂之名. 今攻韓, 劫天子, 惡名也, 而未必利也, 又有不義之名, 而攻天下所不欲, 危矣! 臣請論其故. 周, 天下之宗室也. 齊, 韓之與國也. 周自知失九鼎, 韓自知亡三川, 將二國並力合謀, 以因乎齊·趙而求解乎楚·魏. 以鼎與楚, 以地與魏, 王弗能止也. 此臣之所謂危也. 不如伐蜀完." 王從錯計, 起兵伐蜀. 十月取之. 貶蜀王, 更號爲侯, 而使陳莊相蜀. 蜀旣屬秦, 秦以益强, 富厚, 輕諸侯.

蘇秦旣死, 秦弟代·厲亦以游說顯於諸侯. 燕相子之與蘇代婚, 欲得燕權. 蘇代使於齊而還, 燕王噲問曰, "齊王其霸乎?" 對曰, "不能." 王曰, "何故?" 對曰, "不信其臣." 於是燕王專任子之. 鹿毛壽謂燕王曰, "人之謂堯賢者, 以其能讓天下也. 今王以國讓子之, 是王與堯同名也." 燕王因屬國於子之, 子之大重. 或曰, "禹薦益而以啓人爲吏, 及老而以啓爲不足任天下, 傳之於益. 啓與交黨攻益, 奪之, 天下謂禹名傳天下於益而實令啓自取之. 今王言屬國於子之而吏無非太子人者，是名屬子之而實太子用事也.” 王因收印綬，自三百石吏已上而效之子之. 子之南面行王事，而噲老，不聽政，顧爲臣，國事皆決於子之.

주신정왕 6년(BC 315)

1) 주신정왕周愼靚王이 붕어했다. 그의 아들 연延이 주난왕周赧王으로 즉위했다.

* 愼靚王六年
王崩，子赧王延立.

주난왕周赧王 원년(BC 314)

1) 진나라가 출병하여 의거義渠감숙성 영현를 치고 25개 성읍을 탈취했다.

2) 위나라가 진나라에 반기를 들었다. 진나라가 위나라로 쳐들어가 곡옥을 빼앗고 반란자들을 귀부시켰다. 이어 한나라 군사를 안문岸門산서성 하진현 남쪽에서 격파했다. 한나라가 태자 창倉을 인질로 보내면서 진나라에 강화를 구했다.

3) 연나라에서 자지가 왕 노릇을 한 지 3년째가 된 이 해에 대란이 일어났다. 장군 시피市被와 태자 평平이 공모하여 자지를 공격했다. 제선왕이 사람을 연나라 태자에게 보내 전하게 했다.

"과인은 태자가 장차 군신지의君臣之義를 바르게 정비하고 부자간의 계위繼位를 분명히 하려고 한다는 얘기를 들었소. 과인의 나라는 태자의 명을 받들고자 하오."

태자 평이 무리를 모은 뒤 시피를 시켜 자지를 공격케 했으나 이기지 못했다. 시파가 도리어 태자를 공격했다. 몇 달간에 걸친 혼란이 계속되자 수만 명이 죽고 백성들 또한 크게 두려워했다.

이때 제나라 왕이 장자章子를 시켜 5도都의 군사를 이끌고 가 제나라의 북쪽 변경 지역의 사람들에 의지해 연나라를 치게 했다. 연나라 군사들은 저항하지도 않고 성문도 닫지 않았다. 제나라 군사들이 자지를 잡아 젓을 담근 뒤 연왕 쾌도 잡아 죽였다. 제선왕이 맹자孟子에게 물었다.

"어떤 사람은 과인에게 연나라를 취하지 말라 하고, 어떤 사람은 이를 취하라고 하오. 만승萬乘의 대국이 같은 만승의 대국을 쳐 50일 만에 이를 점령했소. 이는 인력으로는 불가능한 것으로 틀림없이 천의天意가 작용한 것이라고 보아야 하오. 만일 연나라를 취하지 않으면 반드시 하늘의 징벌이 있을 터이니, 이를 빼앗는 것이 어떻겠소?"

맹자가 대답했다.

"취해서 연나라 백성들이 기뻐하면 취하십시오. 옛날에 이를 실천한 사람이 있으니 그가 바로 주무왕입니다. 그러나 취해서 연나라 백성들이 기뻐하지 않으면 취하지 마십시오. 옛날에 이를 실천한 사람이 있었으니 그가 바로 주문왕입니다.

만승의 나라가 만승의 나라를 칠 때 백성들이 소쿠리에 담은 밥과 호리병에 담은 음료인 단사호장簞食壺漿으로 왕사王師를 환영했다면 어찌 다른 이유가 있겠습니까? 이는 깊은 물과 뜨거운 불을 만나는 삶을 피하고자 한 것입니다. 만일 물이 더욱 깊어지고 불이 더욱 뜨거워진다면 마음이 바뀌어 다른 나라 쪽으로 향하고 말 뿐입니다."

이때 제후들이 모여 장차 연나라를 구원하고자 모의했다. 제선왕이 맹자에게 물었다.

"제후들이 여럿 모여 과인을 치려고 모의하고 있는데 어찌 대처해야 좋겠소?"

맹자가 대답했다.

"제가 듣건대, '사방 70리의 땅을 가지고 천하에 정령을 펼친 사람은 탕湯임금이었다'고 합니다. 사방 1천 리의 땅을 가지고 다른 사람을 두려워했다는 이야기는 아직 듣지 못했습니다. 『서경』에 이르기를, '우리들의 군주가 오기를 기다리니 군주가 오면 우리는 살아날 것이다'라고 했습니다. 지금 연나라가 그 백성들을 학대하자 군주가 가서 그들을 쳤습니다. 연나라 백성들은 장차 자신들을 물과 불 속에서 구해 줄 것이라고 여겨 단사호장으로 왕사를 영접했습니다. 그런데 만일 그 부형을 죽이고, 자제들을 붙들어 매고, 종묘를 훼손하고, 중히 여기는 국보인 중기重器를 옮긴다면 이 어찌 가한 일이겠습니까? 제후국들의 백성은 본래 제나라의 강대함을 두려워했습니다. 지금 땅을 배나 넓히면서 인정仁政을 베풀지 않으면 이는 제후들의 군사를 초치하는 것입니다. 군주는 속히 명을 내려 늙은이와 어린아이를 돌려보내고, 중기를 옮기는 일을 중지하고, 연나라 백성과 의논해 새 군주를 세운 뒤 떠나십시오. 그러면 제후국들이 출병하여 연나라를 구하려는 모의를 그칠 것입니다."

그러나 제선왕이 이를 좇지 않았다.

얼마 후 연나라 사람들이 반기를 들었다. 제선왕이 후회했다.

"참으로 맹자에게 부끄럽기 그지없다."

진가陳賈가 위로했다.

"군주는 너무 걱정하지 마십시오."

그러고는 맹자를 만나 물었다.

"주공周公은 어떤 사람입니까?"

"옛날의 성인이오."

진가가 다시 물었다.

"주공이 관숙管叔을 시켜 은나라의 유민遺民을 감독케 했는데 관숙은 오히려 은나라 땅을 근거로 반기를 들었습니다. 당시 주공은 관숙이 장차 반기를 들 것을 미리 알고 그로 하여금 은나라 유민을 감독케 한 것입니까?"

"주공은 관숙이 반기를 들 줄 몰랐소."

진가가 또 물었다.

"그렇다면 성인도 일을 잘못 처리한 것입니까?"

맹자가 대답했다.

"주공은 아우이고 관숙은 형이니 주공의 과실은 당연한 것이 아니겠소. 옛날의 군자는 과실이 있으면 곧바로 고쳤으나 오늘날의 군자는 허물이 있어도 그냥 따라갈 뿐이오. 옛날의 군자는 과실을 범하더라도 일식이나 월식처럼 분명하여 백성들이 모두 이를 지켜볼 수 있었소. 곧바로 과실을 고치면 백성들이 모두 그들을 경모했소. 그런데 오늘날의 군자는 과실이 있으면 과실을 그대로 좇을 뿐만 아니라 핑계를 만들어 해명하려 드오."

4) 이 해에 제선왕이 죽었다. 그의 아들 지地가 제민왕齊湣王으로 즉위했다.[49]

＊ 愼靚王元年

秦人侵義渠, 得二十五城.

魏人叛秦. 秦人伐魏, 取曲沃而歸其人. 又敗韓於岸門, 韓太子倉入質於秦以和.

燕子之爲王三年, 國內大亂. 將軍市被與太子平謀攻子之. 齊王令

49 『사기』「전경중완세가」는 제선왕의 사망 시점을 『자치통감』보다 10년 앞선 제선왕 19년으로 기록해 놓았다.

人謂燕太子曰, "寡人聞太子將飭君臣之義, 明父子之位, 寡人之國雖小, 唯太子所以令之." 太子因要黨聚衆, 使市被攻子之, 不克. 市被反攻太子. 構難數月, 死者數萬人, 百姓恫恐. 齊王令章子將五都之兵, 因北地之衆以伐燕. 燕士卒不戰, 城門不閉. 齊人取子之, 醢之, 遂殺燕王噲.

齊王問孟子曰, "或謂寡人勿取燕, 或謂寡人取之. 以萬乘之國伐萬乘之國, 五旬而擧之, 人力不至於此. 不取, 必有天殃. 取之何如?" 孟子對曰, "取之而燕民悅由取之, 古之人有行之者, 武王是也. 取之而燕民不悅則勿取, 古之人有行之者, 文王是也. 以萬乘之國伐萬乘之國, 簞食壺漿以迎王師, 豈有他哉? 避水火也. 如水益深, 如火益熱, 亦運而已矣!" 諸侯將謀救燕. 齊王謂孟子曰, "諸侯多謀伐寡人者, 何以待之?" 對曰, "臣聞七十里爲政於天下者, 湯是也. 未聞以千里畏人者也. 『書』曰, '徯我後, 後來其蘇' 今燕虐其民, 王往而征之, 民以爲將拯己於水火之中也, 簞食壺漿以迎王師. 若殺其父兄, 系累其子弟, 毁其宗廟, 遷其重器, 如之何其可也! 天下固畏齊之强也, 今又倍地而不行仁政, 是動天下之兵也. 王速出令, 反其旄倪, 止其重器, 謀於燕衆, 置君而後去之, 則猶可及止也." 齊王不聽. 已而燕人叛. 齊王曰, "吾甚慚於孟子." 陳賈曰, "王無患焉." 乃見孟子, 問曰, "周公何人也?" 曰, "古聖人也." 陳賈曰, "周公使管叔監商, 管叔以商畔也. 周公知其將畔而使之與?" 曰, "不知也." 陳賈曰, "然則聖人亦有過與?" 曰, "周公, 弟也. 管叔, 兄也, 周公之過不亦宜乎! 且古之君子, 過則改之. 今之君子, 過則順之. 古之君子, 其過也如日月之食, 民皆見之. 及其更也, 民皆仰之. 今之君子, 豈徒順之, 又從爲之辭!"

是歲, 齊宣王薨, 子湣王地立.

주난왕 2년(BC 313)

1) 진나라 우경右更 질疾이 군사들을 이끌고 조나라를 쳤다. 인藺산서성 이석현 땅을 함락하고 조나라 장수 장표莊豹를 포로로 잡았다.

2) 진혜문왕이 제나라를 치고자 했다. 그러나 제·초 두 나라가 남북으로 합종할 것을 걱정했다. 마침내 장의를 초나라로 보내 초회왕에게 유세케 했다. 장의가 초회왕에게 말했다.

"대왕이 실로 저의 말을 좇아 폐관閉關하여 제나라와 단교하고, 합종의 맹약을 끊는다면 상어商於 땅 600리를 바치겠습니다. 또 진나라 여인으로 하여금 쓸고 닦으며 시중드는 첩인 대왕의 기소지첩箕掃之妾이 되도록 하겠습니다. 그리고 진·초 두 나라가 서로 딸을 시집보내 부인으로 받아들임으로써 영원히 형제지국이 되도록 하겠습니다."

초회왕이 크게 기뻐하며 동의했다. 많은 신하들이 이를 축하했으나 오직 진진陳軫만이 홀로 상심傷心을 표시했다. 초회왕이 노기 띤 어조로 물었다.

"과인이 출병하지 않고도 600리의 땅을 얻게 됐는데 어찌하여 상심하는 것이오?"

"그렇지 않습니다. 제가 보건대 상어 땅을 얻을 수도 없지만 앞으로 제·진 두 나라가 연합할 것이니 그리되면 틀림없이 우환이 닥칠 것입니다."

초회왕이 의아해하며 물었다.

"그 이유를 설명해 줄 수 있겠소?"

진진이 대답했다.

"무릇 진나라가 우리 초나라를 중히 여기는 까닭은 제나라가 있기 때문입니다. 이제 폐관하여 제나라와 단교하고 합종의 맹약을 끊어 버리면 초나라는 고립되고 말 것입니다. 그리되면 진나라가 어찌 고립된 나라를 어여삐 여겨 상어 땅 600리를 주겠습니까? 장의는 진나라로 돌아가는 즉시 틀림없이 대왕을 등질 것입니다. 그리되면 대왕은 북쪽으로는 제나라와 단교하고 서쪽으로는 진나라로 인한 우환을 불러들여 틀림없이 두 나라 군사가 들이닥칠 것입니다. 군주를 위한 계책을 말씀드리면 제나라와 은밀히 교호하면서 겉으로만 단교하느니만 못합니다. 일단 장의에게 사람을 달아 진나라로 보낸 뒤 진나라가 우리에게 땅을 주면 그때 다시 제나라와 단교해도 결코 늦지 않을 것입니다."

초회왕이 목소리를 높였다.

"진자陳子는 입을 다물기 바라오. 다시는 그 같은 이야기를 하지 마시오. 일단 과인이 땅을 얻는 것을 지켜보도록 하시오."

그러고는 마침내 초나라 재상의 인장을 장의에게 주고 후하게 상을 내렸다. 또 관문을 닫아 제나라와 단교한 뒤 합종의 맹약을 끊어 버렸다. 이어 장군 한 사람을 시켜 장의와 함께 진나라로 들어가게 했다.

장의는 진나라로 돌아가 거짓으로 수레에서 떨어진 뒤 3달 동안 조회에 나오지 않았다. 초회왕이 이 소식을 전해 듣고 말했다.

"장의는 과인이 제나라와 완전히 단교했다고 생각하는 것이 아닌지 모르겠소."

그러고는 마침내 용사勇士 송유宋遺를 시켜 송나라의 관문 통행증인 부절符節을 빌려 북쪽으로 가 제민왕을 욕하게 했다. 제민왕이 이 소식을 듣고 대로하여 스스로 몸을 굽혀 진나라를 섬겼다. 제·진 두 나라가 우호관계를 맺고 연합하게 됐다. 마침내 장의가 조회에 나와 초나라 사자에게 말했다.

"그대는 어찌하여 땅을 받지 않는 것이오. 모처에서 모처까지 광모廣袤[50]가 6리나 되오."

초나라의 사자가 노해 곧바로 돌아가 초회왕에게 사실대로 보고했다.

초회왕도 대로한 나머지 출병하여 진나라를 치고자 했다. 진진이 간했다.

"제가 입을 열어 한마디 할 수 있겠습니까? 진나라를 공격하는 것은 커다란 성읍 하나를 뇌물로 주느니만 못합니다. 그러고는 진나라와 힘을 합쳐 제나라를 치십시오. 이는 진나라에 잃은 땅을 제나라에서 보상받는 것입니다. 지금 대왕은 이미 제나라와 단교했습니다. 그런데 진나라에 기망欺罔한 책임을 묻는다면 이는 제·진 두 나라를 서로 결속시켜 줄 뿐입니다. 그리되면 천하의 군사가 몰려오게 되어 우리 초나라가 반드시 크게 상할 것입니다."

그러나 초회왕이 이를 듣지 않고 이내 굴개屈匄를 시켜 군사를 이끌고 가 진나라를 치게 했다. 진나라가 군정대신인 서장庶長 장章을 시켜 초군을 영격케 했다.

＊ 愼靚王二年

秦右更疾伐趙. 拔藺, 虜其將莊豹.

秦王欲伐齊, 患齊·楚之從親, 乃使張儀至楚, 說楚王曰, "大王誠能聽臣, 閉關絶約於齊, 臣請獻商於之地六百里, 使秦女得爲大王箕帚之妾, 秦·楚娶婦嫁女, 長爲兄弟之國." 楚王說而許之. 君臣皆賀, 陳軫獨弔. 王怒曰, "寡人不興師而得六百里地, 何弔也?" 對曰, "不然. 以臣觀之, 商於之地不可得而齊·秦合. 齊·秦合則患必至矣!" 王曰, "有說乎?" 對曰, "夫秦之所以重楚者, 以其有齊也. 今閉關絶約於齊, 則楚孤, 秦奚貪夫孤國, 而與之商於之地六百里? 張儀至秦, 必負王. 是王北絶齊交, 西生患於秦也. 兩國之兵必俱至. 爲王計者, 不若陰合而陽絶於齊, 使人隨張儀. 苟與吾地, 絶齊未晚也." 王

---

50 광모廣袤는 길이를 뜻하는 말로 '광'은 동서, '무'는 남북 간의 길이를 의미한다.

曰"願陳子閉口, 毋復言, 以待寡人得地!" 乃以相印授張儀, 厚賜之. 遂閉關絶約於齊, 使一將軍隨張儀至秦. 張儀佯墮車, 不朝三月. 楚王聞之, 曰, "儀以寡人絶齊未甚邪?" 乃使勇士宋遺借宋之符, 北罵齊王. 齊王大怒, 折節而事秦, 齊·秦之交合. 張儀乃朝, 見楚使者曰, "子何不受地? 從某至某, 廣袤六里." 使者怒, 還報楚王. 楚王大怒, 欲發兵而攻秦. 陳軫曰, "軫可發口言乎? 攻之不如因賂以一名都, 與之並兵而攻齊, 是我亡地於秦, 取償於齊也. 今王已絶於齊而責欺於秦, 是吾合秦·齊之交而來天下之兵也, 國必大傷矣!" 楚王不聽, 使屈匄帥師伐秦. 秦亦發兵使庶長章擊之.

주난왕 3년(BC 312)

1) 봄, 진나라 군사가 초나라 군사와 단양丹陽섬서성 경계 단강丹江 서북쪽에서 교전했다. 초나라 군사가 대패케 됐다. 진나라가 초나라 갑사 8만 명을 참수하고 초나라 장수 굴개와 열후列侯, 초나라의 최고 작위인 집규執珪 등 70여 명의 장신將臣을 포로로 잡은 뒤 드디어 한중군漢中郡섬서성 한중시을 취했다. 초회왕이 국내의 전 군사를 동원해 다시 진나라로 쳐들어가 남전藍田호북성 종상현 서북쪽에서 교전했으나 오히려 또다시 대패하고 말았다.

한·위 두 나라는 초나라가 곤경에 처하게 됐다는 말을 듣고 남으로 초나라를 습격해 등鄧하남성 언성현 동남쪽 땅에 이르렀다. 초나라 군사들이 이 소식을 접하고는 군사들을 이끌고 돌아왔다. 초나라는 두 개의 성읍을 진나라에 할양하면서 강화를 청했다.

2) 연나라 사람들이 연왕 쾌噲가 상국 자지子之의 난으로 죽은 뒤 줄곧 비어 있던 보위에 태자 평平을 앉혔다. 그가 바로 연소왕燕昭王이다. 연소왕은 연나라가 파패破敗해진 뒤 즉위했으나 사자와 고아를 조문하고

위로하면서 백성들과 감고甘苦를 같이 했다. 연소왕은 몸을 낮추고 많은 폐백을 가지고 가 현자를 초청하면서 재상인 곽외郭隗에게 말했다.

"제나라는 우리의 내분을 틈타 출병하여 우리 연나라를 공파攻破했소. 나는 우리 연나라가 약소해 보복을 하기에는 역부족이라는 사실을 잘 알고 있소. 그러나 실로 현사賢士를 얻어 함께 나라를 다스리며 선왕의 수치를 설욕하는 것이 내 소원이오. 선생이 보건대 가히 쓸 만한 인재가 있으면 내가 직접 찾아가 그를 섬기도록 하겠소."

곽외가 말했다.

"옛날의 한 군주가 1천 금을 내고는 좌우에서 청소 등을 하는 사람인 연인涓人을 시켜 천리마를 구해 오게 했습니다. 그런데 이 연인이 가서 보니 천리마는 이미 죽어 있었습니다. 그러나 그는 500금을 주고 죽은 천리마의 머리를 사 가지고 돌아왔습니다. 군주가 대로하자 그가 말하기를, '제가 죽은 말도 사 왔는데 산 말이야 더 이상 말할 것이 있겠습니까? 천리마가 곧 도착할 것입니다'라고 했습니다. 이후 채 1년도 안 돼 천리마를 3필이나 모으게 됐습니다. 지금 군주가 꼭 현사를 부르고자 하면 저부터 시작하도록 하십시오. 그리하면 저보다 더 뛰어난 현사들이 어찌 1천 리 먼 길인들 마다하겠습니까?"

연소왕이 곽외에게 궁실을 고쳐 주어 머물게 하고 존경스런 스승인 존사尊師의 예로 섬겼다. 과연 천하의 현사들이 연나라로 다투어 몰려들었다. 당시 장수 악의樂毅는 위나라에서 왔고 극신劇辛은 조나라에서 왔다. 연소왕은 악의를 아경亞卿으로 삼은 뒤 국정을 맡겼다.

3) 한선혜왕韓宣惠王이 죽었다. 그의 아들 창倉이 한양왕韓襄王으로 즉위했다.

* 愼靚王三年

春, 秦師及楚戰於丹楊, 楚師大敗, 斬甲士八萬, 虜屈匄及列侯·執珪七十餘人, 遂取漢中郡. 楚王悉發國內兵以復襲秦, 戰於藍田, 楚師大敗. 韓·魏聞楚之困, 南襲楚, 至鄧. 楚人聞之, 乃引兵歸, 割兩城以請平於秦.

燕人共立太子平, 是爲昭王, 昭王於破燕之後卽位, 弔死問孤, 與百姓同甘苦, 卑身厚幣以招賢者. 謂郭隗曰, "齊因孤之國亂而襲破燕, 孤極知燕小力少, 不足以報. 然誠得賢士與共國, 以雪先王之恥, 孤之願也. 先生視可者, 得身事之!" 郭隗曰, "古之人君有以千金使涓人求千里馬者, 馬已死, 買其首五百金而返. 君大怒, 涓人曰, '死馬且買之, 況生者乎? 馬今至矣' 不期年, 千里之馬至者三. 今王必欲致士, 先從隗始. 況賢於隗者, 豈遠千里哉?" 於是昭王爲隗改築宮而師事之. 於是士爭趣燕. 樂毅自魏往, 劇辛自趙往. 昭王以樂毅爲亞卿, 任以國政.

韓宣惠王薨, 子襄王倉立.

주난왕 4년(BC 311)

1) 진나라가 세운 촉나라 재상 진장陳莊이 촉후蜀侯를 살해했다.

2) 진혜문왕이 사람을 초회왕에게 보내 무관武關섬서성 경계 단강의 북안 밖의 땅과 초나라의 검중黔仲호남성 상덕시 땅을 바꾸자고 제안했다. 초회왕이 회답했다.

"땅 교환을 원치 않소. 원컨대 장의를 우리 초나라로 보내 주기 바라오. 그러면 검중의 땅을 바치겠소."

장의가 이 말을 듣고 초나라 행을 자청했다. 진혜문왕이 물었다.

"초나라가 그대를 잡아들여야만 만족할 터인데 어찌하여 굳이 그곳으로 가려는 것이오?"

장의가 대답했다.

"진나라는 강한데 초나라는 약하고, 게다가 대왕이 있는데 초나라가 감히 저를 어찌하겠습니까? 또한 저는 초왕의 폐신嬖臣 근상靳尙과 잘 사귀어 두었습니다. 근상은 초왕의 총희 정수鄭袖를 잘 섬기고 있습니다. 초왕은 정수의 말이라면 들어주지 않는 것이 없습니다."

마침내 장의가 초나라로 가자 초회왕이 대뜸 그를 잡아 가둔 뒤 죽이려 했다. 근상이 정수에게 말했다.

"진왕이 장의를 심히 아낀 나머지 장차 상용上庸호북성 죽산현 서남쪽의 6개현과 미녀로써 장의를 속회贖回하려 합니다. 그런데 우리 초왕은 이들 땅을 중시하는 것은 물론 진나라의 의사도 존중하고 있습니다. 진나라가 바치는 여인은 반드시 귀총을 받을 것이니 부인은 속히 손을 써 이를 미리 막기 바랍니다."

정수가 초회왕 앞에서 밤낮으로 울면서 하소연했다.

"신하가 된 자는 각자 그 주군을 위해 헌신할 뿐입니다. 지금 장의를 죽이면 진나라가 반드시 대노할 것입니다. 청컨대 저희 모자가 강남으로 옮겨가 진나라의 어육魚肉이 되지 않도록 해 주기 바랍니다."

초회왕이 마침내 장의를 사면하고는 후대했다. 장의가 이를 틈타 초회왕에게 유세했다.

"무릇 합종의 맹약을 맺는 것은 양떼를 몰아 맹호를 공격하는 것과 다름이 없습니다. 진나라에 저항할 수 없다는 사실은 명백합니다. 지금 군주가 진나라를 섬기지 않아 진나라가 한나라를 협박하고 위나라를 윽박질러 초나라를 치게 하면 초나라는 위험에 처하게 될 것입니다. 진나라는 서쪽으로 파巴와 촉蜀 땅을 소유하고 있고, 거기에서 선박을 대량 건조해 군량을 가득 채워 놓고 있습니다. 민강泯江사천성 경계에서 동하東下하면 하루에 500여 리를 달리게 되고, 10일이 채 안 돼 한관扞關호북성 장양현 서쪽에 이르게 됩니다. 한관이 놀라면 한관 이동의 초나라 전역이 모두 성을 굳게 지키고 경계 태세에 들어가야 합니다. 그리되면 검중黔中호남성 원릉현과 무군巫郡호북성 파동현은 군주의 소유가 아닐 것입니다. 진나라가 갑사를 조발調撥하여 무관武關섬서성 단봉현 경계 밖으로 내보내면 초나라 북쪽 땅으로 가는 길이 끊어지고 맙니다. 진나라 군사가 초나라를 치면 위기 국면은 3달 안에 나타나게 됩니다. 그러나 초나라가 제후국들의 구원을 기다리게 되면 반년 이상의 시간이 소요됩니다. 약소국의 구원을 기다리며 강대한 진나라 군사로 인한 참화를 잊어버린다면 이는 제가 대왕을 위해 걱정하는 바이기도 합니다. 대왕이 저의 말을 진실로 듣는다면 제가 진·초 두 나라로 하여금 영원히 형제지국과 같은 인국隣國이 되어 서로 공격치 않도록 만들겠습니다."

초회왕은 이미 장의를 손에 넣어 마음이 흡족한 데다 검중 땅을 아낀 나머지 이내 장의의 말을 좇았다.[51]

장의가 이내 한양왕韓襄王을 찾아가 유세했다.

"한나라는 험악한 산간 지역에 위치해 산출되는 5곡은 주로 콩류와 보리가 아니면 잡곡일 뿐입니다. 또 나라에는 비축 양식이 2년분도 안 되고 사병 또한 20만 명을 넘지 못합니다. 반해 진나라의 갑사는 100여만 명입니다. 산동山東의 군사들은 갑주甲冑를 착용하고 전투를 하는데 진나라 군사는 갑옷을 던져 버린 뒤 신발을 벗고 웃통을 벗은 채 적을 쫓습니다. 그들은 왼손으로는 사람의 머리를 들고 오른손으로는 산 포로를 겨드랑에 낄 정도입니다. 무릇 진나라는 맹분孟賁이나 오확烏獲과 같은 역사들을 출전시켜 순복順服치 않는 약소국을 공격합니다. 이는 마치 1천 균鈞

51 『사기』「초세가」은 장의가 떠난 뒤 대부 굴원屈原의 말을 듣고 곧바로 후회하고는 사람을 보내 장의를 뒤쫓게 했으나 따라잡지 못했다고 기록해 놓았다.

의 무게를 새알 위에 놓는 것과 같으니 이 상황에서 새알을 안전하게 보전하는 것은 불가능한 일입니다. 군주가 진나라를 섬기지 않을 경우 진나라가 출병하여 의양宜陽을 근거로 성고成皐로 통하는 요도要道를 막으면 대왕의 나라는 둘로 나뉠 수밖에 없습니다. 그리되면 홍대鴻臺의 궁궐과 상림桑林의 원유苑囿도 대왕의 소유가 아닐 것입니다. 군주를 위해 계책을 낸다면 진나라를 섬기고 초나라를 공격하느니만 못합니다. 화란을 피하고 진나라를 즐겁게 만드는 방안으로 이보다 더 나은 계책은 존재하지 않습니다."

한양왕이 이를 허락했다.

장의가 진나라로 돌아와 이를 보고하자 진혜문왕이 크게 기뻐하며 6개 성읍에 봉하고 무신군武信君으로 칭했다. 이어 그를 다시 동쪽으로 보내 제민왕齊湣王에게 유세케 했다.

"합종을 주장하는 자들은 틀림없이 대왕에게 유세하기를, '제나라는 삼진이 병풍처럼 둘러쳐져 있고, 땅이 넓고, 인민이 많고, 병사들이 강용剛勇합니다. 설령 100개의 진나라가 있다 한들 장차 제나라를 어찌 하겠습니까?'라고 했을 것입니다. 대왕은 이런 유세를 현명하다고 여겨 실제 정황을 살피지 않았습니다. 그러나 이제 진·초 두 나라는 서로 딸을 시집보내고 며느리를 맞아들여 형제와 같은 인국이 됐습니다. 한나라는 의양 땅을 진나라에 바치고, 위나라는 하외河外 땅을 바치고, 조왕은 진왕을 조현해 섬기면서 하간河間하북성 헌현 동남쪽 땅을 베어 바쳤습니다. 대왕이 진나라를 섬기지 않으면 진나라는 한·위 두 나라를 몰아세워 제나라의 남쪽을 치게 하고, 또 조나라의 전 군사를 동원하여 청하淸河를 건너가 박관博關산동성 요성현 경계을 겨냥케 할 것입니다. 그리되면 임치臨淄와 즉묵卽墨은 이미 대왕의 소유가 아닐 것입니다. 대왕의 나라는 한번 공격을 받게 되면 설령 진나라를 섬기고 싶어도 이미 어찌할 수가 없을 것입니다."

제민왕도 이를 좇았다. 장의는 또 제나라를 떠나 서쪽으로 가 조무령왕趙武靈王에게 유세했다.

"대왕이 천하의 각국을 통솔해 진나라에 대항하자 진나라의 군사가 감히 함곡관을 나오지 못한 지 이미 15년이나 됐습니다. 대왕의 위명이 산동의 각국에 널리 떨치게 되어 우리 진나라도 크게 두려워하고 있습니다. 갑주를 정비하며 군사를 훈련시키고, 힘써 밭을 갈아 곡식을 쌓아 두고 있습니다. 그러나 백성들 모두 두려워하여 감히 거동할 생각을 못하고 오직 대왕이 우리 진나라를 추궁하는 움직임을 보일까 마음을 졸이고 있습니다. 우리 진나라는 파巴와 촉蜀 땅을 점거하고, 한중漢中을 겸병하고, 동주와 서주인 양주兩周를 포위하고, 백마진白馬津하남성 활현 동북쪽을 진수하고 있습니다. 진나라가 비록 벽지에 위치해 있기는 하나 화가 나 노여움을 품은 지 오래됐습니다. 지금 우리 진나라에는 낡은 갑옷을 걸친 지친 병사들이 민지澠池하남성 민지현에 주둔하고 있습니다. 이들은 장차 황하와 장수漳水를 차례로 도하해 파오番吾하북성 평산현 동쪽를 점거하고자 합니다. 이어 조나라 군사와 한단성邯鄲城 밑에서 만나 갑자일甲子日[52]에 접전하여 주무왕의 고사를 본받으려 하고 있습니다. 진왕이 저를 사자로 보내 대왕의 좌우에게 정중히 이를 전하게 했습니다. 이제 진·초 두 나라가 형제지국이 됐고, 한·위 두 나라는 동번東藩의 신하를 자칭하고 있으며, 제나라는 어염漁鹽이 다량 산출되는 땅을 진나라에 바쳤습니다. 이는 조나라의 오른쪽 어깨를 베어 낸 것과 같습니다. 대개 오른쪽 어깨를 잘리고도 다른 사람과 싸우는 것은 무리를 잃고 외로이 거처하는 것과 같으니 설령 위험에 처하지 않기를 바란들 그것이 과연 가능하겠습니까? 지금 진나라는 3군을 출병시키려 하고 있습니다. 1군은 제나라와 조나라의 경계

52 광모廣袤는 길이를 뜻하는 말로 '광'은 동서, '무'는 남북 간의 길이를 의미한다.

인 오도午道를 막은 뒤 제나라에 고하여 청하를 건너 한단의 동쪽에 주둔케 할 것입니다. 또 다른 1군은 성고成皐에 주둔하면서 한·위 두 나라를 몰아 하외河外로 진군케 할 것입니다. 마지막 1군은 민지澠池에 주둔하다가 진·제·한·조 4국이 하나가 되어 합력合力으로 조나라를 공격하는 맹약을 맺을 것입니다. 그리되면 조나라는 항복하게 되고 그 땅 역시 네 조각으로 나뉠 것입니다. 제가 사적으로 대왕을 위한 계책을 낸다면 진왕과 얼굴을 맞대고 서로 맹약을 맺고 친히 교결하여 늘 형제지국의 인국으로 지내느니만 못합니다."

조무령왕이 이를 허락했다. 장의가 마지막으로 다시 북쪽으로 가 연소왕燕昭王에게 유세했다.

"이제 조왕도 이미 입조하여 하간을 바치고 진나라를 섬기고 있습니다. 대왕이 진나라를 섬기지 않으면 진나라는 군사를 내어 운중雲中내몽골 탁극탁현托克托縣 동북쪽과 구원九原내몽골 포두시包頭市 서북쪽으로 보내고, 조나라를 시켜 연나라를 치게 할 것입니다. 그리되면 역수易水하북성 서부와 연나라 장성長城은 대왕의 소유가 아닐 것입니다. 게다가 지금 제·조 두 나라의 진나라에 대한 처지로 말하면 진나라에 귀속된 군현과 같은 상황이 되어 있는데 그들이 어찌 감히 망령되이 출병하여 진나라를 치겠습니까? 이제 대왕이 진나라를 섬기면 장기간 제·조 두 나라로부터 침략을 당할 우려는 없을 것입니다."

연소왕이 항산恒山하북성 곡양현 서북쪽 끝자락에 있는 5개 성읍을 바치면서 강화를 청했다. 장의가 보고 차 귀국하다가 함양에 미처 당도하기 전에 진혜문왕秦惠文王이 죽었다. 진혜문왕의 아들 탕蕩이 뒤를 이어 진무왕秦武王으로 즉위했다.

진무왕은 태자 때부터 장의를 좋아하지 않았다. 그가 즉위하자마자 군신들 대부분이 장의를 중상하며 그의 단점을 헐뜯었다. 제후들은 장의와 진무왕 사이에 원극怨隙이 생겼다는 말을 듣고 모두 장의가 유세한 연횡책連衡策을 버린 뒤 다시 합종책을 좇았다.

* 愼靚王四年

蜀相殺蜀侯.

秦惠王使人告楚懷王, 請以武關之外易黔中地. 楚王曰, "不願易地, 願得張儀而獻黔中地." 張儀聞之, 請行. 王曰, "楚將甘心於子, 奈何行?" 張儀曰, "秦强楚弱, 大王在, 楚不宜敢取臣. 且臣善其嬖臣靳尙, 靳尙得事幸姬鄭袖, 袖之言, 王無不聽者." 遂往. 楚王囚, 將殺之. 靳尙謂鄭袖曰, "秦王甚愛張儀, 將以上庸六縣及美女贖之. 王重地尊秦, 秦女必貴而夫人斥矣." 於是鄭袖日夜泣於楚王曰, "臣各爲其主耳. 今殺張儀, 秦必大怒. 妾請子母俱遷江南, 毋爲秦所魚肉也!" 王乃赦張儀而厚禮之. 張儀因說楚王曰, "夫爲從者無以異於驅群羊而攻猛虎, 不格明矣. 今王不事秦, 秦劫韓驅梁而攻楚, 則楚危矣. 秦西有巴·蜀, 治船積粟, 浮岷江而下, 一日行五百餘里, 不至十日而拒扞關, 扞關驚則從境以東盡城守矣, 黔中·巫郡非王之有. 秦擧甲出武關, 則北地絶. 秦兵之攻楚也, 危難在三月之內, 而楚待諸侯之救在半歲之外. 夫待弱國之救, 忘强秦之禍, 此臣所爲大王患也. 大王誠能聽臣, 請令秦·楚長爲兄弟之國, 無相攻伐." 楚王已得張儀而重出黔中地, 乃許之. 張儀遂之韓, 說韓王曰, "韓地險惡山居, 五穀所生, 非菽而麥, 國無二歲之食, 見卒不過二十萬. 秦被甲百餘萬. 山東之士被甲蒙冑而會戰, 秦人捐甲徒裼以趨敵, 左挈人頭, 右挾生虜. 夫戰孟賁·烏獲之士以攻不服之弱國, 無異垂千鈞之重於鳥卵之上, 必無幸矣. 大王不事秦, 秦下甲據宜陽, 塞成皐, 則王之國分矣. 鴻台之宮, 桑林之宛, 非王之有也. 爲大王計, 莫如事秦而攻楚, 以轉禍而悅秦. 計無便於此者." 韓王許之.

張儀歸報, 秦王封以六邑, 號武信君. 復使東說齊王曰, "從人說大王者必曰, '齊蔽於三晉, 地廣民衆, 兵强士勇, 雖有百秦, 將無奈齊何' 大王賢其說而不計其實. 今秦·楚嫁女娶婦, 爲昆弟之國. 韓獻宜陽. 梁效河外. 趙王入朝, 割河間以事秦. 大王不事秦, 秦驅韓·梁攻齊之南地, 悉趙兵, 渡清河, 指博關, 臨菑·卽墨非王之有也! 國一日見攻, 雖欲事秦, 不可得也!" 齊王許張儀. 張儀去, 西說趙王曰, "大王收率天下以擯秦, 秦兵不敢出函谷關十五年. 大王之威行於山東, 敝邑恐懼, 繕甲厲兵, 力田積粟, 愁居慴處, 不敢動搖, 唯大王有意督過之也. 今以大王之力, 擧巴·蜀, 並漢中, 包兩周, 守白馬之津. 秦雖僻遠, 然而心忿含怒之日久矣. 今秦有敝甲凋兵軍於澠池, 願渡河, 逾漳, 據番吾, 會邯鄲之下, 願以甲子合戰, 正殷紂之事. 謹使使臣先聞左右. 今楚與秦爲昆弟之國, 而韓·梁稱東藩之臣, 齊獻魚鹽之地, 此斷趙之右肩也. 夫斷右肩而與人鬥, 失其黨而孤居, 求欲毋危, 得乎? 今秦發三將軍, 其一軍塞午道, 告齊使渡清河, 軍於邯鄲之東. 一軍軍成皐, 驅韓·梁軍於河外. 一軍軍於澠池, 約四國爲一以攻趙, 趙服必四分其地. 臣竊爲大王計, 莫如與秦王面相約而口相結, 常爲兄弟之國也." 趙王許之. 張儀乃北之燕, 說燕王曰, "今趙王已入朝, 效河間以事秦. 大王不事秦, 秦下甲雲中·九原, 驅趙而攻燕, 則易水·長城非大王之有也. 且今時齊·

趙之於秦, 猶郡縣也, 不敢妄擧師以攻伐. 今王事秦, 長無齊·趙之患矣." 燕王請獻常山之尾五城以和.

張儀歸報, 未至咸陽, 秦惠王薨, 子武王立. 武王自爲太子時, 不說張儀, 及卽位, 群臣多毁短之. 諸侯聞儀與秦王有隙, 皆畔衡, 復合從.

주난왕 5년(BC 310)

1) 장의가 진무왕에게 유세했다.

"대왕을 위해 계책을 세운다면 동쪽 나라에 변란이 있어야만 대왕은 많은 토지를 얻을 수 있습니다. 제가 듣건대 제왕齊王은 저를 무척 미워한다고 합니다. 제나라는 틀림없이 제가 있는 곳을 칠 것입니다. 원컨대 불초한 이 몸을 위나라에 사신으로 보내기 바랍니다. 그러면 제나라는 반드시 위나라를 칠 것입니다. 제·위 두 나라가 교병交兵하면 철병키가 쉽지 않을 것입니다. 대왕은 그 사이 한나라를 치고 삼천三川으로 들어간 뒤 천자를 끼고 지도와 호적인 도적圖籍을 살피십시오. 이것이 왕업입니다."

진무왕이 이를 허락했다.

장의가 위나라로 가자 과연 제민왕이 위나라를 쳤다. 위양왕魏襄王이 크게 두려워하자 장의가 위로했다.

"군주는 너무 심려하지 마십시오. 제나라로 하여금 곧 철병하도록 하겠습니다."

장의가 곧 사인舍人을 초나라로 보낸 뒤 초나라 사자를 이용해 제민왕에게 유세했다.

"군주가 진나라로 하여금 장의를 더욱 떠받들며 신뢰하도록 만드는 행위가 지나칩니다."

"그것은 무슨 연고요."

초나라 사신이 말했다.

"장의가 진나라를 떠난 것은 본래 진왕과 짜고 한 것입니다. 제·위 두 나라가 서로 싸우는 틈을 타 진나라로 하여금 삼천을 취하게 만들려는 것입니다. 지금 대왕이 과연 위나라를 치면 이는 안으로는 나라를 피로하게 만들고 밖으로는 동맹국을 치는 셈이 됩니다. 진나라 왕에게 장의를 더욱 믿도록 만드는 것이 아니겠습니까?"

제민왕이 이내 군사를 이끌고 귀국했다.

장의가 위나라 재상이 된 지 1년 만에 죽었다. 당시 장의와 소진이 모두 종횡술縱橫術로 제후들에게 유세하여 부귀를 얻자 천하의 모든 사람들이 이를 흠모하여 이들을 다투어 본받고자 했다. 호를 서수犀首라고 하는 위나라 사람 공손연公孫衍 역시 유세로 명성이 높았다. 그 나머지로는 소대蘇代와 소려蘇厲, 주최周最, 누완樓緩[53] 등을 들 수 있다. 이들은 천하를 주유하며 그럴듯하게 거짓말을 하는 변사辯詐의 우위를 다퉜다. 이들 가운데 장의와 소진, 공손연이 가장 유명했다. 『맹자』「등문공滕文公 하」는 이같이 평해 놓았다.

"혹자가 말하기를, '공손연과 장의가 어찌 대장부가 아니겠는가? 그들이 한번 노하면 제후들이 두려워했고, 그들이 편히 있으면 천하에 전쟁이 그치지 않았던가'라고 했다. 내가 말하기를, '이들을 어찌 대장부라 부를 수 있겠는가? 군자는 천하의 정위正位에 서고, 정도正道를 행해야 한다. 뜻을 얻으면 백성들과 더불어 정도를 걷고, 얻지 못하면 홀로 실천할 뿐이다. 또한 부귀로 유인해도 그 마음을 음탕케 하지 못하고, 빈천한 처지에 놓이더라도 그 도의를 바꾸지 않으며, 위엄과 무력으로 핍박해도 그 절조를 굴복시킬 수 없는 것이다. 이런 사람만이 가히 대장부라 칭할 수 있는 것이다'라고 했다."

전한 말기의 학자 양웅揚雄은 『법언法言』「연건淵騫」에서 이같이 평했다.

"혹자가 묻기를, '장의와 소진이 귀곡자의 모략을 배운 뒤 종횡가의 유세를 행하여 각각 중국을 10여 년 동안 편안케 만들었다는 주장이 옳은

53 주최周最는 제나라에서 벼슬하며 항진抗秦을 역설한 인물이고, 누완樓緩은 진소양왕 때 승상을 지냈다.

것입니까?'라고 했다. 내가 대답하기를, '그들은 모두 거짓을 말했소. 성인은 그들을 혐오했소'라고 했다. 다시 묻기를, '공자의 책을 읽고 장의와 소진과 같이 유세하는 것은 어떻습니까?'라고 했다. 내가 대답기를, '봉황의 울음소리로 맹금의 깃털을 자라게 하는 것이 실로 심하오'라고 했다. 다시 묻기를, '그같이 말하지만 공자의 제자 자공子貢은 그 같은 유세를 하지 않았습니까?'라고 했다. 내가 대답하기를, '세상이 어지러운데도 이를 해결치 못하는 것을 놓고 자공은 부끄럽게 생각해 유세한 것이오. 유세를 하여 부귀치 못하게 되는 것을 놓고 장의와 소진은 부끄럽게 생각했소. 자공과 장의, 소진은 기본 입장이 서로 달랐소'라고 대답했다. 혹자가 또 묻기를, '장의와 소진은 그 재주가 뛰어나 선인이 밟아 보지 못한 길을 걸은 게 아니겠습니까?'라고 했다. 내가 대답기를, '옛날 순임금은 임인任人[54]의 채용을 거부했소. 그대는 재능이라 했지만 그대가 말하는 재능은 우리들이 말한 재능과는 다르오'라고 했다."

2) 진무왕이 감무甘茂를 보내 촉상 진장陳莊을 주살케 했다.

3) 진무왕과 위양왕이 임진臨晉섬서성 대려현 동남쪽에서 회동했다.

4) 조무령왕이 오광吳廣의 딸 맹요孟姚를 총애했다. 이내 그녀를 왕후로 삼았다. 그녀가 바로 조혜후趙惠后였다. 조혜후는 아들 하何를 낳았다.

* 愼靚王五年

張儀說秦武王曰, "爲王計者, 東方有變, 然後王可以多割得地也. 臣聞齊王甚憎臣, 臣之所在, 齊必伐之. 臣願乞其不肖之身以之梁, 齊必伐梁, 齊·梁交兵而不能相去, 王以其間伐韓, 入三川, 挾天子, 案圖籍, 此王業也." 王許之. 齊王果伐梁, 梁王恐. 張儀曰, "王勿患

54 임인任人은 임인壬人과 같은 말이다. 간사한 인물을 지칭한다.

也. 請令齊罷兵." 乃使其捨人之楚, 借使謂齊王曰, "甚矣, 王之托儀於秦也!" 齊王曰, "何故?" 楚使者曰, "張儀之去秦也, 固與秦王謀矣, 欲齊·梁相攻而令秦取三川也. 今王果伐梁, 是王內罷國而外伐與國, 以信儀於秦王也." 齊王乃解兵還. 張儀相魏一歲, 卒. 儀與蘇秦皆以縱橫之術游諸侯, 致位富貴, 天下爭慕效之. 又有魏人公孫衍者, 號曰犀首, 亦以談說顯名. 其餘蘇代·蘇厲·周最·樓緩之徒, 紛紜遍於天下, 務以辯詐相高, 不可勝紀. 而儀·秦·衍最著.

·『孟子』論之曰, 或謂曰, "張儀·公孫衍, 豈不大丈夫哉! 一怒而諸侯懼, 安居而天下熄." 孟子曰, "是惡足以爲大丈夫哉? 君子立天下之正位, 行天下之正道, 得志則與民由之, 不得志則獨行其道, 富貴不能淫, 貧賤不能移, 威武不能詘, 是之謂大丈夫."

揚子『法言』曰, "或問曰, '儀·秦學乎鬼谷術而習乎縱橫言, 安中國者各十餘年, 是夫?' 曰, '詐人也. 聖人惡諸.' 曰, '孔子讀而儀·秦行, 何如也?' 曰, '甚矣鳳鳴而鷙翰也!' '然則子貢不爲歟?' 曰, '亂而不解, 子貢恥諸. 說而不富貴, 儀·秦恥諸.' 或曰, '儀·秦其才矣乎, 跡不蹈已?' 曰, '昔在任人, 帝而難之, 不以才矣. 才乎才, 非吾徒之才也.'"

秦王使甘茂誅蜀相莊.

秦王·魏王會於臨晉.

趙武靈王納吳廣之女孟姚, 有寵, 是爲惠後. 生子何.

주난왕 6년(BC 309)

1) 진나라가 처음으로 승상丞相 제도를 두었다. 저리질樗里疾[55]을 우승

55 저리질樗里疾은 진혜왕의 이복동생이다. '저리'는 봉읍의 명칭이다.

상右丞相으로 삼았다.

* 愼靚王六年

秦初置丞相, 以樗里疾爲右丞相.

주난왕 7년(BC 308)

1) 진·위 두 나라가 응應하남성 노산현 동쪽 땅에서 회동했다.

2) 진무왕이 감무를 시켜 위나라와 맹약을 맺고 한나라를 치게 했다. 이때 상수向壽에게 부사副使인 보행輔行을 맡게 했다. 감무가 상수에게 돌아가도록 하면서 진무왕에게 보고했다.

"위왕은 이미 제 건의에 응답했습니다. 그러나 저는 대왕이 한나라를 정벌치 않기를 바랍니다."

진무왕이 감무를 식양息壤에서 영접하면서 한나라 공벌을 만류한 연고를 묻자 감무가 이같이 대답했다.

"한나라의 의양현은 매우 커 실제로는 군郡에 해당합니다. 지금 군주가 함곡관과 3효三崤 등의 험요지를 등에 지고 1천 리를 행군해 한나라를 치는 것은 매우 어려운 일입니다. 노나라 사람 가운데 공자의 제자 증삼曾參과 같은 이름을 가진 사람이 살인을 한 적이 있었습니다. 이때 어떤 사람이 증삼의 모친에게 이를 알리자 그 모친은 자약하게 길쌈을 계속했습니다. 이어 세 사람이 거듭 와 이를 알리자 그의 모친이 드디어 북을 내던지고 베틀을 버려둔 뒤 담을 넘어 도주하고 말았습니다. 신은 증삼만큼 현명치 못합니다. 군주가 저를 신뢰하는 것 역시 증삼의 모친이 증삼을 믿은 것에 미치지 못합니다. 나아가 저를 의심하는 자 역시 3인 정도에 그치는 것이 아니니 저는 대왕이 증삼의 모친과 같이 북을 내던질까 우려됩니다. 위문후가 일찍이 악양을 시켜 중산中山을 치게 하자 3년 만에 이를 함락하게 됐습니다. 위문후는 악양이 귀국한 후 논공행상을 하면서 악양에게 그간 그를 비방했던 편지가 가득 담긴 궤짝 하나를 보여 주었습니다. 악양이 재배계수하여 말하기를, '중산의 함락은 저의 공이 아니라 군주의 공입니다'라고 했습니다. 지금 저는 타국으로 가 벼슬살이 하는 신하인 기려지신羈旅之臣으로 있습니다. 그러나 우승상 저리자樗里子와 좌승상 공손석公孫奭은 한나라를 끼고 한나라 공격 문제를 비난할 것입니다. 그러면 군주는 틀림없이 그들의 말을 들을 것입니다. 이는 대왕이 위왕을 속이는 셈이 되고, 저 또한 한나라 재상 공중치公仲侈의 원망을 듣게 될 것입니다."

"과인은 그들의 이야기를 듣지 않겠소. 이를 그대와 함께 맹서하겠소."

진무왕과 감무가 식양에서 맹서하게 됐다.

가을, 감무가 서장庶長 봉封과 함께 군사를 이끌고 가 한나라의 의양을 쳤다.

* 愼靚王七年

秦·魏會於應.

秦王使甘茂約魏以伐韓, 而令向壽輔行. 甘茂至魏, 令向壽還, 謂王曰, "魏聽臣矣, 然願王勿伐!" 王迎甘茂於息壤而問其故. 對曰, "宜陽大縣, 其實郡也. 今王倍數險, 行千里, 攻之難. 魯人有與曾參同姓名者殺人, 人告其母, 其母織自若也. 及三人告之, 其母投杼下機, 逾牆而走. 臣之賢不若曾參, 王之信臣又不如其母, 疑臣者非特三人, 臣恐大王之投杼也. 魏文侯令樂羊將而攻中山, 三年而拔之. 反而論功, 文侯示之謗書一篋. 樂羊再拜稽首曰, '此非臣之功, 君之力也' 今臣, 羈旅之臣也, 樗里子·公孫奭挾韓而議之, 王必聽之, 是王欺魏王而臣受公仲侈之怨也." 王曰, "寡人弗聽也, 請與子盟." 乃盟於息壤. 秋, 甘茂·長封帥師伐宜陽.

주난왕 8년(BC 307)

1) 감무가 의양을 공격했으나 5개월이 지나도 공략하지 못했다. 우승상 저리질과 좌승상 공손석이 감무를 비난하기 시작했다. 진무왕이 감무를 소환하려는 움직임을 보였다. 감무가 말했다.

"식양이 아직 저곳에 있습니까?"

"아직 그곳에 있소."

대거 출병하여 감무를 지원했다. 드디어 한나라 군사 6만 명을 참수하고 의양을 공략케 됐다. 한나라 재상 공중치가 진나라로 가 사죄하고 강화를 청했다.

2) 진무왕은 힘을 겨루는 놀이인 역희力戲를 좋아했다. 이로 인해 대역사인 임비任鄙와 오확烏獲, 맹열孟說이 모두 고위직에 올랐다.

8월, 진무왕이 맹열과 함께 구정九鼎을 드는 놀이를 하다가 혈맥이 끊어져 죽고 말았다.[56] 맹열과 그의 일족이 모두 주살됐다. 진소양왕의 생모는 미팔자羋八子[57]로 초나라 여인이다. 미팔자가 바로 선태후宣太后이다.

3) 조무령왕이 북쪽의 중산국을 치러 가던 중 방자현房子縣하북성 고읍현 서남쪽에 이르렀다가 드디어 대군代郡하북성 위현까지 가게 됐다. 다시 북쪽으

---

56 『사기』「진본기」는 진무왕이 의양 점거를 계기로 낙양으로 가 주난왕周赧王을 배견하는 자리에서 용무늬가 그려진 붉은 색 구정을 들다가 정강이뼈인 빈골臏骨이 부러져 죽었다고 기록해 놓았다. 당시 진무왕은 아들이 없었고, 그의 이복동생 직稷은 연나라에 인질로 가 있었다. 진나라 사람들이 그를 맞이해 보위를 잇게 했다. 그가 바로 진소양왕秦昭襄王이다. 「조세가」는 당시 조무령왕이 대代의 재상 조고趙固를 시켜 공자 직을 연나라에서 영접해 진나라로 무사히 호송케 했다고 덧붙여 놓았다.

57 미팔자羋八子의 '팔자'는 후비의 하나이다. 진나라 후비는 황후皇后와 부인夫人, 미인美人, 양인良人, 팔자八子, 칠자七子, 장사長使, 소사少使 등의 위차가 있었다.

로 올라가 무궁문無窮門하북성 장북현 남쪽까지 갔다가 서쪽으로 황하에 이른 뒤 황하 곁에 있는 황화산黃華山하남성 임현 서쪽에 올랐다. 이때 비의肥義와 더불어 백성들에게 호복胡服을 입고 기사騎射하는 방법을 가르칠 것을 꾀하면서 말했다.

"어리석은 사람이 웃는 바를 현자는 능히 밝혀낼 것이오. 비록 온 세상 사람이 나에게 비웃음인 치소恥笑를 보낼지라도 나는 반드시 호인胡人이 점거한 땅과 중산을 차지하고야 말 것이오."

그러고는 드디어 호복을 입었다.

그러나 당시 조나라 사람들 모두 호복 착용을 원치 않았다. 공자 성成이 칭병하며 조회에 나오지 않았다. 조무령왕이 사람을 보내 그를 청했다.

"집에서는 부모의 말을 듣고, 나라에서는 군주의 말을 듣는 것이오. 지금 과인이 호복으로 갈아입을 것을 가르치고 있는데 공숙公叔이 듣지 않으면 천하 사람들이 이 일을 두고 논의할까 걱정이오. 나라를 다스리는 데 상규常規가 있으니 백성을 이롭게 하는 것이 근본이오. 정무에 종사하는 데 경상經常이 있으니 명령을 실천하는 것을 최상으로 치오. 덕을 밝히는 데에는 먼저 비천한 사람들 사이에서 논의되어야 하고, 정무에 종사하는 데에는 먼저 현귀한 사람들 사이에서 신임을 얻어야 하오. 나는 사람들이 공숙의 의로운 모습을 흠모하는 것으로 호복의 착용을 성공시키고자 하오."

공자 성이 2번 절하고 머리를 조아리는 재배계수再拜稽首를 하며 말했다.

"제가 듣건대, 중국은 성현이 가르치고 예악이 사용되는 곳으로 원방의 나라가 와서 보고 만이들이 모범으로 삼는 곳이라고 했습니다. 그런데 이제 군주가 이를 버리고 원방의 복장을 입으려 하니 이는 고래의 도리를 바꾸고 인심을 거스르는 것입니다. 원컨대 군주는 이를 깊이 헤아려 도모키 바랍니다."

사자가 돌아와 이를 보고하자 조무령왕이 공숙을 찾아가 말했다.

"우리나라는 동쪽으로 제나라와 중산국, 북쪽으로 연나라와 동호東胡오환족과 선비족가 있고, 서쪽으로는 누번樓煩섬서성 북쪽과 내몽골 남쪽의 유목민과 진·한 등의 변경과 경계하고 있소. 지금 기사騎射를 연마하지 않으면 어떻게 이를 지킬 수 있겠소. 과거 중산국은 제나라의 강병을 등에 업고 우리 땅을 침공해 백성들을 포로로 잡는 계루係累를 했소. 또 황하의 물을 끌어들여 호鄗하북성 백향현 동북쪽 땅을 포위한 채 침수시켰소. 만일 사직 신령들의 도움이 없었다면 호 땅은 거의 보전치 못했을 것이오. 우리의 선군은 이를 치욕으로 여겼소. 그래서 과인이 복장을 바꿔 기사를 열심히 연마하여 4경四境의 우환에 대비하고 중산국에 설욕하고자 하는 것이오. 공숙이 중국의 풍속에 순응하고자 하나 변복變服했다는 비난을 들을까 저어하는 것은 호 땅의 치욕을 잊는 것이오. 이는 과인이 바라는 바가 아니오."

공자 성이 청명聽命하여 다음 날 호복을 입고 조회에 참석했다. '호복령'이 발포되고 기사를 잘하는 전사들이 초모됐다.

* 愼靚王八年

甘茂攻宜陽, 五月而不拔. 樗里子·公孫奭果爭之. 秦王召甘茂, 欲罷兵. 甘茂曰, "息壤在彼." 王曰, "有之." 因大悉起兵以佐甘茂. 斬首六萬, 遂拔宜陽. 韓公仲侈入謝於秦以請平.

秦武王好以力戲, 力士任鄙·烏獲·孟說皆至大官. 八月, 王與孟說舉鼎, 絶脈而薨. 族孟說. 武王無子, 異母弟稷爲質於燕. 國人逆而立之, 是爲昭襄王. 昭襄王母芈八子, 楚女也, 實宣太后.

趙武靈王北略中山之地, 至房子, 遂之代, 北至無窮, 西至河, 登黃華之上. 與肥義謀胡服騎射以敎百姓, 曰, "愚者所笑, 賢者察焉. 雖驅世以笑我, 胡地·中山, 吾必有之!" 遂胡服. 國人皆不欲, 公子成稱疾不朝. 王使人請之曰, "家聽於親, 國聽於君. 今寡人作敎易服而公叔不服, 吾恐天下議之也. 制國有常, 利民爲本. 從政有經, 令行爲上. 明德先論於賤, 而從政先信於貴, 故願慕公叔之義以成胡服之功也." 公子成再拜稽首曰, "臣聞中國者, 聖賢之所敎也, 禮樂之所用也, 遠方之所觀赴也, 蠻夷之所則效也. 今王捨此而襲遠方之服, 變古之道, 逆人之心, 臣願王熟圖之也!" 使者以報. 王自往請之, 曰, "吾國東有齊·中山, 北有燕·東胡, 西有樓煩·秦·韓之邊. 今無騎射之備, 則何以守之哉? 先時中山負齊之强兵, 侵暴吾地, 系累吾民, 引水圍鄗. 微社稷之神靈, 則鄗幾於不守也, 先君丑之. 故寡人變服騎射, 欲以備四境之難, 報中山之怨. 而叔順中國之俗, 惡變服之名, 以忘鄗事之丑, 非寡人之所望也." 公子成聽命, 乃賜胡服, 明日服而朝. 於是始出胡服令, 而招騎射焉.

주난왕 9년(BC 306)

1) 진소양왕이 상수向壽를 시켜 의양을 진무케 했다. 이어 저리자樗里子와 감무甘茂로 하여금 위나라를 치게 했다. 그러나 감무는 오히려 진소양왕에게 무수武遂산서성 원곡현 동남쪽를 한나라에 돌려줄 것을 청했다.

상수와 공손석이 이를 놓고 논쟁했으나 뜻을 이루지 못했다. 감무를 원망하여 참소하자 감무가 해를 당할까 두려워하여 위나라의 포판蒲阪하남성 장원현 공격을 중지하고 이내 달아났다. 이때 저리자가 위나라와 강화하고 철군하여 귀국하자 감무가 다시 제나라로 달아났다.

2) 조무령왕이 중산국의 땅을 경략해 영가寧葭하북성 획록현 북쪽까지 진격했다. 이어 서쪽으로 나아가 호인胡人의 땅을 침탈하여 유중楡中황하 북

쪽의 내몽골까지 나아갔다. 임호林胡의 왕이 조무령왕에게 말을 헌상했다.

조무령왕은 조나라로 들어온 뒤 누완樓緩을 진나라에 사신으로 보냈다. 이어 구액仇液을 한나라, 왕전王翦의 아들인 왕분王賁을 초나라, 부정富丁을 위나라, 조작趙爵을 제나라로 보냈다. 대代하북성 위현 땅의 재상 조고趙固가 호인들의 일을 주관하면서 이내 호인을 시켜 병사들을 모으게 했다.

3) 초회왕이 제·한 두 나라와 합종했다.

＊ 愼靚王九年

秦昭襄王使向壽平宜陽, 而使樗里子·甘茂伐魏. 甘茂言於王, 以武遂復歸之韓. 向壽·公孫奭爭之, 不能得, 由此怨讒甘茂. 茂懼, 輟伐魏蒲阪, 亡去. 樗里子與魏講而罷兵. 甘茂奔齊.

趙王略中山地, 至寧葭. 西略胡地, 至楡中. 林胡王獻馬. 歸, 使樓緩之秦, 仇液之韓, 王賁之楚, 富丁之魏, 趙爵之齊. 代相趙固主胡, 致其兵.

楚王與齊·韓合從.

주난왕 10년(BC 305)

1) 혜성이 나타났다.

2) 조무령왕이 중산을 치고 단구丹丘하북성 곡양현 서북쪽와 상양爽陽하북성 곡양현 경계, 홍지새鴻之塞하북성 당현 동북쪽를 취했다. 또 호鄗와 석읍石邑하북성 획록현 동남쪽, 봉룡封龍하북성 획록현 동남쪽, 동원東垣하북성 정정현 남쪽을 취하자 중산국이 4개의 성읍을 바쳐 강화를 구했다.

3) 진나라의 선태후宣太后에게는 이부제異父弟가 있었다. 양穰하남성 등현 땅의 제후인 양후穰侯 위염魏冉이 바로 그였다. 그녀의 동부제同父弟로

는 화양군華陽君 미융芈戎이 있었다. 한편 진소양왕의 동모제同母弟로 고릉高陵섬서성 고릉현 서남쪽의 주인인 고릉군高陵君 현顯과 경양涇陽섬서성 경양현 서북쪽의 주인인 경양군涇陽君 회悝가 있었다.

이들 가운데 위염이 가장 현명했다. 진혜문왕과 진무왕 때부터 직책을 맡아 정사를 다뤘다. 진무왕이 죽자 여러 아우들이 자리를 놓고 다퉜다. 이때 오직 위염의 힘으로 능히 진소양왕을 옹립케 됐다. 진소양왕은 즉위하자마자 위염을 장군으로 삼고 함양을 보위케 했다.

이 해에 서장庶長 장壯과 대신, 공자들이 작란을 모의했다. 위염이 이들을 주살했다. 진소양왕의 생모인 혜문후惠文后도 이 여파로 명대로 살지 못했다. 진무왕의 비인 도무왕후悼武王后도 도망쳐 친정인 위나라로 갔다. 진소양왕의 형제 가운데 다른 마음을 품었던 자들 모두 위염에 의해 주살됐다. 당시 진소양왕이 어렸기 때문에 선태후가 국가 대사를 처리했다. 선태후가 위염에게 정치를 맡기자 그의 위엄이 진나라를 진동시켰다.

* 愼靚王十年

彗星見.

趙王伐中山, 取丹丘·爽陽·鴻之塞, 又取鄗·石邑·封龍·東垣. 中山獻四邑以和.

秦宣太后異父弟曰穰侯魏冉, 同父弟曰華陽君芈戎. 王之同母弟曰高陵君·涇陽君. 魏冉最賢, 自惠王·武王時, 任職用事. 武王薨, 諸弟爭立, 唯魏冉力能立昭王. 昭王卽位, 以冉爲將軍, 衛咸陽. 是歲, 庶長壯及大臣·諸公子謀作亂, 魏冉誅之. 及惠文後皆不得良死, 悼武王后出歸於魏, 王兄弟不善者, 魏冉皆滅之. 王少, 宣太后自治事, 任魏冉爲政, 威震秦國.

주난왕 11년(BC 304)

1) 진소양왕과 초회왕이 황극黃棘하남성 남양현 남쪽에서 동맹을 맺었다. 진나라가 상용上庸호북성 죽산현을 초나라에 돌려주었다.

* 愼靚王十一年

秦王·楚王盟於黃棘. 秦復與楚上庸.

주난왕 12년(BC 303)

1) 혜성이 나타났다.

2) 진나라가 위나라의 포판蒲阪과 진양晉陽산서성 예성현 서쪽, 봉릉封陵산서성 예성현 서남쪽을 취했다. 이어 한나라의 무수武遂도 취했다.

3) 제·한·위 등 3국이 초나라의 합종 맹약 위반을 이유로 합병合兵하여 초나라를 쳤다. 초회왕이 태자 횡橫을 진나라에 인질로 보내 구원을 청했다. 진나라의 객경 통通이 군사를 이끌고 가 초나라를 구원하자 3국 연합군이 마침내 철군했다.

* 愼靚王十二年

彗星見.

秦取魏蒲阪·晉陽·封陵, 又取韓武遂.

齊·韓·魏以楚負其從親, 合兵伐楚. 楚王使太子橫爲質於秦而請救. 秦客卿通將兵救楚, 三國引兵去.

주난왕 13년(BC 302)

1) 진소양왕이 위양왕 및 한나라 태자 영嬰 등과 임진臨晉섬서성 대려현에서 회동했다. 한나라 태자 영이 진나라 함양에 갔다가 돌아왔다. 진나라

가 포판을 위나라에 돌려주었다.

2) 진나라 대부가 사사로이 초나라 태자 횡과 싸웠다. 초나라 태자가 진나라 대부를 죽이고 초나라로 달아났다.

＊ 愼靚王十三年

秦王·魏王·韓太子嬰會於臨晉, 韓太子至咸陽而歸. 秦復與魏蒲阪.

秦大夫有私與楚太子鬪者, 太子殺之, 亡歸.

주난왕 14년(BC 301)

1) 개기일식이 있었다. 하루 종일 해가 보이지 않았다.

2) 진나라가 한나라의 양穰 땅을 취했다.

3) 촉 땅의 군수 휘煇가 진나라를 배반했다. 진나라 장수 사마조가 군사를 이끌고 가 그를 주살했다.

4) 진나라의 서장庶長 환奐이 제·한·위 3국의 군사를 모아 초나라를 쳤다. 중구重丘하남성 비양현 동북쪽에서 초나라의 군사를 대파하고 초나라 장수 당매唐昧를 죽였다. 이로써 중구도 빼앗게 됐다.

5) 조무령왕이 중산국을 치자 중산국의 군주가 제나라로 달아났다.

＊ 愼靚王十四年

日有食之, 旣.

秦人取韓穰. 蜀寧煇叛秦, 秦司馬錯往誅之.

秦庶長奐會韓·魏·齊兵伐楚, 敗其師於重丘, 殺其將唐昧. 遂取重丘.

趙王伐中山, 中山君奔齊.

주난왕 15년(BC 300)

1) 진나라의 경양군涇陽君이 인질이 되어 제나라로 갔다.

2) 진나라의 화양군華陽君이 초나라를 쳐 초나라 군사를 대파하고 3만 명을 참수했다. 이때 초나라 장수 경결景缺을 죽이고 양성襄城하남성 양성현도 빼앗았다. 초회왕이 크게 두려워한 나머지 태자를 제나라에 인질로 보내고 강화를 청했다.

3) 진나라 승상 저리질이 죽었다. 조나라 출신 누완樓緩을 후임 승상으로 삼았다.

4) 조무령왕이 어린 아들 하何를 총애한 나머지 자신의 생전에 그를 즉위시키고자 했다.

* 慎靚王十五年

秦涇陽君爲質於齊.

秦華陽君伐楚, 大破楚師, 斬首三萬, 殺其將景缺, 取楚襄城. 楚王恐, 使太子爲質於齊以請平.

秦樗里疾卒, 以趙人樓緩爲丞相.

趙武靈王愛少子何, 欲及其生而立之.

주난왕 16년(BC 299)

1) 5월 26일, 조무령왕이 동궁에서 큰 조회를 열고 하何에게 보위를 넘겨주었다. 하가 즉위 직전 종묘에서 제사를 올리는 묘현廟見의 예를 마친 후 조회를 주재하는 임조臨朝를 하자 대부들이 모두 그의 신하가 됐다. 비의肥義가 재상 겸 왕의 보좌역인 부왕傅王이 됐다.

이때 조무령왕은 군주의 부친을 뜻하는 '주부主父'를 자칭했다. 주부가 아들로 하여금 직접 나라를 다스리게 할 요량으로 몸에 호복을 걸친 채

사대부를 이끌고 서북쪽으로 가 호지胡地를 경략했다.

그는 장차 운중雲中과 구원九原 등지에서 남진하여 함양을 습격할 생각을 품고 있었다. 스스로 사자를 가장하여 진나라로 들어간 뒤 진나라의 지형과 진왕의 사람됨을 살피고자 했다.

진소양왕은 이를 전혀 눈치 채지 못했다. 단지 의표儀表가 장하고 위엄이 있는 기위奇偉의 모습으로 신하의 풍모가 아닌 것을 이상히 여겨 사람을 시켜 그를 쫓아 버렸다. 주부가 진나라를 떠나 이미 관문을 빠져나올 즈음 비로소 심문審問을 통해 그가 주부였음을 알아챘다. 진나라 사람들이 모두 크게 놀랐다.

2) 제민왕과 위양왕이 한韓나라에서 회동했다.

3) 진나라가 초나라를 쳐 8개 성읍을 빼앗았다. 진소양왕이 초회왕에게 다음과 같은 내용의 편지를 보냈다.

"당초 과인은 군주와 형제 결의를 약속하여 황극黃棘에서 맹서하고 태자를 인질로 보내자 두 나라가 매우 화락했소. 그런데 태자가 과인의 중신을 죽이고 사과도 아니 한 채 도망치고 말았소. 과인은 실로 화를 이길 수 없어 군사들을 시켜 군주의 변경을 치게 했소. 지금 듣건대 군주가 태자를 제나라에 인질로 보내 화평을 구하려 한다 하오. 과인은 초나라와 접경한 데다 혼인을 통해 서로 친한 사이요. 그런데 지금 진·초 두 나라가 이처럼 화락하지 못하면 제후들을 호령할 수 없을 것이오. 과인은 군주와 무관武關섬서성 상락현 단강 북안에서 만나 얼굴을 맞대고 결맹한 뒤 돌아가고자 하오. 이것이 과인의 소원이오."

초회왕이 대응책을 놓고 크게 고민했다. 무관으로 가자니 속임수에 걸려드는 것이 아닌지 알 수 없었고 가지 않자니 진나라가 더욱 노할까 두려웠다. 재상 소수昭睢[58]가 건의했다.

"가서는 안 됩니다. 군사를 동원해 스스로 지키느니만 못합니다. 그는 호랑虎狼과 같은 자로 제후들을 병탄하고자 하는 마음을 품고 있으니 그를 믿어서는 안 됩니다."

그러나 초회왕의 아들 난蘭은 무관으로 갈 것을 적극 권했다. 결국 진나라로 가게 됐다. 이때 진소양왕이 한 장군을 진왕으로 가장케 한 뒤 무관에 복병들을 매복시켰다. 얼마 후 초왕이 도착하자 곧바로 관문을 닫고 겁지劫持하여 함께 서쪽으로 가 함양에 당도했다. 이어 위수 남쪽의 장대章臺에서 열린 진나라의 조회에 참석해 번신藩臣의 예를 취하게 했다. 그러고는 무巫사천성 무산현와 검중黔中호남성 원릉현의 할양을 요구했다.

당시 초회왕은 먼저 결맹하고자 했으나 진소양왕은 오히려 먼저 할양을 요구했다. 초회왕이 대로했다.

"군주는 나를 속인 것도 모자라 땅의 할양까지 강요하는 것이오."

그러고는 할양을 허락지 않았다. 진소양왕이 초회왕을 억류했다. 초나라 대신들이 이 일을 크게 우려하면서 서로 모여 상의했다.

"우리 군주는 진나라에서 돌아오지 못하고 있는데 진나라는 할양을 요구하고 있고, 태자는 제나라에 인질로 가 있소. 만일 진·제 두 나라가 함께 우리를 도모하면 우리 초나라는 장차 없어지고 말 것이오."

초나라 내에서는 다른 왕자를 옹립하고자 했다. 재상 소수가 만류했다.

"군주와 태자가 모두 제후들에게 곤욕을 치르고 있소. 그런데 지금 또 다시 왕명을 어기고 서자를 세우면 이는 부당한 일이 아니겠소."

그러고는 마침내 초회왕이 죽어 부고를 전달한다고 속여 제나라로 들어갔다. 제민왕이 군신들을 소집해 놓고 이를 상의했다. 이때 어떤 사람이 건의했다.

---

58 소수昭睢가 『사기』「초세가」에는 소저昭睢로 나온다.

"태자를 계속 억류하면서 회수 북쪽의 초나라 회북淮北 땅을 요구하느니만 못합니다."

제나라의 재상이 반대했다.

"불가합니다. 만일 초나라 도성인 영郢호북성 강릉현 땅에 새 왕이 서게 되면 우리는 허울뿐인 인질인 공질空質을 껴안고 있는 꼴이 됩니다. 또 왕이 죽었는데도 태자를 돌려보내지 않는 불의를 저질렀다는 비난을 천하에 유포하는 셈이 됩니다."

"그렇지 않습니다. 영중에 새 왕이 서면 새 왕에게 교환 조건으로 제시하기를, '우리에게 초나라 소유의 회북을 내주면 군주에게 걸림돌이 될 태자를 제거해 주겠소. 그렇지 않으면 장차 3국과 상의해 태자를 옹립하도록 하겠소'라고 하면 됩니다."

제민왕은 마침내 재상의 계책을 채택했다. 초나라 태자를 귀국시키자 초나라 사람들이 태자 횡橫을 새 왕으로 옹립했다. 그가 바로 초경양왕楚頃襄王이다.

4) 진소양왕은 맹상군이 현명하다는 말을 듣고 경양군을 인질로 삼아 제나라로 보내면서 대신 맹상군을 진나라로 초청했다. 맹상군이 진나라로 들어오자 진소양왕이 그를 승상으로 삼았다.

＊ 愼靚王十六年

五月戊申, 大朝東宮, 傳國於何. 王廟見禮畢, 出臨朝, 大夫悉爲臣. 肥義爲相國, 並傅王. 武靈王自號"主父." 主父欲使子治國, 身胡服, 將士大夫西北略胡地. 將自雲中·九原南襲咸陽, 於是詐自爲使者, 入秦, 欲以觀秦地形及秦王之爲人. 秦王不知, 已而怪其狀甚偉, 非人臣之度, 使人逐之, 主父行已脫關矣. 審問之, 乃主父也. 秦人大驚.

齊王·魏王會於韓.

秦人伐楚, 取八城. 秦王遺楚王書曰, "始寡人與王約爲兄弟, 盟於黃棘, 太子入質, 至歡也. 太子陵殺寡人之重臣, 不謝而亡去. 寡人誠不勝怒, 使兵侵君王之邊. 今聞君王乃令太子質於齊以求平. 寡人與楚接境, 婚姻相親. 而今秦·楚不歡, 則無以令諸侯. 寡人願與君王會武關, 面相約, 結盟而去, 寡人之願也!" 楚王患之, 欲往, 恐見欺, 欲不往, 恐秦益怒. 昭睢曰, "毋行而發兵自守耳! 秦, 虎狼也, 有並諸侯之心, 不可信也!" 懷王之子子蘭勸王行, 王乃入秦. 秦王令一將軍詐爲王, 伏兵武關, 楚王至則閉關劫之, 與俱西, 至咸陽, 朝章台, 如藩臣禮, 要以割巫·黔中郡. 楚王欲盟, 秦王欲先得地. 楚王怒曰, "秦詐我, 而又强要我以地!" 因不復許, 秦人留之. 楚大臣患之, 乃相與謀曰, "吾王在秦不得還, 要以割地, 而太子爲質於齊. 齊·秦合謀, 則楚無國矣." 欲立王子之在國者. 昭睢曰, "王與太子俱困於諸侯, 而今又倍王命而立其庶子, 不宜!" 乃詐赴於齊. 齊湣王召群臣謀之, 或曰, "不若留太子以求楚之淮北." 齊相曰, "不可. 郢中立王, 是吾抱空質而行不義於天下也." 其人曰, "不然. 郢中立王, 因與其新王市曰, '予我下東國, 吾爲王殺太子. 不然, 將與三國共立之' 齊王卒用其相計而歸楚太子. 楚人立之. 秦王聞孟嘗君之賢, 使涇陽君爲質於齊以請. 孟嘗君來入秦, 秦王以爲丞相.

주난왕 17년(BC 298)

1) 어떤 사람이 진소양왕에게 말했다.

"맹상군이 진나라의 재상이 됐으나 틀림없이 제나라를 우선으로 하고 진나라를 다음에 둘 것입니다. 그리되면 진나라가 위험해지지 않겠습니까?"

진소양왕이 누완樓緩을 재상으로 삼은 뒤 맹상군을 수금하고는 마침내 죽이고자 했다. 맹상군이 사람을 시켜 진소양왕의 총희를 통해 풀려나고자 했다. 총희가 청했다.

"나는 맹상군이 갖고 있는 흰여우 갖옷인 호백구狐白裘를 갖고 싶소."

당초 맹상군이 호백구를 갖고 있었다. 그러나 이를 이미 진소양왕에게 바쳤으므로 총희의 요구를 들어줄 수 없었다. 이때 맹상군의 식객 가운데 개를 가장해 도둑질을 하는 자인 구도자狗盜者가 있었다. 그가 진나라의 창고 안으로 들어가 호백구를 훔쳐다가 총희에게 바쳤다. 총희가 마침내 진소양왕에게 말해 맹상군을 내보내 주었다.

그러나 얼마 안 돼 진소양왕이 이내 후회하고는 사람들을 시켜 맹상군을 잡아오게 했다. 맹상군이 관문 있는 곳에 이르렀을 때였다. 당시 규칙에 따르면 새벽 첫 닭의 울음인 계명鷄鳴이 있어야 사람들을 관문 밖으로 내보내게 되어 있었다. 그런데 이때는 계명이 있기에는 아직 이른 시간이었다.

추격자들이 도착할 즈음 맹상군의 식객 가운데 계명을 잘 흉내 내는 사람이 있었다. 그가 계명을 흉내 내자 관문 주위의 닭들이 모두 일제히 따라 울었다. 맹상군은 마침내 진나라를 빠져나와 귀국하게 됐다.

2) 초나라 사람이 진나라에 고했다.

"사직의 신령에 의지하니 우리 초나라에도 군주가 있다."

진소양왕은 초나라에서 새 왕이 섰다는 이야기를 듣고는 대로한 나머지 군사를 동원한 뒤 무관武關 밖으로 내보내 초나라를 치게 했다. 초나라 군사 5만 명을 참수하고 석읍析邑하남성 서협현 등 16개 성읍을 취했다.

3) 조무령왕이 아우 승勝을 평원군平原君으로 봉했다. 평원군은 선비들을 거두기를 좋아했다. 식객이 늘 수천 명이나 됐다. 그 중에는 사물의 차별성을 지나치게 강조해 동일성을 말살하는 궤변론자 공손룡公孫龍도

있었다. 그는 사물의 동일성을 지나치게 과장해 차별성을 말살하는 궤변론자 혜시惠施와 더불어 대표적인 명가名家에 속했다.

공손룡은 『수백론守白論』이라는 저서를 쓰기도 했다. 그는 이동異同의 구분을 통합하고 시각과 촉각으로 알 수 있는 것의 분리를 밝히는 궤변인 이른바 '견백동이지변堅白同異之辯'에 능했다. 이때 평원군이 그를 식객으로 거둬들였다. 당시 공천孔穿이라는 사람이 노나라에서 조나라로 왔다. 그는 공손룡과 노비는 세 개의 귀를 가졌다는 궤변인 '장삼이臧三耳' 주제를 놓고 논쟁을 벌였다. 공손룡의 변론은 매우 정미精微했다. 자고子高공천孔穿가 응대할 방법이 없자 잠시 후 하직 인사를 하고 나가 버렸다. 다음 날 자고가 다시 평원군을 찾아오자 평원군이 물었다.

"어제 공손룡의 변론은 실로 웅변이었소. 선생은 어찌 생각하시오?"

자고가 대답했다.

"말씀한 바와 같습니다. 노비는 거의 귀가 3개라고 믿을 수 있게 말했습니다. 그러나 설령 그렇다 할지라도 실제로 그렇게 할 수는 없는 것입니다. 지금 저는 군에게 묻고 싶습니다. 실로 노비의 귀가 3개라고 보는 것은 매우 곤란하고 실제로도 맞지 않습니다. 노비의 귀가 2개라고 말하는 것이 쉬운 것은 물론 실제로도 맞습니다. 저는 장차 군이 쉽고도 맞는 쪽을 좇을 것인지, 아니면 곤란하고도 맞지 않는 쪽을 좇을 것인지 모르겠습니다."

평원군이 아무 대답도 하지 못했다. 다음 날 평원군이 공손룡에게 말했다.

"그대는 다시 자고와 논변하지 마시오. 그는 도리에 밝고 말이 적으나 그대는 말이 앞서고 도리에 뒤지니 끝내 패하고 말 것이오."

당시 추연鄒衍이 조나라를 내방하게 됐다. 평원군이 그로 하여금 공손룡과 함께 흰말은 말이 아니라는 궤변인 '백마비마白馬非馬'를 논변케 했다. 추연이 말했다.

"그 말은 불가능한 것입니다. 무릇 논변이란 사물을 종류별로 변별하여 서로 섞이지 않게 하는 것입니다. 또한 서로 다른 주장을 차례로 열거하여 문란하지 않게 만들어야 합니다. 나아가 논설의 취지를 밝히고 통하게 하여 사람들로 하여금 모두 그 함의含意를 분명히 알게 함으로써 해당 사안에 대해 애매한 점이 없도록 해야 합니다.

그래서 논변으로 승리한 사람은 옹호하는 도리를 잃지 않고, 이기지 못한 사람도 자신이 추구하는 도리를 얻게 되는 것입니다. 이같이 하면 논변을 가히 진행시킬 수 있습니다. 그러나 번쇄한 언사를 끌어들이고, 교묘한 문사로 수식해 눈을 어지럽게 하고, 교묘한 비유로 궤변을 늘어놓아 사람들로 하여금 그 뜻을 제대로 파악치 못하게 만드는 것은 공리公理를 해치는 것입니다. 이리저리 말꼬리를 물고 늘어지면서 쟁변爭辯을 멈추지 않는 사람은 끝내 자신이 이길 것으로 생각합니다. 그러나 이는 도리를 말하는 군자를 해치지 않을 수 없을 것입니다. 저 추연은 그 같은 논변을 하지 않습니다."

앉아 있던 사람들이 모두 추연을 칭송했다. 공손룡은 이 일로 인해 드디어 명성이 실추되고 말았다.

* 愼靚王十七年

或謂秦王曰, "孟嘗君相秦, 必先齊而後秦. 秦其危哉!" 秦王乃以樓緩爲相, 囚孟嘗君, 欲殺之. 孟嘗君使人求解於秦王幸姬, 姬曰, "願得君狐白裘." 孟嘗君有狐白裘, 已獻之秦王, 無以應姬求. 客有善爲狗盜者, 入秦藏中, 盜狐白裘以獻姬. 姬乃爲之言於王而遣之. 王後悔, 使追之. 孟嘗君至關. 關法:雞鳴而出客. 時尙蚤, 追者將至, 客有善爲雞鳴者, 野雞聞之皆鳴. 孟嘗君乃得脫歸.

楚人告於秦曰, “賴社稷神靈, 國有王矣!” 秦王怒, 發兵出武關擊楚, 斬首五萬, 取十六城.

趙王封其弟勝爲平原君. 平原君好士, 食客常數千人. 有公孫龍者, 善爲堅白同異之辯, 平原君客之. 孔穿自魯適趙, 與公孫龍論臧三耳, 龍甚辯析. 子高弗應, 俄而辭出, 明日復見平原君. 平原君曰, “疇昔公孫之言信辯也, 先生以爲何如?” 對曰, “然. 幾能令臧三耳矣. 雖然, 實難! 僕願得又問於君:今謂三耳甚難而實非也, 謂兩耳甚易而實是也, 不知君將從易而是者乎, 其亦從難而非者乎?” 平原君無以應. 明日, 謂公孫龍曰, “公無復與孔子高辯事也! 其人理勝於辭, 公辭勝於理. 辭勝於理, 終必受詘.” 齊鄒衍過趙, 平原君使與公孫龍論白馬非馬之說. 鄒子曰, “不可. 夫辯者, 別殊類使不相害, 序異端使不相亂. 抒意通指, 明其所謂, 使人與知焉, 不務相迷也. 故勝者不失其所守, 不勝者得其所求. 若是, 故辯可爲也. 及至煩文以相假, 飾辭以相惇, 巧譬以相移, 引人使不得及其意, 如此害大道. 夫繳紛爭言而競後息, 不能無害君子, 衍不爲也.” 座皆稱善. 公孫龍由是遂絀.

권4-주기周紀 4: 합종연횡이 충돌하다

주난왕 18년(BC 297)

1) 초회왕이 진나라에서 달아나 귀국코자 했다. 진나라 사람들이 이를 눈치 채고 미리 길을 차단했다. 초회왕은 샛길을 따라 조나라로 가려고 했다. 이때 조나라의 주부主父인 조무령왕은 대代 땅에 머물고 있었다. 그러나 조나라 사람들은 감히 초회왕을 받아들이지 못했다. 초회왕이 다시 위나라로 달아나려고 하자 진나라 사람들이 추급追及해 그를 데리고 돌아갔다.

2) 노평공魯平公이 죽었다. 그의 아들 가賈가 뒤를 이어 노민공魯緡公으로 즉위했다.

** 起閼逢困敦, 盡著雍困敦, 凡二十五年.

* 赧王中十八年

楚懷王亡歸. 秦人覺之, 遮楚道. 懷王從間道走趙. 趙主父在代, 趙人不敢受. 懷王將走魏, 秦人追及之, 以歸.

魯平公薨, 子緡王賈立.

주난왕 19년(BC 296)

1) 초회왕이 끝내 병이 나 죽었다. 진나라 사람들이 그의 영구를 돌려

보내 장사 지내게 했다. 초나라 사람들이 모두 초회왕의 비운을 가슴 아파하며 마치 친척이 죽은 것처럼 슬퍼했다. 제후들은 진나라를 정직한 나라가 아니라고 생각케 됐다.

2) 제·한·위·조·송 5국이 합병合兵해 진나라로 쳐들어가 염씨鹽氏산서성 운성현까지 진공했다가 회군했다. 이때 진나라는 무수武遂산서성 원곡현 동남쪽와 봉릉封陵산서성 예성현 서남쪽을 각각 한나라와 위나라에 돌려주면서 강화를 청했다.

3) 조나라의 주부가 새로 취한 중산 땅으로 순행을 나갔다. 대代로 나왔다가 서쪽 서하西河에서 누번왕樓煩王과 만나자 그를 시켜 누번의 군사들을 견송遣送케 했다.

4) 위양왕魏襄王이 죽었다. 그의 아들 속遬이 위소왕魏昭王으로 즉위했다.[59]

5) 한양왕韓襄王이 죽었다. 그의 아들 공자 구咎가 한희왕韓釐王으로 즉위했다.

* 赧王中十九年

楚懷王發病, 薨於秦, 秦人歸其喪. 楚人皆憐之, 如悲親戚. 諸侯由是不直秦.

齊·韓·魏·趙·宋同擊秦, 至鹽氏而還. 秦與韓武遂·與魏封陵以和.

趙主父行新地, 遂出代. 西遇樓煩王於西河而致其兵.

---

59 『자치통감』에는 위양왕이 주난왕 19년에 죽자 바로 그의 아들이 위소왕魏昭王으로 즉위한 것으로 되어 있으나 『사기』「육국연표」는 위애왕魏哀王이 주신정왕 3년인 기원전 318년부터 주난왕 19년인 기원전 296년까지 23년간 재위한 것으로 기록해 놓았다. 『자치통감』의 기록을 따를 경우 위애왕의 재위 기간은 모두 위양왕의 재위 기간 후반기에 해당한다. 위애왕은 가공의 인물이 되는 셈이다.

魏襄王薨, 子昭王立.

韓襄王薨, 子釐王咎立.

주난왕 20년(BC 295)

1) 진나라의 국위國尉 사마조司馬錯가 군사를 이끌고 가 위나라의 양성襄城하남성 양성현을 쳤다.

2) 조나라의 주부가 제·연 두 나라와 함께 중산국을 멸망시키고 그 왕을 부시膚施섬서성 유림현 동남쪽로 옮겼다. 주부가 귀국한 뒤 행상行賞하고, 대사大赦했다. 이어 주연을 베푸는 치주置酒를 하면서 5일간에 걸쳐 모여서 먹고 마시는 포酺를 하도록 했다.

3) 조나라의 주부가 장자인 장章을 대군代郡에 봉한 뒤 안양군安陽君으로 호칭했다. 그러나 안양군은 평소 사치하여 내심 보위에 오른 아우 조혜문왕趙惠文王 하何에게 불복했다. 주부가 전불례田不禮를 시켜 그를 보조케 했다. 이태李兌가 왕사 비의肥義에게 말했다.

"공자 장은 강장强壯하고 뜻이 교오한 데다 당우黨羽가 많고 탐욕 또한 큽니다. 전불례도 위인이 잔인하여 살인을 좋아하고 교횡驕橫하니, 두 사람이 하나로 합치면 반드시 음모를 꾸밀 것입니다. 무릇 소인이 탐심을 갖게 되면 사려가 가볍고 책모가 천박하니 한낱 그 이로움만 보고 해로움은 헤아리지 못합니다. 반드시 오래지 않아 난이 일어날 것입니다. 그대는 책임이 무겁고 세력이 크니 난이 시작되고 화란이 몰리는 곳이 될 것입니다. 그런데 그대는 어찌하여 칭질稱疾하여 조회에 나가지 않는 동시에 정권을 공자인 성成에게 전해 주지 않는 것입니까? 그래야만 화의 근원이 되지 않을 수 있습니다. 그리하는 것이 옳지 않겠습니까?"

비의가 대답했다.

"전에 주부主父가 새 왕 공자 성을 나 비의에게 맡기면서 당부하기를,

'덕조德操를 바꾸지 말고, 한 마음을 죽을 때까지 견지하도록 하오'라고 했소. 그때 나는 재배하고 명을 받들고는 서책에 이를 기록해 놓았소. 지금 전불례의 난을 두려워하여 서책에 기록한 뜻을 잊는다면 이보다 큰 변절망은變節忘恩이 어디에 있겠소. 속언에 이르기를, '죽은 자가 다시 살아날지라도 부끄럽지 않도록 산 자는 행동해야 한다'고 했소. 나는 내 말을 온전히 보존하고 싶을 뿐이니 어찌 내 몸을 보존하고자 하겠소. 그대는 선의를 갖고 나에게 충직한 말을 했소. 비록 그렇다고는 하나 나의 맹서는 이미 앞서 나온 것이니 끝내 감히 잊지 않을 것이오."

이태李兌가 말했다.

"옳습니다. 그대는 노력도록 하십시오. 내가 그대를 볼 수 있는 것도 올해가 마지막일 듯싶습니다."

그러고는 울며 밖으로 나갔다. 한편 이때 이태는 수차례에 걸쳐 공자 성成에게 전불례에 미리 대비할 것을 촉구했다. 그러나 비의는 신기信期에게 말했다.

"공자 장章과 전불례는 명성은 높으나 본질이 악한 자들입니다. 지금 저들은 안으로 부왕 주부의 동정을 얻고 밖으로 횡포한 일을 꾸미고 있습니다. 저들이 주부의 명을 가탁해 일시적으로 나라의 대권을 장악키는 어렵지 않을 것입니다. 지금 나는 이 일을 크게 우려한 나머지 밤에는 잠을 잊고, 배가 고파도 음식을 잊을 지경입니다. 현재 나라를 훔칠 도적이 주부의 신변에 나다니니 방비하지 않을 수 없습니다. 오늘 이후 군왕君王을 찾는 자가 있으면 반드시 우선 나를 만나보라고 하십시오. 내가 먼저 직접 그를 살펴보고 별다른 이상이 없다고 판정될 때에만 군왕에게 들여보내도록 하겠습니다."

"좋습니다."

이때 주부는 조혜문왕으로 하여금 군신들의 조현을 받게 하고 옆에서 이를 살펴보고 있었다. 그런데 장자가 지친 모습으로 북면하여 아우인 조혜문왕에게 신복하는 모습을 보고는 내심 가련하게 여겼다. 조나라를 둘로 나눈 뒤 공자 장章을 대代 땅의 왕으로 삼으려 했다. 그러나 이는 채 결단이 내려지기 전에 철회되고 말았다. 주부가 조혜문왕과 함께 사구沙丘 하북성 광종현 서북쪽로 순방을 갔다가 다른 궁을 사용했다. 공자 장과 전불례가 무리들과 작란한 뒤 주부의 명을 사칭해 조혜문왕을 불렀다.

조혜문왕의 스승인 비의가 먼저 들어갔다가 살해당했다. 고신高信 신기信期은 곧 조혜문왕과 합세해 공자 장의 무리들과 싸웠다. 공자 성이 이태와 함께 국도 한단에서 사구로 가 마침내 4개 성읍의 군사를 동원해 폭란을 평정했다. 결국 공자 장과 전불례를 죽이고 그 무리들을 모두 제거했다.

이 일로 공자 성이 재상이 되어 안평군安平君으로 불렸다. 이태는 사구司寇가 됐다. 이때 조혜문왕은 아직 나이가 어려 공자 성과 이태가 조정의 정사인 조정朝政을 장악했다.

앞서 공자 장은 싸움에 패하자 주부의 행궁行宮으로 달려갔다. 주부는 문을 열어주고 그를 받아들였다. 공자 성과 이태가 주부의 행궁을 포위한 뒤 마침내 공자 장을 죽였다. 공자 장이 죽은 뒤 공자 성과 이태는 뒷일을 상의하면서 말했다.

"공자 장이 작란하여 행궁을 포위하게 됐소. 만일 지금 포위를 풀고 군사를 철수시키면 우리는 곧 주살되고 말 것이오."

그러고는 계속 행궁을 포위케 한 뒤 명했다.

"궁 안에 있다가 가장 늦게 나오는 자는 주살될 것이다."

궁에 있던 사람들이 모두 빠져나왔다. 주부는 출궁하려 해도 그럴 수가 없었다. 또 먹을 것이 없어 참새 새끼인 작구雀鷇를 찾아 잡아먹다가 3달 만에 사구궁沙丘宮 안에서 굶어 죽고 말았다. 주부가 죽자 이내 발상한 뒤 제후들에게 부고를 냈다.

당초 주부는 장자인 장을 태자로 삼았다. 그러나 뒤에 오왜吳娃[60]를 얻은 뒤 그녀를 심히 총애하게 되자 수년 동안 궁 밖으로 나가지 않았다. 오왜가 아들 하何를 낳자 마침내 장을 폐하고 하를 태자로 삼았다. 그런데 오왜가 죽자 하에 대한 총애가 많이 식게 됐다. 또 마음속으로 원래의 태자 장에 대한 연민이 일어 두 왕자를 모두 왕으로 삼으려 했다. 그러나 주부가 유예하며 결단을 내리지 못하던 와중에 바로 난이 일어나고 말았다.

4) 진나라가 누완樓緩을 승상의 자리에서 면직시켰다. 위염魏冉이 그를 대신해 승상이 됐다.

＊ 赧王中二十年

秦尉錯伐魏襄城. 趙主父與齊·燕共滅中山, 遷其王於膚施. 歸, 行賞, 大赦, 置酒, 酺五日.

趙主父封其長子章於代, 號曰安陽君. 安陽君素侈, 心不服其弟. 主父使田不禮相之. 李兌謂肥義曰, "公子章強壯而志驕, 黨衆而欲大, 田不禮忍殺而驕, 二人相得, 必有陰謀. 夫小人有欲, 輕慮淺謀, 徒見其利, 不顧其害, 難必不久矣. 子任重而勢大, 亂之所始而禍之所集也. 子奚不稱疾毋出而傳政於公子成, 毋爲禍梯, 不亦可乎!" 肥義曰, "昔者主父以王屬義也, 曰, '毋變而度, 毋易而慮, 堅守一心, 以歿而世' 義再拜受命而籍之. 今畏不禮之難而忘吾籍, 變孰大焉! 諺曰, '死者復生, 生者不愧' 吾欲全吾言, 安得全吾身乎! 子則有賜而忠我矣. 雖然, 吾言已在前矣, 終不敢失!" 李兌曰, "諾. 子勉

---

60 오왜吳娃는 오광吳廣의 딸 맹요孟姚를 말한다. 여기서 '왜'는 오초吳楚의 땅에서 미인을 뜻하는 말이다.

之矣! 吾見子已今年耳.” 涕泣而出. 李兌數見公子成以備田不禮. 肥義謂信期曰, “公子章與田不禮聲善而實惡, 內得主而外爲暴, 矯令以擅一旦之命, 不難爲也. 今吾憂之, 夜而忘寐, 饑而忘食, 盜出入不可不備. 自今以來, 有召王者必見吾面, 我將以身先之. 無故而後王可入也.” 信期曰, “善.”

主父使惠文王朝群臣而自從旁窺之, 見其長子累然也, 反北面爲臣. 詘於其弟, 心憐之, 於是乃欲分趙而王公子章於代, 計未決而輟. 主父及王游沙丘, 異宮, 公子章·田不禮以其徒作亂, 詐以主父令召王. 肥義先入, 殺之. 高信卽與王戰. 公子成與李兌自國至, 乃起四邑之兵入距難, 殺公子章及田不禮, 滅其黨. 公子成爲相, 號安平君. 李兌爲司寇. 是時惠文王少, 成·兌專政. 公子章之敗也, 往走主父, 主父開之. 成·兌因圍主父宮. 公子章死, 成·兌謀曰, “以章故, 圍主父. 卽解兵, 吾屬夷矣!” 乃遂圍之, 令曰, “宮中人後出者夷!” 宮中人悉出. 主父欲出不得, 又不得食, 探雀鷇而食之. 三月餘, 餓死沙丘宮. 主父定死, 乃發喪赴諸侯. 主父初以長子章爲太子, 後得吳娃, 愛之, 爲不出者數歲. 生子何, 乃廢太子章而立之. 吳娃死, 愛馳. 憐故太子, 欲兩王之, 猶豫未決, 故亂起.

秦樓緩免相, 魏冉代之.

주난왕 21년(BC 294)

1) 진나라 군사가 위나라 군사를 해읍解邑 산서성 임의현에서 대파했다.

＊ 赧王中二十一年

秦敗魏師於解.

주난왕 22년(BC 293)

1) 한나라의 공손희公孫喜와 위나라 사람이 진나라를 쳤다. 진나라의 양후穰侯가 12등급의 관위인 좌경左更 백기白起를 진왕에게 추천해 상수向壽를 대신해 군사를 통수케 했다. 백기가 위·한 두 나라 군사를 이궐伊闕섬서성 함양시 남쪽에서 대파하고 24만 명을 참수했다. 또 공손희를 포로로 잡고 5개 성읍을 함락했다. 진소양왕이 그를 대장군인 국위國尉로 삼았다.

2) 진소양왕이 초경양왕楚頃襄王에게 다음과 같은 서신을 보냈다.

"초나라가 우리 진나라를 배반했으니 우리 진나라가 제후들을 이끌고 가 초나라를 치고자 하오. 원컨대 군주가 병사들을 잘 정비하면 서로 한번 쾌의快意의 교전을 하고 싶소."

초경양왕이 이를 크게 우려했다. 초나라가 이내 진나라와 다시 화친했다.

* 赧王中二十二年

韓公孫喜·魏人伐秦. 穰侯薦左更白起於秦王以代向壽將兵, 敗魏師·韓師於伊闕, 斬首二十四萬級, 虜公孫喜, 拔五城. 秦王以白起爲國尉.

秦王遺楚王書曰, "楚倍秦, 秦且率諸侯伐楚, 願王之飭士卒, 得一樂戰!" 楚王患之, 乃復與秦和親.

주난왕 23년(BC 292)

1) 초경양왕이 진나라에서 부인을 맞아들이고 다시 진나라와 강화케 됐다.

신 사마광은 평한다.

"진나라의 횡만무도橫蠻無道가 실로 심하기 그지없었다. 초회왕을 곤경에 몰아넣어 죽인 뒤 그의 아들 초경양왕까지 핍박하고 나섰기 때문이다. 초나라가 실로 진나라와 다툴 길이 없어 부왕의 일을 참고 원수와 혼인까지 하게 됐구나. 아, 만일 초왕이 치국의 방략을 얻고 신하 또한 실로 모두 현능했다면 진나라가 비록 강대하다고는 하나 어찌 능욕할 수가 있었겠는가?" 이를 두고 순자荀子가 평하기를, '치국의 방략이란, 무릇 이를 잘 사용하면 100리의 땅을 갖고도 독립할 수 있고, 이를 잘 사용치 못하면 초나라처럼 6천 리의 땅을 갖고도 원수의 부림을 받게 되는 것이다'라고 했다. 그래서 군주가 되어 치국의 방략을 강구치 않은 채 커다란 권세를 옹유하게 되면 이것이 바로 위험에 빠지는 원인이 되는 것이다."

2) 진나라 승상 위염이 칭병하여 사직했다. 진나라가 객경 촉수燭壽를 그 후임으로 임명했다.

* 赧王中二十三年

楚襄王迎婦於秦.

臣光曰, "甚哉秦之無道也, 殺其父而劫其子. 楚之不競也, 忍其父而婚其仇! 嗚呼! 楚之君誠得其道, 臣誠得其人, 秦雖强, 烏得陵之哉! 善乎荀卿論之曰, '夫道, 善用之則百里之地可以獨立, 不善用之則楚六千里而爲仇人役.' 故人主不務得道而廣有其勢, 是其所以危也."

秦魏冉謝病免, 以客卿燭壽爲丞相.

주난왕 24년(BC 291)

1) 진나라가 한나라를 치고 완현宛縣하남성 남양시을 함락했다.

진나라가 승상 촉수를 면직한 뒤 위염을 다시 승상으로 삼으면서 양읍穰邑하남성 등현과 도성陶邑산동성 정도현 서북쪽에 봉하고 양후穰侯로 불렀다. 또 공자 시市를 완현宛縣, 공자 회悝를 등읍鄧邑하남성 언성현 동남쪽에 봉했다.

* 赧王中二十四年

秦伐韓, 拔宛.

秦燭壽免. 魏冉復爲丞相, 封於穰與陶, 謂之穰侯. 又封公子市於宛, 公子悝於鄧.

주난왕 25년(BC 290)

1) 위나라가 하동河東 일대 400리를 진나라에 바치자 한나라도 무수武遂산서성 원곡현 일대 200리를 진나라에 헌납했다.

2) 위나라의 망묘芒卯가 거짓 수단을 동원해 중용됐다.

* 赧王中二十五年

魏入河東地四百里·韓入武遂地二百里於秦.

魏芒卯始以詐見重.

주난왕 26년(BC 289)

1) 진나라의 제16등급의 관위인 대량조大良造 백기와 객경 사마조司馬錯가 위나라를 쳤다. 지읍軹邑하남성 제원현 남쪽까지 진격해 들어가 61개 성읍을 빼앗았다.

* 赧王中二十六年

秦大良造白起·客卿錯伐魏, 至軹, 取城大小六十一.

주난왕 27년(BC 288)

1) 겨울 10월, 진소양왕이 서쪽의 제왕인 서제西帝를 칭했다. 이어 사신을 제나라로 보내 제민왕을 동제東帝로 칭하면서 함께 조나라를 치는 맹약을 맺고자 했다. 이때 종횡가인 소대蘇代가 연나라로부터 제나라로 왔다. 제민왕이 소대에게 물었다.

"진나라가 위염을 사자로 보내 나를 동제東帝로 추대하려 하오. 그대는 이를 어찌 생각하오?"

소대가 대답했다.

"군주는 제의를 받아들이기는 하되 지금 칭제稱帝하지는 마십시오. 진나라가 칭제하여 천하가 편안해질 때 칭제해도 늦지 않습니다. 만일 진나라가 칭제하는데도 천하가 모두 그를 싫어하면 군주가 칭제하지 않은 이유로 천하의 인심을 거둬들일 수 있습니다. 이는 대단히 큰 자산입니다. 또한 조나라를 치는 것과 하걸夏桀과 같은 자가 다스리는 송나라를 치는 방안 가운데 어느 쪽이 유리합니까? 지금 군주로서는 칭제하지 않음으로써 천하 사람의 여망을 담고, 군사를 내어 하걸과 같은 자가 다스리는 송나라를 치느니만 못합니다. 송나라를 취하면 초楚·조趙·양梁·위衛나라가 모두 두려워할 것입니다. 이는 우리 제나라가 명목상 진나라를 받들면서 천하 사람으로 하여금 진왕을 증오케 만드는 것입니다. 이것이 겸양하여 존귀함을 얻는 이른바 '이비위존以卑爲尊'의 계책입니다."

제민왕이 이를 좇아 칭제했다가 이틀 만에 다시 칭왕稱王했다.

12월, 여례呂禮가 제나라에서 진나라로 들어갔다. 이때 진왕도 이미 제호帝號를 버리고 다시 왕을 칭하고 있었다.

2) 진나라가 조나라를 치고 두양杜陽섬서성 인유현 서북쪽을 함락했다.

* 赧王中二十七年

冬, 十月, 秦王稱西帝, 遣使立齊王爲東帝, 欲約與共伐趙. 蘇代自燕來, 齊王曰, "秦使魏冉致帝, 子以爲何如?" 對曰, "願王受之而勿稱也. 秦稱之, 天下安之, 王乃稱之, 無後也. 秦稱之, 天下惡之, 王因勿稱, 以收天下, 此大資也. 且伐趙孰與伐桀宋利? 今王不如釋帝以收天下之望, 發兵以伐桀宋, 宋擧則楚·趙·梁·衛皆懼矣. 是我以名尊秦而令天下憎之, 所謂以卑爲尊也." 齊王從之, 稱帝二日而復歸之. 十二月, 呂禮自齊入秦, 秦王亦去帝復稱王.

秦攻趙, 拔杜陽.

주난왕 28년(BC 287)

1) 진나라가 조나라를 치고 신원新垣과 곡양曲陽하북성 곡양현 서북쪽을 함락했다.

* 赧王中二十八年

秦攻魏, 拔新垣·曲陽.

주난왕 29년(BC 286)

1) 진나라의 사마조司馬錯가 위나라의 하내河內하남성의 황하 이북 지역를 쳤다. 위나라가 안읍安邑산서성 안읍의 동북쪽을 바치며 강화를 청했다. 진나라가 안읍의 백성을 위나라 땅으로 들여보냈다.

2) 진나라 군사가 한나라 군사를 하산夏山에서 격파했다.

3) 송나라에서 참새가 성벽 귀퉁이 둥지에서 매를 낳았다. 태사太史가 점을 친 뒤 말했다.

"길조입니다. 작은 것이 큰 것을 낳았으니 반드시 천하를 제패할 것입니다."

송강왕宋康王 언偃이 크게 기뻐한 나머지 출병하여 등滕산동성 등현 서남쪽나라를 멸하고 설薛산동성 등현 동남쪽나라를 쳤다. 다시 동쪽으로 나아가 제나라를 치고 5개 성읍을 취했다. 이어 남하하여 초나라를 대파하고 300리의 땅을 취한 뒤 서쪽으로 나아가 위나라 군사를 격파했다. 제·위 두 나라를 적국으로 삼아 대치하게 되자 송강왕은 스스로 패자가 됐음을 더욱 확신케 됐다.

패업을 더욱 빨리 성취하기 위해 하늘에 화살을 쏘고 땅을 매질하는 폭군의 모습인 사천태지射天笞地를 했다. 또 사직의 신주를 벤 뒤 불살라 버리는 방법으로 위엄을 보임으로써 귀신을 복종시키고자 했다. 그러고는 궁실 안에서 밤이 새도록 술을 마시자 궁실 안에 있던 사람들이 일제히 천자에 대한 축수인 '만세萬歲'를 외쳤다.

당상堂上의 사람들에 이어 당하堂下의 사람들이 화답하자 마침내 문밖에 있는 사람들까지 응하게 됐다. 결국 나라 전체로 퍼져 나가자 감히 큰소리로 만세를 호창呼唱하지 않는 자가 없게 됐다. 천하 사람이 송강왕을 일컬어 하나라 걸桀과 같은 송나라 군주라는 뜻인 이른바 '걸송桀宋'으로 칭했다.

마침내 제민왕齊湣王이 출병하여 송강왕을 치자 송나라 백성들이 사방으로 도주해 흩어지는 도산逃散을 하고 성은 지키는 사람이 없게 됐다. 송강왕이 위나라로 도주하다가 온현溫縣하남성 온현 서남쪽에서 객사함으로써 송나라는 멸망했다.

* 赧王中二十九年

秦司馬錯擊魏河內. 魏獻安邑以和, 秦出其人歸之魏.

秦敗韓師於夏山.

宋有雀生䳍於城之陬. 史占之, 曰, "吉. 小而生巨, 必霸天下." 宋康王喜，起兵滅滕．伐薛．東敗齊，取五城．南敗楚，取地三百里，西敗魏軍．與齊·魏爲敵國，乃愈自信其霸．欲霸之亟成，故射天笞地，斬社稷而焚滅之，以示威服鬼神．爲長夜之飮於室中，室中人呼萬歲，則堂上之人應之，堂下之人又應之，門外之人又應之，以至於國中，無敢不呼萬歲者．天下之人謂之"桀宋." 齊湣王起兵伐之，民散，城不守．

宋王奔魏，死於溫．

주난왕 30년(BC 285)

1) 진소양왕이 초경양왕과 완宛하남성 남양시에서 회동했다. 이어 다시 조혜문왕趙惠文王과 중양中陽산서성 중양현에서 회동했다.

2) 진나라 장수 몽무蒙武가 제나라를 치고 9개 성읍을 함락했다.

3) 제민왕이 송나라를 멸망시킨 뒤 매우 교만해졌다. 마침내 남쪽으로 초나라를 치고 서쪽으로 삼진을 공략한 뒤 이주二周를 병탄해 천자가 되고자 했다. 이때 호훤狐咺이 공정한 의견을 개진하자 그를 단대檀臺로 통하는 사거리인 단구檀衢에서 참살했다. 또 진거陳擧가 직언하자 제나라 도성의 동문東門에서 참살했다.

이때 연소왕이 밤낮으로 백성들을 어루만지며 이끌자 나라가 더욱 부강하게 됐다. 마침내 악의樂毅와 더불어 제나라 공벌을 모의했다. 이때 악의가 건의했다.

"제나라는 춘추시대 당시 이룩한 패국霸國의 여업餘業을 잇고 있고, 땅도 넓고 사람 또한 많아 우리 연나라만으로 공격하기가 쉽지 않습니다. 군주가 꼭 이를 치고자 하면 조·초·위 등과 맹약을 맺어 함께 치느니만 못합니다."

연소왕이 이를 좇아 악의를 조나라로 보내 맹약을 맺는 동시에 따로 초나라와 위나라에 사자를 보내 이들 나라와도 연합했다. 이때 조나라를 시켜 제나라 공벌을 통한 이익을 미끼로 내세워 진나라를 유인케 했다. 제후들은 교만하고 횡포한 제민왕의 교포驕暴를 미워한 나머지 모두 다투어 연나라와 제휴한 뒤 함께 제나라를 쳤다.

* 赧王中三十年

秦王會楚王於宛, 會趙王於中陽.

秦蒙武擊齊, 拔九城.

齊湣王旣滅宋而驕, 乃南侵楚, 西侵三晉, 欲並二周, 爲天子. 狐咺正議, 斫之檀衢, 陳擧直言, 殺之東閭. 燕昭王日夜撫循其人, 益爲富實, 乃與樂毅謀伐齊. 樂毅曰, "齊, 霸國之餘業也. 地大人衆, 未易獨攻也. 王必欲伐之. 莫如約趙及楚·魏." 於是使樂毅約趙, 別使使者連楚·魏, 且令趙啖秦以伐齊之利. 諸侯害齊王之驕暴, 皆爭合謀與燕伐齊.

주난왕 31년(BC 284)

1) 연소왕이 대거 출병하면서 악의를 원수인 상장군上將軍으로 삼았다. 진나라의 국위國尉 사리斯離가 군사들을 이끌고 가 삼진三晉의 군사와 합세했다.

조혜문왕이 재상의 인수를 악의에게 주자, 악의가 진나라와 삼진의 군사를 모두 이끌고 가 제나라를 쳤다. 제민왕이 전국의 병사들을 총동원해 저지에 나섰다. 그러나 제수濟水 서쪽에서의 교전에서 대패하고 말았다.

이때 악의가 진·한 두 나라의 군사를 돌려보낸 뒤 위나라 군사를 나누어 옛 송나라 땅을 공략게 했다. 이어 조나라 군사를 일부 떼어내 하간河

間하북성 헌현 동남쪽을 점거케 했다. 그러고는 친히 연나라 군사만을 이끌고 제나라 공벌을 위해 북쪽으로 치달았다. 조나라 출신 장수 극신劇辛이 간했다.

"제나라는 크고 연나라는 작습니다. 그러나 제후들의 도움으로 제나라 군사를 격파했으니 당장 변방의 성을 잇달아 공격함으로써 이익을 챙겨야 할 것입니다. 이것이 장구지리長久之利입니다. 지금 도중에 있는 성들을 치지 않고 깊숙이 쳐들어가는 것으로 명분을 삼으면 제나라에 아무런 타격을 가하지 못하게 됩니다. 나아가 연나라에도 하등의 실익이 없을 뿐만 아니라 오히려 제나라와 깊은 원한 관계만 맺게 됩니다. 이리하면 장차 반드시 후회하게 될 것입니다."

악의가 말했다.

"제왕齊王은 자신의 공을 자랑하면서 스스로의 재능을 과신하고 있소. 또 계책을 세울 때도 부하들과 상의하지 않은 채 현량賢良을 몰아내고 아첨꾼만을 신임하고 있소. 정령 또한 가혹해 백성들이 모두 원망을 품고 있소. 지금 제나라 군사가 모두 패배해 도주했으니 만일 이를 틈타 밀어붙이면 제나라 백성들은 반드시 난을 일으키고 말 것이오. 화란이 제나라 내부에서 일어나면 가히 제나라를 도모할 수 있을 것이오. 만일 실기한 나머지 저들이 전비前非를 반성해 허물을 고치고 아랫사람을 어루만져 줄 때까지 기다리게 되면 제나라 공벌은 극히 어렵게 될 것이오."

그러고는 마침내 깊숙이 진격해 들어갔다. 이때 제나라 사람들은 과연 크게 어지러워진 나머지 기왕의 법제를 좇지 않게 됐다. 제민왕도 달아날 수밖에 없었다. 악의가 임치臨淄로 들어가 보물과 제기祭器 등을 빼앗은 뒤 이를 연나라로 실어 왔다. 연왕이 친히 제수濟水로 나아가 군사들을 위로하고 포상하면서 호궤犒饋했다. 이때 악의를 창국군昌國君으로 봉한 뒤 제나라에 머물며 아직 공략치 못한 성읍을 점령케 했다.

당시 제민왕은 위衛하남성 복양 일대나라로 달아났다. 위나라 군주 사군嗣君이 궁궐을 피해 다른 곳에 머물게 조치한 뒤 스스로 칭신하면서 주식酒食을 비롯한 소요 물자를 제공했다. 그러나 제민왕은 당연하다는 듯 불손하게 굴었다. 위나라 사람들이 그를 공격하자 그는 다시 추鄒주邾와 노魯나라로 달아났다. 그런데도 그는 교색驕色을 버리지 못했다. 추·노 두 나라에서도 그의 입국을 제지하자 드디어 거莒산동성 거현 땅으로 달아나게 됐다.

이때 초나라가 요치淖齒를 시켜 군사를 이끌고 가 제나라를 구하게 했다. 요치가 제나라의 재상이 됐다. 요치는 연나라와 함께 제나라를 나눠 가질 생각으로 이내 제민왕을 잡고는 그 죄목을 열거했다.

"천승千乘산동성 고청현 동남쪽에서 박창博昌산동성 박흥현 동남쪽에 이르는 사방 수백 리 내에서 혈우血雨가 내려 옷을 모두 적셨소. 군주는 이를 아시오?"

"알고 있소."

"영嬴산동성 내무현 서북쪽과 박博산동성 태안현 사이에서는 땅이 갈라져 샘물이 나오는 깊은 곳까지 그 균열이 이르게 됐소. 군주는 이를 아시오?"

"알고 있소."

"어떤 사람이 궐문을 향해 곡읍哭泣하자 사람들이 그를 찾으러 갔으나 찾을 길이 없었소. 그런데 사람들이 궐문을 떠났을 때 또 곡읍하는 소리를 듣게 됐소. 군주는 이를 아시오?"

"알고 있소."

요치가 말했다.

"하늘이 혈우를 내려 옷을 적신 것은 하늘이 군주에게 경고한 것이고, 땅이 갈라져 샘물이 솟는 깊은 곳까지 이르게 된 것은 땅이 군주에게 경고한 것이고, 어떤 사람이 궐문을 향해 곡읍한 것은 사람이 군주에게 경고한 것이오. 하늘과 땅과 사람이 모두 말했는데도 군주는 오히려 스스로 한 약속과 경고를 몰랐으니 어찌 그대를 주살하지 않을 수 있겠소?"

그러고는 마침내 제나라의 종묘와 가까운 고리鼓里산동성 거현 부근에서 제민왕을 죽여 버리고 말았다. 이를 두고 순자가 『순자』「왕패王覇」에서 이같이 평했다.

"나라는 천하 최고의 이익과 권세이다. 올바른 방략으로 이를 장악하면 나라가 크게 편해지고 번영케 된다. 이는 미덕을 쌓는 근원이다. 그러나 올바른 방략으로 이를 장악하지 못하면 크게 위태로워지고 지치게 된다. 대권을 갖고 있어도 갖고 있지 않느니만 못하다. 극단적인 상황에 이르게 되면 필부가 되고자 해도 안 되는 것이다. 제민왕과 송강왕宋康王이 바로 그런 사람들이다. 그래서 대권을 장악한 사람이 의義로 나라를 세우면 왕자王者라 하고, 신信으로 세우면 패자覇者라 하고, 권모權謀로 세우면 망자亡者라고 하는 것이다. 나라를 영도하며 예를 창도하면 어느 것도 그를 방해하거나 동요시킬 수 없다. 한 건의 불의한 일을 저지르고 죄 없는 한 사람을 죽여 천하를 얻을 수 있다 해도 인덕이 있는 사람은 하지 않는 것이다. 굳건히 자신의 뜻을 견지하고 나라를 잘 관장하는 것은 돌덩이처럼 견고한 것이다. 그와 더불어 일할 사람은 모두 의사義士이다. 그가 반포하여 열거한 국가 형법의 내용은 모두 의법義法이다. 군주가 성실히 예를 다하는 것이 이와 같으니 신하들을 영도해 나가는 것이 모두 의지義志이다. 이리하면 아랫사람은 윗사람을 의로써 바라보게 되고 이리하여 그 기초가 안정되는 것이다. 기초가 안정되면 나라가 안정되고, 나라가 안정되면 천하가 안정되는 것이다. 그래서 말하기를, '거국적으로 인의를 실현하고자 하면 단 하루 만에 이를 분명히 보여 줄 수 있다'고 했다. 상탕商湯과 주무왕周武王이 바로 그런 사람이다. 이것이 바로 의로써 나라를 세우고 천하의 왕자를 칭한다고 하는 것이다. 덕이 비록 미완이고

의가 아직 완전히 실현되지 못했을지라도 천하의 정리政理다스리는 이치는 이미 대략 주효했다. 형상刑賞을 이미 천하 사람이 받아들였으니 신하는 성신誠信을 가히 이룰 수 있다는 사실을 명백히 알 수 있다. 정령이 이미 반포되면 비록 그 이해득실을 모두 알 수 있을지라도 결과와 상관없이 그 백성을 속이지는 못하는 것이다. 맹약이 이미 체결됐으면 비록 그 이해득실을 모두 알 수 있을지라도 결과와 상관없이 그 맹방을 속이지는 못하는 것이다. 이리하면 군사가 강해지고 성도 굳어져 적국이 이를 두려워하게 된다. 나라의 정령이 하나로 통일되면 기초가 이미 드러나 맹방이 이를 신뢰하게 된다. 비록 변방 한쪽에 치우친 약소국일지라도 그 성위聲威는 능히 천하를 진동시킬 수 있다. 5패五伯[61]가 바로 그런 사람들이다. 이것이 신의로 나라를 세워 천하 패자가 되는 길이다. 나라를 영도하며 공리功利를 창도할 때 그 의를 신장하고 믿음을 가지런히 하는 데 힘쓰지 않고 오직 이익만을 추구하면, 안으로는 백성에 대한 기만과 소리小利 추구를 꺼리지 않고, 밖으로는 맹방에 대한 기만과 대리大利 추구를 꺼리지 않게 된다. 안으로 자신이 이미 갖고 있는 백성과 땅을 바르게 다스리지 않으면서 오히려 늘 다른 사람이 갖고 있는 것을 욕심낸다. 그리하면 신하와 백성들이 남을 속이려는 마음인 사심詐心으로 윗사람을 대하지 않는 경우가 없게 된다. 윗사람이 아랫사람을 속이고 아랫사람이 윗사람을 속이게 되면 상하가 갈라지고 만다. 이리되면 적국이 얕보게 되고 맹방들도 의심케 되니 권모술수만이 나날이 횡행케 된다. 결국 나라는 위기로 인해 쇠약해지는 위삭危削을 면치 못하다가 엄중한 때에 이르러 이내 망하고 마

61 5패五伯는 춘추5패를 뜻한다. 패伯는 통상 '백'으로 읽으나 패자覇者를 뜻할 때는 '패'로 읽는다. 여기의 '5패'를 하나라 때의 곤오昆吾, 은나라 때의 대팽大彭과 시위豕韋, 주나라 때의 제환공齊桓公과 진문공晉文公으로 풀이하는 견해도 있다.

는 것이다. 제민왕과 설공薛公 맹상군이 바로 그런 사람들이다. 제나라를 강하게 만들고자 하면서 예를 닦지 않았고, 정교政教로써 근본을 삼지 않았고, 성신誠信으로 천하를 규율치 않았고, 늘 수레를 몰아 밖으로 나가 교전하는 결인치외結引馳外에만 힘썼다. 제나라는 강대했을 때 남쪽으로 초나라를 깨뜨릴 수 있었고, 서쪽으로 진나라를 굴복시킬 수 있었고, 북쪽으로 연나라를 격파할 수 있었고, 중앙으로 송나라를 멸망시킬 수 있었다. 그러나 연·조 두 나라가 일어나 공격하자 마치 고목이 쓰러지듯 자신의 몸을 망치고 나라까지 망치게 하여 마침내 천하 사람의 주벌誅伐 대상이 되고 말았다. 후세에 악한 군주를 거론할 때마다 반드시 이들을 상고케 됐다. 이는 다른 것이 아니라 예로써 나라를 다스리지 않고 오직 권모술수로 다스린 데서 비롯된 것이다. 이 3가지 정황은 명주明主가 삼가서 선택하고, 인인仁人이 분명히 알아야 하는 것이다. 선택을 잘 하는 사람은 다른 사람을 제복制服할 수 있으나 그렇지 못한 사람은 다른 사람에게 제복되는 것이다."

2) 악의가 주읍晝邑 출신 왕촉王蠋이 현인이라는 말을 듣고 군중軍中에 영을 내려 주읍 주변 30리 안으로 들어가지 못하게 했다. 그러고는 사람을 시켜 왕촉을 청했으나 왕촉이 사양하고 오지 않았다. 연나라 사람이 건의했다.

"그가 오지 않으면 주읍 사람을 모두 도륙할 것이다."

왕촉이 대답했다.

"충신은 두 임금을 섬기지 않고 열녀는 지아비를 바꾸지 않는 법이오. 나라가 무너지고 군주가 죽었으니 나는 더 이상 살아남을 수 없소. 지금 무력으로 나를 겁박하려 하니 나는 불의不義에 사느니 차라리 죽고자 하오."

그러고는 드디어 나뭇가지에 목을 맨 뒤 스스로 힘을 다해 나무 위에 머리를 부딪쳐 마침내 땅에 떨어지면서 목이 부러지게 하는 방법으로 자진했다.

이때 연나라 군사는 승승장구乘勝長驅했고, 제나라의 성읍은 모두 소문만 듣고도 사방으로 달아나 스스로 무너지는 망풍분궤望風奔潰의 모습을 보였다. 그러나 악의는 연나라 군사를 정비해 노략을 금하고, 숨어 사는 현자인 제나라의 일민逸民을 찾아 그들을 널리 현창하면서 두터운 예로써 후대했다.

또한 부렴賦斂을 너그러이 하고, 포학한 정령을 없애고, 낡은 정령을 정비하자 제나라 백성들이 크게 기뻐했다. 좌군左軍을 보내 교수膠水산동성 낭야군 교산 발원와 내수萊水를 건너 교동膠東산동성 평도현과 동래東萊산동성 액현로 진주케 했다. 또 전군前軍은 태산泰山을 돌아 바다까지 나아가 낭야琅邪山산동성 교남현 서남쪽를 취하게 했다. 우군右軍은 황하와 제수를 돌아 아阿산동성 양곡현 동북쪽와 견鄄산동성 견성현 북쪽 땅에 주둔하다가 위나라의 군사와 연합케 했다. 후군後軍은 북해北海산동성 창락현 동남쪽를 옆으로 끼고 천승千乘산동성 고청현 동남쪽을 지키게 했다. 중군中軍은 임치臨淄에 머물며 제나라 도성을 진압케 했다.

이어 교외에서 제환공과 관중에게 제사를 올리고, 현자가 사는 마을을 표창하고, 왕촉의 묘에 봉토를 만들어 주었다. 제나라의 사람으로서 연나라에서 식읍을 받은 자가 20여 명, 연나라의 도성 계薊북경시 외곽 서남쪽에서 작위를 받은 자가 100여 명이나 됐다. 악의는 6개월 동안 제나라의 70여 개 성읍을 함락하고 이를 모두 연나라의 군현으로 편입시켰다.

3) 진소양왕秦昭襄王과 위소왕魏昭王, 한희왕韓釐王 등이 경사京師인 낙양에서 회동했다.

* 赧王中三十一年

燕王悉起兵，以樂毅爲上將軍．秦尉斯離帥師與三晉之師會之．趙王以相國印授樂毅，樂毅並將秦·魏·韓·趙之兵以伐齊．齊湣王悉國中之衆以拒之，戰於濟西，齊師大敗．樂毅還秦·韓之師，分魏師以略宋地，部趙師以收河間，身率燕師，長驅逐北．劇辛曰，“齊大而燕小，賴諸侯之助以破其軍，宜及時攻取其邊城以自益，此長久之利也．今過而不攻，以深入爲名，無損於齊，無益於燕，而結深怨，後必悔之.”樂毅曰，“齊王伐功矜能，謀不逮下，廢黜賢良，信任諂諛，政令戾虐，百姓怨懟．今軍皆破亡，若因而乘之，其民必叛，禍亂內作，則齊可圖也．若不遂乘之，待彼悔前之非，改過恤下而撫其民，則難慮也.”遂進軍深入．齊人果大亂失度，湣王出走．樂毅入臨淄，取寶物·祭器，輸之於燕．燕王親至濟上勞軍，行賞饗士，封樂毅爲昌國君，遂使留徇齊城之未下者．齊王出亡之衛，衛君辟宮捨之，稱臣而共具．齊王不遜，衛人侵之．齊王去奔鄒·魯，有驕色，鄒·魯弗內，遂走莒．楚使淖齒將兵救齊，因爲齊相．淖齒欲與燕分齊地，乃執湣王而數之曰，“千乘·博昌之間，方數百里，雨血沾衣，王知之乎?”曰，“知之.”“嬴·博之間，地坼及泉，王知之乎?”曰，“知之.”“有人當闕而哭者，求之不得，去則聞其聲，王知之乎?”曰，“知之.”淖齒曰，“天雨血沾衣者，天以告也．地坼及泉者，地以告也．有人當闕而哭者，人以告也．天·地·人皆告矣，而王不知誡焉，何得無誅!”遂弑王於鼓里．

荀子論之曰，“國者，天下之利勢也．得道以持之，則大安也，大榮也，積美之源也．不得道以持之，則大危也，大累也，有之不如無之．及其綦也，索爲匹夫，不可得也．齊湣·宋獻是也．故用國者義立而王，信立而霸，權謀立而亡.”

挈國以呼禮義也，而無以害之．行一不義，殺一無罪，而得天下，仁者不爲也. 擽然扶持心國, 且若是其固也. 之所與爲之者之人, 則擧義士也. 之所以爲布陳於國家刑法者, 則擧義法也. 主之所極然, 帥群臣而首向之者, 則擧義志也. 如是, 則下仰上以義矣, 是綦定也. 綦定而國定, 國定而天下定. 故曰, 以國濟義, 一日而白, 湯·武是也. 是所謂義立而王也.

德雖未至也, 義雖未濟也, 然而天下之理略奏矣, 刑賞已諾信乎天下矣, 臣下曉然皆知其可要也. 政令已陳, 雖睹利敗, 不欺其民. 約結已定, 雖睹利敗, 不欺其與. 如是, 則兵勁城固, 敵國畏之. 國一綦明, 與國信之. 雖在僻陋之國, 威動天下, 五伯是也. 是所謂信立而而霸也.

挈國以呼功利, 不務張其義, 齊其信, 唯利之求. 內則不憚詐其民而求小利焉, 外則不憚詐其與而求大利焉. 內不修正其所以有, 然常欲人之有, 如是, 則臣下百姓莫不以詐心待其上矣. 上詐其下, 下詐其上, 則是上下析也. 如是, 則敵國輕之, 與國疑之, 權謀日行而國不免危削, 綦之而亡, 齊湣·薛公是也. 故用强齊, 非以修禮義也, 非以本政敎也, 非以一天下也, 綿綿常以結引馳外爲務. 故强, 南足以破楚, 西足以詘秦, 北足以敗燕, 中足以擧宋. 及以燕·趙起而攻之, 若振槁然, 而身死國亡, 爲天下大戮, 後世言惡則必稽焉. 是無他故焉, 唯其不由禮義而由權謀也.

三者, 明主之所謹擇也, 仁人之所務白也. 善擇者制人, 不善擇者人制之.

樂毅聞晝邑人王蠋賢, 令軍中環晝邑三十里無入. 使人請蠋, 蠋謝不往. 燕人曰, "不來, 吾且屠晝邑!" 蠋曰, "忠臣不事二君, 烈女不更二夫. 齊王不用吾諫, 故退而耕於野. 國破君亡, 吾不能存, 而又欲劫之以兵, 吾與其不義而生, 不若死!" 遂經其頸於樹枝, 自奮絶脰而死. 燕師乘勝長驅, 齊城皆望風奔潰. 樂毅修整燕軍, 禁止侵掠, 求齊之逸民, 顯而禮之. 寬其賦斂, 除其暴令, 修其舊政, 齊民喜悅. 乃遣左軍渡膠東·東萊. 前軍循太山以東至海, 略琅邪. 右軍循河·濟, 屯阿·鄄以連魏師. 後軍旁北海以撫千乘. 中軍據臨淄而鎭齊都. 祀桓公·管仲於郊, 表賢者之閭, 封王蠋之墓.

齊人食邑於燕者二十餘君, 有爵位於薊者百有餘人. 六月之間, 下齊七十餘城, 皆爲郡縣. 秦王·魏王·韓王會於京師.

주난왕 32년(BC 283)

1) 진소양왕과 조혜문왕이 양穰하남성 등현 땅에서 회동했다. 진나라 군사가 위나라의 안성安城하남성 원양현 서남쪽을 공략한 뒤 위나라 도성 대량大梁까지 갔다가 회군했다.

2) 제나라에서 요치淖齒의 난이 일어났을 때 제민왕의 아들 법장法章은 변성명을 하고 거莒의 태사太史 교敫의 집으로 들어가 머슴인 용인傭人이 됐다. 태사의 딸은 법장의 용자容姿가 기특奇特한 것을 보고 평민이 아닐 것으로 생각했다. 가련한 생각이 들어 늘 은밀히 의식衣食을 갖다 주다가 마침내 서로 사통케 됐다.

당시 왕손가王孫賈는 제민왕을 수종하다가 행방을 놓치게 됐다. 그의 모친이 힐난했다.

"네가 아침에 나갔다가 저녁에 돌아올 때면, 나는 대문에 기대어 네가 오기를 기다린다. 네가 황혼에 나갔다가 돌아오지 않으면 나는 마을 입구의 문에 기대어 네가 돌아오기를 고대한다. 너는 왕을 섬기는 사람으로 왕이 어딘가로 갔는데도 그 소재를 모르고 있다. 그러고도 어찌 돌아올 수 있단 말인가?"

왕손가가 저자를 돌아다니며 외쳤다.

"요치가 제나라에서 난을 일으키고 군주를 살해했다. 나와 함께 그를 주살하고자 하는 자는 오른쪽 어깨를 드러내 놓도록 하라."

순식간에 그를 따르는 사람이 400명이나 됐다. 이들이 요치를 공격해 죽여 버렸다. 제나라에서 망명 나온 신하들이 제민왕의 아들을 찾아내 새 군주로 옹립하고자 했다. 그러나 법장은 죽임을 당할까 두려워한 나머지 오랫동안 감히 스스로 입을 열지 못했다. 그러다가 마침내 제양왕齊襄王으로 즉위한 뒤 거성莒城을 근거로 연나라에 저항하면서 국중國中에 포고했다.

"왕이 이미 거莒 땅에서 즉위했다."

3) 조혜문왕이 초나라의 화씨지벽和氏之璧[62]을 얻게 됐다. 진소양왕이 이를 손에 넣고 싶어 15개의 성읍과 바꾸자고 제안했다. 조혜문왕은 응하지 않자니 보복이 두려웠고 응하자니 기만을 당할까 걱정됐다. 인상여藺相如에게 이를 묻자 인상여가 대답했다.

"진나라가 성읍을 화씨지벽과 바꾸자고 요구했는데 군주가 이를 허락지 않으면 그 허물은 우리에게 있게 됩니다. 그러나 우리가 화씨지벽을 주었는데도 진나라가 성읍을 내주지 않으면 그 허물은 진나라에 있게 됩니다. 두 계책을 비교해 볼 때 차라리 진나라에 화씨지벽을 주고 나머지 책임을 진나라에 넘기는 것이 낫습니다. 신이 화씨지벽을 갖고 진나라로 가고자 합니다. 만일 진나라가 성읍을 우리에게 주지 않으면 저는 구슬이 온전한 완벽完璧의 상태로 돌아오도록 하겠습니다."

조혜문왕이 이를 허락했다. 인상여가 진나라에 이르렀으나 진소양왕은 조나라에 성을 줄 뜻이 없었다. 인상여가 마침내 진소양왕을 속여 다

62 화씨지벽和氏之璧은 춘추시대 당시 초나라 사람 변화卞和가 다리를 잘리면서 간직한 전설적인 보옥을 말한다.

시 화씨지벽을 손에 넣은 뒤 수행원을 시켜 화씨지벽을 품속에 간직한 채 소로小路를 통해 귀국케 했다. 이어 자신은 진나라에 머물며 조치를 기다렸다. 진소양왕은 인상여를 현명하다고 생각해 주살치 않고 예로 대우해 조나라로 보냈다. 조혜문왕이 그를 상대부로 삼았다.

4) 위사군衛嗣君이 죽었다. 그의 아들이 위회군衛懷君으로 즉위했다. 원래 위사군은 다른 사람의 소쇄한 비밀을 살피기를 좋아했다. 그러던 중 한 현령이 이부자리를 치켜들다가 방석이 헤진 것이 드러난 일이 있었다. 위사군은 이 이야기를 듣고 이내 그에게 좋은 방석 하나를 내주었다. 현령이 크게 놀라 사군을 신으로 생각했다.

한번은 또 사람을 시켜 관시關市를 지나다가 관원에게 금을 뇌물로 주게 했다. 그러고는 관원을 불러 어떤 사람이 관시를 지나다가 금을 준 사실을 물은 뒤 곧 이를 돌려주게 했다. 관원이 크게 두려워했다.

위사군은 또 설희泄姬라는 총희와 여이如耳라는 총신을 매우 아꼈다. 그러나 그는 이들이 총애를 내세워 자신의 앞을 가릴까 우려했다. 마침내 대신 박의薄疑를 중시해 여이와 대등하게 만들었다. 또한 위비魏妃에 대한 총애를 더하여 설희와 대등하게 만들고는 말했다.

"이 방법으로 이들이 서로 제약하게 만들었다."

이를 두고 순자가 이같이 평했다.

"위성후衛成侯와 위사군衛嗣君은 백성들의 재물을 긁어모아 사리를 도모한 군주로 민심을 얻는 취민取民에 이르지 못했다. 자산子産은 취민은 이뤘지만 정사에 밝은 위정爲政에는 이르지 못했다. 관중은 위정을 이뤘지만 예를 닦는 수례修禮에는 이르지 못했다. 그래서 예제를 닦고 행하는 참례자參禮者는 왕자王者가 되고, 위정자爲政者는 부국강병을 이루는 강자强者가 되고, 취민자取民者는 시변을 좇아 현상유지를 이루는 안자安者가 되고, 백성의 재물을 긁어모으는 취렴자聚斂者는 패망을 자초하는 망자亡者가 되는 것이다."

* 赧王中三十二年

秦·趙會於穰. 秦拔魏安城, 兵至大梁而還.

齊淖齒之亂, 湣王子法章變名姓爲莒太史敫家傭. 太史敫女奇法章狀貌, 以爲非常人, 憐而常竊衣食之, 因與私通. 王孫賈從湣王, 失王之處, 其母曰, "汝朝出而晩來, 則吾倚門而望. 汝暮出而不還, 則吾倚閭而望. 汝今事王, 王走, 汝不知其處, 汝尙何歸焉!" 王孫賈乃入市中呼曰, "淖齒亂齊國, 殺湣王. 欲與我誅之者袒右!" 市人從者四百人, 與攻淖齒, 殺之. 於是齊亡臣相與求湣王子, 欲立之. 法章懼其誅己, 久之乃敢自言, 遂立以爲齊王, 保莒城以拒燕, 布告國中曰, "王已立在莒矣!"

趙王得楚和氏璧, 秦昭襄王欲之, 請易以十五城. 趙王欲勿與, 畏秦强, 欲與之, 恐見欺. 以問藺相如, 對曰, "秦以城求璧而王不許, 曲在我矣. 我與之璧而秦不與我城, 則曲在秦. 均之二策, 寧許以負秦. 臣願奉璧而往. 使秦城不入, 臣請完璧而歸之." 趙王遣之. 相如至秦, 秦王無意償趙城. 相如乃以詐紿秦王, 復取璧, 遣從者懷之, 間行歸趙, 而以身待命於秦. 秦王以爲賢而弗誅, 禮而歸之. 趙王以相如爲上大夫.

衛嗣君薨, 子懷君立. 嗣君好察微隱, 縣令有發褥而席敝者, 嗣君聞之, 乃賜之席. 令大驚, 以君爲神. 又使人過關市, 賂之以金, 旣而召關市, 問有客過與汝金, 汝回遣之, 關市大恐. 又愛泄姬, 重如耳, 而恐其因愛重以壅己也, 乃貴薄疑以敵如耳, 尊魏妃以偶泄姬, 曰, "以是相參也."

荀子論之曰, "成侯·嗣君, 聚斂計數之君也, 未及取民也. 子産, 取民者也, 未及爲政也. 管仲, 爲政者也, 未及修禮也. 故修禮者王, 爲政者强, 取民者安, 聚斂者亡."

주난왕 33년(BC 282)

1) 진나라가 조나라를 치고 2개의 성읍을 점령했다.

* 赧王中三十三年

秦伐趙, 拔兩城.

주난왕 34년(BC 281)

1) 진나라가 조나라를 치고 석성石城하남성 임현을 점령했다.

2) 진나라의 양후穰侯가 다시 승상이 됐다.

3) 초나라가 제·한 두 나라와 함께 진나라를 치고 여세를 몰아 주나라를 도모하고자 했다. 주난왕周赧王이 동주東周의 무공武公을 시켜 초나라 영윤 소자召子소양昭陽에게 이같이 말하게 했다.

"서주西周를 도모해서는 안 되오."

소자가 대답했다.

"서주를 점령하는 것과 같은 일은 현재로서는 없을 것이오. 그러나 비록 그렇다 할지라도 왜 서주를 점령해서는 안 된다고 하는 것이오."

무공이 말했다.

"서주는 긴 쪽을 잘라 짧은 쪽을 보충하는 이른바 절장보단絶取補短을 할지라도 사방 100리에 지나지 않소. 그러나 명의상 천하 공동의 군주요. 그 땅을 베어 가진들 나라를 살찌게 하는 데 한계가 있고 그 백성들을 얻은들 병력을 강화하기에 부족하오. 더구나 이를 공격한 자에게는 시군弑君의 오명이 붙게 되오. 그러나 여전히 공격코자 하는 자가 있으니 이는 전래의 국보인 제기祭器가 있기 때문이오. 호랑이는 고기에서 비린내가 나고 무기처럼 날카로운 몸을 가졌으나 사람들은 여전히 호랑이를 공격하고자 하오. 만일 늪지대의 사슴에게 호피虎皮를 걸치게 하면 사람들의 공격이 호랑이를 공격할 때보다 만 배나 더 많아질 것이오. 초나라 땅을 베어 가지면 나라를 살찌우기에 족하고, 초나라의 칭왕을 제어하면 능히 존왕尊王의 명성을 얻을 수 있소. 이제 그대가 천하의 공주共主인 천자를 주살하고 3대로부터 내려오는 국보인 제기를 손에 넣어 이를 남쪽 초나라로 가져가면 초나라를 토벌하려는 군대가 이내 초나라 국경을 압박하고 말 것이오."

초나라의 서주 정벌 계획이 곧 중지됐다.

* 赧王中三十四年

秦伐趙, 拔石城.

秦穰侯復爲丞相.

楚欲與齊·韓共伐秦, 因欲圖周. 王使東周武公謂楚令尹昭子曰, "周不可圖也." 昭子曰, "乃圖周, 則無之. 雖然, 何不可圖?" 武公曰, "西周之地, 絶長補短, 不過百里. 名爲天下共主, 裂其地不足以肥國, 得其衆不足以勁兵. 雖然, 攻之者名爲弑君. 然而猶有欲攻之者, 見祭器在焉故也. 夫虎肉臊而兵利身, 人猶攻之. 若使澤中之麋蒙虎之皮, 人之攻之也必萬倍矣. 裂楚之地, 足以肥國. 詘楚之名, 足以尊主. 今子欲誅殘天下之共主, 居三代之傳器, 器南, 則兵至矣." 於是楚計輟不行.

주난왕 35년(BC 280)

1) 진나라 장수 백기白起가 조나라 군사를 대파했다. 2만 명을 참수하

고 대代 땅의 광랑성光狼城산서성 고평현 서쪽을 빼앗았다. 또 사마조로 하여금 농서군隴西郡감숙성 동남부의 군사를 일으켜 촉蜀 땅에서 초나라의 검중黔中을 치게 했다. 마침내 진나라 군사가 검중을 점거케 되자 초나라는 한수 이북의 한북漢北과 상용上庸호북성 죽산현 서남쪽을 떼어 진나라에 바쳤다.

* 赧王中三十五年

秦白起敗趙軍, 斬首二萬, 取代光狼城. 又使司馬錯發隴西兵, 因蜀攻楚黔中, 拔之. 楚獻漢北及上庸地.

주난왕 36년(BC 279)

1) 진나라 장수 백기가 초나라를 치고 언鄢호북성 의성현 남쪽과 등鄧하남성 언성현 동남쪽, 서릉西陵호북성 의창현 서북쪽을 취했다.

2) 진소양왕이 사신을 조혜문왕에게 보내 황하 이남인 하외河外의 민지澠池하남성 민지현 서쪽에서 회합고자 하는 뜻을 전하게 했다. 조혜문왕이 가지 않으려고 하자 염파廉頗와 인상여藺相如가 계책을 세운 뒤 말했다.

"군주가 가지 않으면 국세가 약하고 겁이 많은 조나라의 약겁弱怯을 보여주는 셈이 됩니다."

조혜문왕이 드디어 민지로 가게 되자 인상여가 수행했다. 염파가 조나라의 국경까지 전송한 뒤 조혜문왕에게 작별인사를 나눴다.

"군주가 민지로 가는 데 걸리는 시간과 회동하여 예를 마치고 돌아오는 데 필요한 시간을 계산해 보면 총 30일이 넘지 않을 것입니다. 30일이 되어도 돌아오지 않으면 청컨대 태자를 옹립함으로써 군주를 협지挾持하려는 진나라의 기도를 끊을 수 있도록 허락해 주기 바랍니다."

조혜문왕이 이를 허락했다.

민지에서 두 나라 왕이 만났다. 술을 마시며 흡족해 할 즈음 진소양왕이 문득 조혜문왕에게 비파 탄주彈奏를 청했다. 조혜문왕이 이를 받아들여 비파를 탄주했다. 인상여가 진소양왕에게 흙을 구워 만든 타악기인 부缶를 쳐 줄 것을 청했다. 진소양왕이 이를 허락지 않으려고 하자 인상여가 위협했다.

"다섯 걸음 안에서 제 목을 찔러 그 피를 군주에게 흩뿌리겠습니다."

진소양왕의 좌우에서 인상여를 찌르려고 하자 인상여가 눈을 부릅뜨고 꾸짖었다. 좌우에서 감히 나서지를 못했다. 진소양왕이 할 수 없이 부를 한 번 쳤다. 술자리가 끝난 후에도 진나라는 종내 조나라를 어찌할 수가 없었다. 조나라 사람들 역시 경비를 철저히 했기 때문에 진나라가 감히 출동할 수가 없었던 것이다. 조혜문왕이 귀국하자마자 인상여를 상경上卿으로 삼았다. 그 지위가 염파보다 높게 됐다. 염파가 불만을 표시했다.

"나는 조나라 장군으로 공성攻城과 야전野戰에서 큰 공을 세웠다. 그런데 인상여는 본래 천인賤人에 불과한데 한낱 구설口舌로 나의 윗자리를 차지했다. 나는 수치스러워 차마 그의 아래에 있을 수 없다."

그러고는 선언했다.

"내가 인상여를 보면 반드시 욕을 보이고 말 것이다."

인상여가 이 말을 듣고 염파와 서로 조우치 않으려고 조회가 있을 때마다 매번 칭병함으로써 우위를 다투는 쟁렬爭列을 하지 않았다. 밖에 나와서는 염파가 멀리서 보이기만 해도 곧바로 수레를 이끌고 숨어 버렸다. 인상여의 사인舍人들이 모두 이를 수치스럽게 생각했다. 인상여가 이들에게 물었다.

"그대들이 보기에 염장군과 진나라의 왕을 비교하면 누가 낫소?"

"염파가 못합니다."

인상여가 말했다.

"무릇 진왕이 위압적으로 대했을 때에도 나는 진나라 조정에서 그를 꾸짖고 군신들을 욕보였소. 내가 비록 재주가 없다 해도 어찌 염장군을 두려워하겠소. 내가 생각건대 강한 진나라가 감히 조나라에 출병치 못하는 것은 오직 우리 두 사람이 있기 때문이오. 그런데 두 마리 호랑이가 서로 다투면 형세상 둘 다 살지 못할 것이오. 나는 이를 생각하기 때문에 먼저 국가의 급한 일을 생각한 연후에 사사로운 원한을 고려하고자 하는 것이오."

염파가 이 말을 듣고 사죄의 표시로 웃통을 벗고 가시덤불을 짊어지는 육단부형肉袒負荊의 모습으로 인상여의 집 문 앞에 와 사죄했다. 마침내 서로 목숨을 바칠 정도의 우애인 이른바 문경지교刎頸之交를 나누게 됐다.

3) 당초 연나라 군사가 안평安平산동성 치박시 동북쪽을 공격할 때 성읍을 관리하는 하급관원인 임치의 시연市掾[63] 전단田單은 마침 안평에 있었다. 그는 연나라 군사가 쳐들어온다는 소식을 듣고 종족들을 시켜 쇠로 만든 수레 굴대인 철롱鐵籠을 수레의 차축 끝에 붙이게 했다.

드디어 안평성安平城이 무너지자 사람들이 다투어 문밖으로 달아나려다가 수레가 부서지는 바람에 모두 포로가 됐다. 그러나 전단의 수레만은 철롱 덕분에 무사히 빠져나와 마침내 즉묵卽墨으로 달아나게 됐다.

이때 제나라 땅은 모두 연나라에 의해 점령됐고 오직 거莒와 즉묵만이 남아 있었다. 연나라 장수 악의가 우군과 전군前軍을 합쳐 거 땅을 포위하면서 좌군과 후군後軍을 시켜 즉묵을 포위케 했다. 즉묵의 대부가 출전했다가가 전사했다. 즉묵 사람들이 말했다.

"안평의 싸움에서 전단의 종족들이 철롱으로 인해 목숨을 온전히 할

63 시연市掾의 연掾은 정관正官을 보좌하는 부관급 아전을 말한다.

수 있었다. 이를 통해 그가 지략이 많고 전쟁을 숙지하고 있다는 것을 알 수 있다."

공동으로 전단을 장수로 세운 뒤 연나라 군사에 항거했다.

이때 악의는 거와 즉묵을 포위한 지 1년이 되어도 함락하지 못했다. 마침내 포위를 풀고 각기 성에서 9리가량 떨어진 곳에 보루를 쌓게 한 뒤 하령했다.

"성 안에서 백성들이 나오면 잡지 말고, 곤궁한 사람이 있으면 진휼賑恤하도록 하라. 또한 백성들로 하여금 다시 하던 일에 복귀케 하여 투항한 백성인 이른바 신민新民을 안정시키도록 하라."

그러나 3년이 되도록 악의는 두 성읍을 함락하지 못했다. 어떤 사람이 연소왕에게 악의를 참소했다.

"악의의 지모는 출중합니다. 그래서 제나라를 치자마자 순식간에 70여 개의 성읍을 공략한 것입니다. 그런데 지금 2개 성읍만 아직 함락하지 못하고 있습니다. 이는 그의 힘이 모자라서 함락하지 못하는 것이 아닙니다. 3년 동안 공략치 않은 것은 오랫동안 병위兵威를 이용해 제나라 사람을 제복시킨 뒤 남면하여 칭왕하고자 하기 때문입니다. 이제 제나라 사람들이 이미 모두 복종하고 있는데도 아직 그 뜻을 드러내지 않는 것은 그의 처자가 아직도 연나라에 있기 때문입니다. 또한 제나라에는 미녀들이 많아 장차 그 처자를 잊게 될 것입니다. 원컨대 군주는 대비키 바랍니다."

연소왕이 연석을 베풀고 대신들을 모두 불러 모았다. 그러고는 악의를 참소한 사람들을 끌어내게 한 뒤 책비했다.

"선왕이 거국적으로 현자를 예로써 대한 것은 토지를 탐내 이를 자손들에게 물려주기 위한 것이 아니었소. 우리 연나라는 박덕한 계승자를 만나 국가의 대명을 감당하지 못하고 백성들 또한 안정치 못하게 됐소. 제나라는 무도無道하면서 우리나라의 내란을 틈타 선왕을 해했소. 내가 보위를 계승하면서 통심痛心키 그지없는 원한이 골수에 사무쳤소. 그래서 널리 군신들을 모으고 밖으로 빈객과 현사를 초청해 원수를 갚고자 했소. 이를 성사하는 사람이 있다면 나는 그와 더불어 연나라를 함께 다스리고자 했소.

이제 악군樂君은 몸소 과인을 위해 제나라를 깨뜨리고 그 종묘를 헐어 버렸소. 이로써 선왕의 원수를 갚았으니 제나라는 본래 악군의 소유이지 연나라가 얻은 것이 아니오. 악군이 제나라를 취해 우리 연나라와 함께 대등한 입장에서 즐겨 동맹을 맺는 결환동호結歡同好를 하여 제후들의 침노를 막아 준다면 이는 우리 연나라의 복이고 과인이 원하는 바기도 하오. 그런데도 네가 어찌 감히 말하는 것인가?"

그러고는 곧 그를 참수했다. 이어 악의의 처에게 왕후의 복장, 그의 아들에게는 공자의 복장을 내려 주었다. 또 연나라 재상을 시켜 말 네 필이 이끄는 제후용 수레와 그 뒤를 따르는 100대의 수레를 이끌고 가 악의를 제나라 왕에 봉했다. 악의가 황공하여 경배한 뒤 사양하는 글을 쓰고는 스스로 죽는 한이 있더라도 결코 변심치 않을 것을 맹서했다. 제나라 사람들은 악의의 덕의德義에 경복하고, 제후들은 그의 성신誠信을 경외했다. 이로써 누구 하나 감히 다시는 그를 도모하려 하지 않았다.

얼마 후 연소왕이 홍거하자 아들이 연혜왕燕惠王으로 즉위했다. 연혜왕은 일찍이 태자 시절부터 악의에 대해 불만을 품고 있었다. 제나라의 전단田單이 이 정황을 전해 듣고 곧 연나라에 대해 반간계反間計를 쓸 생각으로 선언했다.

"제나라 왕이 이미 죽었고 제나라의 성읍 가운데 함락되지 않은 것은 두 개뿐입니다. 악의는 연나라의 신왕과 틈이 있어 귀국하면 죽임을 당할까 두려워 감히 귀국하지 못하고 있습니다. 또 제나라 토벌을 명분으로 삼고 있지만 실제로는 계속 병력을 보유하여 제나라 왕 노릇을 하고자 하는 것입니다. 그런데 제나라 사람들이 아직 귀부하지 않자 즉묵을 완공緩攻하면서 칭왕할 때를 기다리고 있는 것입니다. 제나라 사람들이 두려워하는 것은 오직 연나라의 다른 장수가 쳐들어오는 것입니다. 그리되면 즉묵은 즉시 잔멸殘滅하고 말 것입니다."

원래 연혜왕이 이미 악의를 의심하고 있었다. 그러던 차에 제나라의 반간계에 걸려 마침내 기겁騎劫을 시켜 군사를 이끌게 하고 악의를 소환했다. 악의는 연혜왕이 자신에 대해 좋지 못한 생각을 품고 다른 사람으로 자신을 대신토록 한 것을 알고 드디어 조나라로 도망쳤다. 이로 인해 연나라 장병들이 분통을 참지 못해 크게 한탄하며 불평케 됐다.

제나라의 전단이 성 안의 사람들에게 명해 밥 먹을 때 반드시 뜰에서 선조에게 제사를 지내 비조飛鳥가 이를 알고 모두 성 안에 내려앉게 하라고 당부했다. 연나라 사람들이 이를 이상하게 생각하자 전단이 말했다.

"틀림없이 신사神師가 하늘에서 내려와 나에게 가르쳐 줄 것이다."

이때 한 병사가 말했다.

"제가 신사가 될 수 있겠습니까?"

말을 마치고는 곧 몸을 돌려 달아났다. 전단이 몸을 일으켜 그를 붙잡아 데려온 뒤 동향으로 앉히고는 신사로 섬겼다. 이 병사가 말했다.

"제가 그대를 속였습니다."

"그대는 말하지 마시오."

그를 스승으로 모셨다. 매번 군사를 정칙整飭할 때마다 신사의 뜻에 따른 것으로 칭하게 했다. 이어 선언했다.

"나는 오직 저들 연나라 군사가 포획한 제나라 병사들의 코를 베어 앞줄에 늘어놓을까 두렵다. 그리되면 우리 즉묵은 패하고 말 것이다."

연나라 사람들이 이 말을 듣고 곧 그 말대로 했다. 즉묵성 안의 병사들이 연나라에 항복한 제나라 병사들의 코가 모두 베어진 것을 보고는 화가 나 굳게 성을 지키면서 연나라 군사에게 포획될까 두려워했다. 이때 전단이 또 반간계를 구사하며 말했다.

"나는 연나라 사람들이 즉묵성 밖의 무덤을 파헤칠까 두렵다. 그리하면 우리를 한심寒心오싹하게 만들 것이다."

연나라 사람들이 무덤을 모두 파낸 뒤 시신을 불태워 버렸다. 제나라 사람들이 성 위에서 이를 보고는 모두 체읍하며 함께 출전하고자 했다. 이때 이들은 전보다 열 배 백 배 화가 나 있었다. 전단은 이제야 병사들을 가히 쓸 수 있다고 생각했다. 벽을 쌓을 때 사용하는 판자와 삽인 판삽版鍤 등의 도구를 직접 들고 병사들과 함께 노고를 분담했다. 또한 자신의 처첩을 대오에 편입시켜 병사들에게 먹을 것을 나눠 주게 했다.

이어 갑졸에게 모두 엎드리게 한 뒤 노약자와 여인들만 성에 올라가게 했다. 그리고 사신을 연나라 군사에게 보내 항복할 뜻을 전하게 하자 연나라 군사들이 모두 만세를 불렀다. 전단이 백성들에게 금 1천 일鎰1일은 24량兩을 거둔 뒤 즉묵의 부호들을 시켜 이를 연나라 장수에게 갖다 주면서 말하게 했다.

"곧 항복하겠습니다. 다만 우리 가족만은 노략하지 말기 바랍니다."

연나라 장수들이 크게 기뻐하면서 이를 수락했다. 연나라 군사들이 더욱 나태해졌다. 전단이 마침내 성 안에서 소 1천여 마리를 거둔 뒤 붉은 옷을 입히고는 그 위에 5색의 용무늬를 그리고 뿔에는 칼을 묶게 했다. 이어 기름 묻힌 갈대 다발을 꼬리에 묶게 했다.

밤중에 성벽을 수십 군데 뚫고는 소꼬리에 묶인 갈대 다발에 불을 붙이고는 놀란 소가 일시에 뛰쳐나가게 만들었다. 이어 장사 5천 명에게 그 뒤를 따르게 했다. 꼬리가 뜨거워진 소들이 성이 나 연나라 군사가 있는 곳으로 마구 달려들자 연나라 군사들이 크게 놀랐다. 이들의 눈에 보이는 것은 온통 용무늬뿐이다. 이들 가운데 상당수가 성난 소와 부딪쳐 죽거나 다쳤다.

이때 성 안에서는 고조鼓譟가 뒤따랐다. 노약자들이 동기銅器를 두드리며 소리치자 그 소리가 천지를 진동시켰다. 연나라 군사가 크게 놀라 패주하게 됐다.

제나라 사람들이 기겁騎劫을 잡아 죽인 뒤 도망자들을 추격해 북쪽으로 내쫓아 버렸다. 이들이 지나친 성읍은 모두 연나라를 배반하여 제나라로 복귀했다. 전단의 군사는 날로 많아져 승승장구하자, 연나라가 날로 패망하여 하상河上까지 달아났다. 원래 제나라의 것이었던 70여 개의 성이 모두 제나라로 복귀하게 됐다.

마침내 제양왕을 거莒 땅에서 영접해 임치로 들여보냈다. 전단이 안평군安平君에 봉해졌다. 얼마 후 제양왕이 태사 교敫의 딸을 왕후로 삼아 태자 건建을 낳았다. 태사 교가 말했다.

"내 딸이 중매를 거치지 않고 스스로 시집을 갔으니 이는 내 딸이 아니다. 나의 가문을 더럽히고 말았다."

그러고는 평생 제나라의 왕후를 보려 하지 않았다. 부친이 보지 않으려 했기 때문이기도 하지만, 제나라의 왕후도 자식으로서의 예의를 잃었다.

이때 조혜왕이 악의를 관진觀津 하북성 무읍현 동남쪽에 봉하고 존경하고 총애하자 연나라와 제나라가 경동驚動했다. 연혜왕이 이내 사람을 시켜 악의를 나무라며 스스로 사죄하고자 하는 뜻을 전하게 했다.

"장군은 지나치게 남의 말을 듣고 과인과 틈이 생기게 됐소. 그래서 드디어 우리 연나라를 버리고 조나라에 귀부하고야 말았소. 장군이 스스로 헤아려한 것은 가하오. 그러나 장군은 선왕이 장군을 후대한 뜻을 어찌 보답할 생각이오."

악의가 회답했다.

"옛날 오자서伍子胥의 계책이 오왕 합려闔廬에 의해 받아들여져 오나라는 멀리 초나라 도성 영郢호북성 강릉현까지 원정을 가게 됐습니다. 그러나 부차夫差는 그렇지 않았습니다. 그는 오자서를 죽인 뒤 그 시체를 짐승의 가죽으로 만든 자루인 치이鴟夷에 넣어 장강에 띄워 보냈습니다. 오왕 부차는 오자서가 제시한 계책으로 공을 세울 수 있다는 사실을 깨닫지 못하고 오자서를 강물에 빠뜨리고도 후회하지 않았습니다. 오자서 역시 일찍이 두 군주가 같지 않다는 것을 발견하지 못한 까닭에 시신이 장강에 빠진 뒤 혼령이 저승으로 가지도 못하게 됐습니다. 몸을 보전하고 공을 세워 선왕의 업적을 밝히는 것이 저에게는 상책이었습니다. 훼욕毁辱의 비방을 받고 선왕의 명성을 훼손하는 것이 제가 가장 두려워하는 것입니다. 예측할 수 없는 죄에 빠져 사적인 영행榮幸 추구를 이롭게 여기는 것은 덕의德義의 입장에서 볼 때 감히 할 수 있는 일이 아닙니다. 제가 듣건대 '옛날의 군자는 교제가 끊겨도 다른 사람에 관해 나쁜 소리인 악성惡聲을 하지 않고 충신은 조국을 떠나도 자신의 명성을 분식하는 결명潔名을 하지 않는다'고 했습니다. 저는 비록 불녕不佞하나 고금의 군자들로부터 많은 가르침을 받았습니다. 군주가 이 점에 유의해 주기 바랍니다."

연혜왕이 악의의 아들 악간樂閒을 창국군昌國君으로 삼았다. 이로써 악의가 비로소 연나라와 다시 왕래하게 됐다. 악의가 끝내 조나라에서 죽자 망제군望諸君으로 불리게 됐다.

한편 이때 전단이 제나라의 재상이 됐다. 그가 치수淄水를 건널 때 어떤 노인이 먼저 치수를 건너고 있었다. 그러나 그 노인은 너무 추워 물에서 얼른 나와 건널 생각을 못했다. 전단이 이를 보고 가죽 웃옷을 벗어 그에게 입혀 주었다. 제양왕이 이 이야기를 듣고 전단을 크게 혐오하면서 말했다.

"전단이 사람들에게 은혜를 베푸는 것은 나의 나라를 빼앗으려는 것이 아닌가. 이를 미리 방비치 않으면 훗날 난이 일어나지 않을까 두렵다."

이때 제양왕이 좌우를 둘러보았으나 아무도 없었다. 다만 전당殿堂의 암하巖下에 구슬을 꿰는 사람이 한 명 있었다. 제양왕이 큰소리로 물었다.

"그대는 내가 하는 말을 들었는가?"

"들었습니다."

"그대는 어찌 생각하는가?"

"군주는 전단의 선행을 자신의 선행으로 여기느니만 못합니다. 전단의 선행을 칭송하여 하령하기를, '과인은 백성들이 배를 주릴까 걱정했는데 전단이 그들을 거둬 먹였다. 과인은 백성들이 헐벗을까 걱정했는데 전단이 가죽 웃옷을 벗어 그들에게 입혔다. 과인은 백성들이 고생할까 걱정했는데 전단 역시 이 일을 크게 걱정했다. 전단의 행동은 과인의 뜻과 합치한다'고 하십시오. 향후 전단이 선행을 하면 군주가 그를 칭찬하십시오. 그러면 전단의 선행이 곧 군주의 선행이 될 것입니다."

"옳은 말이오."

전단에게 소와 술을 내렸다. 며칠 후 구슬을 꿰는 사람이 다시 제양왕을 진현한 뒤 말했다.

"군주는 조회가 있는 날 전단을 불러 궁전 뜰에서 예를 행하면서 친히 그를 위로하십시오. 이어 명을 내려 백성들 가운데 기한飢寒에 처한 자를 찾아 거두도록 하십시오."

제양왕이 이를 좇아 사람을 마을로 보내 소문을 듣게 했다. 대부들이 서로 말하는 것을 듣게 됐다.

"아니 글쎄, 전단이 사람을 아끼는 것은 모두 군주가 가르친 것이라네."

이때 전단이 제양왕에게 초발貂勃을 추천했다. 당시 제양왕에게는 9명의 총신이 있었다. 이들은 안평군安平君 전단을 해칠 생각으로 서로 입을 모아 제양왕에게 말했다.

"연나라가 제나라를 칠 때 초왕이 장군에게 명해 군사 1만 명을 이끌고 가 제나라를 돕게 했습니다. 지금 나라가 이미 안정됐는데 어찌하여 사신을 보내 초왕에게 치사致謝하지 않는 것입니까?"

"좌우에서 누가 제일 적임이오."

9명의 총신들이 건의했다.

"초발이 적임입니다."

초발이 초나라에 사신으로 가게 됐다. 초왕은 초발에게 연일 연회를 베풀어 주면서 몇 달 동안 돌려보내지 않았다. 9명의 총신들이 서로 말했다.

"무릇 만승의 군주가 일개 사자를 계속 머물도록 만류하는 것이 어찌 안평군의 강대한 권세에 의지하려는 의도 때문이 아니겠습니까? 안평군은 군주와 군신 간의 차이도 없고 상하의 구별도 없습니다. 그는 불선不善을 꾀해 안으로는 백성들을 위무하고, 밖으로는 융적을 회유하고, 천하의 현사들을 예우하고 있습니다. 그 뜻이 무엇인가를 하려는 데 있는 것입니다. 원컨대 군주는 이를 잘 살피기 바랍니다."

다음 날 제양왕이 명했다.

"재상 전단을 불러들이라."

전단이 관을 벗은 뒤 사죄의 의미로 신발을 벗고 어깨를 드러내는 도선육단徒跣肉袒을 한 채 안으로 들어갔다. 그리고 나와서는 사죄死罪를 청했다. 5일이 지나 제양왕이 말했다.

"그대는 과인에게 아무 죄도 없소. 그대는 그대의 신례臣禮를 다하고 나는 나의 왕례王禮를 다하면 그뿐인 것이오."

초발이 드디어 초나라에서 돌아오자 제양왕이 술을 내려 주었다. 주석이 어느 정도 무르익자 제양왕이 명했다.

"재상 단單을 부르도록 하라."

이때 초발이 자리를 피하기 위해 계수稽首한 뒤 물었다.

"군주는 시간을 거슬러 올라가 주문왕과 비교하면 어떻습니까?"

"나는 주문왕만 못하오."

"그렇습니다. 저도 군주가 주문왕만 못하다는 것을 압니다. 군주는 시간을 아래로 끌어내려 가까운 시기에 살았던 제환공과 비교하면 어떻습니까?"

"나는 그만 못하오."

"그렇습니다. 저도 군주가 그만 못하다는 것을 압니다. 주문왕은 여상呂尙을 찾아내 태공으로 삼았고, 제환공은 관중管仲을 찾아내 중부仲父로 삼았습니다. 지금 군주는 안평군을 찾아냈으나 다만 그를 '단'이라고 부르고 있습니다. 이 어찌 나라를 망칠 말이 아니겠습니까? 또한 천지가 열리고 민인民人이 땅 위에 살기 시작한 이래 신하된 자가 세운 공로로 그 누가 안평군보다 더하겠습니까? 군주가 사직을 제대로 지키지 못할 때 연나라가 군사를 일으켜 우리 제나라를 습격했습니다. 군주는 달아나 성양城陽산동성 하택현 동쪽의 산속으로 들어갔습니다. 안평군에게는 위급에 처한 둘레 3리의 즉묵 내성과 사방 5리의 외성, 지쳐 있는 병사 7천 명밖에 없었습니다. 그러나 그는 연나라의 군사마軍司馬 기겁騎劫을 죽이고 제나라 1천 리 땅을 회복했습니다. 이는 안평군의 공입니다. 이때 만일 안평군이 성양을 버리고 스스로 칭왕을 했어도 천하에 이를 저지할 수 있는 자가 없었을 것입니다. 그러나 그는 도리로써 헤아리고 덕의에 입각해 이를 불가한 일로 생각했던 것입니다. 그래서 잔도棧道와 목각木閣의 설치를 성양 산속까지 연결해 군주와 왕후를 영접함으로써 군주가 마침내 도성으로 돌아와 백성 앞에 설 수 있게 된 것입니다. 이제 나라와 백성이 모두 안정됐습니다. 그런데도 군주는 '단'이라고 부르니 어린이조차도 그렇게 하지는 않습니다. 군주는 속히 이 9명의 총신을 죽인 뒤 안평군에게 사과하도록 하십시오. 그리하지 않으면 나라가 위태로워질 것입니다."

9명의 총신을 죽인 뒤 그 집안을 모조리 내쫓았다. 안평군에게는 액읍夜邑[64]산동성 액현 1만 호를 더하여 봉했다.

이때 전단이 장차 적인狄人을 칠 생각으로 노중련魯仲連을 찾아갔다. 노중련이 말했다.

"장군이 적인을 공격해도 떨어뜨릴 수가 없을 것입니다."

전단이 말했다.

"저는 즉묵의 패병을 이끌고 만승지국인 연나라를 깨뜨리고 제나라의 영토를 회복했습니다. 지금 적을 치더라도 공략할 수 없다고 했는데 왜 그런 것입니까?"

그러고는 인사도 하지 않고 밖으로 나가 수레에 올라타고서는 이내 노중련을 떠났다. 이어 병사들을 이끌고 가 적인을 공격했다. 그러나 3개월이 지났는데도 공략치 못했다. 이때 제나라의 어린아이들이 이런 노래를 불렀다.

대관이 곡식 고르는 키 같아	大冠若箕
긴 칼로 턱을 바치고 있으니	脩劍拄頤
적인을 치고도 공략치 못해	攻狄不能下
마른 뼈만 쌓여 언덕이 되다	壘枯骨成立

전단이 이내 두려운 나머지 노중련에게 다음과 같이 청했다.

"선생이 저에게 적인을 공략치 못한다고 말했습니다. 청컨대 그 이유를

64 액읍夜邑을 두고 고유高誘는 『전국책』「제책」의 주에서 "『설원說苑』에는 액읍掖으로 되어 있다."며 '액'으로 읽어야 한다고 풀이했다. 액夜은 액掖의 고자古字이다.

들려주십시오."

노중련이 대답했다.

"장군이 즉묵에 있을 때, 앉으면 병사들과 함께 대나무 삼태기를 짰고 서면 함께 삽鍤가래에 의지했습니다. 병사들을 격려해 말하기를, '퇴로가 없다. 종묘사직이 이미 망했다. 오늘 우리들은 아직 뭔가 추구하고 있으나 과연 내일 어느 무리에 끼일 것인가'라고 했습니다. 이때 장군은 죽을 각오를 했고 병사들도 구차히 살고자 하는 생각이 없었습니다. 그대의 말을 들으면 눈물을 흩뿌리고 어깨를 들썩이며 어서 싸우자고 청하지 않는 자가 없었습니다. 이것이 연나라를 깨뜨린 이유입니다. 그런데 이제 동쪽으로 액읍夜邑의 봉지에서 조부租賦를 바치고, 서쪽으로 치수淄水 위에서 노니는 즐거움이 있고, 몸에는 황금으로 장식된 허리띠를 찬 채 말을 타고 치수와 민수澠水 사이를 내달리고 있습니다. 사는 즐거움만 있고 죽고자 하는 결심이 없습니다. 이것이 이기지 못하는 이유입니다."

전단이 말했다.

"나 전단은 이미 결심이 섰습니다. 선생이 격려한대로 할 것입니다."

다음 날 예기銳氣를 세우고 성 아래를 순시했다. 시석矢石이 날아올 만한 곳에 서서 북채를 잡고 진군을 알리는 북을 울리자 적인들이 마침내 항복했다.

당초 제민왕은 송나라를 멸망시킨 뒤 맹상군을 제거하고자 했다. 맹상군이 위나라로 도망가자 위소왕이 그를 재상으로 삼은 뒤 제후들과 함께 제나라 군사를 깨뜨렸다. 제민왕이 죽은 뒤 제양왕이 왕권을 회복했으나 맹상군은 중립적 위치에서 설공薛公이 되어 어느 나라에도 귀속하지 않았다. 제양왕은 즉위하자마자 맹상군을 두려워한 나머지 곧 그와 강화했다.

맹상군이 죽자 여러 자식들이 그의 뒤를 이으려고 다투었다. 제나라와 위나라가 연합해 설나라를 멸망시키자 맹상군의 후사가 끊어졌다.

* 赧王中三十六年

秦白起伐楚, 取鄢·鄧·西陵.

秦王使使者告趙王, 願爲好會於河外澠池. 趙王欲毋行, 廉頗·藺相如計曰, "王不行, 示趙弱且怯也." 趙王遂行, 相如從. 廉頗送至境, 與王訣曰, "王行, 度道里會遇之禮畢, 還, 不過三十日. 三十日不還, 則請立太子, 以絶秦望." 王許之. 會於澠池. 王與趙王飮, 酒酣, 秦王請趙王鼓瑟, 趙王鼓之. 藺相如復請秦王擊缶, 秦王不肯. 相如曰, "五步之內, 臣請得以頸血濺大王矣!" 左右欲刃相如, 相如張目叱之, 左右皆靡. 王不懌, 爲一擊缶. 罷酒, 秦終不能有加於趙. 趙人亦盛爲之備, 秦不敢動. 趙王歸國, 以藺相如爲上卿, 位在廉頗之右. 廉頗曰, "我爲趙將, 有攻城野戰之功. 藺相如素賤人, 徒以口舌而位居我上. 吾羞, 不忍爲之下!" 宣言曰, "我見相如, 必辱之!" 相如聞之, 不肯與會. 每朝, 常稱病, 不欲爭列. 出而望見, 輒引車避匿. 其捨人皆以爲恥. 相如曰, "子視廉將軍孰與秦王?" 曰, "不若." 相如曰, "夫以秦王之威而相如廷叱之, 辱其群臣. 相如雖駑, 獨畏廉將軍哉! 顧吾念之, 强秦之所以不敢加兵於趙者, 徒以吾兩人在也. 今兩虎共鬥, 其勢不俱生. 吾所以爲此者, 先國家之急而後私仇也." 廉頗聞之, 肉袒負荊至門謝罪, 遂爲刎頸之交.

初, 燕人攻安平, 臨淄市掾田單在安平, 使其宗人皆以鐵籠傅車轊. 及城潰, 人爭門而出, 皆以轊折車敗, 爲燕所禽. 獨田單宗人以鐵籠得免, 遂奔卽墨. 是時齊地皆屬燕, 獨莒·卽墨未下, 樂毅及並右軍·前軍以圍莒, 左軍·後軍圍卽墨. 卽墨大夫出戰而死. 卽墨人曰, "安平之戰, 田單宗人以鐵籠得全, 是多智習兵." 因共立以爲將以拒燕.

樂毅圍二邑, 期年不克, 及令解圍, 各去城九里而爲壘, 令曰, “城中民出者勿獲, 困者賑之, 使卽舊業, 以鎭新民.” 三年而猶未下. 或讒之於燕昭王曰, “樂毅智謀過人, 伐齊, 呼吸之間克七十餘城. 今不下者兩城耳, 非其力不能拔, 所以三年不攻者, 欲久仗兵威以服齊人, 南面而王耳. 今齊人已服, 所以未發者, 以其妻子在燕故也. 且齊多美女, 又將忘其妻子. 願王圖之!” 昭王於是置酒大會, 引言者而讓之曰, “先王擧國以禮賢者, 非貪土地以遺子孫也. 遭所傳德薄, 不能堪命, 國人不順. 齊爲無道, 乘孤國之亂以害先王. 寡人統位, 痛之入骨, 故廣延群臣, 外招賓客, 以求報仇. 其有成功者, 尙欲與之同共燕國. 今樂君親爲寡人破齊, 夷其宗廟, 報塞先仇, 齊國固樂君所有, 非燕之所得也. 樂君若能有齊, 與燕並爲列國, 結歡同好, 以抗諸侯之難, 燕國之福, 寡人之願也. 汝何敢言若此!” 乃斬之. 賜樂毅妻以後服, 賜其子以公子之服. 輅車乘馬, 後屬百兩, 遣國相奉而致之樂毅, 立樂毅爲齊王. 樂毅惶恐不受, 拜書, 以死自誓. 由是齊人服其義, 諸侯畏其信, 莫敢復有謀者. 頃之, 昭王薨, 惠王立. 惠王自爲太子時, 嘗不快於樂毅. 田單聞之, 乃縱反間於燕, 宣言曰, “齊王已死, 城之不拔者二耳. 樂毅與燕新王有隙, 畏誅而不敢歸, 以伐齊爲名, 實欲連兵南面王齊. 齊人未附, 故且緩攻卽墨以待其事. 齊人所懼, 唯恐他將之來, 卽墨殘矣.” 燕王固已疑樂毅, 得齊反間, 乃使騎劫代將而召樂毅. 樂毅知王不善代之, 遂奔趙. 燕將士由是憤惋不和.

田單令城中人, 食必祭其先祖於庭, 飛鳥皆翔舞而下城中. 燕人怪之, 田單因宣言曰, “當有神師下敎我.” 有一卒曰, “臣可以爲師乎?” 因反走. 田單起引還, 坐東鄕, 師事之. 卒曰, “臣欺君.” 田單曰, “子勿言也.” 因師之, 每出約束, 必稱神師. 乃宣言曰, “吾唯懼燕軍之劓所得齊卒, 置之前行, 卽墨敗矣!" 燕人聞之, 如其言. 城中見降者盡劓, 皆怒, 堅守, 唯恐見得. 單又縱反間, 言曰, "吾懼燕人掘吾城外塚墓, 可爲寒心!" 燕軍盡掘塚墓, 燒死人. 齊人從城上望見, 皆涕泣, 共欲出戰, 怒自十倍. 田單知士卒之可用, 乃身操版·锸, 與士卒分功. 妻妾編於行伍之間. 盡散飮食饗士. 令甲卒皆伏, 使老·弱·女子乘城, 遣使約降於燕, 燕軍皆呼萬歲. 田單又收民金得千鎰, 令卽墨富豪遺燕將, 曰, "卽降, 願無虜掠吾族家." 燕將大喜, 許之. 燕軍益懈. 田單乃收城中, 得牛千餘, 爲絳繒衣, 畫以五采龍文, 束兵刃於其角, 而灌脂束葦於其尾, 燒其端, 鑿城數十穴, 夜縱牛, 壯士五千人隨其後. 牛尾熱, 怒而奔燕軍. 燕軍大驚, 視牛皆龍文, 所觸盡死傷. 而城中鼓噪從之, 老弱皆擊銅器爲聲, 聲動天地. 燕軍大駭, 敗走. 齊人殺騎劫, 追亡逐北, 所過城邑皆叛燕, 復爲齊. 田單兵日益多, 乘勝, 燕日敗亡, 走至河上, 而齊七十餘城皆復焉. 乃迎襄王於莒. 入臨淄, 封田單爲安平君. 齊王以太史太史敫之女爲後, 生太子建. 太史敫曰, "女不取媒, 因自嫁, 非吾種也, 汚吾世!" 終身不見君王后, 君王后亦不以不見故失人子之禮.

趙王封樂毅於觀津, 尊寵之, 以警動於燕·齊. 燕惠王乃使人讓樂毅, 且謝之曰, "將軍過聽, 以與寡人有隙, 遂捐燕歸趙. 將軍自爲計則可矣, 而亦何以報先王這所以遇將軍之意乎?" 樂毅報書曰, "昔伍子胥說聽於闔閭而吳遠跡至郢. 夫差弗是也, 賜之鴟夷而浮之江. 吳王不寤先論之可以立功, 故沈子胥而不悔. 子胥不蚤見主之不同量, 是以至於入江而不化. 夫免自立功以明先王之跡, 臣之上計也. 離毁辱之誹謗, 墮先王之名, 臣之所大恐也. 臨不測之罪, 以幸爲利, 義之所不敢出也. 臣聞古之君子, 交絶不出惡聲, 忠臣去國, 不潔其名. 臣雖不佞, 數奉敎於君子矣. 唯君王之留意焉!" 於是燕王復以樂毅子閒爲昌國君, 而樂毅往來復通燕, 卒於趙, 號曰望諸君.

田單相齊, 過淄水, 有老人涉淄而寒, 出水不能行. 田單解其裘而衣之. 襄王惡之, 曰, "田單之施於人, 將欲以取我國乎? 不早圖, 恐後之變也." 左右顧無人, 巖下有貫珠者, 襄王呼而問之曰, "汝聞吾言乎?" 對曰, "聞之." 王曰, "汝以爲何如?" 對曰, "王不如因以爲己善. 王嘉單之善, 下令曰, '寡人憂民之饑也, 單收而食之. 寡人憂民之寒也, 單解裘而衣之. 寡人憂勞百姓, 而單亦憂之, 稱寡人之意' 單有是善而王嘉之, 單之善亦王之善也." 王曰, "善." 乃賜單牛酒. 後數日, 貫珠者復見王曰, "王朝日宜召田單而揖之於庭, 口勞之. 乃布令求百姓之饑寒者, 收穀之." 乃使人聽於閭里, 聞大夫之相與語者曰, "田單之愛人, 嗟, 乃王之敎也!"

田單任貂勃於王. 王有所幸臣九人, 欲傷安平君, 相與語於王曰, "燕之伐齊之時, 楚王使將軍將萬人而佐齊. 今國已定而社稷已安矣, 何不使使者謝於楚王?" 王曰, "左右孰可?" 九人之屬曰, "貂勃可." 貂勃使楚, 楚王受而觴之, 數月不反. 九人之屬相與語於王曰, "夫一人之身而牽留萬乘者, 豈不以據勢也哉! 且安平君之與王也, 君臣無異而上下無別. 且其志欲爲不善, 內撫百姓, 外懷戎翟, 禮天下之賢士, 其志欲有爲也, 願王之察之!" 異日, 王曰, "召相單而來!" 田單免冠·徒跣·肉袒而進, 退而請死罪, 五日而王曰, "子無罪於寡人. 子爲子之臣禮, 吾爲吾之王禮而已矣." 貂勃從楚來, 王賜之酒. 酒酣, 王曰, "召相單而來!" 貂勃避席稽首曰, "王上者孰與周文王?" 王曰, "吾不若也." 貂勃曰, "然, 臣固知王不若也. 下者孰與齊桓

公?" 王曰, "吾不若也." 貂勃曰, "然, 臣固知王不若也. 然則周文王得呂尙以爲太公, 齊桓公得管夷吾以爲仲父, 今王得安平君而獨曰'單', 安得此亡國之言乎! 且自天地之辟, 民人之始, 爲人臣之功者,

誰有厚於安平君者哉? 王不能守王之社稷, 燕人興師而襲齊, 王走而之城陽之山中, 安平君以惴惴卽墨三里之城, 五里之郭, 敝卒七千人, 禽其司馬而反千里之齊, 安平君之功也. 當是之時, 捨城陽而自王, 天下莫之能止. 然而計之於道, 歸之於義, 以爲不可, 故棧道木閣而迎王與後於城陽山中, 王乃得反, 子臨百姓. 今國已定, 民已安矣, 王乃曰'單', 嬰兒之計不爲此也. 王亟殺此九子者以謝安平君, 不然, 國其危矣!" 乃殺九子而逐其家, 益封安平君以夜邑萬戶.

田單將攻狄, 往見魯仲連. 魯仲連曰, "將軍攻狄, 不能下也." 田單曰, "臣以卽墨破亡餘卒破萬乘之燕, 復齊之墟, 今攻狄而不下, 何也?" 上車弗謝而去, 遂攻狄, 三月不克. 齊小兒謠曰, "大冠若箕, 修劍拄頤. 攻狄不能下, 壘枯骨成丘." 田單乃懼, 問魯仲連曰, "先生謂單不能下狄, 請問其說." 魯仲連曰, "將軍之在卽墨, 坐則織蕢, 立則仗鍤, 爲士卒倡曰, '無可往矣! 宗廟亡矣! 今日尙矣! 歸於何黨矣!'

當此之時, 將軍有死之心, 士卒先無之氣, 聞君言莫不揮泣奮臂而欲戰, 此所以破燕也. 當今將軍東有夜邑之奉, 西有淄上之娛, 黃金橫帶而騁乎淄·澠之間, 有生之樂, 無死之心, 所以不勝也." 田單曰, "單之有心, 先生志之矣." 明日, 乃厲氣循城, 立於矢石之所, 援枹鼓之. 狄人乃下.

初, 齊湣王旣滅宋, 欲去孟嘗君. 孟嘗君奔魏, 魏昭王以爲相, 與諸侯共伐破齊. 湣王死, 襄王復國, 而孟嘗君中立爲諸侯, 無所屬. 襄王新立, 畏孟嘗君, 與之連和. 孟嘗君卒, 諸子爭立, 而齊·魏共滅薛, 孟嘗君絶嗣.

주난왕 37년(BC 278)

1) 진나라의 대량조大良造 백기白起가 초나라를 쳐 도성인 영郢을 빼

앗고 초나라 선왕들의 묘가 있는 이릉夷陵호북성 의창현 경계을 불태웠다. 초경양왕의 병사들이 사방으로 흩어진 뒤 다시 싸우려 하지 않았다. 초나라의 도성을 동북쪽의 진현陳縣하남성 회양시으로 옮겼다. 진나라는 초나라로부터 빼앗은 영 땅에 남군南郡을 설치한 뒤 백기를 봉하고는 무안군武安君으로 불렀다.

* 赧王中三十七年

秦大良造白起伐楚, 拔郢, 燒夷陵. 楚襄王兵散, 遂不復戰, 東北徙都於陳. 秦以郢爲南郡, 封白起爲武安君.

주난왕 38년(BC 277)

1) 진나라의 무안군 백기가 무巫사천성 무산현와 검중黔中호남성 원릉현 지역을 평정하고 처음으로 검중군黔中郡을 두었다.

2) 위소왕魏昭王이 죽었다. 그의 아들이 위안희왕魏安釐王으로 즉위했다.

* 赧王中三十八年

秦武安君定巫·黔中, 初置黔中郡.

魏昭王薨, 子安釐王立.

주난왕 39년(BC 276)

1) 진나라의 무안군이 위나라를 쳐 두 개의 성읍을 빼앗았다.

2) 초경양왕이 동쪽 지역에서 군사 10만여 명을 모아 서쪽으로 진출했다. 장강 남쪽의 15개 성읍을 수복하게 됐다.

3) 위안희왕이 자신의 아우 무기無忌를 신릉군信陵君에 봉했다.

＊ 赧王中三十九年

秦武安君伐魏, 拔兩城.

楚王收東地兵, 得十餘萬, 復西取江南十五邑.

魏安釐王封其弟無忌爲信陵君.

주난왕 40년(BC 275)

1) 진나라 상국相國 양후穰侯가 위나라를 쳤다. 한나라의 폭연暴鳶이 군사를 이끌고 가 위나라를 구원하고자 했으나 양후가 이를 대파하고 4만 명을 참수했다. 폭연이 개봉開封하남성 개봉시으로 달아났다.

위나라가 할 수 없이 8개의 성읍을 진나라에 바치고 강화했다. 양후가 다시 한번 위나라를 치자 위나라의 재상 망묘芒卯가 도주했다. 북택北宅하남성 정주시 북쪽으로 진공하여 대량을 포위 공격하자 위나라가 온현溫縣하남성 온현 서남쪽을 베어 주면서 강화하고자 했다.

＊ 赧王中四十年

秦相國穰侯伐魏. 韓暴鳶救魏, 穰侯大破之, 斬首四萬. 暴鳶走開封. 魏納八城以和. 穰侯復伐魏, 走芒卯, 入北宅. 遂圍大梁, 魏人割溫以和.

주난왕 41년(BC 274)

1) 위나라가 다시 제나라와 합종했다. 진나라의 양후가 위나라를 쳐 4개 성읍을 빼앗고 4만 명을 참수했다.

2) 노민공魯湣公이 죽었다. 그의 아들 수讎가 노경공魯頃公으로 즉위했다.

＊ 赧王中四十一年

魏復與齊合從. 秦穰侯伐魏, 拔四城, 斬首四萬.

魯緡公薨, 子頃公讎立.

주난왕 42년(BC 273)

1) 조·위 두 나라가 한나라의 화양華陽하남성 신정현 북쪽을 쳤다. 한나라가 진나라에 고급告急했으나 진왕이 구원에 나서지 않았다. 한나라 재상이 진서陳筮를 찾아가 부탁했다.

"사태가 급합니다. 원컨대 공公이 지금 비록 병중이기는 하나 진나라는 하룻밤만 자면 도착할 수 있으니 부디 구원을 청해 주기 바랍니다."

진서가 진나라로 가 양후를 만났다. 양후가 말했다.

"사태가 위급한 모양이오. 그래서 공을 시켜 구원을 청하는 것이오."

"아직은 위급하지 않습니다."

양후가 크게 화를 내며 말했다.

"왜 그렇다는 것이오."

"저들 한나라가 실로 위급했다면 태도를 바꿔 자국을 공격하고 있는 조나라와 위나라를 좇았을 것입니다. 아직 위급하지 않은 까닭에 다시 찾아와 구원을 청하는 것입니다."

양후가 말했다.

"내가 출병키로 결정했소."

마침내 무안군 및 객경 호양胡陽과 더불어 한나라를 구원키로 했다. 이들은 드디어 8일 만에 도착해 위나라 군사를 화양華陽 아래에서 격파했다. 위나라 재상 망묘芒卯가 도주해 버렸다. 이들은 3명의 장수를 포획하고 병사 13만 명을 참수했다. 무안군은 또 조나라 장수 가언賈偃과 싸워 조나라 병사 2만 명을 황하에 빠뜨렸다. 위나라의 단간자段干子가 남양南陽하남성 제원현을 진나라에 할양하면서 강화를 청했다. 소대蘇代가 위안희왕에게 말했다.

"진나라 재상의 관인官印[65]을 바라는 자는 단간자이고 땅을 바라는 자는 진나라입니다. 지금 군주는 땅을 원하는 사람을 시켜 재상의 관인을 얻고자 하는 자를 제압하고자 하나 오히려 관인을 얻으려는 자가 땅을 제압하니 위나라 땅은 다 없어지고 말 것입니다. 무릇 땅을 가지고 진나라를 섬기는 것은 마치 섶을 지고 들어가 불을 끄려는 것과 같으니 섶이 모두 없어지지 않는 한 불은 꺼지지 않을 것입니다."

위안희왕이 말했다.

"그렇기는 하오. 그러나 비록 그렇다 할지라도 일이 이미 시작됐으니 도중에 바꿀 수는 없소."

다시 대답했다.

"무릇 박희博戲[66]를 할 때 효기를 귀하게 생각하는 것은 편할 때 먹고 불편할 때 그칠 수 있기 때문입니다. 지금 지혜를 사용하는 군주의 용지用智는 효기를 쓰는 것만 못합니다."

그러나 위안회왕은 이를 듣지 않고 끝내 남양南陽을 베어 주면서 강화하고자 했다. 실제로는 수무脩武하남성 남양현 일대를 떼어 주고 강화했다.

2) 한희왕韓釐王이 죽었다. 그의 아들이 한환혜왕韓桓惠王으로 즉위

---

65 원문은 새璽이다. '새'는 원래 황제의 인장을 가리키는 말이다. 새璽는 진시황 이전만 해도 인장의 통칭으로 사용됐다. 진시황의 천하통일 이후 당나라 이전에는 새璽, 이후에는 보寶라고 부르기 시작했다. '새' 가운데 가장 유명한 것은 진시황이 재상 이사를 시켜 만들었다는 전국옥새傳國玉璽, 약칭 전국새傳國璽이다. 이 옥새에 관한 이야기는 수천 년 동안 갖가지 전설을 만들어냈고, 21세기 현재까지도 자세한 전말을 알 길이 없다. 그러나 여기의 '새'는 진시황의 천하통일 이전의 일을 언급한 것인 까닭에 관인官印의 의미로 사용된 것이다.

66 박희博戲는 박博의 머리에 올빼미를 새긴 효기梟棋를 세워 즐기는 놀이를 말한다.

했다.

3) 한·위 두 나라가 진나라에 복속했다. 진소양왕秦昭襄王은 무안군을 시켜 한·위 두 나라 군사를 이끌고 가 초나라를 치게 하려고 했다. 아직 시행치 않았을 때 초나라 사자 황헐黃歇이 진나라에 도착했다. 황헐은 이 이야기를 듣고 진나라가 승세를 몰아 일거에 초나라를 멸할까 두려워하여 이내 진소양왕에게 다음과 같은 편지를 썼다.

"제가 듣건대 '사물이 극한 상황까지 가면 다시 돌아온다'고 했습니다. 겨울이 가면 여름이 오는 것이 바로 이런 것입니다. 지극한 곳에 이르면 위태롭다고 했으니 이는 장기 알을 높이 쌓으면 끝내 무너지는 것과 같습니다. 지금 진나라는 천하의 땅 가운데 양쪽 끝을 갖게 됐습니다. 이는 유사 이래 만승의 나라에도 일찍이 없었던 일입니다. 진나라의 선왕은 3대에 걸쳐 국경을 제나라와 맞대고 합종의 핵심을 단절한 사실을 잊을 수 없었습니다. 이제 군주가 성교盛橋를 한나라로 보내 파수케 했는데 성교가 한나라의 땅을 진나라에 귀속시켜 버렸습니다. 이는 군주가 군사를 쓰거나 위세를 떨치지 않고도 사방 100리의 땅을 얻은 것입니다. 군주는 능력이 뛰어나다는 칭송을 받을 만합니다. 군주는 또 갑병을 출동시켜 위나라를 치고, 대량의 성문을 봉쇄하고, 하내河內하남성 심양현를 취하고, 연燕하남성 연진현 동북쪽과 산조酸棗하남성 연진현 서남쪽, 허虛하남성 봉구현 북쪽의 담鄉, 도桃하남성 연진현 동북쪽 등을 공략했습니다. 이어 형구邢丘하남성 온현 동북쪽에 진입하자 위나라 병사가 구름처럼 배회하면서 감히 이를 구할 엄두를 내지 못했습니다. 군주의 공로는 실로 많다고 하겠습니다. 군주는 병사들을 쉬게 했다가 2년 후 재출병하여 포蒲하남성 장원현·연衍하남성 정주시 북쪽·수원首垣하남성 장원현 동북쪽을 합병했습니다. 이어 군사를 인仁위치미상·평구平丘하남성 봉구현 동쪽로 진입시켰습니다. 황黃하남성 개봉시 동북쪽·제양濟陽하남성 난고현 동북쪽 등이 포위되어 곤경에 처하자 위나라가 곧 굴복하게 됐습니다. 군주는 이제 복수濮水 근처인 복마濮磨의 북쪽에 할거해 제·진 두 나라의 요충지와 연접한 뒤 초·조 두 나라의 허리를 끊으면 됩니다. 이때 천하 각국이 아무리 여러 번 동맹을 맺을지라도 감히 서로 구원치 못할 것입니다. 그리되면 군주의 위세 또한 극에 달할 것입니다. 만일 군주가 공업을 보전하고 위엄을 지키려면 공취攻取하고자 하는 마음을 억누르고 영토 내에 널리 인의를 펼침으로써 후환이 없도록 해야 합니다. 그러면 그 공은 3왕三王과 비교할 만하고 위엄 또한 5패五伯와 같을 것입니다. 만일 군주가 많은 사람들의 위세를 믿고 갑병의 강대함에 의지해 위나라를 멸망시킨 위세를 틈타 무력으로 천하 제후들을 신복하려 들면 저는 후환이 있을까 두렵습니다.『시경』「대아, 탕蕩」에 이르기를, '처음에 좋게 시작하지 않는 일이 없으나 끝맺음을 잘하는 경우는 매우 드물다'고 했습니다. 또『주역』「미제未濟」의 괘사에 이르기를, '여우가 물을 건넜으나 그 꼬리를 적셨다'고 했습니다. 이는 모두 시작은 쉬우나 끝맺음을 잘하기가 어렵다는 것을 말한 것입니다. 옛날 오나라는 월나라를 믿고 북으로 제나라를 공격해 애릉艾陵산동성 내무현 동북쪽에서 승리를 거두었습니다. 그러나 돌아와서는 월왕에게 삼강三江[67]의 강변에서 잡혔습니다. 또 지백智伯 요瑤는 한씨와 위씨를 믿고 조씨를 치면서 진양성晉陽城을 공격했습니다. 승리를 며칠 남겨 두지 않았을 때 한씨와 위씨가 등을 돌려 착대鑿臺산서성 유차현 남곽대 아래에서 지백 요를 죽였습니다. 이제 군주는 초나라에 대해 꺼리는 것을 없애지 않고 오히려 초나라를 없애는 것이 한·위 두 나라를 강하게 만든다는 것을 잊고 있습니다. 제가 군주라면 헤아려 이를 취하지 않겠습니다. 무릇 초나라는 진나라와 상호

67 삼강三江은 지금의 강소성 송강현과 상해시 사이에 있는 송강松江, 유강類江, 동강東江을 지칭한다.

원조하는 사이지만 인국은 적국입니다. 지금 군주는 한·위 두 나라의 왕이 자신에게 잘한다고 믿으나 이는 바로 오나라가 월나라를 믿는 것과 같습니다. 한·위는 자신을 낮추는 극히 겸손한 말인 비사卑辭로 우환을 제거하고자 하나 실제로는 대국 진나라를 속이려는 것입니다. 이는 무엇 때문이겠습니까? 대왕은 한·위 두 나라에 여러 세대를 통해 쌓은 덕인 중세지덕重世之德을 베푼 적이 없고 여러 세대에 걸친 원망인 누세지원累世之怨만 받아 왔습니다. 무릇 한·위 두 나라 군주의 부자형제가 진나라 장수에게 줄지어 죽은 지 이미 거의 10세世나 됐습니다. 그래서 한·위 두 나라가 망하지 않으면 진나라의 우환입니다. 이제 군주가 그들의 힘을 토대로 함께 초나라를 공격하려는 것은 실수가 아니겠습니까? 또한 초나라를 치려고 하면서 어떻게 출병하려는 것입니까? 군주는 적국인 한·위 두 나라에 대해 길을 빌릴 것입니까? 출병하는 날이 되면 군주는 진나라 군사가 다시 돌아오지 못할까 걱정할 것입니다. 만일 군주가 적국인 한·위 두 나라에게 길을 빌리지 않는다면 반드시 수수隨水의 서쪽 일대인 수양隨陽을 쳐야 합니다. 이곳은 모두 광천廣川과 대수大水, 산림, 계곡, 개간할 수 없는 땅인 불식지지不食之地입니다. 이리하면 군주는 초나라를 무너뜨렸다는 명성만 얻을 뿐 토지 취득의 실익이 없게 됩니다. 또한 군주가 초나라를 공격하자마자 한·위·제·초 4국이 모두 군사를 일으켜 군주에게 향응響應할 것입니다. 진·초 두 나라 군사가 교전하여 서로 뒤엉키게 되면 위나라가 유留강소성 패현 동남쪽·방여方與산동성 어대현 서쪽·질銍안휘성 숙현 서남쪽·호릉湖陵산동성 어대현 동남쪽·탕碭강소성 하읍현 동남쪽·소蕭안휘성 소현 서북쪽·상相안휘성 수계현 서북쪽으로 진공할 것입니다. 그리되면 당초 송나라에 속했던 땅은 모두 점령당하고 말 것입니다. 또한 제나라 사람들이 기회를 틈타 남쪽으로 초나라를 공격하게 되면 초나라가 이를 막기 위해 노나라를 잠식해 사수泗水 위쪽의 땅인 사상泗上을 점거하고야 말 것입니다. 이 지역은 모두 사통팔달四通八達의 평원으로 매우 비옥합니다. 하면 천하의 제후국들 가운데 제·위 두 나라보다 강한 나라는 없게 됩니다. 제가 군주를 위해 생각해 볼 때 초나라와 잘 지내느니만 못합니다. 진·초 두 나라가 하나가 되어 한나라에 다가서면 한나라는 염수斂手손을 거둬들임한 뒤 조현하러 나올 것입니다. 그리되면 군주는 함양 동쪽 산의 험조한 모습인 동산지험東山之險을 잘 이용하고, 1천 리마다 흐름이 구부러지는 황하의 편리함인 곡하지리曲河之利를 더하게 되니 한나라는 반드시 진나라를 섬기는 관중關中 일대의 제후국인 관내지후關內之侯가 될 것을 약속할 것입니다. 만일 이로써 군주가 군사 10만 명으로 한나라의 도성인 정鄭하남성 신정현 땅을 지키면 위나라는 한심寒心케 되어 위나라의 허許하남성 허창현 동쪽와 언릉鄢陵하남성 언성현 동남쪽이 겹겹이 포위되고, 초나라의 상채上蔡하남성 상채현 서남쪽와 소릉召陵하남성 언성현 동쪽은 위나라와 왕래치 못하게 될 것입니다. 이리되면 위나라 역시 관내지후가 되고 말 것입니다. 군주가 하나같이 초나라와 잘 지내면 관내에 만승의 대국이 둘 있게 됩니다. 두 나라가 제나라와 땅을 맞대게 되니 제나라의 서쪽은 팔짱을 끼고도 얻을 수 있습니다. 그리되면 군주는 동해에서 서해西海에 이르는 영토를 차지해 장차 천하를 약속할 수 있습니다. 이는 연·조 두 나라에게 자국에 도움을 줄 제·초 두 나라가 없게 되는 것이고, 제·초 또한 자신들을 도울 연·조를 잃게 되는 것을 뜻합니다. 연후에 연·조 두 나라를 위태롭게 핍박하는 위동危動을 하고, 제·초 두 나라를 뒤흔들면 이 네 나라는 공벌을 받기 전에 미리 항복하고 말 것입니다."

진소양왕이 황헐의 상서를 받아들였다. 무안군의 초나라 공벌을 중지케 하고 한·위 두 나라에게 사례했다. 또 황헐을 초나라로 돌려보낸 뒤 초나라와 화친을 약조했다.

＊ 赧王中四十二年

趙人·魏人伐韓華陽. 韓人告急於秦, 秦王弗救. 韓相國謂陳筮曰, “事急矣! 願公雖病, 爲一宿之行.” 陳筮如秦, 見穰侯. 穰侯曰, “事急乎? 故使公來.” 陳筮曰, “未急也.” 穰侯怒曰, “何也?” 陳筮曰, “彼韓急則將變而他從. 以未急, 故復來耳.” 穰侯曰, “請發兵矣.” 乃與武安君及客卿胡陽救韓, 八日而至, 敗魏軍於華陽之下, 走芒卯, 虜三將, 斬首十三萬. 武安君又與趙將賈偃戰, 沈其卒二萬人於河. 魏段干子請割南陽予秦以和. 蘇代謂魏王曰, “欲璽者, 段干子也. 欲地者, 秦也. 今王使欲地者制璽, 欲璽者制地, 魏地盡矣! 夫以地事秦, 猶抱薪救火, 薪不盡, 火不滅.” 王曰, “是則然也. 雖然, 事始已行, 不可更矣!” 對曰, “夫博之所以貴梟者, 便則食, 不便則止. 今何王之用智不如用梟也?” 魏王不聽, 卒以南陽爲和, 實修武.

韓釐王薨, 子桓惠王立.

韓·魏旣服於秦, 秦王將使武安君與韓·魏伐楚, 未行, 而楚使者黃歇至, 聞之, 畏秦乘勝一擧而滅楚也, 乃上書曰, “臣聞物至則反, 冬·夏是也. 致至則危, 累棋是也. 今大國之地, 遍天下有其二垂, 此從生民已來, 萬乘之地未嘗有也. 先王三世不忘接地於齊, 以絶從親之要. 今王使盛橋守事於韓, 盛橋以其地入秦, 是王不用甲, 不信威, 而得百里之地, 王可謂能矣! 王又擧甲而攻魏, 杜大梁之門, 擧河內, 拔燕·酸棗·虛·桃, 入邢, 魏之兵雲翔而不敢救, 王之功亦多矣! 王休甲息衆, 二年而後復之, 又並蒲·衍·首·垣以臨仁·平丘, 黃·濟陽嬰城而魏氏服. 王又割濮磨之北, 注齊·秦之要, 絶楚·趙之脊, 天下五合六聚而不敢救, 王之威亦單矣! 王若能保功守威, 絀攻取之心, 而肥仁義之地, 使無後患, 三王不足四, 五伯不足六也! 王若負人徒之衆, 仗兵革之强, 乘毁魏之威, 而欲以力臣天下之主, 臣恐其有後患也.『詩』曰, '靡不有初, 鮮克有終'『易』曰, '狐涉水, 濡其尾' 此言始之易, 終之難也. 昔吳之信越也, 從而伐齊, 旣勝齊人於艾陵, 還爲越禽於三江之浦. 智氏之信韓·魏也, 從而伐趙, 攻晉陽城, 勝有日矣, 韓·魏叛之, 殺智伯瑤於鑿台之下. 今王妒楚之不毁, 而忘毁楚之强韓·魏也, 臣爲王慮而不取也. 夫楚國, 援也. 鄰國, 敵也. 今王信韓·魏之

善王, 此正吳之信越也, 臣恐韓·魏卑辭除患而實欲欺大國也. 何則? 王無重世之德於韓·魏而有累世之怨焉. 夫韓·魏父子兄弟接踵而死於秦者將十世矣, 故韓·魏之不亡, 秦社稷之憂也. 今王資之與攻楚, 不亦過乎! 且攻楚將惡出兵? 王將借路於仇讎之韓·魏乎? 兵出之日而王憂其不反也. 王若不借路於仇讎之韓·魏, 必攻隨水右壤, 此皆廣川·大水·山林·溪谷, 不食之地. 是王有毁楚之名而無得地之實也. 且王攻楚之日,

四國必悉起兵以應王. 秦·楚之兵構而不離. 魏氏將出而攻留·方輿·銍·湖陵·碭·蕭·相, 故宋必盡. 齊人南面攻楚, 泗上必擧. 此皆平原四達膏腴之地. 如此, 則天下之國莫强於齊·魏矣. 臣爲王慮, 莫若善楚. 秦·楚合而爲一以臨韓, 韓必斂手而朝. 王施以東山之險, 帶以曲河之利, 韓必爲關內之侯. 若是而王以十萬戍鄭, 梁氏寒心, 許·鄢陵嬰城而上蔡·召陵不往來也. 如此, 魏亦關內侯矣. 王壹善楚而關內兩萬乘之主注地於齊, 齊右壤可拱手而取也. 王之地一經兩海, 要約天下, 是燕·趙無齊·楚, 齊·楚無燕·趙也. 然後危動燕·趙, 直搖齊·楚, 此四國者不待痛而服矣."

王從之, 止武安君而謝韓·魏, 使黃歇歸, 約親於楚.

권5-주기周紀 5: 주나라가 패망하다

주난왕 43년(BC 272)

1) 초나라가 태자 완完[68]을 진나라에 인질로 보내면서 국가 대사에 참여해 호령을 발포하고 빈객을 접대하는 관직인 좌도左徒 황헐黃歇로 하여금 태자를 시종케 했다.

2) 진나라가 남양군南陽郡하남성 남양시을 설치했다.

3) 진나라와 위나라, 초나라가 함께 연나라를 쳤다.

4) 연혜왕燕惠王이 죽었다. 그의 아들이 연무성왕燕武成王으로 즉위했다.

** 起屠維赤奮若, 盡旃蒙大荒落, 凡十七年.

* 赧王下四十三年

楚以左徒黃歇侍太子完爲質於秦.

秦置南陽郡.

秦·魏·楚共伐燕.

燕惠王薨, 子武成王立.

---

68 초나라 태자 완完이 『사기』「초세가」에는 원元으로 나온다.

주난왕 44년(BC 271)

1) 조나라의 인상여가 제나라를 쳐 평읍平邑하남성 남락현 동북쪽까지 진격했다.

2) 전조田租를 거두는 관원인 조나라의 전부리田部吏 조사趙奢가 조세를 거둘 때 평원군平原君 집안이 이를 납부치 않으려 했다. 조사가 법으로 다스려 평원군 집안에서 일을 보는 사람인 용사자用事者 9명을 죽였다. 평원군이 대로해 조사를 죽이려고 하자 조사가 말했다.

"군은 조나라의 귀공자입니다. 이제 방종한 평원군 집안이 봉공奉公치 않고 법령을 무시해 약화시키는 데 앞장섰습니다. 법령이 무시되어 약화되면 나라가 쇠미해지고, 나라가 쇠미해지면 제후들이 침략케 되어 끝내 조나라는 사라지고 맙니다. 그리되면 군이 어찌 이런 재부를 얻을 수 있겠습니까? 군과 같이 부귀한 사람이 봉공하면서 법을 지키면 상하가 공평해지고, 상하가 공평하면 나라가 강해지고, 나라가 강해지면 조씨 집안도 굳건하게 됩니다. 군은 귀척貴戚인데 어찌 천하 사람에 비해 가벼이 대하겠습니까?"

평원군이 조사를 현명하다고 생각해 이를 조혜문왕에게 알렸다. 조혜문왕이 그에게 나라의 부세賦稅를 관장케 했다. 국부가 공평해지자 백성들이 풍족해졌고, 부고府庫 또한 가득 차게 됐다.

* 赧王下四十四年

趙藺相如伐齊, 至平邑.

趙田部吏趙奢收租稅, 平原君家不肯出. 趙奢以法治之, 殺平原君用事者九人. 平原君怒, 將殺之. 趙奢曰, "君於趙爲貴公子, 今縱君家而不奉公, 則法削, 法削則國弱, 國弱則諸侯加兵, 是無趙也, 君安得有此富乎? 以君之貴, 奉公如法則上下平, 上下平則國强, 國强則趙固, 而君爲貴戚, 豈輕於天下邪!" 平原君以爲賢, 言之於王. 王使治國賦, 國賦大平, 民富而府庫實.

주난왕 45년(BC 270)

1) 진나라가 조나라를 치고 이내 한나라의 연여閼與산서성 화순현를 포위했다. 조혜문왕이 염파와 악승樂乘을 불러 이를 상의하면서 물었다.

"연여를 구해낼 수 있겠소?"

두 사람이 입을 모아 대답했다.

"길이 먼 데다 험하고 좁아 구하기가 어렵습니다."

다시 조사에게 문의하자 조사가 대답했다.

"길이 먼 데다 험하고 좁으니 굴속에서 두 마리 쥐가 싸우는 것에 비유할 수 있습니다. 장차 용감한 쪽이 이길 것입니다."

조혜문왕이 이내 조사에게 명해 군사를 이끌고 가 연여를 구원케 했다. 조사가 한단에서 30리쯤 떨어진 곳에 멈춘 뒤 전군에 하령했다.

"군사 문제로 간하는 자는 죽을 것이다."

한편 진나라 군사들이 무안武安하북성 무안현 일대의 서쪽에 주둔하면서 북을 치고 고함을 지르며 군사를 정돈하자 무안성 가옥의 기와가 크게 들썩였다. 이때 적정을 정탐하는 척후인 조사 휘하의 중후中候 가운데 한 사람이 급히 무안을 구할 것을 건의하자 조사가 즉각 그를 참했다. 그러고는 성을 굳게 지키는 견벽堅壁한 채 28일 동안. 출병치 않으면서 영루營壘를 더욱 튼튼히 쌓았다.

이때 진나라 간첩이 조나라의 군중에 들어왔다. 그러나 조사는 오히려 그를 잘 대접해 보내 주었다. 간첩이 돌아가 보고하자 진나라 장수가 크게 기뻐하며 말했다.

"무릇 자국에서 30리쯤 떨어진 곳에 주둔한 뒤 더 이상 진출치 않으면서 영루만 높이 쌓고 있으니 연여는 조나라 땅이 아니다."

조사는 진나라 간첩을 돌려보낸 뒤 갑옷을 말아 경무장을 하는 권갑卷甲의 모습으로 급속히 연여 쪽으로 나아갔다. 하룻낮과 하룻밤을 행군해 연여에 도착한 후 연여성에서 50리쯤 떨어진 곳에 주둔했다. 영루를 완성하자 진나라 군사가 이 소식을 듣고 곧 갑사들을 출동시켜 교전케 했다.

이때 조나라의 군사軍士 허력許歷이 군사 문제를 간하고자 했다. 조사가 이를 허락하자 허력이 말했다.

"진나라 군사는 우리 조나라 군사가 이곳에 오리라는 것을 예상치 못했습니다. 진나라 군사의 성세聲勢가 왕성하니 장군은 군진을 가일층 두텁게 정돈해 적들을 상대해야 할 것입니다. 그리하지 않으면 우리는 반드시 패하고 맙니다."

"그대의 가르침을 따르고자 하오."

이때 허력이 군사 문제를 언급한 것을 이유로 죄를 줄 것을 청하자 조사가 말했다.

"아, 이는 한단의 명이 나온 이후의 일이오."

허력이 다시 진언을 청해 허락을 받고는 말했다.

"북산北山을 선점하는 자가 승리하고, 뒤에 가는 사람은 패할 것입니다."

조사가 이를 받아들였다. 곧바로 군사 1만 명을 조발調撥해 북산으로 달려가게 했다. 진나라 군사들이 뒤에 도착해 북산을 빼앗으려 했으나 산 위로 올라갈 수 없었다.

조사가 군사들을 몰아 진나라 군사를 치자 진나라 군사가 대패해 연여의 포위를 풀고 진나라로 돌아갔다. 조혜문왕이 조사를 마복군馬服君'마복'은 한단의 서북쪽에 위치에 봉해 염파 및 인상여와 같은 반열에 오르게 했다. 또 허력은 국위國尉로 삼았다.

2) 진나라의 양후穰侯 위염이 객경인 조竈를 진소양왕에게 추천했다. 이어 그를 시켜 제나라를 쳐 강剛산동성 영양현 동북쪽과 수壽산동성 동평현 서남쪽 땅을 빼앗게 했다. 이로써 자신의 봉읍인 도성陶邑산동성 정도현 서북쪽을 크게 넓혔다.

당초 위나라 사람 범수范雎는 중대부中大夫 수가須賈를 좇아 제나라에 사신으로 갔다. 이때 제양왕齊襄王이 그의 뛰어난 논변인 변구辯口를 듣고 사사로이 금과 소, 술을 내려 주었다.

수가는 이를 보고 범수가 위나라의 기밀사항을 제나라에 알려 준 것으로 여기고 귀국한 후 위나라 재상 위제魏齊에게 이를 고해 바쳤다. 위제가 대로해 범수에게 태형을 가하게 하자 범수의 갈비뼈가 부러지고 이빨이 강제로 빠지게 됐다.

범수가 죽은 척하자 대나무 방석으로 둘둘 말아 측간厠間에 처넣은 뒤 손님 가운데 취한 자들을 시켜 돌아가며 그 위에 방뇨케 했다. 범수를 징계한 뒤 사람들에게 국가기밀에 관해 함부로 입을 열지 못하게 했다. 이때 범수가 자신을 간수하는 자에게 말했다.

"나를 밖으로 나가게 해 주면 내가 반드시 후사厚謝하겠다."

간수하는 자가 대나무 방석에 둘둘 말린 사체를 내버리게 해달라고 청했다. 이때 위제가 술에 취했다.

"그리하라."

범수가 간신히 사지를 벗어나게 됐다. 잠시 후 위제가 후회하며 좌우에 명해 범수를 찾아오게 했다. 그러나 위나라 사람 정안평鄭安平이 범수를 데리고 달아나 그를 숨겨주면서 그의 이름도 장록張祿으로 바꿔 주었다.

이때 진나라의 알자謁者 왕계王稽가 위나라에 사자로 왔다. 범수가 밤에 은밀히 왕계를 찾아가 만났다. 왕계가 범수를 은밀히 자신의 수레에 싣고 함께 진나라로 돌아간 뒤 진소양왕에게 그를 천거했다. 진소양왕이 범수를 이궁離宮에서 만나게 됐다.

범수는 짐짓 비빈과 궁녀들이 머무는 곳인 영항永巷이 있는 줄 모르는 척하며 그 안으로 들어갔다. 이때 진소양왕이 영항을 거쳐 이궁으로 가다가 범수를 만나게 됐다. 영항을 지키는 환관들이 대로해 그를 쫓아내면서 말했다.

"대왕이 오신다."

범수가 고의로 화를 돋웠다.

"진나라에 무슨 군주가 있는가? 진나라에는 오직 선태후宣太后와 양후穰侯만 있을 뿐이다."

진소양왕이 이 소리를 듣고 크게 놀라 곧 좌우를 물리친 뒤 무릎을 꿇고 청했다.

"선생은 장차 무엇으로 과인을 가르쳐 줄 것입니까?"

그러나 범수는 연신 세 번에 걸쳐 말할 뿐이었다.

"아, 예예."

진소양왕이 말했다.

"선생은 끝내 과인을 가르쳐 주지 않을 셈입니까?"

범수가 드디어 말문을 열어 말했다.

"어찌 감히 그리할 수 있겠습니까? 저는 기려지신羈旅之臣으로 군주와 교류가 적었으나 제가 말하고자 하는 것은 모두 군주를 바르게 하는 광군匡君에 관한 것입니다. 저는 군주와 골육지간인 종족 사처해 있기에 뜨거운 충성심을 바치고자 하나 과연 군주의 마음은 어떠한지 모르겠습니다. 그래서 군주가 세 번 물어도 감히 대답하지 못했던 것입니다. 제가 오늘 군주 앞에서 말을 하면 내일 이로 인해 주살된다는 것을 알고 있습니다. 그러나 저는 감히 이를 피하지 않을 것입니다. 죽음은 그 누구도 면할 수 없는 것입니다. 실로 진나라에 조금이라도 도움을 주고 죽을 수만 있다면 이는 제가 크게 바라는 바이기도 합니다. 다만 제가 죽은 뒤 천하 사람이 입을 다물고 발길을 멈춘 채 진나라를 찾아오려고 하지 않을까 두려울 뿐입니다."

진소양왕이 다시 무릎 꿇고 청했다.

"선생은 무슨 말씀을 하는 것입니까? 지금 과인이 선생을 보게 된 것은 하늘이 과인으로 하여금 선생을 번거롭게 하여 선왕의 종묘를 보존케 하려는 것입니다. 일의 대소와 상관없이 위로는 태후에 이르고 아래로는 대신에 이르는 것까지 모두 가르쳐 주기 바랍니다. 과인을 조금도 의심치 말기 바랍니다."

범수가 절하자 진소양왕도 맞절을 했다. 범수가 말했다.

"진나라의 강대함과 병사의 용맹에 의지해 제후국들을 취하게 하는 것은 마치 한나라의 전설적인 명견인 한로韓盧를 풀어 절뚝거리는 토끼인 건토蹇兎를 사냥하는 것과 같습니다. 관문을 닫은 지 15년 동안 감히 효산 이동의 산동山東으로 출병하지 못한 것은 양후의 진나라를 위한 계책이 충성스럽지 못했기 때문입니다. 대왕의 계책에도 실계失計한 바가 있습니다."

진소양왕이 거듭 무릎 꿇고 청했다.

"과인은 무엇을 실계했는지 듣고자 하오."

이때 주변에 몰래 엿듣는 사람이 많아 범수가 감히 내부의 일을 언급지 못하고 먼저 밖의 일부터 말했다. 그러고는 진소양왕이 부앙俯仰위아래를 쳐다보는 것으로 찬반을 상징하는 모습을 관찰하며 말했다.

"무릇 양후가 한·위 두 나라를 건너 뛰어 제나라의 강읍剛邑과 수읍壽邑을 공격한 것은 잘못된 계책인 비계非計입니다. 제민왕은 남쪽으로 초나라를 쳐 파군살장破軍殺將하고, 다시 1천 리나 되는 땅을 개척했습니다. 그러나 제나라는 한 치의 땅도 갖지 않았습니다. 이 어찌 땅을 얻지 않으려 했기 때문이겠습니까? 이는 형세 상 그렇게 할 수 없었기 때문입니다. 제후들이 제나라의 피폐한 모습을 보고 군사를 일으켜 제나라 군사를 대파하면 제나라는 거의 망하고 말 것입니다. 이는 제나라가 초나라를 쳐 한나라와 위나라를 살찌게 만들었기 때문입니다. 지금 군주에게 먼 곳의 나라와 교류해 가까운 나라를 공격하는 원교근공遠交近攻보다 나은 계책은 없습니다. 한 치의 땅을 얻으면 그것은 바로 왕의 촌토寸土이고, 한 척의 땅을 얻으면 바로 왕의 척토尺土가 됩니다. 지금 한·위 두 나라는 중원의 한가운데 위치한 천하의 중추입니다. 만일 군주가 패자가 되려면 반드시 중원을 가까이하여 천하의 중추가 되어야 합니다. 그리하면 초·조 두 나라를 권위나 위력으로 굴복시키는 위복威服을 행할 수 있습니다. 초나라가 강하면 조나라와 친하게 지내고, 조나라가 강하면 초나라와 가까이하면 됩니다. 만약 초·조 두 나라가 친하게 지내면 제나라가 반드시 이를 두려워할 것입니다. 제나라가 우리와 친하게 되면 한·위 두 나라를 가히 취할 수 있습니다."

"좋은 말이오."

마침내 범수를 객경으로 삼은 뒤 함께 군사문제인 병사兵事를 논의했다.

＊赧王下四十五年

秦伐趙, 圍閼與.

趙王召廉頗·樂乘而問之曰, "可救否?" 皆曰, "道遠險狹, 難救." 問趙奢, 趙奢對曰, "道遠險狹, 譬猶兩鼠斗於穴中, 將勇者勝." 王乃令趙奢將兵救之. 去邯鄲三十里而止, 令軍中曰, "有以軍事諫者死!" 秦師軍武安西, 鼓噪勒兵, 武安屋瓦盡振. 趙軍中候有一人言急救武安, 趙奢立斬之. 堅壁留二十八日不行, 復益增壘. 秦間入趙軍, 趙奢善食而遣之. 間以報秦將, 秦將大喜曰, "夫去國三十里而軍不行, 乃增壘, 閼與非趙地也!" 趙奢旣已遣間, 卷甲而趨, 二日一夜而至, 去閼與五十里而軍, 軍壘成. 秦師聞之, 悉甲而往. 趙軍士許歷請以軍事諫, 趙奢進之. 許歷曰, "秦人不意趙至此, 其來氣盛, 將軍必厚集其陳以待之. 不然, 必敗." 趙奢曰, "請受敎!" 許歷請刑, 趙奢曰, "胥, 後令邯鄲." 許歷復請諫曰, "先據北山上者勝, 後至者敗." 趙奢許諾, 卽發萬人趨之. 秦師後至, 爭山不得上. 趙奢縱兵擊秦師, 秦師大敗, 解閼與而還. 趙王封奢爲馬服君, 與廉·藺同位. 以許歷爲國尉.

穰侯言客卿灶於秦王, 使伐齊, 取剛·壽以廣其陶邑.

初, 魏人范睢從中大夫須賈使於齊, 齊襄王聞其辯口, 私賜之金及牛·酒. 須賈以爲睢以國陰事告齊也, 歸而告其相魏齊. 魏齊怒, 笞擊范睢, 折脅, 摺齒. 睢佯死, 卷以簀, 置厠中, 使客醉者更溺之, 以懲後, 令無妄言者. 范睢謂守者曰, "能出我, 我必有厚謝." 守者乃請棄簀中死人. 魏齊醉, 曰, "可矣." 范睢得出. 魏齊悔, 復召求之. 魏人鄭安平遂操范睢亡匿, 更名姓曰張祿. 秦謁者王稽使於魏, 范睢夜見王稽. 稽潛載與俱歸, 薦之於王, 王見之於離宮. 睢佯爲不知永巷而入其中, 王來而宦者怒逐之, 曰, "王至." 范睢謬曰, "秦安得王! 秦獨有太后·穰侯耳!" 王微聞其言, 乃屛左右, 跽而請曰, "先生何以幸敎寡人?" 對曰, "唯唯." 如是者三. 王曰, "先生卒不幸敎寡人邪?" 范睢曰, "非敢然也! 臣, 羈旅之臣也, 交疏於王. 而所願陳者皆匡君之事. 處人骨肉之間, 願效愚忠而未知王之心也, 此所以王三問而不敢對者也. 臣知今日言之於前, 明日伏誅於後, 然臣不敢避也. 且死者, 人之所必不免也, 苟可以少有補於秦而死, 此臣之所大願也. 獨恐臣死之後, 天下杜口裹足, 莫肯鄕秦耳!" 王跽曰, "先生, 是何言也! 今者寡人得見先生, 是天以寡人溷先生, 而存先王之宗廟也. 事無大小, 上及太后, 下至大臣, 願先生悉以敎寡人, 無疑寡人也!" 范雎拜, 王亦拜. 范雎曰, "以秦國之大, 士卒之勇, 以治諸侯, 譬若走韓盧而博蹇▧也. 而閉關十五年,

不敢窺兵於山東者, 是穰侯爲秦謀不忠, 而大王之計亦有所失也." 王跽曰, "寡人願聞失計!" 然左右多竊聽者, 范雎未敢言內, 先言外事, 以觀王之府仰. 因進曰, "夫穰侯越韓·魏而攻齊剛·壽, 非計也. 齊湣王南攻楚, 破軍殺將, 再闢地千里, 而齊尺寸之地無得焉者, 豈不欲得地哉? 形勢不能有也. 諸侯見齊之罷敝, 起兵而伐齊, 大破之, 齊幾於亡, 以其伐楚而肥韓·魏也. 今王不如遠交而近攻, 得寸則王之寸也, 得尺亦王之尺也. 今夫韓·魏, 中國之處, 而天下之樞也. 王若欲霸, 必親中國以爲天下樞, 以威楚·趙, 楚强則附趙, 趙强則附楚, 楚·趙皆附, 齊必懼矣, 齊附則韓·魏因可虜也." 王曰, "善." 乃以范雎爲客卿, 與謀兵事.

주난왕 46년(BC 269)

1) 진나라의 13등급 관위인 중경中更 호상胡傷이 조나라의 연여를 공격했으나 공략치 못했다.

* 赧王下四十六年

秦中更胡傷攻趙閼與, 不拔.

주난왕 47년(BC 268)

2) 진소양왕이 범수의 계책을 채택했다. 5대부五大夫인 관綰을 시켜 위

나라를 치게 하고 회읍懷邑하남성 무척현 서남쪽을 취했다.

＊ 赧王下四十七年

秦王用范雎之謀，使五大夫綰伐魏，拔懷.

주난왕 48년(BC 267)

1) 진나라 태자 도悼가 위나라에서 인질로 있다가 죽었다.[69]

＊ 赧王下四十八年

秦悼太子質於魏而卒.

주난왕 49년(BC 266)

1) 진나라가 위나라의 형구邢丘하남성 온현 동북쪽를 빼앗았다. 범수가 날로 진소양왕과 가까워지자 정무를 관장하다가 적당한 틈을 내어 진소양왕에게 건의했다.

"제가 산동에 있을 때 제나라에 맹상군은 있어도 군주가 있다는 말은 듣지 못했습니다. 또 진나라에 선태후와 양후는 있어도 군주가 있다는 말은 듣지 못했습니다. 무릇 나라를 멋대로 다스리는 천국擅國을 행하는 자와 능히 나라에 이해를 끼칠 수 있는 자, 생살의 대권을 가진 자를 군주라고 합니다.

지금 태후는 멋대로 일을 처리하면서 군주를 고려치 않고, 양후穰侯는 사자로 갔다가 돌아와서도 복명치 않고 있습니다. 또 대왕의 외숙인 화양

69 『사기』「진본기」는 태자 도의 영구가 진나라로 돌아와 지양芷陽 땅에 안장됐다고 기록해 놓았다.

군華陽君과 아우인 경양군涇陽君은 일을 독단으로 처리하고도 꺼리는 바가 없고, 또 다른 아우인 고릉군高陵君은 조정을 무시로 오가며 예절이 없습니다. 이런 4명의 권귀權貴가 조정에 있는데도 나라가 위태로워지지 않은 경우는 아직 없었습니다. 이들 4명의 권귀 아래서는 끝내 군주가 없다고 이를 만합니다. 지금 양후의 사자가 군주의 대권을 조종해 제후들을 통제하고 있습니다. 천하 각지에 부절을 쪼개 제후를 봉하는 부부剖符를 행하면서 임의로 군사를 동원해 적국을 정벌하는데도 감히 이를 거역하는 자가 없습니다. 전승戰勝으로 진공해 이로움이 있으면 그 이익은 양후의 봉읍인 도성陶邑산동성 정도현에 귀속됩니다. 또 전패戰敗하여 백성들의 원한이 쌓이게 되면 그 화가 사직에 귀속됩니다. 제가 듣건대 '열매가 많으면 가지가 찢어지고, 가지가 찢어지면 나무의 근본을 상하게 한다'고 했습니다. 도시를 국도國都보다 키우는 것은 나라를 위태롭게 만들고, 신하를 높이는 것은 군주를 낮추는 결과를 낳습니다. 요치淖齒가 제나라의 대권을 잡았을 때 활로 제민왕齊湣王의 허벅지를 쏘았습니다. 또 제민왕의 근육을 뽑은 뒤 그를 묘당의 대들보에 매달아 하루아침에 죽게 만들었습니다. 또 이태李兌가 조나라의 대권을 잡았을 때 주부主父인 조무령왕을 사구궁沙丘宮에 가두어 100일 뒤 아사케 만들었습니다. 지금 제가 4권귀의 일처리를 보니 이들 또한 요치 및 이태와 같은 자들입니다. 무릇 하·은·주 3대가 망한 것은 군주가 전적으로 정권을 신하들에게 맡기고 자신은 멋대로 술을 마시며 사냥한 데 있습니다. 정권을 맡은 자들 또한 현능한 자를 시기하고, 신하를 억누른 채 군주의 눈을 가리며 사욕을 도모하고자 했습니다. 주군을 위한 계책이 없었는데도 군주는 이를 깨닫지 못했습니다. 그래서 나라를 잃었던 것입니다. 지금 봉록이 낮은 최하 관직에서 고관에 이르기까지, 심지어 진왕 신변의 시종들까지 상국相國이 아닌 사람이 없습니다. 진왕이 조정에서 고립되어 있는 것을 보니 저는 사적으로 진왕을 위해 우려치 않을 수 없습니다. 군주가 세상을 떠난 후 진나라를 옹유하는 사람은 군주의 자손이 아닐 것입니다."

진소양왕이 범수의 이야기를 옳게 여겨 곧 선태후를 폐하고 양후와 고릉군, 화양군, 경양군 등을 관문 밖으로 내보냈다. 이어 범수를 승상으로 삼고 응후應侯에 봉했다.

이때 위안희왕魏安釐王이 수가須賈를 진나라에 사신으로 보내자 응후가 낡은 옷인 폐의敝衣를 걸쳐 입고 샛길로 가 그를 만났다. 수가가 크게 놀라며 말했다.

"범숙范叔은 실로 무양無恙하오![70]"

그러고는 자신이 있는 곳에 머물며 먹고 마시게 하면서 조잡한 비단으로 만든 도포인 제포綈袍 한 벌을 내려 주었다. 하루는 범수가 수가를 위해 마부가 되어 말을 몰고 재상부로 가게 됐다. 이때 범수가 수가에게 말했다.

"내가 그대를 위해 먼저 안으로 들어가 재상에게 통보하겠소."

범수가 한참이 지나도록 나오지 않았다. 수가가 이를 이상히 여겨 재상부의 소리小吏에게 그 연고를 묻자 소리가 대답했다.

"범숙이란 사람은 없습니다. 방금 전의 그분은 재상인 장군張君입니다."

이때야 비로소 수가는 자신이 속은 것을 알고는 이내 무릎을 꿇은 채 안으로 기어들어가 사죄했다. 응후가 앉아 있다가 그를 나무랐다.

"네가 죽지 않은 것은 제포를 내주며 아직도 옛 사람을 생각하는 정의情意가 남아 있었기 때문이다."

---

70 범숙范叔의 숙叔은 범수의 자이다. 무양無恙은 별다른 근심이나 탈이 없다는 뜻으로 무사無事 내지 무탈無頉과 같다.

그러고는 마침내 대연회의 주식기酒食器를 벌여 놓고 각 제후와 빈객들을 청했다. 이때 수가를 당하에 앉힌 뒤 앞에 놓인 여물과 콩을 말처럼 먹게 했다. 이어 그에게 명해 돌아가 위안희왕에게 전하게 했다.

"속히 위제魏齊의 머리를 베어 가지고 오라. 그리하지 않으면 대량大梁을 도륙하고 말겠다."

수가가 돌아가자마자 이를 위안희왕에게 그대로 전했다. 위제가 조나라로 달아나 평원군의 집안에 몸을 숨겼다.

2) 조혜문왕이 죽었다. 그의 아들 단丹이 조효성왕趙孝成王으로 즉위했다. 조효성왕이 평원군을 재상으로 삼았다.

* 赧王下四十九年

秦拔魏邢丘. 范雎日益親, 用事, 因承間說王曰, "臣居山東時, 聞齊之有孟嘗君, 不聞有王. 聞秦有太后·穰侯, 不聞有王. 夫擅國之謂王, 能利害之謂王, 制殺生之謂王. 今太后擅行不顧, 穰侯出使不報, 華陽·涇陽等擊斷無諱, 高陵進退不請, 四貴備而國不危者, 未之有也. 爲此四貴者下, 乃所謂無王也. 穰侯使者操王之重, 決制於諸侯, 剖符於天下, 征敵伐國, 莫敢不聽. 戰勝攻取則利歸於陶, 戰敗則結怨於百姓而禍歸於社稷. 臣又聞之, 木實繁者披其枝, 披其枝者傷其心. 大其都者危其國, 尊其臣者卑其主. 淖齒管齊, 射王股, 擢王筋, 懸之於廟梁, 宿昔而死. 李兌管趙, 囚主父於沙丘, 百日而餓死. 今臣觀四貴之用事, 此亦淖齒·李兌之類也. 夫三代之所以亡國者, 君專授政於臣, 縱酒弋獵. 其所授者妒賢疾能, 御下蔽上以成其私, 不爲主計, 而主不覺悟, 故失其國, 今自有秩以上至諸大吏, 下及王左右, 無非相國之人者, 見王獨立於朝, 臣竊爲王恐, 萬世之後有秦國者, 非王子孫也!" 王以爲然. 於是廢太后, 逐穰侯·高陵·華陽·涇陽君於關外, 以范雎爲丞相, 封爲應侯.

魏王使須賈聘於秦, 應侯敝衣間步而往見之. 須賈驚曰, "范叔固無恙乎!" 留坐飮食, 取一綈袍贈之. 遂爲須賈御而至相府, 曰, "我爲君先入通於相君." 須賈怪其久不出, 問於門下, 門下曰, "無范叔. 鄕者吾相張君也." 須賈知見欺, 乃膝行入謝罪. 應侯坐, 責讓之, 且曰, "爾所以得不死者, 以綈袍戀戀尙有故人之意耳!" 乃大供具, 請諸侯賓客. 坐須賈於堂下, 置莝·豆其前而馬食之, 使歸告魏王曰, "速斬魏齊頭來! 不然, 且屠大梁!" 須賈還, 以告魏齊. 魏齊奔趙, 匿於平原君家.

趙惠文王薨, 子孝成王丹立. 以平原君爲相.

주난왕 50년(BC 265)

1) 진나라의 선태후가 죽었다.

9월, 진나라의 양후가 조정에서 나와 봉지인 도성陶邑으로 내려갔다.

신 사마광은 평한다.

"양후는 진소양왕을 도와 왕으로 옹립하고, 재해를 없애고, 백기를 장수로 추천하고, 남쪽으로 언鄢과 영郢을 취하고, 동쪽으로 제나라와 땅을 맞대고, 천하의 제후들로 하여금 머리 숙여 진나라를 섬기게 했다. 진나라가 강대해진 것은 양후의 공이다. 비록 그가 방자하게 전횡하며 교만하고 탐욕스러워 화를 불러들이기에 족하나 아직 범수가 말한 것과 같은 지경에 이르지 않았다. 범수 같은 사람은 진나라를 위해 충성스런 계책을 낼 사람이 아니다. 그는 양후의 자리를 차지하려고 했을 뿐이다. 그래서 그는 목구멍을 움켜쥐고 남의 자리를 빼앗고자 한 것이다. 그러고는 이내 진소양왕으로 하여금 선태후와 모자 간의 의리인 모자지의母子之義를 끊고 양후와는 장인과 사위 사이의 은혜인 구생지은舅甥之恩을 잃게 했다.

한마디로 말해 범수는 실로 나라를 기울게 하고 위태롭게 만드는 인물인 경위지사傾危之士이다."

2) 진소양왕이 아들 안국군安國君을 태자로 삼았다.

3) 진나라가 조나라를 치고 3개 성읍을 취했다. 당시 조나라는 조효성왕이 즉위했으나 태후가 국사를 주관하는 용사用事를 하고 있었다. 태후가 제나라에 구원을 청하자 제나라 사람들이 말했다.

"반드시 조혜문왕의 아들인 장안군長安君을 인질로 보내야 하오."

그러나 태후가 이를 듣지 않았다. 제나라 군사가 출병치 않자 대신들은 강간强諫했다. 태후가 좌우에게 엄명을 내렸다.

"또다시 장안군을 인질로 보내자고 말하는 자가 있으면 이 노부老婦가 반드시 그 얼굴에 침을 뱉을 것이다."

이때 우사右師와 더불어 집정을 담당한 상경 출신 노신老臣인 좌사左師 촉룡觸龍이 태후를 알현하고자 했다. 태후가 대로해 촉룡이 들어오기를 기다렸다. 좌사공左師公 촉룡이 가만히 다가가 자리에 앉은 뒤 사과했다.

"노신은 발에 병이 나 오랫동안 알현치 못했습니다. 발병을 이유로 스스로 변명하곤 했습니다만 혹여 태후의 옥체에 무슨 불편한 일이 있을까 걱정되어 이번에 태후를 알현하고자 한 것입니다."

태후가 말했다.

"이 노부는 간신히 연輦에 의지해 나다니고 있소."

"식사는 줄지 않았습니까?"

"죽에 의지해 살고 있소."

이 와중에 태후의 불쾌한 표정이 점차 풀어지게 됐다. 좌사공이 말했다.

"노신의 천식賤息[71] 서기舒祺는 나이도 가장 어리고 불초하기 그지없습니다. 그러나 저의 몸이 쇠약해지자 사적으로 그를 더욱 가련히 여기고 사랑하게 됩니다. 원컨대 흑의黑衣[72]에 결원이 있으면 그를 충원해 왕궁을 호위케 해 주기 바랍니다. 죽음을 무릅쓰고 청하는 바입니다."

태후가 말했다.

"잘 알겠소. 지금 나이는 얼마나 됐소?"

"15세입니다. 비록 나이는 어리나 제가 전구학塡溝壑[73]을 하기 전에 부탁드리는 것입니다."

"당신 같은 대장부도 막내 아들인 소자少子를 사랑하오?"

"아마 부인婦人보다 더 심할 것입니다."

태후가 웃으며 말했다.

"여인의 경우는 특히 심하오."

"노신이 가만히 생각건대 연나라로 출가한 공주인 태후의 연후燕后에 대한 총애는 장안군보다 더한 듯합니다."

"이는 군의 지나친 생각이오. 결코 장안군만큼 심하지는 않소."

"부모가 그 아들을 사랑할 때는 그 계책이 심원해야 합니다. 태후가 연후를 출가시킬 때 연후의 발을 잡고 울고 먼 앞날을 생각해 또 슬퍼했습니다. 출가한 후에도 생각이 안 난 것은 아니어서 제사를 지낼 때면 축원하기를, '반드시 돌아오지 않게 해 주십시오'라고 했습니다. 이 어찌 연후의 자손들이 연이어 계위繼位하기를 바라는 장구한 계책이 아니겠습니까?"

---

71 천식賤息은 자기 자식의 겸양어이다. 남에게 자기의 아들을 낮추어 이르는 돈아豚兒 내지 가아家兒와 같은 취지이다.

72 흑의黑衣는 군사들이 검은 옷을 입은 데서 유래한 말로 병사를 의미한다.

73 전구학塡溝壑은 돌볼 사람이 없어 도랑이나 골짜기에 시신을 떨어뜨린다는 뜻으로 죽음의 겸양어이다.

"그렇소."

"지금부터 3대 이전만 하더라도 조왕의 자손으로 후侯가 된 자들 가운데 그 후계자가 아무 탈 없이 어어 내려온 사람이 있습니까?"

"없소."

"이는 그들 가운데 봉후가 된 지 얼마 안 된 사람은 그 화가 본인에게 미치고, 오래된 사람은 그 화가 자손에게 미쳤기 때문입니다. 어찌하여 인주人主의 자손으로 봉후가 되면 좋지 않은 결과로 귀결된 것입니까? 직위만 높고 공이 없으며, 봉록만 두텁고 수고한 사실이 없으며, 무턱대고 나라의 보물인 중기重器만 붙들고 있는 사람이 많기 때문입니다. 지금 태후는 장안군의 지위를 높이고, 기름진 땅인 고유지지膏腴之地에 봉하고, 많은 중기를 내려 주었습니다. 그러나 오늘에 이르기까지 나라에 공훈을 세우게 하지 않았다면 뜻밖의 산릉붕山陵崩[74]이 있을 때 장안군이 무슨 수로 조나라에 몸을 의탁할 수 있겠습니까?"

"옳은 말이오. 그대가 그를 사신으로 보내겠다면 그대로 따르도록 하겠소."

좌사공은 장안군을 위해 수레 100승을 준비시킨 뒤 곧 그를 제나라에 인질로 보냈다. 제나라 군사가 이내 출병하자 진나라 군사가 물러났다.

4) 제나라의 안평군 전단田單이 조나라의 군사를 이끌고 연나라를 친 뒤 중양中陽산서성 중양현을 취했다. 또 한나라를 치고 주인注人하남성 임여현 서쪽을 공략했다.

5) 제양왕이 죽자 그의 아들 건建이 보위에 올랐다. 그러나 나이가 어려 국사는 모두 태사 교敫의 딸인 군왕후君王后에 의해 결정됐다.

---

74 산릉붕山陵崩은 군주와 왕후의 죽음을 상징하는 말로 여기서는 태후의 죽음을 지칭한다.

＊ 赧王下五十年

秦宣太后薨. 九月, 穰侯出之陶.

臣光曰, "穰侯援立昭王, 除其災害, 薦白起爲將, 南取鄢·郢, 東屬地於齊, 使天下諸侯稽首而事秦. 秦益强大者, 穰侯之功也. 雖其專恣驕貪足以賈禍, 亦未至盡如范睢之言. 若睢者, 亦非能爲秦忠謀, 直欲得穰侯之處, 故搤其吭而奪之耳. 遂使秦王絶母子之義, 失舅甥之恩. 要之, 睢眞傾危之士哉!"

秦王以子安國君爲太子.

秦伐趙, 取三城. 趙王新立, 太后用事, 求救於齊. 齊人曰, "必以長安君爲質." 太后不可. 齊師不出, 大臣强諫. 太后明謂左右曰, "復言長安君爲質者, 老婦必唾其面!" 左師觸龍願見太后, 太后盛氣而胥之入. 左師公徐趨而坐. 自謝曰, "老臣病足, 不得見久矣, 竊自恕, 而恐太后體之有所苦也, 故願望見太后." 太后曰, "老婦恃輦而行." 曰, "食得毋衰乎?" 曰, "恃粥耳." 太后不和之色稍解. 左師公曰, "老臣賤息舒祺最少, 不肖, 而臣衰, 竊憐愛之. 願得補黑衣之缺, 以衛王宮, 昧死以聞!" 太后曰, "諾. 年幾何矣?" 對曰, "十五歲矣. 雖少, 願及未塡溝壑而托之." 太后曰, "丈夫亦愛少子乎?" 對曰, "甚於婦人." 太后笑曰, "婦人異甚." 對曰, "老臣竊以爲媼之愛燕後賢於長安君." 太后曰, "君過矣! 不若長安君之甚." 左師公曰, "父母愛其子則爲之計深遠. 媼之送燕後也, 持其踵而泣, 念其遠也, 亦哀之矣. 已行, 非不思也, 祭祀則祝之曰, '必勿使反!' 豈非爲之計長久, 爲子孫相繼爲王也哉?" 太后曰, "然." 左師公曰, "今三世以前, 至於趙王之子孫爲侯者, 其繼有在者乎?" 曰, "無有." 曰, "此其近者禍及身, 遠者及其子孫. 豈人主之子侯則不善

哉? 位尊而無功, 奉厚而無勞, 而挾重器多也. 今媼尊長安君之位,

而封之以膏腴之地，多與之重器，而不及今令有功於國．一旦山陵崩，長安君何以自托於趙哉?" 太后曰，"諾，恣君之所使之!" 於是爲長安君約車百乘質於齊．齊師乃出，秦師退．

齊安平君田單將趙師以伐燕，取中陽．又伐韓，取注人．

齊襄王薨，子建立．建年少，國事皆決於君王后．

주난왕 51년(BC 264)

1) 진나라의 무안군武安君이 한나라를 쳐 9개 성읍을 빼앗고 5만 명을 참수했다.

2) 전단이 조나라의 재상이 됐다.

* 赧王下五十一年

秦武安君伐韓，拔九城，斬首五萬．田單爲趙相．

주난왕 52년(BC 263)

1) 진나라의 무안군이 한나라를 쳐 남양南陽하남성 남부을 취한 뒤 태항산으로 가는 길인 태행도太行道하남성 제원현 동쪽를 공격해 한나라로 연결되는 통로를 끊었다.

2) 초경양왕의 병세가 위중했다. 초나라의 황헐이 진나라 재상 응후에게 말했다.

"이제 초왕의 병이 깊어 다시 일어나지 못할까 걱정이오. 진나라는 초나라 태자를 돌려보내느니만 못할 듯하오. 태자가 즉위하면 진나라를 섬기는 태도가 매우 정중한 것은 물론 진나라 재상에 대해서도 영원히 감격해 할 것이오. 이는 동맹국을 가까이하고 만승의 대국을 우리 편으로 만들어 두는 길이기도 하오. 만일 태자를 돌려보내지 않으면 그는 보위에 오르지 못한 채 함양에 남아 일개 포의布衣평민가 되고 말 것이오. 만일 초나라가 다른 군주를 세우면 반드시 진나라를 섬기지 않을 것이니 그리 되면 동맹국을 잃고 만승지국과 화평이 끊어지게 되오. 이는 좋은 계책이 아니오."

응후가 이를 진소양왕에게 고하자 진소양왕이 말했다.

"태자의 사부를 먼저 보내 문안케 한 뒤 그가 돌아오면 다시 논의하도록 합시다."

황헐이 태자와 상의하며 말했다.

"진나라가 태자를 머물게 하려는 것은 이익을 구하려 하기 때문입니다. 이제 태자의 힘으로는 진나라를 이롭게 할 수 없습니다. 그런데 양문군陽文君의 두 아들이 초나라에 있습니다. 군주가 졸대명卒大命[75]을 하면 태자가 부재하니 양문군의 아들이 반드시 그 뒤를 잇게 될 것입니다. 그리되면 태자는 종묘를 받들 수 없게 됩니다. 진나라에서 몸을 빼 사자와 함께 빠져나가느니만 못합니다. 저는 여기서 머물다가 죽음으로써 진왕을 대적하고자 합니다."

태자는 변복하여 초나라 사자의 마부로 가장한 뒤 수레를 몰아 관문을 빠져나갔다. 이때 황헐은 태자의 관사를 지키면서 항상 태자가 병이 났다는 구실을 내세워 빈객들을 완곡히 사양했다. 이어 태자가 이미 멀리 떠났을 것으로 짐작될 때에 즈음해 비로소 스스로 진소양왕을 찾아가 말했다.

"초나라의 태자는 이미 귀국길에 올라 멀리 떠났습니다. 원컨대 저 황헐을 사사賜死키 바랍니다."

---

75 졸대명卒大命은 하늘로부터 받은 천명인 대명을 끝마치게 됐다는 뜻으로 군주의 죽음을 상징한다.

진소양왕이 대로하여 황헐을 죽이려고 하자 응후가 나서서 만류했다.

"황헐은 초나라의 신자로서 자신의 군주를 위해 목숨을 바치고자 한 것입니다. 태자가 초나라에서 즉위케 되면 반드시 황헐을 중용할 것입니다. 황헐을 무죄로 인정해 귀국시킴으로써 초나라와 친해 두느니만 못합니다."

진소양왕이 이를 좇았다.

가을 황헐이 초나라로 돌아간 지 3달이 지난 이때 초경양왕이 죽었다. 태자가 그 뒤를 이어 초고열왕楚考烈王으로 즉위했다. 초고열왕은 황헐을 재상으로 삼아 회수 북쪽인 회북淮北 강소성 소주시 일대에 봉한 뒤 춘신군春申君으로 불렀다.

＊ 赧王下五十二年

秦武安君伐韓, 取南陽. 攻太行道, 絶之.

楚頃襄王疾病. 黃歇言於應侯曰, "今楚王疾恐不起, 秦不如歸其太子. 太子得立, 其事秦必重而德相國無窮, 是親與國而得儲萬乘也. 不歸, 則咸陽布衣耳. 楚更立君, 必不事秦, 是失與國而絶萬乘之和, 非計也." 應侯以告王. 王曰, "令太子之傅先往問疾, 反而後圖之." 黃歇與太子謀曰, "秦之留太子, 欲以求利也. 今太子力未能有以利秦也, 而陽文君子二人在中. 王若卒大命, 太子不在, 陽文君子必立爲後, 太子不得奉宗廟矣. 不如亡秦, 與使者俱出. 臣請止, 以死當之!" 太子因變服爲楚使者御以出關. 而黃歇守捨, 常爲太子謝病. 度太子已遠, 乃自言於王曰, "楚太子已歸, 出遠矣. 歇願賜死!" 王怒, 欲聽之. 應侯曰, "歇爲人臣, 出身以徇其主, 太子立, 必用歇. 不如無罪而歸之, 以親楚." 王從之. 黃歇至楚三月, 秋, 頃襄王薨, 考烈王卽位. 以黃歇爲相, 封以淮北地, 號曰春申君.

주난왕 53년(BC 262)

1) 초나라 사람들이 주州호북성 홍호현 동북쪽 땅을 진나라에 바치며 화친하고자 했다.

2) 진나라의 무안군이 한나라를 치고 야왕野王하남성 심양현을 취했다. 상당上黨산서성 장자현 서남쪽으로 가는 길이 끊어졌다. 상당 태수 풍정馮亭이 백성들을 모아놓고 대책을 논의하며 말했다.

"한나라 도성인 정읍鄭邑하남성 신정현으로 가는 길이 이미 끊어지고 진나라의 군사가 날로 가까이 진격해 오는데도 한나라는 이를 구원할 길이 없소. 상당의 땅을 들어 조나라에 귀부하느니만 못하오. 조나라가 우리를 받아주면 진나라는 반드시 조나라를 공격할 것이오. 조나라가 진나라 군사의 침공을 받게 되면 반드시 한나라와 친하게 될 것이오. 그리되면 한·조 두 나라가 하나가 될 것이니 가히 진나라에 대적할 수 있을 것이오."

사자를 조나라에 파견해 말하게 했다.

"한나라가 상당을 지킬 능력이 없어 장차 상당이 진나라에 귀속될 것입니다. 상당의 관민 모두 조나라에 귀부하는 것에 안도하고 진나라에 귀속되는 것을 달가워하지 않습니다. 상당에 17개 성시城市가 있으니 재배再拜하며 이를 군주에게 바치고자 합니다."

조효성왕이 이를 평양군平陽君 표豹에게 말하자 평양군이 말했다.

"성인은 아무 연고도 없이 받는 이익에는 커다란 화가 뒤따른다고 보았습니다."

조효성왕이 힐난했다.

"상당의 인심이 우리의 덕의德義에 쏠려 있는데 어찌하여 아무 연고도 없다고 하는 것이오."

평양군이 대답했다.

"진나라는 한나라 땅을 잠식하기 위해 중간을 끊어 서로 통하지 못하게 했습니다. 이는 본래 앉아서 상당을 취하려는 의도에서 나온 것입니다. 한나라가 상당을 진나라에 넣지 않으려는 것은 그 화를 우리 조나라로 전가하려는 것입니다. 진나라가 상당을 취하기 위해 군사 동원의 수고를 치렀는데도 조나라가 그 이익을 챙기려 한다면 이는 불가능한 일입니다. 비록 강대국일지라도 약소국으로부터 함부로 이익을 챙길 수 없는 법인데 실로 약소국인 조나라가 강대국인 진나라로부터 이익을 취할 수 있겠습니까? 어찌 '아무 연고도 없이 이익을 얻으려 한다'고 말하지 않을 수 있겠습니까? 차라리 상당을 받지 않느니만 못합니다."

조효성왕이 이를 다시 평원군에게 말하자 평원군은 접수할 것을 권하고 나섰다. 조효성왕이 마침내 평원군을 시켜 이를 접수케 하면서 상당 태수 풍정에게 1만 호의 성읍 3개를 내리고 화양군華陽君으로 봉했다. 또 그 현령에게는 1천 호의 성읍 3개를 내리고 후侯로 봉했다. 관민은 모두 3급씩 작위를 올려 주었다. 풍정이 눈물을 흘리면서 조나라 사자를 애써 외면한 채 말했다.

"나는 주인의 땅을 팔아서 자신의 봉읍으로 삼는 일만큼은 차마 할 수 없다!"

* 赧王下五十三年

楚人納州於秦以平.

武安君伐韓, 拔野王. 上黨路絕, 上黨守馮亭與其民謀曰, "鄭道已絕, 秦兵日進, 韓不能應, 不如以上黨歸趙. 趙受我, 秦必攻之. 趙被秦兵, 必親韓. 韓·趙爲一, 則可以當秦矣." 乃遣使者告於趙曰, "韓不能守上黨, 入之秦, 其吏民皆安爲趙, 不樂爲秦. 有城市邑十七, 願再拜獻之大王." 趙王以告平陽君豹, 對曰, "聖人甚禍無故之利." 王曰, "人樂吾德, 何謂無故?" 對曰, "秦蠶食韓地, 中絕, 不令相通，固自以爲坐而受上黨也. 韓氏所以不入於秦者，欲嫁其禍於趙也. 秦服其勞而趙受其利，雖强大不能得之於弱小，弱小固能得之於强大乎！豈得謂之非無故哉？不如勿受.” 王以告平原君，平原君請受之. 王乃使平原君往受地，以萬戶都三封其太守爲華陽君，以千戶都三封其縣令爲侯，吏民皆益爵三級. 馮亭垂涕不見使者，曰，“吾不忍賣主地而食之也!”

주난왕 55년(BC 260)

1) 진나라의 좌서장左庶長 왕흘王齕이 상당을 치고 이를 빼앗았다. 상당의 백성들이 모두 조나라로 달아났다. 조나라 장수 염파가 장평長平에 주둔하면서 상당의 백성들을 수용해 안치했다.

이로 인해 왕흘이 조나라를 쳤다. 조나라 군사는 여러 번 싸웠으나 이기지 못하고 오히려 1명의 비장裨將과 4명의 위관尉官을 잃었다. 조효성왕이 누창樓昌 및 우경虞卿과 더불어 대책을 논의하자 누창이 지위가 높은 비중 있는 사자인 중사重使를 보내 강화하는 방안을 건의했다. 우경이 말했다.

“지금 강화를 성립시킬 수 있는 나라는 진나라입니다. 진나라는 반드시 우리 군주의 군사를 격파하려 할 것입니다. 비록 강화하려는 사신을 보내도 진나라 장수가 이를 듣지 않을 것입니다. 오히려 사자에게 귀중한 보배를 들려 초·위 두 나라로 보내느니만 못합니다. 두 나라가 이를 받아들이면 진나라는 천하가 다시 합종할까 의심할 것입니다. 그리되면 강화가 이내 성사될 것입니다.”

그러나 조효성왕이 이를 듣지 않았다. 그러고는 정주鄭朱를 진나라에 사자로 보내 강화케 했다. 진나라가 그를 받아들였다. 이때 조효성왕이 우경에게 말했다.

"진나라가 이미 정주를 받아들였다."

우경이 대답했다.

"군주는 틀림없이 강화를 이뤄내지 못하고 조나라 군사는 반드시 대패하고 말 것입니다. 이는 천하에 전승을 축하하려는 사람이 모두 진나라에 가 있기 때문입니다. 정주는 조나라의 귀인입니다. 진나라 군주와 응후는 반드시 드러내 놓고 그를 정중히 대하면서 천하에 이를 분명히 보여 주고자 할 것입니다. 그리되면 천하 사람은 군주가 진나라에 강화를 청한 것을 알게 되니 천하는 반드시 군주를 구원하지 않을 것입니다. 진나라는 천하의 제후들이 군주를 구하지 않을 것이라는 사실을 알고 있습니다. 강화는 이뤄지지 않을 것입니다."

얼마 후 진나라는 과연 정주가 사신으로 왔다는 것을 널리 공개하면서 조나라와 강화치 않았다.

이때 진나라가 여러 차례에 걸쳐 조나라의 군사를 격파하자 염파는 성을 굳게 지키며 출전치 않았다. 조효성왕은 염파가 군사의 대거 실망失亡 잃거나 도주함으로 겁이 나 싸우지 않는 것으로 생각해 크게 화를 내며 여러 번 그를 나무랐다. 이때 응후가 사람을 시켜 1천 금을 가지고 조나라로 가 다음과 같은 반간계를 구사케 했다.

"진나라가 두려워하는 것은 오직 마복군馬服君 조사의 아들 조괄趙括이 장수가 되는 것이다. 염파는 진나라가 쉽게 대적할 수 있는 데다 곧 항복하고 말 것이다."

조효성왕이 드디어 조괄을 시켜 염파를 대신케 했다. 인상여가 간했다.

"군주가 조괄의 명성이 드높다는 이유로 그를 장수로 삼으면 이는 마치 교주고슬膠柱鼓瑟[76]을 하는 것과 같은 것입니다. 조괄은 한낱 그 아비의 병서를 읽고 이야기하는 것에 불과해 기병奇兵과 정병正兵을 통한 임기응변의 군사전략인 합변合變의 이치를 모릅니다."

그러나 조효성왕은 이를 듣지 않았다.

당초 조괄은 어려서부터 병법을 배웠다. 병법 이론에 관해서는 천하에 그를 당할 자가 없었다. 일찍이 그는 부친 조사趙奢와 더불어 병사兵事를 논한 적이 있었다. 조사는 조괄을 제압하지는 못했으나 그가 잘하고 있다고는 말하지 않았다. 조괄의 모친이 그 연고를 묻자 조사가 대답했다.

"용병은 사지死地로 들어가는 것이오. 그런데 괄括은 이를 너무 쉽게 말하고 있소. 조나라가 괄을 장수로 삼지 않으면 그뿐이오. 그러나 만일 그를 장수로 삼게 되면 조나라 군사를 패하게 만들 사람은 바로 조괄일 것이오."

조괄이 장수가 되어 출병하려 할 즈음 그의 모친이 상서하여 조괄을 장수로 삼지 말 것을 간했다. 조효성왕이 물었다.

"이는 무슨 연고요?"

"제가 당초 그의 부친 조사를 모실 때 조사는 장령이었습니다. 당시 그가 직접 밥상을 갖다 바치는 사람이 십여 명이었고 서로 왕래하는 벗은 백여 명이나 됐습니다. 그는 또 군주와 종실에서 받은 상을 모두 군리軍吏와 사대부에게 나눠 주었습니다. 또 명을 받게 되면 집안일을 일절 묻지 않았습니다. 지금 조괄은 하루 만에 장군이 되자 장수가 부하들을 회견할 때의 위치인 동향東向을 하여 조회를 받고, 군리들 가운데 감히 그를 올려다보는 사람이 없습니다. 또 군주가 하사한 금백金帛을 모두 집으로 가져와 쌓아 두었습니다. 또 늘 좋은 전택田宅이 어디에 있는지를 눈여겨보았다가 살 수 있는 것은 모두 사들이고 있습니다. 군주는 그를 그 아비

---

76 교주고슬膠柱鼓瑟은 줄을 고정시켜 탄주한다는 뜻의 성어로 융통성이 없는 것을 비유할 때 사용한다.

와 같다고 생각하나 이들 부자의 심사는 완전히 다릅니다. 원컨대 군주는 그를 보내지 말기 바랍니다."

"조괄의 모친은 이를 다시는 거론치 말기 바라오. 나는 이미 결정했소."

"만일 그가 직책을 다하지 못할 경우 청컨대 저를 죄에 연루시키지 말기 바랍니다."

조효성왕이 이를 허락했다.

한편 진소양왕은 조괄이 이미 조나라의 장수가 됐다는 이야기를 듣고 이내 은밀히 무안군을 상장군, 왕흘王齕을 비장裨將으로 삼았다. 그러고는 군중에 하령했다.

"무안군이 장수가 됐다는 사실을 감히 누설하는 자는 참형에 처할 것이다."

조괄은 군중에 이르자 기존의 군내 부서와 군령인 이른바 약속約束을 모두 바꾸고 군리의 자리를 변경한 뒤 병사들을 출동시켜 진나라 군사를 곧바로 치게 했다. 무안군이 거짓으로 패한 척하는 양패佯敗를 하여 도주하면서 두 지대의 기병奇兵을 시켜 조나라 군사를 겁을 주어 핍박하는 위핍威逼을 하도록 했다. 조괄이 승세에 올라타는 승승乘勝을 하여 진나라 군사의 영루까지 추격했으나 진군이 성 안에서 강력히 버티는 견벽堅壁을 하며 저항하자 입성치 못했다.

이때 기병 2만5천 명이 조군趙軍의 퇴로를 끊고 또 나머지 기병 5천 명이 조군과 영루 사이를 끊어 버렸다. 조군이 둘로 나뉘고 양도糧道도 끊어지게 됐다. 무안군이 가벼운 무장을 한 군사인 경병輕兵으로 이들을 치자 조군이 불리하게 됐다. 영루를 쌓고 굳게 지키면서 구원군이 오기를 기다렸다.

진소양왕은 조군의 양도가 끊어졌다는 이야기를 듣고 친히 하내河內하남성 심양현로 갔다. 그러고는 15세 이상의 백성을 모두 장평長平산서성 고평현으로 보내 조나라의 구원병과 양식이 오는 것을 미리 차단케 했다.

제·초 두 나라 군사가 조나라를 구원했다. 이때 조군은 양식이 크게 모자라 제나라에 곡식을 빌려 줄 것을 청했다. 그러나 제왕이 이를 허락지 않았다. 제나라 대신 주자周子가 간했다.

"무릇 조나라는 제·초 두 나라에게 병풍인 한폐扞蔽나 마찬가지입니다. 마치 치아에 입술이 있는 것과 같습니다. 순망치한脣亡齒寒이니 오늘 조나라가 망하면 내일 제나라와 초나라에 우환이 이르게 됩니다. 조나라를 구하는 일은, 뜨거운 솥을 식히기 위해서라면 설령 새는 항아리를 이용해서라도 물을 담아 뜨거운 솥에 붓듯이 시급히 행해야 합니다. 또한 조나라를 구하는 것은 높은 절의인 고의高義입니다. 나아가 진나라의 군사를 물리치면 이름을 떨치게 됩니다. 의로는 망국을 구하고 위엄으로 강한 진나라를 물리칠 수 있습니다. 이를 급히 하려 하지 않고 곡식을 아끼면 나라를 위해 아무런 계책도 없는 것이니 이는 잘못입니다."

그러나 제왕 건建은 이를 듣지 않았다.

9월, 양식이 떨어진 지 46일째가 되자 조나라 군사가 모두 몰래 서로 잡아먹었다. 이어 조군이 급히 진나라의 영루로 진공하면서 4개 부대로 나눠 번갈아 공격했다. 제4부대의 4번째 공격이 끝나자 다시 5번째 공격이 시작됐다. 그러나 진나라 군사는 나오지 않았다.

조괄은 직접 정예군을 이끌고 가 육박전을 폈다. 진나라 군사가 활로 그를 쏘아 죽였다. 조나라 군사가 대패해 병사 40만 명이 모두 항복했다. 이때 무안군 백기白起가 말했다.

"진나라가 이미 상당을 취했는데 상당 사람들은 진나라 백성이 되기를 꺼려했다. 조나라로 귀부했다. 조나라 군사는 반복무상하니 그들을 모두 죽이지 않으면 장차 난을 일으킬까 두렵다."

그러고는 마침내 조나라 군사를 거짓말로 속인 뒤 모두 산 채로 파묻어 죽이는 갱살坑殺을 했다. 이때 어린아이 240명만 살아남아 조나라로 돌려갔다. 앞뒤로 참살된 자가 모두 45만 명에 달하자 조나라 백성들이 크게 두려워했다.

* 赧王下五十五年

秦左庶長王齕攻上黨, 拔之. 上黨民走趙. 趙廉頗軍於長平, 以按據上黨民. 王齕因伐趙. 趙軍戰數不勝, 亡一裨將·四尉. 趙王與樓昌·虞卿謀, 樓昌請發重使爲媾. 虞卿曰, "今制媾者在秦, 秦必欲破王之軍矣, 雖往請媾, 秦將不聽. 不如發使以重寶附楚·魏, 楚·魏受之, 則秦疑天下之合從, 媾乃可成也." 王不聽, 使鄭朱媾於秦, 秦受之. 王謂虞卿曰, "秦內鄭朱矣." 對曰, "王必不得媾而軍破矣. 何則? 天下之賀戰勝者皆在秦矣. 夫鄭朱, 貴人也, 秦王·應侯必顯重之以示天下. 天下見王之媾於秦, 必不救王. 秦知天下之不救王, 則媾不可得成矣." 旣而秦果顯鄭朱而不與趙媾.

秦數敗趙兵, 廉頗堅壁不出. 趙王以頗失亡多而更怯不戰, 怒, 數讓之. 應侯又使人行千金於趙爲反間, 曰, "秦之所畏, 獨畏馬服君之子趙括爲將耳! 廉頗易與, 且降矣!" 趙王遂以趙括代頗將. 藺相如曰, "王以名使括, 若膠柱鼓瑟耳. 括徒能讀其父書傳, 不知合變也." 王不聽. 初, 趙括自少時學兵法, 以天下莫能當. 嘗與其父奢言兵事, 奢不能難, 然不謂善. 括母問其故, 奢曰, "兵, 死地也, 而括易言之. 使趙不將括則已. 若必將之, 破趙軍者必括也." 及括將行, 其母上書, 言括不可使. 王曰, "何以?" 對曰, "始妾事其父, 時爲將, 身所奉飯而進食者以十數, 所友者以百數, 王及宗室所賞賜者, 盡以與軍吏士大夫. 受命之日, 不問家事. 今括一旦爲將, 東鄉而朝, 軍吏無敢仰視之者. 王所賜金帛, 歸藏於家, 而日視便利田宅可買者買之. 王以爲如其父, 父子異心, 願王勿遣!" 王曰, "母置之, 吾已決矣!" 母因曰, "卽如有不稱, 妾請無隨坐." 趙王許之.

秦王聞括已爲趙將, 乃陰使武安君爲上將軍, 而王齕爲裨將, 令軍中曰, "有敢洩武安君將者斬!" 趙括至軍, 悉更約束, 易置軍吏, 出兵擊秦師. 武安君佯敗而走, 張二奇兵以劫之. 趙括乘勝追造秦壁, 壁堅拒不得入. 奇兵二萬五千人絶趙軍之後, 又五千騎絶趙壁間. 趙軍分而爲二, 糧道絶. 武安君出輕兵擊之, 趙戰不利, 因築壁堅守以待救至. 秦王聞趙食道絶, 自如河內發民年十五以上悉詣長平, 遮絶趙救兵及糧食. 齊人·楚人救趙. 趙人乏食, 請粟於齊, 齊王弗許. 周子曰, "夫趙之於齊·楚, 扞蔽也, 猶齒之有脣也, 脣亡則齒寒. 今日亡趙, 明日患及齊·楚矣. 救趙之務, 宜若奉漏甕沃焦釜然. 且救趙, 高義也. 卻秦師, 顯名也. 義救亡國, 威卻强秦. 不務爲此而愛粟, 爲國計者過矣!" 齊王弗聽. 九月, 趙軍食絶四十六日, 皆內陰相殺食. 急來攻秦壘, 欲出爲四隊, 四, 五復之, 不能出. 趙括自出銳卒搏戰, 秦人射殺之. 趙師大敗, 卒四十萬人皆降. 武安君曰, "秦已拔上黨, 上黨民不樂爲秦而歸趙. 趙卒反覆, 非盡殺之, 恐爲亂." 乃挾詐而盡坑殺之, 遺其小者二百四十人歸趙. 前後斬首虜四十五萬人, 趙人大震.

주난왕 56년(BC 259)

1) 10월, 진나라의 무안군이 군사를 셋으로 나눴다. 왕흘로 하여금 조나라의 무안武安하북성 무안현 서남쪽과 피뢰皮牢산서성 익성현 동북쪽를 공격해 이를 취하게 했다. 또 사마경司馬梗을 시켜 일부 군사를 이끌고 북쪽으로 가 태원太原산서성 태원시을 평정하고 상당을 모두 점거케 했다.

한·위 두 나라는 소대蘇代를 시켜 두터운 예물인 후폐厚幣를 가지고 진나라로 가 재상 응후에게 유세케 했다.

"무안군이 곧바로 한단을 포위해 공격하는 위공圍攻을 할 것입니까?"

"그렇소."

소대가 말했다.

"조나라가 망하면 진왕이 왕천하王天下를 칭할 것입니다. 그리되면 무안군이 삼공이 될 터인데 그대는 그의 아랫사람이 될 수 있겠습니까? 그대는 비록 그의 아랫사람 노릇을 원치 않겠지만 실로 부득이할 것입니다. 진나라는 일찍이 한나라를 쳐 형구邢丘를 포위하고, 상당을 궁지에 몰아넣었습니다. 상당의 백성들은 모두 진나라 뜻과 반대로 조나라 사람이 됐습니다. 천하 사람이 진나라 백성이 되는 것을 달가워하지 않은 지 이미 오래됐습니다. 지금 조나라를 망하게 하면 북쪽 사람은 연나라, 동쪽 사람은 제나라, 남쪽 사람은 한·위 두 나라로 들어갈 것입니다. 그리되면 그대가 얻을 수 있는 백성 또한 거의 얼마 안 될 것입니다. 이 유리한 형세를 이용해 조나라로 하여금 땅을 할양케 하여 무안군의 전공이 되지 않도록 만드느니만 못합니다."

응후가 진소양왕에게 건의했다.

"진나라 병사들이 피로하니 한·조 두 나라가 땅을 할양하여 강화를 청하는 구화求和를 허락해 병사들을 쉬게 만들어야 합니다."

진소양왕이 이를 좇았다. 한나라는 원옹垣雍하남성 원양현 서남쪽, 조나라는 6개 성읍을 바치고 강화케 됐다. 정월이 되자 진·조 두 나라가 모두 군사행동을 끝냈다. 이로 인해 무안군은 응후와 틈이 벌어지게 됐다.

조효성왕이 조학趙郝을 시켜 진나라와 화약和約을 체결하면서 진나라에 6개현을 할양하고자 했다. 이때 우경虞卿이 조효성왕에게 물었다.

"진나라가 군주를 공격하다가 지쳐 돌아간 것입니까? 아니면 힘으로는 오히려 진격할 만한데도 군주를 애련愛憐히 생각해 공격하지 않은 것입니까?"

조효성왕이 대답했다.

"진나라는 여력이 남지 않았으니 틀림없이 지쳐서 돌아갔을 것이오."

우경이 반박했다.

"진나라는 자신들의 힘으로 취할 수 없는 곳을 공격하다가 지친 나머지 돌아갔습니다. 군주는 저들이 힘으로는 취할 수 없는 곳을 떼어 주려 하니 이는 진나라를 도와 스스로를 공격하는 것과 같습니다. 내년에 진나라가 군주를 공격해 오면 장차 나라를 구할 길이 없을 것입니다."

조효성왕이 아직 계책을 정하지 못하고 있을 때 누완이 조나라에 이르렀다. 조효성왕이 누완과 더불어 계책을 상의하자 그가 건의했다.

"우경은 하나만 알고 둘은 모르고 있습니다. 진·조 두 나라가 교전하면 천하의 제후들이 모두 좋아합니다. 그 이유가 무엇이겠습니까? 그들은 '우리는 장차 강자에 기대어 약자를 무찌를 수 있다'고 말하고 있습니다. 지금 조나라는 속히 진나라에 할지割地하여 화친을 구하고 이로써 천하로 하여금 조나라가 이미 진나라의 묵계를 얻은 것으로 의심케 만들어야 합니다. 그러면 진나라의 탐람한 마음을 위로할 수 있을 것입니다. 그리하지 않는다면 천하 제후들은 장차 진나라의 분노에 기대어 조나라가 피폐한 틈을 노려 조나라를 참외를 쪼개는 것처럼 나누는 과분을 할 것입니다. 조나라가 장차 망하려고 하는데 어찌 진나라를 도모할 것을 운위하겠습니까?"

우경이 이 이야기를 듣고 다시 조효성왕을 배견하며 건의했다.

"누자樓子누완의 계책은 매우 위험합니다. 이는 천하 제후들로 하여금 더욱 의심을 품게 만들 것입니다. 어찌 진나라의 야심을 다독일 수 있겠습니까? 유독 하는 것은 천하 제후들에게 조나라의 약함을 드러내는 것이 아니겠습니까? 제가 주지 말자고 한 것이 정말 주지 말자고 한 것은 아닙니다. 진나라가 6개 성읍을 군주에게 요구하니 군주는 오히려 이를 제나라에 뇌물로 주느니만 못합니다. 제·진 두 나라는 서로 오래된 원수지간인 심구지간深仇之間입니다. 제나라는 군주의 말이 끝나기도 전에 이를 들어 줄 것입니다. 그렇다면 군주는 제나라에 땅을 잃었지만 진나라에서 보상을 받는 것이고 천하 제후들 앞에서 능력을 드러내는 셈이 됩니다. 군주가 이런 계책을 널리 소문내는 발성發聲을 하면 군사가 아직 변경에 도착도 하기 전에 진나라 사자가 중후한 예물을 들고 조나라로 와 오히려 강화를 청할 것으로 저는 확신합니다. 진나라와 강화하면 한·위 두 나라는 이 이야기를 듣고 반드시 군주를 중히 여길 것입니다. 이는 군주가 한 가지 일로 3국으로 하여금 서로 친교를 맺도록 하고 진나라와 그 위치를 바꾸는 셈이 됩니다."

"좋은 말이오."

조효성왕은 우경을 시켜 동쪽으로 가 제왕 건建을 만나 그와 함께 진나라 대책을 모의케 했다. 우경이 제나라에서 아직 돌아오지 않았을 때 진나라의 사자가 이미 조나라에 와 있었다. 누완이 이 소식을 듣고 도주했다. 조효성왕이 우경을 성읍에 봉했다.

이때 진나라가 처음으로 조나라를 칠 때 위안희왕魏安釐王이 대부들에게 자문을 구했다. 대부들 모두 진나라가 조나라를 치는 것이 위나라에 유리하다고 말했다. 공자의 후손인 대부 공빈孔斌[77]이 반박했다.

"도대체 무슨 말을 하는 것이오?"

대부들이 입을 모아 말했다.

---

77 공빈孔斌은 공자孔子의 후손으로 자가 자순子順이다. 공자로부터 시작해 백어伯魚, 자사子思, 자상子上, 자가子家, 자경子京, 자고子高, 자순子順 공빈으로 이어진다.

"진나라가 조나라를 이기면 우리는 진나라에 복종하고, 그렇지 못하면 진나라가 전패하여 피폐한 틈을 타 진나라를 칠 수 있을 것이오."

자순子順이 반박했다.

"그렇지 않소. 진나라는 진효공秦孝公 이래 전쟁을 하여 아직 패한 적이 없소. 지금은 또 교병권交兵權이 양장良將에게 부여되어 있는데 언제 그 피폐한 틈을 탄단 말이오."

대부들도 반박하고 나섰다.

"설령 진나라가 조나라를 이긴다고 해도 우리에게 무슨 해가 있겠소. 인국鄰國의 수치는 곧 우리의 복이오."

자순이 다시 재반박하고 나섰다.

"진나라는 탐포貪暴한 나라요. 조나라를 이기면 반드시 다시 다른 것을 구하려 할 것이오. 나는 우리 위나라가 그들의 군사를 맞게 될까 걱정이오. 선인들이 말하기를, '연작燕雀이 굴뚝 위에 사는 연작처옥燕雀處屋의 상황에 있었다. 새끼와 어미가 서로 먹여 주고, 입김을 불어 따뜻하게 하는 구구呴呴를 해대며 서로 즐기면서 스스로 매우 안락하다고 생각했다. 그런데 마침 굴뚝에서 불길이 치솟으며 집이 다 타 버릴 지경이 됐는데도 연작들은 미동도 하지 않은 채 그 화가 장차 자신들에게 미칠 것을 전혀 모르고 있다'고 했소. 지금 그대들은 조나라가 패하면 그 우환이 장차 우리에게 미치리라는 것을 깨닫지 못하고 있소. 어찌 사람이 연작과 같이 무지한 것이 아니겠소?"

자순은 공자의 6세손이다. 당초 위안희왕은 자순이 똑똑하다는 이야기를 듣고 사자를 시켜 황금과 비단으로 그를 초빙한 뒤 재상으로 삼으려 했다. 자순이 사양했다.

"만일 군주가 저의 치국 방략을 믿는다면 저의 방략은 반드시 치국지도治國之道를 실현할 수 있을 것입니다. 그리되면 비록 소채를 먹고 물만 마시는 소식음수蔬食飮水를 할지라도 저는 이를 위해 진력할 것입니다. 그러나 만일 저를 이용할 생각으로 높은 봉록을 주게 되면 저 또한 한 사내에 지나지 않게 됩니다. 위왕이 어찌 일개 사내보다 못할 리 있겠습니까?"

그러나 사자가 굳이 청하자 자순이 이내 위나라로 가게 됐다. 위안희왕이 교외에서 그를 영접한 뒤 재상으로 삼았다. 자순은 재능도 없으면서 군주의 총애를 받는 신하인 폐총지관嬖寵之官을 몰아낸 뒤 현재賢才의 관원을 임용하고, 아무런 임무도 없이 받는 녹질인 무임지록無任之祿을 빼앗아 공 있는 자에게 내려 주었다. 관직과 녹질을 잃은 자들이 모두 언짢아하면서 훼방毁謗하는 이야기를 만들어 냈다. 위나라 대신 문자文恣가 이를 자순에게 이야기하자 자순이 말했다.

"백성과 함께 사업 시작을 꾀할 수 없게 된 지 이미 오래됐소. 옛날에 정사를 잘 했다고 하는 사람조차 일을 처음 시작할 때는 백성들을 훼방하는 말을 하지 않은 적이 없었소. 자산子產이 정나라의 재상이 된 지 3년이 지나서야 비로소 그를 훼방하는 말이 멈추게 됐소. 나의 조상 공자도 노나라의 재상으로 있을 때 3개월이 지나서야 비로소 훼방이 그쳤소. 지금 나는 위정爲政하면서 현인에 미치지 못하오. 어찌 능히 훼방이 있는지를 헤아릴 수 있겠소!"

문자가 말했다.

"저는 그대의 선군 공자가 왜 비방을 받게 됐는지 모르겠습니다."

자순이 대답했다.

"선군 공자가 노나라의 재상이 됐을 때 사람들이 읊기를, '새끼 사슴 갖옷인 미구麛裘에 무릎덮개인 불芾을 한 사람은 버려도 무방하고, 불에 미구를 한 사람은 버려도 무죄네'라고 했소. 3달이 지나 정치 교화가 어느 정도 이뤄지자 사람들이 또 읊기를, '갖옷인 구의裘衣에 관원의 모자인 장보章甫를 쓴 대부가 내 집에 필요한 것을 주고, 장보에 구의를 한 대부가 사심 없이 은혜를 베푸네'라고 했소."

문자가 크게 기뻐하며 말했다.

"이제야 비로소 선생이 성현과 다르지 않다는 사실을 알게 됐소."

자순이 위나라 재상을 맡은 지 9개월이 됐으나 위왕에게 올린 치국의 계책이 모두 채택되지 않았다. 이내 탄식했다.

"헌책獻策이 채택되지 않는 것은 헌책이 적당치 않기 때문이다. 헌책이 주상의 뜻에 부합하지 않으면서 주상의 관원이 되어 봉록을 먹는 것은 하는 일도 없이 이익을 챙기고 밥이나 먹는 시리소찬尸利素餐을 하는 것이다. 나의 죄가 실로 깊다."

그러고는 칭병하며 치사致仕했다. 어떤 사람이 자순에게 물었다.

"군주가 그대를 쓰지 않는다고 하여 이내 떠나려는 것이오?"

자순이 말했다.

"간다한들 어디로 간단 말이오? 산동山東의 나라들이 장차 모두 진나라에 병탄될 터이나 진나라가 하는 일이 불인불의不仁不義하여 인의를 행하는 사람은 진나라에 편입되는 것을 원치 않고 있소."

그러고는 드디어 집으로 들어가 한거閑居했다. 친우 신원고新垣固가 자순에게 권했다.

"현자가 머무는 곳은 반드시 교화가 일어나 정치가 청명키 마련이오. 그대가 위나라의 재상이 된 후 특별한 치적을 쌓고 스스로 인퇴引退하려 한다는 이야기를 아직 듣지 못했소. 생각하는 것이 아직 득지得志치 못한 것이오. 어찌하여 이토록 빨리 떠나려 하는 것이오."

자순이 말했다.

"특별한 치적을 쌓지 못했기 때문에 스스로 물러나려 하는 것이오. 게다가 죽을병에는 뛰어난 의사가 소용없는 법이오. 지금 진나라가 천하를 병탄할 마음을 갖고 있어 도의로써 섬기더라도 실로 안전을 얻을 수 없을 것이오. 위망危亡을 구하기에 여념이 없는데 어느 겨를에 교화를 운위할 수 있단 말이오. 옛날 은나라 건국공신 이지伊摯이윤伊尹는 하나라에 있었고, 여망呂望강태공姜太公은 상나라에 있었소. 두 나라가 제대로 다스려지지 않았을 때 어찌 이지와 여망이 제대로 된 다스림을 바라지 않았겠소. 단지 형세 상 그리할 수 없었을 뿐이오. 지금 산동의 나라들은 피폐하여 떨치지 못하고, 삼진은 할지割地하여 구차하게 안일을 꾀하는 투안偸安을 하고, 동주와 서주의 2주二周는 굴복하여 진나라로 편입됐고, 연·제·초 3국도 이미 굴복했소. 이로 보건대 이후 20년이 채 안 돼 천하는 모두 진나라에 귀속되고 말 것이오."

2) 진소양왕이 응후를 위해 그 원수를 갚고자 했다. 마침 위제魏齊가 평원군의 집에 있다는 이야기를 듣고 이내 좋은 말로 평원군을 진나라로 유인한 뒤 곧바로 억류했다. 이어 사자를 조효성왕에게 보내 말하게 했다.

"위제의 목을 얻지 못하면 나도 결코 군주의 아우 평원군이 출관出關케 하지 않을 것이오."

위제가 할 수 없이 우경에게 가자 우경도 재상의 인수를 버리고 위제와 함께 달아났다. 위나라에 이른 후 신릉군을 통해 초나라로 달아나고자 했다. 이때 신릉군은 내심 이들을 접견키 어렵다고 생각했다. 위제가 분노한 나머지 이내 자살하고 말았다. 조효성왕이 그의 목을 수습해 진나라로 보내자 진나라가 이내 평원군을 돌려보냈다.

9월, 진나라의 5대부 왕릉王陵이 다시 군사를 이끌고 가 조나라를 쳤다. 그러나 이때 무안군 백기는 병이 중해 출정하지 못했다.

* 赧王下五十六年

十月, 武安君分軍爲三, 王齕攻趙武安·皮牢, 拔之. 司馬梗北定太原, 盡有上黨地. 韓·魏恐, 使蘇代厚幣說應侯曰, "武安君卽圍邯鄲乎?" 曰, "然." 蘇代曰, "趙亡則秦王王矣. 武安君爲三公, 君能爲之下乎? 雖無欲爲之下, 固不得已矣. 秦嘗攻韓, 圍邢丘, 困上黨, 上黨之民皆反爲趙, 天下樂爲秦民之日久矣. 今亡趙, 北地入燕, 東地入齊, 南地入韓·魏, 則君之所得民無幾何人矣. 不如因而割之, 無以爲武安君功也." 應侯言於秦王曰, "秦兵勞, 請許韓·趙之割地以和, 且休士卒." 王聽之, 割韓垣雍·趙六城以和. 正月, 皆罷兵. 武安君由是與應侯有隙.

趙王將使趙郝約事於秦, 割六縣. 虞卿謂趙王曰, "秦之攻王也, 倦而歸乎? 王以其力尙能進, 愛王而弗攻乎?" 王曰, "秦不遺餘力矣, 必以倦而歸也." 虞卿曰, "秦以其力攻其所不能取, 倦而歸, 王又以其力之所不能取以送之, 是助秦自攻也. 來年秦攻王, 王無救矣." 趙王計未定, 樓緩至趙, 趙王與之計之. 樓緩曰, "虞卿得其一, 不得其二. 秦·趙構難而天下皆說, 何也? 曰, '吾且因强而乘弱矣' 今趙不如亟割地爲和以疑天下, 慰秦之心. 不然, 天下將因秦之怒, 乘趙之敝, 瓜分之, 趙且亡, 何秦之圖乎!" 虞卿聞之, 復見曰, "危哉樓子之計, 是愈疑天下, 而何慰秦之心哉? 獨不言其示天下弱乎? 且臣言勿與者, 非固勿與而已也. 秦索六城於王, 而王以六城賂齊. 齊, 秦之深仇也, 其聽王不待辭之畢也. 則是王失之於齊而取償於秦, 而示天下有能爲也. 王以此發聲, 兵未窺於境, 臣見秦之重賂至趙而反媾於王也. 從秦爲媾, 韓·魏聞之, 必盡重王. 是王一擧而結三國之親而與秦易道也." 趙王曰, "善." 使虞卿東見齊王, 與之謀秦. 虞卿未返, 秦使者已在趙矣. 樓緩聞之, 亡去. 趙王封虞卿以一城.

秦之始伐趙也, 魏王問於諸大夫, 皆以爲秦伐趙, 於魏便. 孔斌曰, "何謂也?" 曰, "勝趙, 則吾因而服焉. 不勝趙, 則可承敝而擊之." 子順曰, “不然. 秦自孝公以來, 戰未嘗屈, 今又屬其良將, 何敝之承?” 大夫曰, “縱其勝趙, 於我何損? 鄰之羞, 國之福也.” 子順曰, “秦, 貪暴之國也, 勝趙, 必復他求, 吾恐於時魏受其師也. 先人有言:燕雀處屋, 子母相哺, 呴呴焉相樂也, 自以爲安矣. 灶突炎上, 棟宇將焚, 燕雀顔不變, 不知禍之將及己也. 今子不悟趙破患將及己, 可以人而同於燕雀乎!” 子順者, 孔子六世孫也.

初, 魏王聞子順賢, 遣使者奉黃金束帛, 聘以爲相. 子順謂使者曰, “若王能信用吾道, 吾道固爲治世也, 雖蔬食飮水, 吾猶爲之. 若徒欲制服吾身, 委以重祿, 吾猶一夫耳, 魏王奚少於一夫?” 使者固請, 子順乃之魏. 魏王郊迎以爲相. 子順改嬖寵之官以事賢才, 奪無任之祿以賜有功. 諸喪職秩者咸不悅, 乃造謗言. 文咨以告子順. 子順曰, “民之不可與慮始久矣! 古之善爲政者, 其初不能無謗. 子産相鄭, 三年而後謗止. 吾先君之相魯, 三月而後謗止. 今吾爲政日新, 雖不能及賢, 庸知謗乎!” 文咨曰, “未識先君之謗何也?” 子順曰, “先君相魯, 人誦之曰, ‘麛裘而芾, 投之無戾. 芾而麛裘, 投之無郵’ 及三月, 政化旣成, 民又誦曰, ‘裘衣章甫, 實獲我所. 章甫裘衣, 惠我無私’ 文咨喜曰, ‘乃今知先生不異乎聖賢矣.’ 子順相魏凡九月, 陳大計輒不用, 乃喟然曰, “言不見用, 是吾言之不當也. 言不當於主, 居人之官, 食人之祿, 是尸利素餐, 吾罪深矣!” 退而以病致仕. 人謂子順曰, “王不用子, 子其行乎?”

答曰, “行將何之? 山東之國, 將並於秦. 秦爲不義, 義所不入.” 遂寢於家. 新垣固請子順曰, “賢者所在, 必興化致治. 今子相魏, 未聞異政而卽自退, 意者志不得乎, 何去之速也?” 子順曰. “以無異政, 所以自退也. 且死病無良醫. 今秦有呑食天下之心, 以義事之, 固不獲安. 救亡不暇, 何化之興! 昔伊摯在夏, 呂望在商, 而二國不治, 豈伊·呂之不欲哉? 勢不可也. 當今山東之國敝而不振, 三晉割地以求安, 二周折而入秦, 燕·齊·楚已屈服矣. 以此觀之, 不出二十年, 天下其盡爲秦乎!"

秦王欲爲應侯必報其仇, 聞魏齊在平原君所, 乃爲好言誘平原君至秦而執之. 遣使謂趙王曰, "不得齊首, 吾不出王弟於關!" 魏齊窮, 抵虞卿, 虞卿棄相印, 與魏齊偕亡. 至魏, 欲因信陵君以走楚. 信陵君意難見之, 魏齊怒, 自殺. 趙王卒取其首以與秦, 秦乃歸平原君. 九月, 五大夫王陵將兵復伐趙, 武安君病, 不任行.

주난왕 57년(BC 258)

1) 정월, 진나라의 왕릉王陵이 조나라의 한단을 공격해 약간 실리失利케 되자 진나라가 병사를 증파해 왕릉을 돕게 했다. 이때 왕릉은 5교五校[78]를 잃었다. 무안군의 병이 낫자 진소양왕은 무안군을 보내 왕릉을 대신케 하려 했다. 무안군이 사양했다.

"한단은 사실 공격하기가 쉽지 않습니다. 게다가 제후들의 구원병이 매일 도착할 것입니다. 제후들이 진나라를 원망한 지 이미 오래됐습니다. 비록 진나라가 장평長平에서 대승했다고는 하나 죽은 병사가 전체의 절반을 넘어 국내가 텅 비어 있습니다. 우리는 먼 곳에서 산과 강을 넘어 다른 사람의 도성을 가지고 다투고 있습니다. 그러나 조나라는 안에서 제후들의 원군에 호응하고 제후들의 원군은 한단의 외곽에 있는 진나라 군사를 치려합니다. 그리되면 진나라 군사가 깨지는 것은 필연지사가 아니겠

78 5교五校는 대략 4만 명의 군사를 가리킨다. 1열列은 5인, 2열은 1화火, 5화는 1대隊, 2대는 1관官, 2관은 1곡曲, 2곡은 1부部, 2부는 1교校, 2교는 1비裨, 2비는 1장將이 된다. 장군은 대략 3,200명의 병사를 거느리는 게 된다.

습니까?"

진소양왕이 친히 명을 내렸으나 무안군은 왕릉을 대신하려 하지 않았다. 마침내 응후를 보내 무안군을 설득케 했다. 그러나 무안군은 끝내 칭병하며 이를 사양했다. 결국 왕흘往齕을 보내 왕릉을 대신케 했다.

이때 조효성왕은 평원군을 시켜 초나라로 가 구원을 청하게 했다. 평원군이 문하의 식객 가운데 문무를 겸비한 20명의 인재를 선발해 함께 가기로 했다. 그러나 19명을 얻었으나 나머지 한 사람은 당장 찾을 길이 없었다. 이때 평원군의 문객인 모수毛遂가 스스로를 천거하는 모수자천毛遂自薦의 일이 빚어졌다. 평원군이 말했다.

"무릇 현사賢士의 처세를 보면 마치 송곳이 주머니 속에 있는 것과 같소. 만일 그 끝을 세우게 되면 드러나기 마련이오. 지금 선생은 나 조승趙勝의 문하에 있은 지 이미 3년이나 됐소. 그런데 주위에서 선생을 칭양하는 사람이 없기에 나는 아직까지 선생에 관한 이야기를 들은 적이 없소. 이는 선생이 별로 칭찬할 만한 점이 없다는 것이오. 선생은 재능이 없으니 이곳에 남아 주기 바라오."

모수가 말했다.

"저는 오늘에야 비로소 주머니 속에 넣어 주기를 청한 것입니다. 저를 일찍이 주머니에 넣었다면 벌써 송곳 끝이 밖으로 튀어나오는 탈영脫穎했을 것입니다. 겨우 그 끝만 보이는 차원이 아니었을 것입니다."

평원군이 마침내 그와 함께 가기로 하자 문객 19명이 서로 눈짓을 하며 그를 비웃었다. 평원군이 초나라에 이르러 초고열왕과 이야기하면서 합종의 이해득실을 말했다. 동이 틀 때부터 시작한 말이 해가 중천에 오르도록 계속됐으나 합종에 관한 최종 결론이 나지 않았다. 이때 모수가 칼을 어루만지면서 계단을 따라 전상殿上으로 올라간 뒤 평원군에게 말했다.

"합종의 이해득실은 단 두 마디면 결단할 수 있습니다. 그런데 지금 동이 틀 때부터 시작해 해가 중천에 올랐을 때까지 결단을 내리지 못하니 이는 무엇 때문입니까?"

초고열왕이 크게 화를 내며 꾸짖었다.

"어찌하여 아래로 내려가지 않는 것인가? 나는 그대의 군주와 말을 하고 있다. 그런데 그대는 무엇 하는 자인가?"

모수가 칼을 어루만지며 앞으로 나가 말했다.

"지금 군주가 저 모수를 꾸짖는 것은 주변에 초나라의 군민軍民이 많기 때문입니다. 그러나 지금 10보 안에서는 이들 군민을 믿을 수가 없습니다. 군주의 명운은 이 모수의 손 안에 있습니다. 나의 주군이 앞에 있는데도 나를 꾸짖는 것은 무슨 일입니까? 나 모수가 듣건대 '탕왕은 70리 땅으로 왕천하王天下했고, 주문왕은 100리의 땅으로 제후들을 신하로 삼았다'고 했습니다. 이 어찌 병사들이 많았기 때문이었겠습니까? 실로 국가의 형세에 기대어 그 성위聲威를 분발시켰던 것입니다.

지금 초나라 땅은 사방 5천 리이고 손에 무기를 쥔 무사가 100만 명인데 이는 패왕을 할 밑천인 패왕지자霸王之資입니다. 초나라의 강대함은 천하의 어떤 나라도 당할 수 없습니다. 백기白起는 일개 용부에 불과하나 수만 명의 부중을 이끌고 기병하여 초나라와 싸웠습니다. 그는 첫 싸움에서 언성鄢城과 영도郢都를 공략했고, 두 번째 싸움에서는 이릉夷陵을 불살라 버렸습니다. 세 번째 싸움에서는 초나라 선왕의 능묘를 불태웠습니다.

이는 천추백세千秋百世의 원한으로 우리 조나라에게 씻을 수 없는 치욕으로 남게 됐습니다. 그런데도 군주는 오히려 진나라 백기의 흉학한 횡포를 미워하지 않고 있습니다. 합종은 초나라를 위한 것이지 우리 조나라를 위한 것이 아닙니다. 저의 주군이 앞에 있는데도 저를 꾸짖어 무엇을 어찌하겠다는 것입니까?"

"옳소, 옳소. 실로 선생의 말과 같소. 삼가 사직을 받들어 조나라를 좇도록 하겠소."

"그렇다면 합종의 일은 결정된 것입니까?"

"결정됐소."

모수가 초왕의 좌우에게 일렀다.

"닭과 개, 말의 피를 가져오시오."

모수가 이내 청동대접인 동반銅盤을 받들고 무릎을 꿇은 채 초고열왕 앞으로 나아가 말했다.

"군주가 의당 먼저 삽혈歃血하여 합종의 맹약을 확정하십시오. 다음으로는 저의 주군, 그 다음으로는 제가 하겠습니다."

드디어 전상殿上에서 합종의 맹약이 확정됐다. 이어 모수는 왼손에 동반을 들고 오른손으로 19명을 손짓해 부른 뒤 말했다.

"그대들은 모두 당하에서 삽혈하도록 하시오. 그대들은 갖은 고생을 하며 따라왔으나 다른 사람에 기대어 일을 성사시킨 이른바 인인성사因人成事를 하는 꼴이 됐소."

평원군이 합종 맹약을 확정하고 조나라로 돌아온 뒤 말했다.

"나 조승은 두 번 다시 감히 천하의 선비를 품평하겠다는 말을 하지 않을 것이오."

그러고는 드디어 모수를 상객上客으로 삼았다.

이 일로 인해 초고열왕은 춘신군을 시켜 군사를 이끌고 가 조나라를 구원케 했다. 위안희왕도 장군 진비晉鄙를 시켜 군사 10만 명을 이끌고 가 조나라를 구원케 했다. 진소양왕의 사자가 위안희왕을 위협했다.

"내가 조나라를 치면 하루아침에 떨어뜨릴 수 있소. 제후들 가운데 감히 조나라를 구원하려는 자가 있으면 내가 반드시 조나라를 함락한 후 군사를 옮겨 먼저 그 나라부터 칠 것이오."

위안희왕이 두려운 나머지 사람을 보내 조나라 구원에 나선 진비의 군사 활동을 중지시킨 뒤 군사를 업현鄴縣하북성 임장현 서남쪽에 주둔케 했다. 명목은 조나라를 구원한다는 것이었으나 실은 진·조 두 나라를 모두 끼고 있겠다는 속셈을 드러낸 것이다. 이때 위안희왕은 또 장군 신원연新垣衍을 시켜 소로小路를 통해 한단으로 들어간 뒤 평원군의 주선으로 조효성왕을 만나 유세케 했다. 위·조 두 나라 모두 진왕秦王을 진제秦帝로 높임으로써 진군의 철병을 유도하고자 했다.

이때 제나라 사람 노중련魯仲連이 한단에 있었다. 그는 이런 말을 듣고 신원연을 찾아가 말했다.

"저들 진나라는 예의를 버린 채 전쟁에서 머리를 베는 것을 최고의 공훈인 수공首功으로 치는 나라요. 만일 저들이 방자하게 칭제稱帝케 되면 나는 동해로 뛰어들어 죽고 말겠소. 결코 그의 백성이 되지 않을 것이오. 더구나 지금 위나라의 행동은 진나라의 칭제가 가져올 해악을 아직 제대로 파악하지 못했기 때문이오. 나는 장차 진왕에게 말해 위왕魏王을 삶아서 젓갈을 담그는 팽해烹醢에 처하게 할 것이오."

이 말을 들은 신원연이 앙연怏然히 불쾌한 표정으로 물었다.

"선생이 어떻게 진왕을 시켜 우리 위왕을 '팽해'에 처하게 만들 수 있다는 것이오?"

노중련이 대답했다.

"틀림없이 그리할 수 있소. 내가 장차 진왕에게 이런 이야기를 들려줄 것이오. 옛날 구후九侯귀후鬼侯와 악후鄂侯우후邘侯, 주문왕周文王은 은주殷紂의 삼공이었소. 그런데 구후의 딸이 매우 아름다워 은주殷紂에게 바치자 은주는 구후의 딸이 추하다고 생각해 구후를 죽여 젓갈로 만들었소. 또 악후가 구후를 위해 극력으로 변호하자 악후를 포脯로 만들었소. 주문왕이 한숨을 내쉬며 탄식하자 유리牖里하남성 탕음현 북쪽의 창고에 100일 동안 감금해 죽게 만들려 했소. 지금 진나라와 위나라는 모두 만승지국萬乘之國으로 칭왕稱王하고 있소. 그런데 어찌하여 진나라가 한 번 싸워 승리한 것을 보고 진왕을 제帝로 섬김으로써 스스로 포해脯醢가 되는 지경으로 나아가려는 것이오. 게다가 진나라는 칭제하면서 쉼 없이 이런 짓을 할 것이오. 우선 천자의 예를 행하여 천하를 호령함으로써 제후들을 대신으로 만들고 말 것이오. 또 불초하다고 여겨지는 사람의 관작을 박탈하면서 현명하다고 여겨지는 사람을 신자로 삼고, 미워하는 사람의 관작을 박탈하면서 아끼는 사람을 신자로 삼을 것이오. 이어 그 자녀와 참언을 일삼으며 시비를 일으키는 부인을 제후들의 비희妃姬로 삼아 위나라 궁 안에 살게 할 것이오. 그리되면 위왕이 어찌 능히 편안히 지낼 수 있겠소. 장군 또한 어찌 옛날의 총신을 입을 수 있겠소."

신원연이 일어나 두 번 절하고 말했다.

"나는 이제야 선생이 천하의 뛰어난 선비인 천하지사天下之士임을 알았소. 한단을 떠날 것을 청하도록 하겠소. 나는 이후 두 번 다시 진왕을 제帝로 삼자는 이야기를 하지 않겠소."

2) 연무성왕燕武成王이 죽었다. 그의 아들이 연효왕燕孝王으로 즉위했다.

3) 당초 위나라 공자 무기無忌신릉군는 인애仁愛로써 선비들을 대했다. 식객으로 모여든 사람이 모두 3천 명에 이르게 됐다. 그 가운데 위나라의 은사隱士 후영侯嬴이 있었다. 그는 나이가 70세였다. 후영은 매우 가난하여 대량성大梁城의 동문인 이문夷門을 지키면서 생계를 이었다.

하루는 공자 무기가 큰 연회를 베풀어 빈객들을 초청했다. 빈객들이 좌정하자 무기가 거기車騎를 수종하면서 수레의 왼쪽을 비우는 허좌虛左[79]를 한 뒤 몸소 후생을 영접했다. 후생은 낡은 의관衣冠을 한 채 곧바로 무기의 상좌에 올라앉으며 조금도 사양하는 기색이 없었다. 무기가 말고삐를 잡고 더욱 공손한 표정을 지었다. 후생이 무기에게 말했다.

"저에게 시장에서 백정 노릇하는 친구가 하나 있습니다. 원컨대 그쪽을 빙 둘러 지나가 주기 바랍니다."

무기가 수레를 몰아 시장으로 들어가자 후생이 수레에서 내려 그의 친구 주해朱亥를 만나 보았다. 이때 후생은 무기의 태도를 살펴보기 위해 곁눈질을 하면서 고의로 오랫동안 그곳에 서 있었다. 후생은 주해와 말을 하면서 몰래 무기의 태도를 세밀히 살폈다. 무기가 안색을 더욱 온화하게 만들었다. 마침내 후생이 주해와 헤어진 뒤 수레를 타고 연회석이 마련된 무기의 집으로 갔다. 무기가 후생을 상좌로 안내해 앉힌 후 빈객들에게 두루 소개하자 빈객들이 모두 크게 놀랐다.

이때 진나라가 조나라를 포위하게 됐다. 당초 조나라 평원군의 부인은 위나라 공자 신릉군 무기의 누이였다. 이로 인해 평원군의 사자가 위나라로 관개상속冠蓋相續[80]했다. 평원군은 이 사자들을 통해 신릉군 무기를 다음과 같이 나무랐다.

"나 조승趙勝평원군이 혼인하여 혼척婚戚에게 기대려 한 것은 공자가 고의高義로써 다른 사람의 곤경을 급히 구해 줄 수 있기 때문이었소. 지금 한단이 조석 간에 진나라의 수중에 떨어질 상황인데도 위나라의 구원병은 이르지 않고 있소. 설령 그대가 나 조승을 버리는 것은 그렇다 치더라도 어찌하여 그대의 누이를 연민치 않는 것이오."

공자 무기가 이를 크게 걱정했다. 곧 수차례에 걸쳐 위안희왕을 만나

---

79 허좌虛左는 수레의 왼쪽 자리를 비워 놓는다는 뜻으로 곧 정중한 예우를 의미한다. 당시에는 수레의 좌측이 상석이었다.

80 관개상속冠蓋相續은 관원의 관복과 수레 덮개를 뜻하는 말로 사자와 그가 탄 수레가 연이어 왔다는 의미이다.

진비晉鄙에게 칙령을 내려 조나라를 구원케 해달라고 청했다. 빈객들과 변사辯士들도 온갖 방법으로 설득했지만 위안희왕은 이를 끝내 듣지 않았다.

마침내 공자 무기는 빈객들을 모아 거기車騎 100여 승에 분승시킨 뒤 이를 몰고 가 조나라를 위해 싸우다 죽으려 했다. 공자 무기가 이문夷門을 지나다가 후생을 보았다. 후생이 말했다.

"그대는 진력하여 가 보도록 하시오. 이 늙은이는 좇아가지 않을 것입니다."

무기가 떠나 몇 리를 가면서 생각해 보다가 마음에 후생의 말이 불쾌하게 생각되어 다시 돌아와 후생을 보았다. 후생이 웃으며 말했다.

"저는 본래 그대가 돌아올 줄 알았습니다. 이제 그대는 다른 계책 없이 진나라의 진지로 가려 하는데 이는 비유컨대 굶주린 호랑이에게 고기를 던지는 투육뇌호投肉餒虎를 행하는 격입니다. 무슨 공을 세우겠습니까?"

무기가 재배하고 계책을 묻자 후영이 사람들을 물리친 뒤 건의했다.

"제가 듣건대 진비를 움직일 수 있는 병부兵符는 위왕의 침실에 있다고 합니다. 지금 여희如姬가 위왕의 총애를 가장 크게 입고 있으니 이를 훔칠 방법을 알고 있을 것입니다. 일찍이 듣건대 그대는 여희를 위해 그 아비의 원수를 갚아 주었다고 하니 여희는 공자를 위해 설령 죽더라도 사양치 않을 것입니다. 그대가 실로 한 번만 입을 열면 그 호부를 얻을 수 있을 것입니다. 진비의 군사를 빼앗아 북쪽으로 조나라를 구하고 서쪽으로 진나라를 물리친다면 이는 5패五伯의 공에 해당할 것입니다."

무기가 그의 말처럼 하여 과연 병부를 얻게 됐다. 무기가 다시 후생에게 가자 후생이 말했다.

"지금 그대는 밖에 있으니 군명을 받지 않을 수도 있을 것입니다. 만일 진비가 병부의 부합에도 불구하고 병사를 내주지 않고 다시 이를 군주에게 청하면 사태는 위태로워지게 됩니다. 저의 친구 중에 주해라는 사람이 있는데 그는 역사力士입니다. 그와 함께 가는 것이 좋을 것입니다. 진비가 명을 들으면 더 이상 좋을 것이 없습니다. 그러나 만일 듣지 않으면 주해를 시켜 그를 제거할 수 있을 것입니다."

무기가 주해에게 동행을 청했다. 업鄴에 이르자 진비가 병부를 맞춰보았다. 진비는 병부가 딱 맞아떨어지는데도 의심을 거두지 않았다. 그러고는 손을 들어 무기를 가리키면서 말했다.

"나는 10만 명이나 되는 군사를 보유한 채 국경에 주둔하고 있소. 그런데 이제 수레 한 대를 이끌고 와 나를 대신하겠다고 하니 이는 어찌된 일이오."

주해가 소매에서 40근이나 되는 철퇴를 꺼낸 뒤 진비를 철퇴로 쳐 죽이는 추살椎殺을 했다. 무기가 드디어 군사를 정비하는 늑병勒兵을 한 뒤 군중에 하령했다.

"부자가 함께 군중에 있는 자가 있으면 그 아비는 집으로 돌아가도록 하라. 형제가 모두 군중에 있으면 그 형은 돌아가도록 하라. 외아들로 형제가 없는 자는 돌아가 부모를 봉양하도록 하라."

이같이 하여 병사를 고르자 모두 8만 명이나 됐다. 공자 무기가 이들을 이끌고 진격했다.

한편 진나라의 왕흘은 오랫동안 한단을 포위하고도 함락하지 못했다. 더구나 제후들이 군사를 보내 조나라를 구원하자 여러 번 불리한 상황에 처하게 됐다. 무안군이 이 소식을 듣고 말했다.

"군주가 나의 계책을 듣지 않더니 이제 어찌할 것인가?"

진소양왕이 이 말을 듣고 대로했다. 억지로 무안군을 시켜 군사를 통수케 하려 했으나 무안군은 심각한 병증인 독병篤病에 걸린 것을 핑계로 이를 받아들이지 않았다.

＊ 赧王下五十七年

正月, 王陵攻邯鄲, 少利, 益發卒佐陵. 陵亡五校. 武安君病瘉, 王欲使代之. 武安君曰, "邯鄲實未易攻也. 且諸侯之救日至. 彼諸侯怨秦之日久矣, 秦雖勝於長平, 士卒死者過半, 國內空, 遠絶河山而爭人國都, 趙應其內, 諸侯攻其外, 破秦軍必矣." 王自命不行, 乃使應侯請之. 武安君終辭疾, 不肯行. 乃以王齕代王陵.

趙王使平原君求救於楚, 平原君約其門下食客文武備具者二十人與之俱, 得十九人, 餘無可取者. 毛遂自薦於平原君. 平原君曰, "夫賢士之處世也, 譬若錐之處囊中, 其末立見. 今先生處勝之門下三年於此矣, 左右未有所稱誦, 勝未有所聞, 是先生無所有也. 先生不能, 先生留!" 毛遂曰, "臣乃今日請處囊中耳! 使遂蚤得處囊中, 乃穎脫而出, 非特其末見而已." 平原君乃與之俱, 十九人相與目笑之. 平原君至楚, 與楚王言合從之利害, 日出而言之, 日中不決. 毛遂按劍歷階而上, 謂平原君曰, "從之利害, 兩言而決耳! 今日出而言, 日中不決, 何也?" 楚王怒叱曰, "胡不下! 吾乃與而君言, 汝何爲者也!" 毛遂按劍而前曰, "王之所以叱遂者, 以楚國之衆也. 今十步之內, 王不得恃楚國之衆也! 王之命懸於遂手. 吾君在前. 叱者何也? 且遂聞湯以七十里之地王天下, 文王以百里之壤而臣諸侯, 豈其士卒多哉? 誠能據其勢而奮其威也. 今楚地方五千里, 持戟百萬, 此霸王之資也. 以楚之强, 天下弗能當. 白起, 小豎子耳, 率數萬之衆, 興師以與楚戰, 一戰而擧鄢·郢, 再戰而燒夷陵, 三戰而辱王之先人, 此百世之怨而趙之所羞, 而王弗知惡焉. 合從者爲楚, 非爲趙也. 吾君在前, 叱者何也?" 楚王曰, "唯唯, 誠若先生之言, 謹奉社稷以從." 毛遂曰, "從定乎?" 楚王曰, "定矣."

毛遂謂楚王之左右曰, "取雞·狗·馬之血來!" 毛遂奉銅盤而跪進之楚王曰, “王當歃血以定從, 次者吾君, 次者遂.” 遂定從於殿上. 毛遂左手持盤血則右手招十九人曰, “公相與歃此血於堂下! 公等錄錄, 所謂因人成事者也.” 平原君已定從而歸, 至於趙, 曰, “勝不敢復相天下士矣! 遂以毛遂爲上客. 於是楚王使春申君將兵救趙, 魏王亦使將軍晉鄙將兵十萬救趙.

秦王使謂魏王曰, “吾攻趙, 旦暮且下, 諸侯敢救之者, 吾已拔趙, 必移兵先擊之!” 魏王恐, 遣人止晉鄙, 留兵壁鄴, 名爲救趙, 實挾兩端. 又使將軍新垣衍間入邯鄲, 因平原君說趙王, 欲共尊秦爲帝, 以卻其兵. 齊人魯仲連在邯鄲, 聞之, 往見新垣衍曰, “彼秦者, 棄禮義而上首功之國也. 彼卽肆然而爲帝於天下, 則連有蹈東海而死耳, 不願爲之民也! 且梁未睹秦稱帝之害故耳, 吾將使秦王烹醢梁王!” 新垣衍怏然不悅, 曰, “先生惡能使秦王烹醢梁王?” 魯仲連曰, “固也, 吾將言之. 昔者九侯·鄂侯·文王, 紂之三公也. 九侯有子而好, 獻之於紂, 紂以爲惡, 醢九侯. 鄂侯爭之强, 辯之疾, 故脯鄂侯. 文王聞之, 喟然而歎, 故拘之牖里之庫百日, 欲令之死. 今秦, 萬乘之國也. 梁, 亦萬乘之國也. 俱據萬乘之國, 各有稱王之名, 奈何睹其一戰而勝, 欲從而帝之, 卒就脯醢之地乎! 且秦無已而帝, 則將行其天子之禮以號令於天下, 則且變易諸侯之大臣, 彼將奪其所不肖而與其所賢, 奪其所憎而與其所愛, 彼又將使其子女讒妾爲諸侯妃姬, 處梁之宮, 梁王安得晏然而已乎! 而將軍又何以得故寵乎!” 新垣衍起, 再拜曰, “吾乃今知先生天下之士也! 吾請出, 不敢復言帝秦矣!”

燕武成王薨, 子孝王立.

初魏公子無忌仁而下士, 致食客三千人. 魏有隱士曰侯嬴, 年七十, 家貧, 爲大梁夷門監者. 公子置酒大會賓客, 坐定, 公子從車騎虛左自迎侯生. 侯生攝敝衣冠, 直上載公子上坐不讓, 公子執轡愈恭. 侯生又謂公子曰, "臣有客在市屠中, 願枉車騎過之." 公子引車入市, 侯生下見其客朱亥, 睥睨, 故久立, 與其客語, 微察公子, 公子色愈和. 乃謝客就車, 至公子家. 公子引侯生坐上坐, 遍贊賓客, 賓客皆驚. 及秦圍趙, 趙平原君之夫人, 公子無忌之姊也, 平原君使者冠蓋相屬於魏, 讓公子曰, "勝所以自附於婚姻者, 以公子之高義, 能急人之困也. 今邯鄲旦暮降秦而魏救不至, 縱公子輕勝棄之, 獨不憐公子姊邪?" 公子患之, 數請魏王敕晉鄙令救趙, 及賓客辯士游說萬端, 王終不聽. 公子乃屬賓客, 約車騎百餘乘, 欲赴斗以死於趙. 過夷門, 見侯生. 侯生曰, "公子勉之矣, 老臣不能從!" 公子去, 行數里, 心不快, 復還見侯生. 侯生笑曰, "臣固知公子之還也! 今公子無佗端而欲赴秦軍, 譬如以肉投餒虎, 何功之有!" 公子再拜問計. 侯嬴屏人曰, "吾聞晉鄙兵符在王臥內, 而如姬最幸, 力能竊之. 嘗聞公子爲如姬報其父仇, 如姬欲爲公子死無所辭, 公子誠一開口, 則得虎符, 奪晉鄙之兵, 北救趙, 西卻秦, 此五伯之功也." 公子如其言, 果得兵符. 公子行, 侯生曰, "將在外, 君令有所不受. 有如晉鄙合符而不授兵, 復請之, 則事危矣. 臣客朱亥, 其人力士, 可與俱. 晉鄙若聽, 大善. 不聽, 可使擊之!" 於是公子請朱亥與俱. 至鄴, 晉鄙合符, 疑之, 擧手視公子曰, "吾擁十萬之衆屯於境上, 國之重任. 今單車來代之, 何如哉?" 朱亥袖四十斤鐵椎, 椎殺晉鄙, 公子遂勒兵下令軍中曰, "父子俱在軍中者, 父歸. 兄弟俱在軍中者, 兄歸. 獨子無兄弟者, 歸養." 得選兵八萬人, 將之而進.

王齕久圍邯鄲不拔, 諸侯來救, 戰數不利. 武安君聞之曰, "王不聽吾計, 今何如矣?" 王聞之, 怒, 强起武安君. 武安君稱病篤, 不肯起.

주난왕 58년(BC 257)

1) 10월, 진나라가 무안군을 병사로 강등시킨 뒤 음밀陰密감숙성 영대현 서남쪽로 옮겼다.

12월, 군사를 증강하여 분성汾城산서성 신강현 동북쪽 근처에 주둔시켰다.

무안군이 병으로 인해 아직 함양을 떠나지 못했을 때 제후들이 왕흘을 집중 공격했다. 왕흘이 여러 차례 퇴각하게 되자 구원군을 청하는 왕흘의 사자가 매일 쉼 없이 함양에 이르렀다.

이때 진소양왕은 사람을 무안군에게 보내 함양성에 머물 수 없음을 통보케 했다. 무안군이 함양의 서문을 빠져나가 10리쯤 가 두우杜郵섬서성 함양시 동북쪽에 이르렀을 때였다. 진소양왕이 응후를 위시한 군신들과 계책을 상의하다가 말했다.

"백기白起가 함양을 떠나면서 마음속으로 앙앙불만怏怏不滿하여 원한 섞인 말을 했다 하오."

그러고는 이내 사자를 보내 칼을 내렸다. 무안군이 드디어 자살했다. 진나라 사람들이 백기의 죽음을 매우 통석痛惜해 했다. 모든 향읍에서 그를 제사 지내게 됐다.

한편 위나라 공자 무기는 한단성 아래에서 진나라 군사를 대파했다. 이때 진나라 장수 왕흘은 한단의 포위를 풀고 달아났다. 당초 응후를 천거했던 정안평鄭安平은 조나라 군사에게 포위되자 군사 2만 명을 이끌고 가 조나라에 항복했다. 이로 인해 응후가 득죄케 됐다.

공자 무기가 이미 조나라에 가 있었으므로 끝내 감히 위나라로 돌아가지 못했다. 무기는 빈객들과 더불어 조나라에 머물던 중 장수들에게 군사를 이끌고 위나라로 돌아가게 했다.

이때 조효성왕은 평원군과 상의해 5개 성읍에 공자 무기를 봉했다. 조효성왕이 주위를 물리치는 소제掃除를 한 뒤 친히 공자 무기를 영접했다.

이어 주인의 예로 무기를 안내해 서계西階[81]로 오르게 했다. 무기가 옆으로 비껴나면서 겸양하여 동계東階로 올라갔다. 그러고는 스스로 죄가 있다며 말하기를, '위나라에 짐을 지고 있고 조나라에도 아무런 공을 세우지 못했다'고 했다.

조효성왕은 공자 무기와 해가 질 때까지 술을 마셨다. 그러나 그는 결국 참지 못하고 5개 성읍을 바치겠다는 속셈을 밝히고 말았다. 이는 공자 무기가 자꾸 사양한 데 따른 것이다. 결국 조효성왕은 호鄗하남성 백향현 땅을 공자 무기에게 탕목읍湯沐邑[82]으로 내주었다.

위나라도 무기를 다시 신릉군으로 삼고 공자로 대우해 받들었다. 마침 공자 무기는 조나라에 사는 처사 모공毛公이 도박꾼들 사이에 은거하고, 설공薛公은 간장 파는 집인 매장가賣漿家에 은거한다는 말을 듣게 됐다. 이들을 만나 보고자 했다.

그러나 두 사람이 만나 보려 하지 않자 공자 무기가 소로小路로 이들을 찾아가서는 이내 교유케 됐다. 평원군이 이를 두고 비난하자 공자 무기가 반박했다.

"나는 평원군이 현명하다는 말을 듣고 위나라를 배반한 채 조나라를 구원케 된 것이오. 그런데 지금 평원군과 교유해 보니 그는 한낱 호기豪氣만 있을 뿐 진실로 선비를 구하는 게 아니오. 나는 두 사람과 교유하면서 오히려 그들이 나와 함께하지 않을까 걱정했소. 그런데 평원군이 어찌 이

81 서계西階는 서쪽 계단으로 빈객에 대한 예우를 뜻한다. 당시 주인은 동쪽, 빈객은 서쪽 계단으로 올랐다. 빈객이 겸양을 차릴 때는 동쪽 계단으로 오르는 게 상례였다.

82 탕목읍湯沐邑은 목욕물을 데우는 데 필요한 땔감을 대는 식읍이라는 뜻이다. 주나라 때 천자는 제후들에게 탕목읍을 하사해 그곳에서 나는 읍의 수입으로 목욕재계하는 비용을 충당토록 한데서 비롯됐다. 제후들의 품위 유지를 위한 비용을 간접 지원코자 한 것이다.

를 수치로 여기는 것이오."

행장을 챙겨 떠나려 했다. 평원군이 관을 벗고 사과하고는 마침내 중지했다.

이때 평원군은 노중련에게 상을 주려고 사자를 3번이나 보냈다. 그러나 노중련은 이를 받아들이려 하지 않았다. 또한 1천 금을 노중련에게 예물로 보냈으나 노중련이 웃으며 말했다.

"천하의 선비들이 귀히 여기는 것은 다른 사람을 위해 환란을 없애고, 위난을 풀고, 분쟁을 해결하면서도 보상을 받지 않는 것이오. 만일 보상을 구한다면 이는 장사꾼의 상행위일 뿐이오."

그러고는 드디어 평원군에게 작별 인사를 하고 떠났다. 그는 죽을 때까지 다시는 평원군을 만나지 않았다.

2) 진나라 태자의 비는 화양부인華陽夫人이라고 했다. 그녀에게는 아들이 없었다. 이때 하희夏姬가 이인異人이라는 아들을 낳았다. 그런데 이인은 조나라에 인질로 가게 됐다. 이때 진나라가 수차례에 걸쳐 조나라를 치자 조나라 사람들이 이인을 예우하지 않았다.

이인은 서얼 출신이고 다른 제후에게 인질로 잡혀 와 있었기에 평시 사용하는 거승車乘이 모두 풍족하지 못했다. 거처 또한 곤궁하여 여의치 못했다. 이때 양적陽翟하남성 우현에 사는 거상巨商인 대고大賈 여불위呂不韋가 한단으로 가 이인을 만나본 뒤 말했다.

"이는 기이한 보물은 가히 쌓아 두었다가 이익을 도모할 만한 이른바 기화가거奇貨可居에 해당한다!"

이인을 찾아가 만나 이같이 말했다.

"내가 그대의 집 문 앞을 성대하게 만들어 드리겠습니다."

이인이 웃으며 말했다.

"그대의 집 문 앞이나 성대하게 만드시오."

여불위가 말했다.

"이는 그대가 잘 모르고 하는 말입니다. 나의 집 문 앞은 그대의 집 문 앞이 성대해진 뒤에야 비로소 성대해질 수 있습니다."

이인은 마음속으로 여불위가 말하는 바를 알아챘다. 곧 그와 자리를 함께하고서 속에 있던 말을 했다. 여불위가 말했다.

"진왕은 늙었습니다. 태자는 화양부인을 사랑하지만 부인에게는 아들이 없습니다. 그대의 형제들은 20여 명이나 됩니다. 그 가운데 자혜仔傒는 진나라의 왕업을 이어받게 되어 있고 사창士倉이 또한 그를 돕고 있습니다. 그대는 이들 가운데 중간쯤에 있으면서 별다른 총애도 입지 못하고 오랫동안 제후에게 인질로 와 있습니다. 태자가 즉위하게 되면 그대는 후사의 자리를 다툴 수 없을 것입니다."

"그렇다면 어찌해야 좋겠소."

"적자로 후사를 세울 수 있는 사람은 화양부인 뿐입니다. 나는 비록 가난하지만 1천 금으로 그대를 위해 서쪽 진나라로 가고자 합니다. 내가 그대를 후계자로 세울 것입니다."

"실로 그대가 말한 대로만 된다면 진나라를 나눠 그대와 함께 다스릴 것이오."

여불위가 이인에게 500금을 건네주면서 빈객들과 사귀게 했다. 그러고는 500금으로 기이한 보물과 아름다운 노리개인 기물완호奇物玩好를 산 뒤 이를 가지고 서쪽으로 가 화양부인의 언니를 만나 전했다. 이어 기회를 보아 이인의 현명함을 칭송했다. 나아가 그의 빈객들이 천하에 두루 퍼져 있고 항상 밤낮으로 태자와 부인을 생각하며 울고 있다고 전하며 말했다.

"이인은 부인을 생모로 여기고 있습니다."

화양부인이 크게 기뻐했다. 여불위가 그 언니를 시켜 화양부인에게 말하게 했다.

"무릇 미색美色으로 사람을 섬기는 자는 미색이 쇠퇴하면 사랑도 해이해짐을 피할 수 없습니다. 지금 부인은 총애를 받고 있으나 아들이 없으니 번화繁華할 때 미리 여러 아들 가운데 현효賢孝한 자를 골라 적자로 삼아 놓아야 합니다. 사랑을 받던 아름다운 여인도 나이가 들어서 늙으면 그 사랑을 잃어버리는 색쇠애이色衰愛弛의 상황에 처하게 되니 그때 비록 한마디를 하려 한들 그것이 가능하겠습니까? 지금 아들 이인은 현명하여 자신이 여러 아들 가운데 적자가 될 수 없다는 사실을 잘 알고 있습니다. 부인이 실로 이때 그를 발탁하면 이인의 경우는 나라가 없다가 있게 된 것이며, 부인의 경우는 아들이 없다가 있게 되는 것입니다. 그리되면 종신토록 진나라에서 총애를 받을 것입니다."

이 말을 들은 부인은 그렇다고 생각하여 틈을 보아 태자에게 말했다.

"아들 이인은 뛰어나게 현명한 절현絶賢으로 인해 오가는 사람들이 모두 그를 칭찬합니다."

이내 울음을 터뜨리고는 말했다.

"첩은 불행하게도 아들이 없습니다. 원컨대 이인을 세워 친자식으로 삼아 몸을 의탁하고자 합니다."

태자가 그것을 허락하고는 이내 이를 옥부玉符에 새겨 넣은 뒤 이인을 후계자로 삼을 것을 약속했다. 이인에게 후한 예물을 내린 뒤 여불위에게 이인을 보도輔導케 했다. 이로써 이인의 이름이 제후들 사이에서 크게 떨치게 됐다.

이때 여불위는 한단에서 가장 뛰어난 미인을 취해 함께 살면서 그녀가 임신한 사실을 알게 됐다. 마침 이인이 여불위와 함께 술을 마시다가 그녀를 보고는 그녀를 자신에게 넘길 것을 청했다. 여불위가 짐짓 화내는 표정을 지으면서 그녀를 바쳤다. 이 미인이 12개월 동안 회임하다가 아이를 출산했다. 그가 바로 훗날의 진시황인 영정嬴政이다. 이인은 곧 그녀를 자신의 부인으로 삼았다.

마침 진나라 군사가 한단을 포위하자 조나라 사람들이 이인을 죽이려 했다. 이인과 여불위가 금 600근斤을 감시하는 자에게 주고 몸을 빼내어 진나라 군사가 있는 곳으로 달아났다. 이로써 드디어 진나라로 돌아오게 됐다. 진나라에 돌아온 이인이 초나라 복장을 입고 화양부인을 배견하자 화양부인이 말했다.

"나는 초나라 사람이다. 너를 내 아들로 삼겠다."

그러고는 이인의 이름을 자초子楚로 바꿨다.

＊ 赧王下五十八年

十月, 免武安君爲士伍, 遷之陰密. 十二月, 益發卒軍汾城旁. 武安君病, 未行, 諸侯攻王齕, 齕數卻, 使者日至, 王乃使人遣武安君, 不得留咸陽中. 武安君出咸陽西門十里, 至杜郵. 王與應侯群臣謀曰, "白起之遷, 意尙怏怏有餘言." 王乃使使者賜之劍, 武安君遂自殺. 秦人憐之, 鄕邑皆祭祀焉.

魏公子無忌大破秦師於邯鄲下, 王齕解邯鄲圍走. 鄭安平爲趙所困, 將二萬人降趙, 應侯由是得罪. 公子無忌旣存趙, 遂不敢歸魏, 與賓客留居趙, 使將將其軍還魏. 趙王與平原君計, 以五城封公子. 趙王掃除自迎, 執主人之禮, 引公子就西階. 公子側行辭讓, 從東階上, 自言罪過, 以負於魏, 無功於趙. 趙王與公子飮至暮, 口不忍獻五城, 以公子退讓也. 趙王以鄗爲公子湯沐邑. 魏亦復以信陵奉公子. 公子聞趙有處士毛公隱於博徒, 薛公隱於賣漿家, 欲見之. 兩人不肯見, 公子乃間步從之游. 平原君聞而非之. 公子曰. "吾聞平原君之賢, 故背魏而救趙. 今平原君所與游, 徒豪擧耳, 不求士也. 以無忌從此兩人游, 尙恐其不我欲也, 平原君乃以爲羞乎?" 爲裝欲去. 平原君免冠謝, 乃止. 平原君欲封魯連, 使者三返, 終不肯受. 又以千金爲魯連壽, 魯連笑曰, "所貴於天下之士者, 爲人排患釋難解紛亂而無取也. 卽有取者, 是商賈之事也, 而連不忍爲也!" 遂辭平原君而去, 終身不復見.

秦太子之妃曰華陽夫人, 無子. 夏姬生子異人. 異人質於趙. 秦數伐趙, 趙人不禮之. 異人以庶孽孫質於諸侯, 車乘進用不饒, 居處困不得意. 陽翟大賈呂不韋適邯鄲, 見之, 曰, "此奇貨可居!" 乃往見異人, 說曰, "吾能大子之門." 異人笑曰, "且自大君之門!" 不韋曰, "子不知也, 吾門待子門而大." 異人心知所謂, 乃引與坐, 深語. 不韋曰, "秦王老矣. 太子愛華陽夫人, 夫人無子. 子之兄弟二十餘人, 子傒有承國之業, 士倉又輔之. 子居中, 不甚見幸, 久質諸侯. 太子卽位, 子不得爭爲嗣矣." 異人曰, "然則奈何?" 不韋曰, "能立適嗣者, 獨華陽夫人耳. 不韋雖貧, 請以千金爲子西遊, 立子爲嗣," 異人曰, "必如君策, 請得分秦國與君共之." 不韋乃以五百金與異人, 令結賓客. 復以五百金買奇物玩好, 自奉而西, 見華陽夫人之姊, 而以奇物獻於夫人, 因譽子異人之賢, 賓客遍天下, 常日夜泣思太子及夫人, 曰, "異人也以夫人爲天!" 夫人大喜. 不韋因使其姊說夫人曰, "夫以色事人者, 色衰則愛馳. 今夫人愛而無子, 不以繁華時蚤自結於諸子中賢孝者, 擧以爲適, 卽色衰愛馳, 雖欲開一言, 尙可得乎! 今子異人賢, 而自知中子不得爲適, 夫人誠以此時拔之, 是子異人無國而有國, 夫人無子而有子也, 則終身有寵於秦矣." 夫人以爲然, 承間言於太子曰, "子異人絶賢, 來往者皆稱譽之." 因泣曰, "妾不幸無子, 願得子異人立以爲嗣, 以托妾身!" 太子許之, 與夫人刻玉符, 約以爲嗣, 因厚饋遺異人, 而請呂不韋傅之. 異人名譽盛於諸侯.

呂不韋娶邯鄲姬絶美者與居, 知其有娠, 異人從不韋飮, 見而請之, 不韋佯怒, 旣而獻之, 孕期年而生子政, 異人遂以爲夫人. 邯鄲之圍, 趙人欲殺之, 異人與不韋行金六百斤予守者, 脫亡赴秦軍, 遂得歸. 異人楚服而見華陽夫人, 夫人曰, "吾楚人也, 當自子之." 因更其名曰楚.

주난왕 59년(BC 256)

1) 진나라 장수 규摎가 군사를 이끌고 가 한나라를 치고 양성陽城하남성 등봉현 동남쪽과 부서負黍하남성 등봉현 서남쪽를 취하고 4만 명을 참수했다. 또 조나라를 치고 20여 개 현을 취했다. 이때 9만 명을 참수하거나 포로로 잡는 참획斬獲을 했다.

주난왕周赧王이 크게 두려워한 나머지 제후들과 합종하여 진나라에 저항했다. 이때 주난왕은 천하의 정예군을 이끌고 이궐伊闕하남성 낙양시 남쪽을 나와 진나라를 쳤다. 이로써 진나라가 양성으로 통하지 못하게 됐다.

진소양왕이 장군 규를 시켜 서주西周를 치게 했다. 주난왕이 진나라로 들어가 머리 숙여 청죄請罪하고 36개 성읍과 백성 3만 명을 모두 바쳤다. 진나라가 이를 받아들이고 주난왕을 서주로 돌려보냈다. 서주로 돌아온 주난왕이 이 해에 죽자 주나라는 800여 년 만에 완전히 사라지게 됐다.

* 赧王下五十九年

秦將軍摎伐韓, 取陽城·負黍, 斬首四萬. 伐趙, 取二十餘縣, 斬首虜九萬. 赧王恐, 倍秦, 與諸侯約從, 將天下銳師出伊闕攻秦, 令無得通陽城. 秦王使將軍摎攻西周, 赧王入秦, 頓首受罪, 盡獻其邑三十六, 口三萬. 秦受其獻, 歸赧王於周. 是歲, 赧王崩.

권6-진기秦紀 1: 진시황이 즉위하다

진소양왕秦昭襄王 52년(BC 255)

1) 진나라의 하동河東산서성 서남부 일대 군수 왕계王稽가 제후들과 내통한 죄로 참수되어 저자에 전시되는 기시棄市에 처해졌다. 응후는 원래 왕계의 추천을 받았다. 더구나 이전에 자신이 추천한 정안평이 조나라에 투항한 죄에 연루된 적이 있어 종일 마음이 무거웠다. 진소양왕이 조회에 참석해 탄식하자 응후가 그 연고를 물었다. 진소양왕이 이같이 대답했다.

"지금 무안군이 죽은 데다 정안평과 왕계 등도 모두 배반했소. 안으로는 양장良將이 없고, 밖으로는 숱한 적국이 있으니 나는 이를 걱정하는 것이오."

응후가 두려운 나머지 어쩔 줄 몰라 하며 입을 다물었다.

이때 연나라 세객 채택蔡澤이 이 말을 듣고 서쪽 진나라로 들어왔다. 그리고 곧 사람을 응후에게 보내 말하게 했다.

"채택은 천하의 웅변지사雄辯之士입니다. 그가 진왕을 만나면 반드시 그대를 곤란케 만들어 마침내 그대의 지위마저 빼앗고 말 것입니다."

응후가 화가 나 곧 사람을 보내 채택을 불렀다. 채택이 응후를 만나면서 예를 차리기는 했으나 그 태도가 매우 거만했다. 응후가 불쾌한 나머지 나무랐다.

"그대가 나를 대신해 재상이 되겠다고 공언했다 하니 내가 그 이야기를 좀 들어보려 하오."

채택이 응대했다.

"아, 그대는 어찌하여 아는 것이 그리 늦습니까? 무릇 4계의 순서가 있듯이 일단 성공하게 되면 사퇴케 되어 있습니다. 무릇 진나라의 상군商君과 초나라의 오기吳起, 월나라의 대부 문종文種의 말로를 그대만 홀로 보지 못했단 말입니까? 그런데도 그대는 무엇을 더 바라는 것입니까?"

응후가 반박했다.

"어찌하여 이들을 본받는 것이 불가하단 말이오. 이 세 사람은 도의를 다했고, 충성을 다했소. 군자는 자신의 몸을 죽여 이름을 남기는 살신성명殺身成名을 하면 죽어도 여한이 없는 법이오."

채택이 말했다.

"무릇 사람이 공을 세울 때 어찌 목숨과 명성인 신명身名을 모두 온전히 하려 하지 않겠습니까? 신명을 온전히 하는 것이 가장 좋은 것이고, 명성은 본받을 만하지만 목숨을 잃는 것은 그 다음이고, 명성이 치욕을 당하면서 목숨을 보전하는 것이 가장 못한 것입니다. 무릇 상군과 오기, 대부 문종은 다른 사람의 신하가 되어 충성을 다하고 공을 이뤘으니 이는 본받을 만한 것입니다. 그러나 굉요閎夭와 주공周公과 같은 사람들 또한 어찌 충성을 다하여 성명聖明한 명성을 남기지 않았겠습니까? 상군과 오기, 대부 문종을 본받고자 하는 것을 굉요와 주공이 했던 것과 비교하면 어떻습니까?"

"좋은 말씀이오."

"그렇다면 그대의 군주가 구신舊臣 및 옛 친구에게 돈후惇厚하고 공신을 버리지 않는 것을 진효공과 초도왕, 월왕 구천과 비교하면 어떻습니까?"

"어떠한지 잘 모르겠소."

"그렇다면 그대가 세운 공을 앞의 세 사람과 비교하면 어떻습니까?"

"그들만 못하오."

"그렇다면 그대가 물러나지 않을 경우 닥쳐올 환란이 앞의 세 사람보다 더욱 심할까 걱정입니다. 속담에 이르기를, '해가 중천에 있으면 곧 옮겨 가게 되고, 달이 차면 곧 줄어들게 된다'고 했습니다. 나아가고 들어가며 가득 차고 응축되는 진퇴영축進退嬴縮이 때에 따라 변화하는 것은 성인의 도입니다. 지금 그대의 원한은 원수를 갚았고 그대의 공덕 또한 보답을 받았습니다. 뜻을 이루고도 시변을 좇을 계책을 마련치 않았다면 이는 매우 위험한 것으로 생각됩니다."

응후가 채택을 상객으로 삼고 곧 진소양왕에게 추천했다. 진소양왕이 채택을 불러 이야기해 보고는 크게 기뻐하며 이내 객경으로 임명했다. 응후가 곧 칭병하여 사직했다. 초소양왕이 채택의 계책을 중시하기 시작하다가 이내 그를 재상으로 삼았다. 그러나 채택은 재상이 된 지 몇 달 만에 곧 면직되고 말았다.

2) 초나라 춘신군이 순경荀卿순자荀子을 난릉蘭陵縣산동성 창산현 서남쪽 현령으로 삼았다. 순경은 조나라 사람으로 이름은 황況이다. 그는 일찍이 임무군臨武君과 조효성왕 앞에서 군사문제를 논하는 논병論兵을 한 적이 있었다. 조효성왕이 말했다.

"군사의 요체인 병요兵要에 관해 묻고자 하오."

임무군이 말했다.

"위로는 천시天時, 아래로는 지리地利를 얻어야 합니다. 또 적의 변동을 살피고 난 뒤 적보다 나중에 군사를 움직이나 먼저 목적지에 이르러야 합니다. 이것이 용병의 핵심 술책입니다."

순경이 반박했다.

"그렇지 않습니다. 제가 듣건대 '옛날의 도리는 무릇 용병하여 공격전을 펼치는 근본은 오직 백성을 하나로 하는 일민一民에 있다'고 했습니다. 궁시弓矢활과 화살를 제대로 조절하지 못하면 전설적인 명사수 예羿라도 화살을 적중시킬 수 없고, 수레를 끄는 여섯 말이 불화하면 주목왕이 천리마를 몰게 했다는 전설적인 어자御者인 조보造父일지라도 멀리 갈 수 없습니다. 사민士民이 친부親附치 않으면 탕왕이나 주무왕일지라도 필승을 거둘 수 없습니다. 그래서 백성을 잘 귀부시키는 사람이 용병 또한 잘하는 것입니다. 용병의 요체는 오직 백성을 귀부시키는 데 있을 뿐입니다."

임무군이 이의를 제기했다.

"그렇지 않습니다. 용병은 형세의 이로움인 세리勢利를 귀하게 여기고 그 실행은 임기응변과 궤사詭詐인 변사變詐를 통해 이뤄집니다. 용병을 잘하는 사람은 적을 순식간에 어리둥절하게 만들어 이내 적으로 하여금 아군이 어디에서 뛰쳐나올지 전혀 모르게 만듭니다. 손무孫武와 오기吳起는 이 방법으로 천하무적이 됐습니다. 사정이 이러한데 굳이 백성이 귀부하기를 기다릴 필요가 있겠습니까?"

순경이 재반박했다.

"그렇지 않습니다. 저는 인인仁人의 군사와 왕업을 성취할 사람이 추구해야 할 바를 말한 것입니다. 그대가 중시한 것은 권모세리權謀勢利입니다. 인인의 군사란 속이는 일을 해서는 안 됩니다. 속이는 일을 하는 군사는 태만하며 산만하여 약속을 지키지 않는 노단露袒의 모습을 보이는 자들로 군신상하 간에 혼란이 일어나 덕을 저버린 자들입니다. 하걸夏桀과 같은 자가 또 다른 하걸을 속이니, 속이는 수단의 고하에 따라 승패가 갈리게 됩니다. 만일 하걸과 같은 자가 요임금과 같은 사람을 속이려 든다면 이는 비유컨대 달걀로 바위를 치고 손가락으로 끓는 물을 휘젓는 것과 같습니다. 이는 마치 물이나 불 속으로 뛰어 들어가는 것과 같아 일단 들어가기만 하면 불에 타거나 물에 빠지고 맙니다. 그래서 인인의 군사는 상하가 한 마음이 되고 3군이 함께 힘을 쓰는 것입니다. 신하나 아랫사람은 군주나 윗사람을 대할 때 마치 아들이 부친을 섬기고, 아우가 형을 섬기듯 해야 합니다. 또 손과 어깨인 수비手臂가 머리와 눈인 두목頭目을 보호하고 가슴과 배인 흉복胸腹을 감싸는 것과 같습니다. 속여서 치는 것은 먼저 놀라게 만든 후 공격하는 선경후격先驚後擊을 행하는 것과 같습니다. 그러나 인인은 사방 10리의 나라로 100리 안에서 일어나는 일을 듣고, 사방 100리의 나라로 1천 리 안에서 일어나는 일을 듣고, 사방 1천 리의 나라로 사해四海의 이야기를 듣습니다. 이리하면 반드시 총명하여 멀리 내다보고 대비하는 총명경계聰明警戒를 행하여 화순하고 친해져 하나가 되는 화부이일和傅而一을 하게 되는 것입니다. 그래서 인인의 군사는 모이면 군졸이 되고 흩어지면 행렬이 됩니다. 이를 연장하면 마치 전설적인 오나라의 보검인 막야莫邪의 날카로운 칼날과 같이 되어 이를 촉범觸犯하면 곧바로 잘리게 됩니다. 그 날카로움은 막야의 예리한 칼날과 같아 맞서는 즉시 무너지고 맙니다. 또한 영루에 주둔하면 마치 반석과 같이 단단해 부딪치면 뿔조차 부러져 나가 결국 물러날 수밖에 없게 됩니다. 무릇 포학한 권력을 행사하는 나라인 폭국暴國의 군주에게 그 누가 찾아와 수종하려 하겠습니까? 그를 수종하는 사람들은 반드시 그 나라의 백성일 것입니다. 그 백성들이 나에게 친부하며 좋아하기를 마치 부모를 대하듯 하고, 그들이 나에게 보내는 우호적인 태도가 마치 초란椒蘭의 향기를 대하듯 할 것입니다. 그러나 저들이 돌아서면 그들의 군주를 마치 묵형인 작경灼黥의 치욕을 당한 사람이 원수인 구수仇讎를 대하듯 할 것입니다. 인지상정人之常情으로 말하면 비록 천하의 폭군인 하걸夏桀이나 천하의 도적 도척盜跖일지라도 어찌 증오하는 사람을 위해 자신이 좋아하는 사람을 해칠 리가 있겠습니까? 이는 마치 자손에게 그들의 부모를 해치라고 주문하는 것과 같습니다. 저들은 반드시 와서 그 사정을 이야기할 것인데 어찌 또 속일 수 있겠습니까? 그래서 인인이 등용되면 나라가 날로 밝아지고, 제후들 가운데 먼저 순복하는 자는 안정되고 뒤에 순복하는 자는 위태롭게 되며, 그를 대적하는 자는 땅을 잃고 그를 반대하는 자는 망하게 되는 것입니다.『시경』에 이르기를, '용맹한 탕왕 깃발 나부끼며 위무도 당당히 큰 도끼 잡고, 열화 같은 그 모습 아무도 감히 당할 자 없구나!'[83]라고 했습니다. 이는 바로 이런 상황을 두고 말하는 것입니다."

조효성왕과 임무군이 순경에게 물었다.

"훌륭한 말이오. 그렇다면 왕자王者의 군사에 대해 묻고자 하오. 어떤 병도兵道를 어찌 시행해야 되는 것이오?"

순경이 대답했다.

"무릇 군주가 현명하면 나라가 잘 다스려지고, 군주가 능력이 없으면 나라가 혼란에 빠지게 됩니다. 예를 융성하게 하고 의를 귀하게 여기는 융례귀의隆禮貴義를 하면 나라가 잘 다스려지고, 예를 간략히 하고 의를 천하게 여기는 간례천의簡禮賤義를 하면 나라가 혼란에 빠집니다. 잘 다스려지는 나라는 강하게 되고 혼란스런 나라는 약하게 되니 이것이 바로 강하고 약하게 되는 근본인 강약지본强弱之本입니다. 윗사람이 경앙景仰할 만하면 아랫사람은 가히 믿을 만하며, 그렇지 못하면 아랫사람은 가히 쓸 수 없는 것입니다. 아랫사람을 쓸 수 있으면 강하게 되고, 그렇지 못하면 약해지니 이것이 강약지상强弱之常강하고 약하게 되는 통상의 이치입니다. 제나라 사람들은 기격技擊기계를 숙련되게 다루며 기교를 써 공격함을 중시하고 있습니다. 그 기교로 말하면 적병의 수급首級 하나에 금 8량兩의 치금錙金

---

83 원문은 '무왕재발武王載發, 유건병월有虔秉鉞, 여화열렬如火烈烈, 즉막아감갈則莫我敢遏'이다.『시경』「상송商頌, 장발長發」에서 인용한 것이다. 여기의 무왕武王은 주무왕을 가리키는 게 아니라 막강한 무력을 배경으로 은나라를 건국한 탕왕蕩王을 지칭한 것이다.

을 주어 물건을 사게 하니 사실 무본상無本賞승패와 무관하게 오직 수급에 따라 상을 내려 사실상 상을 내리지 않는 것과 같습니다. 이는 전쟁 규모가 작고 적이 취약할 경우에 구차하게 쓸 수 있습니다. 그러나 전쟁 규모가 크고 적이 견고할 경우에는 오히려 군사를 궤산시키고 군심軍心을 흐트러뜨릴 뿐입니다. 이는 마치 나는 새가 쉬지 않고 한쪽으로 기울어져 나는 것과 같습니다. 이들이 바로 나라를 망치는 군사인 망국지병亡國之兵입니다. 군사 가운데 이보다 더 약한 것은 없을 것이니 이는 시장에 가 돈을 주고 인부를 사서 싸우는 것과 거의 차이가 없습니다. 지금 위나라는 무졸武卒을 일정한 기준 하에서 선발하고 있습니다. 몸통과 대퇴부 및 종아리를 가리는 갑옷인 삼속지갑三屬之甲을 입은 채 12석石1석은 120근의 궁노弓弩를 잡고 50개의 화살을 짊어지며, 나아가 창을 지니고, 투구를 쓰고 허리에 칼을 차는 관주대검冠冑帶劍을 한 채 3일분의 식량을 지니고 하루에 100리를 가야 합니다. 이 기준에 달하게 되면 부세賦稅를 면제해 주고 좋은 전택을 내려줍니다. 그러나 그 기력은 몇 년 안 돼 곧 쇠퇴하게 되는데도 부세 면제 혜택을 박탈할 수 없습니다. 다시 무졸을 선발하려 해도 이런 기준에 도달키가 매우 어렵게 됩니다. 이런 까닭에 비록 땅은 넓으나 그 수취하는 부세는 반드시 적게 되는 것입니다. 이들이 바로 나라를 위태롭게 하는 군사인 위국지병危國之兵입니다. 진나라는 백성들로 하여금 좁고 험한 곳에서 살게 하면서 혹독하게 부리고 있습니다. 위세로써 그들을 핍박하고, 험준한 곳에 은거케 하고, 좋을 일을 하여 포상을 받는 경상慶賞에 익숙하게 만들고 있습니다. 또 형벌로써 겸제箝制하고, 위로부터 이익을 얻기 위해서는 전쟁에서 공을 세우는 것 이외에는 다른 길이 없게 만들었습니다. 전쟁에서 공을 세우면 관장官長인 상장相長으로 임명했으니 5갑甲의 머리를 자르면 5가家를 그에게 예속시켰습니다. 이것이 많은 사람을 강하게 만들어 장구히 유지시킬 수 있었던 제도였습니다. 진나라는 효공, 진혜문왕, 진무왕, 진소양왕 등 4세四世 동안 줄곧 승리를 거두게 됐으니 이는 결코 요행으로 인한 것이 아니고 규율에 맞아떨어졌기 때문입니다. 따라서 제나라의 기격技擊은 위나라의 무졸武卒을 당할 수 없고, 위나라의 무졸은 날카로운 군사인 진나라의 예사銳士를 당할 수 없는 것입니다. 또한 진나라의 예사는 제환공과 진문공의 절제節制를 당할 수 없고, 제환공과 진문공의 절제는 탕왕이나 무왕의 인의仁義를 당할 수 없는 것입니다. 만일 저항하는 자가 있다면 이는 바싹 구워 취약한 물건인 초오焦熬를 돌에 던지는 것과 같은 것입니다. 이들 몇 나라의 공통점은 모두 상을 구하고 이익을 좇는 군사들을 두고 있다는 것입니다. 이것이 바로 고용된 자들이 노력하는 이치이기도 합니다. 그들은 윗사람을 귀히 여기고, 제도를 지키며 절의를 존숭하는 마음을 지니지 않고 있습니다. 제후들 가운데 능히 정성을 다하여 절의를 사용하는 나라가 일어나게 되면 이들 위태로운 나라들을 모두 아우르게 될 것입니다. 군사를 초청, 모집, 선발하는 초연모선招延募選을 행하고, 형세와 속이는 일인 세사勢詐를 숭상하고, 공리功利를 으뜸으로 삼게 되면 사람들을 점차 속되게 만들 수밖에 없습니다. 그러나 예의와 교화는 인민을 가지런하면서도 단결되게 만듭니다. 그래서 사술을 구사하는 군사가 사술을 쓰는 다른 군사와 맞닥뜨리게 되면 사술의 교졸巧拙에 따라 승패가 갈리게 되는 것입니다. 만일 사술을 쓰는 군사가 가지런하면서도 단결된 군사를 만나게 되면 이는 마치 송곳 같은 칼인 추도錐刀로 태산을 허물려는 것과 같습니다. 탕왕이나 주무왕은 걸왕이나 주왕을 주살할 때 손을 모으고 읍을 하면서 조용히 지휘했던 것입니다. 강포한 나라도 그들을 위해 급히 달려가 부림을 받지 않는 경우가 없게 되어 걸·주를 주살할 때 마치 외로운 사내인 일개 독부獨夫를 주살하듯 했습니다. 『서경』「태서泰誓」에서 은나라 마지막 왕을 두고 '독부 주紂'라고 했습니다. 이는 이런 경우를 두고 말한 것입니다. 그러므로 군사를 크게 정돈하면 천하를 제압하고 작게 정돈하면 이웃의 적국을 다스리게 됩니다. 만일 초연모선招延募選을 하고, 세사勢詐를 숭상하고, 공리功利를 으뜸으로 삼게 되면 승패가 무상無常하게 됩니다. 그리되면 그들은 때에 따라 날개를 움츠렸다 펼치는 흡장翕張을 하고, 존망이 교체하며 서로 자웅을 다툴 수밖에 없습니다. 무릇 이를 가리켜 강도짓 하는 군사인 도병盜兵이라고 하니 군자는 군사를 다스리지 않는 것입니다."

조효성왕과 임무군이 다시 물었다.

"좋은 말씀이오. 그렇다면 묻건대 장수는 어찌해야 하오?"

순경이 대답했다.

"지략은 의심을 버리는 것보다 더한 것이 없고, 행동은 과실을 없애는 것보다 더한 것이 없고, 일은 후회 없는 것보다 더한 것이 없습니다. 그래서 일을 하면서 후회가 없으면 그쯤에서 만족해하고, 반드시 성공을 구할 필요는 없는 것입니다. 제도, 호령, 정책, 명령인 제호정령制號政令은 엄히 하여 위엄을 지니게 하고, 경상형벌慶賞刑罰을 집행할 때는 반드시 믿음을 갖게 해야 합니다. 머무는 영루와 재물 창고인 처사수장處舍收藏을 지키는 데는 주밀하면서도 단단해야 하고, 이동하여 나아가며 진퇴를 행하는 사거진퇴徙擧進退는 편안하고 신중하면서도 질속疾速해야 합니다. 또 적을 살피며 변화를 관망하는 규적관변窺敵觀變은 깊이 잠복해 들어가 서로를 비교하며 검증해야 합니다. 적을 만나 결전을 치르는 우적결전遇敵決戰은 반드시 아군이 명확히 알고 있는 상황 하에서 시행하고 의혹을 품고 있는 상황에서 시행해서는 안 됩니다. 무릇 이를 일컬어 6술六術이라 합니다. 장수로 삼고 싶어 하면서도 단지 미워하는 이유로 이를 폐하는 욕장오폐欲將惡廢와 승리에 취해 태만하거나 실패한 것을 잊는 태승망패怠勝忘敗, 안에서 위엄을 차리며 대외적으로 경박한 위내경외威內輕外, 그 이익만 보고 그 해로움을 고려치 않는 견리불고해見利不顧害는 금물입니다. 그러나 일을 할 때는 충분히 생각하고 재물을 쓸 때는 충분히 여유가 있는 여숙재태慮熟財泰는 반드시 충족되어야 합니다. 무릇 이를 일컬어 5가지 권도權道인 오권五權이라고 합니다. 장수는 군명君命을 접수치 않는 세 경우가 있습니다. 군주는 장수에 대해 죽일 수는 있으나 안전을 확보할 길이 없는 곳에 배치하는 사처불완使處不完을 행할 수는 없고, 죽일 수는 있으나 공격해도 이기지 못할 곳에 배치하는 사격불승使擊不勝은 행할 수는 없고, 죽일 수는 있으나 백성을 속이도록 명하는 사기백성使欺百姓을 행할 수는 없습니다. 무릇 이를 일컬어 3지三至라 합니다. 군명을 받아 3군을 통솔하면서 3군이 각기 정위치를 찾고, 군리軍吏인 백관百官이 질서정연하게 복무하고, 병사인 군물群物이 모두 온정穩定케 만듭니다. 그리되면 군주의 신임도 그를 기쁘게 할 수 없고 적 또한 그를 노하게 만들 수 없습니다. 무릇 이러한 사람을 지신至臣이라고 합니다. 반드시 사전에 충분히 고려하여 엄숙히 추진해 나가며, 끝맺음을 처음과 같이 신중하게 하여 처음과 끝이 한결같게 하면 이를 일컬어 대길大吉이라 합니다. 무릇 100가지 일이 이뤄지는 것은 반드시 먼저 엄근嚴謹히 하는 데 있고 실패하는 것은 반드시 경만輕慢히 한 데 있습니다. 그러므로 엄근이 경만보다 많으면 길하고, 경만이 엄근보다 많으면 망할 것입니다. 계책이 바라는 것보다 많으면 순리대로 될 것이고, 바라는 것이 계책보다 많으면 흉할 것입니다. 공격을 수비처럼 신중히 하고, 행군을 작전하듯 과감히 하고, 전공을 세우고도 요행히 얻은 것으로 생각해야 합니다. 계책을 낼 때 신중히 하여 해태解怠치 않고, 일을 할 때 신중히 하여 해태치 않고, 관원을 대할 때 존중하는 태도를 보이며 해태치 않고, 병사들을 대할 때 존중하며 게으르지 않고, 적을 대할 때 경만치 않으며 게으르지 않아야 합니다. 무릇 이를 일컬어 5가지의 해태解怠하지 않은 모습인 오무광五無曠이라고 합니다. 6술과 5권, 3지를 신중히 행하면서 게으름이 없게 해야 합니다. 무릇 이를 일컬어 천하지장天下之將이라고 합니다. 이리 하면 가히 천지신명과 통하게 될 것입니다."

임무군이 물었다.

"좋은 말씀이오. 그렇다면 왕자의 군제軍制는 어찌해야 하오?"

순경이 대답했다.

"장군은 전고를 울리다 죽고, 어자는 수레를 몰다가 죽고, 백관은 직무를 행하다 죽고, 상대부는 군사 행렬 속에서 죽게 해야 합니다. 북소리를 들으면 나아가고, 징소리를 들으면 물러나게 해야 합니다. 순명順命이 우선이고, 유공有功은 그 다음입니다. 나아가지 말라는 명에 나아가는 것은 물러서지 말라는 명에 물러난 것과 그 죄가 똑같습니다. 노약자를 죽이지 않고, 농작물을 밟지 않고, 항복한 자는 억류치 않고, 항거하는 자는 사면치 않고, 도망해 귀부한 자인 기명자棄命者는 포로로 잡지 않습니다. 무릇 주살은 그 백성을 주살하는 것이 아니고 그 백성을 어지럽힌 자를 주살하는 것입니다. 백성들이 흉적을 방어키 위해 싸운다면 그들 또한 흉적입니다. 그러므로 무력에 복종하는 순인자順刃者는 살려주고, 무력에 맞서는 소인자傃刃者는 죽이고, 기명자는 너그러이 대해야 합니다. 폭군 은주殷紂의 서형 미자 계啓는 주무왕에게 귀부해 송나라에 봉해졌고, 은주에게 아부한 조촉룡趙觸龍은 저항하다 군전軍前에서 참수 당했습니다. 주나라에 항복한 은나라 백성에게 생활 조건 등을 주나라 백성들과 다름없게 해 주었습니다. 가까운 곳에 사는 사람들은 이를 구가謳歌하며 즐거워했고, 먼 곳에 사는 사람들은 사력을 다해 주나라로 달려왔습니다. 또한 멀리 한적한 지역이나 궁벽한 낙후 지역을 막론하고 모든 나라가 즐거이 달려와 사역使役을 자청했습니다. 사해四海가 마치 한 집안과 같이 되어 인적人迹이 닿는 나라치고 복속하지 않는 나라가 없게 됐습니다. 무릇 이를 일컬어 인사人師라 합니다. 그래서 『시경』「대아, 문왕유성文王有聲」에 이르기를, '서쪽에서 동쪽까지?, 남쪽에서 북쪽까지 복종치 않으려는 자가 한 사람도 없었다'고 했습니다. 이는 이를 두고 말한 것입니다. 왕자王者는 죄 지은 나라에 대한 토벌전은 행하나 정벌전은 하지 않고, 적이 견고히 지키는 성은 공격하지 않고, 적이 결사항전하면 공격하지 않습니다. 적의 상하가 모두 기뻐하는 일이 생기면 이를 경하해 주고, 성을 도륙하지 않고, 기습하지 않고, 병사를 적국에 머물게 하지 않고, 군사를 시간을 초과해 적국에 주둔시키지 않습니다. 어지러운 나라의 백성들은 왕자의 정치에 안심하고, 그들의 군주에 대해 불안해한 나머지 왕자의 군사가 속히 오기를 바라는 것입니다."

"참으로 훌륭한 말이오."

진효陳囂가 순경에게 물었다.

"선생은 군사를 논의하며 늘 말하기를, '인의를 근본으로 삼으니 인자는 사람을 사랑하는 인자애인仁者愛人을 행하고 의로운 사람은 이치를 좇는 의자순리義者循理를 행한다'고 했습니다. 그렇다면 군사는 무엇에 쓴단 말입니까? 무릇 군사가 필요한 것은 쟁탈키 위한 것입니다."

순경이 대답했다.

"이는 그대가 알 수 있는 바가 아니오. 저들 인자는 사람을 사랑하오. 그러기에 사람이 백성을 해하는 것을 미워하는 것이오. 의로운 사람은 이치를 좇소. 그러기에 사람이 이치를 어지럽게 만드는 것을 미워하는 것이오. 용병은 포학을 금하고 해를 제거하는 금포제해禁暴除害를 하고자 하는 것이지 쟁탈하고자 하는 것은 아니오."

3) 연효왕이 죽었다. 그의 아들 희喜가 연왕으로 즉위했다.

4) 서주西周의 백성들이 동쪽으로 달아났다. 진나라 사람이 서주의 전국보기傳國寶器를 빼앗은 뒤 주무공의 아들인 서주공西周公을 탄호취憚狐聚하남성 임여현 서북쪽로 옮겨 가 살게 했다.

5) 초고열왕이 노경공魯頃公을 거莒 땅으로 옮겨 가 살게 하고 노나라 땅을 빼앗았다.

** 起柔兆敦牂, 盡昭陽作噩, 凡二十八年.

* 昭襄王五十二年

河東守王稽坐與諸侯通, 棄市. 應侯日以不懌. 王臨朝而歎, 應侯請其故. 王曰, "今武安君死, 而鄭安平·王稽等皆畔, 內無良將而外多敵國, 吾是以憂." 應侯懼, 不知所出. 燕客蔡澤聞之, 西入秦, 先使人宣言於應侯曰, "蔡澤, 天下雄辯之士. 彼見王, 必困君而奪君之位." 應侯怒, 使人召之. 蔡澤見應侯, 禮又倨. 應侯不快, 因讓之曰, "子宣言欲代我相, 請聞其說." 蔡澤曰, "吁, 君何見之晩也! 夫四時之序, 成功者去. 君獨不見夫秦之商君·楚之吳起·越之大夫種, 何足願與?" 應侯謬曰, "何爲不可?! 此三子者, 義之至也, 忠之盡也. 君子有殺身以成名, 死無所恨!" 蔡澤曰, "夫人立功豈不期於成全邪? 身名俱全者, 上也. 名可法而身死者, 次也. 名僇辱而身全者, 下也. 夫商君·吳起·大夫種, 其爲人臣盡忠致功, 則可願矣. 閎夭·周公, 豈不亦忠且聖乎?! 三子之可願, 孰與閎夭·周公哉?" 應侯曰, "善." 蔡澤曰, "然則君之主惇厚舊故, 不倍功臣, 孰與孝公·楚王·越王?" 曰, "未知何如." 蔡澤曰, "君之功能孰與三子?" 曰, "不若." 蔡澤曰, "然則君身不退, 患恐甚於三子矣. 語曰, '日中則移, 月滿則虧' 進退贏縮, 與時變化, 聖人之道也. 今君之怨已讎而德已報, 意欲至矣而無變計, 竊爲君危之." 應侯遂延以爲上客, 因薦於王. 王召與語, 大悅, 拜爲客卿. 應侯因謝病免. 王新悅蔡澤計畫, 遂以爲相國, 澤爲相數月, 免.

楚春申君以荀卿爲蘭陵令. 荀卿者, 趙人, 名況, 嘗與臨武君論兵於趙孝成王之前. 王曰, "請問兵要." 臨武君對曰, "上得天時, 下得地利, 觀敵之變動, 後之發, 先之至, 此用兵之要術也." 荀卿曰, "不然. 臣所聞古之道, 凡用兵攻戰之本, 在乎一民. 弓矢不調, 則羿不能以中. 六馬不和, 則造父不能以致遠. 士民不親附, 則湯·武不能以必勝也. 故善附民者, 是乃善用兵者也. 故兵要在乎附民而已." 臨武君曰, "不然. 兵之所貴者勢利也, 所行者變詐也. 善用兵者感忽悠闇, 莫知所從出. 孫吳用之, 無敵於天下, 豈必待附民哉!" 荀卿曰, "不然. 臣之所道, 仁人之兵, 王者之志也. 君之所貴, 權謀勢利也. 仁人之兵, 不可詐也. 彼可詐者, 怠慢者也, 露袒者也, 君臣上下之間滑然有離德者也. 故以桀詐桀, 猶巧拙有幸焉. 以桀詐堯, 譬之以卵投石, 以指橈沸, 若赴水火, 入焉焦沒耳. 故仁人之兵, 上下一心, 三軍同力. 臣之於君也, 下之於上也, 若子之事父, 弟之事兄, 若手臂之扞頭目而覆胸腹也. 詐而襲之, 與先驚而後擊之, 一也. 且仁人用十里之國則將有百里之聽, 用百里之國則將有千里之聽, 用千里之國則將有四海之聽, 必將聰明警戒, 和傳而一. 故仁人之兵, 聚則成卒, 散則成列, 延則若莫耶之長刃, 嬰之者斷. 兌則若莫耶之利鋒, 當之者潰. 圜居而方止, 則若盤石然, 觸之者角摧而退耳. 且夫暴國之君, 將誰與至哉? 彼其所與至者, 必其民也. 其民之親我歡若父母, 其好我芬若椒蘭. 彼反顧其上則若灼黥, 若仇讎. 人之情, 雖桀·跖, 豈有肯爲其所惡, 賊其所好者哉! 是猶使人之子孫自賊其父母也. 彼必將來告之, 夫又何可詐也! 故仁人用國日明, 諸侯先順者安, 後順者危, 敵之者削, 反之者亡. 『詩』曰, '武王載發, 有虔秉鉞, 如火烈烈, 則莫我敢遏,' 此之謂也."

孝成王·臨武君曰, "善. 請問王者之兵, 設何道, 何行而可?" 荀卿曰, "凡君賢者其國治, 君不能者其國亂. 隆禮貴義者其國治, 簡禮賤義者其國亂. 治者强, 亂者弱, 是强弱之本也. 上足卬則下可用也, 上不足卬則下不可用也. 下可用則强, 下不可用則弱, 是强弱之常也. 好士者强, 不好士者弱. 愛民者强, 不愛民者弱. 政令信者强, 政令不信者弱. 重用兵者强, 輕用兵者弱. 權出一者强, 權出二者弱. 是强弱之常也. 齊人隆技擊, 其技也, 得一首者則賜贖錙金, 無本賞矣. 是事小敵毳, 則偸可用也. 事大敵堅, 則渙焉離耳. 若飛鳥然, 傾側反覆無日, 是亡國之兵也, 兵莫弱是矣, 是其去賃市傭而戰之幾矣. 魏氏之武卒, 以度取之. 衣三屬之甲, 操十二石之弩, 負矢五十個, 置戈其上, 冠胄帶劍, 贏三日之糧, 日中而趨百里. 中試則復其戶, 利其田宅. 是其氣力數年而衰, 而復利未可奪也, 改造則不易周也, 是故地雖大, 其稅必寡, 是危國之兵也. 秦人, 其生民也狹隘, 其使民也酷烈, 劫之以勢, 隱之以阨, 忸之以慶賞, 鰌之以刑罰, 使民所以要利於上者, 非斗無由也. 使以功賞相長, 五甲首而隸五家, 是最爲衆强長久之道. 故四世有勝, 非幸也, 數也. 故齊之技擊不可以遇魏之武卒, 魏之武卒不可以遇秦之銳士, 秦之銳士不可以當桓·文之節制, 桓·文之節制不可以當湯·武之

仁義, 有遇之者, 若以焦熬投石焉. 兼是數國者, 皆干賞蹈利之兵也, 傭徒鬻賣之道也, 未有貴上安制綦節之理也. 諸侯有能微妙之以節, 則作而兼殆之耳. 故招延募選, 隆勢詐, 尙功利, 是漸之也. 禮義敎化, 是齊之也. 故以詐遇詐, 猶有巧拙焉. 以詐遇齊, 譬之猶以錐刀墮太山也. 故湯·武之誅桀·紂也, 拱挹指麾, 而强暴之國莫不趨使, 誅桀·紂若誅獨夫. 故『泰誓』曰, '獨夫紂,' 此之謂也. 故兵大齊則制天下, 小齊則治鄰敵. 若夫招延募選, 隆勢詐, 尙功利之兵, 則勝不勝無常, 代翕代張, 代存代亡, 相爲雌雄耳. 夫是之謂盜兵, 君子不由也."

孝成王·臨武君曰, “善. 請問爲將.” 荀卿曰, “知莫大乎棄疑, 行莫大乎無過, 事莫大乎無悔. 事至無悔而止矣, 不可必也. 故制號政令, 欲嚴以威. 慶賞刑罰, 欲必以信. 處捨收藏, 欲周以固. 徙擧進退, 欲安以重, 欲疾以速. 窺敵觀變, 欲潛以深, 欲伍以參. 遇敵決戰, 必行吾所明, 無行吾所疑. 夫是之謂六術. 無慾將而惡廢, 無怠勝而忘敗, 無威內而輕外, 無見其利而不顧其害, 凡慮事欲熟而用財欲泰, 夫是之謂五權. 將所以不受命於主有三, 可殺而不可使處不完, 可殺而不可使擊不勝, 可殺而不可使欺百姓, 夫是之謂三至. 凡受命於主而行三軍, 三軍旣定, 百官得序, 群物皆正, 則主不能喜, 敵不能怒, 夫是之謂至臣. 慮必先事而申之以敬, 愼終如始, 始終如一, 夫是之謂大吉. 凡百事之成也必在敬之, 其敗也必在慢之. 故敬勝怠則吉, 怠勝敬則滅. 計勝欲則從, 欲勝計則兇. 戰如守, 行如戰, 有功如幸. 敬謀無曠, 敬事無曠, 敬吏無曠, 敬衆無曠, 敬敵無曠, 夫是之謂五無曠. 愼行此六術·五權·三至, 而處之以恭敬·無曠, 夫是之謂天下之將, 則通於神明矣.”

臨武君曰, “善. 請問王者之軍制.” 荀卿曰, “將死鼓, 御死轡, 百吏死職, 士大夫死行列. 聞鼓聲而進, 聞金聲而退. 順命爲上, 有功次之. 令不進而進, 猶令不退而退也, 其罪惟均. 不殺老弱, 不獵禾稼, 服者不禽, 格者不赦, 犇命者不獲. 凡誅, 非誅其百姓也, 誅其亂百姓者也. 百姓有捍其賊, 則是亦賊也. 以故順刃者生, 傃刃者死, 犇命者貢. 微子開封於宋, 曹觸龍斷於軍, 商之服民, 所以養生之者無異周人, 故近者歌謳而樂之, 遠者竭蹶而趨之, 無幽閒辟陋之國, 莫不趨使而安樂之, 四海之內若一家, 通達之屬莫不從服, 夫是之謂人師. 『詩』曰, ‘自西自東, 自南自北, 無思不服’ 此之謂也. 王者有誅而無戰, 城守不攻, 兵格不擊, 敵上下相喜則慶之, 不屠城, 不潛軍,不留衆, 師不越時, 故亂者樂其政, 不安其上, 欲其至也." 臨武君曰, "善."

陳囂問荀卿曰, "先生議兵, 常以仁義爲本. 仁者愛人, 義者循理, 然則又何以兵爲? 凡所爲有兵者, 爲爭奪也." 荀卿曰, "非汝所知也. 彼仁者愛人, 愛人, 故惡人之害之也. 義者循理, 循理, 故惡人之亂之也. 彼兵者, 所以禁暴除害也, 非爭奪也."

燕孝王薨, 子喜立.

周民東亡. 秦人取其寶器, 遷西周公於憚狐之聚.

楚人遷魯於莒而取其地.

진소양왕 53년(BC 254)

1) 진나라 장수 규摎가 위나라를 쳐 오성吳城산서성 평륙현 북쪽을 취했다. 한환혜왕韓桓惠王이 진나라로 가 진왕을 조현했다. 위나라의 전역이 진왕의 명을 받게 됐다.

* 昭襄王五十三年

摎伐魏, 取吳城. 韓王入朝. 魏擧國聽令.

진소양왕 54년(BC 253)

1) 진소양왕이 옹雍섬서성 봉상현 서남쪽의 교외에서 상제에게 제사를 올렸다.

2) 초나라가 거양鉅陽안휘성 부양 북쪽으로 천도했다.

* 昭襄王五十四年)

王郊見上帝於雍.

楚遷於巨陽.

진소양왕 55년(BC 252)

1) 위회군衛懷君이 위나라로 가 위안희왕魏安釐王을 조현하자 위魏나라 사람들이 그를 잡아 죽였다. 이어 그의 아우를 보위에 올렸다. 그가 바로 위원군衛元君이다. 위원군은 위안희왕의 사위였다.

* 昭襄王五十五年

衛懷君朝於魏, 魏人執而殺之. 更立其弟, 是爲元君. 元君, 魏婿也.

진소양왕 56년(BC 251)

1) 가을 진소양왕이 죽었다. 그 뒤를 이어 진효문왕秦孝文王이 즉위했다. 진효문왕이 생모인 당팔자唐八子를 높여 당태후唐太后로 하고 자초子楚로 개명한 진시황의 부친 이인異人을 태자로 삼았다. 조나라 사람들이 자초의 처자를 진나라로 봉송奉送했다. 한환혜왕韓桓惠王이 최질衰絰의 상복을 입고 진나라로 들어와 진소양왕의 사당을 조문했다.

2) 연왕 희喜가 율복栗腹을 조나라로 보내 화호和好를 다지면서 500금으로 조효성왕을 위한 연회를 베풀게 했다. 율복이 물러나온 뒤 연왕 희에게 건의했다.

"조나라의 장년 남자는 모두 장평에서 죽었고 그 고아들은 아직 장성하지 않았으니 지금 가히 칠 수 있을 것입니다."

연왕 희가 악의의 아들인 창국군昌國君 악간樂閒을 불러 자문을 구하자 악간이 대답했다.

"조나라는 사방의 적국과 늘 싸워야 하는 나라로 그 백성들은 전쟁에

숙달되어 있으니 불가합니다."

연왕 희가 반박했다.

"나는 5배의 병력을 이끌고 가 칠 것이오."

"이는 옳지 않습니다."

연왕 희가 대로했다. 군신들 모두 이내 조나라를 칠 수 있을 것으로 생각했다. 마침내 2천 승의 전차를 조발調撥한 뒤 율복을 시켜 이를 이끌고 가 호鄗 땅을 치게 했다. 또 경진卿秦을 시켜 대代 땅을 치게 했다. 이때 장거將渠가 간했다.

"조나라와 통호하며 선린 관계를 유지키로 약속하고 500금으로 조왕을 위해 연회를 베풀어 주기도 했습니다. 그런데 사자가 보고하자마자 곧바로 조나라를 공격하니 이는 상서롭지 못한 행동입니다. 출병한들 필시 아무런 공도 세우지 못할 것입니다."

그러나 연왕 희는 이를 듣지 않고 직접 일부 군사를 이끌고 주력군의 뒤를 좇아가 싸우고자 했다. 다시 장거가 연왕 희의 인수印綬를 잡아당기자 연왕이 발로 그를 차 버렸다. 장거가 울면서 간했다.

"제가 이러는 것은 스스로를 위한 것이 아니고 군주를 위한 것입니다."

연나라 군사가 송자읍宋子邑하북성 조현 동북쪽에 이르자 조나라에서는 염파廉頗가 장수가 되어 영격에 나섰다. 염파가 율복을 호 땅에서 격파하고 경진과 악승마저 대 땅에서 대파했다. 이어 승세를 몰아 북쪽으로 500여 리나 올라가 드디어 연나라 도성 계성薊城북경시 외곽 서남쪽을 포위했다. 연나라 사람들이 강화를 청하자 조나라 사람이 말했다.

"반드시 장거를 보내 강화하도록 하시오."

연왕 희가 장거를 재상으로 삼아 강화에 임하게 하자 조나라 군사가 이내 포위를 풀고 철군했다.

3) 조나라 평원군平原君이 죽었다.

＊昭襄王五十六年

秋，王薨，孝文王立. 尊唐八子爲唐太后，以子楚爲太子. 趙人奉子楚妻子歸之. 韓王衰絰入弔祠.

燕王喜使栗腹約歡於趙，以五百金爲趙王酒. 反而言於燕王曰，"趙壯者皆死長平，其孤未壯，可伐也." 王召昌國君樂閒問之，對曰，"趙四戰之國，其民習兵，不可." 王曰，"吾以五而伐一." 對曰，"不可." 王怒. 群臣皆以爲可，乃發二千乘，栗腹將而攻鄗，卿秦攻代. 將渠曰，"與人通關約交，以五百金飮人之王，使者報而攻之，不祥，師必無功." 王不聽，自將偏軍隨之. 將渠引王之綬，王以足蹙之. 將渠泣曰，"臣非自爲，爲王也!" 燕師至宋子，趙廉頗爲將，逆擊之，敗栗腹於鄗，敗卿秦·樂乘於代，追北五百餘里，遂圍燕. 燕人請和，趙人曰，"必令將渠處和." 燕王以將渠爲相而處和，趙師乃解去.

趙平原君卒.

진효문왕秦孝文王 원년(BC 250)

1) 겨울 10월 기해己亥, 진효문왕이 즉위식을 거행한 지 3일 만에 죽었다. 그의 아들 자초子楚가 진장양왕秦莊襄王으로 즉위했다. 진장양왕은 적모인 화양부인華陽夫人을 화양태후, 생모 하희夏姬를 하태후夏太后로 높였다.

2) 연나라 장수가 제나라의 요성聊城산동성 요성현을 공격해 함락했다. 어떤 사람이 그를 연왕 희에게 참소했다.

"저들은 오직 요성을 지키려 할 뿐 감히 돌아올 생각을 하지 않고 있습니다."

제나라의 전단田單이 이들을 공격했으나 1년이 넘도록 공략치 못했다. 노중련이 마침내 이해득실을 논한 다음과 같은 내용의 편지를 써 화살에

맨 뒤 연나라 장수가 보도록 성 안으로 쏘아 보냈다.

"공公을 위해 생각건대 연나라로 돌아가지 않으면 제나라로 귀부해야 할 것이오. 지금 홀로 고성孤城을 지키고 있는데 제나라 군사는 날로 늘어나고 구원병은 오지 않으니 장차 어찌할 생각이오."

연나라 장수가 이를 보고 3일 동안 울었으나 머뭇거리며 결단을 내리지 못했다. 연나라로 돌아가자니 이미 연왕과 틈이 벌어졌고, 제나라에 항복하자니 참획斬獲한 제나라 군사가 너무 많아 항복한 뒤 욕을 당할까 두려웠다. 이에 탄식했다.

"다른 사람에게 죽느니 차라리 자진하고 말리라."

그러고는 이내 자진했다. 요성이 일시에 혼란에 빠지자 전단이 간단히 요성을 함락했다. 전단은 철군한 뒤 제왕 건建의 면전에서 노중련을 천거하면서 그에게 작위를 주게 하려고 했다. 노중련이 바다로 도망치면서 말했다.

"부귀와 더불어 살기 위해 다른 사람에게 굴복하느니 차라리 빈천貧賤 속에서 세상을 가벼이 생각하고 자신의 뜻을 펼치는 경세사지輕世肆志를 하겠다."

이때 위안희왕이 자순子順공빈에게 지조가 높은 선비인 천하의 고사高士에 관해 묻자 자순이 대답했다.

왕이 말하였다 "세상에는 그런 사람이 없습니다. 만일 그 다음쯤 되는 사람을 찾는다면 당연히 노중련일 것입니다."

"노중련은 인위적으로 그리된 것이고 본래 자연스럽게 그리된 것은 아니오."

자순이 대답했다.

"사람들은 모두 그렇게 만들어 가는 것입니다. 그렇게 만들기를 그치지 않으면 마침내 군자가 될 수 있습니다. 그렇게 만들면서 변치 않으면 몸에 배게 되고, 몸에 배게 되면 자연스럽게 되는 것입니다."

* 孝文王元年

冬, 十月, 已亥, 王卽位. 三日薨. 子楚立, 是爲莊襄王. 尊華陽夫人爲華陽太后, 夏姬爲夏太后.

燕將攻齊聊城, 拔之. 或譖之燕王, 燕將保聊城, 不敢歸. 齊田單攻之, 歲餘不下, 魯仲連乃爲書, 約之矢以射城中, 遺燕將, 爲陳利害曰, "爲公計者, 不歸燕則歸齊. 今獨守孤城, 齊兵日益而燕救不至, 將何爲乎?" 燕將見書, 泣三日, 猶豫不能自決, 欲歸燕, 已有隙. 欲降齊, 所殺虜於齊甚衆, 恐已降而後見辱. 喟然歎曰, "與人刃我, 寧我自刃!" 遂自殺. 聊城亂, 田單克聊城. 歸, 言魯仲連於齊王, 欲爵之. 仲連逃之海上, 曰, "吾富貴而詘於人, 寧貧賤而輕世肆志焉!"

魏安釐王問天下之高士於子順, 子順曰, "世無其人也. 抑可以爲次, 其魯仲連乎!" 王曰, "魯仲連强作之者, 非體自然也." 子順曰, "人皆作之. 作之不止, 乃成君子. 作之不變, 習與體成. 習與體成, 則自然也."

秦莊襄王

진장양왕秦莊襄王 **원년**(BC 249)

1) 여불위가 진나라의 상국相國이 됐다.

2) 동주군東周君과 제후들이 모여 진나라 공벌을 모의했다. 진장양왕이 여불위를 시켜 군사를 이끌고 가 이들을 토벌한 뒤 동주왕을 양인취陽人聚하남성 임여현 서북쪽로 옮겨 살게 했다. 당시 주왕실은 이미 종묘제사를 지내지 않고 있었다. 주나라는 망할 때 겨우 7개 성읍만을 갖고 있었다. 하남河南하남성 낙양시 서쪽·낙양洛陽·곡성谷城하남성 낙양시 서북쪽·평음平陰하

남성 맹진현 동북쪽 · 언사偃師하남성 언사현 · 공鞏하남성 공현 서남쪽 · 구씨읍緱氏邑하남성 언사현 동남쪽 등이 그것이다.

3) 진장양왕이 하남과 낙양의 10만 호를 여불위에게 주고 문신후文信侯에 봉했다.

4) 진나라 대장군 몽오蒙驁가 한나라를 치고 성고成皐하남성 형양현 서북쪽와 형양滎陽하남성 형양현을 취한 뒤 처음으로 삼천군三川郡을 설치했다.

5) 초나라가 노나라를 멸망시키고 노경공魯頃公을 변卞산동성 사수현 동남쪽 땅으로 옮긴 뒤 평민인 가인家人으로 살게 함으로써 공자의 고국인 노나라는 859년 만에 완전히 패망했다.

* 莊襄王元年

呂不韋爲相國.

東周君爲諸侯謀伐秦, 王使相國帥師討滅之, 遷東周君於陽人聚. 周旣不祀. 周比亡, 凡有七邑:河南·洛陽·穀城·平陰·偃師·鞏·緱氏.

以河南·洛陽十萬戶封相國不韋爲文信侯.

蒙驁伐韓, 取成皐·滎陽, 初置三川郡.

楚滅魯, 遷魯頃公於卞, 爲家人.

진장양왕 2년(BC 248)

1) 일식이 있었다.

2) 몽오가 조나라를 치고 유차楡次산서성 유차현와 낭맹狼孟산서성 양곡현 등 37개 성읍을 취했다.

3) 초나라의 춘신군이 초고열왕에게 건의했다.

"회북淮北은 제나라와 국경이 닿아 있습니다. 사태가 급하게 되면 그곳을 강동군江東郡강소성 남부으로 만든 뒤 저를 그곳에 봉해 주기 바랍니다."

초고열왕이 이를 허락했다. 춘신군은 오나라의 옛 도성인 고소姑蘇강소성 소주시를 도성으로 삼아 성을 쌓은 뒤 궁실 또한 매우 화려하게 건조했다.

* 莊襄王二年

日有食之.

蒙驁伐趙, 定太原, 取楡次·狼孟等三十七城.

楚春申君言於楚王曰, "淮北地邊於齊, 其事急, 請以爲郡而封於江東." 楚王許之. 春申君因城吳故墟以爲都邑, 宮室極盛.

진장양왕 3년(BC 247)

1) 진나라 장수 왕흘이 상당上黨 지역에 있는 여러 성들을 모두 함락한 뒤 처음으로 태원군太原郡을 설치했다.

2) 몽오가 군사를 이끌고 가 위나라를 쳐 고도高都산서성 진성현와 급汲하남성 급현을 취했다. 위나라 군사가 여러 번 패하자 위안희왕이 이를 우려한 나머지 마침내 사람을 조나라로 보내 신릉군의 귀국을 청하게 했다. 신릉군이 득죄할까 두려워하여 귀국을 거부하면서 문하의 여러 사람들에게 경계했다.

"감히 위나라 사자와 내통하는 자는 죽을 것이다."

빈객들이 감히 간할 생각을 못했다. 이때 모공毛公과 설공薛公이 신릉군을 배견하면서 건의했다.

"그대가 제후들에게 존중받는 것은 오직 위나라가 있기 때문입니다. 지금 위나라가 위급한데 그대가 괘념치 않다가 어느 날 갑자기 진나라가 대량大梁을 공략한 뒤 선왕의 종묘를 파헤쳐 평지로 만들어 놓으면 그대는 무슨 낯으로 천하에 입신立身할 것입니까?"

말이 채 끝나기도 전에 신릉군의 안색이 갑자기 변하더니 곧바로 수레 위에 올라 급히 위나라로 돌아갔다. 위안희왕이 신릉군을 붙잡고 울면서 상장군을 제수했다. 신릉군이 사람들을 제후들에게 보내 구원군을 청하게 했다. 신릉군이 다시 위나라 장수가 됐다는 말을 들은 제후들이 모두 군사를 보내 위나라를 구원케 했다.

신릉군이 5국의 군사를 이끌고 가 몽오를 하외河外하남성 황하 이남에서 격파하자 몽오가 허둥대며 달아나는 둔주遁走를 했다. 신릉군이 그 뒤를 쫓아가 함곡관까지 진격함으로써 진나라를 관내에 묶어 놓은 뒤 돌아왔다.

이때 안릉安陵하남성 언릉현 서북쪽 사람 축고縮高의 아들이 진나라에서 벼슬을 하고 있었다. 진나라는 그를 시켜 관읍管邑하남성 정주시을 지키게 했다. 위나라의 신릉군이 이곳을 공격하여 함락하지 못하자 곧 사람을 안릉군安陵君에게 보내 말하게 했다.

"그대는 의당 축고를 내게 보내도록 하시오. 내가 그를 위나라의 중급 장교인 오대부五大夫로 임명한 뒤 사법담당 관원인 집절위執節尉의 직책을 주어 그의 아들을 설득하겠소."

안릉군이 대답했다.

"안릉은 소국으로 백성들을 마음대로 부릴 수가 없습니다. 사자가 직접 축고를 찾아가 청탁하기 바랍니다."

관원을 시켜 사자를 축고가 있는 곳까지 안내하게 했다. 사자가 축고를 만나 신릉군의 명을 전하자 축고가 회답했다.

"신릉군이 나 축고를 애중愛重히 여기는 것은 장차 나를 시켜 내 아들이 지키고 있는 진나라의 관읍管邑을 공격하게 하려는 것입니다. 무릇 아비는 공격하고 아들은 지킨다면 세인들이 웃을 것입니다. 내가 관읍을 공격해 내 아들이 져 관읍이 함락되면 이는 나의 아들 입장에서 볼 때 주인을 배반하는 셈이 됩니다. 이는 결국 아비가 그 아들에게 주인을 배반하도록 가르치는 것과 같습니다. 그대 또한 이를 좋아하지 않을 것입니다. 감히 재배하며 사양하고자 합니다."

사자가 이를 신릉군에게 보고하자 신릉군이 대로하여 곧바로 사자를 안릉군이 있는 곳으로 보내 말하게 했다.

"안릉은 위나라 땅이나 마찬가지요. 지금 내가 관읍을 공격해 함락하지 못하면 틀림없이 진나라 군사가 아군에게 밀어닥칠 것이오. 그리되면 위나라의 사직 또한 위험해질 수밖에 없소. 원컨대 그대가 축고를 묶어 이리로 보내 주기 바라오. 만일 그대가 축고를 보내지 않으면 내가 군사 10만 명을 조발해 안릉의 성 아래까지 나아갈 것이오."

안릉군이 회답했다.

"나의 선고 성후成侯는 위양왕魏襄王의 조령을 받아 안릉성을 수호케 됐습니다. 그때 위양왕은 손수 도적圖籍을 관할하는 관청인 태부太府의 법령을 내려 주었습니다. 그 법령의 상편上篇에 쓰여 있기를, '신하가 군주를 죽이는 것과 아들이 아비를 죽이는 일은 상법常法에 근거해 사면치 못한다. 비록 대사령大赦令을 내리는 경우일지라도 성을 들어 항복한 자와 도망한 자는 사면받을 수 없다'고 했습니다. 지금 나는 부자간의 은의를 지키기 위해 고위 관직을 내놓고자 하는데 그대는 오히려 말하기를, '반드시 산 채로 데려오라'고 했습니다. 이는 나로 하여금 위양왕의 조서를 배반하고 태부의 법령을 폐기하라는 말과 같습니다. 설령 죽더라도 이를 감히 시행할 수는 없습니다."

축고가 이런 이야기를 전해 듣고 말했다.

"신릉군은 사람이 성급하고 흉맹한 데다 자신감이 지나친 자용自用의 인물이다. 이런 말은 도리어 안릉에 큰 화가 되고야 말 것이다. 나는 이미 나의 명성을 온전히 했고 신하로서의 은의도 위배치 않았다. 내 어찌 군주 안릉군으로 하여금 위나라의 침공을 당하는 우환을 입게 할 수 있겠는가?"

그러고는 마침내 사자가 머물고 있는 객관으로 가 스스로 목을 베고 자진했다. 신릉군이 이 말을 듣고는 곧 흰 상복을 입고 머물던 곳을 떠나 다른 곳에 거처하는 호소피사縞素辟舍를 한 뒤 곧 사자를 안릉군에게 보내 사과했다.

"나 무기無忌는 실로 소인이오. 사려가 단천短淺해 그대에게 실언을 했소. 재배하며 사죄하고자 하오."

이때 진장양왕이 사람을 시켜 1만 금을 가지고 위나라로 가 신릉군과 위안희왕을 이간케 했다. 원래의 문객인 진비晉鄙를 부른 뒤 그로 하여금 위안희왕을 찾아가 유세케 했다.

"공자 무기가 외국에서 10년 동안 망명 생활을 하다가 지금 다시 장수가 되자 제후들이 모두 그의 말을 좇고 있습니다. 천하가 오직 그의 말만 들을 뿐 위왕의 말은 듣지 않고 있습니다."

진장양왕은 또 여러 번 사람을 신릉군에게 보내 축하하도록 했다.

"능히 위왕이 될 만하지 않습니까?"

위안희왕이 연일 그를 비방하는 말을 듣고는 끝내 믿지 않을 수 없게 됐다. 마침내 다른 사람을 시켜 신릉군을 대신하여 군사를 통수케 했다. 신릉군도 자신을 비방하는 말 때문에 다시금 직위가 폐했음을 알고 마침내 칭병하여 사직한 뒤 아예 조회에 나오지 않았다. 결국 그는 밤낮없이 음주하며 쾌락을 즐기다가 이로부터 4년 뒤에 죽게 됐다

이때 한환혜왕이 찾아와 조문하려고 하자 무기의 아들이 이를 영예롭게 생각하고 이를 자순子順에게 이야기했다. 자순이 충고했다.

"반드시 예를 갖춰 사양하기 바랍니다. 본래 '인국의 군주가 조문하면 본국의 군주가 왕이 된다'고 했습니다. 그런데 지금 군주가 그대에게 하명

하지도 않았습니다. 그렇다면 그대는 한왕韓王의 문상을 받을 수 없는 것입니다."

그의 아들이 한왕의 조문을 사양했다.

3) 5월 23일, 진장양왕이 죽었다. 태자 정政이 뒤를 이어 보위에 올랐다. 이때 그의 나이 겨우 13세에 불과하여 문신후 여불위가 모든 국가 대사를 결정했다. 태자 정은 그를 높여 작은 아버지를 뜻하는 중부仲父로 칭했다.

4) 진양晉陽에서 반란이 일어났다.

* 莊襄王三年

王齕攻上黨諸城, 悉拔之, 初置太原郡.

蒙驁帥師伐魏, 取高都·汲. 魏師數敗, 魏王患之, 乃使人請信陵君於趙. 信陵君畏得罪, 不肯還, 誡門下曰, "有敢爲魏使通者死!" 賓客莫敢諫. 毛公·薛公見信陵君曰, "公子所以重於諸侯者, 徒以有魏也. 今魏急而公子不恤, 一旦秦人克大梁, 夷先王之宗廟, 公子當何面目立天下乎!" 語未卒, 信陵君色變, 趣駕還魏. 魏王持信陵君而泣, 以爲上將軍. 信陵君使人求援於諸侯. 諸侯聞信陵君復爲魏將, 皆遣兵救魏. 信陵君率五國之師敗蒙驁於河外, 蒙驁遁走. 信陵君追至函谷關, 抑之而還. 安陵人縮高之子仕於秦, 秦使之守管. 信陵君攻之不下, 使人謂安陵君曰, "君其遣縮高, 吾將仕之以五大夫, 使爲執節尉." 安陵君曰, "安陵, 小國也, 不能必使其民. 使者自往請之." 使吏導使者至縮高之所. 使者致信陵君之命, 縮高曰, "君之幸高也, 將使高攻管也. 夫父攻子守, 人之笑也. 見臣而下, 是倍主也. 父教子倍, 亦非君之所喜. 敢再拜辭!" 使者以報信陵君. 信陵君大怒, 遣使之安陵君所曰, "安陵之地, 亦猶魏也. 今吾攻管而不下,則秦兵及我, 社稷必危矣. 願君生束縮高而致之! 若君弗致, 無忌將發十萬之師以造安陵之城下!" 安陵君曰, "吾先君成侯受詔襄王以守此城也, 手授太府之憲, 憲之上篇曰, '子弑父, 臣弑君, 有常不赦. 國雖大赦, 降城亡子不得與焉' 今縮高辭大位以全父子之義, 而君曰'必生致之', 是使我負襄王之詔而廢太府之憲也, 雖死, 終不敢行!" 縮高聞之曰, "信陵君爲人, 悍猛而自用, 此辭反必爲國禍. 吾已全己, 無違人臣之義矣, 豈可使吾君有魏患乎!" 乃之使者之捨, 刎頸而死. 信君聞之, 縞素辟捨, 使使者謝安陵君曰, "無忌, 小人也, 困於思慮, 失信於君, 請再拜辭罪!"

王使人行萬金於魏以間信陵君, 求得晉鄙客, 令說魏王曰, "公子亡在外十年矣, 今復爲將, 諸侯皆屬, 天下徒聞信陵君而不聞魏王矣." 王又數使人賀信陵君曰, "得爲魏王未也?" 魏王日聞其毁, 不能不信, 乃使人代信陵君將兵. 信陵君自知再以毁廢, 乃謝病不朝, 日夜以酒色自娛, 凡四歲而卒. 韓王往弔, 其子榮之, 以告子順. 子順曰, "必辭之以禮. '鄰國君弔, 君爲之主' 今君不命子, 則子無所受韓君也." 其子辭之.

五月, 丙午, 王薨. 太子政立, 生十三年矣, 國事皆委於文信侯, 號稱仲父.

晉陽反.

진시황秦始皇 **원년(BC 246)**

1) 몽오가 진양을 공격해 평정했다.

2) 한나라가 진나라 군민軍民을 지치게 만들어 동정東征에 나서지 못하게 할 생각으로 이내 수리水利 전문가인 수공水工 정국鄭國을 시켜 진나라로 들어가 간첩 활동을 하게 했다. 중산仲山섬서성 경양현 서북쪽에서 경

수涇水섬서성 경양현 견두산 발원를 개통해 만든 관개수로인 관거灌渠가 북쪽의 여러 산인 북산北山을 끼고 동쪽 낙수洛水로 유입되는 대공사가 진행됐다. 공사 도중 음모가 발각되자 진나라 사람들이 그를 죽이려고 했다. 이때 정국이 말했다.

"저는 한나라를 위해 그 멸망 시기를 단지 몇 년 늦추고자 할 뿐입니다. 그러나 진나라는 이 수로가 완성되면 만세의 이익인 만세지리萬歲之利를 얻게 될 것입니다."

진나라는 이 수로 공사를 마무리 짓게 됐다. 막혀 있던 경수의 물을 끌어들여 염분이 과다한 개펄인 석로舃鹵 4만여 경頃을 관개灌漑하자 1무畝240보步 당 1종鍾6곡斛4두斗을 수확하게 됐다. 이로써 관중關中 지역은 더욱 부요富饒해졌다.

* 始皇帝元年

蒙驁擊定之.

韓欲疲秦人, 使無東伐, 乃使水工鄭國爲間於秦, 鑿涇水自仲山爲渠, 並北山, 東注洛. 中作而覺, 秦人欲殺之. 鄭國曰, "臣爲韓延數年之命, 然渠成, 亦秦萬世之利也." 乃使卒爲之. 注填閼之水漑舃鹵之地四萬餘頃, 收皆畝一鍾, 關中由是益富饒.

진시황 2년(BC 245)

1) 진나라 장수 표공麃公이 군사를 이끌고 가 권卷하남성 원무현 땅을 공격해 3만 명을 참수했다.

2) 조나라가 염파를 임시 재상인 가상국假相國으로 삼아 위나라를 치고 번양繁陽하남성 내황현 서북쪽을 취했다. 얼마 후 조효성왕이 죽었다. 그의 아들이 뒤를 이어 조도양왕趙悼襄王이 됐다. 조도양왕은 무양군武襄君

악승樂乘을 보내 염파를 대신하게 했다. 염파가 대로해 무양군을 공격하자 무양군이 달아났다. 염파도 곧 위나라로 달아났으나 위나라는 오랫동안 그를 신임하지 않았다.

조나라 군사가 여러 차례 진나라의 공격을 받고 곤경에 처하게 되자 조도양왕이 다시 염파를 기용하고자 했다. 염파 또한 내심 조나라에 복용復用될 것으로 생각했다. 이때 조도양왕은 사자를 보내 과연 아직까지 염파를 복용할 수 있는지를 탐문하게 했다. 염파의 원수인 곽개郭開가 사자에게 많은 금을 주고 그를 비방하게 했다. 염파는 조도양왕의 사자를 보자 한 말의 쌀밥과 고기 열 근을 먹은 뒤 갑옷을 입고 말에 뛰어오르며 아직도 건재함을 과시했다. 그러나 사자는 돌아가 보고했다.

"과연 염장군은 비록 늙기는 했으나 여전히 밥을 잘 먹었습니다. 그러나 저와 앉아 있을 때 얼마 되지도 않았는데 세 차례나 유시遺矢[84]를 했습니다."

조도양왕은 염파가 이미 늙었다고 생각해 부르지 않게 됐다. 이때 초나라 사람이 몰래 사람을 보내 염파를 영접했다. 염파는 이내 초나라 장수가 됐으나 아무런 공도 세우지 못하자 말했다.

"나는 조나라를 위해 힘을 다하고자 한다."

염파는 끝내 초나라 도성 수춘壽春안휘성 수현에서 죽었다.

* 始皇帝二年

麃公將卒攻卷, 斬首三萬.

趙以廉頗爲假相國, 伐魏, 取繁陽. 趙孝成王薨, 子悼襄王立, 使武襄君樂乘代廉頗. 廉頗怒, 攻武襄君, 武襄君走, 廉頗出奔魏. 久

---

84 유시遺矢는 대변을 본다는 뜻이다. 여기의 시矢는 시屎'의 아어雅語이다.

之，魏不能信用．趙師數困於秦，趙王思復得廉頗，廉頗亦思復用於趙．趙王使使者視廉頗尙可用否．廉頗之仇郭開多與使者金，令毁之．廉頗見使者，一飯斗米，肉十斤，被甲上馬，以示可用．使者還報曰，“廉將軍雖老，尙善飯．然與臣坐，頃之三遺矢矣.” 趙王以爲老，遂不召．楚人陰使迎之．廉頗一爲楚將，無功，曰，“我思用趙人.” 卒死於壽春．

진시황 3년(BC 244)

1) 진나라에 큰 기근이 있었다.

2) 진나라 장수 몽오가 한나라를 치고 12개 성읍을 취했다.

3) 조도양왕이 이목李牧을 장수로 삼아 연나라를 치게 했다. 이목이 무수武遂하북성 서수현 서북쪽와 방성方城하북성 고안현 서남쪽을 취했다. 이목은 조나라 북변을 지키는 훌륭한 장수였다. 그는 일찍이 대代와 안문雁門산서성 우옥현 동남쪽에 머물며 흉노를 방비했다. 이때 현지 상황을 좇아 관원을 두고 시장에서 거둔 조세를 모두 장군이 머무는 곳인 막부幕府의 수입으로 잡은 뒤 병사들의 비용으로 사용했다. 매일 몇 마리의 소를 잡아 병사들을 호궤할 수 있게 됐다. 또 기사騎射와 봉화烽火 훈련을 엄히 시행하고 많은 간첩을 보내 적정敵情을 탐문하게 하면서 병사들에게 약속했다.

"흉노가 경내로 들어와 노략을 하려 들면 속히 가축들을 영루 안으로 몰아넣은 뒤 지키도록 하라. 만일 감히 흉노를 잡으려 하는 자가 있으면 곧바로 참할 것이다."

흉노들이 매번 들어올 때마다 봉화의 경계 신호를 좇아 군사들이 재빨리 가축들을 거둬 영루 안으로 들어와 굳게 지키며 교전하지 않았다. 그렇게 하자 몇 년이 지나도 망실亡失된 것이 하나도 없었다. 흉노는 말할 것도 없고 조나라의 변방 군사들조차 자신들의 장수를 겁쟁이로 여기게 됐다. 이를 두고 조도양왕이 책비責備했으나 이목은 여전했다. 조도양왕이 노해 다른 사람을 보내 그를 대신하게 했다.

1년여 동안 여러 차례 교전했으나 흉노를 이기지도 못한 채 잃는 것이 많아 결국 농사짓고 목축하는 일이 불가능하게 됐다. 다시 이목을 불렀으나 이목은 두문칭병杜門稱病하면서 나올 생각을 하지 않았다. 조도양왕이 이목을 찾아와 억지로 일으켜 세우려고 하자 이목이 당부했다.

"꼭 저를 쓰고자 하면 전처럼 할 수 있게 해 주십시오. 그러면 감히 봉령奉令하도록 하겠습니다."

조도양왕이 이를 허락하자 이목은 변방에 도착한 즉시 약속대로 행했다. 흉노들은 몇 년이 지나도 얻는 것이 없게 되자 끝내 이목을 겁쟁이로 확신하게 됐다. 이때 조나라 병사들은 매일 상을 받으면서도 쓰이지 않게 되자 모두 일전一戰을 간절히 바라게 됐다. 마침내 전차 1천300승을 정선한 뒤 다시 말 1만3천 필을 엄선했다. 이어 100금의 포상을 받을 만한 군사 5만 명과 활 잘 쏘는 궁사 10만 명을 선발해 훈련을 받게 했다. 마지막으로 가축을 크게 풀어 놓은 뒤 사람들을 들판에 널리 퍼져 있게 했다.

얼마 후 흉노의 소부대가 쳐들어오자 거짓으로 패하며 이길 생각을 하지 않으면서 짐짓 군민 수십 명을 적의 수중에 떨어지게 만들었다. 선우單于가 이 말을 듣고 크게 기뻐하며 수많은 부중을 이끌고 쳐들어왔다. 이목이 여러 차례 기이한 진법으로 이들을 공격해 대파하고는 마침내 10여만 기騎를 죽였다. 이어 첨람襜襤내몽골 흉노족을 멸하고, 동호東胡선비와 오환족의 선조를 깨뜨리고, 임호林胡산서성 북부 흉노족를 항복시켰다. 이때 선우는 급히 도망한 뒤 이후 10여 년 동안 감히 조나라 변경에 얼씬도 하지 못했다.

앞서 천하에는 관을 쓰고 띠를 두른 문명국인 관대지국冠帶之國으로 진, 초, 연, 제, 한, 위, 조 등 7국七國이 존재했다. 그 가운데 진, 조, 연 3국三國이 융적과 국경을 맞대고 있었다. 진나라는 농隴 땅의 서쪽에 면제綿

諸감숙성 청수현 일대와 곤융緄戎섬서성 빈현 일대의 곤이昆夷, 적翟감숙성 임도현 일대의 적狄, 원獂감숙성 농서현 동남쪽의 옛 서융西戎 등의 융족戎族이 살고 있었다.

또 기산岐山섬서성 기산현 동북쪽과 양산梁山섬서성 건현 서북쪽, 경하涇河섬서성 중부, 칠수漆水섬서성 빈현의 경하 지류의 북쪽에는 서융의 일족인 의거義渠감숙성 경하 일대와 대려大荔섬서성 대려현 일대, 오씨烏氏감숙성 평량현 일대, 구연朐衍영하성 염지현 일대 등의 융족이 살고 있었다. 조나라는 북쪽에 임호林胡와 누번樓煩의 융족이 살고 있었고, 연나라는 북쪽에 동호東胡와 산융山戎하북성 북부의 북융北戎이 살고 있었다.

이들 융족은 각기 분산하여 계곡 일대에 살면서 따로 군장君長을 두었다. 늘 서로 모여드는 자들은 대략 100여 종이 됐으나 서로 하나로 통일되지는 못했다. 이후 의거에 사는 융족들이 성곽을 쌓고 스스로 방어에 나섰다. 진나라가 이를 조금씩 잠식해 들어가다가 진혜왕 때에 이르러 드디어 의거의 25개 성읍을 빼앗았다.

또 진소양왕 때에 이르러서는 선태후宣太后가 의거왕義渠王을 유인해 감천궁甘泉宮섬서성 순화현 서북쪽 감천산 소재에서 죽인 뒤 무력으로 의거를 정벌해 마침내 멸망시키고 말았다. 그러고는 농서隴西감숙성 임도현와 북지北地감숙성 경양현 서남쪽, 상군上郡섬서성 유림현 동남쪽에서 장성을 쌓기 시작한 뒤 장성에 의지해 호융胡戎을 막았다.

조무령왕은 북으로 임호와 누번을 격파하고 장성을 쌓았다. 대代 땅에서 시작해 음산陰山 아래를 끼고 고궐高闕내몽골 서남쪽에 이르기까지 견고한 장벽을 세웠다. 그러고는 운중군雲中郡내몽골 동북쪽과 안문군雁門郡산서성 우옥현 동남쪽, 대군代郡하북성 위현 등 3개 군을 설치했다.

이후 연나라 장수 진개秦開가 호족에게 인질이 되자 호족들이 그를 크게 신뢰했다. 진개가 돌아와 동호東胡를 습격해 격파하자 동호가 1천여 리나 뒤로 물러났다. 이때 연나라도 조양造陽하북성 회래현에서 양평襄平요녕성 요양현까지 장성을 쌓았다. 이어 상곡군上谷郡하북성 회래현 동남쪽과 어양군漁陽郡북경시 밀운현 서남쪽, 우북평군右北平郡천진시 계현, 요동군遼東郡 등을 설치해 호족을 막았다. 전국시대 말기에 이르러 흉노 세력이 다시 강성해지기 시작했다.

* 始皇帝三年

大饑.

蒙驁伐韓, 取十二城.

趙王以李牧爲將, 伐燕, 取武遂·方城. 李牧者, 趙之北邊良將也, 嘗居代·雁門備匈奴, 以便宜置吏, 市租皆輸入莫府, 爲士卒費, 日擊數牛饗士. 習騎射, 謹烽火, 多間諜, 爲約曰, "匈奴卽入盜, 急入收保. 有敢捕虜者斬!" 匈奴每入, 烽火謹, 輒入收保不戰. 如是數歲, 亦不亡失. 匈奴皆以爲怯, 雖趙邊兵亦以爲吾將怯. 趙王讓之, 李牧如故. 王怒, 使他人代之. 歲餘, 屢出戰, 不利, 多失亡, 邊不得田畜. 王復請李牧, 李牧杜門稱病不出. 王强起之, 李牧曰, "必用臣, 臣如前, 乃敢奉令." 王許之.

李牧至邊, 如約. 匈奴數歲無所得, 終以爲怯. 邊士日得賞賜而不用, 皆願一戰. 於是乃具選車得千三百乘, 選騎得萬三千匹, 百金之士五萬人, 彀者十萬人, 悉勒習戰. 大縱畜牧·人民滿野. 匈奴小入, 佯北不勝, 以數十人委之. 單于聞之, 大率衆來入. 李牧多爲奇陳, 張左·右翼擊之, 大破之, 殺匈奴十餘萬騎, 滅襜襤, 破東胡, 降林胡. 單于奔走, 十餘歲不敢近趙邊.

先是時, 天下冠帶之國七, 而三國邊於戎狄:秦自隴以西有緜諸·緄戎·翟·之戎, 岐·梁·涇·漆之北有義渠·大荔·烏氏·朐衍之戎. 而趙北有林胡·樓煩之戎. 燕北有東胡·山戎. 各分散居溪谷, 自有君長, 往往而聚者百有餘戎, 然莫能相一. 其後義渠築城郭以自守, 而秦稍蠶食之, 至惠王遂拔義渠二十五城. 昭王之時, 宣太后誘義渠王, 殺諸甘泉, 遂發兵伐義渠, 滅之. 始於隴西·北地·上郡築長城以拒胡. 趙武靈王北破林胡·樓煩, 築長城, 自代並陰山下, 至高闕爲塞, 而置雲中·雁門·代郡. 其後燕將秦開爲質於胡, 胡甚信之. 歸而襲破東胡, 東胡卻千餘里. 燕亦築長城, 自造陽至襄平, 置上谷·漁陽·右北平·遼東郡以距胡. 及戰國之末而匈奴始大.

진시황 4년(BC 243)

1) 봄 몽오가 위나라를 쳐 창暘과 유궤有詭를 취했다.

3월, 몽오가 진공을 멈췄다.

2) 조나라에 인질로 가 있던 진나라 왕자가 돌아왔다. 조나라 태자도 진나라에서 조나라로 귀국했다.

3) 7월, 진나라에 황충蝗蟲의 재해가 있었고, 역질이 돌았다. 백성들 가운데 곡식 1천 석을 납부하는 자에게 1급의 작위를 내려 주겠다는 영을 내렸다.

4) 위안희왕魏安釐王이 죽었다. 태자 증增이 위경민왕魏景湣王으로 즉위했다.

* 始皇帝四年

春, 蒙驁伐魏, 取暘·有詭. 三月, 軍罷.

秦質子歸自趙. 趙太子出歸國.

七月, 蝗, 疫. 令百姓納粟千石, 拜爵一級.

魏安釐王薨, 子景湣王立.

진시황 5년(BC 242)

1) 몽오가 위나라를 치고 산조酸棗하남성 연진현 서남쪽와 연읍燕邑하남성 연진현 동북쪽, 허읍虛邑하남성 봉구현 북쪽, 장평長平하남성 서화현 동북쪽, 옹구雍丘하남성 찰현, 산양山陽하남성 초작시 동남쪽 등 30개 성읍을 취한 후 처음으로 동군東郡을 설치했다.

2) 당초 극신劇辛은 조나라에 있을 때 방난龐煖과 사이가 매우 좋았다. 얼마 후 극신이 연나라로 가 벼슬을 하게 됐다. 연왕 희는 조나라가 수차례에 걸친 진나라의 공격으로 곤경에 처한 데다 염파가 떠난 뒤 방난을 장수로 삼은 사실을 알고는 피폐한 틈을 이용해 조나라를 공격하고자 했다. 극신에게 이를 자문하자 극신이 다음과 같이 대답했다.

"방난은 쉽게 대적할 수 있습니다."

연왕 희가 곧 극신을 장수로 삼아 조나라를 치게 했다. 조나라의 방난이 연나라 군사를 맞아 오히려 극신을 죽이고 연나라 병사 2만 명을 포로로 잡았다.

3) 제후들이 진나라의 공벌이 그치지 않는 것을 보고 크게 우려했다.

* 始皇帝五年

蒙驁伐魏, 取酸棗·燕·虛·長平·雍丘·山陽等二十城. 初置東郡.

初, 劇辛在趙與龐煖善, 已而仕燕. 燕王見趙數困於秦, 廉頗去而龐煖爲將, 欲因其敝而攻之, 問於劇辛, 對曰, "龐煖易與耳." 燕王使劇辛將而伐趙. 趙龐煖御之, 殺劇辛, 取燕師二萬.

諸侯患秦攻伐無已時.

진시황 6년(BC 241)

1) 초나라와 삼진, 위衛나라가 합종하여 진나라를 쳤다. 이때 초고열

왕이 5국 연합군의 수장 춘신군이 일을 주관하는 용사用事를 행해 하동군河東郡 경내에 있는 수릉壽陵[85]을 취했다. 그러나 함곡관에 이르러 진나라 군사가 출격하자 5국의 군사가 모두 패주敗走했다. 초고열왕이 춘신군을 책망하자 춘신군과 초고열왕의 사이가 더욱 벌어지게 됐다. 이때 관진觀津 출신 주영朱英이 춘신군에게 건의했다.

"사람들이 모두 생각하기를, 초나라는 강한데 그대가 지휘하자 약해졌다고 합니다. 그러나 나는 그리 생각하지 않습니다. 선왕 때 진나라는 초나라와 사이좋게 지내며 20년 동안 초나라를 공격하지 않았습니다. 왜 그랬겠습니까? 진나라는 민액黽阨하남성 신양시 남쪽 평정관平靖關의 요새를 넘어 초나라를 공격하는 것이 편치 않았기 때문이었습니다. 설령 양주兩周로부터 길을 빌린다 해도 한·위 두 나라를 등지고 초나라를 공격하는 것은 불가능한 것입니다.

그러나 지금은 그렇지 않습니다. 위나라는 조석지간에 망할 처지가 되어 허許하남성 허창시 동쪽와 언릉鄢陵하남성 언릉현 서북쪽을 아낄 겨를이 없게 됐습니다. 나아가 위나라가 땅을 베어 주자 진나라 군사는 이미 진현陳縣하남성 회양현에서 불과 160리 정도 떨어진 곳에 와 있습니다. 제가 보건대 진·초 두 나라는 장차 매일 싸우지 않을 수 없을 것입니다."

초나라는 도성을 진현陳縣에서 수춘壽春안휘성 수현으로 옮긴 뒤 옛 도성의 이름을 따 영郢으로 개칭했다. 춘신군은 옛 오나라의 도성인 오현吳縣[86]에 봉해져 국상國相의 일을 수행했다.

---

85 수릉壽陵은 제왕이 생전에 미리 만들어 놓는 능묘를 가리킨다. 사자死者가 입을 옷을 미리 만들어 놓는 것을 수의壽衣로 표현하는 것과 같다. 수릉壽陵의 '수'는 능호陵號가 아직 정해지지 않은 데 따른 장구長久의 의미를 부여키 위해 나온 것이다.

86 오현吳縣은 강소성 내에 있는 상해시上海市의 옛 지명이다. 상해시의 별칭은 신申이다. '신'으로 불리게 된 것은 이곳이 춘신군의 봉지가 된 데서 비롯됐다.

2) 진나라가 위魏나라의 조가朝歌하남성 기현와 위衛나라의 도성 복양濮陽하남성 복양현 서남쪽 제구읍帝丘邑을 취했다. 위원군衛元君이 일족을 이끌고 야왕野王하남성 심양현으로 옮긴 뒤 험고한 산세에 의지해 위魏나라의 하내河內 지역을 보위하며 진나라에 저항했다.

* 始皇帝六年

楚·趙·魏·韓·衛合從以伐秦, 楚王爲從長, 春申君用事, 取壽陵. 至函谷, 秦師出, 五國之師皆敗走. 楚王以咎春申君, 春申君以此益疏. 觀津人朱英謂春申君曰, "人皆以楚爲强, 君用之而弱. 其於英不然. 先君時, 秦善楚, 二十年而不攻楚, 何也? 秦逾黽阸之塞而攻楚, 不便. 假道於兩周, 背韓·魏而攻楚, 不可. 今則不然. 魏旦暮亡, 不能愛許·鄢陵, 魏割以與秦, 秦兵去陳百六十里. 臣之所觀者, 見秦·楚之日斗也." 楚於是去陳, 徙壽春, 命曰郢. 春申君就封於吳, 行相事.

秦拔魏朝歌, 及衛濮陽. 衛元君率其支屬徙居野王, 阻其山以保魏之河內.

진시황 7년(BC 240)

1) 진나라가 위나라를 쳐 급汲 땅을 취했다.

2) 진나라의 하태후夏太后가 죽었다.

3) 진나라 장수 몽오蒙驁가 죽었다.

* 始皇帝七年

伐魏, 取汲.

夏太后薨.

蒙驁卒.

진시황 8년(BC 239)

1) 위나라가 조나라에 업현鄴縣하남성 임장현 서남쪽을 주었다.[87]

2) 한환혜왕韓桓惠王이 죽었다. 그의 아들 안安이 한왕韓王으로 즉위했다.

* 始皇帝八年

魏與趙鄴.

韓桓惠王薨, 子安立.

진시황 9년(BC 238)

1) 진나라가 위나라를 치고 원垣산서성 원곡현 동남쪽과 포蒲산서성 습현 북쪽 땅을 취했다.

2) 여름 4월, 극심한 추위로 동사하는 백성이 속출했다.

3) 진왕秦王이 옹성雍城섬서성 봉상현에 머물렀다.

4) 4월 17일, 진왕이 성년식인 관례冠禮를 올리면서 왕관을 쓰고 칼을 찼다.

5) 진나라 장수 양단화楊端和가 위나라를 치고 연씨성衍氏城하남성 정주시 북쪽을 취했다.

6) 당초 진왕 정政이 즉위했을 때만 해도 나이가 매우 어려 태후가 줄곧 문신후 여불위와 사통했다. 여불위는 진왕이 날로 장성하자 사통 사실이 발각되어 화가 미칠까 두려워했다. 마침내 사인舍人 노애嫪毒를 환관

87 『사기』「진시황본기」는 이 해에 진왕 정政의 동생인 장안군長安君 성교成蟜가 군사를 이끌고 조나라를 공격하다가 오히려 반기를 들었고, 결국 성교는 둔류屯留에서 죽임을 당하고 군관들도 모두 참살됐다고 기록해 놓았다.

으로 가장시켜 태후궁으로 들여보냈다. 태후가 노애를 총애한 나머지 그와의 사이에서 아들을 둘이나 낳게 됐다. 태후가 노애를 장신후長信侯에 봉하고 태원太原을 노애의 봉지인 애국毐國으로 삼자 모든 정사가 노애의 손에 의해 결정됐다. 문객들 가운데 노애의 관부에서 일하는 사인舍人이 되기를 자원하는 자가 매우 많았다.

이때 진왕 주변의 한 관원이 노애와 언쟁을 한 뒤 화가 나 노애가 환관이 아니라는 사실을 진왕에게 고해 바쳤다. 진왕이 곧 담당 관원에게 하령해 노애 사건을 다루게 했다. 노애가 두려운 나머지 진왕의 어새御璽를 거짓으로 꾸며 군사를 조발한 뒤 진혜공 때 지은 궁전인 기년궁蘄年宮으로 진공해 난을 일으켰다.

진왕이 재상 창평군昌平君과 창문군昌文君을 시켜 군사를 이끌고 가 노애를 치게 했다. 함양의 교전에서 수백 명을 참수했다. 노애가 패주하다가 진왕의 병상들에게 포획됐다.

가을 9월, 노애의 부모와 형제, 처자의 3족을 모두 주살했다. 노애의 무리들이 모두 거열형에 처해졌고 일족 또한 모두 주살됐다. 사인들 가운데 죄가 가벼운 자는 촉蜀으로 옮겨 가 살게 됐다. 그 숫자가 무려 4천여 가家에 이르렀다. 진왕은 태후를 옹성雍城의 진혜문왕 때 지은 궁전인 부양궁萯陽宮섬서성 호현 서남쪽으로 옮기고 노애의 두 아들도 죽이게 한 뒤 하령했다.

"감히 태후의 일로 간하는 자는 모두 주살한 뒤 사지를 잘라 궐문 아래에 전시傳尸하도록 하겠다."

이로 인해 죽은 사람이 모두 27명이나 됐다.

이때 제나라 출신 세객說客 모초茅焦가 이름을 대며 규간規諫하기를 청했다. 진왕의 사자가 핀잔을 주었다.

"그대는 저 대궐 아래 쌓인 시체를 보지도 못했소."

모초가 말했다.

"제가 듣건대 하늘에는 28수宿[88]가 있다고 합니다. 지금까지 27명이 죽었으니 제가 죽으면 그 숫자를 채우게 될 것입니다. 저는 죽음을 두려워하는 사람이 아닙니다."

사자가 이를 진왕에게 보고했다. 모초와 같은 읍의 사람과 같이 밥을 먹은 사람 모두 옷가지를 급히 챙긴 뒤 봇짐을 등에 지고 달아났다. 진왕이 대로했다.

"이 자가 고의로 찾아와 나를 거스르려 한다. 이 자를 불러다가 솥에 넣어 삶아 버리겠다. 어찌 궐문 아래에 쌓아 둘 수 있겠는가?"

진왕이 앉아서 칼을 어루만지며 욕을 퍼부어대자 입안에서 게거품이 계속 흘러 나왔다. 사자가 마침내 모초를 불러들이자 모초가 천천히 걸어 진왕 앞으로 나와 재배한 뒤 말했다.

"제가 듣건대 '산 사람은 죽음에 관한 일을 피하지 않고, 나라를 가진 사람은 망국에 관한 일을 피하지 않는다'고 했습니다. 죽음을 꺼리는 자는 살지 못하고, 망명을 꺼리는 자는 살아남기 어려운 것입니다. 생사존망生死存亡에 관한 이야기는 성군聖君이 급히 듣고 싶어 하는 것인데 폐하 또한 이런 이야기를 듣고 싶어 하는 것입니까?"

"지금 무슨 이야기를 하는 것인가?"

모초가 말했다.

"폐하는 광패狂悖한 행동을 하고 있는데도 스스로 모르고 있는 것입

88 28수宿는 달의 공전주기가 27.32일이라는 것에 착안해 적도대를 28개 구역으로 나눈 것을 말한다. 달이 매일 유숙하는 곳이라는 취지에서 성수星宿라고도 한다. 동쪽의 각角·항亢·저氐·방房·심心·미尾·기箕와 서쪽의 규奎·류婁·위胃·묘昴·필畢·자觜·삼參, 남쪽의 정井·귀鬼·류柳·성星·장張·익翼·진軫, 북쪽의 두斗·우牛·녀女·허虛·위危·실室·벽壁이 그것이다.

니까? 가부假父 노애를 거열형에 처하고, 두 아우를 자루에 넣어 박살撲殺케 하고, 모친을 옹성雍城으로 옮겨 놓고, 규간하는 자들을 죽였습니다. 걸주의 만행도 이 정도에 이르지는 않았습니다. 이제 천하 사람이 이 이야기를 들으면 모두 와해瓦解하여 진나라로 오고자 하는 자가 없을 것입니다. 제가 폐하를 위해 홀로 생각건대 이는 매우 위험하다고 생각합니다. 이제 저의 말은 마쳤습니다."

그러고는 이내 자진해서 옷을 벗고 목을 베는 형틀 위에 엎드렸다. 진왕이 전殿에서 내려와 친히 그를 일으켜 세우고는 말했다.

"선생은 어서 일어나 옷을 입도록 하시오. 나는 지금 그대의 의견을 좇고자 하오."

마침내 모초에게 작위를 내려 상경으로 삼았다. 진왕이 친히 왼쪽을 비워 놓은 채 수레를 몰고 가 태후를 영접해 함양으로 돌아왔다. 모자의 사이가 처음과 같이 회복됐다.

7) 초고열왕은 아들을 두지 못했다. 춘신군이 이를 걱정한 나머지 아들을 낳을 만한 부인을 여러 명 수소문해 초왕에게 바쳤다. 그러나 초왕은 끝내 아들을 얻지 못했다.

이때 조나라 사람 이원李園이 누이동생을 데리고 와 초왕에게 바치고자 했다. 그러나 초왕이 아들을 낳을 수 없다는 말을 듣고는 시간이 오래되면 누이가 자식을 낳지 못한 이유로 총애를 잃을 것을 두려워했다. 마침내 춘신군의 사인舍人이 되기를 청했다. 얼마 후 이원은 고향에 다녀오겠다고 청하여 한번 갔다가는 고의로 약정 기일을 초과해 늦게 돌아왔다. 춘신군이 그 연고를 묻자 이원이 대답했다.

"제왕齊王이 사람을 보내 저의 누이를 맞이하려 하기에 그 사자와 더불어 술을 마시며 이야기를 하다가 돌아올 기일을 놓치고 말았습니다."

"빙례聘禮의 예물이 들어왔소?"

"아직은 오지 않았습니다."

춘신군이 곧 이원의 누이를 맞아들였다. 이윽고 누이가 임신을 하게 되자 이원이 누이동생을 시켜 춘신군에게 말하게 했다.

"초왕이 그대를 존중하며 총애하는 것이 지극해 비록 형제라 할지라도 그와 같지는 않을 것입니다. 지금 그대는 초나라의 재상을 20여 년 동안이나 했는데도 초왕에게 아들이 없으니 백세후百歲後[89]에는 장차 형제로 바꾸어 세울 것입니다. 그리되면 저들은 각기 옛날부터 가까이 지내던 자들을 귀하게 만들 것입니다. 이때 그대는 지금과 같은 총애를 어찌 보존하려는 것입니까? 그뿐만이 아니라 그대는 귀하게 되어 오랫동안 일을 보았으므로 군주의 형제들에게 실례한 일이 많았을 것입니다. 초왕의 형제가 즉위하면 그 화가 그대에게 미치고 말 것입니다. 마침 제가 임신을 한 사실을 아무도 알지 못하고 있는 데다 그대에게 온 지도 오래되지 않았습니다. 실로 그대와 같이 귀중한 분이 저를 군주에게 바치면 군주는 반드시 저에게 올 것입니다. 제가 하늘의 도움으로 아들을 얻게 되면 이는 곧 그대의 아들이 왕이 되는 것을 뜻합니다. 그리되면 결국 초나라를 모두 얻게 되는 셈이니 자신의 몸에 불측不測의 화가 떨어지는 것과 비교해 어느 쪽이 좋겠습니까?"

춘신군이 흔쾌히 이를 받아들였다. 마침내 이원의 누이동생을 밖으로 내보낸 뒤 별채를 지어 그곳에 머물게 하고는 이를 초고열왕에게 고했다. 초고열왕이 그녀를 불러들여 총애하게 됐다. 드디어 아들을 낳자 초고열왕이 곧바로 태자로 삼았다.

이원의 누이동생이 왕후가 되자 이원도 귀한 몸이 되어 정사를 관장

89 백세후百歲後는 나이 100세를 지난 이후를 뜻하는 말로 죽음에 대한 은유적인 높임말이다.

케 됐다. 이원은 춘신군이 혹여 비밀을 누설할까 두려워한 나머지 은밀히 죽음을 무릅쓰는 자객인 사사死士를 양성하면서 장차 춘신군을 죽여 화근을 없애고자 했다. 그러나 초나라 사람들 대부분이 이 사실을 알게 됐다. 마침 초고열왕이 병이 들어 자리에 눕게 되자 주영朱英이 춘신군에게 말했다.

"세상에는 바라지 않던 행복인 무망지복無望之福이 있는가 하면 바라지 않던 재앙인 무망지화無望之禍도 있는 법입니다. 지금 그대는 바라지 않던 세상인 무망지세無望之世에 처하여 바라지 않던 군주인 무망지주無望之主를 섬기게 됐으니 어찌 바라지 않던 사람인 무망지인無望之人을 만나지 않을 수 있겠습니까?"

"무엇을 '무망지복'이라고 하는 것이오?"

주영이 대답했다.

"그대는 초나라의 재상직을 20여 년이나 지내고 있습니다. 이름만 재상일 뿐 실제로는 초왕이나 다름없었습니다. 그런데 지금 초왕이 병이 들어 조만간 죽게 되면 그대는 어린 군주인 유주幼主의 재상이 되어 나라를 맡게 될 것입니다. 그러나 유주가 성장하면 정권을 군주에게 반환하는 반정反政을 해야 합니다. 만일 하지 않고 남면하여 고孤[90]를 칭하게 되면 이것이 바로 '무망지복'인 것입니다."

"그렇다면 무엇을 '무망지화'라 하는 것이오?"

주영이 대답했다.

"이원은 나라를 제대로 다스릴 줄 모르니 그대의 원수입니다. 그는 군사를 육성키는커녕 그대를 암살할 사사를 기른 지 이미 오래됐습니다. 초

90 고孤는 왕공의 자칭이다. 덕이 부족해 외롭게 됐다는 뜻으로 덕이 부족한 사람이라는 뜻의 과인寡人과 같은 말이다.

왕이 죽으면 이원은 반드시 먼저 들어와 권력을 잡은 뒤 그대를 죽여 입을 막으려 할 것입니다. 이것이 바로 '무망지화'인 것입니다."

"그렇다면 무엇을 '무망지인'이라고 하는 것이오?"

주영이 대답했다.

"그대가 저를 문을 관장하며 거기車騎를 충당하는 관원인 낭중郎中에 그대로 두면 군주가 훙거薨去하여 이원이 먼저 입궐할 때 제가 그대를 위해 그를 죽이도록 하겠습니다. 이것이 바로 '무망지인'입니다."

춘신군이 사양했다.

"족하足下는 이런 이야기를 하지 마시오. 이원은 겁약怯弱한 사람에 불과하오. 나 또한 그를 매우 잘 대해 주었는데 어찌 그 같은 지경에 이를 수 있겠소."

주영은 춘신군이 자신의 계책을 쓰지 않으리라는 것을 알고 크게 두려워한 나머지 이내 달아났다. 이 일이 있은 지 17일 후에 초고열왕이 죽었다. 이원이 과연 먼저 궐내로 들어온 뒤 수춘성의 성문인 극문棘門 안에 자객을 매복시켜 놓았다. 춘신군이 들어오자 사사死士들이 일제히 달려들어 둘러싸고 척살하는 협척俠刺을 한 뒤 그 머리를 베어 극문 밖에 내걸었다. 이어 관원들을 시켜 춘신군의 일족을 모두 주살케 했다. 태자 한悍[91]이 뒤를 이어 초유왕楚幽王으로 즉위했다.

이를 두고 전한 말기 양웅揚雄은 『법언法言』「연건淵騫」에서 이같이 평했다.

"어떤 사람이 묻기를, '신릉군과 평원군, 맹상군, 춘신군은 국가에 유익한 점이 있었습니까?'라고 했다. 그래서 내가 반문하기를, '군주는 정권을

91 태자 한悍의 이름이 『사기』「초세가」에는 한悍으로 나오나, 「육국연표」에는 도悼로 나온다.

잃고, 간신은 국가의 대권을 훔쳤는데 무슨 유익함이 있었겠는가?'라고 했다."

8) 진왕 정政이 문신후 여불위를 차마 주살치 못했다. 이는 그가 선왕을 받들었던 공로가 컸기 때문이다.

* 始皇帝九年

伐魏, 取垣·蒲.

夏, 四月, 寒, 民有凍死者.

王宿雍.

己酉, 王冠, 帶劍.

楊端和伐魏, 取衍氏.

初, 王卽位, 年少, 太后時時與文信侯私通. 王益壯, 文信侯恐事覺, 禍及己, 乃詐以捨人嫪毒爲宦者, 進於太后. 太后幸之, 生二子, 封毒爲長信侯, 以太原爲毒國, 政事皆決於毒. 客求爲毒捨人者甚衆. 王左右有與毒爭言者, 告毒實非宦者, 王下吏治毒. 毒懼, 矯王御璽發兵, 欲攻蘄年宮爲亂. 王使相國昌平君·昌文君發卒攻毒, 戰咸陽, 斬首數百. 毒敗走, 獲之. 秋, 九月, 夷毒三族. 黨與皆車裂滅宗. 捨人罪輕者徙蜀, 凡四千餘家. 遷太后於雍萯陽宮, 殺其二子. 下令曰, "敢以太后事諫者, 戮而殺之, 斷其四支, 積之闕下!" 死者二十七人. 齊客茅焦上謁請諫. 王使謂之曰, "若不見夫積闕下者邪?" 對曰, "臣聞天有二十八宿, 今死者二十七人, 臣之來固欲滿其數耳. 臣非畏死者也!" 使者走入白之. 茅焦邑子同食者, 盡負其衣物而逃王. 王大怒曰, "是人也, 故來犯吾, 趣召鑊烹之, 是安得積闕下哉!" 王按劍怒而坐, 口正沫出. 使者召之入, 茅焦徐行至前, 再拜謁起, 稱曰, "臣聞有生者不諱死, 有國者不諱亡. 諱死者不可以得生, 諱亡者不可以得存. 死生存亡, 聖主所欲急聞也, 陛下欲聞之乎?" 王曰, "何謂也?" 茅焦曰, "陛下有狂悖之行, 不自知邪? 車裂假父, 囊撲二弟, 遷母於雍, 殘戮諫士, 桀·紂之行不至於是矣. 令天下聞之, 盡瓦解, 無向秦者, 臣竊爲

陛下危之! 臣言已矣!" 乃解衣伏質. 王下殿, 手自接之曰, "先生起就衣, 今願受事!" 乃爵之上卿. 王自駕, 虛左方, 往迎太后, 歸於咸陽, 復爲母子如初.

楚考烈王無子, 春申君患之, 求婦人宜子者甚衆, 進之, 卒無子. 趙人李園持其妹欲進諸楚王, 聞其不宜子, 恐久無寵, 乃求爲春申君捨人. 已而謁歸, 故失期而還. 春申君問之, 李園曰, "齊王使人求臣之妹, 與其使者飮, 故失期." 春申君曰, "聘入乎?" 曰, "未也." 春申君遂納之. 旣而有娠, 李園使其妹說春申君曰, "楚王貴幸君, 雖兄弟不如也. 今君相楚二十餘年而王無子, 卽百歲後將更立兄弟, 彼亦各貴其故所親, 君又安得常保此寵乎! 非徒然也, 君貴, 用事久, 多失禮於王之兄弟, 兄弟立, 禍且及身矣. 今妾有娠而人莫知, 妾幸君未久, 誠以君之重, 進妾於王, 王必幸之. 妾賴天而有男, 則是君之子爲王也. 楚國盡可得, 孰與身臨不測之禍哉!" 春申君大然之. 乃出李園妹, 謹捨而言諸楚王. 王召入, 幸之, 遂生男, 立爲太子.

李園妹爲王后, 李園亦貴用事, 而恐春申君洩其語, 陰養死士, 欲殺春申君以滅口. 國人頗有知之者. 楚王病, 朱英謂春申君曰, "世有無望之福, 亦有無望之禍. 今君處無望之世, 事無望之主, 安可以無無望之人乎!" 春申君曰, "何謂無望之福?" 曰, "君相楚二十餘年矣, 雖名相國, 其實王也. 王今病, 旦暮薨, 薨而君相幼主, 因而當國, 王長而反政, 不卽遂南面稱孤, 此所謂無望之福也." "何謂無望之禍?" 曰, "李園不治國而君之仇也, 不爲兵而養死士之日久矣. 王薨, 李園

必先入，據權而殺君以滅口，此所謂無望之禍也." "何謂無望之人?" 曰, "君置臣郎中，王薨，李園先入，臣爲君殺之，此所謂無望之人也." 春申君曰, "足下置之. 李園，弱人也，僕又善之. 且何至此!" 朱英知言不用，懼而亡去. 後十七日，楚王薨，李園果先入，伏死士於棘門之內. 春申君入，死士俠刺之，投其首於棘門之外. 於是使吏盡捕誅春申君之家. 太子立，是爲幽王.

揚子『法言』曰, "或問曰, '信陵·平原·孟嘗·春申益乎?' 曰, '上失其政，奸臣竊國命，何其益乎!'"

王以文信侯奉先王功大，不忍誅.

진시황 10년(BC 237)

1) 겨울 10월, 문신후가 진나라 재상에서 면직되어 함양을 떠나 그의 봉국인 낙양으로 가게 됐다. 종실의 대신들이 모여 논의했다.

"제후들의 나라에서 진나라로 들어와 벼슬하는 자들은 모두 그들의 군주를 위해 유세하면서 우리 진나라 군신들을 이간하고 있습니다. 청컨대 이들을 모두 내쫓기 바랍니다."

전국을 샅샅이 뒤져 다른 나라에서 온 세객들을 모두 축출했다. 쫓겨난 객경客卿 중에는 초나라에서 온 이사李斯도 포함되어 있었다. 그는 쫓겨나면서 다음과 같은 편지를 진왕에게 올렸다.

"전에 진목공秦穆公은 선비를 구하면서 서쪽으로 융인의 땅에서 유여由余를 얻었고, 동쪽으로 완宛하남성 남양시에서 백리해百里奚를 얻었고, 송나라에서 건숙蹇叔을 영접했고, 진나라에서 비표丕豹와 공손 지枝를 찾아냈습니다. 이로써 20개국을 합병해 드디어 서융에서 칭패稱霸케 됐던 것입니다. 또한 진효공秦孝公은 상앙商鞅의 변법을 채택함으로써 제후국들로 하여금 진나라에 가까이하며 복종하게 만들었고, 오늘에 이르기까지 진나라가 잘 다스려지고 강하게 되는 근원이 됐습니다. 진혜왕秦惠王은 장의張儀의 계책을 채택해 6국의 합종책을 무산시켜 이들로 하여금 진나라를 섬기게 만들었습니다. 그리고 진소양왕秦昭襄王은 범수范睢를 얻어 공실을 강하게 만들고 권귀權貴의 불법을 봉쇄했습니다. 진목공, 진효공, 진혜왕, 진소양왕 등 4군四君은 모두 객경을 임용하여 성공을 거둔 분들입니다. 이로 보건대 제후국에서 온 빈객들이 어찌 진나라에 해를 끼칠 리 있겠습니까? 무릇 여색女色과 음악音樂 및 주보珠寶 등의 색악주옥色樂珠玉과 같은 것은 진나라에서 산출되지 않으나 군주가 사용하는 것이 매우 많습니다. 그러나 인재의 임용인 취인取人은 이와 같지 않습니다. 그런데도 가부可否를 불문하고, 곡직曲直을 논하지 않고, 진나라 출신이 아니면 무조건 쫓아내고 있습니다. 이는 색악주옥을 중히 여기고 인민을 가볍게 여기는 것입니다. 제가 듣건대 '태산은 모든 토양을 가리지 않고 받아들여 그렇게 크게 되고, 강과 바다는 작은 시냇물도 가리지 않고 받아들여 그렇게 깊게 됐다'고 했습니다. 왕자王者는 중서衆庶의 귀부를 가리지 않고 받아들임으로써 그 덕혜德惠를 밝힐 수 있는 것입니다. 이것이 바로 오제삼왕五帝三王이 적을 하나도 두지 않은 이유이기도 합니다. 그런데 지금 군주는 백성인 검수黔首를 버려도 적국에 도움을 주는 것인데 빈객을 물리쳐 다른 제후들이 업적을 쌓도록 도와주고 있습니다. '도적에게 군사를 빌려 주고 도적에게 양식을 집어준다'는 말은 바로 이를 두고 말한 것입니다."

진왕이 곧바로 이사를 불러 관직을 회복시켜 준 뒤 축객령逐客令을 철회했다. 이사는 여읍驪邑섬서성 임동현까지 갔다가 진왕의 부름을 받고 돌아왔다. 진왕이 마침내 이사의 계책을 받아들였다. 은밀히 유세객인 변사辯士들을 시켜 각 제후국에 금옥金玉을 가지고 가 유세케 했다. 제후국의 명사들 가운데 금전으로 매수할 수 있는 자들에게는 재물을 후하게 주어 교결交結하게 하고 매수를 거부하는 자는 예리한 칼로 척살케 했다. 각 제후국의 군신 사이를 이간케 한 뒤 양장정병良將精兵을 보내 각 제후국을 치게 하자 불과 몇 년 만에 마침내 천하를 겸병케 됐다.[92]

* 始皇帝十年

冬, 十月, 文信侯免相, 出就國.

宗室大臣議曰, "諸侯人來仕者, 皆爲其主游間耳, 請一切逐之." 於是大索, 逐客. 客卿楚人李斯亦在逐中, 行, 且上書曰, "昔穆公求士, 西取由余於戎, 東得百里奚於宛, 迎蹇叔於宋, 求丕豹·公孫支於晉, 並國二十, 遂霸西戎. 孝公用商鞅之法, 諸侯親服, 至今治强. 惠王用張儀之計, 散六國之從, 使之事秦. 昭王得范雎, 强公室, 杜私門. 此四君者, 皆以客之功. 由此觀之, 客何負於秦哉! 夫色·樂·珠·玉不産於秦而王服御者衆, 取人則不然, 不問可否, 不論曲直, 非秦者去, 爲客者逐. 是所重者在乎色·樂·珠·玉, 而所輕者在乎人民也. 臣聞太山不讓土壤, 故能成其大. 河海不擇細流, 故能就其深. 王者不卻衆庶, 故能明其德. 此五帝·三王之所以無敵也. 今乃棄黔首以資敵國, 卻賓客以業諸侯, 所謂藉寇兵而齎盜糧者也." 王乃召李斯, 復其官, 除逐客之令. 李斯至驪邑而還. 王卒用李斯之謀, 陰

---

92 『사기』「이사열전」은 이 해에 한韓나라의 정국鄭國이라는 사람이 진나라의 군신을 이간하기 위해 진나라로 들어와 논밭에 물을 대려고 운하를 만들고자 했다가 이내 발각됐다고 기록해 놓았다. 정국은 한韓나라의 수로를 개척한 인물로 진나라의 침략을 막기 위해 진나라로 들어와 수로를 적극 개척할 것을 건의한 것이다. 진나라의 인력과 자원을 고갈시켜 동정東征을 포기케 만들려는 속셈이었다. 그러나 곧 그의 계책이 탄로나 죽임을 당하게 됐으나 수로의 이로움을 역설해 사면됐다. 이후 10여 년 동안 진나라는 계속 그에게 공사를 하게 했다. 그가 행한 수로공사는 서쪽의 경수涇水에서 동쪽의 낙수洛水까지 총 300리에 달하는 대규모 공사였다. 진나라는 이 운하의 이름을 정국거鄭國渠라고 했다.

遣辯士齎金玉游說諸侯, 諸侯名士可下以財者厚遺結之, 不肯者利劍刺之, 離其君臣之計, 然後使良將隨其後, 數年之中, 卒兼天下.

진시황 11년(BC 236)

1) 조나라 군사가 연나라로 진공해 이양貍陽하북성 임구현 북쪽을 취했다. 조나라가 아직 철군하지 않았을 때 진나라 장수 왕전王翦과 환의桓齮, 양단화楊端和가 조나라를 쳐 업鄴을 공격하고 9개 성읍을 취했다. 왕전은 연여와 요양轑陽산서성 좌권현을 공격했고 환의는 업鄴과 안양安陽하남성 안양시을 취했다.

2) 조도양왕趙悼襄王이 죽었다. 그의 아들 천遷이 그 뒤를 이어 조유목왕趙幽繆王이 됐다. 그의 모친은 원래 창기였다. 그녀는 조도양왕의 총애를 입자 마침내 조도양왕을 사주해 적자 가嘉를 폐하고 자신의 아들을 태자로 세우게 했다. 조유목왕은 본래 품행이 좋지 않았다. 그에 관한 소문이 나라 안에 널리 퍼졌다.

3) 진나라의 문신후가 자신의 봉지로 돌아가 1년 넘게 지내고 있었다. 제후들의 빈객과 사자들이 길에서 서로 바라볼 수 있을 정도로 많이 찾아와 그를 배견하고자 했다. 진왕은 그가 변란을 일으킬까 두려워하여 마침내 문신후에게 다음과 같은 서신을 보냈다.

"그대가 진나라에 무슨 공을 세웠기에 하남에 봉해지고 10만 호의 식읍을 받게 된 것이오. 또한 진나라와 얼마나 친하기에 중부仲父로 호칭되는 것이오. 속히 가속들을 이끌고 촉蜀 땅으로 옮기도록 하시오."

문신후는 매일 조금씩 제재가 가중되고 있음을 눈치 채고는 이내 주살될까 두려워했다.

* 始皇帝十一年

趙人伐燕, 取狸陽. 兵未罷, 將軍王翦·桓齮·楊端和伐趙, 攻鄴, 取九城. 王翦攻閼與·轑陽, 桓齮取鄴·安陽.

趙悼襄王薨, 子幽繆王遷立. 其母, 倡也, 嬖於悼襄王, 悼襄王廢嫡子嘉而立之. 遷素以無行聞於國.

文信侯就國歲餘, 諸侯賓客使者相望於道, 請之. 王恐其爲變, 乃賜文信侯書曰, "君何功於秦, 封君河南, 食十萬戶? 何親於秦, 號稱仲父? 其與家屬徙處蜀!" 文信侯自知稍侵, 恐誅.

진시황 12년(BC 235)

1) 문신후가 짐주鴆酒를 마시고 자진하자 은밀히 매장됐다. 진나라는 여불위의 사인舍人으로서 장례식에 참석한 자들을 모두 다른 곳으로 쫓아내 이주시키면서 말했다.

"이후 국정을 관장하면서 노애 및 여불위와 같이 패란부도悖亂不道한 자는 가산을 몰수하는 적몰籍沒의 법리로 다스릴 것이다."

이를 두고 양웅이 『법언』「연건」에서 이같이 평했다.

"어떤 사람이 묻기를, '여불위는 지혜로운 자가 아니겠습니까? 그는 사람을 재물로 샀습니다'라고 했다. 대답하기를, '누가 여불위를 지혜로운 자라 하는가? 그는 종족을 나라의 봉작封爵과 바꾼 사람이다. 여불위와 같은 위인은 벽을 뚫고 담장을 넘는 데 능한 도적일 뿐이다. 나는 그 같은 도적을 담석擔石[93]을 도모한 자로밖에 보지 않는다. 그가 낙양 정도의 봉읍을 얻었다고는 볼 수 없는 것이다'라고 했다."

3) 6월부터 8월에 이르기까지 계속 비가 내리지 않았다.

---

93 담석擔石은 작은 이익을 지칭하는 말이다. 10두斗는 1석石, 2석은 1담擔에 해당한다.

4) 진나라가 4개 군郡의 군사를 조발하여 위나라와 함께 초나라를 쳤다.

＊ 始皇帝十二年

文信侯飮酖死，竊葬．其捨人臨者，皆逐遷之．且曰，"自今以來，操國事不道如嫪毒·不韋者，籍其門，視此!"

揚子『法言』曰，"或問曰，'呂不韋其智矣乎？以人易貨.' 曰，'誰謂不韋智者歟？以國易宗．呂不韋之盜，穿窬之雄乎！穿窬也者，吾見擔石矣，未見雒陽也.'"

自六月不雨，至於八月．

發四郡兵助魏伐楚．

진시황 13년(BC 234)

1) 진나라 장수 환의桓齮가 조나라를 쳤다. 조나라 장수 호첩扈輒을 평양平陽산서성 임분시 서쪽에서 격퇴하면서 10만 명을 참수하고 호첩도 죽였다. 조유목왕이 다시 이목李牧을 대장군으로 삼아 의안宜安하북성 고성현 서남쪽과 비하肥下하북성 고성현 서남쪽에서 진나라 군사를 영격케 했다. 진나라 군사가 대패하자 환의가 마침내 도망쳐 돌아왔다. 조왕이 이목을 무안군武安君에 봉했다.

＊ 始皇帝十三年

桓齮伐趙，敗趙將扈輒於平陽，斬首十萬，殺扈輒．趙王以李牧爲大將軍，復戰於宜安·肥下，秦師敗績，桓齮奔還．趙封李牧爲武安君．

진시황 14년(BC 233)

1) 진나라 장수 환의가 다시 군사를 이끌고 가 조나라를 치고 의안과 평양, 무성武城하북성 자현 서남쪽을 취했다.

2) 한왕 안安이 땅과 옥새를 진나라에 바치면서 번신藩臣이 되기를 청했다. 한비자韓非子가 한왕의 사자가 되어 진나라로 왔다. 한비자는 한나라의 여러 공자 가운데 한 명이다. 그는 형명법술刑名法術에 관해 조예가 깊었다. 그는 나라를 깎아 먹으며 약해지는 한나라의 삭약削弱을 지켜보면서 한왕에게 수차례 글을 올려 계책을 개진했으나 한왕이 이를 받아들이지 않았다.

한비자는 한왕이 나라를 다스리면서 인재를 널리 구하며 현자를 임용하는데 힘쓰지 않고 도리어 들뜨고 음란하며 국록을 축내는 인물을 공로와 실적이 있는 관원의 윗자리에 올려놓는 것을 보고 통석해 마지않았다. 또 형세가 여유 있을 때 헛된 명성이 있는 자를 총애하고, 위급할 때 투구와 갑옷을 착용한 무인을 찾는 행태를 통탄했다. 그는 국가가 기르는 자는 쓸모 있는 인재가 아니고, 쓸모 있는 인재는 국가가 기르지 않고 있다는 사실에 절망했다.

그는 염직廉直한 사람이 간사하고 부정직한 사왕邪枉의 신하들에게 용납되지 않고 있는 사실에 비통해하면서 지난 역사에서 치란득실治亂得失이 어떻게 전개됐는지를 살펴보았다. 마침내 「고분孤憤」과 「오두五蠹」, 「내저內儲」, 「외저外儲」, 「세림說林」, 「세난說難」 등 총 56편에 이르는 10만여 자의 글을 지었다.

진왕은 한비자가 현명하다는 이야기를 듣고 그를 만나 보고자 했다. 마침 한비자가 한나라의 사자가 되어 진나라로 와 진왕에게 다음과 같이 상서했다.

"지금 진나라는 영토가 사방 수천 리이고, 군사는 100만 명에 달하며,

호령과 상벌 또한 천하의 어느 나라도 이와 같지 못합니다. 저는 죽음을 무릅쓰고 대왕을 배견하여 천하의 합종지계合縱之計를 깨뜨리는 계책을 헌의獻議하고자 합니다. 대왕이 실로 저의 말을 들은 후 일거에 천하의 합종이 격파되지 않거나, 조나라를 공략하고 한나라를 멸망시키며 초나라와 위나라가 칭신稱臣하는 일이 발생치 않거나, 제나라와 연나라가 가까워지지 않거나, 패왕의 이름이 이뤄지지 않거나, 사방의 이웃 제후국들이 조현치 않거나 하면, 곧바로 저를 참수하여 그 시체를 전국에 돌림으로써 대왕을 위한 계책이 불충했음을 경계하도록 하십시오."

진왕이 이를 보고 크게 기뻐했으나 임용하지는 않았다. 이때 이사가 한비자를 질투하여 건의했다.

"한비자는 한나라 공자들 가운데 한 사람입니다. 이제 제후국들을 병탄하고자 하는 마당에 한비자는 끝내 한나라를 위해 일할 뿐 진나라를 위해 일하지는 않을 것입니다. 이것이 사람의 통상적인 정리情理입니다. 이제 군주가 그를 등용치 않은 채 오래 머물러 있게 하다가 돌려보내면 이는 스스로 우환을 남기는 것입니다. 법으로 그를 주살하느니만 못합니다."

진왕이 이를 좇아 사법관을 시켜 한비자를 다스리게 했다. 이사가 사람을 시켜 미리 독약을 한비자에게 건네주어 자진케 했다. 한비자는 스스로 진왕을 만나 자신의 뜻을 개진하고자 했으나 진왕을 만날 길이 없었다. 진왕이 후회하고 사람을 보내 그를 사면하고자 했으나 이미 때가 늦었다.[94]

---

94 이사가 독약을 건네 자진케 하고, 진시황이 뒤늦게 후회해 사람을 보냈으나 때가 늦었다는 내용은 『사기』「노자한비열전」을 그대로 옮긴 것이다. 이는 한비자가 종횡가인 요가姚賈를 무함했다가 진시황의 노여움을 사 죽게 된 것으로 나오는 『전국책』 권7 「진책秦策 5」의 기록과 적잖은 차이가 있다. 일찍이 남북조시대 남조 송나라 때의 사가 배인裴駰은

이를 두고 양웅은 『법언法言』「문명問明」에서 이같이 평했다.

"어떤 사람이 묻기를, '한비자는 「세난說難」을 지었지만 끝내 세난으로 죽었습니다. 감히 묻건대 어찌하여 그의 주장과 행동이 상반되게 나타난 것입니까?'라고 했다. 대답하기를, '「세난」이 어찌 그가 죽은 이유가 아니겠는가?'라고 했다. 다시 그 이유를 묻기에 내가 대답하기를, '군자는 예의에 맞으면 나아가고 맞지 않으면 물러나는 것이다. 자신을 굳게 믿으면 자신의 주장이 상대방에게 합치하지 않을까 걱정할 필요가 없는 것이다. 다른 사람에게 유세하면서 자신의 주장이 상대방에게 합치하지 않을까 걱정하게 되면 어떤 일이 일어날지 모를 정도로 온갖 사태가 빚어지게 된다'고 했다. 또 어떤 사람이 묻기를, '한비자는 자신의 유세가 상대방의 뜻에 합치하지 않을까 걱정했는데 그렇지 않습니까?'라고 했다. 내가 대답하기를, '유세가 도를 좇지 않으면 걱정케 되나, 도를 좇으면 설령 상대방의 뜻에 맞지 않을지라도 걱정할 필요가 없는 것이다'라고 했다."

신 사마광은 평한다.

"내가 듣건대 '군자는 자신과 가까운 사람과 친하기 시작해 다른 이의 친한 사람에게까지 이르고, 그 자신의 나라를 사랑하기 시작해 다른 나라에까지 이르니 비로소 공명을 크게 이뤄 백복百福을 누리게 된다'고 했다. 당시 한비자는 진나라를 위해 계책을 내면서 먼저 자신의 조국을 복멸케 할 생각으로 그 같은 주장을 폈으니 그 죄는 죽어도 용서받지 못할 만한 것이다. 어찌 그의 죽음을 가련히 생각할 필요가 있겠는가?"

『사기』를 주석한 『사기집해史記集解』에서 한비자 옥사사건을 수록한 「노자한비열전」 기록과 충돌하는 『전국책』「진책」의 해당 기사를 거론한 바 있다. 21세기에 들어와 일본학자 가이즈카 시게키貝塚茂樹도 지난 2003년 코단샤講談社 학술문고본으로 펴낸 『한비韓非』에서 한비자가 동문수학한 이사의 시기심에 의해 죽음을 당했다는 「노자한비열전」의 기록에 강한 의구심을 표시한 바 있다.

＊始皇帝十四年

桓齮伐趙, 取宜安·平陽·武城.

韓王納地效璽, 請爲藩臣, 使韓非來聘. 韓非者, 韓之諸公子也, 善刑名法術之學, 見韓之削弱, 數以書干韓王, 王不能用. 於是韓非疾治國不務求人任賢, 反擧浮淫之蠹而加之功實之上, 寬則寵名譽之人, 急則用介胄之士, 所養非所用, 所用非所養. 悲廉直不容於邪枉之臣, 觀往者得失之變, 作『孤憤』·『五蠹』·『內·外儲』·『說林』·『說難』五十六篇, 十餘萬言.

王聞其賢, 欲見之. 非爲韓使於秦, 因上書說王曰, "今秦地方數千里, 師名百萬, 號令賞罰, 天下不如. 臣昧死願望見大王, 言所以破天下從之計. 大王誠聽臣說, 一擧而天下之從不破, 趙不擧, 韓不亡, 荊·魏不臣, 齊·燕不親, 霸王之名不成, 四鄰諸侯不朝, 大王斬臣以徇國, 以戒爲王謀不忠者也." 王悅之, 未任用. 李斯嫉之, 曰, "韓非, 韓之諸公子也. 今欲並諸侯, 非終爲韓不爲秦, 此人情也. 今王不用, 又留而歸之, 此自遺患也. 不如以法誅之." 王以爲然, 下吏治非. 李斯使人遺非藥, 令早自殺. 韓非欲自陳, 不得見. 王後悔, 使赦之, 非已死矣.

揚子『法言』曰, "或問曰, '韓非作『說難』之書而卒死乎說難, 敢問何反也?' 曰, '『說難』蓋其所以死乎!' 曰, '何也?' '君子以禮動, 以義止, 合則進, 否則退, 確乎不憂其不合也. 夫說人而憂其不合, 則亦無所不至矣.' 或曰, '非憂說之不合, 非邪?' 曰, '說不由道, 憂也. 由道而不合, 非憂也.'"

臣光曰, "臣聞君子親其親以及人之親, 愛其國以及人之國, 是以功大名美而享有百福也. 今非爲秦畫謀, 而首欲覆其宗國, 以售其言, 罪固不容於死矣, 烏足愍哉!"

진시황 15년(BC 232)

1) 진왕이 크게 군사를 일으켜 조나라를 쳤다. 1군이 업鄴까지 진격하고 다른 1군이 태원太原까지 진격해 결국 낭맹狼孟과 파오番吾하북성 평산현 등 2개 성읍을 취했다. 그러나 조나라 장수 이목李牧과 조우하자 곧바로 철군했다.

2) 당초 연나라의 태자 단丹은 일찍이 조나라에 인질로 가 있을 때 마침 그곳에 인질로 와 있던 이인異人과 사이좋게 지냈다. 이인이 귀국해 즉위하자 태자 단이 또다시 진나라에 인질로 가게 됐다. 이때 진장양왕이 된 이인이 태자 단에게 예로써 대하지 않았다. 태자 단이 연나라로 도망쳐 돌아갔다.

* 始皇帝十五年

王大興師伐趙, 一軍抵鄴, 一軍抵太原, 取狼孟·番吾. 遇李牧而還.

初, 燕太子丹嘗質於趙, 與王善. 王卽位, 丹爲質於秦, 王不禮焉. 丹怒, 亡歸.

진시황 16년(BC 231)

1) 한나라가 남양南陽을 베어 진나라에 바쳤다.

9월, 진나라가 군사를 조발한 뒤 한나라로 가 땅을 접수케 했다.

2) 위나라가 진나라에 땅을 베어 바쳤다.

3) 조나라의 대代 땅에 지진이 났다. 연나라 낙서樂徐하북성 역현 서남쪽의 서쪽에서 북쪽으로 조나라의 평음平陰산서성 양고현 동남쪽에 이르기까지 그 일대에 있던 대옥臺屋과 담장인 장원牆垣의 태반이 무너졌다. 땅도 동서로 130보步[95]나 갈라졌다.

* 始皇帝十六年

韓獻南陽地. 九月, 發卒受地於韓.

魏人獻地.

代地震, 自樂徐以西, 北至平陰. 台屋牆垣太半壞, 地坼東西百三十步.

진시황 17년(BC 230)

1) 함양을 관장하는 관원인 진나라의 내사內史 승勝이 군사를 이끌고가 한나라를 멸망시켰다. 이로써 한나라는 104년 만에 멸망케 됐다. 한왕 안安이 포로로 잡혀가자 그 땅에 영천군潁川郡이 설치됐다.

2) 진왕 정의 조모인 화양태후華陽太后가 죽었다.

3) 조나라에 큰 기근이 들었다.

4) 위원군衛元君이 죽었다. 그의 아들 각角이 뒤를 이어 위군衛君[96]이 됐다.

* 始皇帝十七年

內史勝滅韓, 虜韓王安, 以其地置潁川郡.

華陽太后薨.

趙大饑.

衛元君薨, 子角立.

---

95 보步가 왕조 때마다 약간씩 차이가 난다. 주나라 때는 8척, 진나라 때는 6척이 1보에 해당했다.

96 위衛나라는 진시황의 천하 통일 이후인 2세 황제 1년까지 명맥을 유지했다. 군호를 후侯에서 군君으로 폄하하며 진나라의 부용국을 자처한 덕분이다.

진시황 18년(BC 229)

1) 진나라 장수 왕전王翦은 상지上地섬서성 수덕현의 군사를 이끌고 정형井陘하북성 정형현으로 내려가고, 단화端和는 하내河內하남성 심양현의 군사를 이끌고 가 조나라를 쳤다. 조나라의 이목李牧과 사마상司馬尙이 영격에 나서서 진나라 군사의 진격을 막았다. 진나라 사람이 조유목왕의 총신 곽개郭開에게 금을 많이 준 뒤 그를 시켜 이목과 사마상이 반기를 들려 한다고 무함케 했다. 조유목왕은 조총趙蔥과 제나라 장수 안취顔聚를 보내 그들을 대신케 했다. 이목이 이 명을 받아들이지 않으려고 하자 조나라 사람이 그를 잡아 죽이고 사마상도 군직을 박탈하여 내쫓았다.

* 始皇帝十八年

王翦將上地兵下井陘, 端和將河內兵共伐趙. 趙李牧·司馬尙御之. 秦人多與趙王嬖臣郭開金, 使毁牧及尙, 言其欲反. 趙王使趙蔥及齊將顔聚代之. 李牧不受命, 趙人捕而殺之. 廢司馬尙.

진시황 19년(BC 228)

1) 진나라 장수 왕전이 조나라 군사를 공격해 대파하고 조총을 죽이자 안취가 달아났다. 드디어 조나라 도성 한단邯鄲을 함락하고 조유목왕趙幽繆王 천遷도 포로로 잡았다. 이때 진왕이 한단으로 가 옛날 모친의 집안과 원수진 사람들을 모두 죽였다. 진왕이 돌아올 때 태원과 상군을 거쳐 귀국했다.

2) 진시황의 생모인 진나라 태후太后가 죽었다.

3) 진나라 장수 왕전이 중산中山에 주둔하자 진나라와 연나라의 국경이 접하게 됐다. 조나라 도성이 함락되자 조나라 공자 가嘉가 집안사람 수백 명을 이끌고 대代 땅으로 달아나 스스로 왕위에 올라 조대왕趙代王이

됐다. 이후 패망한 조나라의 대부들이 조금씩 그에게 돌아와 연나라 군사와 합세해 상곡上谷하북성 회래현에 주둔케 됐다.

4) 초유왕楚幽王이 죽었다. 국인들이 초유왕의 아우 학郝을 초왕으로 세웠다.

3월, 초왕 학의 서형 부추負芻가 학을 죽이고 스스로 초왕이 됐다.

5) 위경민왕魏景湣王이 죽었다. 그의 아들 가假가 뒤를 이어 위왕이 됐다.

6) 연나라 태자 단丹은 진왕을 크게 원망한 나머지 보복할 생각으로 스승 국무鞠武에게 그 대책을 물었다. 국무는 서쪽으로 삼진과 맹약을 맺고, 남쪽으로 제나라 및 초나라와 연결하고, 북쪽으로 흉노와 강화한 뒤 진나라를 도모하는 방안을 제시했다. 태자 단이 거절했다.

"태부太傅의 계책은 시일이 너무 오래 걸려 사람의 마음을 어지럽게 만듭니다. 아마도 그때까지 기다릴 수는 없을 듯싶습니다."

얼마 안 돼 진나라 장수 번오기樊於期[97]가 죄를 짓고 연나라로 도망쳐 왔다. 태자 단이 그를 받아들여 집을 마련해 주었다. 이를 본 국무가 간했다.

"진왕이 그 포학한 성미에 연나라에 대한 분노를 축적케 되면 사람들을 한심寒心케 만들기에 족합니다. 하물며 번장군이 우리 연나라에 있다는 이야기를 듣게 되면 더 이상 말해 무엇 하겠습니까? 이는 굶주린 호랑

97 번오기樊於期의 오於는 통상 '어'로 발음되나 감탄사로 사용될 때는 '오'로 발음한다. 지난 2015년에 출간된 『사해辭海』는 번오기의 '오於'가 '오烏'의 음과 같다고 했다. 『사기』를 비롯한 사서에서는 번오기가 연나라로 망명하게 된 죄목에 대한 언급이 전혀 없다. 지난 2005년에 작고한 사학자 양콴楊寬은 자신의 저서 『전국사戰國史』에서 진나라 장수 환의桓齮가 조나라 장수 이목李牧에게 패해 득죄한 점을 들어 환의가 연나라로 도망친 진나라 장수 번오기와 동일인물일 가능성을 제기한 바 있다.

이가 지나는 길에 고깃덩이를 던져두는 것이나 마찬가지입니다. 원컨대 태자는 속히 번장군을 흉노에게 보내기 바랍니다."

그러나 태자 단이 반대했다.

"번장군은 천하에 궁곤窮困한 처지가 되어 나에게 몸을 맡기러 왔소. 실로 내가 군사들에게 명을 내릴 시기가 된 것이오. 원컨대 다시 한번 생각해 주기 바라오."

국무가 다시 간했다.

"무릇 위험한 행동을 하는 것은 안전을 구하기 위한 것이고, 화란을 만드는 것은 복을 만들기 위한 것입니다. 계책이 천단淺短하면 원망을 깊게 만듭니다. 한 사람의 새로운 친구와 연결하여 국가의 대해大害를 생각지 않는 것은 원망을 깊게 하여 화란을 조장하는 것입니다."

그러나 태자 단은 이를 듣지 않았다.

이때 태자 단은 위衛나라 사람 형가荊軻가 똑똑하다는 말을 듣고 곧바로 형가를 찾아가 극히 겸손한 언사와 많은 예물을 전하며 만나 보기를 청했다. 형가가 맞아들이자 태자 단이 형가에게 말했다.

"지금 진나라가 이미 한왕을 포로로 잡았고, 군사를 일으켜 남쪽으로 초나라를 쳤으며, 북쪽으로는 조나라와 국경을 접하고 있소. 조나라가 진나라를 막지 못하면 미구에 화가 우리 연나라에 닥치고야 말 것이오. 그러나 우리 연나라는 약소국인 데다가 이미 여러 차례 군사적으로 곤경에 처했으니 어찌 진나라를 당해 낼 수 있겠소. 또한 제후들 역시 진나라에 복종하여 감히 합종을 추진하지 못하고 있소.

나의 어리석은 계책으로는 실로 뛰어난 천하의 용사를 얻은 뒤 사자로 가 진왕을 겁박劫迫게 함으로써 그간 진나라가 탈취한 땅을 모두 제후들에게 돌려주게 하는 것이 어떨까 싶소. 만일 조말曹沫이 제환공을 겁박해 성과를 거둔 것과 같은 일이 일어난다면 가장 좋을 것이오. 그러나 만일 진왕이 말을 듣지 않으면 그를 척살하면 될 것이오. 진나라 장수들이 모두 국외에서 군사지휘권을 장악하고 있는데 안에서 혼란이 일게 되면 틀림없이 군신이 서로를 의심케 될 것이오. 그 사이 제후들이 합종하면 진나라를 깨트리는 것은 필연지사요. 오직 청컨대 형경荊卿이 그 일을 깊이 유념해 주기 바라오."

형가가 이를 수락하자 태자 단이 형가를 상등의 객관에 머물게 하고는 매일 찾아가 형가가 필요로 하는 모든 것을 빠짐없이 마련해 주었다. 이후 진나라 장수 왕전이 마침내 조나라를 멸망시키자 태자 단이 이 소식을 듣고는 크게 두려워하여 곧 형가를 진나라로 파견하고자 했다. 형가가 말했다.

"지금 제가 가도 저를 믿지 않을 것이고 진왕 또한 친견親見할 수 없을 것입니다. 실로 번장군의 머리와 주변 50여 리에 걸쳐 관개 수로가 발달한 곡창 지대인 연나라 독항督亢하북성 탁현 동남쪽 지도를 얻어 진왕에게 바친다면 진왕은 반드시 기뻐하며 저를 만날 것입니다. 그리되면 저도 보답할 수 있을 것입니다."

그러나 태자 단이 반대했다.

"번장군이 궁곤하여 나에게 몸을 의탁하러 온 것이오. 나는 차마 그리할 수 없소."

형가가 이내 사적으로 번오기를 만나 말했다.

"진나라의 장군에 대한 처사는 실로 악독하기 그지없다고 할 수 있습니다. 장군의 부모와 종족이 모두 살육됐습니다. 지금 제가 듣건대 장군의 머리를 금 1천 근과 1만 호의 성읍에 산다고 하니 장군은 장차 어찌할 생각입니까?"

번오기가 크게 탄식한 뒤 눈물을 흘리며 말했다.

"계책을 어찌 세워야 좋겠소?"

"원컨대 장군의 머리를 얻어 진왕에게 바칠 수 있게 해 주기 바랍니다. 진왕은 틀림없이 크게 기뻐하며 나를 만나 보고자 할 것입니다. 그때 나는 왼손으로 그의 소매를 잡고 오른손으로 그의 가슴을 찌를 것입니다. 그리되면 장군의 원수를 보복하고 연나라가 당한 치욕을 씻게 되는 것입니다."

"이는 내가 밤낮으로 절치부심切齒腐心한 일이기도 하오."

그러고는 곧 스스로 목을 베어 죽었다. 태자 단이 이 이야기를 듣고 곧바로 달려가 엎드려 곡을 했으나 이미 어찌할 도리가 없었다. 결국 그의 머리를 함에 넣게 됐다.

이때 태자 단은 미리 천하의 날카롭기 그지없는 비수를 구한 뒤 공인工人을 시켜 비수에 독약을 바르고 사람에게 시험을 해 보게 했다. 피가 실오라기만큼 배어났는데도 곧바로 죽지 않는 자가 없었다. 마침내 모든 준비를 마친 뒤 형가를 사자로 삼아 진나라에 파견했다. 이때 연나라 용사 진무양秦舞陽이 부사副使가 되어 형가와 함께 진나라로 들어갔다.

* 始皇帝十九年

王翦擊趙軍, 大破之, 殺趙蔥, 顔聚亡, 遂克邯鄲, 虜趙王遷. 王如邯鄲, 故與母家有仇怨者皆殺之. 還, 從太原·上郡歸.

太后薨.

王翦屯中山以臨燕. 趙公子嘉帥其宗族百人奔代, 自立爲代王, 趙之亡, 大夫稍稍歸之, 與燕合兵, 軍上谷.

楚幽王薨, 國人立其弟郝. 三月, 郝庶兄負芻殺之, 自立.

魏景湣王薨, 子假立. 혼

燕太子丹怨王, 欲報之, 以問其傅鞠武. 鞠武請西約三晉, 南連齊·楚, 北媾匈奴以圖秦. 太子曰, "太傅之計, 曠日彌久, 令人心惛然, 恐不能須也." 頃之, 將軍樊於期得罪, 亡之燕. 太子受而捨之. 鞠武諫曰, "夫以秦王之暴而積怒於燕, 足爲寒心, 又況聞樊將軍之所在乎! 是謂委肉當餓虎之蹊也. 願太子疾遣樊將軍入匈奴." 太子曰, "樊將軍窮困於天下, 歸身於丹, 是固丹命卒之時也, 願更慮之!" 鞠武曰, "夫行危以求安, 造禍以爲福, 計淺而怨深, 乃連結一人之後交, 不顧國家之大害, 所謂資怨而助禍矣!" 太子不聽.

太子聞衛人荊軻之賢, 卑辭厚禮而請見之. 謂軻曰, "今秦已虜韓王, 又舉兵南伐楚, 北臨趙. 趙不能支秦, 則禍必至於燕. 燕小弱, 數困於兵, 何足以當秦! 諸侯服秦, 莫敢合從. 丹之私計愚, 以爲誠得天下之勇士使於秦, 劫秦王, 使悉反諸侯侵地, 若曹沫之與齊桓公, 則大善矣. 則不可, 因而刺殺之, 彼大將擅兵於外而內有亂, 則君臣相疑, 以其間, 諸侯得合從, 其破秦必矣. 唯荊卿留意焉!" 荊軻許之. 於是捨荊卿於上捨, 太子日造門下, 所以奉養荊軻, 無所不至. 及王翦滅趙, 太子聞之懼, 欲遣荊軻行. 荊軻曰, "今行而無信, 則秦未可親也. 誠得樊將軍首與燕督亢之地圖, 奉獻秦王, 秦王必說見臣, 臣乃有以報." 太子曰, "樊將軍窮困來歸丹, 丹不忍也!" 荊軻乃私見樊於期曰, "秦之遇將軍, 可謂深矣, 父母宗族皆爲戮沒! 今聞購將軍首, 金千斤, 邑萬家, 將奈何?" 於期太息流涕曰, "計將安出?" 荊卿曰, "願得將軍之首以獻秦王, 秦王必喜而見臣, 臣左手把其袖, 右手揕其胸, 則將軍之仇報而燕見陵之愧除矣!" 樊於期曰, "此臣之日夜切齒腐心也!" 遂自刎. 太子聞之, 奔往伏哭, 然已無奈何, 遂以函盛其首. 太子豫求天下之利匕首, 使工以藥焠之, 以試人, 血濡縷, 人無不立死者. 乃裝爲遣荊軻, 以燕勇士秦舞陽爲之副, 使入秦.

권7-진기秦紀 2: 첫 천하통일을 이루다

진시황 20년(BC 227)

1) 형가가 함양에 도착해 진왕 정政의 총신 몽가蒙嘉를 통해 비사卑辭를 구사하며 배견을 청했다. 진왕이 크게 기뻐하며 곧 조복을 입고 9빈九賓[98]을 갖춘 뒤 그를 만나게 됐다.

형가가 연나라 독항의 지도를 받들고 진왕 앞으로 나아갔다. 이때 지도가 거의 다 펼쳐질 즈음 비수가 얼핏 보였다. 형가가 틈을 놓치지 않고 곧 진왕의 소매를 잡은 뒤 오른손으로 비수를 잡아 진왕을 힘껏 찔렀다. 그러나 비수가 미처 몸에 닿기 전에 진왕이 크게 놀라 급히 일어나자 결국 소매만 잘리게 됐다. 이어 형가가 급히 진왕의 뒤를 쫓아가자 진왕은 기둥을 빙빙 돌면서 달아났다. 이때 진나라의 군신들은 돌발적인 상황에 너무 놀란 나머지 모두 어찌할 바를 몰랐다.

진나라 법에는 군신들이 전상殿上으로 올라와 군주를 시봉할 때에는 조그마한 무기조차 지닐 수 없도록 엄금하고 있었다. 진왕의 좌우는 단지 맨손으로 형가를 치려고 했다. 이때 누군가가 진왕에게 큰소리로 말했다.

"대왕은 등에 칼을 지고 있습니다."

---

98 9빈九賓은 원래 공公, 후侯, 백伯, 자子, 남男, 고孤, 경卿, 대부大夫, 사士를 말하나 여기서는 빈객을 맞이하기 위한 모든 의식을 뜻한다.

진왕이 드디어 칼을 뽑아 형가를 치자 형가의 왼쪽 허벅지가 잘려나갔다. 형가가 쓰러지면서 진왕을 향해 비수를 날렸으나 비수가 빗나가 구리 기둥에 맞고 바닥에 떨어지고 말았다. 형가가 이미 일이 실패했음을 알고 큰소리로 호통을 쳤다.

"대사를 이루지 못한 것은 진왕을 산 채로 잡아 반드시 땅을 돌려준다는 약정서를 얻어낸 뒤 이를 가지고 돌아가 태자에게 보고하려 했기 때문이다."

결국 형가는 몸이 갈가리 찢겨져 저자에 전시傳尸됐다. 진왕이 대로한 나머지 더욱 많은 군사를 조나라로 증파하면서 왕전의 군사와 합세해 연나라를 치게 했다. 연나라 군사와 대代 땅에 있는 조나라의 군사가 영격에 나서 역수易水의 서쪽에서 진나라 군사와 교전했으나 이내 대패하고 말았다.

** 起閼逢閹茂, 盡玄黓執徐, 凡十九年.

* 始皇帝二十年

荊軻至咸陽, 因王寵臣蒙嘉卑辭以求見, 王大喜, 朝服, 設九賓而見之. 荊軻奉圖以進於王, 圖窮而匕首見, 因把王袖而揕之. 未至身, 王驚起, 袖絶. 荊軻逐王, 王環柱而走. 群臣皆愕, 卒起不意, 盡失其度. 而秦法, 群臣侍殿上者不得操尺寸之兵, 左右以手共搏之, 且曰, "王負劍!" 負劍, 王遂拔以擊荊軻, 斷其左股. 荊軻廢, 乃引匕首擿王, 中銅柱. 自知事不就, 罵曰, "事所以不成者, 以欲生劫之, 必得約契以報太子也!" 遂體解荊軻以徇. 王於是大怒, 益發兵詣趙, 就王翦以伐燕, 與燕師·代師戰於易水之西, 大破之.

진시황 21년(BC 226)

1) 겨울 10월, 진나라 장수 왕전이 연나라 도성 계薊를 함몰시켰다. 연왕 희喜와 태자 단이 정병을 이끌고 동쪽으로 가 요동遼東을 지키려고 하자 진나라 장수 이신李信이 이들의 뒤를 급히 쫓아갔다. 조대왕趙代王 가嘉가 연왕에게 편지를 보내 태자 단을 죽여 진나라에 바치게 했다. 이때 태자 단은 요동의 연수衍水 경계 내에 몸을 숨기고 있다가 체포됐다. 연왕이 밀사를 보내 그를 참수케 했다. 연왕이 급히 태자 단의 수급을 바치고자 했으나 진왕은 오히려 다시 군사를 진공시켜 연나라 군사를 치게 했다.

2) 왕전의 아들 왕분王賁이 초나라를 치고 10여 개 성읍을 취했다. 진왕이 장수 이신李信에게 물었다.

"나는 형荊을 취하고 싶소. 장군이 헤아리건대 몇 명 정도면 족하겠소?"

"20만 명 정도면 충분할 것입니다."

진왕이 다시 왕전에게 묻자 왕전이 이같이 대답했다.

"60만 명이 아니면 불가합니다."

진왕이 핀잔을 주었다.

"왕장군은 늙었소. 어찌 이토록 겁을 낸단 말이오?"

그러고는 드디어 이신과 몽념蒙恬에게 군사 20만 명을 이끌고 가 초나라를 치게 했다. 왕전은 칭병하여 사직을 고하고 빈양頻陽섬서성 부평현 동북쪽으로 돌아갔다.

＊ 始皇帝二十一年

冬, 十月, 王翦拔薊, 燕王及太子率其精兵東保遼東, 李信急追之. 代王嘉遺燕王書, 令殺太子丹以獻. 丹匿衍水中, 燕王使使斬丹, 欲以獻王, 王復進兵攻之.

王賁伐楚, 取十餘城. 王問於將軍李信曰, "吾欲取荊, 於將軍度用幾何人而足?" 李信曰, "不過用二十萬." 王以問王翦, 王翦曰, "非六十萬人不可." 王曰, "王將軍老矣, 何怯也!" 遂使李信·蒙恬將二十萬人伐楚. 王翦因謝病歸頻陽.

진시황 22년(BC 225)

1) 왕분이 위魏나라를 공격하면서 황하의 물을 위나라 도성 대량大梁에 끌어들였다. 3개월 만에 성이 무너지게 됐다. 위왕 가假가 항복하자 그를 죽였다. 이로써 위나라가 드디어 멸망하고 말았다.

진왕 정이 사람을 안릉군安陵君에게 보내 이같이 전했다.

"과인은 우리나라 땅 500리를 그대의 안릉과 바꾸고자 하오."

안릉군이 회답했다.

"대왕이 은혜를 베풀어 큰 것으로 작은 것과 바꾸고자 하니 저에게는 심히 영행榮幸입니다. 비록 그렇기는 하나 안릉은 제가 위나라의 선왕으로부터 받은 것이니 원컨대 끝까지 지킬 수 있게 해 주시기 바랍니다. 감히 바꿀 수가 없습니다."

진왕이 그를 의롭다고 여겨 이를 허락했다.

2) 진나라 장군 이신이 평여平輿하남성 평여현 북쪽를 공격하고 몽념은 침寢안휘성 임천현 땅을 공격해 초나라 군사를 대파했다. 이신이 또 언영鄢郢안휘성 수현을 공격해 격파했다. 군사를 이끌고 서쪽으로 나아가 몽념과 성보城父안휘성 박주시에서 회동했다.

초나라 사람들이 이들의 뒤를 쫓아와 3일 동안 밤낮으로 계속 숙소를 정돈치 못하게 괴롭혔다. 결국 이신을 대파하고 두 개의 영루로 진공해 7명의 도위都尉를 죽였다. 이신이 할 수 없이 도망쳐 돌아왔다. 진왕이 대로했다. 진왕이 직접 빈양으로 가 왕전에게 사과했다.

"과인이 장군의 계책을 듣지 않아 이신이 과연 우리 군사를 욕보이게 만들고 말았소. 장군이 비록 병이 들었다고는 하나 어찌 과인을 버리기야 하겠소."

그러나 왕전은 사양했다.

"저는 병이 들어 더 이상 군사를 지휘할 수가 없습니다."

"그만 됐소. 다시는 사양치 마시오."

왕전이 제안했다.

"부득이하여 꼭 저를 쓰고자 하면 60만 명이 아니고는 불가합니다."

"장군의 계책을 따르도록 하겠소."

마침내 왕전이 군사 60만 명을 이끌고 가 초나라를 쳤다. 진왕이 파상覇上[99]섬서성 서안시 북쪽까지 나와 왕전을 전송하자 왕전이 좋은 전택田宅을 매우 많이 요구했다. 진왕이 말했다.

"장군은 출정하는 마당에 어찌 이토록 가난할까 걱정하는 것이오."

"저는 대왕을 위해 장수가 됐지만 끝내 공을 세워도 열후에 봉해지지 못할 것입니다. 그래서 이때를 이용해 전택을 마련해 자손들을 위한 기업基業으로 삼고자 하는 것입니다."

진왕이 이 말을 듣고 크게 웃었다. 왕전이 출병하여 무관武關섬서성 상현에 이르는 동안 사자를 다섯 번이나 보내 좋은 전토를 줄기차게 청했다. 어떤 사람이 힐난했다.

"장군은 재물을 구하는 것이 지나칩니다."

---

99 파상覇上은 파수灞水 서쪽 고원에 위치한 까닭에 붙여진 이름이다. 파상의 '파'는 흔히 '패'로 읽으나 여기서는 파수를 뜻하는 파灞의 의미로 사용된 까닭에 '파'로 읽어야 한다. 『사기』「봉선서」 등에는 파상灞上으로 나온다.

왕전이 응답했다.

"그렇지 않소. 군주는 내심 조포粗暴하고 사람을 잘 믿지 않소. 지금 진왕은 나라 안의 갑사를 모두 나에게 맡겨 놓고 있소. 만일 내가 자손의 기업을 위해 전택을 많이 청하는 모습을 보이지 않으면 이는 오히려 진왕으로 하여금 나를 의심케 만드는 게 되오."

＊ 始皇帝二十二年

王賁伐魏, 引河溝以灌大梁. 三月, 城壞. 魏王假降, 殺之, 遂滅魏.

王使人謂安陵君曰, "寡人欲以五百里地易安陵." 安陵君曰, "大王加惠, 以大易小, 甚幸. 雖然, 臣受地於魏之先王, 願終守之, 弗敢易." 王義而許之.

李信攻平輿, 蒙恬攻寢, 大破楚軍. 信又攻鄢郢, 破之, 於是引兵而西, 與蒙恬會城父, 楚人因隨之, 三日三夜不頓捨, 大敗李信, 入兩壁, 殺七都尉. 李信奔還.

王聞之, 大怒, 自至頻陽謝王翦曰, "寡人不用將軍謀, 李信果辱秦軍. 將軍雖病, 獨忍棄寡人乎!" 王翦謝病不能將, 王曰, "已矣, 勿復言!" 王翦曰, "必不得已用臣, 非六十萬人不可!" 王曰, "爲聽將軍計耳." 於是王翦將六十萬人伐楚. 王送至霸上, 王翦請美田宅甚衆. 王曰, "將軍行矣, 何憂貧乎!" 王翦曰, "爲大王將, 有功, 終不得封侯, 故及大王之向臣, 以請田宅爲子孫業耳." 王大笑. 王翦旣行, 至關, 使使還請善田者五輩. 或曰, "將軍之乞貸亦已甚矣!" 王翦曰, "不然. 王怚中而不信人, 今空國中之甲士而專委於我, 我不多請田宅爲子孫業以自堅, 顧令王坐而疑我

矣."

진시황 23년(BC 224)

1) 왕전이 군사들을 이끌고 가 진현陳縣하남성 회양현 이남에서 평여平輿까지 취했다. 초나라 사람들은 왕전이 군사를 증강해 쳐들어온다는 말을 듣고 나라의 전 군사를 모아 방어에 나섰다. 이때 왕전은 성벽을 굳게 한 채 결코 싸우려고 하지 않았다. 초나라 군사들이 여러 차례 도전했으나 끝내 출전치 않았다. 왕전은 매일 군사들에게 목욕을 하며 휴식을 취하고 음식을 잘 먹게 했다. 이어 병사들을 위로하면서 함께 같은 음식을 먹었다. 시간이 제법 흐른 뒤 왕전이 사람을 시켜 물었다.

"군중에서 놀이를 하는가?"

"바야흐로 투석投石[100]을 하는데 규정된 거리보다 훨씬 멀리 날아갑니다."

왕전이 기뻐하며 말했다.

"이제야 비로소 쓸 만하다."

이때 초나라 군사들은 싸움을 하지 못해 오히려 크게 지친 나머지 동쪽으로 철군하기 시작했다. 왕전이 장병에게 하령해 이들의 뒤를 좇아가 급공을 가하게 했다. 초나라 군사가 대패하게 됐다. 진나라 군사가 기蘄안휘성 숙현의 남쪽에 이르러 초나라 장수 항연項燕을 죽이자 초나라 군사가 이내 궤산하고 말았다. 마침내 왕전이 승세를 몰아 초나라의 여러 성읍을 차례로 공략케 됐다.

* 始皇帝二十三年

王翦取陳以南至平輿. 楚人聞王翦益軍而來, 乃悉國中兵以御之.

100　투석投石은 기계를 이용해 12근에 달하는 돌덩이를 쏘아 올리는 일종의 군사 훈련을 겸한 놀이를 말한다.

王翦堅壁不與戰. 楚人數挑戰, 終不出. 王翦日休士洗沐, 而善飮食, 撫循之. 親與士卒同食. 久之, 王翦使人問曰, "軍中戱乎?" 對曰, "方投石·超距." 王翦曰, "可用矣!" 楚旣不得戰, 乃引而東. 王翦追之, 令壯士擊, 大破楚師, 至蘄南, 殺其將軍項燕, 楚師遂敗走. 王翦因乘勝略定城邑.

진시황 24년(BC 223)

1) 왕전과 몽무가 초왕 부추負芻를 포로로 잡았다. 이어 초나라 땅에 초군楚郡[101]을 설치했다. 이로써 초나라가 마침내 멸망하고 말았다.

* 始皇帝二十四年

王翦·蒙武虜楚王負芻, 以其地置楚郡.

진시황 25년(BC 222)

1) 진나라가 크게 군사를 일으킨 뒤 왕분을 시켜 요동을 치게 했다. 왕분이 연왕 희喜를 포로로 잡게 됐다.

신 사마광은 평한다.

"연나라 태자 단은 하루아침에 일어나는 순간적인 분노인 일조지분一朝之忿을 이기지 못해 호랑虎狼과 같은 진나라를 침범했다. 경박한 사고와 얕은 꾀인 경려천모輕慮淺謀로 원한을 야기해 화를 속히 불러들였다. 연나라 개국시조인 연소공燕召公 석奭의 사당에 지내는 제사를 홀연히 그치게 만들었으니 어떤 죄가 이보다 더 클 수 있겠는가? 일부 논자가 그를 두고 현명하다고 하나 이 어찌 지나친 말이 아니겠는가? 무릇 나라의

101 초군楚郡은 훗날 구강군九江郡, 장군鄣郡, 회계군會稽郡의 3군으로 나뉜다.

정권을 잡은 자는 재주를 기준으로 임용하는 임관이재任官以才, 예로써 정책을 세우는 입정이례立政以禮, 인으로써 백성을 품는 회민이인懷民以仁, 신의로써 이웃과 사귀는 교린이신交隣以信을 해야 한다. 그래야만 관직은 그에 맞는 사람을 얻게 되고, 정책은 그 절도를 얻게 되며, 백성들은 그 덕을 품게 되고, 사방의 이웃은 그 신의에 친부하게 된다. 무릇 그렇게 해야만 나라가 반석磐石과 같이 안정되고, 불꽃인 염화焱火와 같이 치열한 모습을 보이게 된다. 저촉되는 자는 부서지고 이를 범하는 자는 타 버리니 비록 강포한 나라일지라도 어찌 두려워하지 않을 수 있겠는가? 연나라 태자 단은 이를 버린 채 시행할 생각을 하지 않고, 만승지국으로 필부의 노여움를 풀게 하고, 한낱 도적의 계책을 시행했다. 공업이 훼멸되고, 몸이 살육당하고, 나라가 폐허가 되고 말았다. 이 어찌 슬픈 일이 아니겠는가? 무릇 무릎으로 기고 엎드려 나아가는 것은 공손이 아니다. 다시 말하고 거듭 약속하는 것은 믿음이 아니다. 금을 소비하고 옥을 나눠 주는 것은 은혜가 아니다. 목을 베고 배를 가르는 것은 용기가 아니다. 요컨대 계책이 멀리 내다보지 못하고 움직임이 의롭지 못하면 이는 한낱 초나라 백공白公 승勝의 부류에 불과할 뿐이다. 형가는 태자 단이 보여 준 사사로운 은혜에 감격한 나머지 자신의 7족이 어찌될 것인지를 고려하지 않고 1척 8푼의 비수로 진왕을 척살하고자 했으니 이 어찌 우준愚蠢한 짓이 아니겠는가? 그래서 양자揚子는 이를 두고 논하기를, '합려를 위해 경기慶忌를 찔러 죽인 오나라 자객 요리要離가 거미와 벌레처럼 자신의 수족을 자르며 대상을 척살하고 죽은 주모지미蛛蝥之靡, 섭정聶政이 장사의 기개로 대상을 척살하고 죽은 장사지미壯士之靡, 형가荊軻가 자객이 되어 대상을 척살하고 죽은 자객지미刺客之靡는 모두 의롭다고 할 수 없다'고 했다. 그는 또 말하기를, '형가는 군자지도君子之道에서 보면 일개 도적일 뿐이다'라고 했다. 이런 지적은 실로 적절한 것이다."

2) 왕분이 대代 땅을 공격해 조대왕趙代王 가嘉를 포로로 잡았다. 이로써 조나라는 완전히 멸망하고 말았다.

3) 왕전이 형荊과 강남의 땅을 모두 평정한 뒤 백월百越의 군주를 항복시키고 회계군會稽郡을 설치했다.

4) 5월, 진왕이 전국에 명을 내려 대대적으로 술잔치를 벌이는 대포大酺를 하도록 했다.

5) 당초 태사 교敫의 딸로 제나라 태후인 군주후君王后는 현명하여 진나라를 공경스러우면서도 주도면밀하게 섬겼다. 또 제후국들과도 정성을 다해 성실하게 교유했다. 제나라 역시 동쪽으로 진출해 해상까지 그 영토를 넓히게 됐다.

진나라가 밤낮으로 쉬지 않고 삼진과 연나라, 초나라를 공격하자 이들 5개국은 각자 자국을 스스로 구하기 위해 여념이 없었다. 제왕 건建은 즉위한 후 40년이 지나도록 한 번도 전쟁의 우환을 겪지 않은 적이 없었다. 그러나 이때에 이르러 군주후가 죽음을 앞두고 제왕 건에게 말했다.

"군신들 가운데 가히 믿을 만한 사람으로는 누구누구를 들 수 있으니 잘 활용하도록 하오."

"그들 이름을 기록해 놓도록 하겠습니다."

"좋을 대로 하도록 하오."

제왕 건이 붓을 잡고 그 이름을 받아쓰려고 하자 군주후가 다시 말했다.

"이 늙은이는 이미 그들 이름을 모두 잊어버렸소."

군주후가 죽은 뒤 후승后勝이 제나라 재상이 됐다. 그는 진나라 첩자들로부터 많은 금을 받았다. 빈객들이 진나라로 들어가면 진나라가 또 금을 후하게 내려 주었다. 빈객들이 모두 진나라의 첩자가 되어 제왕에게 진왕을 조현하도록 권하면서 공격 준비를 못하게 방해했다. 또 5국의 진나라 공벌을 도와주지 못하도록 만들어 결국 진나라로 하여금 다섯 나라를 차례로 멸망시키는 발판을 마련해 주었다.

이때 제왕 건이 진나라에 입조하려고 하자 제나라 도성 임치의 성문인 옹문雍門의 사마司馬가 제왕 앞으로 나와 물었다.

"군주를 세워 놓은 것은 사직을 위해서입니까? 아니면 군주 자신을 위한 것입니까?"

"사직을 위한 것이오."

"그렇다면 군주는 왜 사직을 버리고 진나라로 들어가려 하는 것입니까?"

제왕 건은 깨달은 바가 있어 수레를 돌려 돌아왔다. 이때 즉묵卽墨의 대부가 이 이야기를 듣고 제왕 건을 찾아와 건의했다.

"제나라는 영토가 사방 수천 리나 되고 갑옷을 입은 군사 또한 수백만 명을 헤아립니다. 무릇 삼진의 대부들은 모두 진나라의 통치를 좋지 않게 생각해 아阿산동성 곡양현와 견鄄산동성 복현 땅 사이로 가서 사는 사람만도 이미 수백 명에 이릅니다. 군주가 이들을 모은 뒤, 이들에게 100만 명의 무리를 주어 삼진의 옛 터를 접수케 하면 바로 임진관臨晉關섬서성 대려현 동쪽으로 들어갈 수 있습니다. 언영鄢郢의 대부들 가운데 진나라를 위해 일하기가 싫어 성의 남쪽 아래로 와서 사는 사람만도 100여 명이나 됩니다. 군주가 이들도 모아, 이들에게 100만 명의 군사를 주어 그들로 하여금 초나라의 옛 터를 접수케 하면 바로 무관武關으로 들어갈 수 있습니다. 되기만 하면 제나라의 위엄도 세울 수 있을 뿐 아니라 진나라도 멸망시킬 수 있습니다. 그런데도 어찌하여 겨우 국가만을 보위하려 하는 것입니까?"

그러나 제왕 건은 이를 듣지 않았다.

＊ 始皇帝二十五年

大興兵, 使王賁攻遼東, 虜燕王喜.

臣光曰, "燕丹不勝一朝之忿以犯虎狼之秦, 輕慮淺謀, 挑怨速禍, 使召公之廟不祀忽諸, 罪孰大焉! 而論者或謂之賢, 豈不過哉!"

夫爲國家者, 任官以才, 立政以禮, 懷民以仁, 交鄰以信. 是以官得其人, 政得其節, 百姓懷其德, 四鄰親其義. 夫如是, 則國家安如磐石, 熾如焱火. 觸之者碎, 犯之者焦, 雖有强暴之國, 尙何足畏哉! 丹釋此不爲, 顧以萬乘之國, 決匹夫之怒, 逞盜賊之謀, 功隳身戮, 社稷爲墟, 不亦悲哉!

夫其膝行·蒲伏, 非恭也. 復言·重諾, 非信也. 糜金·散玉, 非惠也. 刎首·決腹, 非勇也. 要之, 謀不遠而動不義, 其楚白公勝之流乎!

荊軻懷其豢養之私, 不顧七族, 欲以尺八匕首强燕而弱秦, 不亦愚乎! 故揚子論之, 以要離爲蛛蝥之靡, 聶政爲壯士之靡, 荊軻爲刺客之靡, 皆不可謂之義. 又曰, "荊軻, 君子盜諸!" 善哉!

王賁攻代, 虜代王嘉.

王翦悉定荊江南地, 降百越之君, 置會稽郡.

五月, 天下大酺.

初, 齊君王后賢, 事秦謹, 與諸侯信. 齊亦東邊海上. 秦日夜攻三晉·燕·楚, 五國各自救, 以故齊王建立四十餘年不受兵. 及君王后且死, 戒王建曰, "群臣之可用者某." 王曰, "請書之." 君王后曰, "善!" 王取筆牘受言, 君王后曰. "老婦已忘矣." 君王后死, 後勝相齊, 多受秦間金. 賓客入秦, 秦又多與金. 客皆爲反間, 勸王朝秦, 不修攻戰之備, 不助五國攻秦, 秦以故得滅五國.

齊王將入朝, 雍門司馬前曰, "所爲立王者, 爲社稷耶, 爲王耶?" 王曰, "爲社稷." 司馬曰, "爲社稷立王, 王何以去社稷而入秦?" 齊王還車而反.

卽墨大夫聞之, 見齊王曰, "齊地方四千里, 帶甲數百萬. 夫三晉大夫皆不便秦, 而在阿·鄄之間者百數. 王收而與之百萬人之衆, 使收三晉之故地, 卽臨晉之關可以入矣. 鄢郢大夫不欲爲秦, 而在城南下者百數, 王收而與之百萬之師, 使收楚故地, 卽武關可以入矣. 如此, 則齊威可立, 秦國可亡, 豈特保其國家而已哉!" 齊王不聽.

진시황 26년(BC 221)

1) 진秦나라 장수 왕분王賁이 연나라의 남쪽에서 제나라를 공격하다가 갑자기 제나라 도성 임치臨淄산동성 임치현로 쳐들어갔다. 제나라 백성들 가운데 감히 싸우려는 자가 없었다. 이때 진나라가 사람을 제왕 건에게 보내 500리 땅에 봉하겠다는 감언이설로 유인케 했다. 제왕 건이 마침내 항복하고 말았다. 이로써 전씨田氏의 제나라는 138년 만에 망하고 말았다.

진나라는 제왕 건을 공共하남성 휘현 땅으로 옮겨 놓은 뒤 송백松柏 사이에 방치했다. 제왕 건은 마침내 굶어 죽고 말았다. 제나라 사람들은 제왕 건이 일찍이 제후들과 합종하지 않고 간인奸人과 빈객들의 말만 들은 나머지 나라를 망치게 됐다고 원망했다.

소나무 숲인가, 잣나무 숲인가	松耶柏耶
왕을 공共에 살게 한 자는 빈객인가	住建共者客耶

제왕 건이 빈객들을 채용하면서 신중하게 살피지 못한 것을 탄식한 것이다.

신 사마광은 평한다.

"종횡가의 설은 비록 반복反覆되며 100가지의 실마리인 백단百端이 존재했으나 대체적으로 보면 합종이 진나라를 제외한 6국에 유리했다. 옛날 선왕은 만국을 세우고, 제후들을 가까이하고, 조빙朝聘을 하면서 서로 사귀고, 향연饗宴으로 서로 즐기고, 회맹會盟으로 서로 결속했다. 이는 다른 게 아니라 그 마음을 함께 하며 힘을 다하는 이른바 동심육력同心戮力으로 나라를 보존코자 한 것이다. 가령 6국으로 하여금 능히 신의로써 서로 친하게 할 수 있었다면 진나라가 비록 강포强暴하다고 해도 어찌 그들을 패망하게 만들 수 있었겠는가! 무릇 삼진三晉은 제齊·초楚의 울타리인 번폐藩蔽가 되어 서로 가려주고, 제·초는 삼진의 뿌리인 근저根柢에 해당하니 형세 상 서로 돕게 되어 있었다. 표리表裡가 서로 의지하는 모습이었다. 삼진이 제·초를 공격하는 것은 곧 '근저'를 끊는 것이고, 제·초가 삼진을 공격하는 것은 스스로 '번폐'를 철거하는 것이었다. 그럼에도 '번폐'를 철거하며 도적에게 눈웃음을 치며 말하기를, '도적은 장차 나를 사랑하는 까닭에 공격하지 않을 것이다'라고 했다. 이 어찌 패역悖한 짓이 아니겠는가!"

2) 천하를 통일한 진왕 정은 스스로 자신의 덕이 복희·신농·황제의 3황三皇을 덮고 공은 소호·전욱·제곡·당요·우순의 5제五帝를 능가한다고 여겼다. 마침내 '황제皇帝'로 칭호를 바꾼 뒤 명命을 제制, 영令을 조詔라고 했다. 또 스스로를 짐朕으로 칭하고, 선왕 장양왕을 추존하여 태상황太上皇이라고 높이면서 명을 내렸다.

"죽은 뒤 생전의 행적을 가지고 평하여 정하는 것이 시호諡號이다. 그러나 이는 결국 아들이 아비를 논하고 신하가 군주를 논하는 것이다. 금후 이러한 시법諡法을 없앤다. 짐이 첫 번째 황제인 시황제始皇帝가 되니 후세는 순차로 2세와 3세가 될 것이다. 만세萬世에 이르기까지 이를 무궁히 전하도록 하라."

3) 당초 제위왕齊威王과 제선왕齊宣王 때 추연鄒衍이 '종시오덕지운終始五德之運'을 논하여 저술하는 논저論著를 했다. 마침내 진시황에 이르러 천하를 병탄하자 제나라 사람이 이를 상주했다. 진시황이 이를 채택해 주나라는 화덕火德을 얻었고 진나라는 주周나라를 대신했으므로 수덕水德이 된다고 생각했다.[102] 또한 연대를 고쳐 조회와 하례인 조하朝賀를 모두 정월인 10월 초하루에 하고, 의복衣服과 정모旌旄, 절기節旗는 모두 검은색으로 하고, 숫자도 6을 기본단위로 삼게 했다.

4) 진나라 승상 왕관王綰이 진시황에게 진언했다.

"연·제·초의 땅은 모두 먼 곳에 있어 왕을 두지 않으면 이를 진수鎭守할 수 없습니다. 청컨대 여러 자제들 가운데 적임자를 골라 이들 지역의 왕으로 세우기 바랍니다."

진시황이 백관들을 모아 놓고 이를 의논케 하자 사법총책인 정위廷尉 이사李斯가 건의했다.

"주문왕周文王과 주무왕周武王이 제후로 봉한 사람들 중에는 자제子弟와 동성同姓이 매우 많았습니다. 그러나 이후 이들은 소원하게 되어 서로 공격하기를 마치 원수같이 했습니다. 주나라의 천자도 이를 금할 길이 없었습니다. 이제 해내海內는 폐하의 신령神靈한 일통一統에 의해 모두 군현郡縣으로 만들고, 제자공신諸子功臣은 공적인 부세賦稅로 중상重賞하

102 '종시오덕지운'은 왕조가 목·화·토·금·수의 순서에 따라 오덕五德을 갖게 된다고 간주하는 설이다. 이는 이른바 상생설相生說에 입각한 것으로 이를 예시하면 복희伏羲목→신농神農화→황제黃帝토→소호少昊금→전욱顓頊수→제곡帝嚳목→당요唐堯화→우순虞舜토→하夏금→은殷수→주周목가 된다. 전국시대 당시 제나라의 추연은 주왕조를 목덕木德이 아닌 화덕火德으로 보았다. 이 경우 상생설에 따르면 진秦제국은 토덕土德이 되어야 한다. 그러나 진시황은 상생설 대신 이른바 상극설相剋說에 입각해 진제국을 수덕水德의 나라로 간주했다. 진제국이 흑색과 북쪽, 6등을 숭상한 것은 바로 이 때문이다.

기 바랍니다.[103] 그리되면 아주 쉽게 통제되어 천하 사람이 모두 다른 뜻을 품지 않을 것입니다. 이것이 안녕을 지키는 술책입니다. 제후를 두는 것은 불편不便합니다."

진시황이 이사의 건의를 받고 말했다.

"천하가 함께 전투하고 쉬지 못하는 고통을 당한 것은 후왕侯王이 있었기 때문이오. 선조의 보우를 받아 천하가 처음으로 안정됐는데 또다시 나라를 세운다면 이는 군사를 일으키는 것이오. 그리하고도 그들이 편히 쉬기를 바란다면 이 어찌 어려운 일이 아니겠소. 정위의 견해가 실로 옳소."

마침내 천하를 모두 36군郡으로 나누고 각 군마다 군수郡守와 군위郡尉, 군감郡監을 두었다. 또 천하의 무기를 모두 함양咸陽섬서성 함양시 동북쪽에 모은 뒤 이를 녹여 종거鐘鐻종과 북을 매다는 틀와 금인金人 12개를 만들었다.[104] 금인의 무게는 각기 1,000석石120근이다. 금인을 궁정宮庭의 한가운데에 두었다. 이어 법도法度를 비롯해 부피인 형衡과 무게인 석石, 길이인 장척丈尺 등의 도량형度量衡도 그 단위를 통일했다. 이어 천하의 부호富豪 12만 호를 함양으로 옮겨 살게 했다.

여러 사당과 장대궁章臺宮, 상림원上林苑은 모두 위수의 남쪽에 건조했다. 매번 제후국을 멸망시킬 때마다 함양의 북쪽 언덕에 그 제후국의 궁실을 모방한 건물을 세웠다. 궁실은 남쪽으로 위수渭水에 이르고 옹문

---

103 주나라 때는 군郡이 현縣 아래에 있었다. 당시 1개 현에 4개 군을 두었다. 진시황이 천하를 통일한 후 현을 군 아래에 두게 됐다.

104 '함양'의 '양陽'은 원래 산의 남쪽과 강의 북쪽을 뜻한다. 함양은 이 두 가지를 모두 충족한 까닭에 붙여진 이름이다. 진효공 12년인 기원전 350년에 처음으로 이곳에 도읍했다. 한고제는 원년에 신성新城으로 고쳤고, 무제 때 다시 위성渭城으로 고쳤다. 이는 함양이 위수渭水의 북쪽에 위치한 데 주목한 것이다.

雍門의 동쪽으로는 경수涇水와 위수渭水에 이르게 했다. 전옥殿屋을 비롯해 고루高樓나 암벽 사이를 상하로 연결하는 통로인 복도複道, 누각을 둘러싼 통로인 주각周閣 등을 서로 거미줄처럼 이어지게 했다. 그러고는 마침내 노획한 제후들의 미인과 종고鐘鼓 등을 모두 그 안에 채워 넣었다.

＊ 始皇帝二十六年

王賁自燕南攻齊, 猝入臨淄, 民莫敢格者. 秦使人誘齊王, 約封以五百里之地. 齊王遂降, 秦遷之共, 處之松柏之間, 餓而死. 齊人怨王建不早與諸侯合從, 聽奸人賓客以亡其國, 歌之曰, "松耶, 柏耶, 住建共者客耶!" 疾建用客之不詳也.

臣光曰, "從衡之說雖反覆百端, 然大要合從者, 六國之利也. 昔先王建萬國, 親諸侯, 使之朝聘以相交, 饗宴以相樂, 會盟以相結者, 無他, 欲其同心戮力以保國家也. 向使六國能以信義相親, 則秦雖强暴, 安得而亡之哉! 夫三晉者, 齊·楚之藩蔽. 齊·楚者, 三晉之根柢. 形勢相資, 表裡相依. 故以三晉而攻齊·楚, 自絶其根柢也. 以齊·楚而攻三晉, 自撤其藩蔽也. 安有撤其藩蔽以媚盜, 曰'盜將愛我而不攻', 豈不悖哉!"

王初並天下, 自以爲德兼三皇, 功過五帝, 乃更號曰'皇帝', 命爲'制', 令爲'詔', 自稱曰'朕'. 追尊莊襄王爲太上皇. 制曰, "死而以行爲謚, 則是子議父, 臣議君也, 甚無謂. 自今以來, 除謚法. 朕爲始皇帝, 後世以計數, 二世·三世至於萬世, 傳之無窮."

初, 齊威·宣之時, 鄒衍論著終始五德之運. 及始皇並天下, 齊人奏之. 始皇采用其說, 以爲周得火德, 秦代周, 從所不勝, 爲水德. 始改年, 朝賀皆自十月朔. 衣服·旌旄·節旗皆尙黑, 數以六爲紀.

丞相綰等言曰, "燕·齊·荊地遠, 不爲置王, 無以鎭之. 請立諸子."

始皇下其議. 廷尉斯曰, "周文·武所封子弟同姓甚衆, 然後屬疏遠, 相攻擊如仇讎, 周天子弗能禁止. 今海內賴陛下神靈一統, 皆爲郡·縣, 諸子功臣以公賦稅重賞賜之, 甚足易制, 天下無異意, 則安寧之術也. 置諸侯不便." 始皇曰, "天下共苦戰鬥不休, 以有侯王. 賴宗廟, 天下初定, 又復立國, 是樹兵也. 而求其寧息, 豈不難哉! 廷尉議是."

分天下爲三十六郡, 郡置守·尉·監.

收天下兵聚咸陽, 銷以爲鍾鐻·金人十二, 重各千石, 置宮廷中. 一法度·衡·石·丈尺. 徙天下豪傑於咸陽十二萬戶.

諸廟及章台·上林皆在渭南. 每破諸侯, 寫放其宮室, 作之咸陽北阪上, 南臨渭, 自雍門以東至涇·渭, 殿屋·覆道·周閣相屬, 所得諸侯美人·鐘鼓以充入之.

진시황 27년(BC 220)

1) 진시황이 사상 최초로 천하통일을 이룬 이듬해인 재위 27년에 농서隴西감숙성 임도현 남쪽와 북지北地감숙성 영현를 순수巡狩하여 이내 계두산鷄頭山[105]영하성 융덕현 동쪽까지 이르렀다. 도중에 회중궁回中宮섬서성 농현 서북쪽을 지나갔다.

2) 위수의 남쪽인 위남渭南에 신궁信宮을 지었다. 궁이 완성되자 극묘極廟[106]로 다시 명명했다. 극묘에서 여산驪山까지 길이 통하게 했다. 감천궁甘泉宮섬서성 경양현 경계의 전전前殿을 지은 뒤 양 옆의 담장으로 밖에서

105 계두산鷄頭山은 계두산笄頭山, 공동산崆峒山, 견둔산牽屯山, 부락산薄洛山 등의 별칭이 있다.

106 극묘極廟는 『사기』「천관서」에 나오는 천극天極으로 곧 북극성을 지칭한다.

보지 못하도록 하고 사람이나 물건을 나르던 용도甬道를 수축修築해 함양咸陽에서 그곳까지 이어지게 했다. 또한 천하의 어느 곳이든 말이 빨리 달려갈 수 있도록 치도馳道를 닦았다.[107]

＊ 始皇帝二十七年

始皇巡隴西·北地，至雞頭山，過回中焉．作信宮渭南，已，更命曰極廟．自極廟道通驪山，作甘泉前殿，築甬道自咸陽屬之，治馳道於天下．

진시황 28년(BC 219)

1) 진시황이 동쪽으로 여러 군현을 순행하다가 추역산鄒嶧山[108]산동성 추현 동남쪽에 오른 뒤 각석刻石[109]을 세워 자신의 공업功業을 높이 기리는 송양頌揚을 했다. 이어 옛 노魯나라 땅의 유생 70명을 소집한 뒤 태산 아래

107　치도馳道는 황제가 사용하는 용도甬道로 후대의 어로御路에 해당한다. '치도'에는 폭 50보의 길 양쪽에 3장丈마다 나무 한 그루씩 심었다. 당시 '치도'는 북쪽으로 연나라, 남쪽으로 중국해에 이르렀다. 『사기』「육국연표」는 이 해에 황하를 덕수德水, 백성을 검은 두건으로 머리를 덮은 검수黔首로 칭하고 천하의 문자를 소전小篆으로 통일했다고 기록해 놓았다. 이어 천하를 내사군內史郡, 한중군漢中郡, 북지군北地郡, 농서군隴西郡, 상군上郡, 태원군太原郡, 하동군河東郡, 상당군上黨郡, 운중군雲中郡, 안문군雁門郡, 대군代郡, 삼천군三川郡, 한단군邯鄲郡, 남양군南陽郡, 영천군潁川郡, 낭야군琅邪郡, 사수군泗水郡, 동군東郡, 요서군遼西郡, 요동군遼東郡, 상곡군上谷郡, 어양군漁陽郡, 거록군鉅鹿郡, 우북평군右北平郡, 구강군九江郡, 회계군會稽郡, 장군鄣郡, 민중군閩中郡, 남해군南海郡, 상군象郡, 계림군桂林郡, 파군巴郡, 촉군蜀郡, 검중군黔中郡, 남군南郡, 장사군長沙郡 등 36개 군郡으로 나눴다. 각 군마다 군수郡守와 군위郡尉, 군감郡監을 두었다.

108　추역산鄒嶧山은 주역산邾嶧山, 역산嶧山, 추산鄒山 등의 별칭이 있다.

109　각석刻石은 돌에 새긴 공덕비를 가리킨다. 당시 진시황은 전국을 다니며 이런 공덕비를 모두 7개 세웠다.

에 이르러 봉선封禪에 관해 의논케 했다.[110] 유생 가운데 어떤 사람이 말했다.

"옛날 봉선을 할 때는 창포로 감싼 수레인 포거蒲車를 이용했으니 이는 산의 토석土石과 초목草木을 상하게 하는 것을 꺼렸기 때문입니다. 또한 땅을 깨끗이 쓰는 소지掃地를 하여 제사를 지내고, 수초와 농작물 짚단인 저계葅稭로 자리를 만들었습니다."

의론이 각기 어그러지고 차이가 있는 괴이乖異의 모습을 보였다. 진시황은 괴이한 의견을 시용施用하기가 어렵다는 이유로 유생들을 쫓아냈다. 그러고는 마침내 수레가 다니는 거도車道를 닦아 태산의 남쪽 길인 양도陽道에서 태산 정상에 이른 뒤 각석을 세워 자신의 공덕을 기렸다. 이어 북쪽 길인 음도陰道로 내려와 양보산梁父山에서 땅에 지내는 제례인 선禪을 했다. 예식은 옹성雍城섬서성 봉상현에서 태축太祝[111]이 상제에 제사를 올릴 때 쓴 것을 많이 채용했다. 봉선할 때 물건을 묻는 봉장封藏은 모두 비밀로 한 까닭에 세인들이 이를 엿어들어 기록하는 일이 불가능했다.

진시황이 마침내 발해 연안을 동쪽으로 가 두루 살핀 뒤 명산대천과 8신八神에게 예를 갖춰 제사를 올리는 예사禮祀를 했다.[112] 남쪽 방향에서 낭야산琅邪山에 올라 크게 즐기며 3달을 머물렀다. 이때 낭야대琅邪臺를

---

110 봉선封禪은 제왕이 천지에 제사지내는 것을 말한다. 당시 유생들은 중국의 '5악五嶽' 가운데 동쪽의 태산泰山이 가장 높다고 생각해 제왕은 의당 태산으로 가 하늘과 땅에 제사를 지내야 한다고 주장했다. 태산에 올라가 흙을 쌓는 것을 봉封, 태산의 남쪽에 있는 양보산梁父山 아래의 땅에 제사를 지내는 것을 선禪이라고 했다.

111 태축太祝은 제관祭官을 말한다. 옹 땅의 제사 담당 총책인 봉상관奉常官 밑에 옹태축령雍太祝令과 옹태축승雍太祝丞이 있었다.

112 '8신'은 천주天主인 천재연수天齋淵水와 지주地主인 태산양보太山梁父, 병주兵主인 치우蚩尤, 음주陰主인 삼산三山, 양주陽主인 지부산芝罘山, 월주月主인 내산萊山, 일주日主인 성산成山, 시주時主인 낭야산琅邪山산동성 교남현 남쪽을 말한다.

만들고 각석을 세워 공덕을 송양하며 모든 일이 자신의 뜻대로 이뤄진 사실을 밝혔다.[113]

당초 화선火仙으로 알려진 신선인 연燕나라 출신 송무기宋毋忌와 고대의 신선인 선문자고羨門子高 무리들이 선도仙道와 노인의 몸이 해체되어 신선이 되는 술법인 형해소화지술形解銷化之術이 있다고 떠벌였다. 연燕·제齊의 어둡고 괴이한 자인 우괴지사迂怪之士가 모두 다투어 이를 전습傳習한 이유다.

제위왕齊威王과 제선왕齊宣王, 연소왕燕昭王 등이 모두 이를 믿고 사람들을 시켜 바다로 나가 봉래蓬萊·방장方丈·영주瀛洲 등 이른바 삼신산三神山를 찾아보게 했다. 이들 삼신산은 발해渤海 가운데 있으나 사람들이 사는 곳에서 그리 멀지 않다고 했다. 다만 거의 도달할 즈음이 되면 곧 바람이 일어 배를 신산으로 끌고 가는 것이 걱정이었다.

일찍이 어떤 사람이 그곳에 이른 사람이 전하기를, '모든 선인仙人과 불사지약不死之藥이 그곳에 있었다'고 했다. 진시황이 바닷가에 이르렀을 때 제나라 출신 방사方士인 서불徐市서복徐福 등이 다투어 상서上書하여 말하기를, '재계齋戒한 뒤 동남동녀童男童女에게 삼신산을 찾게 하면 될 것입니다'라고 했다. 진시황이 서불에게 명해 동남동녀 수천 명을 선발해 이들을 이끌고 바다로 나가 삼신산을 찾게 했다. 배가 바다 한가운데로 나갔으나 이내 풍랑이 크게 일자 삼신산을 찾지 못하고 귀환한 뒤 변명했다.

"삼신산에 도착하지는 못했으나 망견望見할 수는 있었습니다."

진시황이 함양으로 돌아오는 길에 팽성彭城강소성 서주시을 지나 재계한

113 원래 낭야대琅邪臺는 춘추시대 말기에 월왕 구천이 만든 것으로 진시황은 3만 호의 민력을 동원해 이를 확장했다.

뒤 제사를 올리며 기원하는 재계도사齋戒禱祠를 행했다. 주정周鼎[114]이 사수泗水에서 나오기를 기원했다. 1,000명에게 명해 잠수해 이를 찾게 했으나 끝내 찾지 못했다.[115]

진시황은 이내 서남쪽으로 가 회수淮水를 건넌 뒤 형산衡山안휘성 당도현 북쪽과 남군南郡호북성 강릉현으로 갔다. 장강에 배를 띄워 상군湘君을 모시는 사당인 상산사湘山祠호남성 상담현 경계에 이르렀으나 대풍大風을 만나 거의 건너지 못할 지경이 됐다. 진시황이 박사博士에게 물었다.

"상군湘君은 어떤 신이오?"

박사가 대답했다.

"듣건대 그는 요堯의 딸로 순舜의 부인이 되어 훗날 여기에 장사 지냈다고 합니다."

진시황이 상군에 대해 크게 노했다. 3,000명의 형도刑徒를 시켜 상산湘山의 나무를 모두 베어 산을 벌거벗겨 민둥산으로 만드는 자산赭山을 하도록 했다. 남군에서 무관武關섬서성 상현 경계을 거쳐 귀경했다.

2) 당초 한韓나라 사람 장량張良은 그의 부친과 조부를 비롯해 위로 5세에 걸쳐 한나라 재상을 지낸 집안 출신이다. 한나라가 망하자 장량은 천금千金의 재산을 풀어 한나라를 위해 원수를 갚는 보구報仇를 하고자 했다.

---

114 주정周鼎은 하나라 건국시조인 우禹가 만든 구정九鼎을 말한다. '구정' 가운데 하나가 주나라 멸망 당시 홀연히 공중으로 날아가 사수泗水에 빠졌다는 전설이 있다.

115 당시 '9정'은 모두 부서졌거나 없어졌을 공산이 크다. 진시황이 사수에 빠진 것으로 알려진 '정'을 찾으려고 한 것은 '9정'의 신화를 믿고 있는 사람들이 혹여 진나라의 수명受命을 의심할까 우려한 데 따른 것으로 짐작된다. 일각에서는 주왕조의 뒤를 이은 진나라의 정통성을 확립하기 위한 술책으로 풀이하고 있으나 이는 잘못이다. 진시황은 상생설이 아닌 상극설을 좇아 진나라를 화덕火德의 주나라를 물리친 수덕水德의 나라로 규정한 바 있다.

＊ 始皇帝二十八年

始皇東行郡·縣, 上鄒嶧山, 立石頌功業. 於是召集魯儒生七十人, 至泰山下, 議封禪. 諸儒或曰, “古者封禪, 爲蒲車, 惡傷山之土石·草木. 掃地而祭, 席用菹秸.” 議各乖異. 始皇以其難施用, 由此絀儒生. 而遂除車道, 上自太山陽至顚, 立石頌德. 從陰道下, 禪於梁父. 其禮頗采太祝之祀雍上帝所用, 而封藏皆秘之, 世不得而記也.

於是始皇遂東遊海上, 行禮祠名山·大川及八神. 始皇南登琅邪, 大樂之, 留三月, 作琅邪台, 立石頌德, 明得意.

初, 燕人宋毋忌·羨門子高之徒稱有仙道·形解銷化之術, 燕·齊迂怪之士皆爭傳習之. 自齊威王·宣王·燕昭王皆信其言, 使人入海求蓬萊·方丈·瀛洲, 雲此三神山在勃海中, 去人不遠. 患且至, 則風引船去. 嘗有至者, 諸仙人及不死之藥皆在焉. 及始皇至海上, 諸方士齊人徐市等爭上書言之, 請得齊戒與童男女求之. 於是遣徐市發童

男女數千人入海求之. 船交海中, 皆以風解, 曰, “未能至, 望見之焉.”

始皇還, 過彭城, 齋戒禱祠, 欲出周鼎泗水, 使千人沒水求之, 弗得. 乃西南渡淮水, 之衡山·南郡. 浮江至湘山祠, 逢大風, 幾不能渡. 上問博士曰, “湘君何神?” 對曰, “聞之:堯女, 舜之妻, 葬此.” 始皇大怒, 使刑徒三千人皆伐湘山樹, 赭其山. 遂自南郡由關武歸.

初, 韓人張良, 其父·祖以上五世相韓. 及韓亡, 良散千金之産, 欲爲韓報仇.

진시황 29년(BC 218)

1) 진시황이 동유東遊하여 양무陽武하남성 양무현의 박랑사博浪沙박랑사博狼沙에 이르렀을 때 장량이 역사力士로 하여금 쇠방망이인 철추鐵椎를 이

용해 진시황을 저격케 했다. 철추가 부거副車에 잘못 맞았다.[116] 진시황이 크게 놀라 역사를 잡고자 했으나 실패했다. 천하에 명을 내려 10일 동안 대대적인 수색을 펼쳤으나 허사였다.

진시황이 마침내 지부산芝罘山에 올라 자신의 공업을 각석刻石한 뒤 이내 발걸음을 돌려 낭야琅邪로 갔다가 상당上黨산서성 장자현을 거쳐 함양으로 들어왔다.

* 始皇帝二十九年

始皇東遊, 至陽武博浪沙中, 張良令力士操鐵椎狙擊始皇, 誤中副車. 始皇驚, 求, 弗得. 令天下大索十日.

始皇遂登之罘, 刻石. 旋, 之琅邪, 道上黨入.

진시황 31년(BC 216)

1) 검수黔首에게 명해 스스로 백성들이 보유하고 있는 실제의 전무田畝를 보고해 승인을 받는 실전實田을 하도록 했다.

* 始皇帝三十一年

使黔首自實田.

진시황 32년(BC 215)

1) 진시황이 갈석산碣石山요령성 수중현 동남쪽으로 가 연나라 사람 노생盧

116 한나라의 관제에 따르면 천자가 행행行幸할 때는 36승의 부속수레인 속거屬車가 뒤따랐다. 봉거랑奉車郎이 부거를 몰면서 어가를 뒤따르는 역할을 수행했다.

生으로 하여금 전설상의 신선인 선문羨門[117]을 찾게 하고 이 사실을 갈석碣石의 산문山門에 새겼다. 성곽을 허물고 제방을 터 물이 통하게 했다. 진시황이 북변北邊을 순유巡遊하고 상군上郡을 거쳐 입경했다.

연나라 사람 노생이 명을 받고 삼신산을 찾기 위해 바다로 들어갔다가 돌아왔다. 앞날의 일을 예언한 도서인 녹도서錄圖書를 상주하며 이같이 변명했다.

"진나라를 망하게 할 자는 호胡입니다."

진시황이 이내 장군 몽념蒙恬에게 명해 군사 30만 명을 이끌고 북쪽 흉노를 치게 했다.

* 始皇帝三十二年

始皇之碣石, 使燕人盧生求羨門, 刻碣石門. 壞城郭, 決通堤坊. 始皇巡北邊, 從上郡入. 盧生使入海還, 因奏『錄圖書』曰, "亡秦者胡也." 始皇乃遣將軍蒙恬發兵三十萬人, 北伐匈奴.

진시황 33년(BC 214)

1) 모든 도망한 사람인 포망인逋亡人과 데릴사위인 췌서贅壻와 상인인 고인賈人을 징발해 병사로 삼았다.[118] 남월南越의 육량지陸梁地광동과 · 광서성 일대를 약취略取한 뒤 계림桂林광서성 계평현 서남쪽과 남해南海광동성 광주시, 상군象郡광서성 숭좌현을 설치했다.

죄를 지어 강직 내지 유배당한 관원인 적인謫人 50만 명을 옮겨 오령

117 선문羨門을 두고 『사기』「진시황본기」는 선문羨門과 고서高誓 등 두 사람으로 기록해 놓았다.

118 당시 집안이 가난한 사람이 여자 집에 데릴사위로 들어가 아이를 낳으면 여자의 성을 따르도록 되어 있었다. 이로 인해 특별히 가난하지 않으면 결코 '췌서'로 가지 않았다.

산맥五嶺山脈[119] 수자리를 서면서 변경을 지키게 하고 월인越人과 섞어 살게 했다.

2) 몽념이 흉노를 구축하고 황하 이남의 하남河南 지역을 얻은 뒤 44개 현을 두었다. 장성을 쌓으면서 지형地形에 의거해 험새險塞를 통제했다. 임도臨洮[120]에서 요동遼東에 이르기까지 연장한 세로 거리인 연무延袤[121]가 모두 1만여 리에 달했다. 장성은 황하를 건너 양산현陽山縣내몽골 낭산狼山을 배경으로 구불구불 이어지는 위이逶迤의 모습을 한 채 북쪽으로 뻗어 있었다. 10여 년 동안 전쟁에 나간 군사가 야외에서 숙영하는 폭사暴師로 인해 몽념은 항시 상군上郡에 살며 이들을 총지휘하는 통치統治를 했다. 그의 성위聲威가 흉노를 진동시켰다.

* 始皇帝三十三年

發諸嘗逋亡人·贅婿·賈人爲兵, 略取南越陸梁地, 置桂林·南海·象郡. 以謫徙民五十萬人戍五嶺, 與越雜處.

蒙恬斥逐匈奴, 收河南地爲四十四縣. 築長城, 因地形, 用制險塞. 起臨洮至遼東, 延袤萬餘里. 於是渡河, 據陽山, 逶迤而北. 暴師於外十餘年. 蒙恬常居上郡統治之, 威振匈奴.

진시황 34년(BC 213)

1) 옥리獄吏로서 정직하지 않은 부직不直의 모습을 보이거나 재심을

---

119 오령산맥五嶺山脈은 월성령越城嶺과 도방령都龐嶺, 맹저령萌渚嶺, 기전령騎田嶺, 대유령大庾嶺을 가리킨다.

120 임도臨洮를 흔히 '임조'로 읽고 있으나 호삼성은 주석에서 도洮의 음이 '도韜'와 같다고 했다. '임도'로 읽어야 하는 이유다.

121 연무延袤의 '무袤'는 남북 간 거리, 동서 간 거리는 '광廣'이다.

맡은 옥리가 고의로 판결을 뒤집고 실수로 잘못 처리하는 복옥고실覆獄故失을 행할 경우 귀양을 보내 다스리는 적치謫治를 하도록 했다. 장성을 쌓거나 남월南越 땅으로 옮겨가 살게 한 게 그렇다.

승상 이사李斯가 상주했다.

"이전에 제후들이 병쟁竝爭했기에 유세하는 학인學人인 유학遊學들을 두터운 예물로 초빙했습니다. 이제 천하가 이미 안정됐으니 법령을 통일적으로 내보내 백성으로 집을 다스리는 자는 농공農工에 힘쓰고, 선비는 법령을 학습토록 해야 합니다. 지금 제생諸生[122]이 현재의 것을 스승으로 삼는 사금師今 대신 옛 것을 배우는 학고學古를 통해 당세當世를 비난하고, 검수黔首들을 혹란惑亂케 만들고, 서로 어울려 법령을 비난하며 사람들을 가르칩니다. 명령이 포고됐다는 말을 들으면 각기 배운 것을 가지고 이를 의논한 뒤 군중 속으로 들어가서는 마음속으로 불만을 품고, 밖으로 나와서는 거리에서 시끄럽게 논의하는 항의巷議를 합니다. 그래서 군주의 뜻을 과장하는 과주誇主를 명성으로 여기고, 이취異趣법령과 다른 뜻을 밝힘를 고상하게 여겨 마침내 군하群下많은 사람를 이끌며 비방을 조성합니다. 만일 이를 금하지 않으면 군주의 위세는 위에서 떨어지고 당여黨與는 아래에서 만들어집니다. 이를 금지하는 것이 나라에 이익이 될 것입니다. 청컨대 사관史官에게는 진나라의 기록이 아닌 것은 모두 불태우게 하고, 박사관博士官이 관장하지 않는 천하의 『시詩』『서書』 및 제자백가의 학설은 모두 군수郡守와 군위郡尉에게 보내 이를 불태우게 하십시오. 감히 『시』『서』를 서로 얘기하는 자는 기시棄市에 처하고, 옛 것을 가지고 오늘을 비난하는 이고비금以古非今을 행하는 자는 9족을 주살하는 이족夷族에 처하

122 제생諸生은 유생儒生을 가리킨다. 원래는 제자백가를 배우는 학생을 지칭하는 말이다.

도록 하십시오. 관원으로서 범죄를 알고도 보고하지 않는 견지불거見知不擧의 죄를 범한 자는 같은 죄로 다스리십시오. 명이 내린 지 30일이 되어도 책을 태워 버리지 않는 자는 경형黥刑을 가한 뒤 4년 동안 성을 쌓는 노역형인 성단城旦에 처하십시오. 소거燒去하지 않을 서책으로는 의약醫藥과 복서卜筮, 씨 뿌리고 나무를 심는 종수種樹와 관련된 것입니다. 만일 법령을 배우고자 하는 사람이 있으면 관리를 스승으로 삼도록 하십시오."

진시황이 제서制書로 명을 내렸다.

"가可하다."

위魏나라 출신 진여陳餘가 공자의 8세손으로 자가 자어子魚인 공부孔鮒에게 말했다.

"진나라가 장차 선왕先王의 전적典籍을 없애려 하고 있소. 그대는 전적의 주인이니 심히 위태롭소."

자어가 대답했다.

"나는 소각 대상이 된 쓸모없는 학문인 무용지학無用之學을 배운 사람이니 나를 이해하는 자만이 나의 친구가 될 것이오. 진나라가 나의 벗이 아닌데 내가 어찌 위험하다는 말이오. 나는 장차 이를 감추어 두었다가 이를 찾는 사람을 기다릴 것이오. 찾는 사람이 나타나기만 하면 조금도 걱정할 일이 없소."

* 始皇帝三十四年

謫治獄吏不直及覆獄故·失者, 築長城及處南越地.

丞相李斯上書曰, "異時諸侯並爭, 厚招游學. 今天下已定, 法令出一, 百姓當家則力農工, 士則學習法令. 今諸生不師今而學古, 以非當世, 惑亂黔首, 相與非法敎. 人聞令下, 則各以其學議之, 入則心非, 出則巷議, 誇主以爲名, 異趣以爲高, 率群下以造謗. 如此弗禁, 則主勢降乎上, 黨與成乎下. 禁之便! 臣請史官非秦記皆燒之. 非博士官所職, 天下有藏『詩』·『書』·百家語者, 皆詣守·尉雜燒之. 有敢偶語『詩』·『書』, 棄市. 以古非今者族. 吏見知不擧, 與同罪. 令下三十日, 不燒, 黥爲城旦. 所不去者, 醫藥·卜筮·種樹之書. 若欲有學法令, 以吏爲師." 制曰, "可."

魏人陳餘謂孔鮒曰, "秦將滅先王之籍, 而子爲書籍之主, 其危哉!" 子魚曰, "吾爲無用之學, 知吾者惟友. 秦非吾友, 吾何危哉! 吾將藏之以待其求. 求至, 無患矣."

진시황 35년(BC 212)

1) 몽념에게 곧바로 뻗은 대로인 직도直道를 닦아 구원九原내몽골 포두시 서북쪽까지 가는 길을 내게 했다. 운양雲陽섬서성 순화현에 이르러서는 산을 깎고 골짜기를 메우는 참산인곡塹山堙谷을 하여 1,800리를 만들려고 했다. 수년이 지나도록 완성치 못했다.

2) 진시황이 함양에 많은 사람이 살고 있는데도 선왕의 궁정은 협소하다고 생각했다.[123] 마침내 위수 남쪽인 위남渭南의 상림원上林苑에 조궁朝宮을 지으면서 전전前殿인 아방궁阿房宮부터 지었다. 동서가 500보步, 남북이 50장丈이다. 위로는 가히 1만 명이 동시에 앉을 수 있고, 아래로는 5장 높이의 기를 세울 수 있고, 변을 나무로 쌓아 올린 고가도高架道인 각도閣道가 사방으로 통하고, 전殿 아래에서 곧바로 남산南山에 다다를 수

---

123 『사기』「진시황본기」는 진시황이 "짐이 듣건대 주문왕은 풍豐에 도읍하고 주무왕은 호鎬에 도읍했다고 한다. 풍호豐鎬 두 지역 사이가 제왕의 도읍지로 삼을 만하다."고 명한 내용을 기록해 놓았다.

있었다. 남산의 정상에 궐문을 만들었다.

또 수레가 왕복할 수 있는 길인 복도複道를 만들어 아방궁에서 위수를 건너 함양에 이어지게 했다. 이는 북극성과 각도성이 은하수를 가로질러 천자의 별자리인 영실성營室星에 이르는 것을 본뜬 것이다.[124] 궁형宮刑을 받은 자와 노역형인 도형徒刑을 받은 70만 명을 나눠 아방궁과 여산驪山[125]여산에 조성된 진시황릉을 의미. 『사기』는 여산酈山을 조성케 했다.[126] 북산北山섬서성 관중 평원 북쪽의 돌을 캐내 석곽石槨을 만들고, 촉蜀과 형荊 땅의 목재를 실어다 날랐다. 궁궐이 관중關中에는 모두 300개, 함곡관 이동의 관동關東에도 400여 개나 됐다.[127]

동해의 구산朐山강소성 서남쪽 금병산에 돌을 세워 진나라의 동문으로 삼았다. 3만 호를 여읍驪邑섬서성 임동현, 5만 호를 운양雲陽으로 이주시키면서 이들에게 총 10년간의 부세賦稅를 면제해 주었다.

3) 하루는 노생이 진시황에게 유세했다.

"방술方術에 따르면 군왕은 때로 미행微行하여 악귀를 피해야 한다고 했습니다. 악귀를 피하면 진인眞人은 자연히 이르게 됩니다. 원컨대 주상은 거처하는 곳을 다른 사람이 모르게 해야 합니다. 그런 연후에 가위 불사약不死藥을 구할 수 있을 것입니다."

---

124 각도성은 규수奎宿에 속해 6개의 별을 포함하고 있다. 영실은 당초 영수營宿와 벽수壁宿를 포함했으나 후에는 오직 '영수'만을 지칭하게 됐다. 당시 영실의 두 별은 천자의 궁宮으로 간주됐다.

125 여산驪山이 『사기』「진본기」 등에는 여산酈山으로 나온다.

126 은궁隱宮은 남자를 거세하는 궁형宮刑과 여자를 어두운 음실陰室에 100일간 유폐시키는 형벌을 통칭한 것이다.

127 관중關中은 위수 일대의 좁고 긴 지역을 말한다. 서쪽으로 농관隴關, 동쪽으로 함곡관函谷關, 서남쪽으로 산관散關, 북쪽으로 소관蕭關과 임진관臨晉關, 남쪽으로 무관武關 등 사방의 험요한 관문 안에 위치한 까닭에 '관중'이라는 이름을 얻게 됐다.

진시황이 말했다.

"나는 진인을 선모羨慕하오."

스스로 '진인'이라고 부르면서 '짐朕'을 칭하지 않았다.[128] 이내 함양 주변 200리 안에 있는 궁전과 전망누대인 궁관宮觀 270개의 복도複道와 용도甬道를 서로 연결시켰다. 휘장과 장막인 유장帷帳과 종고鐘鼓, 미인美人을 이곳에 가득 채워 넣은 뒤 각기 안치하여 고정킨 뒤 함부로 옮기지 못하게 했다. 황제가 순행할 때 감히 그 소재를 말하는 자가 있으면 사형에 처했다. 진시황이 양산궁梁山宮에 갔다가 산 위에서 승상 이사를 수종하는 수레와 기마인 거기車騎가 매우 많은 것을 보고 내심 크게 꺼렸다. 한 환관이 이를 이사에게 말하자 이사가 곧 거기를 줄였다. 진시황이 이를 알고 대로했다.

"이는 환관인 중인中人이 나의 말을 누설한 것이다."

수종하는 환관을 살피며 심문하는 안문案問을 하도록 했으나 아무도 승복치 않았다. 자신의 옆에 있었던 자들을 전원 체포해 주살했다. 이후 그가 가서 머무는 곳을 아무도 알지 못했다. 군신群臣들은 통상 결재를 받기 위해 모두 함양궁에서 마냥 기다려야만 했다.

후생侯生과 노생盧生이 서로 더불어 진시황을 비방하는 논의인 기의譏議를 행한 이유로 도주했다. 진시황이 이 소식을 보고받고 대로했다.

"노생 등은 내가 존중하여 상을 내린 것이 매우 후했다.[129] 그런데도 이

---

128 당시 진시황은 신선사상에 현혹되어 영원히 늙지도 죽지도 않는 이른바 불로장생의 비약이 있다고 믿었다. 도교에서 말하는 '진인眞人'을 자처했을 가능성이 크다.

129 당시 민간에서는 영생불사를 연구하는 이른바 방사方士들은 마치 제 세상을 만난 듯 횡행했다. 대표적인 인물이 바로 제나라 출신의 서복徐福서시徐市과 연나라 출신의 노생盧生이다. 서복은 신선이 사는 동쪽 봉래산에서 불사약을 구해 오겠다고 거짓말을 꾸며 진시황으로부터 막대한 자금을 얻어낸 뒤 도주한 희대의 사기꾼이다.

내 나를 비방했다는 것인가? 내가 사람을 시켜 함양에 있는 제생諸生들을 살피며 물어 어떤 자가 요언妖言으로 백성들을 어지럽혔는지를 밝혀낼 것이다."

이에 곧 어사御史문서 및 규찰 담당관원로 하여금 제생들을 모두 안문案問케 했다. 제생들이 전상고인傳相告引서로 고발하여 줄줄이 연루됨했다. 연루되어 범금犯禁한 자가 모두 460여 명에 달했다. 이들을 모두 함양에 산 채로 묻으며 천하가 모두 알게 하여 후세인들을 경계했다. 또한 발적사변發謫徙邊죄수를 적발해 변방으로 이주시킴을 강화했다. 진시황의 장자인 부소扶蘇가 간했다.

"제생들은 모두 공자를 송법誦法음송하며 본받음하고 있습니다. 지금 주상이 이들을 모두 중법重法으로 묶어 버리니 신은 장차 천하가 불안해할까 두렵습니다."

진시황이 노한 나머지 곧 부소에게 명해 북쪽으로 가 상군上郡에 머물며 몽념의 군사를 감독케 했다.

* 始皇帝三十五年

使蒙恬除直道, 道九原, 抵雲陽, 塹山堙谷千八百里, 數年不就.

始皇以爲咸陽人多, 先王之宮廷小, 乃營作朝宮渭南上林苑中, 先作前殿阿房, 東西五百步, 南北五十丈, 上可以坐萬人, 下可以建五丈旗, 周馳爲閣道, 自殿下直抵南山, 表南山之顚以爲闕. 爲衣覆道, 自阿房渡渭, 屬之咸陽, 以象天極閣道·絶漢抵營室也. 隱宮·徒刑者七十餘萬人, 乃分作阿房宮或作驪山. 發北山石槨, 寫蜀·荊地材, 皆至. 關中計宮三百, 關外四百餘. 於是立石東海上朐界中, 以爲秦東門. 因徙三萬家驪邑, 五萬家雲陽, 皆復不事十歲.

盧生說始皇曰, "方中:人主時爲微行以辟惡鬼. 惡鬼辟, 眞人至.

願上所居宮毋令人知, 然後不死之藥殆可得也.” 始皇曰, “吾慕眞人.” 自謂“眞人”, 不稱“朕.” 乃令咸陽之旁二百里內宮觀二百七十, 衣覆道·甬道相連, 帷帳·鐘鼓·美人充之, 各案署不移徙. 行所幸, 有言其處者, 罪死. 始皇幸梁山宮, 從山上見丞相車騎衆, 弗善也. 中人或告丞相, 丞相後損車騎. 始皇怒曰, “此中人洩吾語!” 案問, 莫服, 捕時在旁者, 盡殺之. 自是後, 莫知行之所在. 群臣受決事者, 悉於咸陽宮.

侯生·盧生相與譏議始皇, 因亡去. 始皇聞之, 大怒曰, “盧生等, 吾尊賜之甚厚, 今乃誹謗我! 諸生在咸陽者, 吾使人廉問, 或爲妖言以亂黔首.” 於是御史悉案問諸生. 諸生傳相告引, 乃自除犯禁者四百六十餘人, 皆坑之咸陽, 使天下知之, 以懲後. 益發謫徙邊. 始皇長子扶蘇諫曰, “諸生皆誦法孔子. 今上皆重法繩之, 臣恐天下不安.” 始皇怒, 使扶蘇北監蒙恬軍於上郡.

진시황 36년(BC 211)

1) 동군東郡하북성 복양현에 운석隕石이 떨어졌다. 어떤 사람이 운석에 글을 새겼다.

“시황제가 죽고 땅이 갈라진다.”

진시황이 어사를 시켜 하나씩 불러 심문하는 축문逐問을 했으나 자백하는 자가 없었다. 운석을 주운 지역 인근 사람을 모두 잡아 죽인 뒤 운석을 불에 태웠다.

2) 진시황이 점복을 좇아 북하北河내몽골 오르도스 오가하烏加河와 유중楡中섬서성 유림현으로 3만 호를 이주시키고 매 가구마다 작위 1등급을 하사했다.

* 始皇帝三十六年

有隕石於東郡. 或刻其石曰, "始皇死而地分." 始後使御史逐問, 莫服. 盡取石旁居人誅之, 燔其石.

遷河北榆中三萬家. 賜爵一級.

진시황 37년(BC 210)

1) 겨울 10월 계축癸丑, 진시황이 순행에 나섰다. 좌승상左丞相 이사李斯가 수행하고, 우승상右丞相 풍거질馮去疾이 함양을 지켰다. 진시황은 20여 명의 아들 가운데 소자少子 호해胡亥를 가장 총애했다. 호해가 수행을 청하자 이를 허락했다.

11월, 진시황이 운몽택雲夢澤호북성 강한江漢 평원에 이르러 구의산九疑山호남성 영원현 남쪽 창오산蒼梧山에서 전설상의 성군 순임금인 우순虞舜에게 망사望祀[130]를 했다. 다시 배를 타고 장강을 따라 아래로 내려가며 자가藉柯를 유관遊觀하고, 해저海渚[131]를 건너고, 단양丹陽안휘성 당도현을 지나고, 전당錢塘절강성 항주시에 이르러 마침내 절강浙江에 당도했다.

이때 수파水波가 크게 일어 이내 서쪽으로 120리를 가 협중陜中[132]에서 강을 건넜다. 회계산會稽山절강성 소흥현에 올라 하나라 건국시조인 대우大禹에게 제사 지내고, 남해를 바라보며 각석을 세워 자신의 공덕을 기렸다.

진시황이 돌아오는 길에 오현吳縣강소성 소주시을 지나 강승현江乘縣강소성 구용현 북쪽에서 도강했다. 해안을 끼고 위로 올라가 북쪽의 낭야琅邪와

---

130 망사望祀는 천자의 순행 때 산천의 신에게 올리는 제사를 말한다.

131 해저海渚는 강의 중류에 있는 서주舒州 동안현同安縣 동쪽을 가리킨다. 여기의 해海는 강江의 잘못이다.

132 협중陜中은 부양富陽과 분수分水 사이의 강폭이 좁은 곳을 가리킨다.

지부芝罘산동성 연대시에 이르러 거어巨魚를 보고 활로 쏘아 죽였다. 마침내 해안을 끼고 서쪽으로 가다가 평원진平原津산동성 평원 부근에 이르러 이내 병이 나 쓰러졌다.

진시황은 죽음에 대한 언급을 꺼렸다. 군신들이 감히 사후의 일을 말하지 못한 이유다. 병이 더욱 심해지자 진시황이 마침내 궁문의 수위관인 중거부령中車府令으로 비밀 부호符號와 옥새의 관리 업무인 부새사符璽事를 관장하는 조고趙高에게 명해 자신이 직접 쓴 서신을 부소에게 보내게 했다. 그는 이 서신에서 말했다.

"속히 와 상사喪事에 참여하고, 함양에서 회합해 안장安葬을 행하도록 하라."

서신은 이미 봉함되어 조고의 처소에 가 있었으나 아직 사자에게 부쳐지지는 않았다.

가을 7월 20일, 진시황이 사구평대沙丘平臺하북성 광종현 서북쪽에서 죽었다.[133]

승상 이사는 진시황이 밖에서 붕어崩御해 여러 공자를 위시해 천하가 변란을 일으킬까 두려워한 나머지 이를 비밀로 하여 발상發喪하지 않았다. 그는 곧 진시황의 관을 여닫이 창문을 낸 일종의 와거臥車인 온량거轀輬車에 싣고 진시황의 총애를 입은 환관을 참승驂乘시켰다.[134]

이르는 곳마다 식사를 올리고 사안을 보고하는 백관의 주사奏事도 이전처럼 했다. 환관이 수레 안에서 사안을 처리했다. 오직 호해와 조고, 행환 5–6명만이 이 사실을 알고 있었다.

---

133 원래 이곳은 전국시대 당시 조나라의 태왕인 조무령왕이 BC 295년에 연금되어 굶어 죽은 곳이기도 했다. 진시황은 공교롭게도 이곳에서 죽은 것이다.

134 참승驂乘은 귀인을 호위하기 위해 귀인의 옆에 태우는 사람을 말한다. 당시 이사는 진시황이 마치 살아 있는 것처럼 위장키 위해 환관을 수레에 태운 것이다.

당초 진시황은 몽씨蒙氏를 존경하며 총애하고 신임했다. 몽념은 외장外將을 맡고, 몽의蒙毅는 항상 조정에서 국가정책을 계획하고 논의하는 모의謀議에 참여해 충신忠信하다는 명성을 얻었다. 비록 장상將相일지라도 감히 그들과 더불어 다투지 못했다.

조고는 태어난 직후 은궁隱宮이 됐다. 진시황은 그가 강건하며 힘이 세고 옥법獄法에 통달했다는 말을 듣고 그를 발탁해 중거부령으로 삼은 뒤 호해에게 옥사에 관한 처결인 결옥決獄을 가르치도록 했다. 호해도 그를 총행寵幸했다.

한번은 조고가 죄를 짓자 진시황이 몽의에게 그를 다스리게 했다. 몽의는 조고를 의당 법에 따라 사형에 처해야 한다고 주장했다. 그러나 진시황은 조고가 일처리에 민첩한 까닭에 그를 사면하고 복관復官시켰다. 조고는 평소 호해로부터 총행을 입고 몽씨를 크게 원망한 까닭에 이때에 이르러 호해를 부추기고 나섰다. 호해에게 진시황의 명을 사칭해 부소에게 주살을 명하도록 청하면서 호해를 태자로 삼고자 했다. 호해가 그 계책에 동의했다. 조고가 말했다.

"승상과 더불어 모의하지 않으면 일이 이뤄지지 않을까 걱정입니다."

이내 조고가 승상 이사를 만나 물었다.

"주상이 부소에게 내린 서신과 부새符璽가 모두 호해의 처소에 있습니다. 태자를 정하는 것은 군후君侯와 나 조고의 구이口耳에 달려 있습니다. 일이 장차 어찌 될 것 같습니까?"

이사가 꾸짖었다.

"어찌 나라를 망치는 말을 할 수 있소. 이는 인신人臣신하된 사람이 논의할 일이 아니오."

조고가 다시 물었다.

"군후는 재능才能과 모려謀慮, 세운 공이 높은 공고功高, 원망을 받지 않는 무원無怨, 신임信任 등 5가지 면에서 몽념과 비교할 때 누가 더 낫습니까?"

이사가 대답했다.

"그에 미치지 못하오."

조고가 말했다.

"그렇다면 부소가 즉위했을 때 반드시 몽념을 승상으로 삼을 것이고, 군후는 끝내 통후通侯의 인장을 가슴에 품어 보지도 못한 채 향리로 돌아갈 게 분명합니다.[135] 호해는 인자하고 후덕해 후사後嗣가 될 만합니다. 원컨대 군후가 잘 살펴 따진 뒤 결정키 바랍니다."

승상 이사는 일리가 있다고 생각해 이내 조고와 더불어 모의했다. 거짓으로 황제의 조서인 황조皇詔를 받은 것처럼 칭해 호해를 태자로 세운 뒤 곧 부소에게 가짜 서신을 보냈다. 이 서신에서 부소가 땅을 개척해 공을 세우는 벽지입공辟地立功을 하지 못하고, 사졸만 많이 소모했다고 지적했다. 또 부소가 수차례 상서하여 직언으로 황제를 비방하고, 주야로 감군監軍의 일을 파하고 함양으로 돌아가 태자 노릇을 하지 못하는 것을 원망했다고 비판했다. 이어 장군 몽념은 부소의 음모를 알면서도 이를 고쳐 줄 생각을 하지 않았다고 지적했다. 두 사람을 사사賜死하고 군사는 부장副將 왕리王離를 보내 맡긴다고 통고했다.

부소가 서신을 뜯어보고는 울며 내실로 들어가 자진하려고 했다. 몽념이 만류했다.

"폐하는 밖에 있으면서 아직 태자를 세우지 않았습니다. 저에게 30만

135 통후通侯는 공덕이 왕실에 통하는 자리라는 뜻에서 나온 말로 진제국의 20개 작위 가운데 최고 작위를 말한다. 한제국 때의 철후徹侯와 같다. 통상 경사京師에 머물며 봉지로 내려가지 않았다.

명을 이끌고 가 변방을 지키라고 하면서 공자를 감군監軍으로 삼았으니 이는 천하의 중임重任입니다. 오늘 한 명의 사자가 오자 곧바로 자진하려고 하나 그것이 거짓조서인 사조詐詔가 아닌지 어찌 알 수 있겠습니까? 다시 물어본 뒤 죽을지라도 결코 늦지는 않을 것입니다."

사자가 명을 받들 것을 여러 번 재촉했다. 부소가 몽념에게 말했다.

"부친이 자식에게 죽음을 내렸는데 오히려 어찌 다시 묻는다는 말이오."

그러고는 곧바로 자진했다. 몽념이 자진하려 하지 않자 사자가 그를 형리刑吏에게 넘겨 양주陽周감숙성 정녕현 서남쪽에 가두게 했다. 이어 이사의 사인舍人을 호군護軍으로 삼은 뒤 돌아가 보고했다. 호해는 이미 부소가 자진했다는 소식을 듣고 곧 몽념을 풀어주려고 했다. 이때 마침 몽의가 진시황을 위한 산천기도를 마치고 돌아왔다. 조고가 호해에게 말했다.

"선제先帝가 현자賢子를 태자로 삼으려 한 것이 매우 오래 됐는데도 몽의가 간해 그리 되지 못한 것입니다. 그를 주살하느니만 못합니다."

그를 잡아 대代하북성 울현 땅에 가두었다.

마침내 황제의 유해를 실은 수레 행렬이 정형井陘하북성 정형현에서 구원九原에 이르렀다. 날씨가 무더워 온량거에서 심한 냄새가 났다.[136] 수레 행렬을 따르는 관원들에게 명해 수레마다 1석石의 포어鮑魚를 실어 시체 썩는 냄새와 뒤섞이게 했다. 직도直道를 따라 함양에 이르러 곧바로 발상했

136 당시 진시황은 산동성에 있는 지부芝罘에서 큰 물고기를 죽이고 함양까지 오는 직선거리에 있는 평원진平原津에서 병이 들었다. 그 연장선상에 있는 사구沙丘에서 죽었다. 당시 시체를 싣고 서쪽에 있는 함양으로 직접 가지 않고 북쪽에 있는 정형井陘과 구원九原까지 갔으니 결국 크게 우회한 셈이 된다. 현재의 상황에서는 잘 납득이 가지 않는 대목이나 당시의 도로 사정상 그것이 더 빠른 길이었을 공산이 크다.

다.[137] 태자 호해가 보위를 이어받아 2세 황제가 됐다.

9월, 진시황을 여산驪山에 장사지냈다. 구리를 녹인 용액으로 땅 속 깊은 곳의 지하수가 무덤 안으로 스며드는 틈을 막고, 기이한 그릇과 진기하고 괴상한 보물 및 모형으로 만든 일용품과 사치품을 옮겨와 무덤에 가득 채워 넣었다. 장인들에게 명해 기계적으로 작동하는 쇠뇌인 기노機弩를 만들게 했다. 능을 뚫고 가까이 오는 자가 있으면 즉각 활이 쏟아지게 했다. 또 수은으로 많은 개천과 강하江河, 대해大海를 만든 뒤 기계 작동으로 수은이 흘러 다니게 했다.

위로는 천문天文, 아래로는 지리地理를 갖췄다. 후궁後宮으로서 자식이 없는 자는 모두 진시황을 좇아 죽게 했다. 관을 묘에 안치한 뒤 어떤 사람이 말했다.

"공장工匠이 기계를 만들어 은밀히 감추었으니 그들 모두 이 사실을 잘 알고 있다. 다른 사람이 이들에게 접근하면 이 사실이 곧 누설되고 말 것이다."

대사가 끝나자 이들을 묘 속에 가둬 버렸다.

2) 2세 황제 호해가 몽념 형제를 주살코자 했다. 그러나 2세 황제의 조카인 자영子嬰이 간했다.

"이전에 조왕趙王 조천趙遷이 이목李牧을 죽인 뒤 안취顔聚를 등용하고 제왕齊王 전건田建이 전대의 충신을 죽이고 후승后勝을 등용했다가 양자 모두 끝내 나라를 망치고 말았습니다. 몽씨는 진나라 대신이고 모사謀士입니다. 폐하는 하루아침에 그들을 내다버려 없애려고 합니다. 충

137 직도直道는 진시황 35년인 기원전 212년에 몽념에게 도로의 건설을 명해 북쪽의 구원九原에서 시작해 남쪽으로 운양雲陽에 이르게 한 길을 말한다. 일설에는 감천甘泉까지 통했다고 한다.

신을 주살하고 절행節行이 없는 자를 세우면 이는 안으로는 군신들로 하여금 서로 믿지 못하게 만들고, 밖으로는 투사들의 뜻을 떨어져 나가게 만드는 일입니다."

그러나 2세는 듣지 않고 마침내 몽의와 내사內史인 몽념을 죽이려고 했다. 이때 몽념이 말했다.

"나의 선대부터 지금의 자손에 이르기까지 진나라에 공과 신의를 쌓은 지 3대째이다. 이제 내가 군사 30여만 명을 이끌고 있다. 비록 몸은 죄수로 묶여 있으나 그 세력은 족히 배반할 수 있다. 그러나 나 스스로 반드시 죽을지라도 의를 지켜야 한다는 사실을 잘 알고 있다. 감히 선조가 선제先帝를 잊지 말라고 가르친 것을 욕되게 할 수는 없다."

이내 약을 먹고 자진했다.

이를 두고 양웅揚雄은 『법언法言』「연건淵騫」에서 이같이 평했다.

"혹자가 묻기를 '몽념은 충성을 다했는데도 주살됐다. 충성이 어찌 가히 행할 만한 것이겠는가?'라고 했다. 대답하기를, '산을 깎고 골짜기를 메우는 참산인곡塹山堙谷을 통해 길을 닦고, 장성을 쌓아 임도臨洮에서 시작해 요수遼水에 이르게 했다. 인력이 부족해 죽은 자가 매우 많았다. 그의 충성은 그때 지은 죄를 상쇄하기에 부족하다'고 했다."

신 사마광은 평한다.

"진시황이 바야흐로 천하에 해독을 끼칠 때 몽념은 그를 위해 일을 했으니 몽념의 불인不仁을 가히 알 수 있다. 그러나 몽념은 인신하의 의리를 밝혔다. 비록 죄 없이 죽음을 당하면서도 죽음으로써 두 군주를 섬기지 않는 불이不貳의 도리를 지켰으니 이 또한 칭찬을 받을 만하다."

* 始皇帝三十七年

冬, 十月, 癸丑, 始皇出游. 左丞相斯從, 右丞相去疾守. 始皇二十餘子, 少子胡亥最愛, 請從. 上許之.

十一月, 行至雲夢, 望祀虞舜於九疑山. 浮江下, 觀藉柯, 渡海渚, 過丹楊, 至錢唐, 臨浙江. 水波惡, 乃西百二十里, 從峽中渡. 上會稽, 祭大禹, 望於南海. 立石頌德. 還, 過吳, 從江乘渡. 並海上, 北至琅邪·罘. 見巨魚, 射殺之. 遂並海西, 至平原津而病.

始皇惡言死, 群臣莫敢言死事. 病益甚, 乃令中軍府令行符璽事趙高爲書賜扶蘇曰, "與喪, 會咸陽而葬." 書已封, 在趙高所, 未付使者. 秋, 七月, 丙寅, 始皇崩於沙丘平台. 丞相斯爲上崩在外, 恐諸公子及天下有變, 乃秘之不發喪, 棺載轀涼車中, 故幸宦者驂乘. 所至, 上食·百官奏事如故, 宦者輒從車中可其奏事. 獨胡亥·趙高及幸宦者五六人知之.

初, 始皇尊寵蒙氏, 信任之. 蒙恬任在外將, 蒙毅常居中參謀議, 名爲忠信, 故雖諸將相莫敢與之爭. 趙高者, 生而隱宮, 始皇聞其强力, 通於獄法, 擧以爲中車府令, 使敎胡亥決獄, 胡亥幸之. 趙高有罪, 始皇使蒙毅治之. 毅當高法應死. 始皇以高敏於事, 赦之, 復其官. 趙高既雅得幸於胡亥, 又怨蒙氏, 乃說胡亥, 請詐以始皇命誅扶蘇而立胡亥爲太子. 胡亥然其計. 趙高曰, "不與丞相謀, 恐事不能成." 乃見丞相斯曰, "上賜長子書及符璽, 皆在胡亥所. 定太子, 在君侯與高之口耳. 事將何如?" 斯曰, "安得亡國之言! 此非人臣所當議也!" 高曰, "君侯材能·謀慮·功高·無怨·長子信之, 此五者皆孰與蒙恬?" 斯曰, "不及也." 高曰, "然則長子即位, 必用蒙恬爲丞相, 君侯終不懷通侯之印歸鄕里明矣! 胡亥慈仁篤厚, 可以爲嗣. 願君審計而定之!" 丞相斯以爲然, 乃相與謀, 詐爲受始皇詔, 立胡亥爲太子. 更爲書賜扶蘇, 數以不能辟地立功, 士卒多耗, 反數上書, 直言誹謗, 日夜怨望不得罷歸爲太子, 將軍恬不矯正,知其謀, 皆賜死, 以兵屬裨將王離.

扶蘇發書, 泣, 入內舍, 欲自殺. 蒙恬曰, "陛下居外, 未立太子. 使臣將三十萬衆守邊, 公子爲監, 此天下重任也. 今一使者來, 卽自殺, 安知其非詐! 復請而後死, 未暮也." 使者數趣之. 扶蘇謂蒙恬曰, "父賜子死, 尙安復請!" 卽自殺. 蒙恬不肯死, 使者以屬吏, 系諸陽周. 更置李斯舍人爲護軍, 還報. 胡亥已聞扶蘇死, 卽欲釋蒙恬. 會蒙毅爲始皇出禱山川, 還至. 趙高言於胡亥曰, "先帝欲擧賢立太子久矣, 而毅諫以爲不可, 不若誅之!" 乃系諸代. 遂從井陘抵九原. 會暑, 轀車臭, 乃詔從官令車載一石鮑魚以亂之. 從直道至咸陽, 發喪. 太子胡亥襲位.

九月, 葬始皇於驪山, 下錮三泉. 奇器珍怪, 徙藏滿之. 令匠作機弩, 有穿近者輒射之. 以水銀爲百川·江河·大海, 機相灌輸. 上具天文, 下具地理. 後宮無子者, 皆令從死. 葬旣已下, 或言工匠爲機藏, 皆知之, 藏重卽洩. 大事盡, 閉之墓中.

二世欲誅蒙恬兄弟. 二世兄子子嬰諫曰, "趙王遷殺李牧而用顔聚, 齊王建殺其故世忠臣而用後勝, 卒皆亡國. 蒙氏, 秦之大臣謀士也, 而陛下欲一旦棄去之. 誅殺忠臣而立無節行之人, 是內使群臣不相信, 而外使鬥士之意離也." 二世弗聽, 遂殺蒙毅及內史恬. 恬曰, "自吾先人及至子孫, 積功信於秦三世矣. 今臣將兵三十餘萬, 身雖囚系, 其勢足以倍畔. 然自知必死而守義者, 不敢辱先人之敎, 以不忘先帝也." 乃呑藥自殺.

揚子『法言』曰, "或問曰, '蒙恬忠而被誅, 忠奚可爲也?' 曰, '塹山, 堙谷, 起臨洮, 擊遼水, 力不足而屍有餘, 忠不足相也.'"

臣光曰, "秦始皇方毒天下而蒙恬爲之使, 恬不仁不知矣. 然恬明於爲人臣之義, 雖無罪見誅, 能守死不貳, 斯亦足稱也."

2세황제二世皇帝 원년(BC 209)

1) 겨울 10월 7일[138], 대사령大赦令을 내렸다.

2) 봄, 2세 황제가 동쪽 군현들을 순행巡行할 때 이사가 시종했다. 갈석碣石에 이르렀다가 해안을 끼고 남쪽으로 내려가 회계에 이르렀다. 여기서 진시황이 세운 각석刻石에 다 새겨 넣지 못한 내용을 완성하고, 그 옆에 대신으로서 시종했던 자의 이름을 새겨 넣어 진시황의 성공成功과 성덕盛德을 표창하고 돌아왔다.

여름 4월, 2세 황제가 함양으로 돌아와 조고에게 말했다.

"무릇 사람이 세간世間에 사는 것은 비유컨대 여섯 필의 천리마인 6기六驥가 이끄는 수레를 타고 갈라진 작은 틈새를 지나는 것과 같소. 나는 이미 천하를 다스리게 됐으니 이목耳目이 좋아하는 모든 것을 다 하고, 마음의 의지가 즐기는 모든 것을 끝까지 하여 수명을 마치고자 하오. 이것이 가능하겠소."

조고가 대답했다.

"이는 현주賢主만이 실행할 수 있는 것으로 어리석은 군주인 혼란주昏亂主는 금하는 것입니다. 설령 실행할 수 있을지라도 여전히 할 수 없는 것이 있으니 신이 그 이치를 말할까 합니다. 무릇 2세를 후사로 조작한 모의인 사구지모沙丘之謀는 여러 공자들과 대신들이 모두 의심하고 있습니다. 여러 공자는 모두 황제의 형들이고, 대신들 또한 선제가 임용한 자들입니다. 지금 폐하가 즉위한 지 얼마 안 된 이때 이들이 내심 앙앙怏怏하여 불복한 뒤 변란을 일으킬까 걱정입니다. 신이 전전율율戰戰栗栗하는 것은 오직 끝까지 잘 나가지 못하는 부종不終밖에 없습니다. 이런 상황에서 폐하는 어찌하여 그런 즐거움을 찾고자 하는 것입니까?"

---

138 이때의 월력은 겨울이 시작되는 10월이 1년의 시작이다.

2세 황제가 물었다.

"그렇다면 이를 어찌해야 하오?"

조고가 대답했다.

"폐하는 엄한 법과 혹형을 시행해야 합니다. 죄지은 자를 서로 연루시켜 대신과 종실宗室을 주멸하십시오. 그런 연후에 망한 나라의 백성인 유민遺民을 거둬 임용하고, 빈자貧者를 부유하게 만들고, 천자賤者를 귀하게 만드십시오. 선제의 고신故臣을 모두 제거한 뒤 폐하가 가까이하며 믿는 자로 바꿔 임용하십시오. 이리 하면 음덕陰德이 폐하께 돌아오고, 해로움이 제거되어 간사한 모의가 막히고, 군신들은 군주의 은덕인 윤택潤澤을 입지 않는 자가 없게 될 것입니다. 연후에 베개를 높이 베고 뜻한 바대로 행하는 고침사지高枕肆志를 하며 마음껏 총애하며 즐길 수 있습니다. 이보다 나은 계책은 없습니다."

2세 황제가 이를 옳게 여겼다. 마침내 다시 법률을 바꿔 더욱 혹독하게 다루는 데 애썼다. 대신과 여러 공자들이 죄를 얻게 되자 곧바로 조고에게 보내 국문하여 다스리게 했다. 12명의 공자가 함양에서 죽어 저자에 내걸리고, 10명의 공주가 두현杜縣섬서성 서안시 서쪽 경계에서 돌로 쳐 죽이는 형벌인 탁형矺刑에 처해졌다. 그들의 재물은 모두 해당 현의 관청으로 들어갔다. 연루되어 체포된 자 또한 수를 헤아릴 수 없을 정도로 많았다.

공자인 장려將閭의 형제 3명은 내궁內宮에 구금된 후 추후 죄를 심판받게 됐다. 2세 황제가 사자를 시켜 장려에게 하명했다.

"공자는 신하의 도리를 하지 않는 불신不臣을 했으니 의당 사죄死罪에 처해져야 한다. 관원들이 곧 법을 집행할 것이다."

장려가 말했다.

"조정의 예의에서 나는 일찍이 감히 복종하여 지지하는 빈찬賓贊의 의제儀制를 좇지 않은 적이 없습니다. 또 낭묘廊廟의 서열에서도 일찍이 감히 도를 잃는 실절失節을 한 적이 없습니다. 황제의 명을 받고 응대하는 일에서도 일찍이 감히 말을 실수하는 실사失辭를 한 적이 없습니다. 어찌 하여 불신不臣했다고 하는 것입니까? 원컨대 무슨 죄를 지었는지 들은 뒤에나 죽고자 합니다."

사자가 대답했다.

"나는 함께 상의할 수 없소. 제서制書를 받들어 일을 행할 뿐이오."

장려가 이내 하늘을 올려다보며 크게 소리 지르는 앙천대호仰天大呼를 하며 '하늘아!'를 세 번 외친 뒤 말했다.

"나는 죄가 없다."

그러고는 형제 3명이 모두 눈물을 흘리며 칼을 뽑아 자진했다. 종실들이 크게 두려워했다. 공자 고高가 달아나려다가 가족들이 연루될까 두려워 이내 2세 황제에게 상서했다.

"선제가 무양無恙할 때 제가 궁문에 들어가면 음식을 내려주고, 나갈 때는 가마를 내주었습니다. 신은 황실 창고인 어부御府의 의복과 궁중 마구간인 중구中廐의 보마寶馬를 상으로 받기도 했습니다. 신은 의당 따라 죽었어야 했는데 그리 하지 못했으니 사람의 자식으로서 불효했고, 인신人臣으로서 불충했습니다. 불효불충不孝不忠한 자가 더 이상 살아 있을 수는 없는 일입니다. 신은 이제라도 따라 죽기를 청합니다. 원컨대 여산의 끝자락에 묻히고자 합니다. 오직 주상이 신의 청을 애련哀憐히 여겨 허락해주길 바랄 뿐입니다."

2세 황제가 크게 기뻐하며 조고를 불러 이를 보여준 뒤 물었다.

"이는 가히 급한 일이라 할 수 있겠소?"

조고가 대답했다.

"신하가 되어 의당 속히 죽지 못할까 염려하고 있으니 어찌 모반을 꾀할 리 있겠습니까?"

2세 황제는 공자 고의 상서를 비준한 뒤 10만 전을 내려 그의 시신을 안장케 했다.

이때 2세 황제 호해가 다시 아방궁을 짓기 시작했다. 재사材士 5만 명을 모두 징집해 함양을 주둔하며 보위케 하고, 명을 내려 그들에게 활 쏘는 법을 가르치도록 했다. 개와 말, 금수禽獸에게 먹일 사료가 크게 늘어나 기존의 사료로는 감당할 수 없었다. 아래로 군현에서 조달해 거뒀다. 콩과 조를 포함해 건초와 짚단를 운반해 왔다. 운반하는 사람 모두 양식을 스스로 가져오는 자재自賫를 하도록 명했다. 함양 근처 300리 안에서는 그런 곡식을 먹을 수가 없었기 때문이다.

3) 가을 7월, 양성陽城하남성 등봉현 동남쪽 출신 진승陳勝과 양하陽夏하남성 태강현 출신 오광吳廣이 기蘄안휘성 숙주시 동남쪽 땅에서 기병起兵했다.[139] 당초 진승과 오광은 마을의 평민인 '여좌閭左'를 징발해 어양漁陽북경시 밀운현 서남쪽으로 수자리를 세우기 위해 오던 중이었다. 900명의 무리가 대택향大澤鄕안휘성 숙현 남쪽에 주둔케 됐다.[140] 진승과 오광은 모두 부대의 우두머리인 둔장屯將이었다. 마침 갑작스럽게 내린 대우大雨로 길이 끊기자 사람들은 이미 기한을 넘기게 됐다고 생각했다. 당시 기한을 어긴 자는 모두

139 『사기』「진섭세가」는 훗날 부귀하게 되면 서로를 잊지 말자고 한 말에 동료 머슴들이 비웃자 진승이 "연작燕雀이 어찌 홍혹鴻鵠의 뜻을 알겠는가?"라고 대꾸한 말을 기록해 놓았다. 흔히 '홍혹鴻鵠'을 홍안鴻雁기러기과 황혹黃鵠고니 등의 큰 새를 지칭한 것으로 새기고 있으나 이는 잘못이다. '홍혹'은 봉황鳳凰과 같은 상서로운 새를 의미한다. 『시자尸子』에 '홍혹은 날개가 합쳐지지 않는다. 사해지심四海之心사해를 품은 마음이 있기 때문이다'라고 한 것이 그 증거이다. '홍혹'을 '홍곡'으로 읽는 것도 잘못이다. 곡鵠은 과녁을 뜻한다.

140 여좌閭左는 향리의 왼편에 살던 평민을 말한다. 당시는 '여우閭右'를 높이며 '여좌'를 천하게 생각했다. 진나라는 죄인 등을 징발해 수戍자리를 서게 했다. 첫 번째로 죄를 지은 관원과 췌서贅壻, 상인 등이 수자리를 섰고 그 다음으로 부모가 췌서와 상인이었던 사람이 수자리를 섰다. 마지막으로 징발된 자들이 바로 '여좌'였다.

참수형에 처해졌다. 진승과 오광이 장위를 죽인 뒤 무리를 모아놓고 선동했다.

"공公들은 모두 기한을 넘긴 까닭에 참수되고 말 것이다. 참수되지 않을지라도 수자리를 서다 죽는 자가 10 가운데 6~7이 될 것이다. 하물며 장사壯士로 태어나 죽지 않으면 그뿐이나, 이왕 죽을 것이라면 큰 이름을 내야 할 것이다. 왕후장상王侯將相이 어찌 씨가 따로 있을 수 있겠는가?"

무리들이 모두 이 말을 듣고 그를 좇았다.

진승과 오광은 이내 죽은 공자 부소扶蘇와 항연項燕이 생존한 것처럼 사칭해 무리들을 끌어 모으기 시작했다.[141] 이들은 단壇을 만들고 맹약한 후 나라 이름을 '대초大楚'라고 했다. 대택향을 공격해 이를 함락시킨 뒤 무리를 모아 기蘄 땅을 공략해 수중에 넣었다. 이어 부리符離안휘성 숙현 출신 갈영葛嬰을 시켜 병사를 이끌고 기 땅의 동쪽으로 진격케 했다. 질현銍縣안휘성 숙현과 찬현酇縣안휘성 영성현, 고현苦縣하남성 녹읍현, 자현柘縣하남성 자성현, 초현譙縣안휘성 박현 등을 공격해 모두 함락시켰다.

병사들을 수습해 진陳하남성 회양현 땅에 이르렀을 때 전차가 600~700승, 기마가 1,000여 기騎, 군졸이 수만 명에 달했다. 진 땅을 공격할 때 이곳의 수위守尉는 이미 모두 도주하고 없었다. 다만 수승守丞만이 척후용 고루高樓가 있는 문인 초문譙門에서 분전하다가 패사했다. 진승이 승리를 거둔 뒤 이내 진현陳縣으로 들어가 이곳을 근거지로 삼았다.

당초 대량大梁하남성 개봉현 출신 장이張耳와 진여陳餘는 서로 목이 달아날지라도 변치 않을 만큼 가까운 친교인 문경지교刎頸之交를 맺고 있었

141 당시 진나라 사람들은 부소를 크게 존경하고 있었다. 옛 초나라 지역 사람들은 기원전 224년에 죽은 초나라 장수 항연을 크게 존경했다. 진승과 오광의 무리가 부소와 항연을 사칭한 배경이다.

다. 진나라는 위魏나라를 멸망시켰을 때 두 사람이 위나라의 명사라는 소문을 듣고 많은 상을 내걸어 이들을 찾고자 했다. 그러나 장이와 진여는 이내 성명을 바꿔 함께 진陳 땅으로 들어가 작은 고을인 여리閭里의 감문監門이 되어 스스로 벌어먹고 지냈다.

일찍이 향리鄕吏가 진여에게 잘못이 있다는 이유로 태장笞杖을 가하자 진여가 몸을 일으켜 반항하려고 했다. 이때 장이가 그의 발을 밟고 태장을 맞게 했다. 이리가 돌아간 뒤 장이가 이내 진여를 이끌고 뽕나무 아래로 가서 나무랐다.

"당초 내가 그대에게 어떻게 말했던가. 지금 작은 모욕을 당하자 이를 참지 못해 한낱 소리小吏 한 사람을 죽이려 드는 것인가?"

진여가 사과했다.

진섭이 진陳 땅으로 들어올 때 장이와 진여는 진섭이 머물고 있는 이문里門의 문 위로 올라가 나아가 배견했다. 진섭은 평소 이들이 현명하다는 말을 듣고 있었던 까닭에 크게 기뻐했다. 진 땅의 호걸豪杰과 부로父老들이 진섭을 초왕으로 세울 것을 청하고 나서자 진섭이 이를 장이와 진여에게 물었다. 두 사람이 대답했다.

"진나라는 무도하여 다른 나라의 사직을 없애고 백성에게 포학했습니다. 장군은 만 번이나 죽을 고비를 벗어나는 계책인 만사지계萬死之計를 내고 마침내 천하를 위해 폭력을 제거하려고 합니다. 지금 비로소 진 땅에 이르렀는데 왕이 되면 천하에 사사로움을 드러내는 것입니다. 원컨대 장군은 이를 거절하고 급히 솔병率兵하여 서쪽으로 가십시오. 또 사람을 각지로 보내 6국의 후대後代를 세우는 식으로 스스로 친한 무리를 곳곳에 심는 수당樹黨을 함으로써 진나라의 적을 더욱 많이 만드십시오. 적이 많으면 힘이 분산되고, 함께하는 무리가 많아지면 병력 또한 강해집니다. 이리 하면 들에서 교병交兵하지 않고, 현縣 또한 수성守城할 일이 없게 되어 마침내 포학한 진나라를 주멸한 뒤 함양에 터를 잡고 제후들을 호령할 수 있습니다. 제후들은 이미 망한 상황에서 다시 나라를 세우게 됐으니 장군이 덕으로 이들을 복종시키면 제업帝業은 곧바로 이뤄질 것입니다. 지금 홀로 진 땅에서 왕이 되면 천하가 곧 해태解怠해질까 두렵습니다."

그러나 진섭은 이를 듣지 않고 마침내 스스로 왕위에 올라 국호를 '장초張楚'라고 했다.[142]

당시 여러 군현은 진나라의 혹법酷法을 견디지 못해 이내 고위관원인 현령과 군수 등의 장리長吏를 죽이고 진섭에 호응했다. 사령辭令 전달을 위해 명을 받아 출사出使하는 관원인 진나라 파견 알자謁者가 반란 상황을 살펴본 뒤 동쪽으로부터 돌아와 보고했다. 2세 황제가 보고를 접하고 크게 노해 그 알자를 사법관에게 내려 보내 처벌케 했다. 뒤에 갔다 돌아온 사자는 2세 황제가 묻자 대답했다.

"군도群盜가 쥐와 개처럼 도적질을 하는 서절구투鼠竊狗偸를 하는 상황에서 군수와 군위郡尉가 바야흐로 쫓아가 잡는 축포逐捕를 하여 지금 거의 다 잡아들였으니 근심할 바가 못 됩니다."

진섭이 오광을 임시왕인 가왕假王으로 삼고 제장들을 감독해 서쪽으로 형양滎陽하남성 형양현을 치게 했다.

장이와 진여는 다시 진왕에게 기병奇兵의 계책으로 북쪽으로 올라가 옛 조나라 땅을 칠 것을 권했다. 진왕 진섭은 옛날부터 잘 알고 지내던 진陳 땅 출신 무신武臣을 장군, 소소邵騷를 호군護軍, 장이와 진여를 좌우교위校尉로 삼은 뒤 병사 3,000명을 내주어 옛 조나라 땅을 경략케 했다.

---

142 진승陳勝이 '장초張楚'를 칭한 것은 '초나라를 장대張大크게 확장함하도록 만들겠다'는 취지를 반영한 것이다.

진왕 진섭은 또 여음汝陰안휘성 부양현 출신 등종鄧宗에게 명해 구강군九江郡안휘성 수현을 경략케 했다. 이때에 이르러 옛 초나라 땅의 병사들이 수천 명씩 모여 진나라에 반기를 든 일이 수없이 많았다.

갈영葛嬰이 동성東城안휘성 정원현에 이르러 양강襄彊을 세워 초왕으로 삼았다. 이때 진왕이 이미 자립했다는 말을 들은 갈영이 양강을 죽인 뒤 이를 환보還報하자 진왕은 갈영을 주살했다.

진왕 진섭이 주불周市에게 명해 북쪽으로 가 옛 위魏나라 땅을 경략케 했다. 이어 상채上蔡하남성 상채현 출신으로 방읍房邑의 군君에 임명했던 채사蔡賜를 옛 초나라의 상장上將인 상주국上柱國으로 삼았다.[143] 진왕 진섭은 주문周文이 진陳 땅의 현인賢人으로 용병인 사병司兵에 능하다는 말을 듣고 이내 그에게 장군의 인印을 준 뒤 서쪽으로 가 진나라를 치게 했다.

무신武臣 등이 백마白馬하남성 활현 경계에서 황하를 건너 여러 현으로 진격한 뒤 그 지역의 호걸들에게 유세하자 호걸들이 모두 호응했다. 이내 군사를 거둬 수만 명을 얻게 되자 무신을 무신군武信君으로 칭하게 됐다.[144] 무신이 옛 조나라 땅의 10여 개 성읍을 함락시켰으나 나머지 성들은 모두 굳게 지키는 바람에 공략치 못했다. 이내 병사를 이끌고 동북쪽으로 가 범양范陽하북성 정흥현 서남쪽을 쳤다. 이때 범양 출신 괴철蒯徹[145]이 무신에게 유세했다.

---

143 '상주국'은 전국시대 초나라의 관명으로 원래는 국도國都를 보위하던 관직명이었으나 후에 초나라 최고의 무관 관직이 됐다. 그 지위는 영윤令尹 다음이다. '주국柱國'으로 부르기도 했다.

144 전국시대 말기에 활약한 종횡가 장의張儀의 군호君號도 '무신군'이다. 후술하는 바와 같이 항량項梁도 '무신군'을 칭했다.

145 괴철蒯徹은 한무제 유철劉徹과 이름이 같아 후대의 사서에는 괴통蒯通으로 기록됐다.

"족하足下는 반드시 전승戰勝하여 약지略地하고, 공성攻城하면 성을 함락시키는 하성下城을 하고 있습니다. 신이 가만히 생각건대 이는 잘못입니다. 실로 신의 계책을 들으면 가히 공성치 않고도 성을 항복시키는 항성降城을 할 수 있고, 싸우지 않고도 '약지'할 수 있고, 격문을 돌리는 전격傳檄으로 사방 천리를 평정시킬 수 있습니다. 말을 해도 좋겠습니까?"

무신이 물었다.

"무엇을 말하려는 것이오?"

괴철이 대답했다.

"범양령范陽令 서공徐公은 죽음을 두려워하고 탐욕스러운 사람이니 천하의 그 누구보다 먼저 항복케 만드십시오. 만일 군君이 진나라가 임명한 관리라고 생각해 보십시오. 앞서 함락한 10개의 성에서처럼 많은 사람들을 주살하면 오히려 변지邊地의 성들을 모두 견고한 성인 금성탕지金城湯池로 만들어 공격할 수 없게 됩니다.[146] 만일 그대가 신하가 될 것을 다짐하는 제후인 신후臣侯의 인새印璽를 가져다가 범양령에게 주고 그로 하여금 화려한 수레인 주륜화곡朱輪華轂을 타고 연燕과 조趙 땅의 교외를 내달리도록 하면 바로 연과 조 땅의 성들은 싸우지 않고도 항복할 것입니다."[147]

무신이 말했다.

"좋은 계책이오."

곧 수레 100승乘과 기마騎馬 200필匹, 제후의 인새을 갖고 가 서공을

146 '금성탕지金城湯池'의 '금金'은 쇠의 견고함을 비유한 것이고, '탕湯'은 뜨겁게 끓어올라 쉽게 접근할 수 없음을 비유한 것이다.

147 '주륜화곡朱輪華轂'은 왕후 등의 귀족이 타고 다니던 화려한 붉은색 수레를 지칭한다. 원래 '곡'은 바퀴 중심의 둥근 나무를 뜻하는 것이나 여기서는 수레바퀴의 뜻으로 사용됐다.

영접했다. 옛 연나라와 조나라 땅에 이 소식이 전해지자 교전도 하지 않고 투항한 성이 30여 개나 됐다.

진왕 진섭은 이미 주장周章을 파견해 진나라 정치가 혼란스러운 것을 알고 있었던 까닭에 진나라를 가벼이 여기는 뜻이 역력했다. 다시는 미리 방비를 하는 설비設備를 하지 않았다. 박사博士인 공부孔鮒가 간했다.

"신이 듣건대 병서에 이르기를, '적이 나를 공격치 않을 것이라고 믿지 말고, 의당 나를 강대하게 하여 적에게 공파당하지 않도록 하라'고 했습니다. 지금 군왕은 적인敵人을 믿으면서 오히려 자신은 믿지 못하고 있습니다. 만일 넘어진 뒤 다시 떨쳐 일어나지 못하면 뒤에 후회한들 결코 미치지 못할 것입니다."

진왕이 말했다.

"과인의 군대는 선생이 염려할 필요가 없는 무루無累의 상황이오."

주문周文이 병사들을 모아 함곡관函谷關하남성 영보현에 이르렀을 때 이미 병거는 1,000승이나 됐고, 병졸도 수십만 명에 달했다. 이들은 희戲섬서성 임동현 동쪽 땅에 주둔했다. 2세 황제가 크게 놀라 군신들과 상의했다.

"어찌해야 좋겠소?"

산택山澤에 대한 부세賦稅 담당관인 소부少府의 장함章邯[148]이 말했다.

"도적이 이미 여기까지 이르렀으니 저들은 수도 많고 강합니다. 지금 인근의 현에서 군사를 징발해 올 수도 없습니다. 우선 여산에는 형을 받은 죄수인 형도刑徒가 많으니 그들을 사면한 뒤 무기를 주어 저들을 치도록 하십시오."

---

148 장함章邯의 함邯의 음을 두고 안사고顔師古는 『한서』「고제기」의 주에서 풀이하기를, '하감반下甘反'이라고 했다. '한'이 아닌 '감'으로 읽어야 한다고 주장한 것이다. 통상 함邯은 '한'으로 읽는다. 조나라 도성 한단邯鄲이 대표적이다. 그러나 '장함'의 경우는 안사고의 주가 있는 만큼 '함'으로 읽는 게 타당하다.

2세 황제가 이내 천하에 대사령을 내리고 장함으로 하여금 여산의 형도를 비롯해 가노家奴가 낳은 자식들인 인노산자人奴産子를 모두 징발해 주문이 이끄는 초군을 치게 했다. 장함이 이들을 대파하자 주문이 도주했다.

장이와 진여가 한단邯鄲하북성 한단시에 이르러 주장周章이 퇴각했다는 소식을 들었다. 또한 진왕 진섭을 위해 각지를 경략하고 돌아온 제장들 대부분이 참소로 인해 죄를 얻어 주살됐다는 소식도 들었다. 무신을 부추겨 스스로 왕을 칭하게 했다.

8월, 무신이 조왕趙王으로 자립한 뒤 진여를 대장군大將軍, 장이를 우승상右丞相으로 삼았다. 이어 소소邵騷를 좌승상으로 삼은 뒤 사람을 시켜 진왕 진섭에게 이 사실을 통보했다.

진왕이 크게 노해 무신 등의 집안에 대해 9족을 멸하는 진족盡族을 한 뒤 군사를 동원하는 발병發兵을 하여 조나라를 치고자 했다. 주국柱國 방군房君이 간했다.

"진나라가 아직 망하지 않았는데 무신 등의 집안을 주살하려고 하니 이는 또 하나의 진나라를 만드는 격입니다. 차라리 이들을 치하한 뒤 이들로 하여금 급히 병사를 이끌고 서쪽으로 가 진나라를 치게 하느니만 못합니다."

진왕 진섭은 일리가 있다고 생각해 그의 계책을 좇았다. 조왕 무신 등의 집안사람들을 궁중으로 이주시켜 억류한 뒤 장이의 아들인 장오張敖를 성도군成都君에 봉하고, 사자를 조나라로 보내 축하하면서 속히 군사를 이끌고 서쪽으로 가 함곡관 안으로 쳐들어가는 입관入關을 하도록 했다.

장이와 진여가 조왕 무신에게 유세했다.

"군왕이 조왕이 된 것은 장초張楚 진섭의 뜻과 어긋나는 것입니다. 그는 계략으로 군왕을 축하한 것에 불과합니다. 장초가 진나라를 멸하면 반드시 조나라에 군사 압박을 할 것입니다. 원컨대 군왕은 서쪽으로 용병하지 마십시오. 연燕과 대代 땅으로 북쪽 경략을 하고 하내河內에 대해서는 남쪽으로 땅을 거둠으로써 자신의 영토를 넓히십시오. 우리 조나라가 남쪽으로 대하大河에 근거지를 두고, 북쪽으로 연과 대 땅을 소유하면 장초가 비록 진나라를 이긴다 해도 반드시 감히 조나라를 제어치는 못할 것입니다. 또한 저들이 진나라를 이기지 못하면 틀림없이 조나라를 중히 여길 것입니다. 조나라는 진나라와 장초가 서로 다투다 피폐해진 틈을 타면 가히 천하에 득지得志할 수 있을 것입니다."

조왕 무신이 이를 옳게 여겨 서쪽으로 진격하지 않았다. 한광韓廣에게 연燕, 이량李良에게 상산常山하북성 원씨현, 장염張黶에게 상당上黨산서성 장자현을 경략케 했다.

9월, 패沛강소성 패현 땅의 유방劉邦이 기병했다. 하상下相강소성 숙천현 서남쪽 출신 항량項梁도 오현吳縣강소성 오현에서 기병하고, 적狄산동성 고청현 동남쪽 땅 출신 전담田儋도 제齊 땅에서 기병했다.

유방은 자가 계季로 코끝의 준두準頭가 높이 솟고 용의 얼굴을 한 융준용안隆準龍顔의 상을 갖고 있었다. 왼쪽 넓적다리에 72개의 검은 점이 있었다. 사람을 아끼고 베풀기를 좋아한데다 의지가 웅혼했다. 항상 큰 도량인 대도大度를 지녀 농사와 관련한 여러 생산업무인 가인家人의 생산작업生産作業에 종사하는 것을 좋아하지 않았다. 당초 사상정泗上亭강소성 패현 사수정泗水亭의 정장亭長으로 있었다.[149] 선보單父산동선 선현 남쪽 출신 여

149 정장은 10리마다 세워진 정亭의 치안과 소송 담당관원을 말한다. 당시 현縣의 규모는 대개 사방 100리였다. 현에는 10리마다 1개의 정亭이 있었다. 10정이 모여 1향鄕을 이뤘다.

공呂公이 관상을 잘 보았다. 그는 유방의 관상을 보고 기이하게 생각해 이내 딸을 보내 처로 삼게 했다.

당시 유계 즉 유방은 정장의 자격으로 현縣을 위해 형도들을 여산으로 호송하는 책임을 맡게 됐다. 형도들이 대거 길에서 도주하는 도망道亡을 했다. 스스로 헤아려 보니 여산에 이를 때쯤이면 모두 도망할 듯했다. 패현沛縣의 풍읍豐邑강소성 풍현 서쪽 못 가운데 있는 정亭에 이르러 휴식하며 술을 마셨다. 밤이 되자 이내 호송하던 형도들을 풀어주며 말했다.

"그대들은 모두 가시오. 나 또한 여기서 떠날 것이오."

형도들 가운데 그를 좇고자 하는 장사壯士는 모두 10여 명이다.

유계가 술을 잔뜩 마시고 밤중에 못을 건너가던 중 큰 뱀이 길에 있는 것을 보았다. 유계가 곧 칼을 뽑아 이를 쳐 죽였다. 한 노구老嫗가 이를 보고 곡을 했다.

"내 아들은 서방의 주신主神인 백제白帝의 아들로 뱀으로 변해 길에 있었다. 지금 남방의 주신인 적제赤帝의 아들이 내 아들을 죽였구나."

그러고는 홀연히 사라졌다. 유계는 도망하여 망산芒山과 탕산碭山안휘성 탕산현 동남쪽의 산택山澤 사이에 몸을 숨겼다. 이때 여러 번 기괴한 일이 있었다. 패 땅의 많은 자제들이 이 얘기를 듣고 그에게 귀부歸附코자 했다.

이때 진섭이 기병하자 패현의 현령이 패 땅을 들어 진섭에 호응코자 했다. 형옥담당 관원인 연사掾史와 주리主吏로 있던 소하蕭何와 조참曹參이 현령에게 간했다.

"군君은 진나라의 관원인데 이제 진나라를 배반해 패 땅의 자제를 통솔하려고 하나 이들이 불청不聽할까 우려됩니다. 원컨대 군이 밖에서 도망 온 자들을 불러 모으기 바랍니다. 수백 명을 얻은 뒤 그 세를 이용해 무리를 겁주면 무리들이 감히 불청할 수 없을 것입니다."

이내 번쾌樊噲를 시켜 유계를 불러오게 했다.

당시 유계의 무리는 이미 수십에서 수백에 이르는 수십백數十百이나 되어 있었다. 패현의 현령은 곧 후회하며 그들이 변을 일으킬까 우려했다. 성문을 닫고 굳게 지키면서 소하와 조참을 주살코자 했다. 소하와 조참이 두려운 나머지 곧 성을 넘어 유계에게 가 보호를 받았다.

유계가 이내 비단에 편지를 쓴 뒤 성 위로 쏘아 올렸다. 그는 서신에서 패 땅의 부로들에게 이해득실을 자세히 언급했다. 부로들이 이내 자제들을 이끌고 함께 현령을 죽인 뒤 성문을 열어 유계를 맞아들였다. 이들은 유계를 세워 패공沛公이라 칭했다.[150] 소하와 조참 등이 패 땅의 자제 3,000명을 얻어 제후들의 기병에 호응했다.

항량項梁은 옛 초나라 장수인 항연項燕의 아들로, 일찍이 사람을 죽인 후 조카인 항적項籍과 함께 오현吳縣으로 몸을 피했다. 오현의 현명한 사대부는 모두 이들 밑에서 나왔다. 항적은 어려서 글을 배웠으나 성공하지 못하고 중도에 포기했다. 다시 검을 배웠으나 또한 성공하지 못했다. 항량이 노여워하자 항적이 말했다.

"글은 사람의 이름을 쓰는 것만으로도 충분합니다. 검 또한 한 사람만을 대적할 수 있을 뿐이니 족히 배울 만한 것이 못됩니다. 저는 만인을 대적하는 것을 배울 것입니다."

항량이 이내 항적에게 병법을 가르치자 항적이 크게 기뻐했다. 그러나 대략 그 뜻을 알고는 또한 끝까지 배우려고 하지 않았다. 항적은 키가 8척尺진제국의 토용土俑을 기준으로 할 때 대략 170센티미터에 상당이 넘었고, 힘은 능히 무

---

150 원래 패현은 초나라에 속해 있었다. 초나라에서는 현의 관장을 '공公'으로 불렀다. 왕자와 대신들은 물론 지방관장 모두 '공'에 봉해졌다. 진승 등이 이미 왕호王號를 사용하고 있는 상황에서 유방이 '패공'으로 칭한 것은 그의 세력이 아직 미약했음을 반증한다.

거운 정鼎을 두 손으로 들어 올리는 강정扛鼎을 할 만 했고, 재기才氣는 일반인을 뛰어넘는 과인過人의 모습을 보였다.

당시 회계군수會稽郡守 은통殷通은 진섭이 기병했다는 소식을 듣고 곧 발병發兵해 호응할 생각으로 항량과 환초桓楚로 하여금 군사를 이끌게 했다. 환초가 이를 뿌리치고 못 가운데로 도주하자 항량이 말했다.

"환초가 도주했는데도 사람들은 그가 어디에 있는지를 전혀 알지 못하고 있습니다. 오직 항적만이 이를 알고 있습니다."

항량이 이내 항적에게 경계토록 하여 칼을 가지고 문밖에서 대기토록 했다. 항량이 다시 들어가 회계군수 은통과 더불어 앉아 청했다.

"청컨대 항적을 부른 뒤 그에게 명을 내려 환초를 불러오게 하십시오."

은통이 대답했다.

"그리하겠소."

항량이 항적을 불러들였다. 잠깐 사이인 수유須臾에 항량이 항적에게 눈짓하며 말했다.

"가히 실행할 만하다."

항적이 칼을 뽑아 회계군수 은통의 머리를 순식간에 잘랐다. 항량이 은통의 머리를 들고 그의 인수印綬를 찼다. 군부郡府 사람인 문하門下가 크게 놀라 소란스러웠다. 이때 항적이 격살擊殺한 자가 수백 명에 달했다. 군부의 관원인 부중府中이 모두 섭복慴服두려워하며 복종함하며 감히 대항치 못했다.

항량이 곧 전부터 알고 지내던 호걸과 관원인 호리豪吏를 불러 모아 대사大事를 일으킨 이유를 설명했다. 마침내 오 땅에서 거병하면서 사람들을 시켜 하현下縣에서 병사를 모으게 했다. 곧 정병 8,000명을 얻을 수 있었다. 항량과 항적은 각각 회계의 군수와 비장裨將이 된 뒤 하현을 차례로 경략했다. 당시 항적의 나이는 24세였다.

전담田儋은 옛 제나라의 왕족이다. 전담의 종제從弟인 전영田榮과 전영의 동생 전횡田橫은 모두 호방하고 건장한 호건豪健의 모습을 보였다. 종족宗族 또한 강성해 능히 인심을 얻을 수 있었다. 마침 주불周市이 주변을 경략하며 적狄 땅까지 진격해 오자 적 땅 사람들이 성을 굳게 지켰다. 이때 전담이 거짓으로 가노家奴를 결박한 뒤 청년들을 앞세워 현정縣廷으로 갔다. 가노 처벌에 대한 승낙을 구실로 적 땅의 현령을 배견할 생각이었다.[151] 그는 현령이 나오자마자 격살擊殺한 뒤 호리豪吏의 자제들을 모아놓고 말했다.

"제후들이 모두 진나라를 배반하고 자립하고 있다. 제나라는 이미 오래전에 세워진 나라이다. 나 전담은 전씨이니 의당 왕이 되어야 한다."

마침내 자립하여 제왕齊王이 된 뒤 발병發兵하여 주불을 치자 주불의 군사가 퇴각했다. 전담이 군사를 이끌고 동진해 제나라의 고토故土를 경략해 평정하는 약정略定을 했다.

한광韓廣이 병사를 이끌고 북쪽으로 가 연燕 땅을 경략하자 연 땅 호걸들이 한광을 함께 옹립하는 공립共立을 하여 연왕으로 삼고자 했다. 한광이 거절했다.

"나의 모친이 조 땅에 있소. 불가하오."

연 땅 사람들이 말했다.

"조나라는 바야흐로 서쪽으로 진나라, 남쪽으로 초나라의 침공을 걱정해야 하는 상황에 처해 있습니다. 그 힘으로는 우리의 뜻을 저지할 수 없습니다. 하물며 초나라의 강한 무력으로도 조왕 휘하 장상將相의 가족들을 해치지 못했는데 조나라가 고단한 상황에서 어찌 감히 장군의 가족

151 당시 노비를 죽이려면 반드시 먼저 관에 가서 이를 보고해야만 했다. 당시 전담은 현령을 유인해 죽이기 위한 계책으로 가노를 결박해 현정縣廷으로 간 것이다.

을 해치겠습니까?"

한광이 이내 자립해 연왕이 됐다. 과연 몇 달이 지나 조나라가 연왕의 모친과 가족을 연나라로 보내주었다.

이때 조왕 무신武臣과 장이, 진여가 북쪽으로 진격해 연나라의 경계 지역을 경략했다. 조왕이 잠시 밖으로 나왔다가 연나라 군사에게 붙잡히게 됐다. 연나라가 그를 수금한 뒤 조나라 땅을 할양받고자 했다.

조나라 사자가 연나라로 가 조왕 무신의 방환放還을 청했으나 연나라는 오히려 그 사자를 죽였다. 이때 미천한 신분의 시종侍從 행위인 시양廝養을 하는 조나라의 한 사졸이 연나라의 영루로 가 연나라 장수에게 물었다.

"그대는 장이와 진여가 무엇을 바라는지 아시오?"

연나라 장수가 대답했다.

"조왕의 방환을 원치 않겠소."

시양하는 조나라의 사졸이 웃으며 말했다.

"그대는 두 사람이 원하는 것을 아직 모르고 있습니다. 무릇 조왕 무신武臣과 장이, 진여 등 세 사람은 말채찍인 마추馬棰를 높이 들어 조나라의 수십 개 성읍을 함락시켰습니다. 이는 그들 모두 각기 남면南面하여 왕이 되려고 하는 것입니다. 그들이 어찌 장상將相으로 끝내려 하겠습니까? 다만 형세가 이제 막 정해지고 있는 까닭에 아직 감히 셋이 분립하여 왕이 되지 못하고 우선 나이 순서에 따라 무신을 먼저 왕으로 세워 놓고 조나라 사람들의 마음을 잡고 있는 것입니다. 지금 조나라 땅이 이미 모두 정복된 까닭에 이 두 사람은 조나라를 나눠 왕이 될 생각이나 때가 아직 오지 않았을 뿐입니다. 이런 상황에서 그대가 조왕을 사로잡은 것입니다. 두 사람은 겉으로만 조왕을 구하는 모습을 취할 뿐 사실은 연나라가 어서 그를 죽여주기를 바라고 있습니다. 만일 그리 되면 이 두 사람은 곧 조나라 땅을 나눠 자립할 것입니다. 무릇 하나의 조나라로도 오히려 연나라를 쉽게 대적할 수 있는데 하물며 두 명의 현왕賢王이 왼쪽에서 들고 오른쪽에서 끌어당기는 좌제우설左提右挈을 하며 조왕을 죽인 죄를 문책하면 연나라를 멸망시키는 것은 극히 쉬운 일일 것입니다."

연나라 장수가 이내 조왕을 돌려보내자 조나라의 사졸이 수레를 몰아 돌아왔다.

4) 주불周市은 적狄 땅에서 돌아오던 중 위魏 땅에 이르러 옛날 위나라 공자인 영릉군寧陵君 구咎를 위왕으로 삼고자 했다. 그러나 구는 진陳 땅에 있었던 까닭에 위 땅으로 갈 수가 없었다. 위 땅이 모두 평정되자 제후들이 입을 모아 주불을 세워 위왕으로 삼고자 했다. 주불이 사양했다.

"천하가 혼란하면 충신이 나타나는 법입니다. 지금 천하가 공히 진나라를 배반하고 있습니다. 충신의 의리로 말하면 반드시 위왕의 후예를 세우는 것이 옳습니다."

제후들이 거듭 주불을 세우고자 청했으나 주불은 끝내 사양하며 이를 받아들이지 않았다. 그는 오히려 다섯 차례에 걸쳐 진陳 땅의 공자 구를 영접키 위한 노력을 기울였다. 진왕이 이내 공자 구를 보내주자 주불은 그를 위왕으로 삼은 뒤 그 밑의 재상이 됐다.

5) 이 해에 2세 황제는 위군衛君 각角을 폐해 서인으로 삼았다. 이로써 위衛나라의 제사가 마침내 끊어지고 말았다.[152]

* 二世皇帝元年

152 원래 위衛나라는 전국시대 말기에 국력이 쇠락하자 스스로 작호를 후侯에서 군君으로 낮춰 위기를 면했다. 이로 인해 진시황의 천하통일 때에도 멸망치 않았다. 당시 진시황은 '위'를 작은 읍 정도에 불과해 자신의 천하통일에 하등 문제될 것이 없다고 생각했다. 그러나 이때에 이르러 천하가 다시 소란스러워지자 위나라는 멸망하고 만 것이다.

冬, 十月, 戊寅, 大赦.

春, 二世東行郡縣, 李斯從. 到碣石, 並海, 南至會稽. 而盡刻始皇所立刻石, 旁著大臣從者名, 以章先帝成功盛德而還.

夏, 四月, 二世至咸陽, 謂趙高曰, "夫人生居世間也, 譬猶騁六驥過決隙也. 吾旣已臨天下矣, 欲悉耳目之所好, 窮心志之所樂, 以終吾年壽, 可乎?" 高曰, "此賢主之所能行, 而昏亂主之所禁也. 雖然, 有所未可. 臣請言之:夫沙丘之謀, 諸公子及大臣皆疑焉. 而諸公子盡帝兄, 大臣又先帝之所置也. 今陛下初立, 此其屬意怏怏皆不服, 恐爲變. 臣戰戰栗栗, 唯恐不終, 陛下安得爲此樂乎!" 二世曰, "爲之奈何?" 趙高曰, "陛下嚴法而刻刑, 令有罪者相坐, 誅滅大臣及宗室. 然後收擧遺民, 貧者富之, 賤者貴之. 盡除去先帝之故臣, 更置陛下之所親信者, 此則陰德歸陛下, 害除而奸謀塞, 群臣莫不被潤澤, 蒙厚德, 陛下則高枕肆志寵樂矣. 計莫出於此." 二世然之. 乃更爲法律, 務益刻深, 大臣·諸公子有罪, 輒下高令鞠治之. 於是公子十二人僇死咸陽市, 十公主矺死於杜, 財物入於縣官, 相連逮者不可勝數.

公子將閭昆弟三人囚於內宮, 議其罪獨後. 二世使使令將閭曰, "公子不臣, 罪當死! 吏致法焉." 將閭曰, "闕廷之禮, 吾未嘗敢不從賓贊也, 廊廟之位, 吾未嘗敢失節也, 受命應對, 吾未嘗敢失辭也, 何謂不臣? 願聞罪而死!" 使者曰, "臣不得與謀, 奉書從事." 將閭乃仰天大呼"天"者三, 曰, "吾無罪!" 昆弟三人皆流涕, 拔劍自殺. 宗室振恐. 公子高欲奔, 恐收族, 乃上書曰, "先帝無恙時, 臣入則賜食, 出則乘輿, 御府之衣, 臣得賜之, 中廄之寶馬, 臣得賜之. 臣當從死而不能, 爲人子不孝, 爲人臣不忠. 不孝不忠者, 無名以立於世, 臣請從死, 願葬驪山之足. 唯上幸哀憐之!" 書上, 二世大說, 召趙高而示之, 曰, "此可謂急乎?" 趙高曰, "人臣當憂死而不暇, 何變之得謀!” 二世可其書, 賜錢十萬以葬.

復作阿房宮. 盡征材士五萬人爲屯衛咸陽, 令教射. 狗馬禽獸當食者多, 度不足, 下調郡縣, 轉輸菽粟·芻稿. 皆令自齎糧食. 咸陽三百里內不得食其穀.

秋, 七月, 陽城人陳勝·陽夏人吳廣起兵於蘄. 是時, 發閭左戍漁陽, 九百人屯大澤鄕, 陳勝·吳廣皆爲屯長. 會天大雨, 道不通, 度已失期. 失期, 法皆斬. 陳勝·吳廣因天下之愁怨, 乃殺將尉, 召令徒屬曰. “公等皆失期當斬, 假令毋斬, 而戍死者固什六七. 且壯士不死則已, 死則擧大名耳! 王侯將相寧有種乎!” 衆皆從之. 乃詐稱公子扶蘇·項燕, 爲壇而盟, 稱大楚. 陳勝自立爲將軍, 吳廣爲都尉. 攻大澤鄕, 拔之. 收而攻蘄, 蘄下. 乃令符離人葛嬰將兵徇蘄以東, 攻銍·酇·苦·柘·譙, 皆下之. 行收兵, 比至陳, 車六七百乘, 騎千餘, 卒數萬人. 攻陳, 陳守·尉皆不在, 獨守丞與戰譙門中, 不勝. 守丞死, 陳勝乃入據陳.

初, 大梁人張耳·陳餘相與爲刎頸交. 秦滅魏, 聞二人魏之名士, 重賞購求之. 張耳·陳餘乃變名姓, 俱之陳, 爲里監門以自食. 里吏嘗以過笞陳餘, 陳餘欲起, 張耳躡之, 使受笞. 吏去, 張耳乃引陳餘之桑下, 數之曰, “始吾與公言何如? 今見小辱而欲死一吏乎!” 陳餘謝之. 陳涉旣入陳, 張耳·陳餘詣門上謁. 陳涉素聞其賢, 大喜. 陳中豪傑父老請立涉爲楚王, 涉以問張耳·陳餘. 耳·餘對曰, “秦爲無道, 滅人社稷, 暴虐百姓. 將軍出萬死之計, 爲天下除殘也. 今始至陳而王之, 示天下私. 願將軍毋王, 急引兵而西. 遣人立六國後, 自爲樹黨, 爲秦益敵. 敵多則力分, 與衆則兵强. 如此, 則野無交兵, 縣無守城, 誅暴秦, 據咸陽, 以令諸侯. 諸侯亡而得立, 以德服之, 如此則帝業成矣. 今獨王陳, 恐天下解也.” 陳涉不聽, 遂自立爲王, 號“張楚.”

當是時, 諸郡縣苦秦法, 爭殺長吏以應涉. 謁者使從東方來, 以反者聞. 二世怒, 下之吏. 後使者至, 上問之, 對曰, "群盜鼠竊狗偷, 郡守·尉方逐捕, 今盡得, 不足憂也." 上悅. 陳王以吳叔爲假王, 監諸將以西擊滎陽.

張耳·陳餘復說陳王, 請奇兵北略趙地. 於是陳王以故所善陳人武臣爲將軍, 邵騷爲護軍, 以張耳·陳餘爲左·右校尉, 予卒三千人, 徇趙. 陳王又令汝陰人鄧宗徇九江郡. 當此時, 楚兵數千人爲聚者不可勝數. 葛嬰至東城, 立襄强爲楚王. 聞陳王已立, 因殺襄强還報. 陳王誅殺葛嬰. 陳王令魏人周市北徇魏地. 以上蔡人房君蔡賜爲上柱國. 陳王聞周文, 陳之賢人也, 習兵, 乃與之將軍印, 使西擊秦. 武臣等從白馬渡河, 至諸縣, 說其豪傑, 豪傑皆應之. 乃行收兵, 得數萬人. 號武臣爲武信君. 下趙十餘城. 餘皆城守. 乃引兵東北擊范陽. 范陽蒯徹說武信君曰, "足下必將戰勝而後略地, 攻得然後下城, 臣竊以爲過矣. 誠聽臣之計, 可不攻而降城, 不戰而略地, 傳檄而千里定, 可乎?" 武信君曰, "何謂也?" 徹曰, "范陽令徐公, 畏死而貪, 欲先天下降. 君若以爲秦所置吏, 誅殺如前十城, 則邊地之城皆爲金城·湯池, 不可攻也. 君若齎臣侯印以授范陽令, 使乘朱輪華轂, 驅馳燕·趙之郊, 卽燕·趙城可毋戰而降矣." 武信君曰, "善!" 以車百乘·騎二百·侯印迎徐公. 燕·趙聞之, 不戰以城下者三十餘城.

陳王旣遣周章, 以秦政之亂, 有輕秦之意, 不復設備. 博士孔鮒諫曰, "臣聞兵法, '不恃敵之不我攻, 恃吾不可攻' 今王恃敵而不自恃, 若跌而不振, 悔之無及也." 陳王曰, "寡人之軍, 先生無累焉."

周文行收兵至關, 車千乘, 卒數十萬至戲, 軍焉. 二世乃大驚, 與群臣謀曰, "奈何?" 少府章邯曰, "盜已至, 衆强, 今發近縣, 不及矣. 驪山徒多, 請赦之, 授兵以擊之." 二世乃大赦天下, 使章邯免驪山徒·

人奴産子, 悉發以擊楚軍, 大敗之. 周文走.

張耳·陳餘至邯鄲, 聞周章卻, 又聞諸將爲陳王徇地還者多以讒毁得罪誅, 乃說武信君令自王. 八月, 武信君自立爲趙王, 以陳餘爲大將軍, 張耳爲右丞相, 邵騷爲左丞相. 使人報陳王. 陳王大怒, 欲盡族武信君等家而發兵擊趙. 相國房君諫曰, "秦未亡而誅武信君等家, 此生一秦也. 不如因而賀之, 使急引兵西擊秦." 陳王然之, 從其計, 徙系武信君等家宮中, 封張耳子敖爲成都君, 使使者賀趙, 令趣發兵西入關. 張耳·陳餘說趙王曰, "王王趙, 非楚意, 特以計賀王. 楚已滅秦, 必加兵於趙. 願王毋西兵, 北徇燕·代, 南收河內以自廣. 趙南據大河, 北有燕·代, 楚雖勝秦, 必不敢制趙. 不勝秦, 必重趙. 趙乘秦·楚之敝, 可以得志於天下." 趙王以爲然, 因不西兵, 而使韓廣略燕, 李良略常山, 張黶略上黨.

九月, 沛人劉邦起兵於沛, 下相人項梁起兵於吳, 狄人田儋起兵於齊.

劉邦, 字季, 爲人隆准·龍顔, 左股有七十二黑子. 愛人喜施, 意豁如也. 常有大度, 不事家人生産作業. 初爲泗上亭長, 單父人呂公, 好相人, 見季狀貌, 奇之, 以女妻之.

旣而季以亭長爲縣送徒驪山, 徒多道亡. 自度比至皆亡之, 到豐西澤中亭, 止飮, 夜, 乃解縱所送徒曰, "公等皆去, 吾亦從此逝矣!" 徒中壯士願從者十餘人.

劉季被酒, 夜徑澤中, 有大蛇當徑, 季拔劍斬蛇. 有老嫗哭曰, "吾子, 白帝子也, 化爲蛇, 當道. 今赤帝子殺之!" 因忽不見. 劉季亡匿於芒·碭山澤巖石之間, 數有奇怪. 沛中子弟聞之, 多欲附者.

及陳涉起, 沛令欲以沛應之. 掾·主吏蕭何·曹參曰, "君爲秦吏, 今欲背之, 率沛子弟, 恐不聽. 願君召諸亡在外者, 可得數百人, 因劫衆, 衆不敢不聽." 乃令樊噲召劉季. 劉季之衆已數十百人矣. 沛令後悔, 恐其有變, 乃閉城城守, 欲誅蕭·曹. 蕭·曹恐, 逾城保劉季. 劉季乃書帛射城上, 遺沛父老, 爲陳利害. 父老乃率子弟共殺沛令, 開門迎劉季, 立以爲沛公. 蕭·曹等爲收沛子弟, 得二三千人, 以應諸侯.

項梁者, 楚將項燕子也, 嘗殺人, 與兄子籍避仇吳中. 吳中賢士大夫皆出其下. 籍少時學書, 不成, 去. 學劍, 又不成. 項梁怒之. 籍曰, "書, 足以記名姓而已! 劍, 一人敵, 不足學. 學萬人敵!" 於是項梁乃教籍兵法, 籍大喜. 略知其意, 又不肯竟學. 籍長八尺餘, 力能扛鼎, 才器過人. 會稽守殷通聞陳涉起, 欲發兵以應涉, 使項梁及桓楚將. 是時, 桓楚亡在澤中. 梁曰, "桓楚亡, 人莫知其處, 獨籍知之耳." 梁乃出誡籍持劍居外, 復入, 與守坐, 曰, "請召籍, 使受命召桓楚." 守曰, "諾." 梁召籍入. 須臾, 梁眴籍曰"可行矣!" 於是籍遂拔劍斬守頭. 項梁持守頭, 佩其印綬. 門下大驚, 擾亂. 籍所擊殺數十百人, 一府中皆慴伏, 莫敢起. 梁乃召故所知豪吏, 諭以所爲起大事, 遂擧吳中兵, 使人收下縣, 得精兵八千人. 梁爲會稽守, 籍爲裨將, 徇下縣. 籍是時年二十四.

田儋者, 故齊王族也. 儋從弟榮, 榮弟橫, 皆豪健, 宗强, 能得人. 周市徇地至狄, 狄城守. 田儋詳爲縛其奴, 從少年之廷, 欲謁殺奴, 見狄令, 因擊殺令, 而召豪吏子弟曰, "諸侯皆反秦自立. 齊, 古之建國也. 儋, 田氏, 當王!" 遂自立爲齊王, 發兵以擊周市. 周市軍還去. 田儋率兵東略定齊地. 韓廣將兵北徇燕, 燕地豪傑欲共立廣爲燕王. 廣曰, "廣母在趙, 不可!" 燕人曰, "趙方西憂秦, 南憂楚, 其力不能禁我. 且以楚之强, 不敢害趙王將相之家, 趙獨安敢害將軍家乎!" 韓廣乃自立爲燕王. 居數月, 趙奉燕王母家屬歸之.

趙王與張耳·陳餘北略地燕界, 趙王間出, 爲燕軍所得, 燕囚之, 欲求割地. 使者往請, 燕輒殺之. 有廝養卒走燕壁, 見燕將曰, "君知張耳·陳餘何欲?" 曰, "欲得其王耳." 趙養卒笑曰, "君未知此兩人所欲也. 夫武臣·張耳·陳餘, 杖馬棰下趙數十城, 此亦各欲南面而王, 豈欲爲將相終已邪? 顧其勢初定, 未敢參分而王, 且以少長先立武臣爲王, 以持趙心. 今趙地已服, 此兩人亦欲分趙而王, 時未可耳. 今君乃囚趙王, 此兩人名爲求趙王, 實欲燕殺之, 此兩人分趙自立. 夫以一趙尙易燕, 況以兩賢王左提右挈而責殺王之罪? 滅燕易矣!" 燕將乃歸趙王, 養卒爲御而歸.

周市自狄還, 至魏地, 欲立故魏公子寧陵君咎爲王. 咎在陳, 不得之魏. 魏地已定, 諸侯皆欲立周市爲魏王. 市曰, "天下昏亂, 忠臣乃見. 今天下共畔秦, 其義必立魏王後乃可." 諸侯固請立市, 市終辭不受. 迎魏咎於陳, 五反, 陳王乃遣之, 立咎爲魏王, 市爲魏相.

是歲, 二世廢衛君角爲庶人, 衛絶祀.

제2부 초한시대

권8-진기秦紀 3: 조고가 지록위마를 하다

2세황제 2년(BC 208)

1) 겨울 10월, 사천泗川 사수군泗水郡의 군감郡監 '평平'이 군사를 이끌고 와 유방의 고향인 풍읍豊邑강소성 풍현에서 패공沛公 유방을 포위했다. 유방이 출전하여 이들을 깨뜨린 뒤 옹치雍齒로 하여금 풍 땅을 지키게 했다.

11월, 유방이 병사를 이끌고 설薛산동성 곡부현 땅으로 진격했다. 사천군수 '장壯'의 군사가 설 땅에서 패해 척戚산동성 휘산현 땅으로 달아났다. 유방이 좌사마 '득得'을 보내 '장'을 죽였다.

2) 초나라 대장 주장周章이 함곡관을 나와 동쪽에 있는 조양曹陽하남성 협현으로 물러나 주둔했다. 두 달여 지나 진나라 장수 장함章邯이 추격해 오자 이내 패해 다시 면지澠池하남성 면지현로 도주했다. 10여 일 후 장함이 또다시 쫓아와 주장의 군사를 대파했다. 초나라 장수 주문周文이 스스로 목 베어 죽는 자문自刎을 하자 그의 군사 또한 궤산했다.

이때 초나라의 오광이 형양滎陽을 포위했다. 진나라 승상 이사의 아들 이유李由가 삼천三川하남성 낙양현의 군수가 되어 형양을 지켰다. 오숙이 형양을 함락시키지 못했다. 초나라 장수 전장田臧 등이 대책을 상의했다.

"주장의 군사가 이미 격파됐으니 진나라 군사가 조석지간인 단모旦暮에 이를 것이다. 그런데도 우리는 형양성을 포위만 하고 아직 함락시키지 못하고 있다. 이때 진나라 군사가 도착하면 우리는 대패하고 말 것이다. 약간의 군사를 남겨 형양성을 지키게 하고 나머지 정병들은 진나라 군사를 영격迎擊하느니만 못하다. 지금 가왕假王인 오광은 교만하고 용병인 병권兵權을 알지 못하니 그와 더불어 일을 도모할 수 없다. 자칫 패할까 걱정이다."

서로 모의해 왕명을 고친 뒤 오광을 주살하고 그 머리를 진왕陳王 진섭에게 바쳤다. 진왕 진섭이 사자를 보내 전장에게 초나라 영윤의 인수를 전하고 그를 상장上將으로 삼았다.[153]

초나라 상장 전장은 이내 이귀李歸 등의 제장들로 하여금 형양성을 지키게 한 뒤 직접 정병을 이끌고 오창敖倉하남성 형양현 동북쪽으로 나아가 진나라 군사를 영격했다. 그가 싸움에 패해 전사하자 군사들이 궤산하고 말았다. 진나라 장수 장함이 군사를 진격시켜 이귀 등을 형양성 아래에서 대파하고 이귀 등을 죽였다.

당시 양성陽城 출신 등설鄧說이 군사를 이끌고 협陜하남성 협현 땅에 주둔하고 있었다.[154] 장함의 별장別將이 이들을 공파攻破했다. 질銍 땅 출신 오봉伍逢이 군사를 이끌고 허許하남성 허창현 땅에 주둔해 있었다. 이 또한 장함이 공파했다. 두 사람의 군사가 모두 궤산해 진陳 땅으로 도주하자 진왕 진섭이 등설을 주살했다.

---

153 당시 진왕 진승이 자신과 함께 기병한 오광吳廣을 죽인 전장田臧을 문책하지 못하고 오히려 영윤의 직책을 내린 것을 두고 여러 해석이 가능하다. 내심 경쟁자인 오광이 죽은 것에 쾌재를 불러 영윤의 직책을 내린 것으로 해석할 수도 있으나 그보다는 제장들을 제압할 만한 힘이 없었던 까닭에 부득불 이런 조치를 취한 것으로 해석하는 것이 타당하다.

154 원문에는 '협陜'이 아닌 '담郯'으로 되어 있으나 당시 장함의 군사가 산동성 내의 '담郯' 땅까지 쳐들어가는 것이 불가능하다는 게 중론이다. 이는 하남성 내 '협陜' 땅의 잘못으로 보는 게 옳다.

3) 2세 황제가 여러 차례 승상 이사를 꾸짖는 초양誚讓을 했다.

"승상은 재상인 승상丞相과 총사령관인 태위太尉 및 감찰총책인 어사대부御史大夫 등 삼공三公의 자리에 있으면서 어찌하여 도적들이 이토록 창궐토록 만드는 것이오."

이사는 두려워하면서도 기왕의 작록을 중히 여겨 어찌 대답해야 할지를 몰랐다. 이내 2세 황제의 뜻에 아부키 위해 답서를 보냈다.

"무릇 현주賢主는 반드시 독려하고 책임지우는 법술法術인 독책지술督責之術을 능히 행할 수 있는 사람입니다. 그래서 한韓나라의 신불해申不害는 이르기를, '천하를 소유하고도 방종하지 않으면 이런 사람을 가리켜 천하를 질곡桎梏으로 삼는 자라고 칭한다. 이는 다른 게 아니라 신하를 독책督責하지 못하고 오직 몸소 나서 천하의 백성을 위해 애쓰는 것만을 추구하는 사람을 말하는 것이다. 당요唐堯 및 하우夏禹와 같은 사람이 그런 사람이다. 그래서 이를 질곡이라고 한 것이다'라고 했습니다. 무릇 이런 사람들은 신불해나 한비자의 밝은 법술을 닦아 독책지도督責之道를 행할 생각을 하지 못한 채 오로지 천하의 일을 스스로 다 하려고 합니다. 헛되이 몸과 마음을 피로케 하는 고형노신苦形勞神을 하여 몸으로 백성을 위해 바치는 것은 검수黔首가 할 일로 천하 사람을 양육하는 천자인 휵천하자畜天下者가 할 일이 아닙니다. 이를 두고 어찌 귀하다고 하겠습니까? 그래서 명주明主는 능히 독책지술督責之術을 행하여 위에서 독단獨斷하는 것입니다. 그래야 권력이 신하에게 있지 않게 되고, 연후에 능히 인의지도仁義之塗를 없앨 수 있고, 간하는 변설도 끊을 수 있으니 설령 분명히 방종하는 마음인 자휴지심恣睢之心을 행할지라도 감히 거역하는 자가 없게 될 것입니다. 이리 하면 군신群臣과 백성 모두 자신의 잘못에서 벗어나기에 겨를이 없을 터인데 무슨 변란을 감히 도모하려 하겠습니까?"

2세 황제가 크게 기뻐했다. 독책督責을 더욱 엄하게 하고, 백성들로부터 세금을 혹독하게 거두는 자를 밝은 관원인 명리明吏, 사람을 많이 죽이는 자를 충신이라고 칭했다. 형을 받은 사람이 길에 나다니는 사람의 절반쯤 되고, 죽은 사람이 저자에 날로 쌓이게 됐다. 진나라 백성들은 더욱 놀라며 두려워하는 해구駭懼를 하며 이내 반란을 꾀하게 됐다.

4) 조나라 장수 이량李良이 이미 상산常山을 평정한 뒤 돌아와 조왕에게 이를 보고했다. 조왕 무신이 다시 이량으로 하여금 태원太原산서성 태원시을 경략케 했다. 이량의 군사가 석읍石邑하북성 획록현까지 진격했으나 진나라 군사가 정형산井陘山을 막고 있어 더 이상 앞으로 나아갈 수 없었다. 진나라 장수가 거짓으로 만든 2세 황제의 서신으로 이량을 유인코자 했다. 그러나 이량은 서신을 보고도 이를 믿을 수 없어 한단邯鄲으로 돌아가 구원병의 증원을 청하고자 했다.

한단에 이르기도 전에 조왕 무신의 자씨姊氏가 외출해 술 마시고 있는 광경을 보게 됐다. 이량은 멀리서 많은 수종원이 있는 것을 보고 곧 조왕 무신이 와 있는 것으로 생각해 길옆에 곧바로 엎드리며 배알하는 모습을 갖췄다. 조왕 무신의 자씨는 술에 취한 나머지 그가 장수라는 것을 알지 못하고 기사騎士를 시켜 이량에게 사의謝意를 전하게 했다.

이량은 본래 귀한 가문 출신이다. 부복했다가 몸을 일으키고 난 뒤 진상을 알게 된 그는 자신의 종관從官시종하는 관원 앞에서 행한 일로 인해 창피한 생각이 들었다. 이때 종관 가운데 한 사람이 말했다.

"천하가 진나라를 배반하는 상황에서 능력 있는 사람이 먼저 자립하고 있습니다. 게다가 조왕은 본래 장군의 밑에 있던 자입니다. 지금 한낱 일개 여인이 장군을 위해 수레에서 내리지도 않으니 청컨대 그를 추살追殺하십시오."

원래 이량은 진나라로부터 자신을 초청하는 서신을 갖고 있던 까닭에 조나라를 배반할 생각이 있었으나 결단을 내리지 못하고 있었다. 그러던 중 이 말을 듣게 되자 화가 복받쳐 곧 사람을 보내 조왕의 자씨를 추살케 했다. 그는 이어 군사를 이끌고 가 조나라 도성 한단을 습격했다. 한단은 아무런 방비도 하지 않았던 까닭에 이량의 군사들은 손쉽게 성 안으로 들어가 조왕 무신과 좌승상 소소를 잡아 죽였다. 장이와 진여는 조나라 사람 대부분이 그들의 이목耳目 역할을 하고 있었던 까닭에 능히 사지를 빠져나올 수 있었다.

5) 진陳 땅 출신 진가秦嘉와 부리符離 출신 주계석朱鷄石 등이 기병해 담현郯縣산동성 담현 땅에서 동해군수東海郡守를 포위했다.[155] 진왕 진섭은 이 소식을 듣고 무평군武平君 반畔을 장군으로 삼은 뒤 담현 성하城下의 군사를 감독케 했다. 진가는 명을 듣지 않고 자립하여 대사마大司馬가 됐다. 그는 무평군에게 소속되는 것을 꺼린 나머지 군리軍吏에게 말했다.

"무평군은 나이도 어리고 병사兵事에 관한 일도 모르니 그의 명을 듣지 말라."

진왕 진섭의 명을 변조해 무평군 반을 죽였다.

6) 2세 황제가 장사長史 사마흔司馬欣과 동예董翳를 파견해 장함章邯을 도와 도적들을 치게 했다. 장함은 이미 오봉伍逢을 깨뜨린 데 이어 진陳의 주국인 방군房君마저 공격해 죽인 뒤 여세를 몰아 진의 서쪽에 있는 장하張賀의 군사를 쳤다. 진왕 진섭이 친히 나아가 전투를 감독하는 감전監戰을 했으나 장하는 전사하고 말았다.

12월, 진왕 진섭이 여음汝陰안휘성 부양현으로 갔다가 돌아오던 중 하성보下城父안휘성 와양현 동남쪽에 이르렀을 때 그의 마부 장가莊賈가 그를 죽이고

155 『사기』「진승전」은 진가를 진陳 땅 출신이 아닌 '능인凌人'으로 기록해 놓았다. 『자치통감』의 기록이 타당한 듯하다.

진나라에 투항했다.[156]

당초 진섭이 왕이 됐을 때 옛 친구인 그의 고인故人들이 모두 그를 찾아가 의지했다. 그의 장인도 그를 찾아갔다. 진섭은 많은 빈객들을 이끌고 그를 기다리다가 길게 읍만 하고 절을 하지 않는 장읍불배長揖不拜를 했다. 장인이 노했다.

"혼란을 틈타 왕호를 참칭하고 어른에게 오만하게 구는 자는 오래 갈 수 없을 것이다."

그러고는 말도 하지 않은 채 가 버렸다. 이때 진왕 진섭이 무릎을 꿇고 사죄하는 궤사跪謝를 했으나 끝내 돌아보지 않았다. 빈객들의 왕부王府 출입이 더욱 잦아지며 점차 편히 가까이 지내며 방자해지는 발서發舒의 모습을 보이자 진왕 진섭의 옛일을 말하게 됐다. 어떤 사람이 진섭에게 말했다.

"빈객이 어리석고 무지하여 망언을 함부로 하니 군왕의 위신이 가볍게 되고 있습니다."

진왕 진섭이 자신에 대해 말하는 빈객을 참수하자 옛 친구들이 모두 스스로 떠나버려 주변에는 친한 사람이 한 사람도 없게 됐다. 그러나 진왕 진섭은 오히려 주방朱防을 인사 담당관인 중정中正, 호무胡武를 과실을 처리하는 관원인 사과司過로 삼아 군신들을 감찰케 했다. 주방과 호무는 제장들이 군사들을 이끌고 가 땅을 경략하고 돌아왔을지라도 명령과 부합하지 않으면 곧바로 잡아들여 치죄하면서 가혹한 감찰인 가찰苛察을 충성으로 생각했다. 두 사람은 평소 좋지 않게 여긴 자가 있으면 사법

156 진제국의 납월臘月은 하력夏曆으로 음력 9월이다. 『사기』는 호해 2년 10월에 갈영葛嬰을 주살하고, 11월에 주문周文이 죽고, 12월에 진섭陳涉이 죽은 것으로 기록해 놓았다.

관에게 내려 보내지 않고 곧바로 직접 처리하는 자치自治를 했다. 이런 이유로 제장들은 진섭에게 친부親附하지 않았다. 이것이 그가 패한 배경이다.

이때 좌우에서 시중드는 사람인, 진섭의 연인涓人으로 있다가 장수로 임명된 여신呂臣이 청색두건을 두른 농민군인 창두군蒼頭軍을 만든 뒤 신양新陽안휘성 태화현에서 기병해 진현陳縣을 공격했다.[157] 진현을 함락한 뒤 진섭을 살해한 장가莊賈를 죽이고, 진현을 다시 초나라 도성으로 삼았다. 여신은 진왕 진섭을 탕산碭山에 장사지내고 시호를 은왕隱王이라고 했다.

당초 진왕 진섭은 질銍 땅 출신 송류宋留에게 명해 군사를 이끌고 가 남양南陽을 평정하고 무관武關섬서성 상현 경계으로 들어가게 한 바 있다. 송류는 남양을 경략한 뒤 진왕 진섭이 죽었다는 소식을 듣고는 남양을 다시 진나라에 돌려주었다. 송류가 이내 병사를 이끌고 진나라에 항복하자 2세 황제는 오히려 그를 거열형에 처한 뒤 시체를 사방으로 돌리는 전시傳尸를 했다.

7) 위魏나라 장수 주불周市이 군사를 이끌고 풍豐과 패沛 땅을 경략한 뒤 사람을 보내 옹치雍齒를 초청했다. 옹치는 패공 유방에게 소속되는 것을 크게 원치 않은 까닭에 곧 풍 땅을 들어 항복했다. 유방이 이를 공격했으나 이기지 못했다.

8) 조나라의 장이와 진여가 흩어진 군사를 거두었다. 군사 수만 명을 얻게 되자 곧 이량을 쳤다. 이량이 패주해 장함章邯에게 갔다. 한 빈객이 장이와 진여에게 유세했다.

"두 분 모두 이곳에서는 나그네인 기려羈旅에 불과할 뿐입니다. 조나라

157 '창두군'은 청색 두건을 두른 농민군을 지칭한 말로 '창두'는 원래 노비를 뜻하는 말이다. 당시 위魏나라에는 약 20만 명의 창두군이 있었다고 한다.

에 귀부해 독립코자 해도 성사되기가 어려울 것입니다. 만일 옛 조왕의 후예를 왕으로 세운 뒤 그를 인의로써 보필하면 가히 공을 이룰 수 있을 것입니다."

이내 옛 조왕의 후예인 조헐趙歇을 찾아냈다.

봄 정월, 장이와 진여가 조헐을 조왕으로 삼고 신도信都하북성 기현에 거주했다.

9) 동양현東陽縣안휘성 천장현 출신 영군寧君과 진가秦嘉가 진왕 진섭의 군사가 패했다는 소식을 듣고 이내 경구景駒를 내세워 초왕으로 삼았다.[158] 이어 군사를 이끌고 방여方與산동성 어대현로 가 정도定陶산동성 정도현에서 진나라 군사를 치려고 했다. 공손경公孫慶을 제나라에 사자로 보내 서로 힘을 합쳐 함께 진격할 것을 청했다. 제왕 전담田儋이 물었다.

"진왕이 전패戰敗하여 아직 그 생사를 모르고 있다. 초나라는 어찌하여 우리 제나라에 물어보지도 않고 다시 왕을 세운단 말인가?"

공손경이 반박했다.

"제나라는 초나라에 물어보지도 않고 왕을 세웠는데 초나라는 무슨 이유로 제나라에 물어본 뒤 왕을 세운단 말입니까? 하물며 초나라는 진나라에 반기를 드는 일을 선도했으니 의당 천하에 호령을 발포해야 할 것입니다."

제왕 전담이 대로해 공손경을 죽였다.

진나라의 좌우 교위校尉가 다시 진현陳縣을 공격해 함락시켰다. 초나라 장수 여신呂臣이 달아나 도주하는 병사를 가로막아 다시 그러모았다.

---

158 『문영文穎』에는 진가가 동양군 사람으로 영현寧縣의 군君이 된 것으로 되어 있다. 그러나 『사기』「신찬臣瓚」과 「진승전」에는 '능인凌人 진가'로 되어 있다. 영군寧君과 진가는 별개의 사람이고, 진가는 동양군 출신이 아닌 것으로 보는 게 옳을 듯하다.

도중에 파番강서성 파양현 땅의 도적 경포黥布와 서로 만나게 됐다. 서로 합세해 진나라의 좌우 교위를 공격해 청파青波하남성 식현 경계의 하천에서 격파했다. 진현은 다시 초나라 땅이 됐다.

경포는 육六안휘성 육안현 땅 사람이다. 성은 영씨英氏로 법을 저촉해 경형黥刑을 받고 형도刑徒가 되어 진시황릉 조성지인 여산驪山으로 보내졌다. 당시 여산의 형도는 그 수가 10만 명에 달했다. 경포는 형도의 우두머리 및 호걸 등과 교통交通하다가 이내 그 무리인 조우曹耦를 이끌고 장강 일대인 강중江中으로 도주해 군도群盜가 됐다.

파양番陽강서성 파양현의 현령 오예吳芮는 강호江湖 일대에서 크게 민심을 얻어 파군番君으로 불렸다. 경포가 가서 그를 만났을 때 파군의 무리는 이미 수천 명을 넘고 있었다. 파군이 이내 자신의 딸을 경포에게 주어 처로 삼게 했다. 사위 경포에게 곧 자신의 군사를 이끌고 가 진나라 군사를 치게 했다.

10) 초왕 경구景駒가 유留강소성 패현 동남쪽 땅에 머물러 있을 때 유방이 무리를 이끌고 가 몸을 의탁했다. 장량張良도 청년 100여 명을 모은 뒤 초왕 경구를 좇고자 했다. 그는 도중에 유방을 만나자 마침내 그의 무리로 들어갔다. 유방은 장량을 말 전담 책임자인 구장廐長으로 삼았다. 장량이 수차례에 걸쳐 태공망太公望 여상呂尙의 병법을 유방에게 설명했다. 유방은 이를 높이 평가해 늘 그의 계책을 채용했다. 장량이 전에 다른 사람에게 병법을 말했을 때는 아무도 이를 이해하지 못했다. 유방이 자신의 계책을 좇는 것을 보고 장량이 크게 탄복했다.

"패공은 대략 하늘이 인간에게 내려 준 인물인 천수天授에 해당한다."

그러고는 마침내 그의 곁에 머물며 잠시도 떠나지 않았다.

유방과 장량은 함께 초왕 경구를 만나본 뒤 군사를 청해 풍豐 땅을 치고자 했다. 이때 진나라 장수 장함의 사마司馬 이夷가 군사를 이끌고 북쪽으로 가 초 땅을 경략했다. 이들은 상相안휘성 숙현 북쪽 땅을 도륙한 뒤 탕산碭山에 이르렀다.

동양東陽 출신 영군寧君과 유방이 군사를 이끌고 서쪽으로 가 소蕭강소성 소현 서북쪽 땅의 서쪽에서 싸웠으나 이내 불리해져 환군한 뒤 다시 군사를 수습해 유留 땅에 주둔했다.

2월, 유방이 다시 탕산을 공격해 3일 만에 함락시켰다. 탕산의 군사를 수습해 6,000명의 군사를 얻었다. 전에 있던 병사와 합치자 모두 9,000명이 됐다.

3월, 하읍下邑강소성 탕산현 동쪽을 공격해 함락시켰다. 환군하는 길에 다시 풍 땅을 쳤으나 함락시키지 못했다.

11) 광릉廣陵강소성 양주시 서북쪽 출신 소평召平이 일찍이 진왕陳王 진섭을 위해 광릉을 쳤으나 함락시키지 못했다. 진왕이 패주했다는 소식을 들었을 때 마침 진秦나라 장수 장함이 도착했다. 소평은 이내 도강한 뒤 진왕 진섭의 명을 고쳐 항량項梁을 초나라의 상주국上柱國으로 제수하며 하명했다.

"강동江東[159]강소성 남부 태호 일대은 이미 평정됐으니 급히 군사를 이끌고 서쪽으로 가 진나라를 공격하라."

---

159 강동江東은 장강이 무호蕪湖에서 지금의 남경南京 일대를 지날 때 동북방향으로 빗겨 흐른 데서 나온 지명이다. 여기서 장강의 동서東西와 좌우左右의 기준이 만들어졌다. 중원에서 볼 때 장강의 남쪽은 강외江外 즉 강표江表가 된다. 강남江南 일대를 사서에서 강표江表로도 표기한 배경이다. 장강의 동쪽을 강동江東 내지 강좌江左로 표현케 된 것 역시 중원을 기준으로 볼 때 동쪽이 왼쪽에 해당하는데 따른 것이다. 남경에서 구강九江에 이르는 지역을 강서江西로 표현하는 것과 관련해 명말청초의 고염무顧炎武는 『일지록日知錄』에서 지적키를, "강서의 지명이 나온 유래를 알 길이 없다. 해당 지역 모두 강남에 있기 때문이다. 요즘 말하는 소위 '강북江北'은 옛날의 '강서'에 해당한다. 당태종 때 강남을 강동과 강서로 나눈 바 있다."고 했다.

항량이 군사 8,000명을 이끌고 장강을 건너 서쪽으로 진격했다. 이때 그는 진영陳嬰이 이미 동양東陽을 함락시켰다는 소식을 듣고 급히 사자를 보내 진영과 연락을 취하면서 함께 서쪽으로 진군할 생각을 품었다. 진영은 전에 동양현의 영사令史로 있던 인물이다. 그가 동양현에 살 때 평소 믿음이 있고 근신하자 사람들은 그를 장자長者로 불렀다. 동양현의 청년들이 현령을 살해하고 서로 모이자 그 수가 2만 명이나 됐다. 이들은 장차 진영을 왕으로 삼고자 했다. 진영의 모친이 진영에게 말했다.

"내가 너의 집 며느리가 된 이후 너의 선조 가운데 귀한 사람이 있다는 말을 일찍이 들은 바가 없다. 지금 대명大名을 갑자기 얻게 되니 이는 상서롭지 못하다. 다른 사람 휘하로 들어가느니만 못하다. 일이 성사되면 오히려 봉지를 지닌 열후가 될 수 있고, 실패하면 쉽게 도망칠 수 있다. 그럴지라도 세인들이 이름을 거명하며 비난하지는 않을 것이다."

진영은 감히 왕이 되려 하지 않았다. 그가 군리들에게 말했다.

"항씨는 세세대대世世代代로 장군을 배출한 집안이고, 그 명망 또한 초나라에서 극히 높다. 지금 대사를 이루려고 하는 마당에 장차 그 집 출신이 아니면 안 될 것이다. 나는 항씨 명족에 의지해 진나라를 반드시 멸망시킬 것이다."

무리들이 이 말을 좇았다. 진영의 군사는 모두 항량에게 귀속됐다.

영포가 진나라 군사를 깨뜨린 후 군사를 이끌고 동진했다. 영포는 항량이 서쪽으로 회하淮河를 건넜다는 소식이 들려오자 포장군蒲將軍[160]과 함께 자신들의 군사를 모두 항량에 소속시켰다. 항량의 무리는 무릇 6만~7만 명이 됐다. 이들은 하비下邳강소성 비현에 주둔했다.

이때 초왕 경구와 진가의 군사는 팽성彭城강소성 서주시의 동쪽에 주둔하

---

160 포장군蒲將軍은 반란군 수령으로 성은 포蒲, 이름은 미상이다.

고 있었다. 이들은 항량에 저항코자 했다. 항량이 군리들에게 말했다.

"진왕陳王이 앞장서 가장 먼저 난을 일으키는 수사首事를 했다. 그러나 싸움에서 불리하게 되어 지금은 그가 있는 곳조차 알지 못하게 됐다. 이런 상황에서 진가가 진왕을 배반하고 경구를 초나라 왕으로 세웠으니 이는 대역무도大逆無道한 짓이다."

이내 진병하여 진가를 치자 진가의 군사가 패주했다. 항량의 군사가 급히 뒤를 쫓아 호릉胡陵산동성 어대현 동남쪽에 이르자 진가가 군사를 돌려 다시 싸웠다. 하루 만에 진가가 교전 끝에 전사하자 그의 군사들이 항복했다. 경구는 도주했으나 이내 옛 위魏나라 땅에서 죽었다.

항량은 진가의 군사를 흡수한 뒤 호릉에 주둔하면서 장차 군사를 이끌고 서진코자 했다. 이때 진나라 장수 장함의 군사가 율栗하남성 하읍현 땅에 이르렀다는 소식이 들리자 항량은 곧 별장 주계석朱雞石과 여번군餘樊君을 보내 그와 싸우게 했다. 이 싸움에서 여번군이 죽었다. 주계석의 군사도 패주하여 호릉까지 달아났다. 항량은 이내 군사를 이끌고 설薛 땅으로 들어간 뒤 패주한 주계석을 주살했다.

유방이 100여 기騎를 이끌고 항량을 찾아가 만나봤다. 항량이 유방에게 군사 5,000명을 내주었다. 그중에는 오대부五大夫인 장군도 10명이나 있었다. 유방이 병사를 이끌고 다시 풍읍을 공격해 함락시켰다. 옹치는 공자 구咎가 왕으로 있는 위나라로 도주했다.

항량이 조카인 항우項羽에게 명해 양성襄城하남성 양성현을 주력부대와 떨어져 따로 공격하는 별공別攻을 했다. 양성이 굳게 지키는 견수堅守를 하자 쉽게 함락시킬 수 없었다. 그러나 얼마 후 이를 함락케 되자 이내 성안의 모든 사람을 갱살坑殺한 뒤 환보還報했다.

항량은 진왕 진섭이 확실히 죽었다는 소식을 듣고는 곧 별장들을 설薛 땅으로 불러모은 뒤 후일을 논의했다. 유방 역시 이 논의에 참석했다. 참석자 중에는 거소居鄛안휘성 동성현 남쪽 출신 범증范增도 있었다. 그의 나이는 70세였다. 그는 평소 집에 있을 때부터 기계奇計기이한 계책를 좋아했다. 범증이 항량에게 말했다.

"진승이 실패한 것은 실로 당연합니다. 무릇 진나라가 멸망시킨 6국 가운데 초나라가 가장 죄가 없었습니다. 전에 초회왕楚懷王이 진나라로 들어갔다가 돌아오지 못하고 그곳에서 죽자 초나라 사람들이 이를 가엾게 여겼습니다. 이런 추모 열기는 지금까지 그대로 이어지고 있습니다. 초나라의 남공南公[161]이 이르기를, '초나라에 비록 3호戶만 남아 있을지라도 진나라를 멸망시키는 것은 반드시 초나라일 것이다'라고 했습니다. 그런데 지금 진승은 수사首事했음에도 초나라 후예를 세우지 않고 자립한 까닭에 그 세력이 오래 가지 못한 것입니다. 이제 그대가 강동江東에서 일어나자 초나라에서 벌떼처럼 일어난 장수들이 모두 그대에게 다투어 귀부하고 있습니다. 이는 누대에 걸친 초나라 장수 집안 출신인 그대가 초왕의 후예를 찾아내 다시 옹립할 것으로 생각하기 때문입니다."

항량이 이를 옳게 여겨 곧 사방으로 초왕의 후예를 찾았다. 이내 초회왕의 손자인 미심羋心이 백성들 틈에 끼어 양치기 머슴노릇을 하고 있는 것을 발견했다.

여름 6월, 항량이 '미심'을 초회왕으로 삼았다. 이는 백성들의 희망을 좇은 것이다.[162] 진영陳嬰은 상주국이 되어 5개 현에 봉해졌다. 그는 초회

161 남공南公은 초나라의 음양가로, 『한서』「예문지」는 「남공13편」의 저자로 기록해 놓았다.

162 『자치통감』과 『사기』 등의 사서는 전국시대 말기에 진나라에서 죽음을 맞은 '초회왕' 웅괴熊槐의 시호를 그대로 사용한 이유를 두고 백성들의 바람을 좇은 것이라고 기록해 놓았으나 납득키가 쉽지 않다. 생전에 시호를 붙이는 것도 전례가 없는 데다 굳이 적국인 진나라에서 비참한 최후를 맞은 사람의 시호를 그대로 사용할 이유도 없기 때문이다. 당시 항우가 초회왕을 제거한 것을 미화키 위한 초나라 항씨들의 주장을 후대의 사가들이

왕과 더불어 우이현盱眙縣강소성 회안시 우이현에 도읍했다. 항량은 스스로 무신군武信君을 칭했다.

장량이 항량에게 유세했다.

"그대는 이미 초나라의 후예를 새 왕으로 세웠습니다. 한韓나라의 여러 공자 가운데 횡양군橫陽君이 가장 현명하니 그를 한왕韓王으로 세워 더욱 우당友黨을 심는 수당樹黨을 하도록 하십시오."

항량이 장량을 시켜 옛 한나라 왕족인 한성韓成을 찾아낸 뒤 그를 한왕으로 세우고 장량을 사도로 삼았다. 이어 장량에게 명해 한왕과 더불어 1,000여 군사를 이끌고 서진해 한나라의 고토를 경략케 했다. 장량이 여러 성을 얻었으나 진나라가 곧 이를 다시 탈환했다. 장량 일행은 이리저리 오가다가 영천潁川하남성 우현 일대에서 유격병인 유병遊兵으로 활약케 됐다.

12) 진나라 장수 장함이 진왕陳王을 격파한 뒤 다시 진군해 위왕魏王으로 있는 영릉군寧陵君 구咎를 임제臨濟하남성 진류현 서북쪽에서 공격했다. 위왕 구咎가 주불周市을 제·초 두 나라에 사자로 보내 구원을 청했다. 제왕 전담田儋과 초나라 장수 항타項它가 군사를 이끌고 주불을 따라와 마침내 위나라를 구원했다. 장함이 밤중에 군사에게 소리가 나지 않도록 물건을 입에 무는 함매銜枚를 하도록 조치한 뒤 제·초 두 나라 군사를 공격했다.[163] 마침내 임제 성하城下에서 이들을 대파하고 제왕 전담과 주불을 죽였다.

위왕 구咎는 백성들을 생각해 항복할 것을 약속했다. 약속이 이뤄진

그대로 인용했을지도 모를 일이다.

163 '함매'는 적을 습격할 때 소리를 내지 않기 위해 병사들이 나무판자와 같은 것을 입에 문 것을 말한다. '매枚'는 젓가락 모양의 양 끝에 달려 있는 줄을 이용해 목 뒤로 묶을 수 있게 되어 있다. 말에게도 '함매'를 하기도 한다.

뒤 스스로 불구덩이에 뛰어들어 불에 타 죽는 소살燒殺을 했다. 그의 동생 위표魏豹가 초나라로 도주하자 초회왕이 그에게 군사 수천 명을 주어 다시 위나라 땅을 경략케 했다.

제나라 장수 전영田榮은 전사한 친형 전담의 남은 군사를 거두어 동쪽의 동아東阿산동성 양곡현로 도주했다. 장함이 곧바로 쫓아가 포위했다. 제나라 사람들은 전담이 죽었다는 소식을 듣고 이내 옛날 제왕으로 있었던 전건田建의 동생 전가田假를 새 왕으로 옹립했다. 전각田角이 재상, 전각의 동생 전간田間이 장수가 되어 제후들에게 항거했다.

가을 7월, 큰 장마인 대림大霖[164]이 있었다.

무신군 항량은 병사를 이끌고 항보亢父산동성 제녕현를 치던 중 전영이 위급하다는 소식을 듣고 이내 방향을 틀어 동아東阿를 포위하고 있던 장함의 군사를 격파했다. 장함이 서쪽으로 도주했다. 전영이 군사를 이끌고 동진하여 제나라로 귀환했다.

무신군 항량은 홀로 진나라 군사를 추격해 북진하면서 항우와 유방에게 명해 성양城陽산동성 복현을 별공別攻케 했다. 이들의 군사가 성양을 도륙했다.

초나라 군사가 복양濮陽하남성 복양현의 동쪽에 주둔하다가 다시 장함의 군사와 싸워 이를 격파했다. 장함이 다시 군사를 정비해 복양을 지켰다. 이때 주변에 해자를 파 물을 가득 채워 넣었다. 유방과 항우가 부득불 그곳을 떠나 정도定陶를 공격했다.

8월, 전영이 제왕 전가에 대해 급히 공격하며 추격하는 격축擊逐을 했다. 전가가 초나라로 도주했다. 전간은 조나라를 구하러 출전했다가 이 소

---

164 대림大霖은 큰 장마를 뜻하는 말로 여기의 림霖은 3일 이상 내리는 비를 지칭한다.

식을 듣고 이내 조나라에 머물며 감히 제나라로 귀환하지 못했다. 전영이 죽은 전담의 아들 전불田市을 제왕으로 삼고 스스로 재상이 됐다. 전씨의 일족인 전횡田橫이 장수가 되어 제나라 땅 일부를 평정했다.

장함의 군사가 더욱 왕성해지자 항량이 수차례 제·조 두 나라에 사자를 보내 일시에 발병發兵해 장함을 공격共擊할 것을 청했다. 전영이 회답했다.

"초나라가 전가田假를 죽이고, 조나라가 전각田角과 전간田間을 죽이면 이내 출병하겠다."

초·조 두 나라가 이를 허락지 않자 전영이 노해 끝내 출병치 않았다.

13) 궁궐의 액문掖門 담당관인 낭중령郎中令 조고가 2세 황제의 총애를 믿고 멋대로 방자하게 행동하는 전자專恣의 모습을 보였다. 사원私怨으로 주살한 사람이 매우 많았다. 대신들이 입조入朝해 업무보고인 주사奏事를 하는 자리에서 이를 말할까 우려해 이내 2세 황제에게 말했다.

"천자가 귀한 것은 군신들로 하여금 단지 소리만 듣고 용안을 볼 수 없도록 했기 때문입니다. 게다가 폐하는 살 날이 많은 부어춘추富於春秋[165] 상황이어서 반드시 제사諸事에 통달한 것도 아닙니다. 지금 조정에 나와 정사를 보면서 견책과 천거에 부당한 면이 나타나면 곧 대신들에게 단점을 드러내는 셈이 됩니다. 이는 천하에 신명神明을 내보이는 방법이 아닙니다. 차라리 폐하가 궁중 깊숙이 팔짱을 끼고 있으면서 저를 비롯해 시중侍中[166] 등과 같이 법을 익힌 자들로 하여금 일을 기다리고 있다가 처리

165 부어춘추富於春秋는 '살아갈 세월이 많다'는 뜻으로 청년靑年을 가리킨다.

166 시중侍中은 진秦나라 때 설치된 관직이다. 소부少府에 소속돼 황제의 좌우에서 근시하며 황명을 직접 전달하는 역할을 수행했다. 한나라 때는 정규 관직 외의 가관加官으로 통용됐다. 문무대신이 시중의 '가관'을 받고 궁중에 들어와 일을 처리한 게 그렇다. 한무제 이후 지위가 점차 높아져 시랑侍郞을 넘어섰다. 위진魏晉 이후에는 사실상의 재상 역

하는 대사待事를 하도록 조치하느니만 못합니다. 이리하면 대신들도 감히 의심스러운 사안인 의사疑事를 상주치 못할 것이고, 천하 또한 폐하를 성주聖主로 칭송할 것입니다."

2세 황제가 이를 받아들여 곧 조정에 앉아 대신들을 만나보는 일을 철폐하고 늘 금중에서 살았다. 조고와 시중이 중요한 국사를 주관하는 용사用事를 하자 모든 일이 조고에 의해 결정됐다.

하루는 승상 이사가 자신을 비판했다는 얘기를 전해 듣고 곧 이사를 만나 말했다.

"관동關東에 군도群盜가 많은데도 지금 주상은 요역을 부과하는 발요發繇를 더욱 급하게 하여 아방궁을 짓고, 구마狗馬와 같은 무용지물을 모으고 있습니다. 신이 이를 간하고 싶으나 지위가 낮아 그러지 못하고 있습니다. 이는 실로 군후君侯가 할 일입니다.[167] 군은 어찌하여 간하지 않는 것입니까?"

이사가 말했다.

"실로 그렇소. 내가 이를 말하려고 한 지 오래 됐소. 지금 주상이 조정에 나오지 않은 채 늘 심궁深宮에 머물고 있는 까닭에 말하고자 하는 바를 전할 길이 없소. 설령 알현謁見코자 해도 폐하에게는 그럴 한가한 시간이 없소."

조고가 말했다.

"군후가 실로 간언코자 한다면 내가 군후를 위해 주상이 언제 한가한 틈이 나는지를 알려 드리겠습니다."

할을 했다. 당송 이후에도 계속되다가 원나라 때 폐지됐다.

167 조고는 시중侍中으로 승상인 이사보다 직위가 낮기는 했으나 사실 실권을 쥐고 있었다. 그가 스스로 '지위가 낮다'고 말한 것은 일종의 겸사謙辭일 뿐이다.

조고는 2세 황제가 모처럼 연락燕樂을 즐기려고 할 때를 기다렸다가 부녀들이 황제 곁에 대거 몰려와 있는 틈을 노려 곧바로 사람을 이사에게 보내 고하게 했다.

"주상이 이제 한가한 틈이 났으니 가히 주사奏事할 수 있습니다."

승상 이사가 궁문 앞에 이르러 알현을 청했으나 허락을 얻지 못했다. 부득불 되돌아갔다가 알현을 청하는 일이 모두 세 번 있었다. 2세 황제가 화를 냈다.

"승상은 내가 늘 일이 없어 한가하게 있는 날에는 오지 않다가 내가 바야흐로 잔치를 열어 사사로이 즐기는 연사燕私를 할 때 갑자기 와서 업무보고를 청하는 것인가? 승상은 어찌하여 짐을 이처럼 어린애로 여기며 경시하는 것인가? 과연 짐을 고루하다고 생각해 경시하는 것인가?"

조고가 말했다.

"무릇 사구지모沙丘之謀[168]에 승상도 참여했습니다. 지금 폐하는 황제가 됐지만 승상은 존귀한 지위가 더 이상 올라가지 못했습니다. 이는 그 뜻이 장차 땅을 나눠 왕이 되려는 데 있는 것입니다. 폐하가 신에게 묻지 않는 이상 신이 감히 말을 할 수는 없는 일입니다. 지금 승상의 장남 이유李由는 삼천三川의 군수가 됐고, 초 땅의 도적 진승 등은 모두 승상의 인근 현의 사람들입니다. 그래서 초 땅의 도적들이 공공연히 나다니며 삼천의 성을 지나가도 군수가 수비만 하며 이들을 치지 않는 것입니다. 제가 들으니 이유와 진승 사이에 문서가 서로 오갔다고 합니다. 아직 증거를 잡지 못해 감히 보고를 못하고 있습니다. 게다가 승상은 밖에 살기 때문에 그 권세가 폐하보다 무겁습니다."

---

168 사구지모沙丘之謀는 호해를 등극시키기 위해 조고 등이 기원전 210년에 꾸민 모의를 지칭한다.

2세 황제는 조고의 말에 일리가 있다고 생각해 장차 승상을 심문코자 했다. 그는 이내 제대로 살피지 못하는 것을 우려해 먼저 사람을 시켜 삼천군수와 진승 사이에 문서를 교환하는 통장通狀의 사실을 증거로 확보케 했다.

이사가 이 소식을 듣고 이내 상서하여 조고의 잘못을 지적하고 나섰다.

"조고는 이해관계를 독단적으로 처리하는 천리천해擅利擅害로 대권을 장악함으로써 그 권력이 폐하와 차이가 없게 됐습니다. 옛날 춘추시대 말기의 제나라 권신 전상田常은 제간공齊簡公의 재상으로 있으면서 제간공의 은위恩威를 훔쳐 아래로 백성을 얻고, 위로 군신群臣을 얻어 끝내 제간공을 시해하고 제나라를 빼앗았습니다. 이는 천하가 모두 익히 아는 바입니다. 지금 조고는 사악하고 방탕한 뜻인 사일지지邪佚之志로 위험한 모반을 꾀하는 행위를 하고 있습니다. 그의 집에 쌓아 놓은 재부財富는 마치 전씨가 제나라에서 그러했던 것처럼 많고, 욕심에 꺼리는 바가 없어 이익을 찾는 짓에 끝이 없고, 권력과 위세는 주상에 버금하고, 욕심이 무궁無窮하여 폐하의 위신威信을 위협하는 지경에 이르고 있고, 그 뜻은 마치 전국시대 말기 한기韓玘가 한왕韓王 안安의 재상이 됐을 때와 같습니다.[169] 폐하가 그의 제거를 도모하지 않으면 반드시 변란을 일으킬 것이니 신은 이를 우려하는 바입니다."

2세 황제가 이를 보고 이사를 힐난했다.

---

169 본문의 '한기가 한왕 안安의 재상이 됐다'는 것은 확인하기 어렵다. 『사기』「연표」에는 대부 한조韓肇가 한소후韓昭侯를 섬겼고, 한소후의 4세 후손이 바로 한왕 안安인 것으로 되어 있다. 한기가 한조와 다른 인물인지는 알 길이 없다. 또 『사기색은』에는 한반韓鞶이 한도공韓悼公을 시해한 기사가 나오나 한나라에는 '도공'이 존재하지 않았다. 대략 본문의 '한기'는 '한조'와 '한반'의 고사를 착종錯綜한 결과로 보인다.

"이것이 무슨 말인가? 저 조고는 옛날부터 있었던 환관이다.[170] 그는 편안하다고 하여 뜻을 방자하게 하는 이안사지以安肆志와 위험하다고 하여 마음을 바꾸는 이위역심以危易心을 하지 않을 것이다. 또한 행동을 깨끗이 하고 선한 마음을 닦아 스스로 여기까지 이르렀다. 충성으로 직위가 올라갔고 믿음으로 그 자리를 지켰다. 짐은 실로 그를 현명하다고 생각한다. 그런데도 군이 그를 의심하니 이는 어찌된 일인가? 하물며 짐이 조군趙君을 믿지 못하면 누구를 믿으라는 말인가? 게다가 조군은 위인이 깨끗하고 일을 열심히 해 아래로는 인정人情을 알고 위로는 황제의 마음에 순응하고 있다. 군은 그를 의심치 말라."

2세 황제는 평소 조고를 아낀 까닭에 혹여 이사가 그를 죽일까 우려해 이내 사적으로 이 일을 조고에게 말했다. 조고가 말했다.

"승상이 우려하는 사람은 오직 저 조고뿐입니다. 제가 죽게 되면 승상은 바로 전상이 한 것과 같은 짓을 할 것입니다."

이때 도적이 더욱 많아졌다. 관중關中에서 군사를 조발調撥한 뒤 동쪽으로 가 도적을 치는 일이 그치지 않았다. 우승상 풍거질馮去疾과 좌승상 이사, 장군 풍겁馮劫이 진간進諫했다.

"관동 군도의 병기幷起로 우리 진나라가 군사를 동원해 치자 죽거나 도주하는 살망殺亡을 한 자가 매우 많습니다. 그런데도 오히려 도적은 그치지 않고 있습니다. 도적이 많아지면 모든 사람들이 수자리와 양식의 수로 및 육로 운송, 노역 등의 일로 인해 고생하고, 부세賦稅 또한 커집니다. 청컨대 아방궁 짓는 일을 그치고, 사방 변두리의 수자리와 양식의 수로 및 육로 운송 등을 감생減省키 바랍니다."

---

170 본문의 '부고夫高'를 두고 대개 '무릇 조고는'으로 해석하고 있으나 여기의 '부夫'는 발어사發語詞보다는 '저'의 지시사指示詞로 보는 게 합리적이다.

2세 황제가 대답했다.

"무릇 몸이 존귀하게 되어 천하를 소유한 자는 하고 싶은 뜻 욕심을 마음대로 펼치는 사의극욕肆意極欲과 군주의 권세가 무거우면서 법이 엄명한 주중명법主重明法을 통해 아래서 감히 잘못을 저지르지 못하게 함으로써 사해四海를 제어하는 것이다. 무릇 순임금과 우왕은 천자의 귀한 몸으로 친히 궁색하고 고생스러운 현실에 머물며 백성들을 위해 헌신했다. 그리 되면 오히려 법을 무엇에 쓰겠는가? 게다가 선제先帝가 제후에서 몸을 일으켜 천하를 다 아우르면서 천하는 이미 평정됐다. 밖으로 사이四夷를 물리쳐 변경을 안정시키고, 안으로 궁실을 지어 득의得意를 드러내고 있다. 그대들은 직접 선제가 공업功業을 이루는 전개과정을 지켜보았을 것이다.

지금 짐이 즉위한 지 2년이 됐다. 군도가 병기하는데도 그대들은 이를 금하지 못하면서 선제가 한 일을 없애려고 하니 이는 위로 선제에게 보답치 못하고, 그 다음으로 짐을 위해 충성과 힘을 다하는 진충갈력盡忠竭力을 다하지 않는 것이다. 그러고도 어찌 그 자리에 있는 것인가?"

풍거질과 이사, 풍겁을 법리法吏에게 내려 보내 책임을 추궁하며 다른 죄도 문죄케 했다. 풍거질과 풍겁은 '장상將相은 모욕을 당하지 않는다'며 자진했다. 그러나 오직 이사만은 감옥을 택했다. 2세 황제가 조고에게 사안을 넘겨 징치懲治케 했다. 조고는 이사와 그의 아들 이유가 모반한 정황을 추궁하면서 이사의 종족과 빈객을 모두 수포收捕케 했다. 조고가 이사를 치죄하면서 1,000여 차례나 무자비하게 매질을 가했다. 이사가 고통을 이기지 못해 스스로 사실을 굽혀 죄를 수긍하는 무복誣服을 했다.

당시 이사가 자진을 택하지 않은 것은 자신의 변론 능력과 그간의 공, 실제로 반기를 들 마음이 없었던 점 등을 자부했기 때문이다. 그는 글을 올려 진술하면 2세 황제가 이내 깨닫고 자신을 사면해 줄 것으로 기대했다. 이사가 옥중에서 상서했다.

"신이 승상이 되어 치민治民한 지 30여 년이 됐습니다. 당시 진나라 땅은 협애狹隘하여 사방 1,000리에 지나지 않았고, 군사 또한 수십만에 불과했습니다. 신은 얕은 재주인 박재薄材를 다해 우선 모신謀臣을 은밀히 파견한 뒤 많은 금옥金玉을 보내면서 이를 토대로 제후들에게 유세토록 했습니다. 갑병甲兵을 은밀히 정비하고, 정교政敎를 갖추고, 공을 세운 용사인 투사鬪士에게 관직을 주고, 공신功臣을 존중했습니다. 그래서 한나라를 위협하고, 위나라를 약하게 하고, 연나라와 조나라를 깨뜨리고, 제나라와 초나라를 평정함으로써 마침내 6국을 병탄해 그 왕을 포로로 잡고, 진나라의 왕을 세워 천자로 삼을 수 있었습니다. 또한 북으로 호胡와 맥貉 등의 이민족을 쫓아내고, 남으로 백월百越[171]을 평정해 진나라의 강성함을 보여주었습니다. 게다가 두곡斗斛과 도량度量, 문장文章의 통일을 능히 획책해 천하에 공포함으로써 진나라의 이름을 세웠습니다. 이 모든 것이 신의 죄입니다. 신은 실로 오래전에 사죄死罪에 처해지는 것이 마땅했으나 다행히 주상이 저의 능력을 다하게 하여 오늘에 이를 수 있었습니다. 원컨대 폐하는 이를 명찰明察키 바랍니다."

서신을 올리자 조고가 관원들로 하여금 이를 폐기하여 상주하지 못하게 하며 말했다.

"죄수가 어찌 상서할 수 있는가?"

조고가 휘하의 빈객 10여 명으로 하여금 어사와 알자, 시중을 사칭해 돌아가면서 승상 이사를 신문訊問케 했다. 이사가 말을 바꿔 사실대로 답변하면 갑자기 사람을 시켜 다시 무자비하게 매질을 가하게 했다. 이후

---

171 백월百越은 옛 월나라 지역의 남북부에서 전당강錢塘江까지 수천 리에 이르는 곳에 사는 이민족을 가리킨다.

2세 황제가 사람을 시켜 이사를 심문케 하자 이사는 전과 같이 매질을 당할 것으로 생각해 끝내 감히 말을 바꾸지 못했다. 자복하는 말을 하자 조고는 곧 이사를 사죄에 처하는 것이 마땅하다고 보고했다. 2세 황제가 기뻐했다.

"만일 조고가 없었다면 나는 승상에게 거의 속아 넘어갈 뻔했다."

조사를 위해 2세 황제가 파견한 사자가 돌아오기도 전에 삼천군수 이유는 이미 초나라 군사에게 격살 당했다. 사자가 돌아왔을 때는 마침 이사가 형리에게 보내졌을 때였다. 조고는 모든 것을 멋대로 왜곡하여 이사를 아무 관련이 없는 일에 억지로 꿰어 맞추는 부회傅會를 했다. 마침내 모두 이사를 오형五刑[172]에 처하는 것으로 일치를 보았다. 이사가 함양에서 요참腰斬되어 기시棄市에 처해졌다. 이사가 옥을 나올 때 그의 차남도 함께 잡혀 있었다. 그가 중자를 돌아보며 말했다.

"나는 너와 더불어 다시 누런 사냥개인 황구黃狗를 끌고 함께 상채上蔡 성의 동문 밖으로 나가 교활한 토끼인 교토狡兎를 쫓고 싶지만 어찌 그것이 가능할 수 있겠느냐."

마침내 부자가 서로 바라보며 울었으나 이내 삼족이 주멸되고 말았다. 2세 황제가 조고를 승상으로 삼자 대소사가 모두 그에 의해 결정됐다.

14) 초나라 장수 항량이 동아東阿에서 장함을 깨뜨린 뒤 병사를 이끌고 서진하다가 북쪽으로 정도定陶에 이르러 다시 진나라 군사를 깨뜨렸다. 항우와 유방은 진나라 군사와 옹구雍丘하남성 기현에서 싸워 대파하고 이사의 장남 이유李由를 참했다.

---

172 오형五刑은 인체에 상해를 가하는 5종류의 육형肉刑으로 이마에 먹을 뜨는 묵형墨刑 내지 경형黥刑, 거세하는 궁형宮刑, 목을 베는 대벽大辟, 발꿈치를 자르는 월형刖刑 내지 비형剕刑, 코를 베는 의형劓刑을 가리킨다.

이때 항량은 더욱 진나라를 가볍게 여기며 교색驕色이 두드러졌다. 이를 본 휘하의 송의宋義가 간했다.

"전승한 후 장수가 교만해지고 병졸이 게을러지는 장교졸타將驕卒惰를 하면 패하게 됩니다. 지금 병졸들이 점차 나태해지고 진나라 군사는 날로 많아지니 저는 그대를 위해 그리 될까 두렵습니다."

항량이 이를 듣지 않았다. 이내 송의를 제나라에 사자로 보냈다. 송의가 사자로 가던 중 길에서 제나라 사자인 고릉군高陵君 현顯을 만났다. 송의가 물었다.

"공은 장차 무신군武信君 항량을 만나려는 것입니까?"

"그렇소."

송의가 말했다.

"저는 무신군이 필패할 것으로 봅니다. 공은 천천히 찾아가면 죽음을 면하고, 급히 찾아가면 화를 입을 것입니다."

과연 2세 황제는 전 군사를 일으킨 뒤 장함을 도와 초나라 군사를 공격했다. 항량의 군사를 정도에서 대파하자 항량이 이 싸움에서 전사했다.

이해 7월부터 9월까지 계속해서 비가 내렸다. 항우와 유방은 외황外黃하남성 민권현 서북쪽을 공격했으나 함락시키지 못했다. 환군 도중 진류陳留하남성 진류현를 공격했다. 무신군 항량이 죽었다는 소식이 들려오자 사졸들이 두려워했다. 이내 장군 여신呂臣과 함께 군사를 이끌고 동진하여 초회왕楚懷王 '미심'을 우이盱眙에서 팽성彭城으로 이주시킨 뒤 이곳을 새 도읍으로 정했다. 여신은 팽성의 동쪽, 항우는 팽성의 서쪽에 주둔했다. 유방은 탕산碭山에 주둔했다.

15) 위표魏豹가 위나라의 20여 개 성읍을 함락시켰다. 초회왕 '미심'이 위표를 위왕으로 삼았다.

16) 윤9월, 초회왕이 여신과 항우의 군사를 통합한 뒤 직접 이들을 거

느렸다. 유방을 탕군碭郡의 군장郡長으로 삼고 무안후武安侯에 봉해 탕군의 군사를 거느리게 했다. 항우項羽를 장안후長安侯에 봉하고 노공魯公으로 칭했다. 여신을 사도司徒에 임명하고 그의 부친 여청呂靑을 영윤令尹으로 삼았다.

17) 진나라 장수 장함章邯은 항량을 격파한 뒤 초나라 지역의 군사는 근심거리가 못 된다고 여겨 이내 황하를 건너 북진한 뒤 조나라를 공격해 대파했다. 다시 군사를 이끌고 가 조나라 수도 한단으로 공략한 뒤 그 백성들을 하내河內로 옮기고 성곽을 허물었다.

장이와 조왕 조헐趙歇이 거록성鉅鹿城하북성 평향현 안으로 도주해 들어가자 진나라 장수 왕리王離가 성을 포위했다. 당시 진여는 북쪽으로 상산常山의 군사를 수습해 수만 명을 얻은 뒤 거록성의 북쪽에 주둔했다. 장함은 거록성의 남쪽에 있는 극원棘原에 주둔했다.

당시 조나라는 수차례에 걸쳐 초나라에 구원을 청했다. 제나라 사자 고릉군 현顯은 이때까지도 초나라에 있었다. 그가 초회왕을 배견하며 말했다.

"송의가 전에 무신군의 군사가 필패할 것이라고 말했습니다. 과연 수일 후 그의 군사가 패했습니다. 군사가 싸우기도 전에 미리 패할 징조를 보았으니 이는 가히 용병의 이치를 아는 '지병知兵'이라고 일컬을 만합니다."

초회왕이 송의를 불러 함께 일을 계획하고는 크게 기뻐했다. 곧 그를 상장군上將軍, 항우를 차장次將, 범증을 말장末將으로 삼아 조나라를 구하게 했다. 이때 별장들을 모두 송의에게 귀속시킨 뒤 이를 '경자관군卿子冠軍'이라고 불렀다.

당초 초회왕은 제장들과 약속한 바 있다.

"먼저 관중關中으로 들어가 평정하는 자를 왕으로 삼을 것이다."

당시만 해도 진나라 군사가 매우 강해 계속 승세를 이어가며 북쪽으로 적들을 뒤쫓고 있었다. 장수들 모두 먼저 입관入關하는 것은 결코 이롭지 못하다고 생각했다. 그러나 항우 홀로 항량이 진나라 군사에게 패사한 것을 원망한 나머지 분연히 유방과 함께 서진하여 입관코자 했다. 초회왕의 여러 노장老將들이 입을 모아 말했다.

"항우는 위인이 빠르고 성급하고 교활하고 흉포한 표한활적慓悍猾賊의 모습을 보여 일찍이 양성襄城을 공격하면서 성 안에 아무것도 남겨두지 않았고, 산 사람을 모두 갱살했습니다. 그가 지나는 곳마다 잔멸殘滅되지 않은 것이 없습니다. 초나라는 수차에 걸쳐 진취進取진격하여 진나라를 취함하려고 하나 진왕陳王 진승과 항량 등이 모두 패한 데서 알 수 있듯이 모두 여의치 않은 상황입니다. 차라리 장자長者를 파견해 의를 북돋우면서 서진하여 진나라 부형들을 깨우쳐 이끄는 고유告諭를 하느니만 못합니다. 진나라 부형들이 저들의 군주로 인해 고생한 지 이미 오래됐습니다. 지금 실로 장자를 보내 침략과 폭행을 하지만 않는다면 능히 함락시킬 수 있습니다. 항우를 보내서는 안 됩니다. 그러나 패공은 원래 관대한 장자이니 가히 보낼 만합니다."[173]

초회왕이 이내 항우의 서진을 불허한 뒤 유방에게 서진하여 관중을 경략토록 명하면서 진왕陳王과 항량의 산졸散卒을 수습해 진나라를 치게 했다. 유방이 탕현碭縣을 출발해 서진하다가 성양成陽산동성 복현과 강리杠里산동성 무성현 경계에서 진나라의 영루營壘를 공격해 두 곳의 군사를 모두 깨뜨렸다.

173 항우를 극도로 폄하하면서 유방을 '장자'로 칭송한 초나라 장수들의 언급은 『사기』에서 인용한 것이다. 이는 대략 한나라가 들어선 뒤 조작됐을 가능성이 높다. 이 내용이 사실이라면 항우와 유방이 경쟁적으로 관중關中으로 진출코자 한 사실을 설명할 길이 없게 되기 때문이다.

** 起昭陽大荒落, 盡閼逢敦牂, 凡二年.

* 二世皇帝二年

冬, 十月, 泗川監平將兵圍沛公於豐, 沛公出與戰, 破之, 令雍齒守豐. 十一月, 沛公引兵之薛. 泗川守壯兵敗於薛, 走至戚, 沛公左司馬得殺之. 周章出關, 止屯曹陽, 二月餘, 章邯追敗之. 復走澠池, 十餘日, 章邯擊, 大破之. 周文自刎, 軍遂不戰.

吳叔圍滎陽, 李由爲三川守, 守滎陽, 叔弗能下. 楚將軍田臧等相與謀曰, “周章軍已破矣, 秦兵旦暮至. 我圍滎陽城弗能下, 秦兵至, 必大敗, 不如少遺兵守滎陽, 悉精兵迎秦軍. 今假王驕, 不知兵權, 不足與計事, 恐敗.” 因相與矯王令以誅吳叔, 獻其首於陳王. 陳王使使賜田臧楚令尹印, 使爲上將. 田臧乃使諸將李歸等守滎陽, 自以精兵西迎秦軍於敖倉, 與戰. 田臧死, 軍破. 章邯進兵擊李歸等滎陽下, 破之, 李歸等死. 陽城人鄧說將兵居郯, 章邯別將擊破之. 銍人伍逢將兵居許, 章邯擊破之. 兩軍皆散, 走陳, 陳王誅鄧說. 二世數誚讓李斯曰, “居三公位, 如何令盜如此!” 李斯恐懼, 重爵祿, 不知所出, 乃阿二世意, 以書對曰, “夫賢主者, 必能行督責之術者也. 故申子曰 ‘有天下而不恣睢, 命之曰以天下爲桎梏’者, 無他焉, 不能督責, 而顧以其身勞於天下之民, 若堯·禹然, 故謂之桎梏也. 夫不能修申·韓之明術, 行督責之道, 專以天下自適也. 而徒務苦形勞神, 以身徇百姓, 則是黔首之役, 非畜天下者也, 何足貴哉! 故明主能行督責之術以獨斷於上, 則權不在臣下, 然後能滅仁義之塗, 絶諫說之辯, 犖然行恣睢之心, 而莫之敢逆. 如此, 群臣·百姓救過不給, 何變之敢圖!” 二世說, 於是行督責益嚴, 稅民深者爲明吏, 殺人衆者爲忠臣, 刑者相半於道, 而死人日成積於市, 秦民益駭懼思亂.

趙李良已定常山, 還報趙王. 趙王復使良略太原. 至石邑, 秦兵塞井陘, 未能前. 秦將詐爲二世書以招良. 良得書未信, 還之邯鄲, 益請兵. 未至, 道逢趙王姊出飮, 從百餘騎, 良望見, 以爲王, 伏謁道旁. 王姊醉, 不知其將, 使騎謝李良. 李良素貴, 起, 慚其從官. 從官有一人曰, "天下畔秦, 能者先立. 且趙王素出將軍下, 今女兒乃不爲將軍下車, 請追殺之!" 李良已得秦書, 固欲反趙, 未決, 因此怒, 遣人追殺王姊, 因將其兵襲邯鄲. 邯鄲不知, 竟殺趙王·邵騷. 趙人多爲張耳·陳餘耳目者, 以故二人獨得脫.

陳人秦嘉·符離人朱雞石等起兵, 圍東海守於郯. 陳王聞之, 使武平君畔爲將軍, 監郯下軍. 秦嘉不受命, 自立爲大司馬, 惡屬武平君, 告軍吏曰, "武平君年少, 不知兵事, 勿聽!" 因矯以王命殺武平君畔.

二世益遣長史司馬欣·董翳佐章邯擊盜. 章邯已破伍逢, 擊陳柱國房君, 殺之. 又進擊陳西張賀軍. 陳王出監戰. 張賀死.

臘月, 陳王之汝陰, 還, 至下城父, 其御莊賈殺陳王以降. 初, 陳涉旣爲王, 其故人皆往依之. 妻之父亦往焉, 陳王以衆賓待之, 長揖不拜. 妻之父怒曰, "怙亂僭號, 而傲長者, 不能久矣!" 不辭而去. 陳王跪謝, 遂不爲顧. 客出入愈益發舒, 言陳王故情. 或說陳王曰, "客愚無知, 顓妄言, 輕威." 陳王斬之. 諸故人皆自引去, 由是無親陳王者. 陳王以朱防爲中正, 胡武爲司過, 主司群臣. 諸將徇地至, 令之不是, 輒系而罪之. 以苛察爲忠, 其所不善者, 弗下吏, 輒自治之. 諸將以其故不親附, 此其所以敗也.

陳王故涓人將軍呂臣爲蒼頭軍, 起新陽, 攻陳, 下之, 殺莊賈, 復以陳爲楚. 葬陳王於碭, 諡曰隱王.

初, 陳王令銍人宋留將兵定南陽, 入武關. 留已徇南陽, 聞陳王死, 南陽復爲秦, 宋留以軍降, 二世車裂留以徇.

魏周市將兵略地豐·沛, 使人招雍齒. 雍齒雅不欲屬沛公, 卽以豐降魏. 沛公攻之, 不克.

趙張耳·陳餘收其散兵, 得數萬人, 擊李良. 良敗, 走歸章邯.

客有說耳·餘曰, "兩君羈旅, 而欲附趙, 難可獨立. 立趙後, 輔以誼, 可就功."

乃求得趙歇. 春, 正月, 耳·餘立歇爲趙王, 居信都.

東陽寧君·秦嘉聞陳王軍敗, 乃立景駒爲楚王, 引兵之方與, 欲擊秦軍定陶下. 使公孫慶使齊, 欲與之並力俱進. 齊王曰, "陳王戰敗, 不知其死生, 楚安得不請而立王!" 公孫慶曰, "齊不請楚而立王, 楚何故請齊而立王! 且楚首事, 當令於天下." 田儋殺公孫慶.

秦左·右校復攻陳, 下之. 呂將軍走, 徼兵復聚, 與番盜黥布相遇, 攻擊秦左·右校, 破之靑波, 復以陳爲楚.

黥布者, 六人也, 姓英氏, 坐法黥, 以刑徒論輸驪山. 驪山之徒數十萬人, 布皆與其徒長豪傑交通, 乃率其曹耦, 亡之江中爲群盜. 番陽令吳芮, 甚得江湖間心, 號曰番君. 布往見之, 其衆已數千人. 番君乃以女妻之, 使將其兵擊秦.

楚王景駒在留, 沛公往從之. 張良亦聚少年百餘人, 欲往從景駒, 道遇沛公, 遂屬焉. 沛公拜良爲廐將. 良數以太公兵法說沛公, 沛公善之, 常用其策. 良爲他人言, 皆不省. 良曰, "沛公殆天授!" 故遂從不去. 沛公與良俱見景駒, 欲請兵以攻豐. 時章邯司馬尼二將兵北定楚地, 屠相, 至碭. 東陽寧君·沛公引兵西, 戰蕭西, 不利, 還, 收兵聚留. 二月, 攻碭, 三日, 拔之. 收碭兵得六千人, 與故合九千人. 三月, 攻下邑,

拔之. 還擊豐, 不下.

廣陵人召平爲陳王徇廣陵, 未下. 聞陳王敗走, 章邯且至, 乃渡江, 矯陳王令, 拜項梁爲楚上柱國, 曰, "江東已定, 急引兵西擊秦!" 梁

乃以八千人渡江而西. 聞陳嬰已下東陽, 使使欲與連和俱西. 陳嬰者, 故東陽令史, 居縣中, 素信謹, 稱爲長者. 東陽少年殺其令, 相聚得二萬人, 欲立嬰爲王. 嬰母謂嬰曰, “自我爲汝家婦, 未嘗聞汝先世之有貴者. 今暴得大名, 不祥. 不如有所屬. 事成, 猶得封侯. 事敗, 易以亡, 非世所指名也.” 嬰乃不敢爲王, 謂其軍吏曰, “項氏世世將家, 有名於楚, 今欲擧大事, 將非其人不可. 我倚名族, 亡秦必矣!” 其衆從之, 乃以兵屬梁.

英布旣破秦軍, 引兵而東. 聞項梁西渡淮, 布與蒲將軍皆以其兵屬焉. 項梁衆凡六七萬人, 軍下邳.

景駒·秦嘉軍彭城東, 欲以距梁. 梁謂軍吏曰, “陳王先首事, 戰不利, 未聞所在. 今秦嘉倍陳王而立景駒, 逆無道!” 乃進兵擊秦嘉, 秦嘉軍敗走. 追之, 至胡陵, 嘉還戰. 一日, 嘉死, 軍降. 景駒走死梁地.

梁已並秦嘉軍, 軍胡陵, 將引軍而西. 章邯軍至栗, 項梁使別將朱雞石·餘樊君與戰. 餘樊君死, 朱雞石軍敗, 亡走胡陵. 梁乃引兵入薛, 誅朱雞石.

沛公從騎百餘往見梁, 梁與沛公卒五千人, 五大夫將十人. 沛公還, 引兵攻豐, 拔之. 雍齒奔魏.

項梁使項羽別攻襄城, 襄城堅守不下. 已拔, 皆坑之, 還報.

梁聞陳王定死, 召諸別將會薛計事, 沛公亦往焉. 居鄛人范增, 年七十, 素居家, 好奇計, 往說項梁曰, “陳勝敗, 固當. 夫秦滅六國, 楚最無罪. 自懷王入秦不反, 楚人憐之至今. 故楚南公曰, ‘楚雖三戶, 亡秦必楚’ 今陳勝首事, 不立楚後而自立, 其勢不長. 今君起江東, 楚蜂起之將皆爭附君者, 以君世世楚將, 爲能復立楚之後也.” 於是項梁然其言, 乃求得楚懷王孫心於民間, 爲人牧羊. 夏, 六月, 立以爲楚懷王, 從民望也. 陳嬰爲上柱國, 封五縣, 與懷王都盱眙. 項梁自號爲武信君.

張良說項梁曰, “君已立楚後, 而韓諸公子橫陽君成最賢, 可立爲王, 益樹黨.” 項梁使良求韓成, 立以爲韓王, 以良爲司徒, 與韓王將千餘人西略韓地, 得數城, 秦輒復取之. 往來爲游兵潁川.

章邯已破陳王, 乃進兵擊魏王於臨濟. 魏王使周市出, 請救於齊·楚. 齊王儋及楚將項它皆將兵隨市救魏. 章邯夜銜枚擊, 大破齊·楚軍於臨濟下, 殺齊王及周市. 魏王咎爲其民約降, 約定, 自燒殺. 其弟豹亡走楚, 楚懷王予魏豹數千人, 復徇魏地. 齊田榮收其兄儋餘兵, 東走東阿, 章邯追圍之. 齊人聞齊王儋死, 乃立故齊王建之弟假爲王, 田角爲相, 角弟間爲將, 以距諸侯.

秋, 七月, 大霖雨. 武信君引兵攻亢父, 聞田榮之急, 乃引兵擊破章邯軍東阿下, 章邯走而西. 田榮引兵東歸齊. 武信君獨追北, 使項羽·沛公別攻城陽, 屠之. 楚軍軍濮陽東, 復與章邯戰, 又破之. 章邯復振, 守濮陽, 環水. 沛公·項羽去, 攻定陶.

八月, 田榮擊逐齊王假, 假亡走楚, 田角亡走趙. 田間前救趙, 因留不敢歸. 田榮乃立儋子市爲齊王, 榮相之, 田橫爲將, 平齊地. 章邯兵益盛, 項梁數使使告齊·趙發兵共擊章邯. 田榮曰, “楚殺田假, 趙殺角·間, 乃出兵.” 楚·趙不許. 田榮怒, 終不肯出兵. 郎中令趙高恃恩專恣, 以私怨誅殺人衆多, 恐大臣入朝奏事言之, 乃說二世曰, “天子之所以貴者, 但以聞聲, 群臣莫得見其面故也. 且陛下富於春秋, 未必盡通諸事. 今坐朝廷, 譴擧有不當者, 則見短於大臣, 非所以示神明於天下也. 陛下不如深拱禁中, 與臣及侍中習法者待事, 事來有以揆之. 如此, 則大臣不敢奏疑事, 天下稱聖主矣.” 二世用其計, 乃不坐朝廷見大臣, 常居禁中. 趙高侍中用事, 事皆決於趙高.

高聞李斯以爲言, 乃見丞相曰, “關東群盜多, 今上急, 益發繇, 治阿房宮, 聚狗馬無用之物. 臣欲諫, 爲位賤, 此眞君侯之事. 君何不諫?" 李斯曰, "固也, 吾欲言之久矣. 今時上不坐朝廷, 常居深宮. 吾所言者, 不可傳也. 欲見, 無閒." 趙高曰, "君誠能諫, 請爲君侯上閒, 語君." 於是趙高待二世方燕樂, 婦女居前, 使人告丞相: "上方閒, 可奏事." 丞相至宮門上謁. 如此者三. 二世怒曰, "吾常多閒日, 丞相不來. 吾方燕私, 丞相輒來請事! 丞相豈少我哉, 且固我哉?" 趙高因曰, "夫沙丘之謀, 丞相與焉. 今陛下已立爲帝, 而丞貴不益, 此其意亦望裂地而王矣. 且陛下不問臣, 臣不敢言. 丞相長男李由爲三川守, 楚盜陳勝等皆丞相傍縣之子, 以故楚盜公行, 過三川城, 守不肯擊. 高聞其文書相往來, 未得其審, 故未敢以聞. 且丞相居外, 權重於陛下." 二世以爲然, 欲案丞相, 恐其不審, 乃先使人按驗三川守與盜通狀.

李斯聞之, 因上書言趙高之短曰, "高擅利擅害, 與陛下無異. 昔田常相齊簡公, 竊其恩威, 下得百姓, 上得群臣, 卒弑齊簡公而取齊國, 此天下所明知也. 今高有邪佚之志, 危反之行, 私家之富, 若田氏之於齊矣, 而又貪慾無厭, 求利不止, 列勢次主, 其欲無窮, 劫陛下之威信, 其志若韓玘爲韓安相也. 陛下不圖, 臣恐其必爲變也." 二世曰, "何哉! 夫高, 故宦人也, 然不爲安肆志, 不以危易心, 潔行修善, 自使至此, 以忠得進, 以信守位, 朕實賢之. 而君疑之, 何也? 且朕非屬趙君, 當誰任哉! 且趙君爲人, 精廉强力, 下知人情, 上能適朕, 君其勿疑!" 二世雅愛信高, 恐李斯殺之, 乃私告趙高. 高曰, "丞相所患者獨高, 高已死, 丞相卽欲爲田常所爲."

是時, 盜賊益多, 而關中卒髮東擊盜者無已. 右丞相馮去疾·左丞相李斯·將軍馮劫進諫曰, "關東群盜並起, 秦發兵追擊, 所殺亡甚衆, 然猶不止. 盜多, 皆以戍·漕·轉·作事苦, 稅賦大也. 請且止阿房宮作者, 減省四邊戍·轉.” 二世曰, “凡所爲貴有天下者, 得肆意極欲, 主重明法, 下不敢爲非, 以制御海內矣. 夫虞·夏之主, 貴爲天子, 親處窮苦之實以徇百姓, 尙何於法! 且先帝起諸侯, 兼天下, 天下已定, 外攘四夷以安邊境, 作宮室以章得意, 而君觀先帝功業有緖. 今朕卽位, 二年之間, 群盜並起, 君不能禁, 又欲罷先帝之所爲, 是上無以報先帝, 次不爲朕盡忠力, 何以在位!” 下去疾·斯·劫吏, 案責他罪. 去疾·劫自殺, 獨李斯就獄. 二世以屬趙高治之, 責斯與子由謀反狀, 皆收捕宗族·賓客. 趙高治斯, 榜掠千餘, 不勝痛, 自誣服.

斯所以不死者, 自負其辯, 有功, 實無反心, 欲上書自陳, 幸二世寤而赦之. 乃從獄中上書曰, “臣爲丞相治民, 三十餘年矣. 逮秦地之狹隘, 不過千里, 兵數十萬. 臣盡薄材, 陰行謀臣, 資之金玉, 使游說諸侯. 陰修甲兵, 飭政敎, 官鬥士, 尊功臣. 故終以脅韓, 弱魏, 破燕·趙, 夷齊·楚, 卒兼六國, 虜其王, 立秦爲天子. 又北逐胡·貉, 南定北越, 以見秦之强. 更克畫, 平斗斛·度量, 文章布之天下, 以樹秦之名. 此皆臣之罪也, 臣當死久矣! 上幸盡其能力, 乃得至今. 願陛下察之!” 書上, 趙高使吏棄去不奏, 曰, “囚安得上書!”

趙高使其客十餘輩詐爲御史·謁者·侍中, 更往覆訊斯, 斯更以其實對, 輒使人復榜之. 後二世使人驗斯, 斯以爲如前, 終不更言. 辭服, 奏當上. 二世喜曰, “微趙君, 幾爲丞相所賣!” 及二世所使案三川守由者至, 則楚兵已擊殺之. 使者來, 會職責相下吏, 高皆妄爲反辭以相傅會, 遂具斯五刑, 論腰斬咸陽市. 斯出獄, 與其中子俱執. 顧謂其中子曰, “吾欲與若復牽黃犬, 俱出上蔡東門逐狡▩, 豈可得乎!” 遂父子相哭, 而夷三族. 二世乃以趙高爲丞相, 事無大小皆決焉.

項梁已破章邯於東阿, 引兵西, 北至定陶, 再破秦軍. 項羽·沛公又與秦軍戰於雍丘, 大破之, 斬李由. 項梁益輕秦, 有驕色. 宋義諫曰, "戰勝而將驕卒惰者, 敗. 今卒少惰矣, 秦兵日益, 臣爲君畏之." 項梁弗聽. 餘乃使宋義使於齊, 道遇齊使者高陵君顯, 曰, "公將見武信君乎?" 曰, "然." 曰, "臣論武信君軍必敗. 公徐行卽免死, 疾行則及禍." 二世悉起兵益章邯擊楚軍, 大破之定陶, 項梁死.

時連雨, 自七月至九月. 項羽·沛公攻外黃未下, 去, 攻陳留. 聞武信君死, 士卒恐, 乃與將軍呂臣引兵而東, 徙懷王自盱眙都彭城. 呂臣軍彭城東, 項羽軍彭城西, 沛公軍碭.

魏豹下魏二十餘城, 楚懷王立豹爲魏王.

後九月, 楚懷王並呂臣·項羽軍, 自將之. 以沛公爲碭郡長, 封武安侯, 將碭郡兵. 封項羽爲長安侯, 號爲魯公. 呂臣爲司徒, 其父呂靑爲令尹.

章邯已破項梁, 以爲楚地兵不足憂, 乃渡河, 北擊趙, 大破之. 引兵至邯鄲, 皆徙其民河內, 夷其城郭. 張耳與趙王歇走入鉅鹿城, 王離圍之. 陳餘北收常山兵, 得數萬人, 軍鉅鹿北. 章邯軍鉅鹿南棘原. 趙數請救於楚.

高陵君顯在楚, 見楚王曰, "宋義論武信君之軍必敗, 居數日, 軍果敗. 兵未戰而先見敗征, 此可謂知兵矣." 王召宋義與計事而大說之, 因置以爲上將軍. 項羽爲次將, 范增爲末將, 以救趙. 諸別將皆屬宋義, 號爲"卿子冠軍."

初, 楚懷王與諸將約曰, "先入定關中者王之." 當是時, 秦兵强, 常乘勝逐北, 諸將莫利先入關. 獨項羽怨秦之殺項梁, 奮勢願與沛公西入關. 懷王諸老將皆曰, "項羽爲人, 慓悍猾賊, 嘗攻襄城, 襄城無遺類, 皆坑之, 諸所過無不殘滅. 且楚數進取, 前陳王·項梁皆敗, 不如更遣長者, 扶義而西, 告諭秦父兄. 秦父兄苦其主久矣, 今誠得長者往，無侵暴，宜可下．項羽不可遣，獨沛公素寬大長者，可遣.”懷王乃不許項羽，而遣沛公西略地，收陳王·項梁散卒以伐秦.

沛公道碭，至陽城與槓里，攻秦壁，破其二軍.

2세황제 3년(BC 207)

1) 겨울 10월, 제나라 장수 전도田都가 재상인 전영田榮의 명을 어기고 초나라를 도와 조나라를 구했다.

2) 패공沛公 유방이 동군東郡의 군위郡尉가 이끄는 군사를 성무成武산동성 성무현에서 공파攻破했다.

3) 송의가 안양安陽산동성 조현에 이른 뒤 46일 동안 머물며 앞으로 나아가지 않았다. 항우가 건의했다.

"진나라가 조나라를 포위해 위급하게 됐으니 의당 속히 병사를 이끌고 도하해야 합니다. 초나라가 그 외곽을 치고 조나라는 안에서 응하면 틀림없이 진나라 군사를 깨뜨릴 수 있습니다."

송의가 반대했다.

"그렇지 않다. 무릇 소의 몸에 앉아 피를 빨아먹는 등에인 우지맹牛之虻을 쳐서 잡을 때 이와 서캐인 기슬蟣虱을 때려잡는 수법은 통할 수가 없다. 지금 진나라가 조나라를 공격해 이기면 군사들은 곧 피로해질 것이다. 우리는 저들이 피폐한 틈을 타 공격할 수 있다. 만일 저들이 못 이기면 우리는 군사를 이끌고 북을 치며 진격하는 인병고행引兵鼓行을 하며 서진할 수 있다. 그러면 반드시 진나라를 들어낼 수 있을 것이다. 우선 진·조 두 나라가 서로 싸우게 하느니만 못하다. 무릇 갑옷을 입고 무기를 잡는 피견집예被堅執銳는 내가 그대만 못하나, 막 속에 앉아 전략을 짜는 좌운주책坐運籌策은 그대가 나만 못하다."

그러고는 항우를 겨냥해 군중에 이런 명을 내렸다.

"호랑이처럼 흉맹凶猛하고, 양처럼 패려궂고, 이리처럼 욕심이 많으면 강한强悍하여 부릴 수 없게 된다. 이런 자는 모두 참할 것이다."

송의는 이내 자신의 아들 송양宋襄을 제나라의 재상으로 보내면서 친히 아들을 전송餞送키 위해 무염無鹽산동성 동평현까지 가서 술을 마시며 성대한 연회를 베푸는 음주고회飮酒高會를 했다. 날씨가 차고 큰비까지 내려 사졸들이 추위에 떨며 배고파했다. 항우가 분연히 말했다.

"의당 힘을 다하는 육력戮力을 통해 진나라를 공격해야 하는데도 오랫동안 머물며 행군하지 않고 있다. 금년은 흉년으로 백성들이 빈곤해 사졸 또한 채소와 콩류가 반씩 든 밥인 반숙半菽만 먹고 있다. 군중에는 남아 있는 양식이 없는데도 오히려 '음주고회'만 하고 있다. 병사를 이끌고 도하해 조나라의 식량을 먹으면서 조나라와 병력幷力해 진나라를 공격할 생각은 하지 않고 기껏 말하기를, '피폐한 틈을 타야 한다'고 한다. 무릇 진나라의 막강한 무력으로 새로 세워진 조나라를 치니 사세 상 틀림없이 조나라는 망할 것이다. 조나라가 망해 진나라가 더욱 강해지는데 무슨 피폐한 틈을 타겠다는 말인가? 게다가 우리 초나라 군사가 직전에 진나라 군사에게 격파를 당한 까닭에 군왕은 앉아 있어도 불안한 좌불안석坐不安席의 모습을 보이고 있다. 군왕은 나라 안의 군사를 청소하다시피 끌어 모아 전적으로 장군에게 맡겨 놓은 상황이다. 국가의 안위가 진나라를 격파하고 조나라를 구하는 이번 싸움에 달려 있다. 지금 저 자는 사졸들을 아끼지 않고 부자간의 사정私情을 좇고 있으니 사직의 위기를 구하는 신하인 사직지신社稷之臣이 아니다."

11월, 항우가 아침 일찍 상장군 송의를 조현朝見하면서 장막 안에서 그의 머리를 벤 뒤 곧 군중에 출령出令했다.

"송의가 제나라와 모의해 우리 초나라를 배반했다. 초왕이 나 항적에게 음령陰令밀명을 내려 그를 주살케 했다."

제장들은 모두 두려워 복종하는 섭복慴服을 하며 감히 얼버무리며 대항하는 지오枝梧를 하지 못하고 입을 모아 말했다.

"초나라를 먼저 세우는 수립首立을 한 자는 장군의 집안입니다. 지금 장군은 반기를 든 자를 주살한 것입니다."

이내 서로 항우를 공립共立하여 임시 상장군인 가상장군假上將軍으로 삼았다. 이어 사람을 시켜 송의의 아들을 추격케 하자 마침내 제나라까지 쫓아가 그를 죽였다. 환초桓楚를 보내 초회왕에게 이를 보고하자 초회왕이 항우를 상장군으로 삼았다.

4) 12월, 유방이 병사를 이끌고 율률栗하남성 하읍현 땅으로 진격하다가 위나라 장수 강무후剛武侯를 만나 그의 군사 4,000여 명을 빼앗아 하나로 합쳤다.[174] 위나라 장수 황흔皇欣과 무만武滿의 군사와 합세해 진나라 군사를 공파攻破했다.

5) 전국시대 말기 제나라 마지막 왕인 전건田建의 손자인 전안田安이 제수濟水 북쪽까지 내려와 항우를 수종하며 조나라를 구원했다.

6) 진나라 장수 장함은 양쪽에 담장이 있는 군량운반용 도로인 용도甬道를 쌓아 황하까지 이르게 하여 부장副將 왕리王離에게 군량을 공급했다. 왕리의 군사들은 군량이 풍족해지자 조왕趙王 조헐과 장이가 머물고 있는 거록성을 더욱 급하게 공격했다. 거록성은 양식이 떨어진 데다 군사 또한 적었다. 장이는 수차례 사람을 진여에게 보내 구원을 청했다. 진여는 군사가 적어 진나라를 대적할 수 없다고 생각해 감히 앞으로 나아가지 않았다. 몇 달이 지나자 장이가 대로해 진여를 원망했다. 장염張黶

174 '강무후'를 두고 전한 말기의 응소應劭는 『풍속통風俗通』에서 초나라 장수로 보았으나 『한서』「공신표功臣表」는 위나라 장수로 기록해 놓았다. 전후 문맥상 『한서』의 기록을 좇아 위나라 장수로 보는 게 타당할 듯하다.

과 진택陳澤을 진여에게 보내 책망했다.

"당초 나와 공은 문경지교刎頸之交를 맺었소. 지금 조왕과 나 장이는 단모旦暮에 죽게 됐소. 공은 수만 명의 군사를 보유하고도 서로 구원하지 않으니 함께 죽기로 한 약속은 과연 어디에 있는 것이오. 실로 꼭 신의를 지키려 한다면 어찌하여 진나라 군사에게 나아가 나와 함께 죽기로 싸우려 하지 않는 것이오. 하물며 보유한 군사의 10 가운데 1-2라도 내면 서로 안전할 터인데 어찌 이럴 수 있는 것이오."

진여가 회답케 했다.

"내가 헤아려 보건대 전진해도 끝내 조나라를 구할 수 없고, 헛되이 군사만 소모할 뿐이오. 또한 나 진여가 함께 죽으려 하지 않는 이유는 후에 조왕과 장군張君을 위해 진나라에 복수하려는 것이오. 지금 꼭 함께 죽고자 하는 것은 마치 고깃덩이를 굶주린 호랑이인 아호餓虎에게 내맡기는 것과 같으니 무슨 이로움이 있겠소."

그러나 사자로 간 장염과 진택은 함께 싸우다 죽을 것을 요구했다. 진여가 마지못해 장염과 진택으로 하여금 군사 5,000명을 이끌고 출격해 진나라 군사의 힘을 시험케 했다. 이들 모두 진나라 군사와의 교전에서 몰사하고 말았다.

이때 제·연 두 나라 군사가 조나라를 구원키 위해 왔다. 장이의 아들 장오張敖도 북쪽 대代 땅으로 가 군사 1만여 명을 얻은 뒤 이들을 이끌고 와 진여의 옆에 영루營壘를 쌓았으나 감히 진나라를 공격치 못했다.

항우는 '경자관군卿子冠軍'을 지휘하던 송의를 죽인 후 그 위세가 초나라에서 크게 떨쳤다. 그는 이내 당양군當陽軍과 포장군蒲將軍을 시켜 병사 2만 명을 이끌고 도하해 거록성을 구하게 했다. 이들은 전투에서 약간 유리하게 되자 이내 장함이 만든 용도를 끊어 버렸다. 장함의 부장 왕리의 군사가 곧 양식을 거르게 됐다. 진여가 다시 항우에게 원군을 청했다.

항우는 이를 받아들여 직접 전군全軍을 이끌고 황하를 건넜다. 그는 도하한 뒤 곧 배를 침몰시키고 솥과 시루를 모두 깨뜨리는 침선沈船·파부증破釜甑을 행했다. 막사인 여사廬舍도 모두 태워 버리고 각자 3일 치의 식량만 갖게 했다. 이로써 병사들이 죽기로 싸우며 돌아가고자 하는 약간의 마음도 없음을 보여주었다. 거록성에 도착하자마자 왕리의 군사를 포위한 뒤 아홉 번 싸워 모두 크게 승리했다.

장함이 할 수 없이 병사를 이끌고 퇴각하자 제후들의 군사가 비로소 진나라 군사를 향해 감히 진격하기 시작했다. 마침내 진나라 장수 소각蘇角을 죽이고 왕리를 포로로 잡았다. 진나라 장수 섭한涉閒은 항복하는 대신 스스로 불 속에 뛰어들어 자진했다. 이로써 초나라 군사가 제후들 가운데 으뜸이 됐다.

당시 거록성을 구하러 온 제후들의 군사는 10여 개 영루에 진을 치고 있었으나 감히 군사를 내지 못했다. 초나라 군사가 진나라를 공격하자 열국의 장수들이 영루 위에서 이를 구경했다. 초나라 전사들은 일당십一當十을 하지 않는 자가 없었고, 그 부르짖는 소리가 천지를 진동시켰다. 제후들의 군사치고 두려워 벌벌 떠는 췌공惴恐을 하지 않는 자가 없었다.

항우는 진나라 군사를 깨뜨린 뒤 열국의 장수들을 소견召見했다. 장수들이 병거의 끌채를 마주보게 하여 만든 군영의 문인 원문轅門으로 들어오면서 무릎으로 기어 앞으로 나아가지 않는 자가 없었다. 감히 앙시仰視하는 자 또한 없었다. 항우가 제후들의 상장군으로 활약하기 시작하자 제후들이 모두 그에게 귀속됐다.

당시 조왕 조헐과 장이는 거록성을 빠져나와 제후들에게 사례했다. 장이는 진여와 만나게 되자 조나라를 구하지 않은 것을 책망하면서 장염과 진택의 소재를 물었다. 그는 혹여 진여가 그들을 죽이지 않았을까 의심해 수차례 물었다. 진여가 화를 냈다.

"그대가 나를 원망하는 것이 이토록 깊은 줄은 생각지도 못했소. 내 어찌 장군의 인수印綬를 내던지는 것을 애석히 여기겠는가?"

그러고는 장인을 풀어 장이에게 건네주려고 하자 장이가 크게 놀라 받지 않았다. 진여가 일어나 측소厠所로 갔다. 이 틈에 한 빈객이 장이에게 말했다.

"제가 듣건대 '하늘이 주는 것을 받지 않으면 오히려 그 견책을 받는다'고 했습니다. 지금 진여 장군이 그대에게 인수를 주는데도 이를 받지 않는 것은 하늘의 뜻에 반하는 것으로 상서롭지 못합니다. 속히 이를 받으십시오."

장이가 이내 그 인수를 차고 진여 휘하의 군사를 거두었다. 진여는 측소에서 돌아온 뒤 장이가 양보하지 않는 것을 보고는 원망을 품었다. 그는 마침내 급히 나가 홀로 가까운 부하 수백 명과 함께 황하의 위쪽 소택沼澤으로 가 어렵漁獵으로 생활했다. 조왕 조헐은 장이와 함께 신도信都하북성 기현로 돌아갔다.

봄 2월, 유방이 북쪽으로 가 창읍昌邑산동성 거야현 남쪽을 치던 중 자가 중仲인 팽월彭越을 만났다. 팽월이 군사를 이끌고 유방을 좇았다.

팽월은 창읍 사람으로 평소 거야巨野의 소택에서 물고기를 잡으며 생활하다가 군도群盜가 된 인물이다. 진승과 항량이 기병했을 때 소택 근처의 청년 100여 명이 서로 모인 뒤 자字가 중仲인 팽월을 찾아가 몸을 의탁하며 청했다.

"청컨대 팽중彭仲이 우리의 수령이 되어 주십시오."

팽월이 사양했다.

"나는 원치 않소."

청년들이 강청強請하자 이내 수락했다. 그는 청년들과 다음날 아침 일출 때 모이되 약속 시간 뒤에 나오는 자는 참하기로 약속했다. 그러나 당일 일출 때 10여 명이 늦게 나왔고, 심지어 해가 중천에 있을 때 나온 자도 있었다. 팽월이 말했다.

"내가 나이 먹은 까닭에 여러분이 억지로 나를 수령으로 삼은 것이다. 오늘 보니 뒤에 나온 사람이 너무 많다. 모두 주살할 수는 없으니 가장 늦게 나온 한 사람만 참하도록 하겠다."

그가 군영의 장관인 교장校長에게 명해 가장 늦게 나온 자를 참하게 하자 청년들이 대소大笑했다.

"어찌 그런 지경까지 이르도록 해야 되겠습니까? 청컨대 후에 감히 어기지 못하도록 하십시오."

그러나 팽월은 한 사람을 끌어내 이내 참한 뒤 단을 만들어 제사를 지냈다. 이어 무리에게 영을 발포했다. 모두 크게 놀라 감히 쳐다보지 못했다. 팽월은 이내 사방으로 땅을 경략하며 제후들의 흩어진 병사인 산졸散卒을 거둬들여 모두 1,000여 명을 모았다. 이때에 이르러 마침내 유방을 도와 창읍을 공격케 된 것이다.

창읍이 아직 함락되지 않았을 때 유방이 군사를 이끌고 서진하여 고양高陽하남성 기현 남쪽을 지나갔다. 고양 출신 역이기酈食其는 집안이 가난해 뜻을 얻지 못한 탓에 마을의 문지기인 감문監門의 천역賤役을 맡고 있었다. 유방 휘하의 한 기사騎士가 마침 역이기와 같은 마을 사람이다. 역이기가 그를 보고 말했다.

"제후의 장군이 되어 고양을 지나간 사람이 수십 명에 달하오. 내가 순문詢問한 그들 장수 모두 기량이 좁은 악착齷齪의 모습을 보이고, 자질구레한 예절인 가례苛禮를 좋아하고, 스스로 옳다고 여기는 자용自用을 하여 통달한 언론을 받아들이지 못했소. 내가 듣건대 패공은 경만輕慢하고 사람을 얕잡아보나 원대한 계책인 대략大略이 많다고 하니 이는 실로 내가 좇아가 교유코자 하는 사람이오. 그러나 나를 위해 미리 소개하는 선용先容[175]을 해줄 사람이 없소. 만일 패공을 만나거든 '우리 동네에 역생酈生이라는 사람이 있으니 나이는 60여 세, 신장은 8척이고, 사람들이 모두 미치광이인 광생狂生이라고 하나 스스로는 미친 사람이 아니라고 말한다'고 전해주기 바라오."

기사가 말했다.

"패공은 유생 출신 세객說客인 유객儒客을 좋아하지 않소. 여러 빈객 가운데 유생의 모자인 유관儒冠을 쓴 자가 오면 곧바로 그 유관을 벗겨 거기에 오줌을 갈기고, 사람들과 말할 때는 늘 큰 소리로 욕을 하오. 유생儒生에 관해서는 말할 수가 없소."

역이기가 말했다.

"내 얘기를 단지 전하기만 하면 되오."

기사가 자연스럽고 태연한 종용從容의 모습으로 역이기가 가르쳐준 바대로 유방에게 말을 전했다. 유방이 고양의 객사인 전사傳舍에 이른 뒤 사람을 시켜 역이기를 불렀다. 전사에 도착한 역이기가 이내 유방을 알현키 위해 안으로 들어갔다. 이때 유방은 침대 끝에 걸터앉은 채 두 명의 여자에게 자신의 발을 씻도록 하면서 태연히 역이기를 만났다. 방 안으로 들어간 역이기가 길게 읍만 하고 절을 하지 않은 채 물었다.

"족하足下는 진나라를 도와 제후들을 치려는 것입니까? 아니면 제후들을 인솔해 진나라를 깨뜨리려는 것입니까?"

유방이 이 말을 듣고 욕설을 퍼부었다.

"이 유생 놈아(수유竪儒)! 천하가 다 함께 진나라의 고통을 받은 지 오래됐다. 제후들이 서로 이끌어 가며 진나라를 치고 있는데 어찌하여 진나

175 선용先容은 미리 소개한다는 뜻으로 원래는 갑옷 제작용 인형을 만든 데서 나온 용어이다.

라를 도와 제후를 치는 것이냐고 묻는 것이냐?"

역이기가 말했다.

"실로 무리를 모으고 의병을 합쳐 무도한 진나라를 주멸코자 한다면 장자長者를 걸터앉은 채 면접해서는 안 되는 것이오."

유방이 세족을 그치고 곧바로 일어나 옷을 갖춰 입은 뒤 역이기를 이끌어 상좌에 앉히고 사과했다. 역이기가 이내 6국이 종횡縱橫할 때의 얘기를 하자 유방이 크게 기뻐했다. 그가 역이기에게 먹을 것을 내리며 물었다.

"장차 어떤 계책을 내야만 하오?"

역이기가 대답했다.

"족하는 규합한 무리를 일으키고, 흩어진 병사를 수습했으나 1만 명을 넘지 못합니다. 이런 군사를 이끌고 강한 진나라로 곧바로 쳐들어가는 것은 이른바 '호랑이 입 주변에서 호랑이를 시험하는 탐호구探虎口'와 같습니다. 무릇 진류陳留하남성 개봉시 동남쪽는 천하의 요충지로 사통오달四通五達한 곳입니다. 지금 진류성 안에는 쌓아 놓은 곡식 또한 많습니다. 제가 그곳 현령을 잘 알고 있습니다. 청컨대 그에게 족하의 사자로 가 항복을 설득코자 합니다. 그가 말을 듣지 않으면 족하가 병사를 이끌고 공성할 때 제가 안에서 내응토록 하겠습니다."

역이기를 사자로 보냈다. 유방은 곧 군사를 이끌고 그의 뒤를 따라가 마침내 진류를 함락시켰다. 유방은 역이기의 공을 높이 사 광야군廣野君으로 칭했다.

역이기가 곧 동생인 역상酈商을 유방에게 천거했다. 당시 역상은 청년 4,000명을 이끌고 있었다. 그가 청년들을 이끌고 귀속하자 유방이 그를 장수로 삼았다. 그는 이후 이들을 이끌고 늘 유방을 수종隨從했다. 역이기 또한 늘 유방의 세객說客이 되어 제후들에게 사자로 가 유세했다.

7) 3월, 유방이 개봉開封을 공격했으나 함락시키지 못했다. 서진하다가 진나라 장수 양웅楊熊과 백마白馬하남성 활현에서 회전會戰했다. 다시 곡우曲遇하남성 중모현 동쪽에서 싸워 그를 대파했다. 양웅이 형양滎陽으로 도주했다. 2세 황제는 사자를 보내 그를 참한 뒤 전시傳尸했다.

여름 4월, 유방이 남진하여 영천潁川을 공략한 뒤 성을 도륙했다. 이어 장량과의 관계를 이용해 마침내 한지韓地를 약취略取했다. 이때 조나라 별장 사마앙司馬卬이 황하를 건너 관중으로 들어가는 입관入關을 하고자 했다. 유방이 북쪽으로 평음平陰하남성 맹진현을 공격해 황하 나루의 남쪽을 끊은 뒤 낙양의 동쪽에서 이들과 싸웠다. 그러나 전세가 불리해지자 이내 남쪽으로 가서 환원관轘轅關하남성 언사현 동남쪽을 빠져 나왔다. 장량이 병사를 이끌고 유방을 좇았다. 유방이 한왕 한성韓成에게 옛 한나라 도성인 양적陽翟하남성 우현을 유수留守할 것을 청한 뒤 장량과 함께 남쪽으로 갔다.

6월, 유방이 주犨하남성 노산현 경계 땅의 동쪽에서 남양군수 기齮와 싸웠다. 이내 이를 격파하고 남양군을 경략했다. 남양군수가 도주해 성문을 굳게 닫고 완현宛縣을 지켰다. 유방이 병사를 이끌고 완현을 거른 채 서진하려고 하자 장량이 간했다.

"공이 아무리 급히 입관코자 해도 진나라 군사는 아직 많고 험요지險要地에 기대어 저항하고 있습니다. 지금 완현을 함락시키지 않으면 완현의 군사가 이내 우리의 뒤를 칠 것이고 강한 진나라는 앞에서 우리의 전진을 막게 됩니다. 이는 위험한 방도입니다."

유방이 완현을 치기 위해 야음을 틈타 인군引軍하여 다른 길로 우회했다. 기치旗幟를 뉘여 적에게 들키지 않게 함으로써 날이 새기 직전의 이른 새벽에 완현을 세 겹으로 포위할 수 있었다. 놀란 남양군수가 자경自剄을 하려고 하자 사인舍人 진회陳恢가 급히 만류했다.

"조금 있다 죽을지라도 아직 늦지 않을 것입니다."

진회가 이내 성벽을 넘어가 유방을 만났다.

"신이 듣건대, 족하는 제후들과 먼저 함양으로 들어가는 자를 왕으로 삼기로 약속했다고 합니다. 지금 족하는 완현을 포위하고 있으나, 완현은 남양군 내 수십 개의 현성縣城과 서로 연결돼 있습니다. 게다가 이곳의 이민吏民은 항복하면 꼭 죽는 것으로 생각해 모두 견수堅守하며 성에 올라가 있습니다. 지금 족하가 하루 종일 위공圍攻한 뒤 병사를 모아 세어보면 틀림없이 사상자가 매우 많을 것입니다. 그렇다고 병사를 이끌고 완현을 떠나면 완현의 군사가 필히 족하의 뒤를 쫓을 것입니다. 족하는 완현을 공략키 위해 앞으로 나아가자니 먼저 입관한 자를 관중왕으로 삼기로 한 약속인 이른바 함양지약咸陽之約을 잃을까 우려되고, 후퇴하자니 완현의 강병强兵을 걱정해야만 하는 상황에 처해 있습니다. 족하를 위한 계책 가운데 그 어느 것도 남양군수에게 항복만 하면 그대로 군수에 봉하겠다고 약속하느니만 못합니다. 그들의 견성堅城을 중지시킨 뒤 그 갑졸들을 이끌고 서진하면 아직 함락시키지 못한 여러 성들도 소문을 듣고 다투어 성문을 열고 족하를 기다릴 것입니다. 그리 되면 족하의 통행通行에 누가 될 일이 없을 것입니다."

유방이 크게 기뻐했다.

"좋은 계책이오."

7월, 남양군수 기齮가 항복하자 그를 은후殷侯에 봉하고, 진회를 천호千戶에 봉했다. 당시 유방이 인병하여 서진하는 도중 함락시키지 못한 곳이 한 곳도 없었다. 한수漢水 지류인 단수丹水에 이르자 진나라의 고무후高武侯 새鰓와 양후襄侯 왕릉王陵도 곧 투항했다.

유방이 회병回兵하여 호양胡陽하남성 당하현 서남쪽을 공격하다가 파군番君 오예吳芮의 별장 매현梅鋗을 만났다. 이내 그와 함께 석析하남성 서협현과

역鄾하남성 남양현 서북쪽 땅을 치자 이들 지역 모두 항복했다. 지나는 곳마다 노락鹵掠을 금하자 백성들이 모두 기뻐했다.

8) 당시 왕리王離의 군사가 이미 복몰覆沒키는 했으나 장함은 극원棘原에 주둔하며 항우의 진군을 가로막고 있었다. 항우는 장수漳水의 남쪽에 주둔하고 있었다. 양측 모두 서로 굳게 지키며 교전을 피했다.

이후 진나라 군사가 수차례 퇴각하자 2세 황제가 사람을 보내 장함을 책망했다. 장함이 두려워하여 장사長史 사마흔司馬欣을 보내 해당 사안에 대한 하명을 청했다. 사마흔은 함양에 이르러 허락을 받지 못해 사마들이 지키는 궁궐의 외문外門인 사마문司馬門에서 사흘 동안 머물러 있어야만 했다. 조고가 접견을 거부하며 불신임의 뜻을 드러냈다. 장사 사마흔은 두려운 나머지 급히 자신의 군영으로 달려가면서 감히 원래 왔던 길로 가지 못했다. 조고가 과연 사람을 시켜 그의 뒤를 쫓게 했으나 잡지 못했다. 사마흔이 군영에 이르러 보고했다.

"조고가 조정에서 멋대로 용사用事를 하고 있는 까닭에 그 밑에는 제대로 일을 할 수 있는 사람이 전혀 없습니다. 지금 전투에서 능히 승리를 거둘지라도 조고는 반드시 우리의 전공을 질투할 것이고, 승리하지 못하면 죽음을 면치 못할 것입니다. 원컨대 장군은 이를 숙계熟計하기 바랍니다."

이때 진여도 장함에게 이런 서신을 보냈다.

"옛날 백기白起는 진나라 장수가 되어 남정南征하여 초나라 도성인 언영鄢郢호북성 강릉현을 치고, 북쪽으로 조나라 마복군馬服君의 군사를 갱살坑殺하고, 성을 공격하고 땅을 경략하는 공성약지攻城略地를 한 것이 수를 헤아릴 수 없이 많았소. 그러나 끝내 사사賜死되고 말았소. 몽념蒙恬은 진나라 장수가 되어 북축北逐하여 융인戎人을 몰아내고, 유중楡中의 땅 수천 리를 개척했지만 양주陽周섬서성 안정현에서 참수됐소. 이는 무슨 까닭이오. 전공이 많아지면 진나라는 이들에게 모두 봉상封賞을 내릴 수 없었기 때문에 죄를 뒤집어 씌워 주살한 것이오.

지금 장군은 진나라 장수가 된 지 3년이 되어 그간 망실亡失한 군사가 10만여 명을 헤아리고 있소. 그런데도 제후들은 병기幷起하여 그 군사는 더욱 많아지고 있소. 저 조고는 본래 아부하며 살아온 지 이미 오래됐소. 지금 사태가 급하게 되자 그 또한 2세 황제가 자신을 주살할까 두려워하고 있소. 그래서 법으로 장군을 주살하여 자신의 책임을 덮고, 다른 사람으로 하여금 장군을 대신토록 하여 그 화를 벗어나려 하는 것이오. 무릇 장군은 함양을 벗어나 전장에 머문 지 오래되어 안으로 사람들과 많은 틈이 생긴 까닭에 공을 세워도 죽고, 공을 세우지 못해도 죽게 되어 있소. 게다가 하늘이 진나라를 망하게 하려는 것은 우지愚智를 막론하고 모두 익히 아는 일이오.

지금 장군은 안으로는 황제에게 직간直諫할 수 없고, 밖으로는 망국의 장수가 됐소. 고독하게 홀로 서는 고특독립孤特獨立을 하여 장구히 생존코자 한들 이 어찌 슬픈 일이 아니겠소. 장군은 어찌하여 환병還兵한 뒤 제후들과 합종合從하여 함께 진나라를 친다고 약속하지 않고, 진나라 땅을 마치 오이를 쪼개듯 나눠가지는 과분瓜分을 하여 칭왕稱王하며 남면하여 군주를 칭하는 남면칭고南面稱孤를 하지 않는 것이오. 이리 하는 것과 몸이 도끼나 작두 같은 형틀 위에 엎어져 죽는 신복부질身伏鈇鑕을 당하며 처자 또한 살육되는 것 가운데 어느 것이 나은 일이오."

장함이 여우처럼 의심하여 결정을 내리지 못하는 호의狐疑를 하여 은밀히 군후軍侯 시성始成을 항우에게 사자로 보내 맹약코자 했다. 맹약이 맺어지기도 전에 항우가 포장군蒲將軍에게 명해 일야日夜로 군사를 이끌고 삼호三戶하북성 자현 서남쪽를 건너가 장수의 남쪽에 주둔하며 진나라 군사와 싸우게 했다. 포장군이 진나라 군사를 다시 깨뜨렸다.

마침내 항우가 친히 전군을 이끌고 가 오수汙水하남성 임장현 경계를 통과 가에서 진나라 군사를 공격해 대승을 거두었다. 장함이 사람을 항우에게 보내 맹약코자 했다. 항우가 군리軍吏를 불러놓고 상의했다.

"양식이 많지 않으니 맹약 제의를 들어주고 싶소."

군리들이 입을 모아 흔쾌히 대답했다.

"좋은 생각입니다."

항우가 이내 원수洹水의 남쪽 은허殷墟에서 맹약키로 했다. 맹약이 끝나자 장함이 항우를 보고 체류涕流하며 조고에 관해 얘기했다. 항우는 장함을 옹왕雍王으로 삼은 뒤 초나라의 군중에 두었다. 장사인 사마흔을 상장군으로 삼아 장함이 이끌던 진나라 군사를 이끌고 앞에 나서게 했다.

9) 하구瑕丘산동성 연주현의 신양申陽이 하남河南으로 내려와 병사를 이끌고 항우를 좇았다.

10) 당초 환관승상인 이른바 중승상中丞相 조고는 진나라의 대권을 전횡專橫할 생각을 품었다. 그러나 군신들이 불청不聽할 것을 우려해 먼저 이들을 시험코자 했다. 사슴을 가져다가 2세 황제에게 바치며 말했다.

"이는 말입니다."

2세 황제가 웃으며 말했다.

"승상이 잘못 알았소. 왜 사슴을 말이라고 하는 것이오."

그러고는 좌우에게 물었다. 혹자는 침묵하고, 혹자는 말이라고 하여 조고에게 아부하여 따르는 아순阿順을 했으나 일부는 정직하게 사슴이라고 했다. 조고는 사슴이라고 말한 자들을 법망에 은밀히 떨어뜨렸다. 이후 군신들 모두 조고를 두려워하여 감히 그의 잘못을 언급하지 못했다.

조고는 전에 수차례 언급하기를, '관동關東의 도적은 아무것도 할 수 없다'고 했다. 그러나 항우가 왕리 등을 포로로 잡고, 장함의 군사마저 여러 번 격파하자 장군들이 상서하여 군사증원을 청하는 상황이 빚어졌다. 함곡관 이동은 대략 거의 진나라 관원에게 반기를 들고 제후들에게 호응했다. 제후들은 자신의 무리들을 이끌고 진나라 도성을 향해 서진했다.

8월, 유방이 수만 명을 이끌고 무관武關을 공격해 마침내 일대를 도륙했다. 조고는 2세 황제가 노해 자신까지 주살을 당할까 두려워해 거짓으로 칭병하며 조현朝見하지 않았다.

2세 황제가 꿈속에서 백호白虎가 자신의 좌참마左驂馬[176]를 물어 죽이는 것을 보았다. 마음이 즐겁지 않아 곧 해몽 담당 관원인 점몽占夢에게 물었다.[177] 점몽이 점을 친 뒤 말했다.

"경수涇水가 빌미가 됐습니다."

2세 황제는 이내 망이궁望夷宮섬서성 경양현 소재에서 재계齋戒하며 4마리의 백마를 빠뜨리는 것으로 경수에 제사를 지내고자 했다. 곧 조고에게 사자를 보내 관동의 도적에 관한 일로 책양責讓했다. 조고가 두려워하여 은밀히 의붓딸의 남편인 사위 함양령咸陽令 염락閻樂 및 동생 조성趙成과 모의했다.

"주상은 나의 간언을 듣지 않다가 지금 일이 급하게 되자 그 화禍를 나에게 돌리려고 한다. 주상을 갈아 치우고 부소의 아들인 자영子嬰을 새로 세우자. 자영은 어질고 검소해 백성 모두 그의 말을 받아들일 것이다."

이내 낭중령郎中令을 시켜 내응內應케 하고, 대적大賊이 있다고 속인 뒤 사위 염락에게 명해 관원을 소집하고 병사를 동원해 그 뒤를 쫓게 했

176 좌참마左驂馬는 수레를 끄는 4마리 말의 왼쪽 바깥 말을 말한다. 가운데 두 마리 말은 복마服馬라고 한다.

177 '점몽占夢'은 진나라의 관원으로 세시歲時를 담당하는 진나라의 관원을 말한다. 천지의 변화를 관측하며 음양의 기운을 헤아린다. 일월성신日月星辰 등으로 꿈의 길흉을 점치며 해몽의 역할을 하기도 했다.

다. 이때 조고는 염락의 모친을 강압해 자신의 집에 머물게 했다. 조고의 명을 받고 파견된 염락이 이졸吏卒 1,000여 명을 이끌고 망이궁의 전문殿門으로 가 궐문 담당관인 위령복야衛令僕射를 포박한 뒤 이같이 물었다.[178]

"도적이 이곳으로 들어왔는데 어찌하여 이를 막지 못했는가?"

위령복야가 반박했다.

"궁궐 주변의 군부대인 주려周廬에 배치된 군졸이 매우 삼엄한데 어찌 도적이 감히 입궁한단 말이오?[179]"

그러나 염락은 '위령'들을 참한 뒤 곧바로 이졸들을 이끌고 궁 안으로 들어가 낭관郎官과 환관宦官을 향해 일면 전진하며 일면 활을 쏘았다.[180] 낭관과 환관들이 대경大驚하여 혹은 달아나고 혹은 격투를 벌였다. 격투한 자는 그 자리에서 죽었다. 죽은 자가 수십 명에 달했다.

낭중령과 염락이 함께 전내殿內로 들어가 상하사방으로 휘장이 둘러

---

178 '위령복야'는 궁문 수비병을 관장하는 위위衛尉 휘하에 있는 위령衛令의 수장을 말한다. 진제국 때 시중侍中과 상서尙書, 박사博士, 알자謁者, 낭郎 등의 관원은 모두 휘하에 '복야'를 두었다. '복야'는 해당 직무 관원들의 우두머리를 말한다.

179 '주려'는 위사衛士들이 궁궐 주변의 담장 내에 설치한 구려區廬구역별 막사를 뜻한다. 낮에 궁궐 주변을 순행하고 밤에 경비를 서는 위사들의 숙소에 해당한다.

180 낭관郎官의 '낭郎'은 제왕의 시종관侍從官을 통칭하는 말이다. 전국시대부터 설치됐고, 진한秦漢 역시 이를 좇았다. 시대별로 의랑議郎과 중랑中郎, 시랑侍郎, 낭중郎中 등의 명칭이 있었다. 의랑은 광록훈光祿勳 휘하 속관으로 녹질은 비比 600석이었다. 일종의 황제 고문 역할을 수행했다. 통상적으로 낭관은 오관중랑장五官中郎將 내지 좌우중랑장左右中郎將의 지휘를 받았으나 의랑은 예외였다. 조정회의에 참여할 수 있는 게 그렇다. 중랑은 낭중령郎中令 휘하 속관으로 황제를 시종하며 황궁을 숙위했다. 시랑은 상서대尙書臺의 상서 휘하 속관으로 직책을 맡은 지 3년이 넘은 자들이 '시랑'이 될 수 있었다. 낭중은 원래 황제를 시종하는 관원의 총칭이다. 호위護衛와 배종陪從이 주요 임무다. 수시로 건의하며 고문 역할을 수행했다. 전쟁이 나면 참전參戰에 동원되기도 했다. 송나라 때 이후에는 의생醫生을 가리키는 말로 전용됐다.

쳐진 황제의 자리인 악좌위幄坐幃를 향해 활을 쏘았다. 2세 황제가 화가 나 좌우를 불렀다. 좌우가 모두 당황하여 이들과 싸우지 못했다. 곁에 환관 한 사람이 시종하고 있었으나 감히 그곳을 떠나지 못했다. 2세 황제가 급히 안으로 들어가며 그에게 물었다.

"그대는 어찌하여 좀 더 일찍 나에게 얘기를 해주지 않아 이내 이 지경에 이르게 만들었는가?"

환관이 대답했다.

"신이 감히 말을 하지 않았던 까닭에 지금까지 온전했던 것입니다. 제가 일찍 말했다면 모두 이미 주살됐을 터이니 어찌 지금에 이를 수 있었겠습니까?"

염락이 2세 황제 앞으로 나아가 그 죄를 열거했다.

"족하는 교자驕恣하여 주살하는 것이 무도했기에 천하가 모두 족하를 배반했다. 족하는 필히 스스로 결단토록 하라."

2세 황제가 청했다.

"승상을 좀 만나 볼 수 있겠는가?"

"불가하다."

2세 황제가 청했다.

"나는 일개 군郡에서나마 왕 노릇을 하고 싶다."

허락되지 않았다. 2세 황제가 다시 청했다.

"원컨대 만호후萬戶侯라도 되고 싶다."

이 또한 허락되지 않았다. 다시 청했다.

"원컨대 처자와 더불어 검수黔首가 된 뒤 여타 제후의 공자들처럼 살고 싶다."

염락이 말했다.

"나는 승상의 명을 받아 천하를 위해 족하를 주살할 것이다. 족하가 비록 많은 말을 했으나 나는 승상에게 감히 이를 보고할 수 없다."

이어 군사들에게 손짓해 들어오게 하자 2세 황제가 자진했다. 염락이 돌아가 조고에게 보고했다. 조고가 이내 모든 대신들과 공자들을 불러 2세 황제를 주살하게 된 정황을 고했다.

"진나라는 원래 왕국이었소. 시황제가 천하의 군주가 된 까닭에 칭제稱帝한 것이오. 지금 6국이 다시 자립하여 진나라 땅이 더욱 작아졌소. 공명空名헛된 명성으로 황제가 되는 것은 옳지 않소. 의당 옛날처럼 칭왕稱王하는 것이 편할 것이오."

그러고는 이내 자영子嬰을 황제가 아닌 진왕秦王으로 옹립했다. 이어 2세 황제 호해를 일박 백성인 검수黔首의 장례의식으로 두현杜縣섬서성 서안시 동남쪽의 남쪽에 있는 이궁인 의춘원宜春苑섬서성 장안현 남쪽에 장사지냈다.

9월, 조고가 진왕 자영에게 청해 곧 재계하여 종묘를 찾아본 뒤 옥새를 받게 했다. 자영이 재계를 5일 동안 했다. 이때 자영이 두 아들과 함께 모의했다.

"승상 조고가 2세 황제를 망이궁에서 죽인 뒤 군신들이 자신을 죽일까 두려워해 이내 거짓으로 의義를 내세워 나를 세운 것이다. 내가 듣건대 조고는 이내 초나라와 맹약하여 진나라 종실을 멸한 뒤 땅을 나눠 갖고 관중에서 왕 노릇을 하려 한다고 한다. 지금 나에게 재계하여 종묘를 찾아보게 한 것은 장차 종묘에서 죽이려는 속셈이다. 내가 칭병하고 가지 않으면 승상이 반드시 나를 찾아올 것이다. 너희들은 그가 오는 즉시 죽이도록 하라."

조고가 사람을 시켜 자영을 여러 번 청했으나 자영이 가지 않았다. 조고가 과연 스스로 찾아와 말했다.

"종묘는 중요한 일인데 왕은 어찌하여 가지 않는 것입니까?"

자영이 마침내 재궁齋宮에서 조고를 찔러 죽이고 그의 삼족三族을 주멸해 전시傳尸했다.

자영은 군사를 보내 효관崤關섬서성 남전현 동남쪽에서 제후들의 진공을 막게 했다. 유방이 이를 치려고 하자 장량이 만류했다.

"진나라 군사는 아직도 강하니 가벼이 볼 수 없습니다. 원컨대 먼저 사람을 보내 산 위에 기치를 벌여 놓아 군사가 있는 것처럼 가장하는 의병疑兵을 하고, 역이기酈食其와 육가陸賈를 시켜 진나라 장수들에게 항복을 권하면서 이익으로 그들을 유인케 하십시오."

과연 진나라 장수들이 강화코자 했다. 유방이 이를 허락하려고 하자 장량이 반대했다.

"이는 오직 그 장수들만이 반기를 드는 것이니 그 사졸들이 좇지 않을까 두렵습니다. 진나라 군사의 해태懈怠를 틈타 공격하느니만 못합니다."

유방이 군사를 이끌고 요관嶢關섬서성 상현 서북쪽을 우회해 괴산蕢山섬서성 남전현 남쪽을 넘어간 뒤 진나라 군사를 쳤다. 이들을 남전藍田섬서성 남전현의 남쪽에서 대파했다. 유방의 군사가 남전으로 진공한 뒤 다시 북쪽으로 가 교전했다. 진나라 군사가 대패했다.

* 二世皇帝三年

冬, 十月, 齊將田都畔田榮, 助楚救趙.

沛公攻破東郡尉於成武.

宋義行至安陽, 留四十六日不進. 項羽曰, "秦圍趙急, 宜疾引兵渡河. 楚擊其外, 趙應其內, 破秦軍必矣." 宋義曰, "不然. 夫搏牛之虻, 不可以破蟣虱. 今秦攻趙, 戰勝則兵疲, 我承其敝. 不勝, 則我引兵鼓行而西, 必擧秦矣. 故不如先斗秦·趙. 夫被堅執銳, 義不如公. 坐運籌策, 公不如義." 因下令軍中曰, "有猛如虎, 狠如羊, 貪如狼, 强不可使者, 皆斬之!" 乃遣其子宋襄相齊, 身送之至無鹽, 飮酒高會. 天寒, 大雨, 士卒凍饑. 項羽曰, “將戮力而攻秦, 久留不行. 今歲饑民貧, 士卒食半菽, 軍無見糧, 乃飮酒高會. 不引兵渡河, 因趙食, 與趙並力攻秦, 乃曰‘承其敝’ 夫以秦之强, 攻新造之趙, 其勢必擧. 趙擧秦强, 何敝之承! 且國兵新破, 王坐不安席, 掃境內而專屬於將軍, 國家安危, 在此一擧. 今不恤士卒而徇其私, 非社稷之臣也!”

十一月, 項羽晨朝將軍宋義, 卽其帳中斬宋義頭. 出令軍中曰, “宋義與齊謀反楚, 楚王陰令籍誅之!” 當是時, 諸將皆慴服, 莫敢枝梧, 皆曰, “首立楚者, 將軍家也, 今將軍誅亂.” 乃相與共立羽爲假上將軍. 使人追宋義子, 及之齊, 殺之. 使桓楚報命於懷王. 懷王因使羽爲上將軍.

十二月, 沛公引兵至栗, 遇剛武侯, 奪其軍四千餘人, 並之. 與魏將皇欣·武滿軍合攻秦軍, 破之.

故齊王建孫安下濟北, 從項羽救趙.

章邯築甬道屬河, 餉王離. 王離兵食多, 急攻鉅鹿. 鉅鹿城中食盡·兵少, 張耳數使人召前陳餘. 陳餘度兵少, 不敵秦, 不敢前. 數月, 張耳大怒, 怨陳餘, 使張黶·陳澤往讓陳餘曰, “始吾與公爲刎頸交, 今王與耳旦暮且死, 而公擁兵數萬, 不肯相救, 安在其相爲死! 苟必信, 胡不赴秦軍俱死, 且有十一二相全.” 陳餘曰, “吾度前終不能救趙, 徒盡亡軍. 且餘所以不俱死, 欲爲趙王·張君報秦. 今必俱死, 如以肉委餓虎, 何益!” 張黶·陳澤要以俱死, 乃使黶·澤將五千人先嘗秦軍, 至, 皆沒. 當是時, 齊師·燕師皆來救趙, 張敖亦北收代兵, 得萬餘人, 來, 皆壁餘旁, 未敢擊秦.

項羽已殺卿子冠軍, 威震楚國, 乃遣當陽君·薄將軍將卒二萬渡河救鉅鹿. 戰少利, 絶章邯甬道, 王離軍乏食. 陳餘復請兵. 項羽乃悉引兵渡河, 皆沈船, 破釜·甑, 燒廬捨, 持三日糧, 以示士卒必死,無一還心. 於是至則圍王離, 與秦軍遇, 九戰, 大破之, 章邯引兵卻. 諸侯兵乃敢進擊秦軍, 遂殺蘇角, 虜王離. 涉間不降, 自燒殺. 當是時, 楚兵冠諸侯軍. 救鉅鹿者十餘壁, 莫敢縱兵. 及楚擊秦, 諸侯將皆從壁上觀. 楚戰士無不一當十, 呼聲動天地, 諸侯軍無不人人惴恐. 於是已破秦軍, 項羽召見諸侯將. 諸侯將入轅門, 無不膝行而前, 莫敢仰視. 項羽由是始爲諸侯上將軍. 諸侯皆屬焉.

於是趙王歇及張耳乃得出鉅鹿城謝諸侯. 張耳與陳餘相見, 責讓陳餘以不肯救趙. 及問張黶·陳澤所在, 疑陳餘殺之, 數以問餘. 餘怒曰, "不意君之望臣深也! 豈以臣爲重去將印哉?" 乃脫解印綬, 推予張耳, 張耳亦愕不受. 陳餘起如廁. 客有說張耳曰, "臣聞'天與不取, 反受其咎' 今陳將軍與君印, 君不受, 反天不祥, 急取之!" 張耳乃佩其印, 收其麾下. 而陳餘還, 亦望張耳不讓, 遂趨出, 獨與麾下所善數百人之河上澤中漁獵. 趙王歇還信都.

春, 二月, 沛公北擊昌邑, 遇彭越, 彭越以其兵從沛公. 越, 昌邑人, 常漁巨野澤中, 爲群盜. 陳勝·項梁之起, 澤間少年相聚百餘人, 往從彭越曰, "請仲爲長." 越謝曰, "臣不願也." 少年强請, 乃許, 與期旦日日出會, 後期者斬. 旦日日出, 十餘人後, 後者至日中. 於是越謝曰, "臣老, 諸君强以爲長. 今期而多後, 不可盡誅, 誅

最後者一人." 令校長斬之. 皆笑曰, "何至於是! 請後不敢." 於是越引一人斬之, 設壇祭, 令徒屬, 徒屬皆大驚, 莫敢仰視. 乃略地, 收諸侯散卒, 得千餘人, 遂助沛公攻昌邑.

昌邑未下, 沛公引兵西過高陽. 高陽人酈食其, 家貧落魄, 爲里監門, 沛公麾下騎士適食其里中人, 食其見, 謂曰, "諸侯將過高陽者數十人, 吾問其將皆握齪, 好苛禮, 自用, 不能聽大度之言. 吾聞沛公慢而易人, 多大略, 此眞吾所願從游, 莫爲我先. 若見沛公, 謂曰, '臣

里中有酈生，六十餘，長八尺，人皆謂之狂生．生自謂“我非狂生.” 騎士曰，“沛公不好儒，諸客冠儒冠來者，沛公輒解其冠，溲溺其中，與人言，常大罵，未可以儒生說也.” 酈生曰，“第言之.” 騎士從容言，如酈生所誡者.

沛公至高陽傳捨，使人召酈生．酈生至，入謁．沛公方倨床使兩女子洗足，而見酈生．酈生入，則長揖不拜，曰，“足下欲助秦攻諸侯乎? 且欲率諸侯破秦也?” 沛公罵曰，“豎儒! 天下同苦秦久矣，故諸侯相率而攻秦，何謂助秦攻諸侯乎!” 酈生曰，“必聚徒合義兵誅無道秦，不宜倨見長者!” 於是沛公輟洗，起，攝衣，延酈生上坐，謝之．酈生因言六國從横時．沛公喜，賜酈生食，問曰，“計將安出?” 酈生曰，“足下起糾合之衆，收散亂之兵，不滿萬人．欲以徑入强秦，此所謂探虎口者也．夫陳留，天下之沖，四通五達之郊也，今其城中又多積粟．臣善其令，請得使之令下足下．卽不聽，足下引兵攻之，臣爲內應.” 於是遣酈生行，沛公引兵隨之，遂下陳留．號酈食其爲廣野君．酈生言其弟商．時商聚少年得四千人，來屬沛公，沛公以爲將，將陳留兵以

從，酈生常爲說客，使諸侯.

三月，沛公攻開封，未拔．西與秦將楊熊會戰白馬，又戰曲遇東，大破之．楊熊走之滎陽，二世使使者斬之以徇.

夏，四月，沛公南攻潁川，屠之．因張良，遂略韓地．時趙別將司馬卬方欲渡河入關．沛公乃北攻平陰，絶河津南，戰洛陽東．軍不利，南出轘轅．張良引兵從沛公．沛公令韓王成留守陽翟，與良俱南.

六月，與南陽守齮戰犨東，破之，略南陽郡．南陽守走保城，守宛．沛公引兵過宛，西．張良諫曰，“沛公雖欲急入關，秦兵尙衆，距險．今不下宛，宛從後擊，强秦在前，此危道也.” 於是沛公乃夜引軍從

他道還，偃旗幟，遲明，圍宛城三匝．南陽守欲自剄，其舍人陳恢曰，“死未晚也.”乃踰城見沛公曰，“臣聞足下約先入咸陽者王之．今足下留守宛，宛郡縣連城數十，其吏民自以爲降必死，故皆堅守乘城．今足下盡日上攻，士死傷者必多．引兵去宛，宛必隨足下後．足下前則失咸陽之約，後有强宛之患．爲足下計，莫若約降，封其守．因使止守，引其甲卒與之西．諸城未下者，聞聲爭開門而待足下，足下通行無所累.”沛公曰，“善!”秋，七月，南陽守齮降，封爲殷侯，封陳恢千戶．引兵西，無不下者．至丹水，高武侯鰓·襄侯王陵降．還攻胡陽，遇番君別將

梅鋗，與偕攻析·酈，皆降．所過亡得鹵掠，秦民皆喜．

王離軍旣沒，章邯軍棘原，項羽軍漳南，相持未戰．秦軍數卻，二世使人讓章邯．章邯恐，使長史欣請事．至咸陽，留司馬門三日，趙高不見，有不信之心．長史欣恐，還走其軍，不敢出故道．趙高果使人追之，不及．欣至軍，報曰，“趙高用事於中，下無可爲者．今戰能勝，高必疾妒吾功，不能勝，不免於死．願將軍孰計之!”陳餘亦遺章邯書曰，“白起爲秦將，南征鄢郢，北坑馬服，攻城略地，不可勝計，而竟賜死．蒙恬爲秦將，北逐戎人，開楡中地數千里，竟斬陽周．何者？功多，秦不能盡封，因以法誅之．今將軍爲秦將三歲矣，所亡失以十萬數，而諸侯並起滋益多．彼趙高素諛日久，今事急，亦恐二世誅之，故欲以法誅將軍以塞責，使人更代將軍以脫其禍．夫將軍居外久，多內郤，有功亦誅，無功亦誅．且天之亡秦，無愚智皆知之．今將軍內不能直諫，外爲亡國將，孤特獨立而欲常存，豈不哀哉！將軍何不還兵與諸侯爲從，約共攻秦，分王其地，南面稱孤！此孰與身伏鈇質·妻子爲戮乎?”

章邯狐疑，陰使候始成使項羽，欲約．約未成，項羽使蒲將日夜引

兵度三戶, 軍漳南, 與秦軍戰, 再破之. 項羽悉引兵擊秦軍汙水上, 大破之. 章邯使人見項羽, 欲約. 項羽召軍吏謀曰, "糧少, 欲聽其約." 軍吏皆曰, "善." 項羽乃與期洹水殷虛上. 已盟, 章邯見項羽而流涕, 爲言趙高. 項羽乃立章邯爲雍王, 置楚軍中, 使長史欣爲上將軍, 將秦軍爲前行.

瑕丘申陽下河南, 引兵從項羽. 初, 中丞相趙高欲專秦權, 恐群臣不聽, 乃先設驗, 持鹿獻於二世曰, "馬也." 二世笑曰, "丞相誤邪, 謂鹿爲馬!" 問左右, 左右或默, 或言馬以阿順趙高, 或言鹿者. 高因陰中諸言鹿者以法. 後群臣皆畏高, 莫敢言其過. 高前數言"關東盜無能爲也", 及項羽虜王離等, 而章邯等軍數敗, 上書請益助. 自關以東, 大抵盡畔秦吏, 應諸侯, 諸侯咸率其衆西鄉. 八月, 沛公將數萬人攻武關, 屠之. 高恐二世怒, 誅及其身, 乃謝病, 不朝見.

二世夢白虎嚙其左驂馬, 殺之, 心不樂, 怪問占夢. 卜曰, "涇水爲祟." 二世乃齋於望夷宮, 欲祠涇水, 沈四白馬. 使使責讓高以盜賊事. 高懼, 乃陰與其婿咸陽令閻樂及弟趙成謀曰, "上不聽諫. 今事急, 欲歸禍於吾. 吾欲易置上, 更立子嬰. 子嬰仁儉, 百姓皆載其言." 乃使郎中令爲內應, 詐爲有大賊, 令樂召吏發兵追, 劫樂母置高捨. 遣樂將吏卒千餘人至望夷宮殿門, 縛衛令僕射, 曰, "賊入此, 何不止?" 衛令曰, "周廬設卒甚謹, 安得賊敢入宮!" 樂遂斬衛令, 直將吏入, 行射郎·宦者. 郎·宦者大驚, 或走, 或格. 格者輒死, 死者數十人. 郎中令與樂俱入, 射上幄坐幃. 二世怒, 召左右, 左右皆惶擾不鬥. 旁有宦者一人侍, 不敢去. 二世入內, 謂曰, "公何不早告我, 乃至於此!" 宦者曰, "臣不敢言, 故得全. 使臣早言, 皆已誅, 安得至今!" 閻樂前卽二世, 數曰, "足下驕恣, 誅殺無道, 天下共畔足下. 足下其自爲計!" 二世曰, "丞相可得見否?" 樂曰, "不可!" 二世曰, "吾願得一郡爲王." 弗許. 又曰, "願爲萬戶侯." 弗許. 曰, "願與妻子爲黔首, 比諸公子." 閻樂曰, "臣受命於丞相, 爲天下誅足下. 足下雖多言, 臣不敢報!" 麾其兵進. 二世自殺. 閻樂歸報趙高. 趙高乃悉召諸大臣·公子, 告以誅二世之狀, 曰, "秦故王國, 始皇君天下, 故稱帝. 今六國復自立, 秦地益小, 乃以空名爲帝, 不可. 宜爲王如故, 便." 乃立子嬰爲秦王. 以黔首葬二世杜南宜春苑中.

九月, 趙高令子嬰齋戒, 當廟見, 受玉璽. 齋五日. 子嬰與其子二人謀曰, "丞相高殺二世望夷宮, 恐群臣誅之, 乃佯以義立我. 我聞趙高乃與楚約, 滅秦宗室而分王關中. 今使我齋·見廟, 此欲因廟中殺我. 我稱病不行, 丞相必自來, 來則殺之." 高使人請子嬰數輩, 子嬰不行. 高果自往, 曰, "宗廟重事, 王奈何不行?" 子嬰遂刺殺高於齋宮, 三族高家以徇.

遣將兵距嶢關, 沛公欲擊之. 張良曰, "秦兵尙强, 未可輕. 願先遣人益張旗幟於山上爲疑兵, 使酈食其·陸賈往說秦將, 啖以利." 秦將果欲連和, 沛公欲許之. 張良曰, "此獨其將欲叛, 恐其士卒不從. 不如因其懈怠擊之." 沛公引兵繞嶢關, 逾蕢山, 擊秦軍, 大破之藍田南. 遂至藍田, 又戰其北, 秦兵大敗.

권9-한기漢紀 1: 유방이 큰 뜻을 품다

한고제漢高帝[181] 원년(BC 206)

1) 겨울 10월, 패공 유방의 군사가 파상霸上섬서성 남전현 북쪽에 이르렀다. 진왕 자영이 패망을 상징하는 장례용 흰 수레와 말인 소거백마素車白馬를 끌고 나와 목에는 조組[182]를 묶고, 황제의 옥새와 군사동원용 신표信標인 부符[183], 군권을 상징하는 신물信物인 절節[32]을 받든 채 지도정軹道亭섬

181 한고제漢高帝 유방劉邦의 공식 칭호는 '한고제' 내지 한태조漢太祖이다. 『사기』의 기록을 좇아 통상 한고제漢高祖로 부르고 있으나 이는 잘못된 호칭이다. '고조' 내지 '태종'처럼 조祖 내지 종宗이 붙은 것은 사당의 명칭인 묘호廟號를 나타낸 것이다. 유방의 묘호는 '태조'이다. 고황제高皇帝는 유방의 시호謚號이다. 묘호와 시호는 명확히 구분해야 한다. 예컨대 청나라 강희제康熙帝는 묘호가 성조聖祖이고, 시호는 인황제仁皇帝이다. 강희康熙는 명나라 이래 1명의 황제에게 1개의 연호年號를 사용한 데서 나온 것으로 그가 재위할 때의 연호에 불과하나, 당대의 연호를 덧붙인 명칭은 명청대의 황제를 지칭할 때 가장 널리 사용되는 용어이기도 하다. 한나라의 창업주 유방의 경우는 통상 '한고황제'의 약칭 '한고제'로 지칭하는 게 합당하다. 본서는 역대 황제의 칭호를 두고 가장 널리 사용되는 명칭을 감안해 왕조의 명칭을 앞에 붙인 채 시호 또는 묘호로 표기해 놓았다. 예컨대 한무제漢武帝의 경우 묘호에 초점을 맞춰 한세종漢世宗으로 표기할 수도 있으나 가장 널리 사용되는 한무황제汉武皇帝의 약칭 시호인 '한무제'를 사용해 표기한 게 그렇다.

182 조組는 인수印綬를 패용할 때 쓰는 넓은 띠를 말한다. 이를 목에 건 것은 자진自盡을 의미한다.

183 '부符'는 금속이나 옥 위에 글자를 새긴 뒤 둘로 쪼개 하나는 군왕이 갖고 다른 하나는 절도사 등의 지방관장에게 나눠준 군사동원용 신표信標를 말한다. 군사동원 시 조

서성 서안시 동북쪽 노변에서 항복했다.

제장들 중에는 진왕을 주살해야 한다고 말하는 자도 있었다. 유방이 반대했다.

"당초 초회왕이 나를 파견했던 것은 내가 실로 관용을 베풀 수 있는 사람이라고 생각했기 때문이다. 게다가 이미 항복까지 했는데 주살한다는 것은 상서롭지 못하다."

그러고는 속리屬吏에게 이 일을 처리케 했다.

이를 두고 훗날 한문제 때의 문인인 가의賈誼는 이같이 평했다.

"진나라는 협소한 땅인 구구지지區區之地에서 출발해 만승지권萬乘之權[185]을 갖고 나머지 8주八州[186]를 불러들이고 같은 제후들에게 사자를 보내며 조배朝拜한 지 100여 년이 지났다. 연후에 마침내 6합六合으로 일가一家를 이루고, 효함崤函효산과 함곡관으로 궁궐을 삼았다. 일부一夫 진섭이 작난作難하자 천자의 사당인 7묘七廟[187]가 무너져 내리고, 몸은 남의 손에

정에서 칙서와 함께 그 한쪽을 내리면 지방관이 두 쪽을 맞추어 보고 틀림없다고 인정해야만 군대를 동원할 수 있었다.

184 '절節'은 대나무 마디 형상의 털로 만든 신물信物로 윗부분에 깃을 달아 사자에게 주어 군왕을 상징케 했다. 마디 형상을 한 위아래 쪽이 무게가 많이 나갔다.

185 만승지권萬乘之權은 만승의 권한을 뜻하는 말로 제후를 상징한다. 『사기』「진시황본기」에는 천승지권千乘之權으로 나온다.

186 8주八州는 진秦나라를 상징하는 옹주雍州를 제외한 지역을 가리킨다. 예주豫州·연주兗州·청주青州·양주揚州·형주荊州·유주幽州·기주冀州·병주幷州가 그것이다.

187 7묘七庙는 군왕의 부왕부터 위로 6대조와 건국조인 태조의 사당을 의미한다. 『예기』「왕제王制」에 "천자는 7묘七庙를 모신다. 3소3목三昭三穆에 태조의 사당을 더하면 7묘가 된다."는 구절이 나온다. '7묘'가 제왕의 종묘를 뜻하게 된 이유다. 『주례』「춘관春官, 소종백小宗伯」에 대한 정현郑玄의 주는 풀이하기를, '부父를 소昭, 자子를 목穆으로 불렀다'고 했다. 원래 종묘에는 태조의 신위를 가운데 안치하고, 그 아래로 나머지 신위를 소목昭穆의 순서대로 좌우에 배치했다. 제왕의 고조부와 증조부 및 조부와 부친을 4친四亲, 고조의 부친과 조부를 2조二祧라고 했다.

죽임을 당해 천하의 웃음거리가 됐다. 이는 무슨 연고인가? 인의仁誼가 시행되지 않고, 공수攻守의 형세가 달랐기 때문이다."[188]

---

188 『자치통감』에 인용된 가의의 사평史評은 『문선文選』 등에 인용된 「과진론過秦論」의 극히 일부분에 지나지 않는다. 사마천은 가의의 저서 『신서』에 실려 있는 「과진론」을 높이 평가해 『사기』「진시황본기」에 그 전문을 그대로 인용해 놓았다. 다만 「진시황본기」에 인용된 「과진론」은 『신서』에 나오는 '진효공秦孝公 운운'의 상편이 오히려 하편으로 편제되어 있는 게 약간 다를 뿐이다. 「과진론」은 약간의 출입出入이 있기는 하나 사실史實에 기초한 뛰어난 논리로 흥망성쇠의 요체를 설파한 당대의 명문이다. 다음은 「진시황본기」에 인용된 「과진론」의 전문이다. "진나라는 산동山東의 30여 군郡을 겸병해 포구와 관문을 수리하고, 험한 요새지에 근거해 갑병甲兵을 정비하고 이를 굳게 지켰다. 그러나 진섭陳涉이 수졸戍卒과 이리저리 흩어진 무리 수백 명을 규합하고, 팔을 걷어붙이고 목청을 돋우고, 활과 창 등의 무기 대신 호미와 곰방메 및 몽둥이 등의 서우백정鉏櫌白梃을 들고, 백성의 도움으로 집을 찾아가 배를 채우고, 횡행천하橫行天下했다. 그러나 진나라 사람들은 험한 요새만을 믿어 방비를 하지 않고, 관문을 닫지 않은 채 성 밖의 다리도 걷어 올리지도 않고, 긴 창을 사용해 적을 찌르지도 않고, 강한 쇠뇌를 사용해 적을 향해 쏘지도 않았다. 초나라 군사가 깊숙이 쳐들어가 홍문鴻門에서 싸웠으나 일찍이 울타리 등의 장애물로 인한 어려움을 겪은 일이 없었다. 산동이 크게 어지러워져 제후들이 병기並起하고, 호걸과 준재인 호준豪俊이 서로 칭왕했다. 진나라가 장함章邯에게 군사를 이끌고 동정케 하자 장함은 오히려 삼군三軍의 많은 병력을 근거로 밖에서 제후들과 봉토封土를 요구하는 교역을 벌이며 자신의 군주를 도모圖謀했다. 여기서 군신들의 불신을 가히 엿볼 수 있다. 자영子嬰이 즉위했으나 그 또한 끝내 깨닫지 못했다. 만일 자영이 평범한 군주의 재목으로 간신히 중간 수준의 재능을 지닌 장상의 보좌를 얻기만 했어도 비록 산동의 반란이 있었다고는 하나 진나라 땅을 온전히 보전할 수 있었고, 종묘제사 또한 결코 끊어지지 않았을 것이다. 진나라 땅은 산에 둘러싸이고 황하를 끼고 있는 피산대하被山帶河의 험고險固한 자연에 둘러싸여 사방이 가로막혀 있는 견고한 나라인 이른바 사색지국四塞之國이다. 진목공秦繆公 이래 진시황에 이르기까지 20여 명의 군주는 늘 제후의 우두머리인 패자霸者가 됐다. 이것이 어찌 세세世世로 군주가 현능했기 때문이겠는가? 다만 그 세勢가 그러했기 때문이다. 그런 상황에서 천하가 일찍이 마음과 힘을 모아 진나라를 공격한 것이다. 당시 현자와 지자가 한데 모여들고, 양장良將이 자신의 군사를 이끌고, 현능한 재상인 현상賢相이 각자의 계모計謀를 나누었으나 진나라의 조험阻險에 막혀 진격할 수 없었다. 진나라가 이내 그들을 끌어들여 싸우기 위해 관문을 열자 100만의 병사들이 도주해 결국 궤멸당하고 말았다. 이것이 어찌 용력勇力과 지혜智慧가 모자랐기 때문이겠는가? 단지 형形이 불리하고 세勢가 불편不便했기 때문이다. 진나라는 소읍小邑을 대성大城에 합병하고, 험고한 요새를 지키며 주둔하고, 보루를 높이 쌓은 채 싸우지 않고, 관문을 닫아걸고 험로를 점거하는 폐관거액閉關據阨을 하고, 무기를 날카롭게 하여 수비했다. 제후들은 필

부匹夫에서 몸을 일으켜 이익을 좇아 연합한 까닭에 공자孔子처럼 도덕적인 군왕인 소왕素王의 덕행을 찾을 수 없었다. 그들은 서로 사귀면서 친애親愛하지 않았고, 부하들도 친부親附하지 않았고, 명분만 진나라를 멸망시키는 것이었을 뿐 기실其實은 자신들의 이익만을 좇았다. 그들은 진나라의 험조險阻를 침범키 어렵다는 사실을 알면 반드시 군사를 퇴각시켰다. 진나라가 나라를 안정시키고 백성들을 쉬게 하고, 다른 나라가 피폐해지기를 기다리고, 약한 나라를 거두고 피폐한 나라들을 도와 대국의 제후를 호령했다면 해내에서 득의得意치 못할 것을 근심치는 않았을 것이다. 천자의 귀한 신분으로 천하의 부를 소유했으면서도 사로잡히는 몸이 된 것은 패망을 구하는 방법이 잘못됐기 때문이다. 진시황은 자만하여 자문을 구하지 않았고 마침내 잘못을 저지르고도 고칠 줄 몰랐다. 2세는 이를 그대로 이어받아 고치지 않았고, 포학한 나머지 화를 가중시켰다. 자영은 고립무친孤立無親의 상황에서 위험하고 약했음에도 보필을 받지 못했다. 이들 진시황과 2세 및 자영 등 3주三主는 미혹됐으면서도 운명할 때까지 잘못을 깨닫지 못했다. 패망 또한 당연한 것이 아니겠는가? 당시 세상에 생각이 깊고 시세변화를 아는 인물이 없었던 게 아니다. 그러나 감히 충성을 다해 잘못을 막는 자가 없었던 것은 진나라의 습속에 꺼리고 피하는 금기가 많고, 충언忠言이 입에서 모두 나오지 못하는 사이 몸이 형벌을 당해 죽는 육몰戮沒이 있었기 때문이다. 이는 천하의 선비로 하여금 귀를 기울여 듣게 하고, 두 다리를 한데 모으면서 입에 재갈을 물려 말을 못하게 만든 것이다. 3주三主가 실도失道해도 충신은 감히 간언치 못하고, 지사智士는 감히 모책을 내지 못하고, 천하가 이미 어지러워졌는데도 간사姦詐가 군주에게 알려지지 않게 된 것이다. 이 어찌 슬픈 일이 아니겠는가? 선왕은 언로가 막히면 나라를 망치게 된다는 것을 알았기 때문에 공경사대부公卿士大夫를 두고 법령을 정비하며 형벌을 가해 천하를 다스렸다. 나라가 강하면 포악한 행동을 금하고 난을 주벌하는 금포주란禁暴誅亂을 통해 천하를 복종시켰고, 약하면 오패五霸가 정토征討하여 제후들을 순종케 만들었다. 영토가 줄어들면 안으로는 수비하고 밖으로 강국에 의지하는 내수외부內守外附로 사직을 보존했다. 그래서 진나라가 강성할 때는 법이 번잡하고 형벌이 엄격한 번법엄형繁法嚴刑으로 천하가 두려워했으나 일단 쇠약해지자 백성이 원망怨望하며 해내海內가 배반했던 것이다. 공公·후侯·백伯·자子·남男 등 주나라의 오서五序는 치도治道를 얻었기 때문에 1,000여 년 동안 사직이 끊이지 않았다. 그러나 진나라는 본말本末을 모두 잃었기에 장구長久하지 못한 것이다. 이로써 보면 안위의 근본은 떨어져 있는 차이가 먼 것이다. 야언野諺에 지난 일을 잊지 않으면 후일의 귀감이 된다는 뜻의 '전사지불망前事之不忘, 후사지사後事之師' 표현이 있다. 군자가 치국할 때는 상고上古를 살피고, 당세當世에 증험證驗해 보고, 인사人事를 참작해 성쇠의 이치를 살피고, 시의의 타당성을 살피고, 취사선택에 순서가 있도록 하고, 변화에 그 시기가 있도록 했다. 오래도록 지속되고 사직이 안정된 이유다. 진효공秦孝公은 효산과 함곡관의 험고에 의거해 옹주雍州의 땅을 옹유擁有하고, 군신이 고수固守하며 주나라 왕실을 엿보았다. 그는 천하를 석권하고 해내를 모두 차지하고자 했다. 내심 자루 속에 넣은 뒤 주둥이를 잡아매는 것처럼 사해를 거머쥐는 괄낭사해括囊四海를 행하고자 하는 뜻과 팔방의 온 세상인 팔황八荒을 병탄하는 병탄팔황幷吞八荒을 이루고자 하는 마음을 갖고 있었다. 당시 상앙은 진효공을 보좌해 안으로 법도法度를 정비하면서 백성들로 하여금 농사짓고 베 짜는 경직耕織에 힘쓰고 수비와 전투의 군비를 갖추게 했다. 또 밖으로 연횡책連衡策을 구사해 제후들이 서로 다투게 했다. 진나라 사람은 팔짱을 끼는 공수拱手를 하며 서하西河 섬서성 내 황하 서안의 바깥 땅을 차지하게 됐다. 진효공이 죽은 후 진혜왕秦惠王과 진무왕秦武王이 고업故業을 이어받음으로써 유책遺策을 좇아 남쪽으로 한중漢中을 차지하고, 서쪽으로 파촉巴蜀을 빼앗고, 동쪽으로 기름진 땅인 고유지지膏腴之地를 할양받고, 아군의 수비에 좋고 적이 공격키 어려운 여러 군인 요해지군要害之郡을 거두었다. 제후들이 크게 두려워하여 동맹을 맺고 진나라를 약화시키는 방안을 논의했다. 진기한 기물과 중요한 보물, 산물이 많은 기름진 땅을 아끼지 않으면서 천하의 재사를 초치했다. 또 진나라를 제외한 6국이 동맹하는 합종책合從策을 구사해 서로 계약을 맺으며 하나로 뭉쳤다. 당시 제나라에는 맹상군孟嘗君 전문田文, 조나라에는 평원군平原君 조승趙勝, 초나라에는 춘신군春申君 황헐黃歇, 위나라에는 신릉군信陵君 위무기魏無忌가 있었다. 이들 4군四君은 지혜로우며 군주에게 충신하고, 너그럽고 온후해 다른 사람을 사랑하고, 현자를 존경하며 선비를 중히 여겼다. 그들은 합종책을 약조해 연횡책을 철회하고, 한韓·위魏·연燕·조趙·송宋·위衛·중산中山의 군사를 연합했다. 6국의 인재인 조나라 출신 영월寧越과 송나라 출신 서상徐尙 및 낙양 출신 소진蘇秦과 주나라 출신 두혁 등이 계모計謀하고, 동주 출신 제명齊明과 주최周最, 하夏 땅 출신 진진陳軫, 초나라 출신 소활召滑, 위나라 출신 누완樓緩과 적경翟景, 낙양 출신 소려蘇厲와 연나라 출신 악의樂毅 등이 각국의 의견을 소통시키고, 위衛나라 출신 오기吳起와 제나라 출신 손빈孫臏, 초나라 출신 대타帶佗, 용병에서 선발先發을 중시한 아량兒良과 후발後發을 중시한 왕료王廖, 제나라 출신 전기田忌, 조나라 출신 염파廉頗와 조사趙奢 등이 군사를 통솔했다. 그들은 진나라의 10배나 되는 땅과 백만 대군의 위세로 함곡관으로 진격해 진나라를 쳤다. 진나라 군사가 관문을 열고 적군을 끌어들이자 9국의 군사들이 주저하며 뒷걸음치고, 감히 앞으로 나아가지 못했다. 진나라가 화살과 화살촉을 사용하는 망시유촉亡矢遺鏃의 비용을 치르지 않았는데도 천하의 제후들은 이내 곤경에 빠지고 만 것이다. 진나라가 합종책의 붕괴로 제후들이 다투어 땅을 베어 진나라에 뇌물로 바치자 여력餘力이 생겨 피폐해진 9국을 제압하며 도주하는 패잔병을 추격했다. 땅에 나뒹구는 시체인 복시伏尸가 100만이 넘고, 피에 큰 방패가 떠다니는 유혈표로流血漂鹵가 등장한 배경이다. 진나라는 자신의 이익에 따라 편리한 대로 행하여 천하를 재제宰制함으로써 제후국을 흩어지게 만들었다. 강국은 항복을 청하고, 약국은 신하의 예를 갖춰 조공하는 입조入朝를 했다. 뒤이은 진효문왕秦孝文王과 진장양왕秦莊襄王 때에 이르러 재위 기간이 일천日淺했으나 국가는 큰 일이 없었다. 진시황 때에 이르러 진효공과 진혜문왕, 진무왕, 진소양왕, 진효문왕, 진장양왕등 6세六世의 유업을 이어 긴 채찍을 휘두르며 우내宇內를 제어制馭했다. 동주와 서주인 2주二周를 병탄해 제후들을 멸망시키고, 지존至尊의 자리에 올라 육합六合을 다스리게 됐다. 회초리인 추부棰拊를 잡고 천하를 편태鞭笞하자 그 위엄이 사해를 진동시켰다. 남쪽으로 백월百越의 땅을 취해 계림군桂林郡과 상군象郡의 2군을 만들자, 백월의 군주가 항복의식으로 머리를 숙이고 목에 줄을 거는 면수계경俛首係頸을 하여 목숨을 진나라의 옥리에게 맡기게 됐다. 진시황이 이내 몽념蒙恬을 시켜 북쪽에 장성을 쌓아 번리藩籬를 지키게 하고, 흉노를 700여 리 밖으로 몰아내자 호인胡人은 감히 남하하여 목마牧馬하지 못하고, 병사들은 감히 활을 당겨 원한을 갚지 못했다. 진시황이 선왕지도先王之道를 폐하고 제자백가의 책을 불살라 검수黔首를 어리석게 만들었다. 열국의 빼어난 성곽을 헐고, 호준豪俊을 죽이고, 천하의 모든 병기를 거두어 함양에 모은 뒤 무기를 녹여 종을 주조하고, 금인金人 12개를 만들어 일반백성을 약화시켰다. 연후에 산을 깎아 성곽을 만들고, 황하에 여러 나루터를 만들고, 1억 장丈 길이의 높은 성에 웅거하고, 깊이를 헤아릴 수 없는 계곡을 굽어보며 방비를 굳게 했다. 양장良將과 강한 쇠뇌인 경노勁弩로 요해처要害處를 지키고, 믿을 만한 신하와 정예병이 날카로운 병기를 펼쳐놓고 밤에 행인을 검속하자 천하가 이로써 평정됐다. 진시황은 내심 관중關中의 견고堅固가 천리에 달하는 금성철벽인 금성천리金城千里에 해당해 자손들이 만대까지 제왕이 되는 위업이 이뤄질 것으로 여겼다. 진시황이 죽은 후에도 남아 있는 위세가 풍속을 달리하는 먼 곳까지 진동시켰다. 진섭은 깨진 항아리 주둥이로 창을 삼고 새끼를 늘어뜨려 문을 대신하는 옹유승추甕牖繩樞의 빈민 출신이다. 여항閭巷에 사는 미천한 백성으로 수자리에 징발된 무리이기도 했다. 재능은 보통사람인 중용中庸에도 못 미쳤고, 중니仲尼와 묵적墨翟처럼 현덕賢德하지도 못했고, 월왕 구천句踐을 도와 오나라를 멸망시킨 뒤 토사구팽兎死狗烹을 피해 벼슬을 버리고 제나라의 도陶 땅으로 들어가 거만의 재산을 모은 도주공陶朱公 범리范蠡와 노나라의 전설적인 거부인 의돈猗頓과 같은 부를 지니지도 못했다. 그는 사졸들의 행렬에 끼어 행군 도중 반기를 드는 만기俛起를 했다. 이내 크게 지쳐 흩어진 병사를 이끌고 수백 명을 통솔해 가던 길을 바꿔 진나라를 쳤다. 나무를 베어 무기로 삼으며 장대를 세워 기치로 삼자 천하 사람이 구름처럼 모여들어 호응하고, 양식을 짊어진 채 그림자처럼 따랐다. 마침내 산동의 호걸이 병기竝起해 진나라 왕족을 멸망시켰다. 당초 진나라의 천하는 소약小弱하지 않았고, 옹주雍州의 땅과 효산과 함곡관인 효함崤函도 그 견고함이 전과 같았다. 진섭의 지위도 제齊·초楚·연燕·조趙·한韓·위魏·송宋·위衛·중산中山의 군주보다 존귀하지 못했고, 무기로 동원한 호미와 고무래 및 창과 창 자루인 서우극긍鉏耰棘矜도 굽은 창과 긴 창인 구극장쇄鉤戟長鎩보다 날카롭지 못했다. 변방 수자리로 유배된 무리는 9국의 병사보다 강하지 못했고, 심모원려深謀遠慮와 행군 및 용병의 계략도 예전의 모사들만 못했다. 그러나 끝내 성패成敗가 다르게 바뀌고 공업功業이 상반相反됐다. 이는 무슨 까닭인가? 가령 산동의 나라와 진섭을 두고 영토의 장대함으로 비교하고 권력을 비교할 경우 결코 동등하다고 말할 수는 없을 것이다. 진나라는 구구지지區區之地에서 출발해 천승지권千乘之權을 갖고 나머지 8주八州를 불러들여 열국과 대등하게 외교한 지

100여 년이 지났다. 또 6합六合으로 일가一家를 이루고, 효함崤函으로 궁궐을 삼았다. 그럼에도 끝내 일부一夫가 작난作難하자 7묘七廟가 무너져 내리고, 몸은 남의 손에 죽임을 당해 천하의 웃음거리가 되고 말았다. 이는 무슨 까닭인가? 인의仁義가 시행되지 않고, 공수攻守의 형세가 달랐기 때문이다. 진나라가 해내海內와 제후를 병겸幷兼하고, 남면칭제南面稱帝하여 사해四海를 다스리자 천하지사天下之士가 바람을 향하듯 귀순하는 향풍鄕風을 현저하게 했다. 그리 된 까닭은 무엇인가? 대답은 이러하다. 근고近古에 왕자王者가 없게 된 지 오래됐다. 주 왕실이 비미卑微한 상황에서 오패五覇마저 죽자 영슈이 천하에 행해지지 않게 됐다. 제후들이 역정力政하여 강국이 약국을 침탈하고, 대국이 소국을 괴롭히고, 전쟁이 그치지 않고, 사민士民이 피폐해졌다. 지금 진나라가 남면하여 천하에 왕으로 군림하니 이는 윗자리에 천자天子가 존재케 된 것이다. 통치의 기본이 되는 일반백성인 원원지민元元之民이 생명보장을 얻고자 하여 마음을 비우고 위를 쳐다보지 않는 자가 없게 된 상황에서는 위엄을 지니며 공업을 굳건히 하는 것에 바로 국가안위의 관건이 있었다. 그러나 진시황은 탐욕스럽고 비루한 마음을 품고 자신이 모든 것을 해결코자 하는 지모를 행하여 공신을 불신하고, 사민士民을 친애하지 않았다. 그는 왕도를 폐하고 권력을 사사로이 운용하는 폐왕도입사권廢王道立私權, 『시』와 『서』 등의 고적古籍을 금하며 형법을 가혹하게 하는 금문서혹형법禁文書酷刑法을 행했다. 또 사술詐術과 무력을 앞세우고 인의를 뒷전으로 하여 포학暴虐을 천하통치의 시작으로 삼았다. 무릇 천하를 병탄하는 것은 사술과 무력을 높이 치고, 천하를 안정시키는 것은 통치에 순종하는 것을 귀하게 여기는 법이다. 이는 천하를 얻고 지키는 것이 같지 않음을 말한 것이다. 진나라는 전국시대를 마무리 짓고 왕천하王天下했음에도 치도治道와 치정治政을 개역改易하지 않았으니 이는 취천하取天下와 수천하守天下가 다르다는 것을 몰랐기 때문이다. 홀로 고립되는 고독孤獨으로 천하를 소유한 까닭에 그 패망은 초조히 서서 기다릴 정도로 빠르다. 가령 진시황이 전대의 일를 고려하고 은殷·주周의 사적事迹을 참조해 정사를 제어制御했다면 후에 비록 음란하고 교만한 군주가 나왔을지라도 나라를 위태롭게 하는 환난은 없었을 것이다. 삼왕三王은 천하를 세우면서 그 명성이 두드러지게 아름다웠던 까닭에 공업功業이 장구長久할 수 있었다. 지금 진나라 2세가 즉위하자 천하에 목을 길게 내밀고 그 정치를 지켜보지 않는 자가 없었다. 무릇 추위에 떠는 자는 해진 베옷인 수갈裋褐도 이롭게 생각하고, 굶주린 자는 술지게미인 조강糟糠도 달게 여기니 천하 사람의 애달픈 하소연은 오히려 새로이 보위에 오른 군주의 통치 자산이 된다. 고달픈 백성에게는 인정을 베풀기가 쉬운 법이다. 가령 진나라 2세가 범용한 군주의 덕행으로 충현忠賢을 임용해 군신이 한마음이 됨으로써 세상의 걱정거리를 염려하고, 상복인 호소縞素의 차림으로 선제인 진시황의 잘못을 바로잡고, 땅을 나누어 백성에게 줌으로써 공신의 후예에게 분봉分封하고, 제후국을 세워 군주를 옹립함으로써 천하를 예로써 다스리고, 영어囹圄를 비우며 형륙刑戮을 면제하고, 연좌시켜 죄인의 처자를 노비로 삼는 수노收帑에 빠뜨리는 난잡한 죄명을 제거하여 각자 자신의 향리鄕里로 돌아가게 하고, 창고와 곳간인 창름倉廩을 개

2) 유방이 서진하여 함양으로 들어갔다. 제장들이 금백金帛과 재물이 있는 부고府庫로 다투어 달려가 이를 나눠 가졌다. 소하蕭何만이 홀로 먼저 진나라 승상부로 가 도적圖籍을 수습해 보관했다. 덕분에 유방은 천하의 좁고 험한 요새인 액새阨塞와 호구戶口의 다소多少, 병력의 강약强弱이 어디에 있는지를 알 수 있게 됐다.

방하고 재폐財幣를 나눠주어 고아와 무의탁 노인과 곤궁한 자인 고독곤궁孤獨困窮을 진휼賑恤하고, 부세를 가볍게 하고 노역을 줄여 백성의 급사急事를 도와주고, 법령을 간략히 해 형벌을 줄이는 약법생형約法省刑으로 죄인이 후손을 보존케 하고, 천하사람 모두 스스로 일신一新하여 절조를 바르게 해 품행을 수양함으로써 각자 몸을 삼가게 하고, 백성의 여망을 채워주고, 위덕威德으로 천하와 함께 했다면 천하 사람이 모여들었을 것이다. 그리했으면 사해지내四海之內가 모두 환연讙然히 각자 처해 있는 위치에서 안락安樂해하며 오직 변란이 있을까 염려했을 것이다. 설령 교활狡猾한 백성이 있을지라도 군주를 배반할 마음을 갖지 않았을 것이다. 반기를 든 신하인 불궤지신不軌之臣도 간지奸智를 꾸미지 못하고, 폭란의 간악한 일도 그쳤을 것이다. 그러나 진나라 2세는 이런 치술治術을 행하지 않고 오히려 포악무도한 짓을 거듭했다. 종묘와 백성을 무너뜨리고, 아방궁 조영을 다시 시작하고, 형을 번잡하게 하면서 주벌을 엄하게 하고, 관리의 다스림이 심각하고, 상벌賞罰이 부당하고, 부렴賦斂이 무도無度하고, 천하다사天下多事하여 관원이 해결의 실마리를 찾지 못하고, 백성은 곤궁한데도 군주는 백성을 거두어 구휼하지 않는 일이 빚어진 것이다. 마침내 간위姦僞가 병기竝起하고, 상하가 서로 책임을 미루고, 죄명을 뒤집어쓴 자가 많아져 형륙刑戮을 받은 자가 거리에서 서로를 쳐다볼 정도로 많아지자 천하 사람이 모두 이로 인해 큰 고통을 당하게 됐다. 군후와 공경에서 서민에 이르기까지 사람들은 스스로를 위태하게 여기는 마음을 품은 채 몸소 궁핍하고 고단한 현실에 처하게 되자 모두 자신의 지위를 불안해했다. 그래서 쉽게 동요했던 것이다. 진섭이 탕무湯武의 현능賢能을 지니지 못하고 공후公侯의 존귀한 신분이 아니었는데도 대택大澤에서 팔을 휘두르는 분비奮臂를 하자마자 천하가 곧바로 향응響應한 것은 바로 백성들이 위난에 처했기 때문이다. 그래서 선왕은 일의 처음과 끝의 변화를 보고 존망의 기미를 안 까닭에 오직 백성들을 다스리는 도리로 안민安民에 힘썼던 것이다. 이리하면 설령 천하에 반역을 행하는 신하가 있을지라도 결코 향응響應하는 자가 나올 수 없게 된다. 그래서 이르기를, '안민安民은 더불어 의를 행할 만하고, 위민危民은 더불어 그릇된 일을 저지르기 쉽다'고 했으니 바로 이런 경우를 지적한 것이다. 천자의 귀한 신분으로 천하의 부를 소유하고도 몸이 육살戮殺을 면치 못한 것은 기울어지는 것을 바로잡는 일이 잘못됐기 때문이다. 이것이 바로 진나라 2세의 과오이다."

유방은 진나라 궁실宮室과 유장帷帳, 구마狗馬, 중보重寶, 1,000여 명의 부녀婦女 등을 보고 이내 머물러 살고 싶어 했다. 번쾌樊噲가 간했다.

"패공은 천하를 갖고 싶습니까? 아니면 장차 부잣집 영감인 부가옹富家翁이 되고 싶습니까? 무릇 이들 사치하고 화려한 물건은 모두 진나라를 망하게 한 것들인데 패공은 이것들을 어디에 쓰려는 것입니까? 원컨대 패공은 급히 파상霸上으로 돌아가십시오. 궁중에 더 이상 머물러 있어서는 안 됩니다."

유방이 듣지 않았다. 장량이 다시 간했다.

"진나라가 무도했던 까닭에 패공이 이런 위치에 이를 수 있었습니다. 무릇 천하를 위해 백성을 괴롭히는 잔포한 적도인 잔적殘賊들을 제거하려면 의당 소박함을 기본으로 삼아야 합니다.[189] 지금 처음 진나라에 들어왔는데 바로 그 즐거움에 안주코자 하면 이는 하나라 폭군 걸을 도와 포학한 짓을 행하는 이른바 '조걸소학助桀所虐'과 같습니다. 게다가 충언忠言은 귀에 거슬리나 실천하는 데 이롭고, 독한 약인 독약毒藥은 입에 쓰나 병을 치료하는 데 이로운 법입니다. 원컨대 패공은 번쾌의 말을 들으십시오."

유방이 이내 파상으로 환군還軍했다.

11월, 유방은 여러 현縣의 부로父老와 호걸들을 모두 불러 놓고 말했다.

"여러 부로들이 진나라의 혹법으로 고생한 지 이미 오래됐소. 나와 제후들이 약속하기를, '먼저 입관하는 자가 관중의 왕이 된다'고 했소. 나는 의당 관중에서 칭왕할 것이오. 여러 부로들과 약속컨대 이후에는 법3장法

189 '호소지자縞素之資'는 '소박함을 기본으로 삼음'의 뜻으로 새길 수도 있으나 '백성의 삶을 연민하고 다독이는 자세를 기본으로 삼음'의 뜻으로 풀이할 수도 있다. 상복용 흰 옷인 '호소'를 어떻게 해석하느냐에 따라 2가지 해석이 모두 가능하다.

三章이 있을 뿐이오. '살인자殺人者는 사형에 처하고, 상인자傷人者와 도자盜者는 지은 죄의 경중에 따라 처벌한다'가 그것이오. 그 외의 진나라의 법은 모두 제거할 것이니 이민吏民들은 모두 안도하고 옛날같이 지내시오. 무릇 내가 여기에 온 것은 부로들을 위해 제해除害하려는 것이지 결코 약탈과 포학한 짓을 하려는 것이 아니니 두려워하지 마시오. 또한 내가 파상으로 환군하는 것은 다른 제후들이 오기를 기다려 기왕의 약속을 확정지으려는 것일 뿐이오."

이내 사람을 시켜 진나라 관리들과 함께 다니며 여러 현縣·향鄕·읍邑에 이를 고유告諭케 했다. 진나라 백성들이 대희大喜했다. 소와 양, 주식酒食을 다투어 가져와 유방의 군사에게 바쳤다. 유방이 사양하며 받지 않았다.

"창고의 곡식이 많아 양식을 결할 일이 없다. 백성들로 하여금 양식을 소모케 하고 싶지 않다."

백성들이 더욱 기뻐하며 오직 패공 유방이 진왕秦王이 되지 못할까 걱정했다.

항우는 하북河北을 평정한 뒤 제후들의 군사를 이끌고 서진하여 입관入關하고자 했다. 앞서 제후의 이졸吏卒과 요역인을 호송하는 사람인 요사徭使, 수자리 서는 사람인 둔수屯戍 등이 진나라 지역을 지나갈 때 이들 지역의 진나라 이졸들이 이들에게 크게 무례했다. 이후 진나라 장수 장함章邯이 제후들에게 항복하자 제후의 이졸들은 승세에 올라타 진군秦軍의 이졸을 노예와 포로처럼 부리거나, 가벼이 여기며 능욕했다. 진군의 이졸들이 크게 원망하며 은밀히 말했다.

"장 장군 등이 우리를 속이고 제후들에게 항복했다. 지금 입관하여 진나라를 멸망시키는 것이 대선大善이다. 만일 그리 하지 못하면 제후들은 우리를 포로로 잡아 동쪽으로 끌고 갈 것이고, 진나라는 우리의 부모와 처자를 모두 죽일 것이다. 이를 어찌해야 좋겠는가?"

제장들이 이런 말을 엿듣고 항우에게 고했다. 항우가 경포黥布와 포장군蒲將軍을 불러 계책을 상의했다.

"진나라의 이졸이 아직도 많이 남아 있는데 그들은 심복心服치 않고 있소. 함곡관에 이르렀을 때에도 말을 듣지 않으면 일이 반드시 위험해질 것이오. 이들을 격살擊殺한 뒤 장함과 장사 사마흔, 도위都尉 예翳 등만 데리고 입진入秦하느니만 못하오."

초나라 군사들이 한밤중에 진나라 군졸 20만 명을 격살한 뒤 신안성新安城하남성 신안현 남쪽에 파묻었다.

3) 어떤 사람이 유방에게 말했다.

"진나라의 부富는 천하의 10배이고, 지형 또한 매우 유리합니다. 제가 듣건대 항우는 장함을 옹왕雍王으로 부르며 장차 관중의 왕으로 삼으려 한다고 합니다. 지금 항우가 오면 패공은 이 지역을 차지하지 못할까 우려됩니다. 급히 군사들로 하여금 함곡관을 지켜 제후들의 군사가 들어오지 못하게 하십시오. 점차 관중의 병사를 징발하는 방법으로 병력을 증강해 그들을 막으십시오."

유방이 이를 옳다고 생각해 그대로 따랐다.

얼마 후 항우가 함곡관에 이르렀을 때는 관문이 이미 굳게 잠긴 뒤였다. 항우는 유방이 이미 관중을 평정했다는 얘기를 듣고 대로했다. 경포 등에게 명해 함곡관을 깨뜨리게 했다.

12월, 항우가 희수戲水섬서성 임동현 동쪽에 이르렀다. 이때 유방의 좌사마 조무상曹無傷이 사람을 보내 항우에게 전했다.

"패공이 관중에서 왕이 되어 자영을 재상으로 삼고 진보珍寶를 모두 독차지하려 합니다."

조무상은 내심 봉상封賞을 기대한 것이다. 항우가 이 얘기를 듣고 대로

해 사졸을 배불리 먹인 뒤 다음 날 아침까지 유방의 군사를 칠 것을 약속했다.

당시 항우의 군사는 40만이었으나 100만이라고 내세웠다. 이들은 신풍新豐섬서성 임동현 동북쪽 음반성陰盤城의 홍문鴻門음반성의 동쪽 문에 주둔했다. 유방의 군사는 10만이었으나 20만을 내세우며 파상에 주둔하고 있었다.

범증이 항우에게 건의했다.

"패공은 산동山東에 있을 때만 해도 재물을 탐하며 여색을 좋아했는데 지금 입관해서는 재물도 취하지 않고 부녀도 총애하지 않고 있습니다. 이는 그의 뜻이 결코 작은 데 있는 게 아님을 뜻합니다. 제가 사람을 시켜 그의 운기運氣를 살펴보게 했더니 모두 패공이 용호龍虎의 형상을 갖춰 오채五采를 이뤘다고 합니다. 이는 천자의 운기입니다. 그를 급격急擊해야 합니다. 절호의 기회를 잃어서는 안 됩니다."

초나라 좌윤左尹 항백項伯[190]은 항우의 계부季父 즉 숙부였다. 그는 평소 장량과 가까이 지냈다. 그는 항우의 군사가 유방을 친다는 얘기를 듣고 즉시 말에 올라 연야連夜로 유방의 진영으로 달려가 사적으로 장량을 만났다. 이런 사실을 모두 얘기한 뒤 함께 떠날 것을 호소했다.

"패공과 함께 죽어서는 안 되오."

장량이 대답했다.

"나는 한왕韓王을 위해 패공을 함곡관으로 보냈습니다. 패공이 지금 위급한 상황에 처했는데 내가 도망친다면 불의不義요. 패공에게 말하지 않을 수 없소."

190 항백項伯을 두고 사마정司馬貞은 『사기색은史記索隱』에서 이름이 전纏, 자가 백릉伯陵이라고 했다. 그러나 안사고顔師古는 『한서漢書』「진승항적전陳勝項籍傳」의 주에서 항백의 자가 백伯이라고 했다.

이내 안으로 들어가 유방에게 이 사실을 모두 말했다. 유방이 크게 놀랐다. 장량이 유방에게 물었다.

"공의 군사들이 족히 항우의 군사를 감당할 수 있다고 생각합니까?"

유방이 묵연默然히 있다가 물었다.

"실로 그렇지 못할 것이오. 이를 어찌해야 하오?"

장량이 대답했다.

"청컨대 항백을 찾아가 말하기를, '패공은 감히 배반하지 않을 것이다'라고 하십시오."

유방이 물었다.

"그대는 어떻게 해서 항백과 친교를 맺게 됐소?"

장량이 대답했다.

"진나라 때 그와 사귀었습니다. 당시 그가 살인을 하게 되어 제가 그를 살려준 바 있습니다. 지금 사태가 위급하게 되자 특별히 저에게 와서 그런 얘기를 해준 것입니다."

유방이 물었다.

"그와 그대 가운데 누가 좀 더 나이가 많소?"

장량이 대답했다.

"그가 저보다 많습니다."

유방이 말했다.

"그대는 나를 위해 그를 안으로 불러들이도록 하시오. 내가 형장兄長을 시봉하듯이 그를 대접하겠소."

장량이 밖으로 나가 항백에게 성심으로 요청하자 항백이 안으로 들어와 유방을 만났다. 유방은 술잔에 가득 찬 술인 치주巵酒를 들어 축수祝壽한 뒤 아이들의 혼인을 약속하며 덧붙였다.

"나는 입관한 후 추호도 감히 사사로이 취한 바가 없습니다. 이민吏民

을 장부에 기록하고, 부고府庫를 봉인한 채 항 장군이 오기만을 기다렸습니다. 장수를 파견해 함곡관을 지키게 한 것은 다른 도적의 출입과 비상非常을 대비한 것입니다. 일야日夜로 장군이 오기만을 기다렸는데 어찌 감히 배반할 수 있겠습니까? 원컨대 항백은 신이 감히 은덕을 배반치 않을 것임을 소상히 말해 주시기 바랍니다."

항백이 이를 허락하며 유방에게 말했다.

"내일 아침 불가불 일찍 직접 와서 사과해야 할 것이오."

유방이 대답했다.

"그리하겠습니다."

항백은 다시 밤에 항우의 군영으로 돌아가 유방이 한 말을 항우에게 빠짐없이 보고한 뒤 덧붙였다.

"패공이 먼저 관중을 깨뜨리지 않았다면 공이 어찌 감히 입관할 수 있었소. 지금 대공을 세운 사람을 공격하는 것은 불의不義요. 그를 잘 대우하느니만 못하오."

항우가 이를 허락했다.

유방이 다음 날 아침에 100여 기騎를 이끌고 항우가 있는 홍문鴻門으로 찾아와 사죄했다.

"저와 장군은 사력을 다해 진나라를 공격했습니다. 장군은 하북, 저는 하남에서 싸웠습니다. 본의 아니게도 제가 먼저 입관해 진나라를 깨뜨림으로써 여기서 장군을 다시 알현할 수 있게 됐습니다. 지금 소인들이 쓸데없는 말을 하여 장군과 저 사이에 혐극嫌隙을 만들고 있습니다."

항우가 말했다.

"이는 그대의 좌사마 조무상이 패공에 관해 달리 말했기 때문이오. 그렇지 않았다면 나 항적이 어찌 할 리 있겠소."

항우가 곧 유방을 군영에 머물게 한 뒤 함께 음연飮宴했다. 범증이 수차례 항우에게 눈짓을 보내며 차고 있는 반원형 옥환인 옥결玉玦을 들어 세 번이나 보여주었다. 항우는 묵연히 응하지 않았다. 범증이 일어나 밖으로 나간 뒤 항장項莊을 불러 말했다.

"군왕은 위인이 독한 결단을 내리지 못하는 사람이오. 그대가 우선 안으로 들어가 축수를 한 뒤 축수가 끝나면 곧 주흥을 돋우기 위해 검무劍舞를 추겠다고 청하시오. 검무를 추다가 기회를 보아 패공을 찔러 그 자리에서 죽여야만 하오. 그리하지 못하면 그대들은 모두 그의 포로가 되고 말 것이오."

항장이 곧 안으로 들어가 축수를 했다. 축수를 마친 뒤 청했다.

"군중軍中에는 즐길 만한 것이 없으니 청컨대 검무를 추고자 합니다."

항우가 말했다.

"허락한다."

항장이 검을 뽑아 춤을 추기 시작했다. 이때 항백도 문득 검을 뽑아 춤을 추기 시작했다. 항백은 계속 자기 몸으로 유방을 날개처럼 펼쳐 가려주었다. 항장은 유방을 격살할 수 없었다.

그때 장량이 군문에 이르러 번쾌를 만났다. 번쾌가 물었다.

"오늘 일은 어찌 된 것이오?"

장량이 대답했다.

"지금 항장이 칼을 뽑아들고 춤을 추면서 그 뜻을 계속 패공에게 두고 있소."

번쾌가 말했다.

"일이 급박하게 됐소. 내가 안으로 들어가 패공과 생사를 같이하도록 하겠소."

번쾌가 즉시 칼을 차고 방패를 손에 쥔 채 안으로 들어갔다. 군문의 위사衛士가 진입을 저지하려고 하자 번쾌가 방패를 들어 옆으로 휘둘렀다.

위사가 그대로 땅바닥에 쓰러졌다. 번쾌가 마침내 안으로 들어가 휘장을 젖히고 패왕 옆에 시립했다. 그가 눈을 부릅뜬 채 항우를 노려보자 머리카락이 위로 치솟고 눈초리가 거의 찢어질 듯했다. 항우가 칼을 어루만지며 무릎을 바닥에 댄 채 상체를 바로 세운 자세로 장량에게 물었다.

"객은 무엇 하는 사람인가?"

장량이 대답했다.

"패공의 수레에 배승陪乘해 호위하는 위사衛士 번쾌입니다."

항우가 찬탄했다.

"장사로다. 그에게 잔에 술을 가득 채운 치주巵酒를 내리도록 하라."

곧 그에게 치주 일두一斗를 내렸다. 번쾌는 절을 하며 사의를 표하는 배사拜謝를 한 뒤 일어선 채로 이를 다 마셨다. 항우가 말했다.

"그에게 돼지의 넓적다리인 체견彘肩도 내려주라."

삶지 않은 '체견'이 통째로 그의 앞에 놓였다. 번쾌가 땅에 방패를 엎어놓고 그 위에 '체견'을 올려놓은 뒤 칼을 뽑아 이를 잘라서 먹었다. 항우가 물었다.

"장사는 더 마실 수 있겠는가?"

번쾌가 대답했다.

"신은 죽음도 피하지 않고 있는데 술 한 잔을 어찌 주사足辭[191]할 리 있겠습니까? 저 진나라는 호랑이 및 이리와 같은 마음인 호랑지심虎狼之心을 지닌 까닭에 살인殺人하면서 더 죽이지 못할까 걱정하고, 사람에게 형벌을 내리면서 더 벌주지 못할까 걱정했습니다. 그래서 천하가 모두 반기를 든 것입니다. 초회왕과 제장들이 약속하기를, '먼저 진나라를 깨뜨려 함양에 들어가는 자를 왕으로 삼는다'고 했습니다. 지금 패공은 먼저 파

---

191 주사足辭는 지나치게 사양한다는 뜻이다. 여기의 주足는 과공過恭의 의미이다.

진하여 함양에 들어왔는데도 호모豪毛도 사사로이 취하지 않고 파상으로 환군하여 장군을 기다렸습니다. 이처럼 고생하여 높은 공을 세웠는데도 작위를 내려주는 상은커녕 간사한 자의 무함만 듣고 큰 공을 세운 사람을 주살하려고 하니 이는 패망한 진나라를 잇는 짓일 뿐입니다. 저는 장군이 이리하지 않을 것으로 생각합니다."

항우가 응답하지 않은 채 말했다.

"앉으시오."

번쾌가 장량을 좇아 앉았다.

이들이 잠시 앉아 있는 동안 유방이 몸을 일으켜 측간으로 가면서 번쾌를 밖으로 불러냈다. 유방이 말했다.

"지금 우리가 나오면서 인사도 하지 않았으니 이를 어찌하면 좋겠소."

번쾌가 대답했다.

"지금 저들은 바야흐로 칼과 도마를 준비하고 있고, 우리는 바야흐로 도마 위의 고기인 어육魚肉이 되어 있는데 무슨 인사치레를 한다는 것입니까?"

마침내 황급히 달아났다. 홍문鴻門에서 파상覇上까지 40리가량 됐다. 유방은 타고 왔던 거기車騎를 놓아둔 채 급히 몸을 빼어 홀로 말을 타고 달아났다. 번쾌樊噲와 하후영夏侯嬰, 근강靳彊, 기신紀信 등 4인은 칼과 방패를 든 채 유방의 뒤를 좇아 걸어서 도망쳤다. 이들 모두 여산 아래쪽에서 지양芷陽섬서성 서안시 동쪽을 거쳐 사잇길로 가는 간행間行을 하여 파상에 이르렀다.

당시 유방은 도주하기에 앞서 장량에게 홍문에 남아 있다가 항우에게 사과한 뒤 백옥구슬인 백벽白璧을 바치고 옥두玉斗를 범증范增에게 주라고 이르면서 이같이 덧붙였다.

"이 길로 가면 우리 군영까지는 20리에 불과하오. 내가 우리 군영에 이르렀다고 여겨질 즈음 공은 안으로 들어가도록 하시오."

유방이 이미 홍문을 떠나 샛길로 도망쳐 자신의 군영에 이르렀을 즈음 장량이 장막 안으로 들어가 항우에게 사과했다.

"패공이 배표杯杓[192]를 이기지 못해 직접 인사를 올리지 못했습니다. 삼가 저 장량으로 하여금 백벽 한 쌍을 받들어 재배再拜한 뒤 장군의 발아래에 바치고, 옥두 한 쌍은 재배한 뒤 아부亞父 족하에 바치게 했습니다."[193]

항우가 물었다.

"패공은 지금 어디에 있소?"

장량이 대답했다.

"장군이 그를 독과督過과실을 책망함하려는 뜻을 지니고 있다는 말을 듣고 몸을 빼내 홀로 떠났습니다. 이미 군영에 이르렀습니다."

항우가 백벽을 받아 자리 위에 놓았다. 그러나 범아부는 옥두를 받아 땅에 던져놓고는 칼을 뽑아 쳐서 깨뜨리는 당파撞破를 했다. 그러고는 탄식했다.

"아, 어린아이와는 족히 더불어 계모計謀할 수 없구나! 항장군의 천하를 빼앗는 자는 반드시 패공일 것이다. 우리는 이후 그의 포로가 되고 말 것이다."

유방은 군영에 이르자마자 즉각 조무상을 주살했다.

---

192 배표杯杓는 원래 술잔과 구기 자루를 뜻하나 여기서는 술 주酒의 의미로 사용된 것이다.

193 '아부亞父'는 당시 항우가 범증范增을 '부친에 버금하는 인물'로 높여 부른 데서 나온 것으로 제환공齊桓公이 관중管仲을 '중부仲父'로 높여 부른 것을 흉내 낸 것이다. '중부'는 관중의 자가 '중仲'인 점에 착안한 것이다. 통상 '부父'는 단순히 일반 남자의 미칭으로 쓰일 때는 '보甫'로 읽으나 부친에 준하는 존경스러운 인물 내지 나이 많은 남자를 지칭할 때는 '부'로 읽는다.

며칠 뒤 항우가 군사를 이끌고 서진하여 함양을 도륙했다. 항복한 진왕 자영을 죽이고, 진나라 궁실을 모두 불태웠다. 불은 3달 동안 꺼지지 않았다. 그곳의 화보貨寶와 부녀자들을 거둬 동쪽으로 갔다. 진나라 백성들이 크게 실망했다.

당시 한나라 출신 유생인 한생韓生이 항우에게 건의했다.

"관중은 산으로 막혀 있고 황하가 가로질러 사방이 요새인 곳으로 땅 또한 비요肥饒합니다. 가히 도읍으로 삼아 천하의 패권을 잡을 만합니다."

그러나 항우는 진나라 궁궐이 모두 이미 불타버려 폐허가 된 것을 꺼린 데다 내심 고향인 강동江東으로 돌아가고 싶어 했다. 항우가 대답했다.

"부귀富貴하게 되어 고향으로 돌아가지 않는 것은 마치 수놓은 비단옷을 입고 밤길을 다니는 의수야행衣繡夜行을 하는 것과 같소.[194] 그리되면 누가 그것을 알아보겠소."

한생이 물러나오며 탄식했다.

"사람들이 초나라 사람을 두고 '목후이관沐猴而冠'[195]이라고 하더니 과연 그러하다."

항우가 이 말을 듣고 한생을 끓는 물에 삶아 죽이는 팽살烹殺을 했다.

항우가 사람을 초회왕楚懷王에게 보내 관중 문제와 관련해 처리결과를 통보하는 치명致命을 했다. 초회왕이 회답했다.

"약속대로 한다."

---

194 오늘날 사용되는 '금의야행錦衣夜行'은 『사기』「항우본기」에 나오는 '의수야행衣繡夜行'이 변용된 것이다. 『한서』는 『사기』의 이 대목을 그대로 옮기면서 '의수衣繡'를 '의금衣錦'으로 바꿔 놓았다. 이것이 훗날 다시 바뀌어 '금의야행'이라는 성어로 굳어진 것이다. 『자치통감』은 『사기』의 구절을 그대로 인용해 '의수야행'으로 표현해 놓았다.

195 목후이관沐猴而冠은 원숭이를 목욕시킨 후 관을 씌운다는 뜻으로 항우를 옷을 입힌 원숭이로 비칭卑稱한 것이다.

항우가 제장들 앞에서 화를 냈다.

"회왕이란 자는 우리 집안이 세운 자일뿐이다. 정벌의 공도 세운 게 없는데 어찌하여 약속을 마음대로 주관한단 말인가? 당초 천하가 반기를 들 때 임시로 제후의 후예를 찾아내 군왕으로 세운 뒤 진나라를 쳤을 뿐이다. 갑옷을 입고 무기를 들어 가장 먼저 일을 일으키고, 들에서 3년 동안 폭로暴露[196]를 하며 진나라를 멸망시키고 천하를 평정한 것은 모두 장상將相인 제군과 나 항적의 공이다. 그러나 회왕이 비록 공로가 없을지라도 의당 땅을 나눠주어 칭왕稱王케 할 것이다."

제장들이 입을 모아 칭송했다.

"옳소."

봄 정월, 항우가 겉으로 초회왕을 의제義帝로 높이면서 말했다.

"옛날의 황제는 땅이 사방으로 1,000리였고 또한 반드시 상류에 거처했습니다."

그러고는 의제를 장강 남쪽의 강남江南으로 옮긴 뒤 침郴호남성 침현 땅에 도읍케 했다.

2월, 항우가 천하를 나눠 제장들을 왕으로 삼았다. 항우는 서초패왕西楚霸王으로 자립하여 옛 양梁과 초楚 땅을 포함하는 9개 군郡의 왕이 되고 팽성彭城을 도읍으로 정했다.[197] 당시 항우와 범증은 유방을 의심했다. 그러나 이미 일이 끝나고 화해를 한데다 약속을 어겼다는 말을 듣기 싫어 이내 은밀히 계책을 꾸몄다.

"파巴사천성 중경시와 촉蜀사천성 성도시은 길이 험하기는 하나 진秦나라 때

---

196 폭로暴露는 원래 밖에서 이슬을 맞는다는 뜻으로 야전野戰을 의미한다..

197 항우가 차지한 9개 군은 남양군南陽郡하남성 남양현, 검중군黔中郡호남성 원릉현, 동군東郡강소성 탕산현, 사수군泗水郡강소성 패현, 회계군會稽郡강소성 소주시, 탕군碭郡강소성 탕산현, 초군楚郡안휘성 수현, 기군蘄郡안휘성 숙현, 남군南郡호북성 강릉현을 말한다.

사람들을 옮겨 살게 했던 곳이다."

그리고 이같이 덧붙였다.

"파·촉 지역 역시 관중의 땅이다."

패공 유방을 한왕漢王으로 삼은 뒤 파·촉·한중漢中섬서성 서남쪽에서 칭왕하며 남정南鄭섬서성 남정현에 도읍을 정하게 했다. 그러고는 관중 지역을 셋으로 나눈 뒤 진나라의 항장降將을 왕으로 삼아 한나라가 밖으로 진출하는 길을 봉쇄했다. 장함은 옹왕雍王이 되어 함양의 서쪽에서 칭왕하며 폐구廢丘섬서성 흥평현에 도읍을 정했다.

장사長史 사마흔은 일찍이 약양櫟陽섬서성 임동현에서 옥연獄掾으로 있을 때 항량에게 덕을 베푼 일이 있었다. 또 도위都尉 동예董翳는 원래 장함에게 초나라에 항복할 것을 권한 자였다. 사마흔을 내세워 새왕塞王으로 삼고 함양 동쪽에서 황하에 이르는 지역에서 칭왕하게 했다. 사마흔은 약양에 도읍했다. 또 동예를 세워 적왕翟王으로 삼고 상군上郡섬서성 수덕현에서 칭왕하게 했다. 동예는 고노高奴섬서성 부현에 도읍했다. 항우는 자신이 옛 양나라 지역을 차지할 생각으로 위왕 위표魏豹를 옮겨 서위왕西魏王으로 삼았다. 위표는 하동河東에서 칭왕하며 평양平陽산서성 임분시 서남쪽에 도읍을 정했다.

하구瑕丘산동성 자양현의 신양申陽은 장이가 총애하는 신하인 폐신嬖臣이다. 전에 그는 먼저 하남군河南郡하남성 낙양시으로 내려가 황하에서 초나라 군사를 영접한 바 있다. 신양을 세워 하남왕으로 삼았다. 그는 낙양洛陽에 도읍을 정했다. 한왕韓王 한성韓成은 옛 도읍에 근거해 양적陽翟하남성 우현에 도읍을 정했다.

조나라 장수 사마앙司馬卬은 하내河內를 평정하고 여러 번 공을 세웠으므로 은왕殷王으로 삼고 하내에서 칭왕케 했다. 그는 조가朝歌하남성 기현에 도읍을 정했다. 조왕 조헐을 옮겨 대왕代王으로 삼았다. 조나라 재상

장이는 원래 현명한 사람으로 항우가 관중으로 들어갈 때 함께 입관入關했다. 그를 상산왕常山王으로 삼아 옛 조나라 지역에서 칭왕하며 양국현襄國縣을 다스리게 했다.

당양군當陽君 경포는 초나라 장수로서 늘 으뜸가는 군사인 관군冠軍으로 있었다. 경포를 구강왕九江王으로 삼았다. 그는 육六 땅에 도읍을 정했다. 파군番君 오예吳芮는 백월百越 출신들을 이끌며 제후들을 도왔고 항우를 좇아 입관했다. 오예를 형산왕衡山王으로 삼았다. 그는 주邾호북성 황강현 땅에 도읍을 정했다.

의제의 상장군인 주국柱國 공오共敖는 군사를 이끌고 남군南郡호북성 강릉현을 쳐 공을 많이 세웠다. 그를 임강왕臨江王으로 삼았다. 그는 강릉江陵에 도읍을 정했다. 연왕 한광韓廣을 요동 지역으로 옮겨 요동왕遼東王으로 삼았다. 그는 무종無終하북성 계현에 도읍을 정했다. 연나라 장수 장도臧荼는 초나라를 좇아 조나라를 구원했고 항우를 좇아 입관했다. 장도를 연왕으로 삼았다. 그는 계薊북경시에 도읍을 정했다.

제왕 전불田市을 옮겨 교동왕膠東王으로 삼았다. 그는 즉묵卽墨산동성 평도현에 도읍을 정했다. 제나라 장수 전도田都는 초나라 군사를 좇아 조나라를 구원하고 항우를 좇아 입관했다. 그를 제왕齊王으로 삼았다. 그는 임치臨淄산동성 임치현에 도읍을 정했다. 항우가 황하를 건너 조나라를 구원할 때 전안田安은 제북濟北의 여러 성을 함락시킨 뒤 그 군사를 이끌고 항우에게 투항했다. 전안을 세워 제북왕濟北王으로 삼았다. 그는 박양博陽산동성 장청현에 도읍을 정했다.

당초 제나라의 전영田榮은 여러 차례 항량의 명을 거역한 데다 군사를 이끌고 초나라를 좇아 진나라를 치는 일에 나서지 않았다. 왕으로 봉하지 않았다. 성안군成安君 진여도 장군의 인수를 버린 데다 항우를 좇아 입관하는 일에 참여치 않았다. 그 역시 왕으로 책봉되지 못했다. 빈객들이 수차례 항우를 설득했다.

"장이와 진여는 똑같이 조나라에 대해 공을 세웠습니다. 지금 장이가 왕이 됐으니 진여 또한 왕으로 봉하지 않을 수 없습니다."

항우는 할 수 없이 진여가 남피南皮하북성 남피현에 있다는 말을 듣고 그에게 남피 주변의 3현을 봉토로 주었다. 파군의 장수 매현梅鋗은 공이 많아 십만호후十萬戶侯에 봉했다.

한왕漢王 유방은 항우의 이런 모습에 노해 이내 항우를 공격코자 했다. 주발周勃과 관영灌嬰, 번쾌 모두 동의했다. 이때 소하蕭何가 간했다.

"비록 한중처럼 간험艱險한 곳에서 칭왕하는 것이 싫겠으나 그래도 죽는 것보다는 낫지 않겠습니까?"

유방이 물었다.

"어찌하여 죽는다는 것이오?"

소하가 대답했다.

"지금 우리 군사들은 저들만 못해 백전백패百戰百敗할 터이니 죽지 않고 어찌하겠습니까? 무릇 천자의 치하인 일인지하一人之下에서 몸을 굽히면서 제후의 수장인 만승지상萬乘之上에서 믿음을 준 사람으로 탕湯·무武가 있습니다. 신은 대왕이 한중에서 칭왕하면서 백성들을 잘 다스려 현자를 불러들이고, 파·촉을 수용收用하여 다시 옹雍·적翟·새塞 등 삼진三秦을 평정키 바랍니다. 그리하면 천하를 가히 도모할 수 있습니다."

유방이 흔쾌히 따랐다.

"좋소."

그러고는 마침내 한중으로 들어간 뒤 소하를 승상으로 삼았다. 유방이 장량에게 금 100일鎰과 구슬 두 말을 내려 주자 장량은 이를 모두 항백에게 바쳤다. 유방도 장량을 시켜 항백에게 후한 예물을 보내면서 항백에게 청을 넣도록 했다. 항백이 한중의 땅을 모두 유방에게 넘겨주도록 청했다. 항우가 이를 허락했다.

여름 4월, 제후들이 휘하의 군사들을 거두어 철수함으로써 각기 봉국으로 들어갔다. 항우는 병사 3만 명을 보내 유방을 좇아 한중으로 들어가게 했다. 초나라 군사와 여타 제후의 군사 가운데 유방을 추종하는 자가 수만 명이나 됐다. 이들은 두杜섬서성 남전현 서남쪽 땅의 남쪽에서 식중蝕中[198]으로 들어갔다. 장량은 유방을 포중褒中섬서성 포성현까지 전송했다. 유방은 장량을 한韓나라로 돌려보냈다.

이때 장량이 유방에게 이미 지나온 잔도棧道를 모두 불태워 끊어버리도록 권했다. 제후들의 기습에 대비하는 동시에 항우에게 동쪽으로 진출할 의사가 없음을 보여주라고 설득한 것이다.

4) 전영田榮은 항우가 제왕齊王 전불田市을 교동膠東으로 보내면서 제왕의 휘하에 있던 장수 전도田都를 제왕으로 삼았다는 말을 듣고 대로했다.[199]

5월, 전영이 군사를 일으켜 전도를 저항하며 공격했다. 전도가 초나라로 도주했다. 전영은 제왕인 전불을 현지에 머물게 하면서 교동으로 가지 못하게 했다. 그러나 전불은 항우를 두려워해 몰래 도망쳐 봉국인 교동으로 가버렸다.

6월, 전영이 전불을 추격해 즉묵卽墨에서 살해하고 스스로 제왕齊王이 됐다. 이때 팽월은 거야巨野에 있었다. 무리가 1만여 명이나 됐으나 무소속無所屬이다. 전영이 팽월에게 장군의 인수를 주고 제북濟北을 치게

---

198 식중蝕中은 섬서성 장안현 자오진 남쪽에 시작해 진령秦嶺을 관통하는 자오도子午道를 가리킨다.

199 전영은 제왕인 전불 밑에서 재상을 맡고 있었다. 전불이 교동지방으로 가고 전에 전영 밑에 있었던 전도가 제왕이 되자 전영은 과거의 부하를 왕으로 모시게 된 상황에 분노한 것이다.

했다.

가을 7월, 팽월이 제북왕 전안田安을 죽였다. 이로써 전영은 마침내 제·제북·교동 등 3제三齊의 땅을 모두 병합했다. 전영이 또 팽월에게 초나라를 치게 했다. 항우가 휘하 장수 소공각蕭公角에게 명해 군사를 이끌고 가 팽월을 치게 했다. 팽월이 초나라 군사를 대파했다.

5) 장이가 봉국인 상산常山으로 가 칭왕하자 진여가 더욱 노했다.

"장이와 나 진여는 공로가 같다. 지금 장이는 왕이 됐는데 나 진여만 후侯로 있어야 한단 말인가? 이는 항우가 공평치 못하기 때문이다."

그러고는 이내 은밀히 휘하의 장동張同과 하열夏說을 제나라로 보냈다. 이들이 제왕인 전영에게 진여의 말을 전했다.

"항우는 천하의 분봉分封을 주재하면서 공평치 못했습니다. 제장들을 좋은 곳인 선지善地에 봉하면서 이전의 왕은 험한 곳인 추지醜地로 옮기게 했습니다. 지금 조왕趙王 조헐은 북쪽의 대代 땅에 머물고 있으니 저 진여는 이것이 부당하다고 생각합니다. 대왕은 기병起兵하여 불의한 일에는 응하지 않는다고 들었습니다. 원컨대 대왕은 저 진여가 상산常山의 장이를 칠 수 있도록 병력을 지원해 주십시오. 조왕을 복위시킨 뒤 조나라를 제나라의 한폐扞蔽[200]로 삼기 바랍니다."

제왕 전영이 이를 허락한 뒤 곧 군사를 파견해 진여를 좇게 했다.

6) 항우는 원래 한韓나라의 중신인 장량이 자신에게 적의를 드러내는 유방을 추종하고 있고, 한왕韓王으로 책봉된 한성韓成 또한 공로가 없다고 생각했다. 이들을 봉국인 양적陽翟으로 보내지 않은 채 모두 팽성으로 데리고 왔다. 이어 한성을 양후穰侯로 강봉降封했다가 얼마 후 죽였다.

200 한폐扞蔽는 침입을 막는 바자를 말한다. 울타리를 뜻하는 번병藩屏과 같은 뜻이다.

7) 당초 회음淮陰강소성 회음현 출신 한신韓信은 가빈家貧과 덕행이 없는 무행無行으로 인해 다른 사람의 천거를 받아 관원이 될 기회를 만나지 못했다. 그렇다고 생산업에 종사하거나 장사를 하는 치생상고治生商賈에도 능하지 못해 늘 다른 사람에 의탁해 음식을 얻어먹었다. 많은 사람들이 그를 싫어한 이유다.

하루는 한신이 성 아래에서 낚시를 하고 있을 때 마침 빨래를 업으로 하는 여인인 표모漂母가 한신이 굶주린 것을 보고 밥을 내주었다. 한신이 기뻐하며 표모에게 말했다.

"내가 반드시 표모에게 크게 보답하는 중보重報를 하겠소."

표모가 화를 냈다.

"지금 당당한 대장부가 스스로 밥벌이를 못하고 있지 않소. 내가 왕손王孫을 가엾게 여겨 밥을 준 것이오.[201] 어찌 보답을 바라겠소."

또 한 번은 회음 내 백정인 도호屠戶의 거리에 사는 한 청년이 한신을 모욕했다.

"자네는 비록 장대長大한 체구에 즐겨 도검刀劍을 차고 있으나 내심은 겁쟁이일 뿐이다."

이어 많은 사람들 앞에서 큰소리로 한신을 모욕했다.

"자네가 죽을 용기가 있다면 그 칼로 나를 찔러라. 그렇지 못하면 내 바짓가랑이 사이인 고하袴下를 빠져나가라."

한신이 그를 오랫동안 주시하더니 이내 그의 고하에 몸을 구푸려 집어넣는 만출俛出을 하여 포복蒲伏[202]했다. 저자의 사람들이 모두 한신을 겁

---

201 왕손王孫은 원래 '왕실자제'를 뜻하는 말이다. 시간이 지나면서 '귀족자제'의 통칭으로 사용되다가 '청년'에 대한 존칭으로 전용됐다. 제후의 아들을 뜻하는 '공자公子'가 후대에 '청년'의 의미로 전용된 것과 같다.

202 포복蒲伏은 엎드려 기어갔다는 뜻이다. 포복匍匐 및 포복蒲服도 같은 의미이다.

쟁이라며 비웃었다.

이후 한신은 군웅이 일어날 때 항량을 좇게 됐다. 항량이 회하를 건널 때 칼을 들고 그의 뒤를 좇았다. 당시 그는 비록 항량의 휘하麾下에 있기는 했으나 크게 알려지지 않아 그를 아는 사람이 거의 없었다. 항량이 패한 후 항우에게 소속되자 항우가 그를 낭중郎中으로 삼았다. 한신은 자주 항우에게 계책을 올렸으나 항우는 이를 채택하지 않았다.

한왕漢王 유방이 촉 땅으로 들어갈 때 한신도 초나라를 빠져나와 그와 함께 한漢나라로 갔다. 그러나 여전히 그를 아는 사람은 아무도 없었다. 그곳에서 그는 양곡창고 담당 소관小官인 연오連敖로 있다가 다른 사람의 죄에 연루되어 참수당할 처지에 놓이게 됐다. 일당 13인이 모두 참수되고 마침내 한신의 차례가 됐다. 한신이 머리를 들어 보니 마침 등공滕公 하후영이 보였다.[203] 한신이 말했다.

"군주는 천하를 얻는 것을 원치 않는 것입니까? 왜 장사壯士를 참하려는 것입니까?"

등공이 그의 말을 기이하게 여겼다. 한신의 모습 또한 호장豪壯한 것을 보고 이내 풀어주며 목을 베지 않았다. 등공은 한신과 더불어 얘기를 나눠보고는 크게 기뻐하며 유방에게 이를 보고했다. 유방이 그를 군량 담당관인 치속도위治粟都尉에 제수했다.[204] 그러나 결코 그를 기재奇才로 여긴

203 '등공滕公'은 하후영夏侯嬰이 일찍이 초나라 등현滕縣의 현령을 지낸 까닭에 칭한 것이다. 초나라의 지방장관은 모두 '공公'으로 불렀다.

204 원문은 '왕배이위치속도위王拜以為治粟都尉'이다. 여기의 배拜는 통상 제수除授한다는 뜻으로 풀이되고 있으나 원래 군주가 일정한 예식을 베풀며 모종의 관직이나 명호名號 등을 내리는 것을 말한다. 이에 대해 제除는 군주가 섬돌 위에서 관직을 내리는 통상적인 제수를 뜻한다. 탁擢은 관직을 올려 임명하는 것을 지칭한다. 천遷은 관직을 승급升級, 강급降給, 평급平級 등 3가지 방향으로 이동시키는 것을 뜻한다. 통상 강급을 좌천左遷, 승급을 우천右遷으로 표현한다. 적謫은 관직을 깎아내려 변경의 한직으로 내미는 것

것은 아니었다.

당시 회음 출신 한신은 자주 소하와 얘기를 나누게 됐다. 소하는 한신의 기재를 알아보았다. 유방이 남정南鄭에 이르렀을 때 제장과 사졸 모두 고향노래를 흥얼거리는 가구歌謳를 하며 관동으로 돌아가고 싶어 했다. 길에서 도망치는 자가 매우 많았다. 한신도 소하 등이 수차례에 걸쳐 유방에게 자신을 천거했음에도 유방이 자신을 중용하지 않는 것으로 생각해 도주했다. 소하는 한신이 도망쳤다는 말을 듣자 유방에게 보고하는 것도 생략한 채 곧바로 직접 그를 찾아 나섰다. 어떤 사람이 이를 유방에게 보고했다.

"승상인 소하가 도주했습니다."

유방은 마치 양팔을 다 잃은 듯이 대로했다. 하루 이틀 지난 뒤 소하가 돌아와 유방을 알현했다. 유방은 화도 나고 기쁘기도 하여 소하에게 꾸짖듯 물었다.

"그대가 도망치다니 어찌된 일인가?"

"신이 감히 도망칠 리 있겠습니까? 신은 단지 도망치는 사람을 쫓아갔을 뿐입니다."

유방이 물었다.

"그대가 쫓아간 사람이 누구인가?"

소하가 대답했다.

"한신입니다."

유방이 다시 욕을 했다.

으로 유배流配의 의미를 포함하고 있다. 출黜은 파직罷職 등 모든 종류의 관직 박탈을 뜻한다. 거去는 직무의 해제를 지칭한다. 여기에는 자발적으로 물러나는 사직辭職과 삭직削職하여 일반 서민으로 만드는 면직免職이 포함된다. 걸해골乞骸骨은 나이가 많아 사직을 청하는 경우를 지칭한다.

"제장 가운데 도망친 자가 지금까지 10여 명에 달하나 그대는 한 번도 쫓아간 적이 없다. 한신 같은 자를 쫓아갔다는 것은 나를 속이려는 짓이다."

소하가 말했다.

"지금까지 도망친 장수들은 어디서나 쉽게 얻을 수 있는 자들뿐입니다. 그러나 한신 같은 자는 나라에 둘도 없는 인재인 국사무쌍國士無雙입니다. 군왕이 한중에서만 오랫동안 칭왕코자 한다면 한신을 쓸 일이 없습니다. 그러나 반드시 쟁천하爭天下를 하고자 하면 한신이 아니고는 함께 대계大計를 꾀할 사람이 없습니다. 신은 단지 군왕의 계책이 어떻게 결정되느냐를 보고자 할 따름입니다."

유방이 말했다.

"나 또한 동쪽으로 진출하고 싶은 생각뿐이오. 어찌 울울鬱鬱히 여기에 오래 머물 수 있겠소."

소하가 말했다.

"반드시 동쪽으로 가고자 꾀하며 한신을 중용코자 하면 한신은 곧 이곳에 머물 것입니다. 그러나 한신을 중용치 않으면 그는 끝내 도망치고 말 것입니다."

유방이 흔쾌히 말했다.

"과인이 공의 천거를 좇아 그를 장군으로 삼겠소."

"비록 장군으로 삼을지라도 한신은 머물지 않을 것입니다."

"그러면 그를 대장으로 삼겠소."

소하가 말했다.

"큰 다행입니다."

유방이 곧 한신을 불러들여 대장군에 임명하려고 하자 소하가 말했다.

"대왕은 종래 오만하고 무례하십니다. 지금 그를 대장에 임명코자 하면서 마치 소아小兒를 부르듯 합니다. 이것이 바로 그가 도망친 이유입니다. 대왕이 꼭 그를 부르고자 하면 양일良日길일을 택해 재계齋戒하고 단을 만들어 예를 갖추십시오. 그래야만 가능할 것입니다."

유방이 이를 허락했다. 제장들이 모두 기뻐했다. 저마다 내심 자신이 대장이 될 것으로 생각했다. 그러나 막상 대장을 제수할 때에 이르러 당사자가 한신인 것을 알고는 전군이 크게 놀랐다.

한신이 배례拜禮를 마치고 대장의 자리에 올랐다. 유방이 물었다.

"승상이 수차례 장군에 관해 말했소. 장군은 과인에게 어떤 계책을 가르쳐 줄 생각이오?"

한신이 겸사謙辭로 사양하는 사사辭謝를 하며 물었다.

"지금 동쪽으로 가서 천하를 놓고 다투면 그 상대가 어찌 항왕項王이 아니겠습니까?"

"그야 물론이오."

한신이 다시 물었다.

"대왕은 스스로 헤아리는 자료自料를 해 보십시오. 용감하고, 사납고, 어질고, 강한 용한인강勇悍仁强에서 항왕과 대왕 가운데 누가 더 낫습니까?"

유방이 제법 오랫동안 묵연히 있다가 입을 열었다.

"내가 그만 못하오."

한신이 곧 재배再拜하며 축하했다.

"신 또한 대왕이 그보다 못하다고 생각합니다. 그러나 신은 일찍이 그를 섬긴 적이 있습니다. 청컨대 항왕의 사람됨을 말씀드리도록 하겠습니다. 항왕이 말소리조차 내지 못할 정도로 노기를 가득 품고 소리를 내지르는 음음질타喑噁叱咤를 할 때는 1,000명이 입을 다물고 두려워하며 복종합니다. 그러나 그는 현장賢將을 믿고 맡기지 못합니다. 이는 단지 일개 사내의 용기인 '필부지용匹夫之勇'일 뿐입니다. 또한 항왕은 사람을 대할 때 공경자애恭敬慈愛하여 말하는 것이 화기애애하고, 다른 사람이 질병에 걸리면 울면서 음식을 나눠 먹습니다. 그러나 사람에게 일을 시켰으면 공을 세운 자는 의당 봉작封爵해야 하는데도 인장을 만들어 놓고는 만지작거리며 모서리를 닳아빠지게 만들며 차마 수여하지를 못합니다. 이런 것을 이른바 아녀자의 인자함인 '부인지인婦人之仁'이라고 합니다. 항왕은 비록 패천하覇天下하여 제후들을 신하로 삼고 있으나 관중에 머물지 않고 팽성에 도읍하고 있습니다. 또한 의제義帝와의 약속을 위배하고 친애하는 사람만 왕으로 봉했으니 이는 불공평한 처사입니다. 옛날의 제후를 쫓아낸 뒤 그 밑의 장상將相을 왕으로 삼고, 또한 의제를 이주시켜 쫓아내면서 강남에 두었습니다. 그가 지나간 곳치고 잔멸殘滅치 않은 것이 없습니다. 백성들은 그에게 친부親附하지 못하고 다만 그의 위엄과 강압에 겁을 먹고 있을 뿐입니다. 그는 명의상 패왕을 칭하고 있으나 실제로는 천하 백성들의 마음을 잃었으므로 그의 강대함은 쉽게 삭약削弱해질 것입니다. 지금 대왕은 실로 그가 한 것과 정반대로 할 수만 있으면 됩니다. 천하의 장수에게 일을 맡기면 어찌 그를 주살하지 못할 리가 있겠습니까? 천하의 성읍城邑으로 공신들을 봉하면 어찌 복종하지 않는 자가 있겠습니까? 의병義兵으로 동쪽 고향으로 돌아가고픈 군사들을 뒤쫓게 하면 어찌 궤산시키지 못할 리 있겠습니까? 게다가 옹왕 장함과 새왕 사마흔, 적왕 동예 등 삼진왕三秦王은 진나라 장수 출신들로 진나라의 자제를 여러 해 거느렸으니 죽고 도망친 자는 수를 헤아릴 수 없을 정도로 많습니다. 이들이 진나라 장병들을 속여 제후들에게 항복한 후 신안新安하남성 신안현에 이르렀을 때 항왕이 진나라의 항졸降卒 20만 명을 갱살했으나 오직 장함과 사마흔, 동예만 죽음을 면했습니다. 진나라 부형들이 이들 3인을 원망하여 원통함이 골수에 박힌 상황입니다. 지금 초나라가 강해 위세로 이들 3인을 왕으로 삼았으나 진나라 백성들은 이들을 전혀 옹대擁戴하지 않고 있습니다. 대왕은 무관武關을 통해 함양에 들어갔을 때 추호도 해를 끼친 것이 없습니다. 오히려 진나라의 가혹한 법을 없애고 진나라 백성과 법3장法三章을 약속했습니다. 진나라 백성들치고 대왕이 진왕秦王이 되는 것을 원치 않는 사람이 없습니다. 제후들 간의 약속으로 볼지라도 대왕이 의당 관중의 왕이 되어야 한다는 사실을 관중의 백성들 모두 잘 알고 있습니다. 대왕이 관중왕의 직위를 잃고 한중으로 오자 진나라 백성들 가운데 한스럽게 생각지 않는 자가 없습니다. 지금 대왕이 거병하여 동진하기만 하면 삼진三秦은 격문만 전달해도 가히 평정할 수 있습니다."

유방이 크게 기뻐하며 한신을 뒤늦게 알게 된 것을 한탄했다. 마침내 한신의 계책을 좇아 각 부서와 제장의 공격로를 정했다. 소하는 한중에 남겨둔 채 파·촉의 조세를 거둬 군량을 공급케 했다.

8월, 유방이 병사를 이끌고 고도故道섬서성 봉계시 서남쪽를 나와 옹雍 땅을 습격했다. 옹왕 장함이 진창陳倉섬서성 보계현 동쪽에서 영격迎擊했으나 패했다. 장함의 군사가 달아나다가 호치好畤섬서성 건현 호치촌에서 멈춰 다시 싸웠으나 다시 패하자 옹왕 장함의 근거지인 폐구廢丘로 달아났다. 유방은 마침내 옹 지역을 평정한 뒤 동진하여 함양에 이르렀다. 이어 인병하여 옹왕을 폐구에서 포위한 뒤 제장들을 파견해 여타 지역을 경략케 했다. 새왕 사마흔과 적왕 동예가 모두 항복했다. 그곳에 위남渭南과 하상河上, 상군上郡을 두었다.

유방이 장군인 설구薛歐와 왕흡王吸에게 명해 무관을 빠져나간 뒤 왕릉王陵의 군사들의 도움을 얻어 자신의 부친인 태공太公과 부인 여후呂后를 맞이하게 했다. 항우가 이 소식을 듣고 발병하여 양하陽夏하남성 태강현에서 이들을 저지했다. 한군漢軍이 더 이상 전진하지 못했다.

왕릉은 패현沛縣 출신으로 수천 명의 무리를 모아 남양에 머물고 있다가 이때에 이르러 처음으로 병사들을 이끌고 한나라에 귀속했다. 이때 항우가 왕릉의 모친을 군중에 잡아두었다. 왕릉의 사자가 항우의 군영에 이르자 항우는 왕릉의 모친을 동향東鄕[205]해 앉혀 놓고 왕릉을 초치코자 했다. 왕릉의 모친이 사자를 사사로이 배웅하다가 울며 말했다.

"원컨대 이 노첩老妾을 위해 왕릉에게 이 말을 전해주시오. '한왕을 잘 섬겨라. 한왕은 장자長者니 끝내 천하를 얻을 것이다. 이 노첩으로 인해 두 마음을 품지 마라' 이 첩妾은 죽음으로써 사자를 송별코자 하오."

말을 마치자 왕릉의 모친이 칼에 엎어져 죽었다. 항우가 대로하여 왕릉의 모친을 삶아 버렸다.

8) 항우가 옛 오현吳縣의 현령이던 정창鄭昌을 한왕韓王으로 삼아 한나라 군사를 막게 했다.

9) 한韓나라 승상 장량張良이 항우에게 서신을 보냈다.

"한왕漢王이 실직失職했기 때문에 관중을 얻으려는 것입니다. 만일 이전 약속대로 되면 즉시 진군을 멈추고 감히 동쪽으로 나오지 않을 것입니다."

장량은 또 제齊·양梁 두 나라가 반기를 들 것이라는 내용의 서신을 항우에게 보냈다.

"제나라는 조나라와 더불어 초나라를 멸하고자 할 것입니다."

항우는 서진할 뜻을 접고 곧바로 북진하여 제나라를 쳤다.

10) 연왕으로 있던 한광韓廣이 항우의 명을 어기고 요동遼東으로 가려고 하지 않았다. 항우에 의해 연왕燕王에 봉해진 장도臧荼가 그를 죽이고 그의 땅을 병탄했다.

---

205 동향東鄕은 곧 동향東向으로 존대를 의미한다. 당시에는 높은 사람이 동쪽에 앉았다.

11) 이 해에 유방이 내사內史인 패현沛縣 출신 주가周苛를 어사대부로 삼았다.

12) 항우의 사자가 의제義帝에게 와 속히 봉지로 떠날 것을 재촉했다. 군신들과 좌우가 점차 의제를 배반하기 시작했다.

** 起旃蒙協洽, 盡柔兆涒灘, 凡二年.

* 太祖高皇帝元年

冬, 十月, 沛公至霸上. 秦王子嬰素車·白馬, 系頸以組, 封皇帝璽·符·節, 降軹道旁. 諸將或言誅秦王. 沛公曰, "始懷王遣我, 固以能寬容. 且人已降, 殺之不祥." 乃以屬吏.

賈誼論曰, "秦以區區之地致萬乘之權, 招八州而朝同列, 百有餘年, 然後以六合爲家, 殽·函爲宮. 一夫作難而七廟墮, 身死人手, 爲天下笑者, 何也? 仁誼不施而攻守之勢異也."

沛公西入咸陽, 諸將皆爭走金帛財物之府分之. 蕭何獨先入收秦丞相府圖籍藏之, 以此沛公得具知天下阨塞·戶口多少·强弱之處. 沛公見秦宮室·帷帳·狗馬·重寶·婦女以千數, 意欲留居之. 樊噲諫曰, "沛公欲有天下耶, 將爲富家翁耶? 凡此奢麗之物, 皆秦所以亡也, 沛公何用焉! 願急還霸上, 無留宮中!" 沛公不聽. 張良曰, "秦爲無道, 故沛公得至此. 夫爲天下除殘賊, 宜縞素爲資. 今始入秦, 卽安其樂, 此所謂'助桀爲虐' 且忠言逆耳利於行, 毒藥苦口利於病, 願沛公聽樊噲言!" 沛公乃還軍霸上. 十一月, 沛公悉召諸縣父老·豪桀, 謂曰, "父老苦秦苛法久矣! 吾與諸侯約, 先入關者王之, 吾當王關中. 與父老約法三章耳:殺人者死, 傷人及盜抵罪. 餘悉除去秦法, 諸吏民皆案堵如故. 凡吾所以來, 爲父老除害, 非有所侵暴, 無恐. 且吾所以還軍霸上, 待諸侯至而定約束耳." 乃使人與秦吏行縣·鄉·

邑, 告諭之. 秦民大喜. 爭持牛·羊·酒食獻饗軍士. 沛公又讓不受, 曰, "倉粟多, 非乏, 不欲費民." 民又益喜, 唯恐沛公不爲秦王.

項羽既定河北, 率諸侯兵欲西入關. 先是, 諸侯吏卒·繇使·屯戍過秦中者, 秦中吏卒遇之多無狀. 及章邯以秦軍降諸侯, 諸侯吏卒乘勝多奴虜使之, 輕折辱秦吏卒. 秦吏卒多怨, 竊言曰, "章將軍等詐吾屬降諸侯. 今能入關破秦, 大善. 卽不能, 諸侯虜吾屬而東, 秦又盡誅吾父母妻子, 奈何?" 諸將微聞其計, 以告項羽. 項羽召黥布·蒲將軍計曰, "秦吏卒尙衆, 其心不服, 至關不聽, 事必危. 不如擊殺之, 而獨與章邯·長史欣·都尉翳入秦." 於是楚軍夜擊坑秦卒二十餘萬人新安城南.

或說沛公曰, "秦富十倍天下, 地形强. 聞項羽號章邯爲雍王, 王關中, 今則來, 沛公恐不得有此. 可急使兵守函谷關, 無內諸侯軍. 稍征關中兵以自益, 距之." 沛公然其計, 從之. 已而項羽至關, 關門閉. 聞沛公已定關中, 大怒, 使黥布等攻破函谷關. 十二月, 項羽進至戲. 沛公左司馬曹無傷使人言項羽曰, "沛公欲王關中, 令子嬰爲相, 珍寶盡有之." 欲以求封. 項羽大怒, 饗士卒, 期旦日擊沛公軍. 當是時, 項羽兵四十萬, 號百萬, 在新豐鴻門. 沛公兵十萬, 號二十萬, 在霸上. 范增說項羽曰, "沛公居山東時, 貪財好色. 今入關, 財物無所取, 婦女無所幸, 此其志不在小. 吾令人望其氣, 皆爲龍虎, 成五采, 此天子氣也. 急擊勿失!"

楚左尹項伯者, 項羽季父也, 素善張良, 乃夜馳之沛公軍, 私見張良, 具告以事, 欲呼與俱去, 曰, "毋俱死也!" 張良曰, "臣爲韓王送沛公. 沛公今有急, 亡去不義, 不可不語." 良乃入, 具告沛公. 沛公大驚. 良曰, "料公士卒足以當項羽乎?" 沛公默然曰, "固不如也. 且爲之奈何?" 張良曰, "請往謂項伯, 言沛公之不敢叛也." 沛公曰, "君安與項伯有故?" 張良曰, "秦時與臣游, 嘗殺人, 臣活之. 今事有急, 故幸來告良." 沛公曰, "孰與君少長?" 良曰, "長於臣." 沛公曰, "君爲我呼入, 吾得兄事之." 張良出, 固要項伯. 項伯卽入見沛公. 沛公奉卮酒爲壽, 約爲婚姻, 曰, "吾入關, 秋毫不敢有所近, 籍吏民, 封府庫而待將軍. 所以遣將守關者, 備他盜之出入與非常也. 日夜望將軍至, 豈敢反乎! 願伯具言臣之不敢倍德也." 項伯許諾, 謂沛公曰, "旦日不可不蚤自來謝." 沛公曰, "諾." 於是項伯復夜去, 至軍中, 具以沛公言報項羽, 因言曰, "沛公不先破關中, 公豈敢入乎! 今人有大功而擊之, 不義也. 不如因善遇之." 項羽許諾.

沛公旦日從百餘騎來見項羽鴻門, 謝曰, "臣與將軍戮力而攻秦, 將軍戰河北, 臣戰河南. 不自意能先入關破秦, 得復見將軍於此. 今者有小人之言, 令將軍與臣有隙." 項羽曰, "此沛公左司馬曹無傷言之, 不然, 籍何以生此!" 項羽因留沛公與飮. 范增數目項羽, 擧所佩玉玦以示之者三. 項羽默然不應. 范增起, 出, 召項莊, 謂曰, "君王爲人不忍. 若入前爲壽, 壽畢, 以劍舞, 因擊沛公於坐, 殺之. 不者, 若屬皆且爲所虜!" 莊則入爲壽, 壽畢, 曰, "軍中無以爲樂, 請以劍舞." 項羽曰, "諾." 項莊拔劍起舞. 項伯亦拔劍起舞, 常以身翼蔽沛公, 莊不得擊.

於是張良至軍門見樊噲. 噲曰, "今日之事何如?" 良曰, "今項莊拔劍舞, 其意常在沛公也." 噲曰, "此迫矣, 臣請入, 與之同命!" 噲卽帶劍擁盾入. 軍門衛士欲止不內, 樊噲側其盾以撞, 衛士仆地. 遂入, 披帷立, 瞋目視項羽, 頭髮上指, 目眥盡裂. 項羽按劍而跽曰, "客何爲者?" 張良曰, "沛公之參乘樊噲也." 項羽曰, "壯士! 賜之卮酒!" 則與斗卮酒. 噲拜謝, 起, 立而飮之. 項羽曰, "賜之彘肩!" 則與一生彘肩. 樊噲覆其盾於地, 加彘肩其上, 拔劍切而啖之. 項羽曰,

“壯士能復飮乎?” 樊噲曰, “臣死且不避, 卮酒安足辭! 夫秦有虎狼之心, 殺人如不能擧, 刑人如恐不勝. 天下皆叛之. 懷王與諸將約曰, ‘先破秦入咸陽者, 王之’ 今沛公先破秦入咸陽, 豪毛不敢有所近, 還軍霸上以待將軍. 勞苦而功高如此, 未有封爵之賞, 而聽細人之說, 欲誅有功之人, 此亡秦之續耳, 竊爲將軍不取也!” 項羽未有以應, 曰, “坐!” 樊噲從良坐. 坐須臾, 沛公起如廁, 因招樊噲出. 公曰, “今者出, 未辭也, 爲之奈何?” 樊噲曰, “如今人方爲刀俎, 我方爲魚肉, 何辭爲!” 於是遂去. 鴻門去霸上四十里, 沛公則置車騎, 脫身獨騎. 樊噲·夏侯嬰·靳强·紀信等四人持劍·盾步走, 從驪山下道芷陽, 間行趣霸上. 留張良使謝項羽, 以白璧獻羽, 玉斗與亞父. 沛公謂良曰, “從此道至吾軍, 不過二十里耳. 度我至軍中, 公乃入.” 沛公已去, 間至軍中, 張良入謝曰, “沛公不勝杯杓, 不能辭, 謹使臣良奉白璧一雙, 再拜獻將軍足下. 玉斗一雙, 再拜奉亞父足下.” 項羽曰, “沛公安在?” 良曰, “聞將軍有意督過之, 脫身獨去, 已至軍矣.” 項羽則受璧, 置之坐上. 亞父受玉鬥, 置之地, 拔劍撞而破之, 曰, “唉! 豎子不足與謀! 奪將軍天下者, 必沛公也. 吾屬今爲之虜矣!” 沛公至軍, 立誅殺曹無傷. 居數日, 項羽引兵西, 屠咸陽, 殺秦降王子嬰, 燒秦宮室, 火三月不滅. 收其貨寶·婦女而東. 秦民大失望. 韓生說項羽曰, “關中阻山帶河, 四塞之地, 地肥饒, 可都以霸.” 項羽見秦宮室皆已燒殘破, 又心思東歸, 曰, “富貴不歸故鄕, 如衣繡夜行, 誰知之者!” 韓生退曰, “人言楚人沐猴而冠耳, 果然!” 項羽聞之, 烹韓生.

項羽使人致命懷王, 懷王曰, “如約.” 項羽怒曰, “懷王者, 吾家所立耳, 非有功伐, 何以得專主約! 天下初發難時, 假立諸侯後以伐秦. 然身被堅執銳首事, 暴露於野三年, 滅秦定天下者, 皆將相諸君與籍之力也. 懷王雖無功, 固當分其地而王之.” 諸將皆曰, “善!” 春, 正月, 羽陽尊懷王爲義帝, 曰, "古之帝者, 地方千里, 必居上游." 乃徙義帝於江南, 都郴.

二月, 羽分天下王諸將. 羽自立爲西楚霸王, 王梁·楚地九郡, 都彭城. 羽與范增疑沛公, 而業已講解, 又惡負約, 乃陰謀曰, "巴·蜀道險, 秦之遷人皆居之." 乃曰, "巴·蜀亦關中地也." 故立沛公爲漢王, 王巴·蜀·漢中, 都南鄭. 而三分關中, 王秦降將, 以距塞漢路. 章邯爲雍王, 王咸陽以西, 都廢丘. 長史欣者, 故爲櫟陽獄掾, 嘗有德於項梁. 都尉董翳者, 本勸章邯降楚. 故立欣爲塞王, 王咸陽以東, 至河, 都櫟陽. 立翳爲翟王, 王上郡, 都高奴. 項羽欲自取梁地, 乃徙魏王豹爲西魏王, 王河東, 都平陽. 瑕丘申陽者, 張耳嬖臣也, 先下河南郡, 迎楚河上, 故立申陽爲河南王, 都洛陽. 韓王成因故都, 都陽翟. 趙將司馬卬定河內, 數有功, 故立卬爲殷王, 王河內, 都朝歌. 徙趙王歇爲代王. 趙相張耳素賢, 又從入關, 故立耳爲常山王, 王趙地, 治襄國. 當陽君黥布爲楚將, 常冠軍, 故立布爲九江王, 都六. 番君吳芮率百越佐諸侯, 又從入關, 故立芮爲衡山王, 都邾. 義帝柱國共敖將軍擊南郡, 功多, 因立敖爲臨江王, 都江陵. 徙燕王韓廣爲遼東王, 都無終. 燕將臧荼從楚救趙, 因從入關, 故立荼爲燕王, 都薊. 徙齊王田市爲膠東王, 都卽墨. 齊將田都從楚救趙, 因從入關, 故立都爲齊王, 都臨菑. 項羽方渡河救趙, 田安下濟北數城, 引其兵降項羽, 故立安爲濟北王, 都博陽. 田榮數負項梁, 又不肯將兵從楚擊秦, 以故不封. 成安君陳餘棄將印去, 不從入關, 亦不封. 客多說項羽曰, "張耳·陳餘, 一體有功於趙, 今耳爲王, 餘不可以不封." 羽不得已, 聞其在南皮, 因環封之三縣. 番君將梅鋗功多, 封十萬戶侯.

漢王怒, 欲攻項羽, 周勃·灌嬰·樊噲皆勸之. 蕭何諫曰, "雖王漢中之惡, 不猶愈於死乎?" 漢王曰, "何爲乃死也?" 何曰, "今衆弗如, 百戰百敗, 不死何爲! 夫能詘於一人之下而信於萬乘之上者, 湯·武是也. 臣願大王王漢中, 養其民以致賢人, 收用巴·蜀, 還定三秦, 天下可圖也." 漢王曰, "善!" 乃遂就國, 以何爲丞相. 漢

王賜張良金百鎰, 珠二斗. 良具以獻項伯. 漢王亦因令良厚遺項伯, 使盡請漢中地, 項王許之. 夏, 四月, 諸侯罷戲下兵, 各就國. 項王使卒三萬人從漢王之國. 楚與諸侯之慕從者數萬人, 從杜南入蝕中. 張良送至褒中, 漢王遣良歸韓. 良因說漢王燒絶所過棧道, 以備諸侯盜兵, 且示項羽無東意.

田榮聞項羽徙齊王市於膠東, 而以田都爲齊王, 大怒. 五月, 榮發兵距擊田都, 都亡走楚. 榮留齊王市, 不令之膠東. 市畏項羽, 竊亡之國. 榮怒, 六月, 追擊殺市於卽墨, 自立爲齊王. 是時, 彭越在巨野, 有衆萬餘人, 無所屬. 榮與越將軍印, 使擊濟北. 秋, 七月, 越擊殺濟北王安. 榮遂並王三齊之地, 又使越擊楚. 項王命蕭公角將兵擊越, 越大破楚軍.

張耳之國, 陳餘益怒曰, "張耳與餘, 功等也. 今張耳王, 餘獨侯, 此項羽不平!" 乃陰使張同·夏說說齊王榮曰, "項羽爲天下宰不平, 盡王諸將善地, 徙故王於丑地. 今趙王乃北居代, 餘以爲不可. 聞大王起兵, 不聽不義. 願大王資餘兵擊常山, 復趙王, 請以趙爲扞蔽!" 齊王許之, 遣兵從陳餘.

項王以張良從漢王, 韓王成又無功, 故不遣之國, 與俱至彭城, 廢以爲穰侯. 已, 又殺之.

初, 淮陰人韓信, 家貧, 無行, 不得推擇爲吏, 又不能治生商賈, 常從人寄食飮, 人多厭之. 信釣於城下, 有漂母見信饑, 飯信. 信喜, 謂漂母曰, "吾必有以重報母." 母怒曰, "大丈夫不能自食, 吾哀王孫而

進食, 豈望報乎!" 淮陰屠中少年有侮信者曰, "若雖長大, 好帶刀劍, 中情怯耳." 因衆辱之曰, "信能死, 刺我. 不能死, 出我胯下!" 於是信孰視之, 俛出胯下, 蒲伏. 一市人皆笑信, 以爲怯. 及項梁渡淮, 信杖劍從之. 居麾下, 無所知名. 項梁敗, 又屬項羽, 羽以爲郎中. 數以策干羽, 羽不用. 漢王之入蜀, 信亡楚歸漢, 未知名. 爲連敖, 坐當斬. 其輩十三人皆已斬, 次至信, 信乃仰視, 適見滕公, 曰, "上不欲就天下乎? 何爲斬壯士?" 滕公奇其言, 壯其貌, 釋而不斬. 與語, 大說之, 言於王. 王拜以爲治粟都尉, 亦未之奇也. 信數與蕭何語, 何奇之. 漢王至南鄭, 諸將及士卒皆歌謳思東歸, 多道亡者. 信度何等已數言王, 王不我用, 卽亡去. 何聞信亡, 不及以聞, 自追之. 人有言王曰, "丞相何亡." 王大怒, 如失左右手. 居一二日, 何來謁王. 王且怒且喜, 罵何曰, "若亡, 何也?" 何曰, "臣不敢亡也, 臣追亡者耳." 王曰, "若所追者誰?" 何曰, "韓信也." 王復罵曰, "諸將亡者以十數, 公無所追. 追信, 詐也!" 何曰, "諸將易得耳. 至如信者, 國士無雙. 王必欲長王漢中, 無所事信, 必欲爭天下, 非信無可與計事者. 顧王策安所決耳." 王曰, "吾亦欲東耳, 安能郁郁久居此乎!" 何曰, "計必欲東, 能用信, 信卽留. 不能用信, 終亡耳." 王曰, "吾爲公以爲將." 何曰, "雖爲將, 信不留." 王曰, "以爲大將." 何曰, "幸甚!" 於是王欲召信拜之. 何曰, "王素慢無禮. 今拜大將, 如呼小兒, 此乃信所以去也. 王必欲拜之, 擇良日, 齋戒, 設壇場, 具禮, 乃可耳." 王許之. 諸將皆喜, 人人各自以爲得大將. 至拜大將, 乃韓信也, 一軍皆驚.

信拜禮畢, 上坐. 王曰, "丞相數言將軍, 將軍何以敎寡人計策?" 信辭謝, 因問王曰, "今東鄕爭權天下, 豈非項王耶?" 漢王曰, "然." 曰, "大王自料勇悍仁强孰與項王?" 漢王默然良久, 曰, "不如也." 信再拜賀曰, "惟信亦以爲大王不如也. 然臣嘗事之, 請言項王之爲人也.

項王暗噁叱咤, 千人皆廢, 然不能任屬賢將, 此特匹夫之勇耳. 項王見人, 恭敬慈愛, 言語嘔嘔, 人有疾病, 涕泣分食飮. 至使人, 有功當封爵者, 印刓敝, 忍不能予, 此所謂婦人之仁也. 項王雖霸天下而臣諸侯, 不居關中而都彭城. 背義帝之約, 而以親愛王諸侯, 不平. 逐其故主而王其將相, 又遷逐義帝置江南. 所過無不殘滅, 百姓不親附, 特劫於威强耳. 名雖爲霸, 實失天下心, 故其强易弱. 今大王誠能反其道, 任天下武勇, 何所不誅! 以天下城邑封功臣, 何所不服! 以義兵從思東歸之士, 何所不散! 且三秦王爲秦將, 將秦子弟數歲矣, 所殺亡不可勝計. 又欺其衆降諸侯, 至新安, 項王詐坑秦降卒二十餘萬, 唯獨邯·欣·翳得脫. 秦父兄怨此三人, 痛入骨髓. 今楚强以威王此三人, 秦民莫愛也. 大王之入武關, 秋毫無所害. 除秦苛法, 與秦民約法三章. 秦民無不欲得大王王秦者. 於諸侯之約, 大王當王關中, 民咸知之. 大王失職入漢中, 秦民無不恨者. 今大王擧而東, 三秦可傳檄而定也." 於是漢王大喜, 自以爲得信晚, 遂聽信計, 部署諸將所擊. 留蕭何收巴·蜀租, 給軍糧食.

八月, 漢王引兵從故道出, 襲雍. 雍王章邯迎擊漢陳倉. 雍兵敗, 還走. 止, 戰好畤, 又敗, 走廢丘. 漢王遂定雍地, 東至咸陽, 引兵圍雍王於廢丘, 而遣諸將略地. 塞王欣·翟王翳皆降, 以其地爲渭南·河上·上郡. 將軍薛歐·王吸出武關, 因王陵兵以迎太公·呂后. 項王聞之, 發兵距之陽夏, 不得前. 王陵者, 沛人也, 先聚黨數千人, 居南陽, 至是始以兵屬漢. 項王取陵母置軍中, 陵使至, 則東鄕坐陵母, 欲以招陵. 陵母私送使者, 泣曰, "願爲老妾語陵:善事漢王, 漢王長者, 終得天下, 毋以老妾故持二心. 妾以死送使者!" 遂伏劍而死. 項王怒. 烹陵母.

項王以故吳令鄭昌爲韓王, 以距漢.

張良遺項王書曰, "漢王失職, 欲得關中, 如約卽止, 不敢東." 又以齊·梁反書遺項王曰, "齊欲與趙並滅楚." 項王以此故無西意, 而北擊齊.

燕王廣不肯之遼東, 臧荼擊殺之, 並其地.

是歲, 以內史沛周苛爲御史大夫.

項王使趣義帝行, 其群臣·左右稍稍叛之.

한고제 2년(BC 205)

1) 겨울 10월, 항우가 은밀히 구강왕九江王 경포黥布와 형산왕衡山王 오예吳芮, 임강왕臨江王 공오共敖에게 명해 의제를 치게 했다. 이들이 의제를 장강長江의 강중江中에서 죽였다.

2) 진여가 봉지로 받은 3개 현縣의 군사를 모아 제나라 군사와 함께 상산常山을 습격했다. 상산왕 장이가 패해 한漢 땅으로 도주해 유방을 폐구廢丘에서 알현했다. 유방이 그를 후대했다.

진여가 조왕趙王 조헐을 대代하북성 울현 땅에서 맞이해 다시 조왕으로 복위시켰다. 조왕 조헐은 진여의 공덕을 높이 평가해 대왕代王으로 삼았다. 진여는 조왕의 세력이 아직 약하고 나라가 처음으로 평정된 까닭에 자신의 봉국인 대 땅으로 가지 않았다. 그는 조왕 조헐 곁에 남아 보필하면서 하열夏說로 하여금 대 땅의 상국相國이 되어 대 땅을 지키게 했다.

3) 장량이 한韓나라에서 샛길을 통해 한漢나라로 돌아왔다. 유방이 그를 성신후成信侯로 삼았다. 장량은 병이 많아 일찍이 군사를 이끄는 장수인 특장特將이 되지 못하고, 늘 계책을 세우는 모신謀臣인 획책신劃策臣이 되어 시시時時로 유방을 수행했다.

4) 유방이 섬현陝縣하남성 섬현까지 가 관외關外의 부로들을 진무鎭撫했다.

5) 하남왕河南王 신양申陽이 유방에게 항복했다. 그곳에 하남군河南郡을 두었다.

6) 유방이 군사軍師 한신과 동명이인인 전국시대 말기 한양왕韓襄王 한창韓倉의 손자 한신韓信을 승상 및 어사대부와 함께 삼공三公으로 지칭되는 군사총책 태위太尉로 삼은 뒤 군사를 이끌고 가 한韓 땅을 경략케 했다. 한신이 한왕韓王 정창鄭昌을 양성陽城에서 급격急擊하자 정창이 항복했다.

11월, 유방이 한창의 손자 한신을 새 한왕韓王으로 삼았다. 한신은 늘 한韓나라의 군사를 이끌고 유방을 수종했다.

7) 유방이 새왕 사마흔의 도읍이었던 관중의 약양櫟陽으로 환도還都했다.

8) 유방의 제장들이 농서隴西감숙성 임도현를 함락시켰다.

9) 봄 정월, 항우가 북진해 성양城陽산동성 거현에 이르렀다. 제왕 전영田榮이 군사를 이끌고 회전會戰했으나 이내 패하여 평원平原산동성 평원현으로 달아났다. 평원의 백성들이 그를 죽였다. 항우가 다시 전가田假를 세워 제왕으로 삼았다. 항우는 계속 북진하여 마침내 북해北海산동성 낙창현에 이른 뒤 성곽과 가옥을 모두 불태우고 항복한 전영의 병사들을 갱살했다. 노약자와 부녀는 포로로 잡았다. 항우의 군사가 지나는 곳마다 대부분 잔멸殘滅됐다. 제나라 백성들이 서로 모여 반기를 들었다.

10) 유방의 장수가 북지北地를 함락시키고 옹왕 장함의 동생 장평章平을 포로로 잡았다.

11) 3월, 유방이 임진臨晉섬서성 태려현에서 황하를 건넜다. 위왕 위표魏豹가 항복한 뒤 군사를 이끌고 유방을 수종했다. 유방은 하내河內를 함락시킨 뒤 은왕殷王 사마망을 포로로 잡았다. 그곳에 하내군河內郡하남성 무척현을 두었다.

12) 당초 양무陽武하남성 양무현 출신 진평陳平은 가빈家貧했으나 독서를 좋아했다. 마을에서 토지신에 제사를 지낼 때 진평이 토지제사인 사제社祭의 제사고기 분배자인 사재社宰가 되어 분육分肉을 하면 심히 공평했다. 부로들의 칭송이 자자했다.

"고기를 잘 나눴다. 진씨 집 소년(진유자陳孺子)을 사재로 삼길 실로 잘했다."[206]

진평은 탄식했다.

"차호嗟乎!, 나 진평에게 천하를 부귀를 나눠주도록 하면 이 고기를 나누듯 할 터인데."

제후들이 진나라에 반기를 들 때 진평은 임제臨濟하남성 진류현에서 위왕魏王 위구魏咎를 시봉해 태복太僕이 됐다. 곧 위왕에게 유세했으나 받아들여지지 않았다. 그는 어떤 사람이 자신을 헐뜯고 나서자 이내 달아났다. 이후 진평은 항우를 섬기다가 작위를 수여받아 경卿이 됐다. 은왕殷王 사마앙이 반기를 들자 항우는 진평에게 명해 그를 치게 했다. 진평은 은왕의 항복을 받고 돌아온 뒤 도위都尉에 제수되어 금 20일鎰을 하사받았다.

얼마 되지 않아 유방이 은殷을 공격해 함락시키자 항우가 노해 은나라를 평정했던 장군과 관리를 주살코자 했다. 진평이 두려운 나머지 하사받은 금과 인장을 봉인해 사람을 시켜 항우에게 돌려준 뒤 이내 칼 한 자루만을 지닌 채 몸을 빼내 샛길로 도주했다. 그는 황하를 건너 수무修武하남성 수무현에 이르러 유방에게 귀부했다. 곧 위무지魏無知를 통해 유방에게 배견을 청하자 유방이 그를 불러들여 인견引見했다. 그러나 유방이 단지

---

206 이 고사에서 이른바 '진평분육陳平分肉'이라는 성어가 나왔다. 이 성어는 이후 매사안을 공평하게 처리해 칭송을 받는 사람과 행위를 지칭하는 말로 전용됐다.

그에게 먹을 것을 내린 뒤 객사客舍에서 쉬도록 하자 진평이 말했다.

"신은 일로 온 까닭에 오늘을 넘기면 말씀드릴 수가 없습니다."

유방이 그와 더불어 얘기를 나눠보고는 크게 기뻐했다.

"그대는 초나라에 있을 때 어떤 관직에 있었소?"

"도위都尉로 있었습니다."

유방은 그날로 진평을 도위에 제수한 뒤 군주의 수레에 함께 타는 배승陪乘인 참승參乘을 허락하며 장령에 대한 감찰관인 전호군典護軍의 직책을 맡게 했다. 제장들이 모두 불평하며 한마디씩 했다.

"대왕이 어느 날 문득 초나라의 탈주병인 망졸亡卒 하나를 얻더니 그의 재능 고하高下도 모르면서 곧바로 수레를 같이 타게 하고, 오히려 공을 세운 우리들을 감독케 하고 있다."

유방은 이 얘기를 듣고는 더욱 진평을 총행寵幸했다.

13) 유방이 남쪽으로 가 평음진平陰津에서 도하渡河한 뒤 낙양의 남쪽에 있는 신성新城에 이르렀다. 향鄕의 교화담당자인 삼로三老 동공董公이 길을 막고 유방에게 말했다.

"신이 듣건대 '덕을 좇는 순덕자順德者는 창성하고, 덕을 거스르는 역덕자逆德者는 망한다'고 했습니다. 또한 '출병에 명분이 없으면 일이 이로 인해 성공치 못한다'고 들었습니다. 그래서 '적이 역적이라는 것을 밝히면 적을 이내 복종시킬 수 있다'고 한 것입니다. 항우는 무도하여 자신의 군주를 쫓아내 죽이는 방살放殺을 했으니 천하의 역적입니다. 무릇 인仁은 용勇으로 이루는 것도 아니고, 의義 또한 역力으로 이뤄지는 것도 아닙니다. 대왕은 의당 3군三軍의 무리를 이끌고 의제를 위해 소복素服을 입고, 제후들에게 이를 알리면서 그를 쳐야 합니다. 그리하면 사해四海 안에서 그 덕을 우러러보지 않는 자가 없을 것입니다. 이것이 하나라의 우왕과 은나라의 탕왕 및 주나라의 문왕과 무왕 등 3왕三王의 의거義擧입니다."

유방이 의제를 위해 상례喪禮를 거행했다. 어깨를 드러내고 크게 곡하는 단이대곡袒而大哭으로 3일간 애도하면서 사자를 제후들에게 보내 고했다.

"천하가 의제를 공립共立한 뒤 북면北面의 모습으로 칭신稱臣하여 섬겼다. 지금 항우가 의제를 강남에서 방살放殺했으니 대역무도하기 그지없다. 과인은 관중의 전 군사를 동원하고, 하남·하동·하내 등 삼하三河의 사졸들을 거둬 강한江漢에 배를 띄워 남하할 것이다. 원컨대 제후왕諸侯王들을 좇아 초나라의 의제를 죽인 자를 함께 치고자 한다."

사자가 조나라에 이르자 진여가 말했다.

"한나라가 장이를 죽인다면 이를 따르겠소."

유방은 장이와 닮은 자를 찾아내 참한 뒤 그 머리를 진여에게 보냈다. 진여가 이내 군사를 파견해 한나라를 도왔다.

14) 패사한 제왕 전영의 동생 전횡田橫이 흩어진 병사 수만 명을 거둬 성양城陽산동성 거현에서 기병했다.

여름 4월, 전횡이 전영의 아들 전광田廣을 세워 제왕으로 삼은 뒤 초나라에 저항했다. 항우는 이로 인해 이곳에 머물며 수차례 싸웠으나 제나라를 함락시키지 못했다.

항우는 한나라가 동진하고 있다는 소식을 들었으나 이미 제나라를 치고 있는 까닭에 제나라를 완전히 격파한 후 한나라를 치는 것이 낫다고 생각했다. 이로 인해 유방은 제후들의 군사 56만 명을 이끌고 손쉽게 초나라를 칠 수 있었다. 그가 외황外黃에 이르렀을 때 팽월이 휘하 군사 3만여 명을 이끌고 귀부했다. 유방이 말했다.

"팽장군은 위나라 땅에서 10여 성을 차지한 후 황급히 위나라 후예를 위왕으로 세우고자 했소. 그러나 지금 서위왕西魏王 위표魏豹가 진정한 위나라 후예요."

그러고는 이내 팽월을 위나라 상국으로 삼았다. 이어 팽월의 군사를 마음대로 이끄는 천장擅將을 해 양梁나라 땅을 경략했다. 마침내 옛 양나라 땅에 있던 항우의 도성 팽성에 입성한 유방은 보화와 미인을 모아 놓고 날마다 성대한 술잔치를 벌이는 치주고회置酒高會를 했다.

항우가 이 소식을 듣고 대로하여 제나라 공격을 제장에게 맡긴 뒤 직접 정병 3만 명을 이끌고 남쪽으로 갔다. 옛 노魯나라 땅에서 호릉胡陵산동성 어태원을 빠져나와 소蕭강소성 소현 땅에 이르렀다. 항우의 군사가 새벽에 유방의 군사를 치면서 팽성의 동쪽에 이르렀다.

정오가 되어 유방이 이끄는 한나라 군사를 대파하자 한나라 군사들이 도망치기에 바빴다. 앞뒤로 잇달아 곡수穀水와 사수泗水에 빠져 죽은 자가 10여 만 명이나 됐다. 한나라 군사들이 남쪽을 향해 산 쪽으로 달아나자 항우가 이끄는 초나라 군사들이 다시 그 뒤를 추격해 마침내 영벽靈壁안휘성 영벽현의 동쪽에 있는 수수睢水 강변까지 이르렀다. 계속 뒤로 몰리는 상황에서 초나라 군사들이 더욱 급박하게 협격하며 밀어붙이자 한나라 병사 10여 만 명이 수수에 빠져 죽었다. 이로 인해 수수의 물이 흐르지 않을 지경이 됐다.

당시 초나라 군사들은 유방을 세 겹으로 포위하고 있었다. 마침 큰바람이 서북쪽에서 일어나 나무를 꺾고 가옥을 뒤집으면서 사석沙石을 날리자 어둠이 밀려들면서 대낮이 그믐날 밤처럼 변하는 요명주회窈冥晝晦의 상황이 빚어졌다. 한나라 군사들이 초나라 군사들의 공격으로 받고 대혼란에 빠져 사방으로 무너져 내리는 사이 유방이 기병 수십 기만 이끌고 간신히 숨듯이 달아났다.

유방은 패沛 땅을 지나면서 집안 식구인 가실家室을 거두고자 했다. 이때 초나라 역시 사람을 패 땅으로 보내 유방의 식구를 잡아두려고 손을 썼다. 그러나 유방의 가족들은 이미 도망친 뒤여서 유방 역시 그들을 만날 수 없었다. 유방은 도주하다가 효혜제孝惠帝인 유영劉盈과 노원공주魯元公主를 길에서 만나 수레에 태웠다. 이때 초나라 기병이 추격해 오자 급한 나머지 두 자녀를 수레 아래로 밀어 떨어뜨렸다. 당시 태복太僕으로 있던 등공滕公 하후영夏侯嬰이 수레에서 내려 이들을 다시 수레에 태웠다. 이런 일이 3번이나 계속됐다. 등공이 말했다.

"지금 상황이 비록 긴박하기는 하나 더 이상 마구 내달리는 구치驅馳를 할 수는 없습니다. 게다가 자식들을 내버리고 어찌 하려는 것입니까?"

그러고는 천천히 갔다. 유방이 대로하여 자식들을 10여 차례 참斬하려고 했다. 그러나 등공이 끝까지 보호하여 두 자녀를 위기에서 구했다.

당시 심이기審食其는 태공과 여후를 좇아 간행間行하며 유방을 찾았으나 서로 만나지 못했다. 이 와중에 오히려 초나라 군사와 조우하고 말았다. 초나라 군사들이 이들과 함께 군영으로 돌아갔다. 항우는 이들을 군중에 두어 인질로 삼았다.

이때 여후의 오라비 주여후周呂侯 여택呂澤은 한나라를 위해 군사를 이끌고 하읍下邑강소성 탕산현 북쪽에 주둔하고 있었다. 유방이 샛길로 가는 간행間行을 하여 그를 찾아가 몸을 의탁한 뒤 점차 사졸들을 거둬들였다. 제후들이 모두 한나라를 배반하고 다시 초나라에 붙었다. 새왕 사마흔과 적왕 동예도 도주하여 초나라에 항복했다.

15) 전횡田橫이 전가田假를 공격하자 전가가 초나라로 도주했다. 초나라가 그를 살해했다. 전횡이 마침내 제왕·제북왕·교동왕의 영지인 3제三齊의 땅을 수복했다.

16) 유방이 군신들에게 물었다.

"나는 함곡관 이동以東을 내놓을 작정이오. 이는 그곳을 다른 사람에게 내주는 것과 같소. 누가 가히 나와 함께 공업을 이룰 수 있겠소?"

장량이 대답했다.

"구강왕 경포는 초나라 출신의 효장梟將으로 지금 항왕과 혐극嫌隙이 생겼다고 합니다. 또한 팽월은 제나라와 더불어 양나라 땅에서 항우에게 반기를 들고 있습니다. 이 두 사람이라면 가히 급히 관동의 땅을 취하게 할 수 있습니다. 군왕의 휘하 장령 중에는 오직 한신만이 대사를 맡을 수 있습니다. 한신이라면 능히 한 쪽을 담당할 수 있을 것입니다. 관동 땅을 내놓을 생각이면 이들 3인에게 내주도록 하십시오. 그러면 가히 초나라를 깨뜨릴 수 있습니다."

당초 항왕이 제나라를 칠 때 구강에서 군사를 징발했다. 구강왕 경포는 칭병한 채 가지 않고 다른 장수에게 병사 수천 명을 이끌고 가게 했다. 한나라가 초나라 팽성을 무너뜨릴 때에도 경포는 칭병하며 초나라를 돕지 않았다. 이로 인해 초왕楚王 항우는 경포를 원망했다. 그는 수차례 사자를 보내 책망하는 초양誚讓을 하며 경포를 불렀다. 그럴수록 경포는 더욱 두려워하며 감히 가려고 하지 않았다.

당시 항우는 북쪽으로 제·조 두 나라를 걱정하고, 서쪽으로 한나라를 걱정해야만 했다. 함께 일을 도모할 사람은 오직 구강왕 경포뿐이다. 그는 경포의 재주를 높이 평가해 친히 그를 중용코자 했다. 그를 치지 않은 것은 바로 이 때문이다.

유방이 하읍에서 탕碭 땅으로 군사를 이동시켜 주둔했다. 우虞하남성 우성현 땅에 이르렀을 때 수종하는 좌우를 향해 탄식했다.

"저런 자들과는 천하사天下事를 더불어 상의할 수 없다."

알자인 수하隨何가 말했다.

"폐하가 무슨 말씀을 하는지 잘 모르겠습니다."

유방이 말했다.

"누가 능히 나를 위해 구강으로 가서 구강왕으로 하여금 발병發兵하여 초나라에 반기를 들게 할 수 있겠는가? 항왕의 발을 몇 달 동안 묶어 둘 수만 있다면 내가 취천하取天下하는 것은 가히 100번의 시행 가운데 단 한 번의 실수도 없는 백전百全에 해당한다."

수하가 청했다.

"청컨대 신이 구강에 사자로 가고자 합니다."

유방이 수하에게 20명을 붙여 주면서 함께 구강으로 가게 했다.

17) 5월, 유방이 형양滎陽에 이르자 여러 곳에서 패군敗軍이 모두 모여들기 시작했다. 소하蕭何 역시 그간 군역軍役을 부과하지 않았던 관중의 노약老弱[207]을 모두 징발해 형양으로 보냈다. 한나라 군사의 규모가 다시 커졌다. 초나라 군사가 팽성에서 시작해 계속 승세를 이어가면서 북진하다가 형양의 남쪽에 있는 경京형양읍 남쪽과 색索형양읍 북쪽 땅 사이에서 한나라 군사와 교전했다.

초나라 기병들이 대거 몰려오자 유방은 군중軍中에서 기병대장인 기장騎將이 될 만한 자를 골랐다. 모두 옛날 진나라 기사였던 중천重泉섬서성 포성현 출신 이필李必과 낙갑駱甲을 추천했다. 유방이 관직을 제수하려고 하자 두 사람이 말했다.

"신들은 옛날 진조秦朝의 사람이기 때문에 장병들이 신들을 믿지 않을까 두렵습니다. 원컨대 대왕의 좌우에서 말을 잘 타는 자를 뽑아 저희들에게 붙여주시기 바랍니다."

유방이 이내 관영灌嬰을 중대부령中大夫令에 제수하고, 이필과 낙갑을 각각 좌우 교위校尉로 삼았다. 이들이 기병을 이끌고 형양의 동쪽에서 초나라 기병을 공격해 대파했다. 초나라 군사는 형양을 지나 서진하는 일이 불가능하게 됐다. 유방이 형양에 군사를 주둔시킨 뒤 용도甬道를 쌓아 황하까지 연결시켰다. 덕분에 형양 서북쪽에 있는 오창敖倉의 양식을 취용

---

207 여기서 노약老弱은 병역에서 제외됐던 23세 미만과 56세 이상의 남자를 가리킨다.

取用할 수 있게 됐다.

18) 유방이 형양에 군사를 주둔시키며 숨을 고를 당시 주발과 관영 등이 유방에게 건의했다.

"진평은 비록 상모相貌가 관에 장식하는 미옥인 관옥冠玉과 같으나 관옥 같은 상모에 반드시 책략이 있다고 말할 수는 없습니다. 신들이 듣건대 진평은 집에 있을 때 형수와 몰래 간통하는 도수盜嫂를 했다고 합니다. 또한 위나라를 섬기다가 건의가 받아들여지지 않자 도망쳐 초나라에 귀부했다가 중용되지 못하자 다시 도망쳐 우리 한나라에 귀부했습니다. 그런 자에게 대왕은 관직을 높여주어 호군護軍을 다스리도록 했습니다. 듣자하니 그는 제장들로부터 금을 뇌물로 받는 수금受金을 하면서 금을 많이 낸 자는 좋은 곳에 배치하고 조금 낸 자는 나쁜 곳에 배치한다고 합니다. 진평은 배신을 거듭하는 난신인 반복난신反覆亂臣에 해당합니다. 원컨대 대왕은 이를 심찰深察키 바랍니다."

유방이 이 말을 듣고 진평을 의심했다. 진평을 천거한 위무지魏無知를 불러 나무랐다. 위무지가 반박했다.

"신이 대왕께 천거한 것은 그의 재능이고 지금 폐하가 나무라는 것은 그의 행실입니다. 지금 미생尾生과 효기孝己의 행실이 아무리 좋다 한들 승부의 책략에는 아무런 도움이 되지 않습니다.[208] 폐하가 어찌 한가로이 그런 자들을 채용할 수 있겠습니까? 초나라와 한나라가 서로 대립하고 있기에 신은 기책을 내는 인재인 기모지사奇謀之士를 천거했던 것입니다.

208 '미생尾生'은 여인과의 약속을 고집스럽게 지키다 물에 빠져 죽은 전설적인 인물이다. 『장자』「도척」에 따르면 미생은 여인과 다리 아래에서 만나기로 약정했다. 다리 밑에 물이 계속 불어나는 상황에서 여인은 나오지 않았다. 미생은 여인이 오기를 기다리며 자리를 떠나지 않고 있다가 끝내 다리기둥을 붙든 채 익사하고 말았다. '효기孝己'는 은나라의 중흥주인 고종高宗의 아들로 효행이 뛰어난 것으로 유명했다.

그의 계책이 실로 족히 나라를 이롭게 하는 것인지 아닌지 만을 고려하십시오. 도수盜嫂·수금受金이 어찌 족히 사람의 재능을 의심할 소재가 될 수 있겠습니까?"

그러나 유방은 그래도 미심쩍어 이내 진평을 불러들여 따졌다.

"선생은 위나라를 섬기다가 임용되지 못했고, 초나라를 섬기다가 떠났고, 지금은 또 나와 어울리며 교유하고 있소. 성신誠信한 사람이 실로 이처럼 여러 마음을 갖는 다심多心을 할 수 있는 것이오."

진평이 대답했다.

"신이 위왕魏王을 섬길 때 위왕은 신의 말을 채용하지 않았습니다. 그래서 그를 떠나 항왕을 섬긴 것입니다. 항왕은 다른 사람을 믿지 못했습니다. 그가 일을 맡기고 아끼는 임애任愛를 하는 사람은 항씨가 아니면 바로 그 처의 형제였습니다. 그래서 비록 기이한 재능을 지닌 재사인 기사奇士가 있을지라도 쓸 수가 없습니다. 그러던 중 한왕만큼은 능히 용인用人할 수 있는 사람이라는 얘기를 듣고 마침내 대왕께 귀부한 것입니다. 신은 맨몸의 적신赤身인 나신裸身으로 온 까닭에 금을 받지 않으면 쓸 자금이 없었습니다. 실로 신의 계책에 채택할 만한 것이 있다면 원컨대 대왕은 이를 채택키 바랍니다. 만일 채택할 만한 것이 없다면 제가 받은 금이 그대로 있으니 봉하여 관부로 보내도록 하겠습니다. 해골骸骨[209]을 청하는 것을 허락해 주십시오."

유방이 이내 사과하고 많은 상을 내린 뒤 그를 장수들의 관계를 조절하는 임시 무관직인 호군중위護軍中尉에 제수해 제장들을 모두 감독케 했다. 이후 제장들이 다시는 그에 관해 감히 말하지 못했다.

---

209 여기의 해골骸骨은 사직을 뜻한다. 원문의 청해골請骸骨은 사직을 청한다는 뜻으로 걸해골乞骸骨과 같은 의미이다.

19) 위왕 위표가 유방을 알현하면서 고향으로 돌아가 부모의 질병인 친질親疾을 돌봐야 한다고 고했다. 고향으로 돌아간 뒤 이내 황하 나루를 건너 초나라에 귀부했다.

20) 6월, 유방이 약양櫟陽으로 돌아왔다.

21) 6월 6일, 유방이 아들 유영劉盈을 세워 태자로 삼고, 죄인들을 사면했다.

22) 한나라 병사들이 황하의 물을 끌어다가 전년 8월에 포위한 장함의 폐구廢丘섬서성 흥평현로 흘려보냈다. 폐구를 지키는 군사들이 항복하자 장함이 이내 자진했다. 옹 땅을 모두 평정한 뒤 중지中地섬서성 서안시 동북쪽와 북지北地감숙성 영현, 농서군隴西郡감숙성 임도현을 두었다.

23) 관중에 큰 기근이 들어 곡식 1곡斛이 1만 전錢[210]이나 나갔다. 사람들이 서로 잡아먹는 상식相食을 했다. 백성들로 하여금 촉蜀과 한중漢中 지역으로 가 먹을 것을 얻게 했다.

당초 진나라가 망할 때 호걸들이 금옥金玉을 다투어 갖고자 했다. 그러나 선곡宣曲에 사는 임任씨만 홀로 창고 곡식을 구매해 저장해 두었다. 초나라와 한나라가 형양에서 대치하자 백성들은 농사를 지을 수가 없었다. 호걸들의 금옥이 모두 임씨 손으로 들어갔다. 임씨는 이로써 크게 일어나 여러 대에 걸쳐 크게 부유한 은부殷富의 부호가 됐다.

24) 가을 8월, 유방이 형양으로 가면서 소하에게 명해 관중을 지키고, 태자를 보필하고, 법령과 규정인 약속約束을 확정하고, 종묘·사직·궁실·현읍縣邑을 세우도록 했다. 또한 형편상 상주하여 결재를 받는 주결奏決의 여유가 없는 사안은 정황을 좇아 편의대로 시행한 뒤 황제가 오면 전말을 보고토록 했다. 소하가 관중의 호구戶口를 통계 내서 식량의 육상 및

---

210 당시 기준으로 1만 전錢은 황금 1근에 해당했다.

해상운송인 전조轉漕와 병력조달인 조병調兵을 적절히 하여 군량과 병력을 때맞춰 공급하자 일찍이 모자라거나 끊어지는 핍절乏絶의 상황에 처한 적이 없었다.

25) 유방이 역이기를 시켜 위왕 위표에게 유세하면서 일면 나무라며 한나라로 불러들이도록 했다. 위표가 듣지 않았다.

"한왕은 오만하여 사람에게 모욕을 준다. 제후와 군신들을 나무라는 것이 마치 하인을 나무라듯 한다. 두 번 다시 그를 보고 싶지 않다."

유방이 한신을 좌승상으로 삼은 뒤 관영灌嬰 및 조참曹參과 함께 위나라를 쳤다. 유방이 역이기에게 물었다.

"위나라 대장은 누구요?"

"백직柏直입니다."

유방이 말했다.

"그는 입에서 젖비린내가 나는 구상유취口尙乳臭의 인물인데 어찌 한신을 당할 수 있겠는가?"

그러고는 다시 물었다.

"기장騎將은 누구요?"

"풍경馮敬입니다."

유방이 말했다.

"그는 진나라 장수 풍무택馮無擇의 아들로 비록 똑똑하기는 하나 관영을 당해낼 수는 없을 것이다."

그러고는 재차 물었다.

"보졸대장은 누구요?"

"항타項它입니다."

유방이 말했다.

"그 역시 조참을 감당할 수 없을 것이다. 나는 걱정할 필요가 없게 됐

다."

당시 한신도 역이기가 군중으로 오자 그에게 물었다.

"위왕이 주숙周叔을 대장으로 삼지 않았소?"

역이기가 대답했다.

"주숙이 아니라 백직이오."

한신이 기뻐하며 말했다.

"그는 어린아이인 수자豎子에 불과하다."

그러고는 마침내 군사를 진격시켰다.

당시 위왕 위표는 포판蒲坂산서성 영제현 서쪽에 군사를 대거 동원해 임진臨晉섬서성 대려현 나루를 막았다. 한신이 이내 적을 미혹케 만들기 위한 군사인 의병疑兵을 대거 배치하면서 배를 포진시키며 임진을 건너는 척했다. 한신이 복병 전술을 이용해 하양夏陽섬서성 한성현에서 물에 뜨는 항아리인 목앵木罌을 이용해 병사들을 도하시킨 뒤 안읍安邑산서성 하현을 습격했다. 놀란 위왕 위표가 이내 군사를 이끌고 가 한신의 군사를 영격했다.

9월, 한신이 위왕 위표를 공격해 포로로 잡았다. 이어 그를 형양으로 보내 이르게 한 뒤 위나라 지역을 모두 평정했다. 이곳에 하동河東과 상당上黨, 태원군太原郡을 두었다.

26) 당초 한나라 군사가 팽성에서 패하고 서쪽으로 후퇴할 때 진여는 장이가 죽지 않은 것을 뒤늦게 알고 곧바로 한나라를 배반했다. 한신은 위나라를 평정한 뒤 유방에게 사람을 시켜 군사 3만 명을 청했다. 북쪽으로 연나라와 조나라를 뒤엎고, 동쪽으로 제나라를 치고, 남쪽으로 초나라의 양도를 끊을 생각이다. 유방이 장이를 보내면서 한신과 함께 움직이도록 했다. 한신이 인병하여 동진하다가 문득 북진하여 조나라와 대나라를 쳤다.

윤閏 9월, 한신이 대나라 군사를 격파하고 알여閼與에서 대나라 상국

하열夏說을 사로잡았다. 한신이 위나라를 점령하고 대나라를 격파할 때 유방이 곧 사람을 시켜 한신의 정예병을 거둔 뒤 한신으로 하여금 형양으로 가 초나라 군사와 맞서게 했다.

＊ 太祖高皇帝二年 乙未

冬, 十月, 項王密使九江·衡山·臨江王擊義帝, 殺之江中.

陳餘悉三縣兵, 與齊兵共襲常山. 常山王張耳敗, 走漢, 謁漢王於廢丘, 漢王厚遇之. 陳餘迎趙王於代, 復爲趙王. 趙王德陳餘, 立以爲代王. 陳餘爲趙王弱, 國初定, 不之國, 留傅趙王. 而使夏說以相國守代.

張良自韓間行歸漢, 漢王以爲成信侯. 良多病, 未嘗特將, 常爲畫策臣, 時時從漢王.

漢王如陝, 鎭撫關外父老.

河南王申陽降, 置河南郡.

漢王以韓襄王孫信爲韓太尉, 將兵略韓地. 信急擊韓王昌於陽城, 昌降. 十一月, 立信爲韓王, 常將韓兵從漢王.

漢王還都櫟陽.

諸將拔隴西.

春, 正月, 項王北至城陽. 齊王榮將兵會戰, 敗, 走平原, 平原民殺之. 項王復立田假爲齊王. 遂北至北海, 燒夷城郭·室屋, 坑田榮降卒, 系虜其老弱·婦女, 所過多所殘滅. 齊民相聚叛之.

漢將拔北地, 虜雍王弟平.

三月, 漢王自臨晉渡河. 魏王豹降, 將兵從. 下河內, 虜殷王卬, 置河內郡.

初, 陽武人陳平, 家貧, 好讀書. 里中社, 平爲宰, 分肉食甚均. 父老曰, “善, 陳孺子之爲宰!” 平曰, “嗟乎, 使平得宰天下, 亦如是肉矣!” 及諸侯叛秦, 平事魏王咎於臨濟, 爲太僕, 說魏王, 不聽. 人或讒之, 平亡去. 後事項羽, 賜爵爲卿. 殷王反楚, 項羽使平擊降之. 還, 拜爲都尉, 賜金二十鎰. 居無何, 漢王攻下殷. 項王怒, 將誅定殷將吏. 平懼, 乃封其金與印, 使使歸項王. 而挺身間行, 杖劍亡, 渡河, 歸漢王於脩武, 因魏無知求見漢王. 漢王召入, 賜食, 遣罷就捨. 平曰, “臣爲事來, 所言不可以過今日.” 於是漢王與語而說之. 問曰, “子之居楚何官?” 曰, “爲都尉.” 是日, 卽拜平爲都尉, 使爲參乘, 典護軍. 諸將盡讙曰, “大王一日得楚之亡卒, 未知其高下, 而卽與同載, 反使監護長者!” 漢王聞之, 愈益幸平.

漢王南渡平陰津, 至洛陽新城. 三老董公遮說王曰, “臣聞‘順德者昌, 逆德者亡’ ‘兵出無名, 事故不成’ 故曰, ‘明其爲賊, 敵乃可服’ 項羽爲無道, 放殺其主, 天下之賊也. 夫仁不以勇, 義不以力, 大王宜率三軍之衆爲之素服, 以告諸侯而伐之, 則四海之內莫不仰德, 此三王之擧也.” 於是漢王爲義帝發喪, 袒而大哭, 哀臨三日, 發使告諸侯曰, “天下共立義帝, 北面事之. 今項羽放殺義帝江南, 大逆無道! 寡人悉發關中兵, 收三河士, 南浮江·漢以下, 願從諸侯王擊楚之殺義帝者!” 使者至趙, 陳餘曰, “漢殺張耳, 乃從.” 於是漢王求人類張耳者斬之, 持其頭遺陳餘. 餘乃遣兵助漢.

田榮弟橫收散卒, 得數萬人, 起城陽, 夏, 四月, 立榮子廣爲齊王, 以拒楚. 項王因留, 連戰, 未能下. 雖聞漢東, 旣擊齊, 欲遂破之而後擊漢, 漢王以故得率諸侯兵凡五十六萬人伐楚. 到外黃, 彭越將其兵三萬餘人歸漢. 漢王曰, “彭將軍收魏地得十餘城, 欲急立魏後. 今西魏王豹, 眞魏後.” 乃拜彭越爲魏相國, 擅將其兵略定梁地. 漢王遂入城, 收其貨寶·美人, 日置酒高會. 項王聞之, 令諸將擊齊, 而自以精兵三萬人南, 從魯出胡陵至蕭. 晨, 擊漢軍而東至彭城, 日中, 大破漢軍. 漢軍皆走, 相隨入穀·泗水, 死者十餘萬人. 漢卒皆南走山, 楚又追擊至靈壁東睢水上. 漢軍卻, 爲楚所擠, 卒十餘萬人皆入睢水, 水爲之不流. 圍漢王三匝. 會大風從西北起, 折木, 發屋, 揚沙石, 窈冥晝晦, 逢迎楚軍, 大亂壞散, 而漢王乃得與數十騎遁去. 欲過沛收家室, 而楚

亦使人之沛取漢王家. 家皆亡, 不與漢王相見. 漢王道逢孝惠·魯元公主, 載以行. 楚騎追之, 漢王急, 推墮二子車下. 滕公爲太僕, 常下收載之. 如是者三, 曰, “今雖急, 不可以驅, 奈何棄之!” 故徐行. 漢王怒, 欲斬之者十餘. 滕公卒保護, 脫二子. 審食其從太公·呂后間行求漢王, 不相遇, 反遇楚軍. 楚軍與歸, 項王常置軍中爲質.

是時, 呂后兄周呂侯爲漢將兵, 居下邑. 漢王間往從之, 稍稍收其士卒. 諸侯皆背漢, 復與楚. 塞王欣·翟王翳亡降楚.

田橫進攻田假, 假走楚, 楚殺之. 橫遂復定三齊之地.

漢王問群臣曰, “吾欲捐關以東, 等棄之, 誰可與共功者?” 張良曰, “九江王布, 楚梟將, 與項王有隙. 彭越與齊反梁地. 此兩人可急使. 而漢王之將, 獨韓信可屬大事, 當一面. 卽欲捐之, 捐之此三人, 則楚可破也!”

初, 項王擊齊, 徵兵九江, 九江王布稱病不在, 遣將將軍數千人行. 漢之破楚彭城, 布又稱病不佐楚. 楚王由此怨布, 數使使者誚讓, 召布. 布愈恐, 不敢往. 項王方北憂齊·趙, 西患漢, 所與者獨九江王. 又多布材, 欲親用之, 以故未之擊. 漢王自下邑徙軍碭, 遂至虞, 謂左右曰, “如彼等者, 無足與計天下事!” 謁者隨何進曰, “不審陛下所謂.” 漢王曰, “孰能爲我使九江, 令之發兵倍楚? 留項王數月, 我之取天下可以百全.” 隨何曰, “臣請使之!” 漢王使與二十人俱.

五月, 漢王至滎陽, 諸敗軍皆會, 蕭何亦發關中老弱未傅者悉詣滎陽, 漢軍復大振. 楚起於彭城, 常乘勝逐北, 與漢戰滎陽南京·索間. 楚騎來衆, 漢王擇軍中可爲騎將者, 皆推故奉騎士重泉人李必·駱甲. 漢王欲拜之, 必·甲曰, "臣故秦民, 恐軍不信. 願得大王左右善騎者傅之." 乃拜灌嬰爲中大夫令, 李必·駱甲爲左右校尉, 將騎兵擊楚騎於滎陽東, 大破之, 楚以故不能過滎陽而西. 漢王軍滎陽, 築甬道屬之河, 以取敖倉粟.

周勃·灌嬰等言於漢王曰, "陳平雖美如冠玉, 其中未必有也. 臣聞平居家時盜其嫂. 事魏不容, 亡歸楚. 不中, 又亡歸漢. 今日大王尊官之, 令護軍. 臣聞平受諸將金, 金多者得善處, 金少者得惡處. 平, 反覆亂臣也, 願王察之!" 漢王疑之, 召讓魏無知. 無知曰, "臣所言者能也, 陛下所問者行也. 今有尾生·孝己之行, 而無益勝負之數, 陛下何暇用之乎! 楚·漢相距, 臣進奇謀之士, 顧其計誠足以利國家不耳. 盜嫂·受金, 又何足疑乎!" 漢王召讓平曰, "先生事魏不中, 事楚而去, 今又從吾游, 信者固多心乎!" 平曰, "臣事魏王, 魏王不能用臣說, 故去. 事項王, 項王不能信人, 其所任愛, 非諸項, 卽妻之昆弟, 雖有奇士不能用. 聞漢王能用人, 故歸大王. 臣裸身來, 不受金無以爲資. 誠臣計畫有可采乎, 願大王用之. 使無可用者, 金具在, 請封輸官, 得其骸骨." 漢王乃謝, 厚賜, 拜爲護軍中尉, 盡護諸將. 諸將乃不敢復言.

魏王豹謁歸視親疾. 至則絶河津, 反爲楚.

六月, 漢王還櫟陽.

壬午, 立子盈爲太子. 赦罪人.

漢兵引水灌廢丘, 廢丘降, 章邯自殺. 盡定雍地, 以爲中地·北地·隴西郡.

關中大饑, 米斛萬錢, 人相食. 令民就食蜀·漢.

初, 秦之亡也, 豪傑爭取金玉, 宣曲任氏獨窖倉粟. 及楚·漢相距滎陽, 民不得耕種, 而豪傑金玉盡歸任氏, 任以此起, 富者數世.

秋, 八月, 漢王如滎陽, 命蕭何守關中, 侍太子, 爲法令約束, 立宗廟·社稷·宮室·縣邑. 事有不及奏決者, 輒以便宜施行, 上來, 以聞. 計關中戶口, 轉漕·調兵以給軍, 未嘗乏絶. 漢王使酈食其往說魏王豹, 且召之. 豹不聽, 曰, "漢王慢而侮人, 罵詈諸侯·群臣如罵奴耳, 吾不忍復見也." 於是漢王以韓信爲左丞相, 與灌嬰·曹參俱擊魏. 漢王問食其曰, "魏大將誰也?" 對曰, "柏直." 王曰, "是口尙乳臭, 安能當韓信! 騎將誰也?" 曰, "馮敬." 曰, "是秦將馮無擇子也, 雖賢, 不能當灌嬰." "步卒將誰也?" 曰, "項佗." 曰, "不能當曹參. 吾無患矣!" 韓信亦問酈生: "魏得無用周叔爲大將乎?" 酈生曰, "柏直也." 信曰, "豎子耳." 遂進兵. 魏王盛兵蒲板以塞臨晉. 信乃益爲疑兵, 陳船欲渡臨晉, 而伏兵從夏陽以木罌流軍, 襲安邑. 魏王豹驚, 引兵迎信. 九月, 信擊虜豹, 傳詣滎陽. 悉定魏地, 置河東·上黨·太原郡.

漢之敗於彭城而西也, 陳餘亦覺張耳不死, 卽背漢. 韓信旣定魏, 使人請兵三萬人, 願以北擧燕·趙, 東擊齊, 南絶楚糧道. 漢王許之, 乃遣張耳與俱, 引兵東, 北擊趙·代. 後九月, 信破代兵, 禽夏說於閼與. 信之下魏破代, 漢輒使人收其精兵詣滎陽以距楚.

권10-한기漢紀 2: 한신이 두 마음을 품다

한고제 3년(BC 204)

1) 겨울 10월, 한신과 장이가 군사 수만 명을 이끌고 동진하여 조나라를 쳤다. 조왕 조헐과 성안군成安君 진여가 이 소식을 듣고 정형구井陘口하북성 정형현 북쪽에서 군사를 모았다.[211] 이들은 병사가 20만 명이라고 내세웠다.

광무군廣武君 이좌거李左車가 성안군 진여에게 말했다.

"한신과 장이가 승승乘勝의 모습으로 나라를 멀리 떠나와 싸움을 추궁追窮하고 있어 그들의 예기를 당하기 어렵소. 제가 듣건대 '천리의 먼 길에 군량을 운송하면 병사들에게 기색飢色이 있고, 아무 준비 없이 급히 나무나 풀을 베어다가 밥을 해먹이면 군사들이 계속 배불리 먹지 못한다'고 했소. 지금 정형의 길은 매우 좁아 수레 두 대가 병행하여 갈 수 없고, 말도 대오를 지어 갈 수 없소. 행군의 길이는 수백 리에 이를 것이고, 형세로 보아 군량 또한 반드시 후미에 있을 것이오. 원컨대 족하는 저에게 기병奇兵 3만 명을 빌려 주시오. 그러면 샛길로 가서 그들의 군수물품 수송

---

211 '정형구'의 '형陘'은 산맥이 끊긴 두 산 사이가 좁게 형성되어 '구口'의 형상을 이룬 곳을 말한다. 지키기는 쉽고 공격하기는 어려운 천혜의 험지로 일종의 '관關'에 해당한다. 태항산맥에는 이런 곳이 모두 8곳이나 있다. 정형구는 다섯 번째 험지에 해당한다.

수레인 치중輜重을 끊어버리겠소. 족하가 해자를 깊이 파고 보루를 높이는 심구고루深溝高樓를 한 채 저들과 교전하지 않으면 저들은 앞으로 나아가 싸울 수가 없고, 뒤로 물러나 환군할 수도 없고, 들에서 노략할 것도 없게 되오. 열흘도 채 못 되어 두 장수의 머리를 가히 장군 앞에 갖다놓을 수 있소. 그리 하지 않으면 우리는 반드시 저들 두 놈의 포로가 되고 말 것이오."

그러나 성안군은 일찍이 '의병義兵'을 자처하며 속임수와 기병奇兵의 계책을 쓰지 않았다. 그가 말했다.

"한신의 군사는 숫자도 적고 이내 피로도 감당키 어려울 것이오. 그대의 말대로 그들을 피하고 공격치 않으면 제후들은 나를 겁쟁이라고 비웃으며 곧바로 달려와 나를 칠 것이오."

한신이 사람을 보내 적진을 정탐했다. 이내 광무군의 계책을 쓰지 않은 것을 알고는 크게 기뻐했다. 곧바로 병사를 이끌고 감히 적진이 있는 정형구로 내려갔다. 정형구에서 30리도 못 미치는 곳에서 행군을 멈추고 하채下寨했다. 한밤중인 야반夜半에 한신이 출병의 전령을 내렸다. 날쌘 기병인 경기輕騎 2,000명을 뽑아 각기 한나라를 상징하는 붉은 깃발인 적치赤幟를 하나씩 가지고 샛길을 이용해 산속에 몸을 엄폐하는 비산萆山을 한 뒤 조나라 군사의 동정을 살펴보게 했다. 이때 한신이 병사들에게 경계했다.

"조나라 군사는 내가 도망치는 것을 보면 반드시 영루를 비우고 나를 쫓아올 것이다. 그때 그대들은 영루로 질입疾入해 조나라 깃발을 뽑아낸 뒤 우리 한나라의 '적치'를 세우도록 하라."

이어 비장裨將 즉 부장副將들에게 배식配食을 전하는 전찬傳餐을 명했다.

"오늘은 조나라 군영을 깨뜨린 후 그곳에서 회식할 것이다."

제장들 모두 한신의 말을 믿지 못하고 건성으로 응답했다.

"알겠습니다."

한신이 이를 눈치 채고 간략히 배경을 설명했다.

"조나라 군사는 먼저 용병에 편리한 곳에 기대어 영루를 쌓았다. 게다가 저들은 아직 대장군의 기고旗鼓를 보지 못한 까닭에 우리의 선봉을 공격하려 하지 않을 것이다. 아마 내가 이내 험로에 막혀 환군하리라고 생각할 것이다."

그러고는 1만 명의 군사들을 먼저 내보내 강이나 물을 등지고 싸우는 진법인 배수진背水陣을 치게 했다.[212] 조나라 군사들이 이를 바라보며 크게 웃었다.

새벽을 넘긴 시점인 평단平旦에 한신이 대장군의 기고旗鼓를 세운 뒤 북을 치면서 정형구를 빠져나갔다. 이를 본 조나라 군사들이 영루의 문을 열고 공격했다. 큰 전투가 제법 오래 지속됐다. 도중에 한신과 장이가 '기고'를 거짓으로 버린 채 물가에 세운 영채로 도주했다. 수상군이 문을 열어 이들을 받아들인 뒤 재차 맹렬히 싸우는 질전疾戰을 했다.

얼마 후 과연 조나라 군사들이 완승을 거둘 생각으로 영루를 비운 채 총출동하여 한나라의 '기고'를 쟁탈爭奪하며 한신과 장의의 뒤를 좇았다. 그러나 한신과 장이가 이미 수상군에 들어간 까닭에 병사들 모두 군진을 점거한 채 결사적으로 싸우는 수사殊死를 했다. 조나라 군사는 이들을 이길 수가 없었다.

이 사이 한신이 보냈던 기병奇兵 2,000기騎는 조나라 군사들이 영루를 비운 채 급히 승리를 좇는 것을 기다렸다가 조나라 영루로 치입馳入한

212 당시 한신이 배수진을 친 곳은 병주에서 시작해 북쪽으로 흐르다가 정형현의 경계지역으로 들어가는 면만수綿蔓水였다.

뒤 조나라 깃발을 모두 뽑아 버리고 한나라의 '적치' 2,000개를 세웠다. 조나라 군사들은 한신 등을 잡는 것이 어렵게 되자 이내 영루로 귀환하다가 영루가 온통 한나라의 '적치'로 둘러쳐져 있는 것을 보고 크게 놀랐다. 이들은 한나라 군사가 이미 영루에 있던 조왕의 장령들을 모두 포획한 것으로 생각했다. 조나라 병사들이 마침내 혼란에 빠져 둔주遁走하기 시작했다. 조나라 장수들이 비록 달아나는 군사들의 목을 베며 저지코자 했으나 이를 막을 수는 없었다. 한나라 군사가 조나라 군사를 양쪽에서 공격하는 협격夾擊으로 대파한 뒤 저수泜水하북성 괴하槐河에서 성안군 진여의 목을 베고 조왕 조헐을 사로잡았다.

제장들이 수급과 포로인 수로首虜를 바치며 서로 분분히 축하한 뒤 한신에게 물었다.

"병서는 진을 칠 때 오른쪽으로 산릉을 등지는 우배산릉右倍山陵, 왼쪽 전면으로 수택을 가까이하는 전좌수택前左水澤을 언급해 놓고 있습니다. 이번에 장군이 오히려 배수진을 치게 하면서 선언하기를, '오늘 조나라 군영을 깨뜨린 후 그곳에서 회식할 것이다'라고 했으나 저희들은 내심 믿지 못했습니다. 그러나 결국 승리를 거두었습니다. 이는 어떤 병술兵術입니까?"

한신이 대답했다.

"이 또한 병법에 있는 것으로 제군들이 자세히 살피지 못했을 뿐이오. 병법에 이르기를, '살아나지 못할 위험한 사지死地에 빠진 뒤에야 생환할 수 있고, 패망이 우려되는 곳인 망지亡地에 놓인 뒤에야 생존할 수 있다'고 하지 않았소.[213] 게다가 나 한신은 평소 장병과 친애하는 부순拊循을

---

213 '사지' 및 '망지'와 관련해 『손자병법』「구지九地」는 '급하게 싸우면 살아남고, 싸우지 않으면 패망해 죽음의 땅이 된다'고 기록해 놓았다. 삼국시대의 조조曹操는 여기에 주석을 달기

할 길이 없었소. 이들을 부리는 것은 훈련받지 않은 저잣거리 사람을 이용해 전투를 벌이는 이른바 '구시민이전驅市民而戰'과 다름없는 짓이오. 그래서 형세 상 부득불 이들을 사지에 두어 각자 스스로 분전케 만들지 않을 수 없었던 것이오. 지금 이들에게 사방으로 도주가 가능해 살아날 수 있는 곳인 생지生地를 제공했다면 모두 달아나고 말았을 것이오. 어찌 그런 사람들을 지휘하며 작전할 수 있었겠소."

제장들이 모두 탄복했다.

"훌륭하십니다. 신들이 미칠 수 있는 바가 아닙니다."

한신은 광무군을 생포하는 자에게 1,000금을 주겠다고 내건 바 있다. 얼마 후 어떤 사람이 그를 묶은 채 한신의 휘하로 데리고 왔다. 한신이 그의 결박을 풀어주고 상석에 앉히는 동향東向을 해 앉힌 뒤 스승을 모시듯 대우하는 사사師事를 했다. 한신이 광무군에게 물었다.

"저는 연나라를 북벌北伐하고, 제나라를 동벌東伐하고자 합니다. 어찌 해야 그런 공을 세울 수 있겠습니까?"

광무군이 사양했다.

"신은 패망한 나라의 포로일 뿐입니다. 어찌 족히 큰일에 참여해 모의할 수 있겠습니까?"

한신이 다시 청했다.

"제가 듣건대 춘추시대 중기에 진목공을 패자霸者로 만든 공신인 백리해百里奚가 우虞나라에 살 때 우나라는 망했고, 진나라에 머물게 된 뒤 진나라는 패자가 됐습니다. 이는 그가 우나라에 있을 때는 어리석었고 진나라에 있을 때는 현명했기 때문이 아닙니다. 오직 인재의 등용 여부와

를, '앞에 높은 산이 있고, 뒤에 강물이 있어 나아갈 수도 없고 물러나려고 해도 장애가 있는 곳을 말한다'고 했다.

군주의 계책채택 여부에 달린 것입니다. 실로 성안군이 족하의 계책을 들었다면 저 한신은 이미 포로가 됐을 것입니다. 그가 족하의 계책을 채택하지 않았기에 제가 이렇게 모실 수 있게 됐습니다. 지금 저는 마음을 내맡기고 계책을 좇고자 하니 원컨대 족하는 사양치 마십시오."

광무군이 대답했다.

"지금 장군은 서하西河를 건너 위왕을 포로로 잡고 하열夏說도 사로잡았습니다. 또 동진하여 정형을 함락시키고, 아침나절이 끝나기 전인 오전에 조나라의 20만 군사를 깨뜨리고 성안군을 주살했습니다. 그 이름이 해내海內에 널리 알려지고 그 위엄이 천하에 떨치고 있습니다. 농부치고 밭 갈기를 그만두고 쟁기를 놓는 철경석뢰輟耕釋耒와 좋은 옷을 입고 맛난 음식을 먹는 유의감식褕衣甘食, 귀를 기울이며 명을 기다리는 경이대명傾耳待命을 기하지 않는 자가 없습니다. 이는 장군의 장점입니다. 그러나 지금은 백성과 병사들이 피로한 상황이니 이대로는 용병키가 어렵습니다. 지금 장군이 크게 지친 병사를 일으켜 연나라의 견고한 성 아래에 주둔케 되면 저들과 싸우려 해도 싸울 수 없고, 공성해도 함락시킬 수 없고, 오히려 피폐한 정황만 드러나 위세만 상하게 될 뿐입니다. 나아가 하는 일 없이 시간을 오래 끌면 식량만 고갈되고 맙니다. 연나라가 복종하지 않으면 제나라도 반드시 국경에서 저항하면서 자강自强을 꾀할 것이고, 두 나라가 서로 의지하며 공벌을 피하면 유방과 항우 간의 우열은 구분되지 않을 것입니다. 이것이 장군의 약점입니다. 용병을 잘하는 자는 자신의 약점을 가지고 적의 장점을 치는 이단격장以短擊長을 하지 않고 자신의 강점을 가지고 적의 약점을 치는 이장격단以長擊短을 하는 법입니다."

한신이 물었다.

"그렇다면 어떤 계책을 내야만 하오?"

광무군이 대답했다.

"지금 장군을 위해 계책을 내면 병사들을 위무하며 쉬게 하여 조나라 백성을 위무하는 것보다 나은 계책은 없습니다. 그러면 100리 안에서 쇠고기와 술인 우주牛酒가 날마다 이르러 장병을 배불리 먹일 수 있습니다. 이어 북쪽 연나라 방향으로 머리를 돌린 뒤 변사辯士를 시켜 간략한 내용의 서신인 지척지서咫尺之書를 봉지奉持해 그대의 장점을 연나라에 드러내도록 하십시오. 그러면 연나라는 감히 청종聽從치 않을 수 없을 것입니다. 연나라가 청종하면 곧 동진하여 제나라로 가십시오. 그러면 아무리 뛰어난 지자智者가 있을지라도 제나라를 위한 계책을 낼 수 없을 것입니다. 하면 천하사天下事를 가히 도모할 수 있습니다. 용병은 실로 먼저 성세聲勢를 드러낸 후 실력을 행사하는 '선성후실先聲後實'에 입각해야 하니 바로 이를 말한 것입니다."

한신이 칭송했다.

"훌륭한 계책입니다."

한신이 그의 계책을 좇아 사자를 연나라로 보냈다. 과연 연나라는 바람을 좇아 쓰러지는 종풍이미從風而靡의 경우처럼 한신의 성세聲勢를 듣고 이내 투항했다.

한신은 사자를 보내 이를 보고하면서 장이를 조왕으로 삼아줄 것을 청했다. 유방이 이를 허락했다. 초나라가 수차례 기병奇兵으로 도하해 조나라를 쳤으나 장이와 한신이 서로 왕래하며 조나라를 구했다. 두 사람은 조나라 성읍을 차례로 안정시키며 군사를 징발해 한나라로 보냈다.

2) 10월 30일, 일식이 있었다.

3) 11월 29일, 일식이 있었다.

4) 수하隨何가 유방의 허락을 받고 이내 구강九江의 도읍인 육읍六邑에 도착했다. 음식담당 관원인 구강왕의 태재太宰가 그의 접대를 주재했

다. 수하는 3일 동안 구강왕 경포를 만나볼 수 없었다. 수하가 태재에게 말했다.

"대왕이 나 수하를 만나지 않는 것은 틀림없이 초나라가 강하고 우리 한나라가 약하다고 생각하기 때문일 것이오. 그것이 바로 내가 사자로 온 까닭이오. 내가 대왕을 배견할 수 있도록 주선해 주시오. 내가 배견하는 자리에서 그 이유를 말씀드릴 것이오. 내 얘기가 옳다고 생각되면 대왕이 기꺼이 들을 것이고, 그렇지 않다면 나를 포함한 20인을 도끼나 작두 위에 엎어 죽이는 복부질伏斧質을 하여 구강의 저자에 내거십시오. 이 또한 대왕이 한나라를 배반하고 초나라에 귀부한 사실을 천하에 널리 드러내는 길이 될 것이오."

태재가 이를 구강왕 경포에게 전하자 경포가 수하를 인견했다. 수하가 말했다.

"한왕이 신을 시켜 대왕 어자御者[214]에게 서신을 경진敬進케 한 것은 대왕과 초나라가 왜 친하게 됐는지를 괴이하게 생각했기 때문입니다."

구강왕 경포가 대답했다.

"과인은 북향하여 항왕을 신하로서 섬기는 신사臣事를 하고 있소."

수하가 말했다.

"대왕과 항왕은 모두 동렬의 제후입니다. 그런데도 북향하여 신사한다는 것은 분명 초나라가 강해 가히 나라를 의탁할 만하다고 생각했기 때문일 것입니다. 항왕은 제나라를 칠 때 몸소 축성용 널빤지와 공이인 판축版築을 짊어지고 사졸보다 앞장서 갔습니다. 당시 대왕은 의당 구강의

214 '어자御者'는 원래 수레를 끄는 마부를 의미하나 여기서는 당사자인 구강왕 자신을 지칭한 것이다. 당시 군왕을 직접 지칭하는 것을 꺼려 군왕과 가까운 '집사執事'와 '어자' 등을 거론해 당사자를 지칭하는 간접적인 표현방법을 사용했다. 그 취지는 '폐하'와 '전하' 등의 용례와 같다.

모든 군사를 동원해 몸소 이들을 이끌고 초나라를 위해 선봉에 섰어야 했습니다. 그런데도 대왕은 고작 4,000명을 보내 돕게 했습니다. 무릇 북면신사北面臣事가 실로 이와 같은 것입니까?

유방이 팽성에 들어갔을 때 항우는 아직 제나라에서 빠져나오지 못하고 있었습니다. 대왕은 의당 구강의 모든 군사를 모아 회하를 건넌 뒤 일야日夜로 팽성 아래에서 전투를 했어야 했습니다. 그런데도 대왕은 1만 명이나 되는 군사를 위무慰撫하면서 단 한 사람의 도하도 허락지 않고 팔짱을 끼는 수공垂拱을 한 채 누가 이길지 관망만 했습니다. 무릇 다른 나라에 의탁하는 것이 실로 이와 같은 것입니까?

대왕은 공허한 명분인 공명空名을 내세워 초나라를 섬기면서 내심 스스로에게 의탁하는 것을 두터이 하고 있습니다. 신은 개인적으로 대왕이 이리하는 것은 취할 바가 못 된다고 생각합니다. 그럼에도 대왕이 초나라를 배반하지 못하는 것은 한나라가 약하다고 여기기 때문입니다.

초나라 군사는 비록 강하기는 하나 천하에 의롭지 못하다는 오명을 짊어지고 있습니다. 이는 항왕이 맹약을 배반하고 의제를 죽였기 때문입니다. 그러나 한왕은 제후들을 거두고, 성고成皐와 형양滎陽을 탈환해 지킨 뒤 촉蜀과 한중漢中의 곡식을 내려 보내고, 해자를 깊이 파며 영루를 견고히 하고, 병사를 파견해 험애한 변경요새에 올라 수비를 계속하도록 했습니다.

지금 초나라는 적국 깊숙이 800~900리나 깊이 들어가 있는 까닭에 노약자에게 군량을 1,000리 밖으로 운반케 하고 있습니다.[215] 한나라가 굳게 지키며 움직이지 않는 까닭에 초나라 군사는 전진코자 해도 교전할

215 당시 초나라의 도읍 팽성에서 구강국의 형양까지 대략 370킬로미터가량 됐다. 거리가 먼 까닭에 그만큼 백성들의 노역이 많을 수밖에 없다는 사실을 지적한 것이다.

수 없고, 후퇴코자 해도 추격을 피할 길이 없습니다. 그래서 초병楚兵은 믿고 의지하기 어렵다'고 말하는 것입니다.

만일 초나라가 한나라를 이기는 상황이 빚어지면 제후들은 스스로 위태로워질까 두려워하여 서로 구원해줄 것입니다. 초나라의 강성함은 천하 제후 병사의 저항을 초래하는 셈입니다. 그래서 초나라의 강성은 한나라만 못한 것이니 그 형세는 명백히 드러나 있습니다.

지금 대왕이 완벽하게 안전한 만전萬全의 한나라와 함께 하지 않고 위망危亡에 처해 있는 초나라에 스스로 의탁하고 있으니 신은 개인적으로 대왕이 이리하는 것을 이해할 수 없습니다. 신은 구강의 군사로는 초나라를 능히 망하게 할 수 있다고 보지 않습니다. 다만 대왕이 발병發兵하여 초나라를 등지면 항왕은 이곳에 머물러 있을 수밖에 없습니다. 그렇게 몇 달만 하면 한왕의 취천하取天下는 가히 만전을 기할 수 있습니다.

신은 청컨대 대왕과 함께 칼을 뽑아들고 한나라에 귀의하고자 합니다. 한왕은 반드시 땅을 베어내 대왕께 봉상封賞할 것입니다. 구강 지역은 물론 반드시 대왕께 돌아갈 것입니다."

구강왕 경포가 흔쾌히 말했다.

"봉명奉命토록 하겠소."

그는 은밀히 반초여한畔楚與漢[216]을 허락했다. 그러나 감히 이를 공개적으로 누설할 수는 없었다.

이때 초나라 사자는 구강에서 전사傳舍에 머물며 바야흐로 구강왕 경포에게 발병發兵을 독촉하고 있었다. 수하가 곧바로 들어가 초나라 사자의 상석에 앉으며 말했다.

---

216 반초여한畔楚與漢은 초나라를 배반하고 한나라에 귀부한다는 뜻이다. 여기의 반畔은 반叛과 통한다.

"구강왕이 이미 우리 한나라에 귀부했는데 초나라가 어찌 구강군에서 조발調撥할 수 있겠는가?"

경포가 악연愕然히 놀랐다. 초나라 사자가 일어나 가버리자 수하가 경포에게 말했다.

"일은 이미 벌어졌습니다. 가히 초나라 사자를 죽여 돌아가지 못하게 하고 빨리 한나라로 달려가 병력幷力을 할 만합니다."

경포도 대답했다.

"사자의 말에 따르겠소."

경포는 초나라 사자를 죽인 뒤 기병하여 초나라를 공격했다.

초나라가 항성項聲과 용저龍且를 시켜 구강을 치게 했다. 몇 달이 지나 용저가 구강군을 격파했다. 경포는 병사를 이끌고 한나라로 달아나고 싶었으나 초나라 군사들에게 죽음을 당할까 두려워 이내 샛길로 수하와 함께 한나라에 귀부했다.

12월, 구강왕 경포가 한나라에 도착했다. 유방이 바야흐로 상에 걸터앉아 시녀로 하여금 발을 씻게 하는 모습으로 경포를 불러들여 만났다. 대로한 경포가 귀부를 후회하며 자살하려고 했다. 이내 밖으로 나와 객사로 가서 보니 방의 휘장인 장어帳御와 음식飮食, 수종하는 관원인 종관從官 모두 유방이 머무는 곳과 같았다. 구강왕 경포가 크게 기뻐했다. 내심 자신의 기대를 넘어서는 과망過望이라며 감격해한 것이다.[217]

경포가 이내 사람을 구강으로 보내 상황을 살펴보게 했다. 그러나 이때는 초나라가 이미 항우의 숙부인 항백項伯을 보내 구강의 군사를 다 거

217 유방의 이런 행보를 두고 안사고顔師古는 풀이키를, "유방은 경포가 자신보다 먼저 왕이 됐으므로 자존自尊할까 걱정하여 짐짓 무례하게 행동해 경포를 굴복시킨 뒤 경포의 장막이나 음식, 시종들을 자신과 비슷하게 하여 그의 마음을 기쁘게 했다."고 했다.

두고 경포의 처자를 모두 죽인 후였다. 사자가 경포의 옛 친구와 행신幸臣을 찾아낸 뒤 이들 무리 수천 명을 이끌고 한나라로 돌아왔다. 한나라는 구강왕 경포에게 군사를 더 늘려 주고 함께 성고成皐하남성 사수현 호뢰관에 주둔했다.

당시 초나라가 수차례 한나라의 용도甬道를 침탈한 까닭에 한나라 군사는 군량이 크게 결핍하는 핍식乏食의 상황에 처했다. 유방이 역이기와 함께 초나라 세력을 꺾는 방안을 논의했다. 역이기가 말했다.

"옛날 탕湯이 걸桀을 친 뒤 그 후손을 기杞하남성 기현에 봉하고, 주무왕이 주紂를 친 뒤 그 후손을 송宋하남성 상구현 땅에 봉했습니다. 지금 진나라가 덕을 잃고 의를 버린 채 제후들을 침벌侵伐하여 그들의 사직을 훼멸하고 송곳을 간신히 꽂을 정도의 극히 작은 땅인 입추지지立錐之地조차 없게 만들었습니다. 폐하가 실로 6국의 후예들을 다시 세울 수 있다면 모든 군신君臣과 백성들은 반드시 폐하의 은덕에 감격해 풍문을 듣고 의를 사모하는 향풍모의向風慕義를 하며 신첩臣妾이 되기를 원치 않는 자가 없을 것입니다. 덕의가 시행되어 폐하가 남면하여 칭패稱覇하면 초나라는 반드시 옷깃을 여미며 한나라에 조현朝見할 것입니다."

유방이 말했다.

"훌륭한 말씀이오. 빨리 인새印璽를 새긴 뒤 선생은 도정에 올라 그것을 갖고 가도록 하시오."

역이기가 아직 출발하지 않았을 때 장량이 밖에서 들어와 알현했다. 유방은 마침 식사 중이다.

"자방子房, 어서 오시오. 손님 중에 나를 위해 초나라 세력을 꺾는 계책을 마련한 사람이 있소."

그러고는 역이기의 계책을 그대로 장량에게 전했다.

"이 계책이 어떻소."

장량이 말했다.

"누가 폐하를 위해 그런 계책을 세웠습니까? 그리하면 폐하의 일은 끝나버릴 것입니다."

유방이 놀라 물었다.

"왜 그렇다는 것이오?"

장량이 대답했다.

"청컨대 대왕을 위해 상 위의 젓가락을 빌려 그 계책의 잘못을 그려 보이겠습니다. 옛날 은나라 탕왕과 주나라 무왕인 탕무湯武가 하나라 걸왕과 은나라 주왕인 걸주桀紂의 후예를 제후로 봉한 것은 그들의 죽고 사는 운명을 능히 제어할 수 있다고 생각했기 때문입니다. 지금 폐하가 항적項籍의 목숨을 제어할 수 있습니까? 이것이 불가不可한 첫 번째 이유입니다. 주무왕은 은殷나라로 쳐들어간 뒤 은나라 주왕에게 쫓겨난 현인인 상용商容의 마을을 표창하고, 간언을 하다 옥에 갇힌 주왕의 숙부인 기자箕子를 석방하고, 간언을 하다 죽임을 당한 주왕의 또 다른 숙부인 비간比干의 묘에 봉분을 만들어주었습니다. 지금 폐하가 그리할 수 있습니까? 이것이 불가한 두 번째 이유입니다. 주무왕은 은나라의 곡식창고인 거교巨橋하북성 평향현 동남쪽의 곡식을 내고, 은나라 도성에 있던 누대인 녹대鹿臺하남성 기현의 돈을 풀어 빈궁한 사람들에게 내려주었습니다.[218] 지금 폐하가 그리할 수 있습니까? 이것이 불가한 세 번째 이유입니다. 주무왕은 은나라 정벌을 마친 뒤 전투용 수레인 병거兵車를 탑승용 수레인 승거乘車로 고치고, 방패와 창을 뒤집어 쌓아두어 다시는 용병치 않을 뜻을 천하

218 '녹대'는 은나라 주왕紂王 때 도읍에 축성된 누대로 넓이가 3리, 높이가 1,000척尺에 달했다고 한다. 주무왕의 군사에게 쫓긴 은나라 주왕은 이곳에서 불을 질러 자진했다. '늠대廩臺' 내지 '남선지대南單之臺'로도 불렸다.

에 보여주었습니다. 지금 폐하가 그리할 수 있습니까? 이것이 불가한 네 번째 이유입니다. 주무왕은 전마戰馬를 화산華山 남쪽에서 쉬게 하여 할 일이 없음을 보여주었습니다. 지금 폐하가 그리할 수 있습니까? 이것이 불가한 다섯 번째 이유입니다. 주무왕은 도림桃林하남성 영보현 부근의 그늘에 소를 방목해 다시는 군량미를 운송해 쌓아둘 뜻이 없음을 보여주었습니다. 지금 폐하가 그리할 수 있습니까? 이것이 불가한 여섯 번째 이유입니다. 지금 천하의 유사遊士들이 그들의 친척을 떠나고, 조상의 분묘를 버리고, 옛 친구를 버리고, 폐하를 좇아 사방으로 참전하는 것은 단지 일야日夜로 지척지지咫尺之地라도 얻기를 바라기 때문입니다. 지금 6국의 후예를 복립復立하면 천하의 유사들이 각기 그들의 군주에게 돌아가고, 그들의 친척을 따르고, 옛 친구와 조상의 분묘로 돌아갈 것입니다. 그리되면 폐하는 누구와 더불어 취천하取天下하려는 것입니까? 이것이 불가한 일곱 번째 이유입니다. 게다가 지금 초나라보다 강대한 세력이 없는 상황에서 복국된 6국의 군주는 이내 다시 약해져 초나라를 좇을 터인데 폐하가 어찌 그들에게 칭신稱臣을 요구할 수 있겠습니까? 이것이 불가한 여덟 번째 이유입니다. 실로 빈객의 계책을 채택하면 폐하의 대사大事는 모두 끝나버리고 말 것입니다."

유방이 이 말을 듣자 곧 식사를 그치며 먹던 음식을 내뱉는 철식토포輟食吐哺를 하며 욕을 해댔다.

"이 유생놈(수유豎儒)! 하마터면 너의 어르신(이공而公)[219]의 대사大事를 거의 망칠 뻔했다."

그러고는 곧바로 명을 내려 인새를 녹여버렸다.

---

219 이공而公은 '너의 어르신'의 뜻이다. 유방은 늘 자신을 높이면서 상대방을 낮춘 까닭에 스스로를 '이공' 등으로 표현했다.

이를 두고 훗날 순자의 후손으로 후한 말기의 대학자인 순열荀悅은 『한기漢紀』에서 이같이 평했다.

"무릇 정책을 세워 승리를 결정짓는 술책에는 3술三術이 있다. 형形과 세勢, 정情이 그것이다. '형'은 대체大體의 유리 내지 불리한 상황인 득실지수得失之數, '세'는 임기응변의 권의權宜와 진퇴의 관건關鍵, '정'은 심지心志의 가부결정 실제를 말한 것이다. 정책과 사안이 동등한데도 이룬 공적이 다른 것은 바로 이 3술이 다르기 때문이다. 당초 장이張耳와 진여陳餘는 진섭陳涉에게 6국을 복국復國하고 스스로 무리를 심는 수당樹黨을 설득했다. 역이기가 한왕에게 6국의 복국을 권했다. 말한 내용이 같은데도 득실이 다른 것은 때가 달랐기 때문이다. 진섭이 일어날 때는 천하가 모두 진나라의 패망을 바랐다. 그러나 천하가 초·한으로 나뉘어 장차 어떻게 평정될지도 확연히 드러나지 않은 지금은 천하가 모두 반드시 항우의 패망을 바라는 것이 아니다. 그래서 6국을 세우는 것이 진섭에게는 '자신의 당파를 많이 심으면 결과적으로 진나라의 적을 더 많게 만든다'는 것에 해당했다. 게다가 당시 진섭은 천하를 마음대로 움직일 만한 땅이 없었다. 진섭이 6국을 세우는 것은 '자신이 소유치 않은 것을 취해 다른 사람에게 주고, 명분상의 은혜를 베풀어 실제상의 복을 얻는다'는 취지에 부합했다. 그러나 지금 6국을 세우는 것은 한왕에게 '자신이 소유한 것을 잘라 적에게 보태주고, 허명虛名을 세워 실화實禍를 입는다'는 취지에 해당한다. 이것이 바로 동일한 사안이 때에 따라 다른 득실을 초래하는 동사이형同事異形이다. 항우에게 죽임을 당한 송의宋義가 진·조 두 나라가 싸우다가 모두 쓰러지기를 기다린 것은 취지 면에서 옛날 천하장사 변장자卞莊子가 싸우다 지친 두 호랑이를 찌르는 변장척호卞莊刺虎의 전설과 같다.[68] 이 술책은 전국시대만 하더라도 이웃나라끼리 서로 공격함으로써 한눈을 파는 사이 이내 패망하는 위급함이 없었으므로 통할 수 있었다. 전국시대는 여러 나라가 건립되어 오랜 세월이 흐른 까닭에 일전에서의 승패가 반드시 나라의 존망을 좌우한 것은 아니었다. 당시의 형세는 적국을 멸망시키는 긴급한 형세에 비교할 만한 것은 아니었다. 그래서 전진하여 이로운 형세를 올라타고, 퇴각하여 스스로를 보전하면서 힘을 축적하며 때를 기다림으로써 적의 피폐를 틈타 움직일 수 있었던 것이다. 그러나 당시의 형세와 달리 지금은 초·조 등이 흥기해 진나라와 형세상 함께 존재할 수 없는 세불양립勢不幷立의 형세가 조성됐다. 안전하고 위태로워지는 기미인 안위지기安危之機가 숨 쉬는 사이에도 수시로 변하는 호흡성변呼吸成變의 모습을 보이는 까닭에 전진하면 성공을 거두고, 퇴각하면 화를 입을 수밖에 없다. 이것이 바로 동일한 사안이 때에 따라 다른 형세를 초래하는 동사이세同事異勢이다. 조나라를 공벌하는 싸움이 벌어질 당시 한신이 저수泜水의 강가에 주둔하자 조나라 군사들이 이들을 패퇴시킬 수 없었다. 그러나 팽성 참패 당시 한왕 유방은 수수睢水의 강가에서 싸워 병사들이 모두 수수에 빠져 죽고 초나라 군사가 대승을 거두었다. 어째서 그러한가? 조나라 군사는 자기 나라를 벗어나 전투를 하여 유리하다고 판단되면 전진하고, 곤란한 상황을 만나면 퇴각하는 자세로 임했다. 자기 목숨을 돌아보는 마음을 품은 까닭에 죽음을 무릅쓰고자 하는 담략이 없었다. 반대로 한신의 군사는 강을 등진 채 고립되어 있었다. 사졸들은 죽기를 각오하여 두 마음을 품지 않았다. 이것이 한

---

220 '변장자호'는 『사기』「진진전陳軫傳」에 나오는 일화이다. 변장자는 사서에 따라 '관장자管莊子', '변엄자卞嚴子', '변장자辨莊子' 등으로 나온다. 춘추시대 노나라 변읍卞邑의 대부였던 그는 용력이 뛰어났다. 「진진전」의 일화에 따르면 하루는 변장자가 성급히 호랑이를 잡으려고 하자 관수자管豎子가 이를 막으면서 말하기를, '두 호랑이가 바야흐로 소를 잡아먹으려고 하는데 쇠고기가 맛이 있으므로 반드시 두 호랑이가 싸울 것이고, 그러면 큰 것은 다치고 작은 것은 죽을 것이다. 다친 틈을 타 칼로 찌르면 한 번에 두 마리를 잡을 수 있다'고 했다. 변장자는 관수자의 계책을 좇아 마침내 두 마리의 호랑이를 잡게 됐다.

신이 승리한 이유이다. 한왕은 적국에 깊숙이 들어왔는데도 술을 받아놓고 연회를 베푸는 치주고회置酒高會를 한 까닭에 병사들이 일예逸豫편히 즐김하며 결전의 마음이 견고하지 못했다. 반대로 초나라는 강대한 위엄을 갖고 있으면서도 국도國都를 상실한 까닭에 병사들 모두 분개하는 기운에 휩싸여 급히 달려가 패망을 구하고자 하는 조바심을 품고 있었다. 이것이 한나라가 패한 이유이다. 당시 한신은 선별된 정병精兵으로 지키고 조나라는 자기 목숨을 돌아보는 군사로 공격했다. 항우는 선별된 정병으로 공격하고 한나라는 나태한 병사로 응했다. 이것이 바로 동일한 사안이 때에 따라 다른 결과를 초래하는 동사이정同事異情이다. 그래서 이르기를, '임기응변의 방도인 권도權道는 미리 확정할 수 없고, 국면의 변화는 미리 모의할 수 없다'고 하는 것이다. 시기時機에 따라 옮기고 사물의 변화에 따라 변하는 것이 바로 책략확립의 관건이다."

5) 유방이 진평에게 물었다.

"천하가 분분紛紛하니 언제나 안정되겠소?"

진평이 대답했다.

"항왕의 강직한 신하에 해당하는 골경지신骨鯁之臣은 아부亞父와 종리매鍾離昧, 용저龍且, 주은周殷 등 몇 사람에 지나지 않습니다. 대왕은 실로 수만 근의 황금을 내어 반간계反間計를 구사하면 항우의 군신을 이간시켜 서로 그 마음을 의심토록 만들 수 있습니다. 항왕은 위인이 시기가 많고 참소하는 말을 잘 믿는 의기신참意忌信讒의 인물이어서 반드시 안에서 서로 죽이는 일이 빚어질 것입니다. 한나라가 이 틈에 거병하여 공격하면 초나라를 깨뜨리는 것은 의심의 여지가 없습니다."

유방이 기뻐했다.

"좋은 계책이오."

이내 황금 4만 근을 내어 진평에게 준 뒤 그가 마음대로 사용케 하면서 지출을 묻지 않았다. 진평이 황금을 이용해 초나라 군영 내에서 반간계를 구사하면서 공개적으로 이런 말을 퍼뜨렸다.

"종리매 등의 제장은 항왕을 위해 많은 공을 세웠는데도 끝내 땅을 나눠 제후왕이 되는 상사賞賜를 못 받았다. 장차 한나라와 연합해 항씨를 멸망시킨 뒤 그 땅을 나눠 가지려 할 것이다."

과연 항우는 속으로 종리매 등을 의심키 시작했다.

여름 4월, 초나라 군사가 형양에서 유방을 포위하자 상황이 급해졌다. 유방이 강화를 청하면서 형양의 서쪽 지역을 베어내 그곳만 갖겠다고 했다. 범증이 항우에게 형양에 대한 급공急攻을 권하자 유방은 이를 크게 우려했다. 항우가 한나라에 사자를 보냈다. 사자가 도착할 즈음 진평이 태뢰太牢를 다 갖춰 놓게 했다.[221] 음식을 올리는 일이 진행되던 중 진평이 나타나 초나라 사자를 보고 짐짓 놀라는 체했다.

"아부의 사자인 줄 알았는데 항왕의 사자가 아닌가."

그러고는 그 음식을 내간 뒤 조악한 음식을 초나라 사자에게 올리게 했다. 초나라 사자가 귀환해 이를 상세히 보고했다. 항우가 과연 범증을 크게 의심했다. 범증은 형양성에 급공을 가해 함락시키고자 했으나 항우는 범증을 의심한 나머지 그의 말을 들으려고 하지 않았다. 범증은 항우가 자신을 의심한다는 얘기를 듣고 이내 화를 냈다.

"천하사天下事가 대체로 정해졌으니 이제 군왕이 스스로 처리하십시오. 원컨대 해골骸骨의 청을 받아주십시오."

그는 돌아가던 중 팽성에 이르기도 전에 등에 악성 종양이 나 객사했다.

221 '태뢰'는 제사나 연회 때 소와 양, 돼지 등 세 가지 희생犧牲을 모두 갖추는 것을 말한다. 돼지와 양만을 갖춘 것은 소뢰小牢라고 한다.

5월, 장군 기신紀信이 유방에게 말했다.

"일이 급하게 됐습니다. 신이 잠시 초나라를 속일 터이니 청컨대 대왕은 그 사이 샛길로 탈출하십시오."

진평이 먼저 야음을 이용해 여자 2,000여 명을 동문 쪽으로 내보냈다. 초나라가 사방에서 공격해 들어왔다. 기신이 유방의 수레에 올라타 황색 덮개와 대장기인 황옥좌독黃屋左纛을 설치한 뒤 병사들로 하여금 초나라 군영을 향해 말하게 했다.[222]

"성 안의 양식이 다 떨어져 한왕이 투항코자 한다."

초나라 군사가 모두 만세를 불렀다. 이들이 유방의 항복 장면을 보러 성의 동쪽으로 몰려가자 이 틈을 타 유방이 겨우 기병 수십 기를 이끌고 서문을 빠져나가 숨듯이 달아났다. 이때 유방은 한왕韓王 한신韓信과 주가周苛, 위표魏豹, 종공樅公 등에게 명해 형양성을 지키게 했다. 항우가 유방으로 가장한 기신에게 물었다.

"지금 한왕은 어디에 있는가?"

"이미 탈주했소."

항우가 대로한 나머지 기신에게 불에 태워 죽이는 소살燒殺을 가했다.

이 소식이 전해지자 형양성 내에 불온한 기운이 감돌았다. 이내 주가와 종공이 서로 만나 대책을 상의했다.

"나라를 배반한 군왕과는 더불어 수성守城키가 어렵다."

그러고는 위표를 죽였다.

유방은 형양을 빠져나와 성고成皐를 거쳐 입관入關한 뒤 곧바로 군사

222 '황옥'은 군왕이 타는 수레에 사용하는 황색비단의 덮개를 말한다. '좌독'은 군왕의 수레를 장식키 위해 소꼬리나 꿩의 깃을 이용해 만든 장식물을 가리킨다. '좌독'은 늘 수레의 왼편에 세운 데서 나온 것이다.

를 거둬 동쪽 지역을 회복코자 했다. 이때 원생轅生이 유방에게 말했다.

"한나라가 형양에서 초나라와 대치하는 수년 동안 한나라 군사는 늘 불리했습니다. 원컨대 대왕은 무관武關을 통해 출관出關하십시오. 그러면 항왕은 반드시 인병하여 남쪽으로 달려갈 것입니다. 이때 영루를 굳건히 지키면서 싸우지 않음으로써 형양과 성고 사이의 군사를 쉬게 하고, 한신 등에게 명해 하북의 조나라 땅을 안정되게 수습해 연·제의 연합을 성사케 만든 뒤 군왕은 다시 형양으로 가십시오. 이리하면 초나라는 대비해야 할 곳이 많아져 이내 힘이 분산될 수밖에 없습니다. 한나라가 휴식을 취한 뒤 다시 그들과 싸울 수만 있다면 그들을 깨뜨리는 것은 의심할 여지가 없습니다."

유방이 이를 좇아 완宛하남성 남양시과 섭葉하남성 섭현 땅으로 출군出軍한 뒤 경포와 함께 패잔병을 거둬들였다. 과연 항우는 유방이 완 땅에 있다는 말을 듣고 인병하여 남쪽으로 갔으나 유방은 성벽과 영루를 굳게 지킨 채 일절 교전하지 않았다.

팽성에서 패한 유방이 성을 빠져나가 서쪽으로 간 뒤 팽월도 그간 공략했던 모든 성을 잃고 홀로 군사를 거느려 북쪽으로 가 하상河上에 머물렀다. 그는 한나라의 유병遊兵을 돕기 위해 늘 사방으로 오가며 초나라를 쳐 후방의 양도糧道를 끊는 데 성공했다.

5월, 팽월이 수수睢水를 건너 하비下邳강소성 비현에서 항성項聲 및 설공薛公과 싸웠다. 마침내 이들을 격파하고 설공을 죽였다.[223] 항우가 휘하의

223 『사기』「항우본기」는 팽월이 황하를 건너가 동아에서 초군을 공격한 것으로 되어 있고, 항우가 팽월을 공격한 시점도 성고를 함락시킨 후로 되어 있다. 양옥승梁玉繩은 『사기지의史記志疑』에서 「고조본기」와 『한서』「고제기」 및 「항적전項籍傳」 등에 근거해 팽월이 설공을 죽인 시점은 수수濉水를 건너 하비下邳에서 접전을 벌이던 때였고, 항우가 팽월을 공격한 시점도 한 고제 3년 5월로 초군이 성고를 함락시키기 전임을 고증했다. 『자치통감』도 이에 의거해 기록해

종공終公에게 성고를 지키게 한 뒤 동쪽으로 군사를 이끌고 가 팽월을 쳤다. 유방이 이 틈을 이용해 군사를 이끌고 북쪽으로 가 종공을 격파한 뒤 다시 성고에 주둔했다.

6월, 항우가 팽월을 격파해 쫓아내는 와중에 한나라가 다시 성고에 주둔했다는 보고를 받고 이내 군사를 이끌고 서쪽으로 가 형양성을 함락시키고 주가周苛를 생포했다. 항우가 주가를 설득했다.

"나를 위해 일하면 공을 상장군으로 삼고, 3만호에 봉하겠소."

주가가 욕을 했다.

"너는 당장 한나라에 달려가 항복하지 않으면 곧 포로가 되고 말 것이다. 너는 한왕의 적수가 못된다."

항우가 주가를 팽살한 데 이어 종공樅公도 죽인 뒤 한왕韓王 한신을 포로로 잡고 마침내 성고를 포위했다. 이때 유방이 은밀히 몸을 빼내 등공滕公과 함께 수레를 타고 성고의 옥문玉門을 빠져나온 뒤 북쪽으로 황하를 건너 소수무小脩武하남성 수무현의 서쪽의 전사傳舍에 묵었다.

다음 날 새벽, 유방이 '한나라 사자를 칭하면서 조나라 영루로 치입馳入했다. 이때 장이와 한신은 아직 일어나지도 않았다. 유방이 이들의 침실로 들어가 인신印信과 병부兵符를 빼앗았다. 이어 장군기로 지휘해 제장들을 소집한 뒤 두 사람의 자리를 바꿨다. 한신과 장이는 깨어난 뒤 유방이 온 것을 알고는 크게 놀랐다. 유방은 두 사람의 군사를 빼앗은 뒤 장이에게 명해 조나라 땅을 두루 돌아다니며 수비를 다지게 하고, 한신을 상국으로 임명해 조나라 군사 가운데 아직 징발되지 않은 자를 거둬 제나라를 치게 했다.

유방과 함께 성고를 지키던 제장들이 하나둘 포위망을 뚫고 찾아와 유

놓았다.

방을 수종했다. 초나라는 마침내 성고를 함락시킨 뒤 서진코자 했으나 한나라가 군사를 보내 공鞏하남성 공현 땅에서 이들을 저지하며 더 이상 서진하지 못하게 했다.

6) 가을 7월, 패성孛星이 대각성大角星 자리에 나타났다.

7) 임강왕臨江王 공오共敖가 죽고, 그의 아들 공위共尉가 뒤를 이었다.

8) 유방이 한신의 군사를 얻은 뒤 다시 세력을 크게 떨쳤다.

8월, 유방이 인병하여 황하까지 갔다가 다시 남진하여 소수무小修武에 주둔하면서 초군과 교전코자 했다. 낭중郎中 정충鄭忠이 유방에게 보루를 높이 쌓고 참호를 깊이 파는 고루심참高壘深塹을 실행하며 적과 교전치 말 것을 충고했다. 유방이 이를 좇았다.

유방이 사촌형인 장군 유고劉賈와 노관盧綰에게 명해 병사 2만 명과 기병 수백 명을 이끌고 백마진白馬津하남성 활현에서 도하한 뒤 초나라 지역으로 들어가 팽월을 돕게 했다. 초나라가 쌓아놓은 양초糧草 더미를 불태워 그들의 기본자산을 파괴해 버렸다. 항우의 군사에게 양식을 공급치 못하도록 차단하는 게 임무였다. 초나라 군사들이 유고를 공격했으나 유고는 영루를 굳게 지키기만 할 뿐 교전치 않았다. 그는 팽월과 서로 호응하며 초나라의 진공을 저지했다.

9) 팽월이 공격을 개시해 양梁나라 땅을 경략했다. 수양睢陽하남성 상구현과 외황外黃 등 17개 성읍이 함락됐다.

9월, 항우가 대사마 조구曹咎에게 말했다.[224]

"성고를 견고히 지키도록 하시오. 한왕이 도전하려 해도 신중을 기해

---

224 '조구'는 『사기』「항우본기」에 해춘후海春侯로 나온다. 항우의 숙부 항량이 약양櫟陽에 잡혀 있을 때 그의 도움으로 풀려난 적이 있다. 이후 조구가 항우를 추종하자 '해춘후'에 봉해졌다.

교전치 마시오. 그가 동진하지 못하도록 막기만 하면 되오. 나는 15일 내에 반드시 양梁나라 땅을 평정한 뒤 다시 장군을 좇도록 하겠소."

항우가 군사를 이끌고 동행東行하여 과연 진류陳留하남성 진류현와 외황, 수양의 성들을 공격해 모두 함락시켰다. 유방은 성고의 동쪽 지역을 포기하고 공鞏과 낙洛 땅에서 초나라에 대항코자 했다. 역이기가 만류했다.

"신이 듣건대 '하늘 위에 하늘이 있음을 알아야 왕업을 이룰 수 있다'고 했습니다. 왕자王者는 백성을 하늘로 삼는 이민위천以民爲天, 백성은 먹는 것을 하늘로 삼는 이식위천以食爲天을 기본이치로 삼습니다. 무릇 오창敖倉은 천하의 양곡을 운반해 쌓아둔 지 오래됐습니다. 신이 듣건대 그곳에는 저장된 양곡이 매우 많다고 합니다. 초나라는 형양성을 함락한 뒤 오창을 견수堅守치 않고 인병하여 동진하면서 죄를 지어 수자리를 서는 병사로 하여금 성고를 지키게 했습니다. 이는 하늘이 한나라를 도와주는 것입니다.

지금 바야흐로 초나라를 쉽게 깨뜨릴 수 있는데도 한나라는 오히려 퇴각하여 스스로 유리한 형세를 버리려고 하니 신이 보건대 이는 큰 잘못입니다. 두 영웅은 함께 존립할 수 없는 양웅불구립兩雄不俱立의 원칙이 있습니다. 초·한 두 나라가 오랫동안 서로 대결하면서 결판을 내지 못하는 바람에 해내가 요탕搖蕩하고, 농부는 쟁기를 놓고, 길쌈하는 공녀工女는 베틀에서 내려오고, 천하 사람의 마음은 안정되지 못하고 있습니다.

원컨대 족하는 다시금 급히 진병하여 형양을 수취收取한 뒤 오창의 양곡에 의지해 성고의 천험天險을 틀어쥐고, 태항산太行山하남성 심양현 서북쪽의 길을 막고, 비호구蜚狐口하북성 울현 남쪽를 봉쇄하고, 백마진白馬津하남성 활현을 지키십시오. 하여 제후들에게 지형에 의지해 적을 제어하는 형세를 보이면 천하 사람은 어느 곳에 귀부해야 할지를 명백히 알 수 있습니다."

유방이 이를 좇아 오창을 빼앗을 계책을 다시 모의했다. 역이기가 재차 충고했다.

"지금 연·조 두 나라는 이미 평정됐으나 오직 제나라만 함락되지 않은 채 남아 있습니다. 제나라는 전씨田氏 종족들이 강성한 데다 대해大海와 태산泰山을 등에 지고 황하와 제수濟水를 험조險阻로 삼고 있고, 남쪽으로 초나라 땅과 인접해 있습니다. 이로 인해 사람들의 변심과 사술이 매우 심합니다. 족하가 비록 수만 명의 군사를 보낼지라도 한 해 정도의 단기간에 그들을 깨뜨리지는 못할 것입니다. 청컨대 제가 조령詔令을 받들고 제왕齊王에게 유세해 곧 그로 하여금 한나라를 위해 동쪽의 번신을 청하도록 만들겠습니다."

유방이 흔쾌히 대답했다.

"좋은 생각이오."

이내 역이기가 사자로 가서 제왕 전광田廣에게 물었다.

"군왕은 천하가 누구에게 돌아갈지 알고 있습니까?"

제왕 전광이 반문했다.

"모르겠소. 천하가 과연 누구에게 돌아가겠소?"

역이기가 대답했다.

"한나라에 돌아갈 것입니다."

제왕 전광이 물었다.

"선생은 무슨 근거로 그리 말하는 것이오?"

역이기가 대답했다.

"한왕이 먼저 함양에 들어갔으나 항왕은 약속을 저버리고 한왕을 한중왕漢中王으로 봉했습니다. 이어 항왕은 의제義帝를 이주시켜 죽였습니다. 한왕이 이 소식을 듣고 촉蜀과 한중의 군사를 일으켜 삼진三秦을 친 뒤 출관出關하여 의제 사건의 책임을 묻고, 천하의 군사를 거두면서 제후의 후예를 찾아내 왕으로 삼고, 성을 함락하면 곧 장수에게 후侯의 봉지封地를 내리고, 재물을 얻으면 곧 사졸에게 나눠주었습니다. 천하와 더불어 그 이익을 함께한 까닭에 호걸과 영웅, 현인 모두 그를 위해 성심으로 일하고자 합니다. 반면 항왕은 배약背約의 오명을 얻은 데다 의제를 죽임으로써 은혜를 잊고 의를 저버리는 망은부의忘恩負義의 악행까지 저질렀습니다. 항왕은 다른 사람이 세운 공은 기억하지 못하면서 다른 사람이 저지른 죄에 대해서는 잊는 일이 없습니다. 전승戰勝해도 상을 받지 못하고, 성을 함락시켜도 봉지를 받지 못하고, 항씨項氏가 아니면 그 누구도 중용될 길이 없습니다. 천하 사람이 그를 배반하고, 현재賢才가 그를 원망하며 모두 그를 위해 일하려 하지 않습니다. 그래서 천하가 한왕에게 돌아가리라는 것을 앉아서도 점칠 수 있는 것입니다. 한왕은 촉·한 지역의 군사를 동원해 삼진三秦을 평정하고, 서하西河에서 도하해 북위北魏를 깨뜨리고, 정형구井陘口를 빠져나와 성안군成安君 진여를 죽였습니다. 이는 사람의 힘으로 된 것이 아니라 하늘이 내려준 복입니다. 지금 이미 오창의 양곡에 의지해 성고의 천험天險을 틀어쥐고, 백마진白馬津을 지키고, 태항산太行山의 가파른 길을 막고, 비호구蜚狐口를 봉쇄하고 있습니다. 천하의 제후들 가운데 나중에 항복하는 자는 먼저 패망할 것입니다. 군왕은 속히 먼저 한왕에게 귀부하면 제나라는 가히 보전할 수 있을 것입니다. 그렇지 않으면 위망危亡은 속히 도래할 것입니다."

앞서 제나라는 한신의 군사가 동진하고 있다는 소식을 듣고 화무상華無傷과 전해田解를 시켜 중무장을 한 군사인 중병重兵을 이끌고 가 역하歷下산동성 역성현에 주둔하며 이를 저지케 한 바 있다. 그러다가 이때에 이르러 제왕은 역이기의 말을 듣고는 곧 사자를 보내 한나라와 강화한 뒤 이내 역하의 방어를 풀 것을 명한 뒤 역이기와 종일토록 술을 마시며 즐겼다.

당시 한신은 인병하여 동진하다가 미처 평원平原에서 황하를 건너기도 전에 역이기가 이미 제나라를 설복시켰다는 소식을 듣고 진군을 멈추려고 했다. 변사인 괴철蒯徹이 충고했다.

"장군은 조령을 받아 제나라를 치러 가는 중입니다. 이는 한나라에서 중간에 사자를 보내 제나라를 설복시킨 것에 불과합니다. 정녕 진공을 중지하라는 조서가 내려온 적이 있습니까? 어찌하여 다시 진군하지 않는 것입니까? 하물며 역생酈生은 일개 선비인데도 수레 앞턱 가로나무에 기대어 인사를 하는 복식伏軾의 사자使者가 되어 세 치 혀인 삼촌지설三寸之舌을 휘둘러 제나라의 70여 개 성읍을 떨어뜨렸습니다. 장군은 1년여 동안 수만 명의 군사를 이끌고 1년여 동안 겨우 조나라의 50여 개 성읍을 떨어뜨렸을 뿐입니다. 대장군이 되어 몇 년 동안 한 일이 오히려 일개 유생 놈인 수유豎儒가 세운 공만도 못하다는 말입니까?"

한신이 이를 옳게 여겨 마침내 황하를 건넜다.

** 起强圉作噩, 盡著雍閹茂, 凡二年.

* 太祖高皇帝三年

冬, 十月, 韓信·張耳以兵數萬東擊趙. 趙王及成安君陳餘聞之, 聚兵井陘口, 號二十萬.

廣武君李左車說成安君曰, "韓信·張耳乘勝而去國遠鬥, 其鋒不可當. 臣聞'千里饋糧, 士有饑色. 樵蘇後爨, 師不宿飽' 今井陘之道, 車不得方軌, 騎不得成列. 行數百里, 其勢糧食必在其後. 願足下假臣奇兵三萬人, 從間路絶其輜重. 足下深溝高壘勿與戰. 彼前不得鬥, 退不得還, 野無所掠, 不至十日, 而兩將之頭可致於麾下. 否則必爲二子所擒矣." 成安君嘗自稱義兵, 不用詐謀奇計, 曰, "韓信兵少而疲, 如此避而不擊, 則諸侯謂吾怯而輕來伐我矣."

韓信使人間視，知其不用廣武君策，則大喜，乃敢引兵遂下．未至井陘口三十里，止捨．夜半，傳發，選輕騎二千人，人持一赤幟，從間道萆山而望趙軍．誡曰，“趙見我走，必空壁逐我．若疾入趙壁，拔趙幟，立漢赤幟．”令其裨將傳餐，曰，“今日破趙會食!”諸將皆莫信，佯應曰，“諾.”信曰，“趙已先據便地爲壁．且彼未見吾大將旗鼓，未肯擊前行，恐吾至阻險而還也.”乃使萬人先行，出，背水陳．趙軍望見而大笑．平旦，信建大將旗鼓，鼓行出井陘口．趙開壁擊之，大戰良久．於是信與張耳佯棄鼓旗，走水上軍．水上軍開入之，復疾戰．趙果空壁爭漢旗·鼓，逐信·耳．信·耳已入水上軍，軍皆殊死戰，不可敗．信所出奇兵二千騎共候趙空壁逐利，則馳入趙壁，皆拔趙旗，立漢赤幟二千．趙軍已不能得信等，欲還歸壁．壁皆漢赤幟，見而大驚，以爲漢皆已得趙王將矣，兵遂亂，遁走，趙將雖斬之，不能禁也．於是漢兵夾擊，大破趙軍，斬成安君泜水上，禽趙王歇．諸將效首虜，畢賀，因問信曰，“兵法，‘右倍山陵，前左水澤’ 今者將軍令臣等反背水陳，曰‘破趙會食’，臣等不服，然竟以勝，此何術也?”信曰，“此在兵法，顧諸君不察耳！兵法不曰‘陷之死地而後生，置之亡地而後存’?且信非得素拊循士大夫也，此所謂‘驅市人而戰之’，其勢非置之死地，使人人自爲戰．今予之生地，皆走，寧尙可得而用之乎？!”諸將皆服，曰，“善！非臣所及也.”

信募生得廣武君者予千金．有縛致麾下者，信解其縛，東鄕坐，師事之．問曰，“僕欲北攻燕，東代齊，何若而有功?”廣武君辭謝曰，“臣敗亡之虜，何足以權大事乎!”信曰，“僕聞之，百里奚居虞而虞亡，在秦而秦霸．非愚於虞而智於秦也，用與不用，聽與不聽也．誠令成安君聽足下計，若信者亦已爲禽矣．以不用足下，故信得侍耳．今僕委心歸計，願足下勿辭.”廣武君曰，“今將軍涉西河，虜魏王，禽夏說.

東下井陘, 不終朝而破趙二十萬衆, 誅成安君. 名聞海內, 威震天下, 農夫莫不輟耕釋耒, 衣褕衣甘食, 傾耳以待命者, 此將軍之所長也. 然而衆勞卒罷, 其實難用. 今將軍欲擧倦敝之兵, 頓之燕堅城之下, 欲戰不得, 攻之不拔, 情見勢屈. 曠日持久, 糧食單竭. 燕旣不服, 齊必距境以自强. 燕·齊相持而不下, 則劉·項之權未有所分也, 此將軍所短也. 善用兵者, 不以短擊長而以長擊短." 韓信曰, "然則何由?" 廣武君對曰, "方今爲將軍計, 莫如按甲休兵, 鎭撫趙民, 百里之內, 牛酒日至, 以饗士大夫. 北首燕路, 而後遣辨士奉咫尺之書, 暴其所長於燕, 燕必不敢不聽從. 燕已從而東臨齊, 雖有智者, 亦不知爲齊計矣. 如是, 則天下事皆可圖也. 兵固有先聲而後實者, 此之謂也." 韓信曰, "善!" 從其策, 發使使燕, 燕從風而靡. 遣使報漢, 且請以張耳王趙, 漢王許之. 楚數使奇兵渡河擊趙, 張耳·韓信往來救趙, 因行定趙城邑, 發兵詣漢.

甲戌晦, 日有食之. 十一月, 癸卯晦, 日有食之.

隨何至九江, 九江太宰主之, 三日不得見. 隨何說太宰曰, "王之不見何, 必以楚爲强, 以漢爲弱也. 此臣之所以爲使. 使何得見, 言之而是, 大王所欲聞也. 言之而非, 使何等二十人伏斧質九江市, 足以明王倍漢而與楚也." 太宰乃言之王. 王見之. 隨何曰, "漢王使臣敬進書大王御者, 竊怪大王與楚何親也!" 九江王曰, "寡人北鄕而臣事之." 隨何曰, "大王與項王俱列爲諸侯, 北鄕而臣事之者, 必以楚爲强, 可以托國也. 項王伐齊, 身負版築, 爲士卒先. 大王宜悉九江之衆, 身自將之, 爲楚前鋒. 今乃發四千人以助楚. 夫北面而臣事人者, 固若是乎? 漢王入彭城, 項王未出齊也. 大王宜悉九江之兵渡淮, 日夜會戰彭城下. 大王乃撫萬人之衆, 無一人渡淮者, 垂拱而觀其孰勝. 夫托國於人者, 固若是乎? 大王提空名以鄕楚而欲厚自托,臣竊爲大王不取也! 然而大王不背楚者, 以漢爲弱也. 夫楚兵雖强, 天下負之以不義之名, 以其背盟約而殺義帝也. 漢王收諸侯, 還守成皐·滎陽, 下蜀·漢之粟, 深溝壁壘, 分卒守徼乘塞. 楚人深入敵國八九百里, 老弱轉糧千里之外. 漢堅守而不動, 楚進則不得攻, 退則不能解, 故曰楚兵不足恃也. 使楚勝漢, 則諸侯自危懼而相救. 夫楚之强, 適足以致天下之兵耳. 故楚不如漢, 其勢易見也. 今大王不與萬全之漢而自托於危亡之楚, 臣竊爲大王惑之! 臣非以九江之兵足以亡楚也. 大王發兵而倍楚, 項王必留. 留數月, 漢之取天下可以萬全. 臣請與大王提劍而歸漢, 漢王必裂地而封大王. 又況九江必大王有也." 九江王曰, "請奉命." 陰許畔楚與漢, 未敢泄也.

楚使者在九江, 捨傳捨, 方急責布發兵. 隨何直入, 坐楚使者上, 曰, "九江王已歸漢, 楚何以得發兵?" 布愕然. 楚使者起. 何因說布曰, "事已構, 可遂殺楚使者, 無使歸, 而疾走漢並力." 布曰, "如使者教." 於是殺楚使者, 因起兵而攻楚.

楚使項聲·龍且攻九江, 數月, 龍且破九江軍. 布欲引兵走漢, 恐楚兵殺之, 乃間行與何俱歸漢. 十二月, 九江王至漢. 漢王方踞床洗足, 召布入見. 布大怒, 悔來, 欲自殺. 及出就捨, 帳御·飮食·從官皆如漢王居, 布又大喜過望. 於是乃使人入九江. 楚已使項伯收九江兵, 盡殺布妻子, 布使者頗得故人·幸臣, 將衆數千人歸漢. 漢益九江王兵, 與俱屯成皐.

楚數侵奪漢甬道, 漢軍乏食. 漢王與酈食其謀橈楚權. 食其曰, "昔湯伐桀, 封其後於杞. 武王伐紂, 封其後於宋. 今秦失德棄義, 侵伐諸侯, 滅其社稷, 使無立錐之地, 陛下誠能復立六國之後, 此其君臣·百姓必皆戴陛下之德, 莫不鄕風慕義, 願爲臣妾. 德義已行, 陛下南鄕稱霸, 楚必斂衽而朝." 漢王曰, "善! 趣刻印, 先生因行佩之矣.” 食其未行, 張良從外來謁. 漢王方食, 曰, “子房前! 客有爲我計橈楚權者.” 具以酈生語告良, 曰, “何如?” 良曰, “誰爲陛下畫此計者? 陛下事去矣!” 漢王曰, “何哉?” 對曰, “臣請借前箸, 爲大王籌之. 昔湯·武封桀·紂之後者, 度能制其死生之命也. 今陛下能制項籍之死命乎? 其不可一也. 武王入殷, 表商容之閭, 釋箕子之囚, 封比干之墓, 今陛下能乎? 其不可二也. 發巨橋之粟, 散鹿台之錢, 以賜貧窮, 今陛下能乎? 其不可三也. 殷事已畢, 偃革爲軒, 倒載干戈, 示天下不復用兵, 今陛下能乎? 其不可四也. 休馬華山之陽, 示以無爲, 今陛下能乎? 其不可五也. 放牛桃林之陰, 以示不復輸積, 今陛下能乎? 其不可六也. 天下游士, 離其親戚, 棄墳墓, 去故舊, 從陛下游者, 徒欲日夜望咫尺之地. 今復立六國之後, 天下游士各歸事其主, 從其親戚, 反其故舊·墳墓, 陛下與誰取天下乎? 其不可七也. 且夫楚唯無强, 六國立者復橈而從之, 陛下焉得而臣之? 其不可八也. 誠用客之謀, 陛下事去矣!” 漢王輟食, 吐哺, 罵曰, “豎儒幾敗而公事!” 令趣銷印.

荀悅論曰, “夫立策決勝之術, 其要有三:一曰形, 二曰勢, 三曰情. 形者, 言其大體得失之數也. 勢者, 言其臨時之宜·進退之機也. 情者, 言其心志可否之實也. 故策同·事等而功殊者, 三術不同也.”

初, 張耳·陳餘說陳涉以復六國, 自爲樹黨. 酈生亦說漢王. 所以說者同而得失異者, 陳涉之起, 天下皆欲亡秦. 而楚·漢之分未有所定, 今天下未必欲亡項也. 故立六國, 於陳涉, 所謂多己之黨而益秦之敵也. 且陳涉未能專天下之地也, 所謂取非其有以與於人, 行虛惠而獲實福也. 立六國, 於漢王, 所謂割己之有而以資敵, 設虛名而受實禍也. 此同事而異形者也.

及宋義待秦·趙之斃, 與昔卞莊刺虎同說者也. 施之戰國之時, 鄰國相攻, 無臨時之急, 則可也. 戰國之立, 其日久矣, 一戰勝敗, 未必以存亡也. 其勢非能急於亡敵國也. 進乘利, 退自保, 故累力待時, 承敵之斃, 其勢然也. 今楚·趙所起, 其與秦勢不並立, 安危之機, 呼吸成變, 進則定功, 退則受禍. 此同事而異勢者也.

伐趙之役, 韓信軍於泜水之上而趙不能敗. 彭城之難, 漢王戰於睢水之上, 士卒皆赴入睢水而楚兵大勝. 何則? 趙兵出國迎戰, 見可而進, 知難而退, 懷內顧之心, 無出死之計. 韓信軍孤在水上, 士卒必死, 無有二心, 此信之所以勝也. 漢王深入敵國, 置酒高會, 士卒逸豫, 戰心不固. 楚以强大之威而喪其國都, 士卒皆有憤激之氣, 救敗赴亡之急, 以決一旦之命, 此漢之所以敗也. 且韓信選精兵以守, 而趙以內顧之士攻之. 項羽選精兵以攻, 而漢以怠惰之卒應之, 此同事而異情者也.

故曰, 權不可豫設, 變不可先圖. 與時遷移, 應物變化, 設策之機也.

漢王謂陳平曰, "天下紛紛, 何時定乎?" 陳平曰, "項王骨鯁之臣亞父·鐘離昧·龍且·周殷之屬, 不過數人耳. 大王誠能捐數萬斤金, 行反間, 間其君臣, 以疑其心. 項王爲人, 意忌信讒, 必內相誅, 漢因擧兵而攻之, 破楚必矣." 漢王曰, "善!" 乃出黃金四萬斤與平, 恣所爲, 不問其出入. 平多以金縱反間於楚軍, 宣言曰, "諸將鐘離昧等爲項王將, 功多矣, 然而終不得裂地而王, 欲與漢爲一, 以滅項氏而分王其地." 項王果意不信鐘離昧等.

夏, 四月, 楚圍漢王於滎陽, 急. 漢王請和, 割滎陽以西者爲漢. 亞父勸羽急攻滎陽. 漢王患之. 項羽使使至漢, 陳平使爲太牢具. 擧進, 見楚使, 卽佯驚曰, "吾以爲亞父使, 乃項王使!" 復持去, 更以惡草具進楚使. 楚使歸, 具以報項王, 項王果大疑亞父. 亞父欲急攻下滎陽城, 項王不信, 不肯聽. 亞父聞項王疑之, 乃怒曰, "天下事大定矣, 君王自爲之, 願請骸骨!" 歸, 未至彭城, 疽發背而死.

五月, 將軍紀信言於漢王曰, "事急矣! 臣請誑楚, 王可以間出." 於是陳平夜出女子東門二千餘人, 楚因而四面擊之. 紀信乃乘王車, 黃屋左纛, 曰, "食盡, 漢王降楚." 楚皆呼萬歲, 之城東觀. 以故漢王得與數十騎出西門遁去, 令韓王信與周苛·魏豹·樅公守滎陽. 羽見紀信, 問曰, "漢王安在?" 曰, "已出去矣." 羽燒殺信. 周苛·樅公相謂曰, "反國之王, 難與守城!" 因殺魏豹.

漢王出滎陽, 至成皐, 入關, 收兵欲復東. 轅生說漢王曰, "漢與楚相距滎陽數歲, 漢常困. 願君王出武關, 項王必引兵南走. 王深壁勿戰, 令滎陽·成皐間且得休息, 使韓信等得安輯河北趙地, 連燕·齊, 君王乃復走滎陽. 如此, 則楚所備者多, 力分. 漢得休息, 復與之戰, 破之必矣!" 漢王從其計, 出軍宛·葉間. 與黥布行收兵. 羽聞漢王在宛, 果引兵南. 漢王堅壁不與戰.

漢王之敗彭城, 解而西也, 彭越皆亡其所下城, 獨將其兵北居河上, 常往來爲漢游兵擊楚, 絶其後糧. 是月, 彭越渡睢, 與項聲·薛公戰下邳, 破, 殺薛公. 羽乃使終公守成皐, 而自東擊彭越. 漢王引兵北, 擊破終公, 復軍成皐.

六月, 羽已破走彭越, 聞漢復軍成皐, 乃引兵西拔滎陽城, 生得周苛. 羽謂苛曰, "爲我將, 以公爲上將軍, 封三萬戶." 周苛罵曰, "若不趨降漢, 今爲虜矣. 若非漢王敵也!" 羽烹周苛, 並殺樅公而虜韓王信, 遂圍成皐. 漢王逃, 獨與滕公共車出成皐玉門, 北渡河, 宿小脩武傳捨. 晨, 自稱漢使, 馳入趙壁. 張耳·韓信未起, 卽其臥內, 奪其印符以麾召諸將, 易置之. 信·耳起, 乃知漢王來, 大驚. 漢王旣奪兩人軍, 卽令張耳徇行, 備守趙地. 拜韓信爲相國, 收趙兵未發者擊齊.

諸將稍稍得出成皐從漢王. 楚拔成皐, 欲西. 漢使兵距之鞏, 令其不得西.

秋, 七月, 有星孛於大角.

臨江王龍薨, 子尉嗣.

漢王得韓信軍, 復大振. 八月, 引兵臨河, 南鄕, 軍小脩武, 欲復與楚戰. 郎中鄭忠說止漢王, 使高壘深塹勿與戰. 漢王聽其計, 使將軍劉賈·盧綰將卒二萬人, 騎數百, 度白馬津, 入楚地, 佐彭越, 燒楚積聚, 以破其業, 無以給項王軍食而已. 楚兵擊劉賈, 賈輒堅壁不肯與戰, 而與彭越相保.

彭越攻徇梁地, 下睢陽·外黃等十七城. 九月, 項王謂大司馬曹咎曰, "謹守成皐. 卽漢王欲挑戰, 愼勿與戰, 勿令得東而已. 我十五日必定梁地, 復從將軍." 羽引兵東行, 擊陳留·外黃·睢陽等城, 皆下之.

漢王欲捐成皐以東, 屯鞏·洛以距楚. 酈生曰, "臣聞'知天之天者, 王事可成', 王者以民爲天, 而民以食爲天. 夫敖倉, 天下轉輸久矣, 臣聞其下乃有藏粟甚多. 楚人拔滎陽, 不堅守敖倉, 乃引而東, 令適卒分守成皐, 此乃天所以資漢也. 方今楚易取而漢反卻, 自奪其便, 臣竊以爲過矣. 且兩雄不俱立, 楚·漢久相持不決, 海內搖蕩, 農夫釋耒, 紅女下機, 天下之心未有所定也. 願足下急復進兵, 收取滎陽, 據敖倉之粟, 塞成皐之險, 杜太行之道, 距蜚狐之口, 守白馬之津, 以示諸侯形制之勢, 則天下知所歸矣." 王從之, 乃復謀取敖倉. 食其又說王曰, "方今燕·趙已定, 唯齊未下, 諸田宗强, 負海·岱, 阻河·濟, 南近於楚, 人多變詐. 足下雖遣數萬師, 未可以歲月破也. 臣請得奉明詔說齊王, 使爲漢而稱東藩." 上曰, "善!" 乃使酈生說齊王曰, "王知天下之所歸乎?" 王曰, "不知也. 天下何所歸?" 酈生曰,

"歸漢." 曰, "先生何以言之?" 曰, "漢王先入咸陽, 項王負約, 王之漢中. 項王遷殺義帝, 漢王聞之, 起蜀·漢之兵擊三秦, 出關而責義帝之處. 收天下之兵, 立諸侯之後. 降城卽以侯其將, 得賂卽以分其士. 與天下同其利, 豪英賢才皆樂爲之用. 項王有倍約之名, 殺義帝之實. 於人之功無所記, 於人之罪無所忘. 戰勝而不得其賞, 拔城而不得其封, 非項氏莫得用

事. 天下畔之, 賢才怨之, 而莫爲之用. 故天下之事歸於漢王, 可坐而策也! 夫漢王發蜀·漢, 定三秦. 涉西河, 破北魏. 出井陘, 誅成安君. 此非人之力也, 天之福也! 今已據敖倉之粟, 塞成皐之險, 守白馬之津, 杜太行之阪, 距蜚狐之口. 天下後服者先亡矣. 王疾先下漢王, 齊國可得而保也. 不然, 危亡可立而待也!" 先是, 齊聞韓信且東兵, 使華無傷·田解將重兵屯歷下以距漢. 及納酈生之言, 遣使與漢平, 乃罷歷下守戰備, 與酈生日縱酒爲樂. 韓信引兵東, 未度平原, 聞酈食其已說下齊, 欲止. 辨士蒯徹說信曰, "將軍受詔擊齊, 而漢獨發間使下齊, 寧有詔止將軍乎? 何以得毋行也? 且酈生, 一士, 伏軾掉三寸之舌, 下齊七十餘城, 將軍以數萬衆, 歲餘乃下趙五十餘城. 爲將數歲, 反不如一豎儒之功乎!" 於是信然之, 遂渡河.

한고제 4년(BC 203)

1) 겨울 10월, 한신이 역하歷下에 있는 제나라 군사를 격파하고 임치臨淄에 이르렀다. 제왕 전광田廣은 역이기가 자신을 팔아먹은 것으로 생각해 이내 그를 팽살烹殺했다. 군사를 이끌고 동주東走하여 고밀高密산동성 고밀현에 이른 뒤 사자를 초나라로 보내 구원을 청했다. 전횡田橫은 박양博陽산동성 태안현 동남쪽, 임치성을 지키는 장관인 수상守相 전광田光은 성양城陽으로 달아났다. 장군 전기田旣는 교동膠東산동성 평도현에 주둔했다.

2) 초나라의 대사마 조구曹咎가 성고를 지켰다. 한나라 군사들이 수차례 도전했으나 초나라 군사는 출병하지 않았다. 사람을 시켜 며칠 동안 욕하자 마침내 조구가 화를 참지 못해 군사들에게 사수汜水하남성 공현 발원를 건너게 했다. 병사들이 반쯤 건넜을 때 한나라 군사들이 이들을 공격해 대파한 뒤 초나라의 금옥과 화뢰貨賂를 모두 빼앗았다. 조구와 사마흔司馬欣이 사수 강변에서 자경自剄했다. 유방이 병사를 이끌고 도하해 다시 성고를 빼앗은 뒤 광무산廣武山하남성 형양현 동북쪽에 주둔했다. 오창으로 진군해 양식을 먹었다.

항우는 양나라 지역의 10여 개 성읍을 함락시킨 직후 성고가 격파됐다는 소식을 듣자 이내 군사를 이끌고 돌아왔다. 그때 한나라 군사들은 마침 형양의 동쪽에서 초나라 장수 종리매鍾離昧를 포위하고 있었다. 이들 모두 항우가 이르렀다는 소식을 듣고 급히 험한 요새로 달아났다. 항우는 광무廣武를 탈환해 그곳에 주둔하면서 한나라 군사와 대치했다. 몇 달 후 초나라의 군량이 점차 떨어지기 시작했다.

항우는 군량이 바닥날까 걱정했다. 곧 고기를 자를 때 쓰는 널판인 조俎를 만들어 그 위에 태공太公을 올려놓은 뒤 유방에게 고했다.

"지금 속히 항복하지 않으면 태공을 팽살할 것이다."

유방이 대답했다.

"나는 그대 항우와 함께 북면北面하고 초회왕의 명을 받았을 뿐 아니라 형제가 되기로 약속까지 했다. 나의 부친(오옹吾翁)은 곧 그대의 부친(약옹若翁)이다. 기어이 너의 부친(이옹而翁)을 삶고자 하면 나에게도 고기국물인 육갱肉羹 한 그릇을 나눠 주기 바란다."

항우가 화가 나 태공을 죽이려고 하자 항백이 만류했다.

"천하사天下事는 아직 예측키가 어렵습니다. 하물며 천하를 위하는 사람은 집안을 돌보지 않는 법이니 태공을 죽일지라도 아무 도움이 안 됩니다. 오직 화만 더할 뿐입니다."

항우가 다시 유방에게 전했다.

"천하가 흉흉匈匈한 지 이미 여러 해가 됐다. 이는 오직 우리 두 사람으로 인한 것이다. 나는 한왕에 도전挑戰하여 자웅을 결하고 싶다. 이는 노소를 막론하고 천하의 백성을 이유 없이 수고케 하지 않으려는 것이다."

유방이 웃으며 사양했다.

"나는 지혜로 다투는 투지鬪智를 할지언정 힘으로 다투는 투력鬪力을 할 수는 없다."

항우가 세 번이나 장사壯士를 내보내 도전했다. 그러나 한나라에서는 기사騎射를 잘하는 누번樓煩이 번번이 이들을 바로 쏘아서 죽였다. 항우가 대로했다. 이내 스스로 갑옷을 입은 채 창을 잡고 도전했다. 누번이 또 활을 쏘려고 하자 항우가 눈을 부릅뜨고 질책했다. 누번이 눈으로는 감히 똑바로 쳐다보지 못하고, 손으로는 감히 활을 쏘지 못하다가 마침내 말머리를 돌려 영루 안으로 달려 들어간 뒤 감히 다시 나오지 못했다. 유방이 사람을 시켜 그가 누구인지 여러 사람에게 물었다. 그가 바로 항우라는 것을 알고는 크게 놀랐다.

항우가 이내 유방에게 다가갔다. 마침내 두 사람이 광무산의 산간山澗을 사이에 두고 말하게 됐다.[225] 항우가 독신獨身으로 도전하려고 하자 유방이 항우의 죄상을 열거하는 것으로 응답을 대신했다.

"그대는 약속을 어기고 나를 촉·한 지역에 봉한 것이 첫 번째 죄이다. 경자관군卿子冠軍 송의를 왕명을 멋대로 고쳐 죽이는 교살矯殺을 한 것이 두 번째 죄이다. 조나라를 구원한 뒤 환보還報하지 않고 제후들의 군

---

225 원문은 '광무간廣武間'이나 '광무간廣武澗'이 타당하다. '간澗'은 큰 계곡의 시내를 말한다. 당시 항우와 유방은 같은 광무지역에서 시내 하나를 두고 대치하고 있었다.

사를 멋대로 겁박劫迫해 입관入關한 것이 세 번째 죄이다. 진나라 궁실을 불태우고 시황제의 무덤을 파헤쳐 재물을 거두어 챙긴 것이 네 번째 죄이다. 진나라의 항왕降王 자영을 죽인 것이 다섯 번째 죄이다. 진나라 자제 20만 명을 신안新安에서 속여서 생매장한 것이 여섯 번째 죄이다. 제장을 선지善地에 봉왕封王하면서 고왕故王을 옮겨 내쫓은 것이 일곱 번째 죄이다. 의제를 내쫓고 팽성에 스스로 도읍한 뒤 한왕韓王의 땅을 빼앗고 양나라와 초나라 지역을 병탄하면서 스스로 많은 땅을 가진 것이 여덟 번째 죄이다. 사람을 시켜 의제를 강남에서 몰래 죽인 것이 아홉 번째 죄이다. 위정爲政이 불공평하여 마침내 군주의 서약이 불신을 받아 천하 사람이 수용치 않는 대역무도大逆無道를 범한 것이 열 번째 죄이다. 나는 의병으로 제후들을 좇아 잔적殘賊을 주멸하고, 죄를 지어 수자리를 서는 병사로 하여금 그대를 치게 한 것이다. 내가 어찌 고생스럽게 친히 그대에게 도전한단 말인가?"

항우가 이 말을 듣고 대로해 매복한 궁노수弓弩手에게 명해 유방을 쏘아 맞히게 했다. 유방이 흉상胸傷을 입고는 짐짓 발을 어루만지는 문족捫足을 하며 말했다.

"놈들(로虜)이 내 발가락을 맞혔다."

유방이 상처를 입고 앓아눕게 되자 장량이 군사들을 안심시키고 초나라의 승승乘勝을 제지하기 위해 그가 순행하며 군사들을 위로할 것을 강청했다. 유방이 순행하며 병사들을 위로하다가 상처가 더해지자 성고로 치입馳入했다.

3) 한신은 임치를 평정한 뒤 마침내 동진하여 제왕을 추격했다. 항우는 용저龍且에게 명해 공공연히 내세우는 20만 명을 이끌고 가 제나라를 구원하면서 제왕의 군사와 고밀高密에서 합군合軍케 했다. 어떤 사람이 용저에게 말했다.

"한나라 군사는 멀리 와 싸움을 추궁하고 있어 그들의 예기를 당할 길이 없습니다. 제·초의 군사들은 살던 지역에서 싸우는 까닭에 쉽게 패산敗散할 것입니다. 차라리 영루를 굳건히 지킨 뒤 제왕으로 하여금 믿는 신하를 보내 한나라에게 함락된 성을 설득케 하느니만 못합니다. 함락된 성은 군왕이 살아 있고 초나라가 와서 구원한다는 소식을 듣게 되면 이내 한나라를 배반할 것입니다. 한나라 군사는 2,000리 밖에서 와 제나라 땅에 머물고 있는 객입니다. 제나라 성들이 모두 반항하면 형세 상 밥 얻어먹을 곳조차 없게 됩니다. 그리되면 이내 싸우지도 못하고 항복하고 말 것입니다."

용저가 말했다.

"나는 줄곧 한신의 사람됨을 잘 알고 있어 그를 쉽게 상대할 수 있소. 그는 표모漂母에게 기식寄食할 정도로 몸 하나 건사할 대책조차 없는 사람이오. 또한 고하袴下를 지나는 모욕을 받았으니 '여러 사람을 상대하는 용기인 겸인지용兼人之勇도 없는 사람이오. 족히 두려워할 바가 못 되오. 게다가 제나라를 구원하러 왔다가 싸우지도 않고 그들을 항복시키면 내게 무슨 전공戰功이 있겠소. 지금 싸워 승리하면 가히 제나라 땅의 반쯤은 능히 얻을 수 있을 것이오."

11월, 제·초 두 나라 군사들이 한나라 군사들과 유수濰水산동성 동부를 사이를 두고 진세를 펼쳤다. 한신이 밤에 사람을 시켜 1만여 개의 자루를 만든 뒤 그 속에 모래를 가득 채워 넣어 유수의 상류를 막게 했다. 이어 군사를 이끌고 유수를 반쯤 건너 용저를 공격하다가 짐짓 지는 척하며 돌아서서 달아났다. 용저가 과연 크게 기뻐했다.

"나는 일찍부터 한신이 겁쟁이라는 것을 알고 있었다."

그러고는 한신을 뒤쫓았다. 한신이 사람을 시켜 물막이 자루인 옹낭壅囊을 터뜨리게 하자 물이 일시에 흘러내려 왔다. 용저의 군사 태반이 물을 건너지 못하자 이를 놓치지 않고 즉시 용저에게 급공急攻을 가해 죽였다. 유수의 동쪽에 있던 제·초 두 나라의 군사들도 산주散走하자 제왕 전광田廣도 이내 몸을 숨겨 도주했다. 한신이 이들을 추격한 끝에 북쪽 성양城陽에 이르러 제왕 전광을 포로로 잡았다. 한나라 장수 관영灌嬰은 제나라 수상守相 전광田光을 사로잡은 뒤 박양博陽까지 진격했다.

전횡田橫은 제왕 전광이 죽었다는 소식을 듣고 스스로 제왕이 된 뒤 군사들을 이끌고 돌아와 한나라 장수 관영을 공격했다. 그러나 이내 영하嬴下산동성 내무현에서 관영에게 패한 뒤 양梁 땅으로 망주亡走해 팽월에게 귀부했다. 관영이 계속 진격해 제나라 장수 전흡田吸을 천승千乘산동성 고원현에서 격파했다. 조참曹參은 교동膠東에서 전기田旣를 공격해 모두 죽여버렸다. 제나라 땅이 완전히 평정됐다.

4) 유방이 장이張耳를 조왕으로 삼았다.

5) 유방은 병이 낫자 서쪽으로 입관했다. 약양櫟陽섬서성 임동현에 이르러 새왕塞王으로 있던 사마흔의 머리를 약양의 저잣거리에 내걸었다. 유방은 이곳에서 4일간 머문 뒤 다시 군영으로 돌아가 이내 광무廣武에 주둔했다.

6) 한신이 사람을 시켜 유방에게 청했다.

"제나라는 거짓과 사술을 일삼으며 자주 변하는 위사다변僞詐多變으로 번복을 잘하는 나라입니다. 게다가 남쪽으로 초나라와 접하고 있습니다. 청컨대 가왕假王이 되어 이곳을 진압코자 합니다."

봉한 서신을 꺼내 본 유방이 대로해 사자 앞에서 한신을 욕했다.

"나는 여기서 어렵게 지키며 단모旦暮로 당신이 와서 보좌하기만을 기다렸다. 그런데 지금 자립하여 왕이 되겠다는 것인가?"

장량과 진평이 급히 유방의 발을 밟고는 이내 그의 귀에 대고 말했다.

"한나라는 지금 실리失利한 처지에 있는데 어떻게 한신이 자립해 왕이 되겠다는 것을 금할 수 있겠습니까? 차라리 그를 왕으로 세워 잘 대우하며 스스로 제나라 땅을 지키게 하느니만 못합니다. 그렇지 않으면 변란이 일어날고야 말 것입니다."

유방도 깨달은 바가 있어 부드러운 어조로 한신을 힐난했다.

"대장부가 제후왕諸侯王을 평정하면 곧 자신이 진왕眞王이 되는 것이다. 어찌하여 가왕假王이 되겠다는 것인가?"

봄 2월, 유방이 이내 장량을 파견해 인새印璽를 들고 가 한신을 제왕으로 삼게 한 뒤 그의 군사를 징발해 초나라를 쳤다.

7) 항우는 한신이 용저를 패사시켰다는 소식을 듣고 크게 두려워했다. 우이盱眙 출신 무섭武涉을 세객으로 보내 제왕齊王으로 즉위한 한신을 설득케 했다.

"천하가 모두 오랫동안 진나라의 폭정으로 고통을 겪다가 서로 육력戮力하여 진나라를 쳤소. 진나라가 멸망한 뒤 각자의 공을 헤아려 할지割地하고, 경계를 나눠 왕으로 봉하고, 병사들을 쉬게 했소. 그런데 지금 한왕이 동쪽에서 다시 흥병興兵하여 다른 사람의 몫을 침탈하고 다른 사람의 땅을 탈취했소. 한왕은 이미 삼진三秦을 격파하고 병사를 이끌고 출관出關한 뒤 제후들의 군사를 수합해 동쪽으로 초나라를 치고 있소. 그의 의도는 천하를 모두 삼키는 데 있으니 이것이 이뤄지지 않으면 결코 싸움을 그치지 않을 것이오. 그의 만족할 줄 모르는 욕심이 이토록 심하오. 게다가 한왕은 속을 기대할 수 없는 자이오. 그의 몸이 항왕의 손에 들어간 적이 여러 번 있었으나 항왕은 그때마다 그를 불쌍히 여겨 살려주었소. 그러나 그는 벗어나기만 하면 곧 약속을 어기고 다시 항왕을 쳤소. 그의 친신親信할 수 없는 행동이 이와 같소. 지금 족하는 비록 스스로 한왕과 두텁게 교유한다고 생각해 그를 위해 모든 힘을 다해 군사를 동원하고 있으나 끝내 그에게 사로잡히고 말 것이오. 족하가 연속하여 오늘까지 이르게 된 것은 항왕이 상존尙存하기 때문이오. 지금 두 왕이 다투고 있는 천하대사天下大事의 저울인 권형權衡은 족하에게 있소. 족하가 오른쪽으로 기울어지면 한왕이 이기고, 왼쪽으로 기울어지면 항왕이 이길 것이오. 그러나 만일 오늘 항왕이 망하면 그 다음은 족하가 될 것이오. 족하와 항왕은 교분이 있었는데 어찌하여 한나라에 반기를 들고 초나라와 연합해 천하를 셋으로 나누는 3분천하參分天下의 계책으로 왕이 되려 하지 않는 것이오. 지금 이 시기를 놓치면 한나라를 좇아 초나라를 치는 것을 스스로 결심하게 될 것이오. 어찌 지자智者로서 실로 할 수 있겠소?"

한신이 겸손한 말로 사양하는 사사辭謝를 했다.

"나는 항왕을 섬길 때 관직은 낭중郎中, 지위는 창을 잡고 궁정을 지키는 집극執戟에 불과했소. 말을 해도 듣지 않고 계획을 세워도 채택하지 않기에 초나라를 배반하고 한나라에 귀부한 것이오. 한왕은 나에게 상장군의 인수印綬를 주고, 수만 명의 군사를 주고, 손수 옷을 벗어 나에게 입히고, 음식을 밀어 나를 먹여주고, 말을 하면 들어주며 계책을 세우면 채택해 주었소. 그래서 내가 이런 위치에 이를 수 있었던 것이오. 다른 사람이 나를 깊이 친신親信하는데 내가 이를 배반하는 것은 상서롭지 못한 일이오. 비록 죽더라도 내 태도는 바뀌지 않을 것이오. 한신을 위해 항왕에게 유감의 뜻을 전해주기 바라오."

무섭이 떠나자 괴철은 천하의 판세를 좌우하는 저울추가 한신에게 있음을 알고 이내 관상법을 이용해 한신에게 유세했다.

"제가 군의 얼굴을 보니 봉후封侯에 불과합니다. 게다가 위태롭고 편안치 않습니다. 군의 뒷모습이 귀하기는 하나 나머지는 말할 수 없습니다."

한신이 물었다.

"그게 무슨 말이오?"

괴철이 대답했다.

"천하가 당초 기의起義했을 때 모든 사람이 우려한 것은 오직 어떻게 해야 진나라 패망을 실현시킬 수 있는가 하는 것뿐이었습니다. 그러나 지금 초·한 두 나라가 분쟁分爭하자 천하 사람이 간과 쓸개로 땅을 칠하는 간담도지肝膽塗地를 하고, 부자父子의 해골이 들판에 폭로暴露해 그 수를 헤아릴 수조차 없습니다. 초나라 군사는 팽성에서 기병한 후 사방에서 싸우며 패배한 적을 추격하는 기세로 승세를 타고 자리를 말 듯 전승하는 승리석권乘利席卷으로 그 위세를 천하에 떨쳤습니다. 그러나 지금은 경현京縣하남성 형양현 남쪽과 색정索亭하남성 형양현 북쪽 사이에서 포위된 까닭에 성고 이서의 산지인 서산西山에서 핍박을 받으며 더 이상 진공치 못하고 있습니다. 이들이 여기에 머문 지도 이미 3년이 지났습니다. 한왕 역시 10만의 군사를 이끌고 공鞏과 낙雒 땅에 근거해 산과 황하의 험조險阻에 기대고 있으나 하루에 수차례 출전하는데도 척촌지공尺寸之功도 세우지 못한 채 좌절하여 자구自救치도 못하고 있습니다. 이것이 바로 지혜와 용기가 모두 바닥이 난 '지용구곤智勇俱困'이라고 하는 것입니다. 지금 백성들은 피로가 극에 달해 크게 원망하고 있지만 돌아가 의지할 곳이 없습니다. 신이 생각건대 형세 상 천하의 현성賢聖이 아니고는 지금의 천하 화란을 종식시킬 길이 없습니다. 지금은 유방과 항우 양주兩主의 명운이 족하에게 달려 있습니다. 족하가 한나라를 위하면 한나라가 승리하고, 초나라를 위하면 초나라가 승리할 것입니다. 실로 신의 계책을 따를 생각이면 양쪽 모두 이롭게 되어 공존하여 3분천하參分天下로 3국이 세발솥처럼 공존하는 형세인 정족지세鼎足之勢를 이루는 방안보다 나은 것은 없습니다.[74] 그리되면 누구도 감히 먼저 움직일 수 없게 됩니다. 무릇 족하의 현성賢聖으로 무장한 병사의 무리를 이끌며 강력한 제나라 땅을 점거해 조·연을 복종시킨 뒤 초·한의 병력이 없는 곳으로 출병해 그들의 후방을 제압하십시오. 이어 백성들의 기대를 좇아 초·한을 향하여 백성을 위한 정전停戰을 청하여 명하면 천하는 바람 불듯이 신속히 호응할 것입니다. 그 누가 감히 이 말을 듣지 않겠습니까? 속히 큰 것은 자르고 강한 것은 약하게 하는 할대약강割大弱强으로 초·한의 땅을 할지割地하여 제후들을 세우십시오. 제후들이 서면 천하는 복종할 것이고, 그 공덕은 바로 제나라로 돌아올 것입니다. 제나라의 옛 땅을 안정시켜 교수膠水산동성 교래하와 사수泗水강소성 북쪽의 땅을 점거한 채 조용히 읍양하며 예모를 갖추면 천하의 군왕들이 서로를 이끌며 제나라에 조현朝見할 것입니다. 듣건대 '하늘이 주는 것을 받지 않으면 오히려 해를 입고, 시기가 이르렀는데도 행하지 않으면 오히려 재앙을 입는다'고 했습니다. 원컨대 족하는 이를 숙려熟慮키 바랍니다."

한신이 말했다.

"한왕이 나를 심히 후하게 대해 주었는데 내가 어찌 이익을 좇아 의를 등질 수 있겠소."

괴철이 말했다.

"당초 항산왕恒山王 장이와 성안군成安君 진여가 포의布衣로 있을 때 서로 문경지교刎頸之交를 맺었습니다. 그러나 후에 장염張黶과 진택陳澤의 일로 다투다가 항산왕이 성안군을 저수泜水의 남쪽에서 죽인 뒤 시신을 여러 개로 찢었습니다. 두 사람이 서로 어울려 한 몸처럼 가까이 지내다가 끝내 서로 사로잡으려고 한 것은 무슨 까닭입니까? 우환은 다욕多欲에서 생기고, 인심人心은 난측難測입니다. 지금 족하가 아무리 충신忠信을 행하면서 한왕과 사귈지라도 틀림없이 저 두 사람보다 견고할 수 없

---

226 괴철의 이 계책은 당시의 상황에 비춰 나름대로 일리가 있었다. 삼국시대에 나오는 이른바 '천하삼분지계天下三分之計'의 효시는 바로 초나라의 유세객 무섭武涉과 한신의 책사 괴철이었다고 해도 과언이 아니다.

고, 한왕과 족하 사이에 빚어진 사안은 장염과 진택의 경우보다 훨씬 중대합니다. 족하는 한왕이 반드시 자신을 위태롭게 하지는 않을 것으로 생각하고 있으나 신이 보건대 이는 커다란 착각입니다. 월나라 대부 문종文種은 망한 월나라를 부흥시켜 구천句踐을 패자覇者로 만들어 공을 세우고 명성을 얻었으나 그 몸은 죽고 말았습니다. 무릇 들짐승이 다 없어지면 사냥개를 삶아먹는 법입니다. 교우交友로 말하면 족하와 한왕의 그것은 장이와 성안군의 그것에 미치지 못합니다. 충신忠信으로 말할지라도 대부 문종이 구천에게 해준 것보다 더할 수는 없습니다. 이 두 경우는 족히 감계鑑戒로 삼을 만합니다. 원컨대 족하는 이를 심려深慮키 바랍니다. 신이 듣건대 '용기와 지략이 뛰어나 주군을 두렵게 만드는 자는 몸이 위태로워지고, 공로가 천하를 뒤덮는 자는 상을 받지 못한다'고 했습니다. 족하는 군주를 두렵게 만드는 위세인 진주지위震主之威를 지니고 있고, 상을 받을 수 없을 정도의 큰 공인 불상지공不賞之功을 세웠습니다. 초나라에 귀부하면 초나라 사람들이 불신不信하고, 한나라에 귀부하면 한나라 사람들이 두려워하며 떨 것입니다. 족하는 이런 용략과 공을 지닌 채 장차 어디로 귀부하려는 것입니까?"

한신이 완곡하게 말했다.

"선생은 더 이상 언급치 마시오. 내가 장차 유념하겠소."

며칠 후 괴철이 다시 말했다.

"무릇 남의 말을 듣는 것은 일이 이뤄질 징조이고, 세밀히 계획하는 것은 일이 이뤄지는 관건입니다. 잘못 알아듣고 계획을 잘못 세우고도 오랫동안 편안한 자는 극히 적었습니다. 그래서 사물의 대세를 아는 것은 과감히 단안을 내리는데 있고, 머뭇거리며 결정치 못하는 것은 일을 그르치는 근원이 되는 것입니다. 터럭같이 작은 이익을 자세히 살피면 천하의 대국을 잃기 마련입니다. 머리로는 명백히 알고 있는데도 결단하여 감히 실행치 않는 것은 모든 일의 화근입니다. 무릇 공업功業은 이루기는 어렵고 실패키는 쉬운 난성이패難成易敗, 시기時機는 얻기는 어렵고 잃기는 쉬운 난득이실難得易失에 해당합니다. 시기의 선택은 반드시 해당 시기에 맞춰서 해야 하니 이는 시기가 두 번 다시 찾아오지 않기 때문입니다."

그러나 한신은 머뭇거리는 유예猶豫를 하며 차마 유방을 등지지 못했다. 그는 스스로 자신이 세운 공이 매우 많아 유방이 끝내 자신의 제나라를 빼앗지는 않을 것으로 생각했다. 마침내 괴철의 계책을 사사辭謝했다. 괴철은 한신의 곁을 떠나 거짓으로 미친 척을 하는 양광佯狂을 하며 무당인 무사巫師가 됐다.

8) 가을 7월, 경포를 세워 회남왕淮南王으로 삼았다.

9) 8월, 북쪽 이민족인 북맥北貉의 연인燕人이 날랜 기병인 효기梟騎를 이끌고 와 한나라를 도왔다.

10) 유방이 하령下令했다.

"병사들 가운데 불행히도 죽은 자가 있으면 관원은 수의를 입혀 입관하여 집으로 전송轉送하라."

사방에서 민심이 귀부했다.

11) 이 해에 중위中尉 주창周昌을 어사대부御史大夫로 삼았다. 주창은 주가周苛의 종제從弟였다.

12) 이때에 이르러 항우는 자신이 고립되어 자신을 돕는 자가 매우 적다는 사실을 알아챘다. 식량도 떨어진 상황에서 한신까지 진병하여 초나라를 치자 항우가 크게 걱정했다. 이때 한나라가 후공侯公을 항우에게 보내 태공의 방환放還을 청했다. 항우가 마침내 유방과 약정해 천하를 반으로 갈라 나눠가지는 중분천하中分天下를 했다. 홍구洪溝[227] 이서는 한나

227 홍구洪溝는 회하 상류에서 황하로 연결된 운하를 말한다. 『사기』「항우본기」에는 홍

라, 이동은 초나라에 귀속됐다.

9월, 초나라가 태공과 여후를 돌려보냈다. 항우가 병사를 이끌고 포위를 푼 뒤 동쪽으로 돌아갔다. 유방도 서쪽으로 돌아가려고 하자 장량과 진평이 만류했다.

"한나라가 천하의 반을 차지하자 제후들이 모두 귀부했습니다. 초나라는 군사가 피로에 지쳐 있고 식량도 떨어지는 병피식진兵疲食盡한 상황입니다. 바야흐로 하늘이 초나라를 멸망시키려는 것입니다. 지금 저들을 풀어준 채 공격치 않으면 이는 호랑이를 길러 근심거리를 남기는 이른바 '양호유환養虎遺患'이 될 것입니다."

유방이 이를 좇았다.

* 太祖高皇帝四年

冬, 十月, 信襲破齊歷下軍, 遂至臨淄. 齊王以酈生爲賣己, 乃烹之. 引兵東走高密, 使使之楚請救. 田橫走博陽, 守相田光走城陽, 將軍田旣軍於膠東.

楚大司馬咎守成皐, 漢數挑戰, 楚軍不出. 使人辱之, 數日, 咎怒, 渡兵汜水. 士卒半渡, 漢擊之, 大破楚軍, 盡得楚國金玉·貨賂, 咎及司馬欣皆自剄汜水上. 漢王引兵渡河, 復取成皐, 軍廣武, 就敖倉食.

項羽下梁地十餘城, 聞成皐破, 乃引兵還. 漢軍方圍鍾離昧於滎陽東, 聞羽至, 盡走險阻. 羽亦軍廣武, 與漢相守. 數月, 楚軍食少. 項王患之, 乃爲高祖, 置太公其上, 告漢王曰, "今不急下, 吾烹太公!" 漢王曰, "吾與羽俱北面受命懷王, 約爲兄弟, 吾翁卽若翁. 必欲烹而翁, 幸分我一杯羹!" 項王怒, 欲殺之. 項伯曰, "天下事未可知. 且

子鴻溝로 나온다. 한대에는 낭탕거狼湯渠로 불렸다.

爲天下者不顧家, 雖殺之, 無益, 只益禍耳!” 項王從之. 項王謂漢王曰, “天下匈匈數歲者, 徒以吾兩人耳. 願與漢王挑戰, 決雌雄, 毋徒苦天下之民父子爲也!” 漢王笑謝曰. “吾寧鬥智, 不能鬥力!” 項王三令壯士出挑戰, 漢有善騎射者樓煩輒射殺之. 項王大怒, 乃自被甲持戟挑戰. 樓煩欲射之, 項王瞋目叱之, 樓煩目不敢視, 手不敢發, 遂走還入壁, 不敢復出. 漢王使人間問之, 乃項王也, 漢王大驚. 於是項王乃卽漢王, 相與臨廣武間而語. 羽欲與漢王獨身挑戰. 漢王數羽曰, “羽負約, 王我於蜀·漢, 罪一. 矯殺卿子冠軍, 罪二. 救趙不還報, 而擅劫諸侯兵入關, 罪三. 燒秦宮室, 掘始皇帝塚, 收私其財, 罪四. 殺秦降王子嬰, 罪五. 詐坑秦子弟新安二十萬, 罪六. 王諸將善地而徙逐故主, 罪七. 出逐義帝彭城, 自都之, 奪韓王地, 並王梁·楚, 多自與, 罪八. 使人陰殺義帝江南, 罪九. 爲政不平, 王約不信, 天下所不容, 大逆無道, 罪十也. 吾以義兵從諸侯誅殘賊, 使刑餘罪人擊公, 何苦乃與公挑戰!” 羽大怒,

伏弩射中漢王. 漢王傷胸, 乃捫足曰, “虜中吾指.” 漢王病創臥, 張良强請漢王起行勞軍, 以安士卒, 毋令楚乘勝. 漢王出行軍, 疾甚, 因馳入成皐. 韓信已定臨淄, 遂東追齊王. 項王使龍且將兵, 號二十萬, 以救齊, 與齊王合軍高密. 客或說龍且曰, “漢兵遠斗窮戰, 其鋒不可當. 齊·楚自居其地, 兵易敗散. 不如深壁, 令齊王使其信臣招所亡城. 亡城聞王在, 楚來救, 必反漢. 漢兵二千里客居齊地, 齊城皆反之, 其勢無所得食, 可無戰而降也.” 龍且曰, “吾平生知韓信爲人, 易與耳! 寄食於漂母, 無資身之策. 受辱於胯下, 無兼人之勇, 不足畏也. 且夫救齊, 不戰而降之, 吾何功! 今戰而勝之, 齊之半可得也.” 十一月, 齊·楚與漢夾濰水而陳. 韓信儲夜令人爲萬餘囊, 滿盛沙, 壅水上流. 引軍半渡擊龍且, 佯不勝, 還走. 龍且果喜曰, “固知

信怯也!” 遂追信. 信使人決壅囊, 水大至, 龍且軍太半不得渡. 卽急擊殺龍且, 水東軍散走, 齊王廣亡去. 信遂追北至成陽, 虜齊王廣. 漢將灌嬰追得齊守相田光, 進至博陽. 田橫聞齊王死, 自立爲齊王, 還擊嬰, 嬰敗橫軍於嬴下. 田橫亡走梁, 歸彭越. 嬰進擊齊將田吸於千乘, 曹參擊田旣於膠東, 皆殺之, 盡定齊地.

立張耳爲趙王.

漢王疾愈, 西入關. 至櫟陽, 梟故塞王欣頭櫟陽市. 留四日, 復如軍, 軍廣武.

韓信使人言漢王曰, “齊僞詐多變, 反覆之國也. 南邊楚. 請爲假王以鎭之.” 漢王發書, 大怒, 罵曰, “吾困於此, 旦暮望若來佐我, 乃欲自立爲王!” 張良 ·陳平躡漢王足, 因附耳語曰, “漢方不利, 寧能禁信之自王乎! 不如因而立之, 善遇, 使自爲守. 不然, 變生.” 漢王亦悟, 因復罵曰, “大丈夫定諸侯, 卽爲眞王耳, 何以假爲!” 春, 二月, 遣張良操印立韓信爲齊王, 征其兵擊楚.

項王聞龍且死, 大懼, 使盱台人涉往說齊王信曰, “天下共苦秦久矣, 相與戮力擊秦. 秦已破, 計功割地, 分土而王之, 以休士卒. 今漢王復興兵而東, 侵人之分, 奪人之地. 已破三秦, 引兵出關, 收諸侯之兵以東擊楚, 其意非盡呑天下者不休, 其不知厭足如是甚也! 且漢王不可必, 身居項王掌握中數矣, 項王憐而活之. 然得脫, 輒倍約, 復擊項王, 其不可親信如此. 今足下雖自以與漢王爲厚交, 爲之盡力用兵, 必終爲所禽矣. 足下所以得須臾至今者, 以項王尙存也. 當今二王之事, 權在足下, 足下右投則漢王勝, 左投則項王勝. 項王今日亡, 則次取足下. 足下與項王有故, 何不反漢與楚連和, 參分天下王之! 今釋此時而自必於漢以擊楚, 且爲智者固若此乎? !” 韓信謝曰, “臣事項王, 官不過郎中, 位不過執戟. 言不聽, 畫不用, 故倍楚而歸漢. 漢王授我上將軍印, 予我數萬衆, 解衣衣我, 推食食我, 言聽計用, 故吾得以至於此. 夫人深親我, 我倍之不祥. 雖死不易! 幸爲信謝項王!"

武涉已去, 蒯徹知天下權在信, 乃以相人之術說信曰, "僕相君之面, 不過封侯, 又危不安. 相君之背, 貴乃不可言." 韓信曰, "何謂也?" 蒯徹曰, "天下初發難也, 憂在亡秦而已. 今楚·漢分爭, 使天下之人肝膽塗地, 父子暴骸骨於中野, 不可勝數. 楚人起彭城, 轉斗逐北, 乘利席捲, 威震天下. 然兵困於京·索之間, 迫西山而不能進者, 三年於此矣. 漢王將數十萬之衆, 距鞏·雒, 阻山河之險, 一日數戰, 無尺寸之功, 折北不救. 此所謂智勇俱困者也. 百姓罷極怨望, 無所歸倚. 以臣料之, 其勢非天下之賢聖固不能息天下之禍. 當今兩主之命, 縣於足下, 足下爲漢則漢勝, 與楚則楚勝. 誠能聽臣之計, 莫若兩利而俱存之, 參分天下, 鼎足而居, 其勢莫敢先動. 夫以足下之賢聖, 有甲兵之聚, 據强齊, 從趙·燕, 出空虛之地而制其後, 因民之欲, 西鄕爲百姓請命, 則天下風走而響應矣, 孰敢不聽! 割大弱强以立諸侯, 諸侯已立, 天下服聽, 而歸德於齊. 案齊之故, 有膠·泗之地, 深拱揖讓, 則天下之君王相率而朝於齊矣. 蓋聞'天與弗取, 反受其咎. 時至不行, 反受其殃' 願足下熟慮之!" 韓信曰, "漢王遇我甚厚, 吾豈可鄕利而倍義乎!" 蒯生曰, "始常山王·成安君爲布衣時, 相與爲刎頸之交. 後爭張黶·陳澤之事, 常山王殺成安君泜水之南, 頭足異處. 此二人相與, 天下至歡也, 然而卒相禽者, 何也? 患生於多欲而人心難測也. 今足下欲行忠信以交於漢王, 必不能固於二君之相與也, 而事多大於張黶·陳澤者. 故臣以爲足下必漢王之不危己, 亦誤矣! 大夫種存亡越, 霸句踐, 立功成名而身死亡, 野獸盡而獵狗烹. 夫以交友言之, 則不如張耳之與成安君者也. 以忠信言之, 則不過大夫種之於句踐也, 此二者足以觀矣! 願足下深慮之. 且臣聞'勇略震主者身危, 功蓋天下者不賞' 今足下戴震主之威, 挾不賞之功, 歸楚, 楚人不信. 歸漢, 漢人震恐. 足下欲持是安歸乎?" 韓信謝曰, "先生且休矣, 吾將念." 後數日, 蒯徹復說曰, "夫聽者, 事之候也. 計者, 事之機也. 聽過計失而能久安者鮮矣! 故知者, 決之斷也. 疑者, 事之害也. 審豪厘之小計, 遺天下之大數, 智誠知之, 決弗敢行者, 百事之禍也. 夫功者, 難成而易敗. 時者, 難得而易失也. 時乎時, 不再來!" 韓信猶豫, 不忍倍漢. 又自以功多, 漢終不奪我齊, 遂謝. 蒯徹因去, 佯狂爲巫.

秋, 七月, 立黥布爲淮南王.

八月, 北貉燕人來致梟騎助漢.

漢王下令:軍士不幸死者, 吏爲衣衾棺斂, 轉送其家. 四方歸心焉.

是歲, 以中尉周昌爲御史大夫. 昌, 苛從弟也.

項羽自知少助. 食盡, 韓信又進兵擊楚, 羽患之. 漢遣侯公說羽請太公. 羽乃與漢約, 中分天下, 割洪溝以西爲漢, 以東爲楚. 九月, 楚歸太公·呂后, 引兵解而東歸. 漢王欲西歸, 張良·陳平說曰, "漢有天下太半, 而諸侯皆附. 楚兵疲食盡, 此天亡之時也. 今釋弗擊, 此所謂養虎自遺患也." 漢王從之.

권11-한기漢紀 3: 유방이 재차 통일하다

한고제 5년(BC 202)

1) 겨울 10월, 유방이 항우를 추격해 고릉固陵하남성 태강현 남쪽에 이르렀다. 이는 제왕 한신 및 위나라 상국 팽월과 함께 초나라를 치기로 약속한 데 따른 것이다. 그러나 한신과 팽월이 미처 도착하기 전에 초나라 군사가 한나라 군사를 공격해 대파했다. 유방이 다시 참호를 깊게 파고 영루를 굳게 지키며 장량에게 물었다.

"제후들이 내 말을 따르지 않으니 이는 어찌된 일이오?"

장량이 대답했다.

"초나라 군사를 격파하고도 두 사람이 아직 땅을 나눠받지 못했으니 그들이 오지 않는 것은 실로 당연한 일입니다. 군왕이 능히 그들과 더불어 천하를 나눠 함께 소유할 수 있다면 가히 그들을 즉시 다다르게 할 수 있습니다. 제왕 한신의 즉위는 군왕의 뜻에 따른 것이 아니기에 그 또한 스스로 기반을 견고히 하지 못하고 있습니다. 팽월 또한 원래 양나라 지역을 평정한 사람입니다. 당초 군왕이 위표를 먼저 왕으로 삼았기 때문에 그를 상국으로 삼은 것입니다. 위표가 죽고 없는 까닭에 팽월 또한 왕이 되기를 바라고 있으나 군왕이 속히 확정해 주지 않고 있습니다. 지금 수양睢陽하남성 상구현의 이북에서 곡성穀城산동성 동아현 동남쪽에 이르는 땅을 팽월에게 주어 왕으로 삼고, 진陳나라 이동에서 바다에 이르는 땅을 제왕인 한신에게 주십시오. 한신의 고향은 초나라 땅에 있으니 그는 고읍故邑을 다시 찾고자 할 것입니다. 이 두 곳을 내놓아 두 사람에게 주고 각기 초나라와 싸우게 하면 초나라는 쉽게 격파되고 말 것입니다."

유방이 이를 좇았다. 과연 한신과 팽월 모두 군사를 이끌고 왔다.

11월, 유고劉賈가 남쪽으로 가 회수를 건넌 뒤 수춘壽春안휘성 수현을 포위했다. 이어 사람을 보내 초나라의 대사마 주은周殷을 유인했다. 주은이 이내 초나라를 배반하고 서舒안휘성 서성현 땅의 군사를 이끌고 가 육읍六邑의 군민軍民을 도륙한 뒤 구강의 병사를 일으켜 경포를 영접했다. 경포와 주은이 함께 진격해 성보城父안휘성 박주시의 군민을 도륙한 뒤 유고를 좇아가 군사들을 한곳에 집결시키는 회사會師를 했다.

12월, 항우가 해하垓下안휘성 영벽현 동남쪽에 이르렀다. 군사는 적고 식량도 다한 까닭에 한나라 군사와 싸워 이기지 못하고 영루 안으로 들어갔다. 한나라와 제후들의 군사가 이들을 여러 겹으로 포위했다. 항우가 밤에 한나라 군사가 사면四面에서 일제히 부르기 시작한 초가楚歌를 듣고 크게 놀라 탄식했다.

"한나라 군사가 초나라 땅을 이미 모두 점거했단 말인가? 어찌하여 한나라 군사 속에 초나라 지역 사람들이 저토록 많단 말인가?"

그러고는 한밤중에 일어나 장막 안에서 술을 마셨다. 이어 슬픈 노래에 크게 의기가 북받쳐 비탄해하는 비가강개悲歌慷慨의 모습으로 뺨에 몇 줄기 눈물을 흘렸다.[228] 좌우가 모두 눈물을 흘리며 차마 쳐다보지 못

228 『사기』「항우본기」는 이때 항우가 강개한 심경으로 다음과 같은 '해하가垓下歌'를 부른 것으로 기록해 놓았다. "힘은 산을 뽑고 기개는 세상을 덮을 만하구나! 시운이 불리하여 추騅 또한 나아가지 않는구나! 추가 나아가지 않으니 이를 어찌해야 하나! 우虞여, 우여, 그대를 어찌해야 좋단 말인가! - 力拔山兮氣蓋世, 時不利兮騅不逝, 騅不逝兮可奈何, 虞兮虞兮奈若何." 당나라 때 장수절의 『사기정의』는 『초한춘추楚漢春秋』를 인용해 항우의 '해하가'에 대한

했다.[229] 항우가 준마인 추騅에 올라탄 뒤 휘하 장사 800명이 말에 올라 수종한 가운데 한밤중이 되는 시간까지 포위를 뚫고 남쪽으로 치주馳走했다. 날이 밝아서야 한나라 군사들이 이내 이를 알아챘다. 유방이 기장騎將 관영에게 5,000기騎로 그 뒤를 쫓게 했다. 항우가 회수를 건널 때 뒤따르는 자는 겨우 100여 기에 불과했다. 항우 일행은 음릉陰陵안휘성 정원현 서북쪽에 이르러 길을 잃고 한 늙은 농부인 전보田父[230]에게 길을 물었다. 농부가 길을 속여 말했다.

"왼쪽이오."

이들은 왼쪽으로 가다가 이내 대택大澤에 빠지고 말았다. 한나라 군사들이 곧 추급追及케 됐다.

항우는 이내 다시 인병하여 동쪽으로 갔다. 동성東城안휘성 정원현 동성진에 이르렀을 때는 겨우 28기만이 남아 있었다. 추격해 오는 한나라 기병은 수천 명에 달했다. 항우는 스스로 추격을 벗어날 수 없다고 생각해 이내 수종하는 기병들에게 말했다.

"내가 기병하여 지금까지 8년이 됐다. 70여 차례 참전했으나 일찍이 패한 적이 없어 마침내 천하에 칭패稱霸케 됐다. 그러나 지금 여기에서 곤경에 처하게 됐으니 이는 하늘이 나를 망하게 하려는 것이다. 결코 내가 싸

우미인의 답가를 이같이 기록해 놓았다. "한나라 병사가 이미 초나라를 공략해 사방에서 초나라 노래가 들리는구나! 대왕의 의기가 다했으니 천첩이 어찌 살아갈 수 있겠는가! - 漢兵已略地, 四方楚歌聲. 大王意氣盡, 賤妾何聊生."

229 일본학자 사다케 야스히코佐竹靖彦는 지난 2010년에 펴낸 『항우項羽』에서 항우가 노래를 부르고, 애첩 우미인이 이에 화답하자 눈물을 흘리며 우미인의 목을 베어 달아나는 등의 이른바 패왕별희霸王別姬 대목은 항간에 나도는 항우의 '절망絶望 설화'를 끼워 넣은 허구에 지나지 않는다고 주장했다. 사마광도 『자치통감』을 편제하면서 이를 항간의 설화로 간주해 모두 누락시켰다.

230 늙은 농부를 가리키는 전보田父는 통상적인 농부인 전부田夫와 구별해야 한다. 늙은 어부를 뜻하는 어보漁父를 통상적인 어부를 뜻하는 어부漁夫와 구별하는 것과 같다.

움을 잘못한 죄가 아니다. 오늘 죽음을 결심했으니 제군들을 위해 쾌전快戰코자 한다. 반드시 포위를 무너뜨리고, 적장의 목을 치고, 적의 깃발을 베어버릴 것이다. 세 번 이겨 제군들로 하여금 하늘이 나를 망하게 하려는 것이지 내가 싸움을 잘못한 죄가 아님을 알도록 하겠다."

그러고는 그 기병을 4대隊로 나눠 네 방향으로 진행케 했다. 한나라의 군사가 그들을 여러 겹으로 포위했다. 항우는 부하 기병에게 말했다.

"내가 그대들을 위해 저 장수들 가운데 하나의 목을 베겠다."

사방을 향해 있던 기병들에게 말을 타고 아래로 질주토록 하면서 산의 동쪽 세 곳에서 만나기로 약속했다. 항우가 큰소리를 내며 아래로 질주하자 한나라 군사들이 모두 흩어져 달아나는 피미披靡를 했다. 마침내 한나라 장수 하나를 참했다. 이때 낭중기郎中騎 양희楊喜가 추격해 왔다. 항우가 눈을 부릅뜨고 양희를 향해 대갈大喝하자 양희의 인마人馬가 모두 놀라 몇 리를 피해 뒷걸음쳤다.

항우와 기병들이 세 곳으로 나뉘어 모여 있자 한나라 군사들이 항우의 소재를 몰랐다. 이내 군사를 셋으로 나눠 다시 그들을 포위하기 시작했다. 항우가 다시 말을 타고 내달려 한나라 도위 한 사람의 목을 베고 수십백數十百 명을 죽인 뒤 다시 기병을 모았다. 그는 단 2기를 잃었을 뿐이다. 항우가 기병들에게 물었다.

"내 약속이 어떠한가?"

기병들이 모두 엎드려 대답했다.

"대왕의 말씀과 같습니다."

항우가 동쪽으로 가 오강烏江안휘성 화현 오강포烏江浦을 건너려고 했다. 오강의 정장亭長이 떠날 차비를 하여 배를 준비시켜 놓은 채 기다리다가 항우에게 말했다.

"강동江東은 비록 작으나 땅이 사방으로 1,000리나 되고 수십만의 무리가 있으니 족히 칭왕할 수 있습니다. 원컨대 대왕은 속히 도강하십시오. 지금은 신만이 배를 갖고 있어 한나라 군사들이 이를지라도 도강할 배가 없습니다."

항우가 웃으며 말했다.

"하늘이 나를 망하게 했는데 내가 강을 건너 무엇을 하겠는가? 게다가 나 항적項籍은 강동의 자제 8,000명과 함께 도강하여 서진했다가 지금 한 사람도 돌아오지 못하게 됐다. 설령 강동의 부형들이 나를 가련하게 생각해 왕으로 맞아준다 한들 내가 무슨 면목으로 다시 그들을 보겠는가? 설령 그들이 말하지 않을지라도 내가 어찌 내심 부끄러운 생각이 들지 않겠는가?"

그러고는 타고 있던 추마騅馬를 정장에게 내린 뒤 기병들로 하여금 모두 말에서 내려 걷게 했다. 이어 길이가 짧은 병기인 단병短兵을 들고 접전토록 했다. 이때 항우 혼자서 죽인 한나라 군사만 수백 명에 달했다. 그 또한 십여 군데 창상創傷을 입었다. 그가 한나라의 기병사마騎兵司馬 여마동呂馬童을 돌아보며 말했다.

"그대는 나의 옛날에 알고 지내던 사람이 아니던가?"

여마동이 고개를 돌려 항우를 등진 채 손가락으로 항적을 가리키며 중랑기中郎騎 왕예王翳를 향해 큰소리로 외쳤다.

"이 사람이 항왕이다!"

항우가 말했다.

"내가 듣건대 한나라에서 나의 수급을 1,000금과 성읍 1만 호에 산다고 하니 내가 너를 위해 덕을 베풀겠다."

그러고는 자경自剄하여 죽었다. 왕예가 그의 머리를 잘라 취하자 다른 기병들도 항우의 시신을 쟁탈키 위해 서로 마구 짓밟는 유천蹂踐을 했다. 상살자相殺者가 수십 명이나 됐다. 결국 마지막으로 양희와 여마동, 낭중

여승呂勝과 양무楊武가 각기 시신의 한쪽씩을 나눠 가졌다. 왕예를 비롯한 5명이 각자 얻은 시신을 하나로 모으자 바로 항우의 몸 전체가 됐다. 항우의 식읍을 5개로 나눠 배분하면서 이들 5인을 모두 열후에 봉했다.

초나라 땅이 모두 평정됐는데도 오직 노魯나라 땅만은 귀순치 않았다. 유방이 천하의 병사를 이끌고 그곳을 도륙코자 했다. 성 아래에 도착했을 때 오히려 성 안에서 비파 소리와 책 읽는 소리가 들렸다. 노나라는 예의를 지키는 나라여서 주군을 위해 죽음으로 절개를 지키는 사절死節을 높이 기렸다. 항우의 머리를 가져다가 노나라의 부형들에게 보여주었다. 노나라가 이내 항복했다.

유방은 노공魯公을 시켜 항우를 곡성穀城에 예장禮葬케 했다. 유방도 친히 발상하여 곡을 한 뒤 돌아갔다. 모든 항씨의 종족에 대해 유방은 한 사람도 죽이지 않았다. 항백 등 4인을 열후에 봉하고 유씨劉氏 성을 하사했다. 초나라에 끌려와 있던 다른 여러 지역 사람들도 모두 고향으로 돌아가게 했다.

이를 두고 태사공 사마천은 이같이 평했다.

"항우는 향리의 전야田野인 농무隴畝에서 일어나 3년 만에 5명의 제후를 이끌고 진나라를 멸망시킨 뒤 천하를 나눠주며 왕후에 봉했다. 천하의 정사는 항우로부터 나왔다. 그가 차지한 왕위는 비록 끝을 맺지 못했지만 근고近古 이래 일찍이 없었던 일이다. 그러나 항우는 먼저 입관한 사람을 관중왕에 봉한다는 약속을 어겼고, 초나라로 돌아갈 생각을 품어 마침내 의제를 쫓아내고 자립했다. 왕후들이 자신을 배반한 것을 원망키는 어려웠을 것이다. 공벌攻伐의 공을 스스로 자랑스럽게 생각하고, 사사로운 지혜를 뽐내 옛 것을 스승으로 삼지 않고, 패왕의 대업을 운위하며 힘으로 열국을 정벌하여 경영천하經營天下하고자 했다. 5년 후 끝내 나라를 망치고 자신 또한 동성東城에서 죽게 됐다. 그런데도 오히려 각오覺

悟하지 못하고 전혀 자책하지 않은 채 말하기를, '하늘이 나를 망친 것이지 내가 용병을 잘못한 죄가 아니다'라고 했다. 이 어찌 잘못된 일이 아니겠는가?"

또 전한 말기의 유학자 양웅揚雄은 『법언法言』에서 이같이 평했다.

"어떤 사람이 묻기를, '항우가 해하에서 패해 바야흐로 죽게 됐을 때 하늘이 나를 망하게 했다고 말했다고 하니 이는 믿을 만한 것인가'라고 했다. 내가 대답하기를, '한왕은 군신들의 책략인 군책群策을 다 썼고, 군책은 군중들의 역량인 군력群力을 다 쓰게 했다. 그러나 초왕은 군책을 꺼려 스스로 자신의 역량을 다 썼다. 다른 사람의 힘을 다 쓰게 하는 사람은 승리하고, 스스로 자신의 역량을 다 쓰는 사람은 패하는 것이다. 하늘이 이와 무슨 관계가 있겠는가?'라고 했다."

2) 한왕漢王 유방이 돌아오는 도중 정도定陶산동성 정도현에 이르러 문득 제왕 한신의 영루로 치입馳入해 그의 군사를 빼앗았다.

3) 임강왕 공위共尉가 항복하지 않자 노관盧綰과 유고劉賈를 보내 그를 포로로 잡았다.

4) 봄 정월, 제왕 한신을 초왕楚王으로 봉지를 바꿔 봉한 뒤 회북淮北을 다스리며 하비下邳에 도읍하게 했다. 또 위나라 상국 건성후建城侯 팽월을 양왕梁王으로 삼은 뒤 위나라의 옛 땅을 다스리며 정도에 도읍하게 했다.

5) 유방이 하령했다.

"병사들이 쉬지 못한 지 8년이 됐다. 만민萬民도 더불어 고생이 심했다. 지금 천하의 대사가 끝났으니 특별히 죽여야만 하는 사안인 수사殊死 이하의 죄인을 사면하라."

6) 제후왕들이 모두 상소해 한왕 유방이 황제의 자리에 오를 것을 청했다.

2월 3일, 한왕 유방이 범수氾水의 북쪽에서 황제에 즉위했다.[231] 왕후를 황후, 태자를 황태자, 작고한 모친인 선오先媼를 높여 소령부인昭靈夫人이라고 했다. 조서를 내려 명했다.

"옛날 형산왕衡山王 오예吳芮는 백월百粵의 군사를 좇아 제후를 돕고 포학한 진나라를 주살하는 대공을 세웠다. 제후들이 그를 왕으로 세웠으나 항우가 그의 땅을 침탈하고 그를 파군番君으로 불렀다. 이제 오예를 장사왕長沙王으로 삼는다."

또 이런 명도 있었다.

"옛날 월왕粵王 무제無諸는 대대로 월나라 제사를 받들었다. 진나라가 그 땅을 침탈해 월나라의 사직이 후손들의 제사인 혈식血食을 받지 못하게 했다. 제후들이 진나라를 치니 무제가 몸소 민중閩中복건성 일대의 군사를 이끌고 멸진滅秦을 도왔다. 그런데도 항우는 그를 폐하고 왕으로 세우지 않았다. 지금 그를 민월왕閩粵王으로 삼는다. 민중에서 칭왕하도록 하라."

7) 고황제高皇帝가 서쪽으로 가 낙양洛陽을 도읍으로 정했다.

8) 여름 5월, 군사를 모두 해산시켜 귀가歸家케 했다.

9) 유방이 조서를 내렸다.

"전에 백성들은 산택山澤에 서로 모여 스스로 보호하면서 장부에 그 이름과 숫자를 기록하지 않았다. 지금 천하가 이미 안정됐으니 각자 자신의 옛 현으로 돌아가 옛날의 작위와 전택으로 복귀하라. 관원은 그들에

231 '범수氾水'는 범람하는 모양이 넓고 크다는 의미에서 붙여진 이름이다. 유방의 즉위 장소와 관련해 여러 설이 있었다. 당나라 초기의 『괄지지括地志』는 한고제가 즉위한 단壇이 조주曹州의 제음현濟陰縣 경계에 있었다고 주장했다. 그러나 범수는 제음濟陰에 있는 점을 감안할 때 유방이 정도에서 즉위했다는 한고제 때의 공신 숙손통叔孫通의 주장이 사실에 부합할 듯하다.

게 글과 법인 문법文法으로 가르치고 효유토록 하라. 군의 이졸吏卒을 태장을 가해 모욕하는 일이 없게 하라. 작위가 12등급 가운데 7등급인 7대부七大夫 이상인 자는 모두 식읍을 갖게 하고, 7대부 이하의 관원은 본인의 요역徭役과 호부戶賦를 면제하고 사역를 받지 않게 하라."

10) 황제 유방이 낙양의 남궁南宮에서 주연을 베풀며 물었다.

"철후徹侯열후列侯와 제장들은 짐에게 감히 숨기는 일 없이 모든 것을 말하도록 하라. 내가 천하를 차지하게 된 연유는 무엇인가? 또 항씨가 천하를 잃게 된 연유는 무엇인가?"

고기高起와 왕릉王陵이 대답했다.

"폐하는 사람을 시켜 성을 공격하고 땅을 경략한 후 그것을 그들에게 주었습니다. 이로써 천하와 더불어 그 이로움을 함께 했습니다. 항우는 그리하지 않았습니다. 공로를 세운 자가 있으면 해치고, 현명한 자가 있으면 의심했습니다. 이것이 그가 천하를 잃은 연유입니다."

황제 유방이 말했다.

"공은 하나만 알고 둘은 모르고 있소. 무릇 군대의 막사 안인 유악지중帷幄之中에서 계책을 세우는 운주運籌를 하여 1,000리 밖에서 승리를 결정짓는 결승決勝을 하는 일은 내가 자방子房만 못하오. 국가를 안정시키고, 백성을 위무하고, 군량을 공급하면서 양도를 끊이지 않게 하는 일은 내가 소하蕭何만 못하오. 100만의 군사를 연합해 싸우면 반드시 이기고 공격하면 반드시 빼앗는 일은 내가 한신韓信만 못하오. 이들 3인은 모두 인걸人傑이오. 그러나 나는 이들을 능히 임용할 수 있었소. 이것이 내가 취천하取天下한 까닭이오. 항우에게는 오직 한 명의 범증范增이 있었으나 그조차 쓰지 못했소. 이것이 그가 나에게 패한 까닭이오."

군신들이 모두 감복했다.

초왕에 봉해진 한신은 초나라에 이르러 표모漂母를 불러 1,000금을 하사했다. 또 자신을 바짓가랑이 사이로 지나게 하며 모욕을 준 청년을 불러 중위中尉로 삼은 뒤 여러 장상將相들에게 말했다.

"이 사람은 장사壯士다. 이 사람이 나를 모욕할 때 내가 어찌 그를 죽일 수 없었겠는가? 그러나 그를 죽여도 아무런 명성도 얻지 못하는 까닭에 이내 참고 지금에 이르게 된 것이다."

11) 팽월이 한나라의 책봉을 받게 되자 피신해 와 있던 전횡田橫은 주살될까 두려워한 나머지 무리 500여 명을 이끌고 바다로 들어가 섬에서 살았다. 고황제 유방은 전에 전횡의 형제가 제나라를 평정했을 때 제나라의 많은 현자가 그에게 귀부한 것을 꺼림칙하게 생각했다. 지금 바다로 들어가 섬에 살고 있는 그들을 부르지 않을 경우 후에 난을 일으킬까 우려했다. 사자를 보내 전횡의 죄를 사면하면서 그를 불렀다. 전횡이 사사辭謝했다.

"신은 폐하의 사자 역이기를 삶아 죽였습니다. 지금 듣건대 그의 동생 역상酈商이 한나라의 장수라고 하니 신은 두려워 감히 조서를 받들 수 없습니다. 청컨대 서인이 되어 해도海島에서 살고자 합니다."

사자가 환보還報하자 고황제 유방이 위위衛尉 역상에게 조서를 내렸다.

"제왕의 자리에 있던 전횡이 곧 도착할 것이다. 감히 인마人馬와 종자從者를 동요케 하는 자는 일족을 주살할 것이다."

이내 다시 사자에게 명해 대나무 끝에 쇠꼬리 털을 매단 황제의 신표인 정절旌節을 가지고 가 전횡을 부르게 했다. 이때 역상에게 내렸던 조서의 내용을 고하면서 조명을 전하게 했다.

"낙양에 오면 크게는 칭왕케 하고 작게는 열후에 봉할 것이다. 그러나 오지 않으면 군사를 일으켜 주살할 것이다."

전횡이 이내 빈객 2인과 함께 역참 전용의 빠른 수레인 전거傳車를 타고 낙양으로 갔다. 낙양에서 30리 정도 못 미친 지점인 시향尸鄕하남성 언사현 서쪽의 역참에 이르러 전횡이 사자에게 사사辭謝했다.

"신하가 천자를 알현하려면 의당 먼저 목욕해야 할 것이오."

잠시 역참에 머무는 사이 빈객들에게 말했다.

"나 전횡은 당초 한왕과 함께 남면하면서 '고孤'를 칭한 바 있소. 그런데 지금 한왕은 천자가 됐고, 나는 도망 다니는 포로가 되어 북면하며 그를 섬겨야 하오. 그 치욕이 실로 심하기 그지없소. 또한 나는 다른 사람의 형을 삶아 죽인 바 있소. 그 동생과 어깨를 나란히 하고 군주를 섬기면 설령 그가 천자의 조서를 두려워해 감히 움직이지 못한다 할지라도 내가 어찌 마음속으로 부끄럽지 않을 수 있겠소. 폐하가 나를 보고자 하는 것은 단지 내 모습을 한번 보고자 하는 데 지나지 않소. 지금 나의 목을 잘라 30리를 달려가면 형용形容이 아직 변치 않을 것이니 여전히 형용을 뚜렷이 볼 수 있을 것이오."

그러고는 마침내 자경自剄했다. 그는 자경할 때 빈객에게 명해 자신의 머리를 받들고 사자를 따라가 유방에게 급히 상주하는 치주馳奏를 하게 했다. 유방이 탄식했다.

"아, 포의布衣에서부터 시작해 형제 3인이 앞뒤로 칭왕을 했으니 어찌 현명치 않을 리 있겠는가?"

유방이 그를 위해 눈물을 흘리며 그의 두 빈객을 도위都尉로 삼았다. 또 병사 2,000명을 내어 왕의 예禮로써 그를 장사지내게 했다. 장례가 끝나자 두 빈객 모두 무덤 곁에 구멍을 판 뒤 자경하여 전횡의 뒤를 따랐다. 유방이 이 소식을 듣고 대경大驚했다. 전횡의 빈객이 모두 현명하다고 생각해 이내 사자를 보내 아직 섬에 있는 나머지 500명을 모두 불렀다. 그러나 이들 또한 전횡이 죽었다는 말을 듣고 모두 자진했다.

12) 당초 초나라 사람 계포季布는 항우의 장수였다. 그는 수차례 유방

을 포위하여 곤경에 처하게 했다. 항우가 패망한 후 유방이 계포를 1,000금으로 상금을 내걸고 나포코자 하며 감히 그를 집에 숨기는 자는 삼족을 멸하는 죄를 내리겠다고 선포했다. 계포가 이내 곤겸髡鉗[232]을 한 노비가 되어 스스로 노魯나라 땅에 사는 대협大俠 주가朱家에게 팔려갔다. 주가는 내심 그가 계포라는 것을 알고 그를 산 뒤 자신의 농가에 머물며 일하게 했다. 이어 낙양으로 가서 등공滕公 하후영을 만나 말했다.

"계포가 무슨 죄를 범한 것입니까? 신하가 각기 그 주인을 위해 시키는 대로 일하는 것은 직책을 다하는 것에 불과합니다. 항씨의 신하라고 하여 어찌 다 주살할 수 있겠습니까? 지금 황제가 처음으로 득천하得天下한 상황에서 사원私怨으로 한 사람을 잡으려고 하니 어찌하여 이처럼 황제의 속이 좁은 불광不廣을 천하에 널리 드러내려는 것입니까? 게다가 계포는 현명한 자입니다. 한나라에서 그를 급하게 잡으려고 하면 그는 북쪽 흉노 땅으로 달아나거나 남쪽 월나라 땅으로 달아날 것입니다. 이처럼 장사를 꺼려 적국을 돕는 것은 바로 오자서伍子胥가 초평왕의 묘에 매질을 것과 같은 일을 일으키게 됩니다.[233] 그대는 어찌하여 황제를 위해 이를 조용히 말씀드리지 않는 것입니까?"

등공이 틈이 나기를 기다렸다가 주가가 가르쳐준 대로 이를 유방에게 말했다. 유방이 그 말을 듣고 이내 계포를 사면한 뒤 불러 낭중郎中으로 삼았다. 주가는 이후 다시는 그를 보러 오지 않았다.

계포와 어머니는 같고 아버지가 다른 동모이부同母異父의 동생인 정공丁公 정고丁固 역시 항우의 장수로 있었다. 일찍이 유방을 팽성의 서쪽까

---

232 곤겸髡鉗의 '곤'은 머리를 깎고, '겸'은 목에 칼을 씌우는 진나라 때의 형벌을 말한다.

233 '오자서'는 춘추시대 말기 초나라 대부로 초평왕楚平王이 부친인 오사伍奢를 죽이자 오나라로 도주한 뒤 오왕吳王 합려闔廬를 부추겨 이내 초나라 도성인 영郢을 점령케 함으로써 설원雪冤했다. 당시 그는 초평왕의 묘를 발굴해 시체에 매질을 가했다.

지 급히 추격해 곤경에 처하게 만든 바 있다. 유방이 단병短兵으로 접전하다가 상황이 급해지자 정공을 돌아보며 말했다.

"두 현자가 어찌 이처럼 서로 다투는 사나운 운수를 만난단 말이오?"

정공이 이 말을 듣고 이내 인병하여 돌아갔다. 항우가 멸망하자 정공이 고황제 유방을 찾아와 알현했다. 그러나 유방은 그를 체포한 뒤 군중軍中을 순시하며 이같이 말했다.

"정공은 항왕의 신하로서 불충不忠하여 이내 항왕으로 하여금 천하를 잃게 만든 자이다."

마침내 그를 참수했다.

신 사마광은 평한다.

"한고제는 풍豐·패沛에서 일어난 이후 호걸들을 망라網羅하고, 도망친 사람을 부르고, 반기를 든 자들을 용납한 적이 또한 매우 많았다. 그러나 그가 제위에 오른 이후 오직 정공만이 항왕에게 불충했다는 이유로 주륙을 당했다. 이는 무슨 연고인가? 무릇 진공하여 정권을 탈취하는 진취進取와 이뤄 놓은 성공을 지키는 수성守成은 처한 정세情勢가 다르기 때문이다. 여러 영웅들이 각축할 때는 백성들이 안정되어 독존獨尊하는 군주를 가질 수 없다. 투항하는 자가 있다면 이를 받아들이는 것이 마땅하다. 그러나 성공을 거두어 천자의 귀한 몸이 되면 사해 내에 신하 아닌 자가 없게 된다. 만일 신민에게 예의를 밝게 드러내 보여주지 못하면 신자臣者 개개인들로 하여금 두 마음을 품어 큰 이익을 꾀하도록 만드는 것이다. 이리하면 국가가 어찌 능히 오랫동안 평안할 수 있겠는가? 그래서 대의大義로써 결단하여 천하 사람들 모두 확연히 신하가 되어 불충을 행하는 자는 스스로 용납될 곳이 없음을 분명히 알게 만들어야 하는 것이다. 사심을 품고 은혜를 베풀어 교결交結하는 것은 설령 자신을 살려주는 일이 있을지라도 대의와는 아무 상관이 없는 일이다. 한 사람을 죽여 천만

인을 두렵게 만들었으니 그 사안의 고찰이 어찌 심원深遠하지 않은가. 한 고제의 자손들이 천록天祿을 400여 년이나 누린 것은 마땅한 일이다."

13) 제나라 추신 누경婁敬이 농서隴西에서 수자리를 서게 됐다. 낙양을 지나다가 사람이 잡을 수 있도록 한 끌채와 연결된 횡목인 수레의 만핵輓輅을 내려놓고 양가죽 옷인 양구羊裘를 입은 뒤 제나라 출신인 우장군虞將軍을 통해 고황제 유방을 진현晉見코자 했다. 우장군이 그에게 새 옷으로 갈아입을 것을 청하자 누경이 사양했다.

"제가 비단옷인 백의帛衣를 입었으면 백의 입은 채로 진현하고, 베옷인 갈의褐衣를 입으면 갈의를 입은 채로 진현할 것입니다. 끝내 감히 옷을 바꿔 입을 수 없습니다."

우장군이 들어가 고황제 유방에게 전하자 유방이 그를 소견召見하며 그 이유를 물었다. 누경이 반문했다.

"폐하가 낙양에 도읍을 정한 것은 한나라와 주나라 왕실 가운데 어디가 더 융성한지를 비교코자 한 것입니까?"

유방이 대답했다.

"그렇소."

누경이 말했다.

"폐하의 취천하取天下는 주나라와 다릅니다. 주나라의 선조는 후직后稷이 태邰섬서성 무공현 땅에 봉해진 이래 줄곧 덕과 선행을 쌓았습니다. 10여 대를 거쳐 태왕太王 고공단보과 왕계王季, 문왕文王, 무왕武王 때에 이르러 제후들이 스스로 귀부했고 은나라를 멸망시킨 뒤 천자가 됐습니다. 성왕成王이 즉위하자 주공周公이 재상이 된 뒤 이내 낙읍洛邑을 영건營建하여 천하의 중심지로 삼았습니다. 제후들은 사방에서 공물과 직책을 바쳤고, 공물을 바치러 오는 거리는 고루 비슷했습니다.

유덕有德하면 쉽게 칭왕하고, 무덕無德하면 쉽게 멸망했습니다. 그래서 주나라가 번성했을 때 천하가 화목하며 넉넉했고, 제후와 사이四夷 가운데 빈복賓服하며 공물과 직책을 진헌치 않는 자가 없었던 것입니다. 그러나 주나라가 쇠잔해지자 천하가 조공하지 않았고, 주나라도 이를 제어할 수 없었습니다. 이는 비단 덕이 얇은 탓만이 아니라 형세形勢 또한 약했기 때문입니다.

지금 폐하가 풍·패에서 일어나 촉蜀·한漢 지역을 석권하고, 삼진三秦을 평정하고, 항우와는 형양과 성고 사이에서 대전大戰을 70회, 소전小戰을 40회나 치렀습니다. 이로 인해 백성들은 참혹한 죽임을 당해 간肝과 뇌수腦髓가 땅에 널려 있는 간뇌도지肝腦塗地를 당하고, 부자父子는 해골이 들판에 방치됐으니 그 수를 이루 다 헤아릴 수 없습니다. 곡하며 우는 소리는 끊이지 않고, 상이자傷夷者는 아직도 일어나지 못하고 있습니다. 그런데도 폐하는 주성왕周成王과 주강왕周康王의 태평시대 융성에 비할 수 있다고 생각하고 있습니다. 신은 사적으로 비교할 수 없다고 생각합니다.

게다가 진나라 지역은 산에 의지하며 황하를 끼고 있어 사방의 요새를 통해 가히 굳건히 방어할 수 있습니다. 문득 급한 일이 생길지라도 100만 명은 즉시 모을 수 있습니다. 진나라의 기반에 기대어 최상의 기름진 땅를 이용할 수 있으니 이것이 바로 하늘이 내린 창고인 이른바 '천부天府'라고 하는 것입니다. 폐하가 관중關中으로 들어와 이곳을 도읍으로 정하면 효산崤山의 동쪽의 산동山東관동關東이 비록 어지러워질지라도 진나라의 고지故地는 가히 보전할 수 있습니다. 무릇 적과 육박전을 벌일 때조차 숨통을 조이고 등을 가격하는 액항부배扼亢拊背를 하지 않으면 완승할 수 없는 법입니다. 지금 폐하가 진나라의 고지를 근거지로 삼아 지키는 것은 바로 천하의 숨통을 조여 등을 가격하는 것과 같습니다."

유방이 이를 군신들에게 물었다. 군신들은 모두 산동山東 출신이다. 이들이 다투어 말했다.

"주나라는 수백 년 동안 칭왕했고 진나라는 2대 만에 곧바로 망했습니다. 낙양은 동쪽으로 성고成皐가 있고, 서쪽으로 효산崤山과 면지澠池가 있고, 황하를 등지고, 이수伊水와 낙수洛水를 앞으로 바라보고 있으니 그 험고險固 또한 가히 의지할 만합니다."

유방이 장량에게 의견을 묻자 장량이 대답했다.

"낙양이 비록 이처럼 험고하기는 하나 중심부는 극히 협소해 수백 리에 지나지 않고, 전지田地 또한 척박하여 사면으로 적을 만나게 되면 용무用武할 수 없는 곳입니다. 그러나 관중은 왼쪽으로 효산과 함곡관이 있고, 오른쪽으로 농隴·촉蜀이 있고, 옥야沃野가 1,000여 리나 됩니다. 남쪽으로 파巴·촉蜀의 풍요가 있고, 북쪽으로 흉노 초원의 목축畜牧 이익을 취할 수 있습니다. 삼면이 험조險阻하여 쉽게 수비할 수 있고, 오직 동쪽의 한쪽 방면으로 제후를 제어하기만 하면 됩니다. 제후가 안정되면 황하와 위수를 통해 천하의 곡식을 조운하여 서쪽으로 경사京師에 공급할 수 있습니다. 제후들이 변란을 일으키면 강물을 따라 내려가 족히 곡식을 차례로 이어가며 운송할 수 있습니다. 이것이 바로 쇠처럼 견고한 성이 1,000리에 이어지는 이른바 금성천리金城千里이고, 하늘이 내린 창고의 땅인 천부지국天府之國입니다. 누경의 말이 옳습니다."

유방이 즉일卽日 거가車駕를 타고 서쪽으로 가 장안長安섬서성 서안시에 도읍했다. 누경을 낭중으로 임명하여 호號를 봉춘군奉春君이라 하고 유씨劉氏 성을 하사했다.

14) 장량은 평소 병치레가 잦았다. 고황제를 따라 입관한 뒤 바로 선도仙道의 양생법인 도인술道引術을 구사해 곡식을 먹지 않으며 두문불출杜門不出했다. 그가 말했다.

"우리 집안은 대대로 한韓나라 재상이다. 한나라가 망한 후 만금의 자산을 아끼지 않고 한나라를 위해 강한 진나라에 원수를 갚음으로써 천하를 진동시켰다. 지금 세 치 혀로 황제의 스승이 되고 만호후萬戶侯에 봉해졌으니 이는 선비의 정점이다. 나 장량으로서도 만족할 만하다. 원컨대 인간사人間事를 버리고 전설적인 신선인 적송자赤松子를 좇아 노닐고자 할 뿐이다.[234]"

신 사마광은 평한다.

"무릇 삶에는 죽음이 따르기 마련이다. 비유하면 밤이 가고 새벽이 오는 것이 필연인 것과 같다. 옛날부터 지금까지 실로 상규를 벗어나 홀로 존재하는 것은 없다. 물의 이치를 분명히 아는 장자방의 명변달리明辨達理로 신선에 관한 얘기가 허망하고 궤탄詭誕한 것임을 족히 알았을 것이다. 그가 적송자를 좇아 노닐겠다고 한 것을 보면 가히 그의 지혜를 알 수 있다. 무릇 공명을 세웠을 때 신하는 처신키가 어려운 법이다. 고황제가 칭찬한 인물로는 오직 3걸三杰이 있었을 뿐이다. 그러나 회음후淮陰侯 한신은 주살되고, 소하蕭何는 옥에 갇힌 바 있다. 이는 부귀영화가 극에 달하고도 멈추지 않았기 때문이 아니겠는가? 그래서 장자방은 신선에 의탁해 세상사를 버리고, 공명功名을 자신과 무관한 물건인 외물外物처럼 보았고, 영광과 이익을 방기하고도 돌아보며 애석해 하지 않은 것이다. 현명하게 몸을 보전하는 이른바 '명철보신明哲保身'을 행한 사람은 오직 장자방 한 사람뿐이다."

15) 6월 9일, 천하에 대사령大赦令을 내렸다.

16) 가을 7월, 연왕 장도臧荼가 반기를 들었다. 고황제가 친히 군사를

234 '적송자'는 삼황三皇의 한 사람인 신농神農 때 우사雨師가 됐다는 전설적인 인물이다. 그는 수옥水玉을 복용해 불 속에 들어가는 등의 술법으로 신농을 가르치고, 항상 곤산崑山 위의 서왕모西王母 석실에 머물며 풍우를 따라 오르내렸다고 한다.

이끌고 가 정벌했다.

17) 조경왕趙景王 장이張耳와 장사문왕長沙文王 오예吳芮가 모두 죽었다.

18) 9월, 장도를 포로로 잡았다. 30일에 태위太尉 장안후長安侯 노관盧綰을 연왕으로 세웠다. 노관의 집은 고황제와 같은 이한里閈[235]에 있었고, 노관 또한 고황제와 같은 날에 태어났다. 고황제가 노관을 총행寵幸하자 군신들이 그를 감히 쳐다보지 못했다. 그래서 특별히 그를 왕으로 삼은 것이다.

19) 항우의 옛 장수인 이기利幾가 반기를 들었다.[236] 고황제가 직접 나아가 그를 격파했다.

20) 윤9월, 장락궁長樂宮을 수리했다.[237]

21) 항우의 장수 종리매鍾離昧는 평소 초왕 한신과 잘 알고 지낸 까닭에 항우 사후 한신에게 도주해 귀부했다. 고황제는 종리매에게 원한을 품고 있었던 까닭에 그가 초나라에 있다는 소식을 듣고 초나라에 조서를 내려 종리매를 체포케 했다. 한신이 초나라에 이른 뒤 현읍縣邑을 순행할 때마다 군진을 펼쳐 놓고 출입했다.

** 起屠維大淵獻, 盡重光赤奮若, 凡三年.

* 太祖高皇帝五年

冬, 十月, 漢王追項羽至固陵, 與齊王信·魏相國越期會擊楚. 信·

235 이한里閈은 마을을 뜻한다. 여기의 한閈은 동네 어귀에 세운 문을 지칭한다.

236 이기利幾는 진령으로 있다가 유방에게 항복한 뒤 영천후潁川侯에 봉해졌으나 유방이 그를 낙양으로 소환하자 주살을 당할까 우려해 반란을 일으킨 것이다.

237 장락궁長樂宮은 장안성 동쪽 모퉁이에 있는 진제국 때의 흥락궁興樂宮을 말한다. 주위가 20리에 달했다. 고조가 이를 개조해 머물렀다.

越不至, 楚擊漢軍, 大破之. 漢王復堅壁自守, 謂張良曰, "諸侯不從, 奈何?" 對曰, "楚兵且破, 二人未有分地, 其不至固宜. 君王能與共天下, 可立致也. 齊王信之立, 非君王意, 信亦不自堅. 彭越本定梁地, 始, 君王以魏豹故拜越爲相國, 今豹死, 越亦望王, 而君王不早定. 今能取睢陽以北至穀城皆以王彭越, 從陳以東傅海與齊王信. 信家在楚, 其意欲復得故邑. 能出捐此地以許兩人, 使各自爲戰, 則楚易破也." 漢王從之. 於是韓信·彭越皆引兵來.

十一月, 劉賈南渡淮, 圍壽春, 遣人誘楚大司馬周殷. 殷畔楚, 以舒屠六, 擧九江兵迎黥布, 並行屠城父, 隨劉賈皆會.

十二月, 項王至垓下, 兵少, 食盡, 與漢戰不勝, 入壁. 漢軍及諸侯兵圍之數重. 項王夜聞漢軍四面皆楚歌, 乃大驚曰, "漢皆已得楚乎? 是何楚人之多也?" 則夜起, 飮帳中, 悲歌慷慨, 泣數行下. 左右皆泣, 莫能仰視. 於是項王乘其駿馬名騅, 麾下壯士騎從者八百餘人, 直夜, 潰圍南出馳走. 平明, 漢軍乃覺之, 令騎將灌嬰以五千騎追之. 項王渡淮, 騎能屬者才百餘人. 至陰陵, 迷失道, 問一田父, 田父紿曰"左." 左, 乃陷大澤中, 以故漢追及之. 項王乃復引兵而東, 至東城, 乃有二十八騎. 漢騎追者數千人, 項王自度不得脫, 謂其騎曰, "吾起兵至今, 八歲矣. 身七十餘戰, 未嘗敗北, 遂霸有天下. 然今卒困於此, 此天之亡我, 非戰之罪也. 今日固決死, 願爲諸君快戰, 必潰圍, 斬將, 刈旗, 三勝之, 令諸君知天亡我, 非戰之罪也." 乃分其騎以爲四隊, 四鄕. 漢軍圍之數重. 項王謂其騎曰, "吾爲公取彼一將." 令四面騎馳下, 期山東爲三處. 於是項王大呼馳下, 漢軍皆披靡, 遂斬漢一將. 是時, 郎中騎楊喜追項王, 項王瞋目而叱之, 喜人馬俱驚, 辟易數里. 項王與其騎會爲三處, 漢軍不知項王所在, 乃分軍爲三, 復圍之. 項王乃馳, 復斬漢一都尉, 殺數十百人. 復聚其騎, 亡其兩騎耳. 乃謂其騎曰, “何如?” 騎皆伏曰, “如大王言!” 於是項王欲東渡烏江, 烏江亭長艤船待, 謂項王曰, “江東雖小, 地方千里, 衆數十萬人, 亦足王也. 願大王急渡! 今獨臣有船, 漢軍至, 無以渡.” 項王笑曰, “天之亡我, 我何渡爲! 且籍與江東子弟八千人渡江而西, 今無一人還. 縱江東父兄憐而王我, 我何面目見之! 縱彼不言, 籍獨不愧於心乎!” 乃以所乘騅馬賜亭長, 令騎皆下馬步行, 持短兵接戰. 獨籍所殺漢軍數百人, 身亦被十餘創. 顧見漢騎司馬呂馬童, 曰, “若非吾故人乎?” 馬童面之, 指示中郎騎王翳曰, “此項王也!” 項王乃曰, “吾聞漢購我頭千金, 邑萬戶, 吾爲若德.” 乃刎而死. 王翳取其頭, 餘騎相蹂踐爭項王, 相殺者數十人. 最其後, 楊喜·呂馬童及郎中呂勝·楊武各得其一體. 五人共會其體, 皆是, 故分其戶, 封五人皆爲列侯. 楚地悉定, 獨魯不下. 漢王引天下兵欲屠之. 至其城下, 猶聞弦誦之聲, 爲其守禮義之國, 爲主死節, 乃持項王頭以示魯父兄, 魯乃降. 漢王以魯公禮葬項王於穀城, 親爲發哀, 哭之而去. 諸項氏枝屬皆不誅. 封項伯等四人皆爲列侯, 賜姓劉氏. 諸民略在楚者皆歸之.

太史公曰, “羽起隴畝之中, 三年, 遂將五諸侯滅秦, 分裂天下而封王侯, 政由羽出. 位雖不終, 近古以來未嘗有也! 及羽背關懷楚, 放逐義帝而自立. 怨王侯叛己, 難矣! 自矜功伐, 奮其私智而不師古, 謂霸王之業, 欲以力征經營天下. 五年, 卒亡其國, 身死東城, 尙不覺寤而不自責, 乃引‘天亡我, 非用兵之罪也’, 豈不謬哉!”

揚子『法言』, “或問曰, ‘楚敗垓下, 方死, 曰天也! 諒乎?’ 曰, ‘漢屈群策, 群策屈群力. 楚敦群策而自屈其力. 屈人者克, 自屈者負. 天曷故焉!’”

漢王還, 至定陶, 馳入齊王信壁, 奪其軍.

臨江王共尉不降, 遣盧綰·劉賈擊虜之.

春, 正月, 更立齊王信爲楚王, 王淮北, 都下邳. 封魏相國建城侯彭越爲梁王, 王魏故地, 都定陶.

令曰, "兵不得休八年, 萬民與苦甚. 今天下事畢, 其赦天下殊死以下."

諸侯王皆上疏請尊漢王爲皇帝. 二月甲午, 王卽皇帝位於氾水之陽. 更王后曰皇後, 太子曰皇太子. 追尊先媼曰昭靈夫人. 詔曰, "故衡山王吳芮, 從百粵之兵, 佐諸侯, 誅暴秦, 有大功. 諸侯立以爲王, 項羽侵奪之地, 謂之番君. 其以芮爲長沙王." 又曰, "故粵王無諸, 世奉粵祀. 秦侵奪其地, 使其社稷不得血食. 諸侯伐秦, 無諸身率閩中兵以佐滅秦, 項羽廢而弗立. 今以爲閩粵王, 王閩中地."

帝西都洛陽.

夏, 五月, 兵皆罷歸家.

詔曰, "民前或相聚保山澤, 不書名數. 今天下已定, 令各歸其縣, 復故爵·田宅. 吏以文法敎訓辨告, 勿笞辱軍吏卒. 爵及七大夫以上, 皆令食邑, 非七大夫已下, 皆復其身及戶, 勿事."

帝置酒洛陽南宮, 上曰, "徹侯·諸將毋敢隱朕, 皆言其情. 吾所以有天下者何? 項氏之所以失天下者何?" 高起·王陵對曰, "陛下使人攻城略地, 因以與之, 與天下同其利. 項羽不然, 有功者害之, 賢者疑之, 此其所以失天下也." 上曰, "公知其一, 未知其二. 夫運籌帷幄之中, 決勝千里之外, 吾不如子房. 塡國家, 撫百姓, 給餉饋, 不絶糧道, 吾不如蕭何. 連百萬之衆, 戰必勝, 攻必取, 吾不如韓信. 三者皆人傑, 吾能用之, 此吾所以取天下者也. 項羽有一范增而不能用, 此所以爲我禽也." 群臣說服.

韓信至楚, 召漂母, 賜千金. 召辱己少年令出胯下者, 以爲中尉, 告諸將相曰, "此壯士也. 方辱我時, 我寧不能殺之邪? 殺之無名, 故忍而就此."

彭越既受漢封, 田橫懼誅, 與其徒屬五百餘人入海, 居島中. 帝以田橫兄弟本定齊地, 齊賢者多附焉. 今在海中, 不取, 後恐爲亂. 乃使使赦橫罪, 召之. 橫謝曰, "臣烹陛下之使酈生, 今聞其弟商爲漢將. 臣恐懼, 不敢奉詔, 請爲庶人, 守海島中." 使還報, 帝乃詔衛尉酈商曰, "齊王田橫卽至, 人馬從者敢動搖者, 致族夷!" 乃復使使持節具告以詔商狀, 曰, "田橫來, 大者王, 小者乃侯耳. 不來, 且擧兵加誅焉!" 橫乃與其客二人乘傳詣洛陽. 未至三十里, 至屍鄕廐置. 橫謝使者曰, "人臣見天子, 當洗沐." 因此留, 謂其客曰, "橫始與漢王俱南面稱孤. 今漢王爲天子, 而橫乃爲亡虜, 北面事之, 其恥固已甚矣. 且吾烹人之兄, 與其弟並肩而事主, 縱彼畏天子之詔不敢動, 我獨不愧於心乎! 且陛下所以欲見我者, 不過欲一見吾面貌耳. 今斬吾頭, 馳三十里間, 形容尙未能敗, 猶可觀也." 遂自剄, 令客奉其頭, 從使者馳奏之. 帝曰, "嗟乎! 起自布衣, 兄弟三人更王, 豈不賢哉!" 爲之流涕, 而拜其二客爲都尉. 發卒二千人, 以王者禮葬之. 既葬, 二客穿其塚傍孔, 皆自剄, 下從之. 帝聞之, 大驚. 以橫客皆賢, 餘五百人尙在海中, 使使召之. 至, 則聞田死, 亦皆自殺.

初, 楚人季布爲項籍將, 數窘辱帝. 項籍滅, 帝購求布千金. 敢有捨匿, 罪三族. 布乃髡鉗爲奴, 自賣於朱家. 朱家心知其季布也, 買置田捨, 身之洛陽見籐公, 說曰. "季布何罪! 臣各爲其主用, 職耳. 項氏臣豈可盡誅邪? 今上始得天下, 而以私怨求一人, 何示不廣也! 且以季布之賢, 漢求之急, 此不北走胡, 南走越耳. 夫忌壯士以資敵國, 此伍子胥所以鞭荊平之墓也. 君何不從容爲上言之!" 滕公待間言於上, 如朱家指. 上乃赦布, 召拜郎中, 朱家遂不復見之. 布母弟丁公, 亦爲項羽將, 逐窘帝彭城西. 短兵接, 帝急, 顧謂丁公曰, "兩賢相厄哉!" 丁公引兵而還. 及項王滅, 丁公謁見. 帝以丁公徇軍中, 曰, "丁公爲項王臣不忠, 使項王失天下者也." 遂斬之, 曰, "使後爲人臣無效丁公也!"

臣光曰, "高祖起豐·沛以來, 罔羅豪桀, 招亡納叛, 亦已多矣. 及卽帝位, 而丁公獨以不忠受戮, 何哉? 夫進取之與守成, 其勢不同. 當群雄角逐之際, 民無定主, 來者受之, 固其宜也. 及貴爲天子, 四海之內, 無不爲臣. 苟不明禮義以示之, 使爲臣者, 人懷貳心以徼大利, 則國家其能久安乎! 是故斷以大義, 使天下曉然皆知爲臣不忠者無所自容. 而懷私結恩者, 雖至於活己, 猶以義不與也. 戮一人而千萬人懼, 其慮事豈不深且遠哉! 子孫享有天祿四百餘年, 宜矣!"

齊人婁敬戍隴西, 過洛陽, 脫輓輅, 衣羊裘, 因齊人虞將軍求見上. 虞將軍欲與之鮮衣, 婁敬曰, "臣衣帛, 衣帛見. 衣褐, 衣褐見, 終不敢易衣." 於是虞將軍入言上, 上召見, 問之. 婁敬曰, "陛下都洛陽, 豈欲與周室比隆哉?" 上曰, "然." 婁敬曰, "陛下取天下與周異. 周之先, 自後稷封邰, 積德累善, 十有餘世, 至於太王·王季·文王·武王而諸侯自歸之, 遂滅殷爲天子. 及成王卽位, 周公相焉, 乃營洛邑, 以爲此天下之中也, 諸侯四方納貢職, 道里均矣. 有德則易以王, 無德則易以亡. 故周之盛時, 天下和洽, 諸侯·四夷莫不賓服, 效其貢職. 及其衰也, 天下莫朝, 周不能制也. 非唯其德薄也, 形勢弱也. 今陛下起豐·沛, 卷蜀·漢, 定三秦, 與項羽戰滎陽·成皐之間, 大戰七十, 小戰四十. 使天下之民, 肝腦塗地, 父子暴骨中野, 不可勝數, 哭泣之聲未絕, 傷夷者未起. 而欲比隆於成·康之時, 臣竊以爲不侔也. 且夫秦地被山帶河, 四塞以爲固, 卒然有急, 百萬之衆可立具也. 因秦之故, 資甚美膏腴之地, 此所謂天府者也. 陛下入關而都之, 山東雖亂，秦之故地可全而有也．夫與人鬥，不搤其亢，拊其背，未能全其勝也．今陛下案秦之故地，此亦扼天下之亢而拊其背也.”帝問群臣，群臣皆山東人，爭言曰，“周王數百年，秦二世卽亡．洛陽東有成皐，西有殽·澠，倍河，鄕伊·洛，其固亦足恃也.”上問張良．良曰，“洛陽雖有此固，其中小不過數百里，田地薄，四面受敵，此非用武之國也．關中左殽·函，右隴·蜀，沃野千里．南有巴·蜀之饒，北有胡苑之利．阻三面而守，獨以一面東制諸侯．諸侯安定，河·渭漕輓天下，西給京師．諸侯有變，順流而下，足以委輸．此所謂金城千里，天府之國也．婁敬說是也.”上卽日車駕西，都長安．拜婁敬爲郎中，號曰奉春君，賜姓劉氏.

張良素多病，從上入關，卽道引，不食穀，杜門不出，曰，“家世相韓，及韓滅，不愛萬金之資，爲韓報讎强秦，天下振動．今以三寸舌爲帝者師，封萬戶侯，此布衣之極，於良足矣．願棄人間事，欲從赤松子游耳.”

臣光曰，“夫生之有死，譬猶夜旦之必然．自古及今，固未嘗有超然而獨存者也．以子房之明辨達理，足以知神仙之爲虛詭矣．然其欲從赤松子游者，其智可知也．夫功名之際，人臣之所難處．如高帝所稱者，三傑而已．淮陽誅夷，蕭何系獄，非以履盛滿而不止耶！故子房托於神仙，遺棄人間，等功名於外物，置榮利而不顧，所謂明哲保身者，子房有焉.”

六月，壬辰，大赦天下.

秋，七月，燕王臧荼反．上自將征之.

趙景王耳·長沙文王芮皆薨.

九月，虜藏荼．壬子，立太尉長安侯盧綰爲燕王．綰家與上同里閈，綰生又與上同日．上寵幸綰，群臣莫敢望，故特王之.

項羽故將利幾反, 上自擊破之.

後九月, 治長樂宮.

項王將鐘離昧, 素與楚王信善. 項王死後, 亡歸信. 漢王怨昧, 聞其在楚, 詔楚捕昧. 信初之國, 行縣邑, 陳兵出入.

한고제 6년(BC 201)

1) 겨울 10월, 어떤 사람이 초왕 한신이 모반했다고 상서했다.[238] 고황제가 제장에게 대책을 묻자 이구동성으로 대답했다.

"속히 발병發兵하여 수자豎子를 갱살坑殺해야 합니다."

고황제가 묵연默然히 있다가 진평에게 묻자 진평이 반문했다.

"한신이 모반했다는 상서가 있으나 한신이 이 사실을 알고 있습니까?"

"모르겠소."

진평이 다시 물었다.

"폐하의 정병精兵을 초나라 군사와 비교하면 어떻습니까?"

"그들보다 못할 것이오."

진평이 또 물었다.

"폐하의 제장 가운데 용병用兵에서 한신을 뛰어넘을 자가 있습니까?"

"미치지 못할 것이오."

진평이 말했다.

"지금 병사는 초나라만큼 강하지 못하고 장수도 따라갈 자가 없는데 거병하여 초나라를 치는 것은 곧 전쟁으로 내달리는 것입니다. 신은 사적으로 그리되면 오히려 폐하가 위태로워질 것으로 생각합니다."

---

238 '어떤 사람'은 형식적인 어투로 실제로는 유방 자신이 상서를 조작한 것으로 보아야 한다는 주장이 있다.

고황제가 물었다.

"그렇다면 이를 어찌해야 좋겠소?"

진평이 대답했다.

"옛날에 천자는 순수巡狩를 하면서 제후들을 불러 모았습니다. 폐하는 단지 밖으로 나가 운몽雲夢호북성 강한江漢 평원에서 거짓으로 노닐면서 제후들을 진현陳縣하남성 회양현으로 불러 모으십시오. 진현은 초나라의 서쪽 경계에 있습니다. 한신은 천자가 출유出遊를 즐긴다는 소식을 들으면 형세 상 필히 무사할 것으로 생각하고 교외로 마중을 나와 알현할 것입니다. 그때 폐하는 그를 붙잡으십시오. 이는 단지 한 명의 역사가 처리할 극히 간단한 일인 역사지사力士之事에 불과할 뿐입니다."

고황제가 이를 옳게 여겼다. 곧 사자를 각지로 보내 제후들에게 진현에 모이도록 고했다.

"나는 장차 남쪽으로 내려가 운몽에서 노닐 것이다."

사자가 떠나자 곧 순행을 떠났다.

초왕 한신은 이 소식을 듣고 스스로 의심하여 두려워하는 의구疑懼를 하며 어찌할 바를 몰랐다. 어떤 사람이 한신에게 충고했다.

"참수한 종리매의 목을 갖고 가서 배알하면 황제는 반드시 기뻐할 것입니다. 근심할 일이 없습니다."

한신이 그 말을 좇았다.

12월, 고황제가 제후들을 진현으로 불러 모았다. 한신이 종리매의 머리를 가지고 가서 알현했다. 고황제가 무사에게 명해 한신을 포박한 뒤 군왕의 뒤를 따르는 예비용 수레인 후거後車에 싣게 했다. 한신이 탄식했다.

"어떤 사람이 교활한 토끼의 사냥이 끝나면 사냥개를 삶아먹고, 높이 나는 새의 사냥이 끝나면 좋은 활을 창고에 넣고, 적국을 격파하면 모신을 죽인다는 취지로 말한 바 있다.[239] 과연 내가 그 사례가 됐다. 천하가 평정되자 나 또한 실로 팽烹을 당하는구나!"

고황제가 말했다.

"어떤 사람이 공의 모반을 고했소."

한신을 잡아 가두고 귀경하는 길에 천하에 대사령을 내렸다.

이때 전긍田肯이라는 사람이 고황제를 공하恭賀했다.

"폐하는 한신도 체포하고 관중에 도읍도 정했습니다. 진秦 땅은 형세가 뛰어난 지역입니다. 황하가 띠처럼 둘러 있고 산이 험해 지세地勢가 편리便利합니다. 여기서 제후의 땅으로 진압군을 내려 보내는 것은 마치 고옥高屋 위에서 물동이를 아래로 쏟아 붓는 영수瓴水를 하는 것과 같습니다. 무릇 제齊 땅은 동쪽으로 낭야琅邪와 즉묵卽墨의 풍요가 있고, 남쪽으로 태산泰山의 견고함이 있고, 서쪽으로 황하의 한조限阻가 있고, 북쪽으로 발해渤海의 이익이 있습니다. 땅은 사방으로 2,000리나 되고 창을 든 무장군사인 집극執戟은 100만입니다. 이는 동쪽의 진나라에 버금하는 지세입니다. 친자제親子弟가 아니고는 제왕齊王에 봉해서는 안 됩니다."

고황제가 말했다.

"좋은 말이오."

그러고는 금 500근을 하사했다.

고황제가 돌아오던 중 낙양에 이르러 한신을 사면한 뒤 회음후淮陰侯에 봉했다. 이후 한신은 한왕이 자신을 두려워하며 미워하는 것을 알고, 매번 칭병하며 조현하여 수종하지 않았다. 늘 앙앙鞅鞅하여 자신의 공로

239 원문은 '교토사양구팽狡兎死良狗烹, 고조진양궁진高鳥盡良弓藏, 적국파모신망敵國破謀臣亡'이다. 모두 『사기』「회음후열전」에서 인용한 것이다.

가 뛰어남에도 강후絳侯 주발 및 관영灌嬰과 같은 반열에 있는 것을 수치로 생각했다.

한신이 일찍이 장군 번쾌樊噲의 집에 가게 됐다. 번쾌가 무릎을 꿇고 절을 하는 궤배跪拜를 행하며 송영送迎했다. 이때 그는 칭신稱臣하며 이같이 말했다.

"대왕이 이내 친히 신하를 만나는 임신臨臣을 했습니다."

한신이 출문出門할 때 웃으며 말했다.

"살아서 결국 번쾌 등과 같은 대오에 속하게 됐구나!"

고황제가 일찍이 한신과 더불어 제장들이 군사를 얼마나 거느릴 수 있는지를 조용히 논한 적이 있었다. 그때 고황제가 물었다.

"나와 같은 사람은 얼마나 거느릴 수 있겠소?"

한신이 대답했다.

"폐하는 10만 명을 넘지 않을 것입니다."

고황제가 물었다.

"그렇다면 그대는 어떠하오?"

한신이 대답했다.

"신은 많으면 많을수록 좋은 다다익선多多益善입니다."

고황제가 웃으며 물었다.

"그대는 '다다익선'이라고 하면서 어찌하여 나에게 붙잡히게 됐소?"

한신이 대답했다.

"폐하는 병사를 거느리는 장병將兵에는 능하지 못해도 장수를 거느리는 장장將將에 능합니다. 이것이 저 한신이 폐하께 붙잡힌 이유입니다. 게다가 폐하는 하늘이 내려주어 인력으로 만들어낸 것이 아닌 이른바 '천수비인력天授非人力'의 인물입니다."

2) 12월 12일, 처음으로 부절符節을 갈라주면서 여러 공신들을 책봉

하여 일반 제후인 철후徹侯로 삼았다. 소하가 찬후酇侯[240]하남성 영성현 서남쪽에 봉해졌다. 그의 식읍이 가장 많았다. 공신들이 입을 모아 불평했다.[241]

"신들은 몸소 갑옷을 입고 무기를 잡는 피견집예被堅執銳를 했습니다. 많게는 100여 전戰, 적게는 10합合을 싸웠습니다. 지금 소하는 땀 흘리는 말을 타는 수고인 한마지로汗馬之勞를 한 적이 없고 다만 문묵文墨을 잡고 의논만 했을 뿐입니다. 그런데도 그 공이 오히려 신들보다 위에 있게 됐으니 이는 어찌된 일입니까?"

고황제가 말했다.

"그대들은 수렵狩獵을 아는가? 무릇 수렵할 때 짐승이나 토끼인 수토獸兎를 추살追殺하는 것은 사냥개인 엽구獵狗이고, 엽구를 풀어주며 짐승이 있는 곳을 가리키는 것은 사냥꾼인 엽인獵人이다. 지금 그대들은 한낱 달려가는 짐승을 잡을 수 있을 뿐이다. 이는 엽구의 공이라고 할 수 있다. 그러나 소하는 엽구를 풀어 지시를 했으니 이는 엽인의 공이라고 할 수 있다."

군신 모두 감히 더 이상 말하지 못했다.

장량 역시 모신謀臣이어서 전투의 공이 없었다. 고황제는 그에게 제齊 땅에서 직접 3만 호를 선택하도록 했다. 장량이 말했다.

"당초 신은 하비下邳강소성 비현에서 일어나 황상과는 유留강소성 패현 동남쪽 땅에서 만났습니다. 이는 하늘이 신을 폐하께 준 것입니다. 폐하가 신의 계책을 썼고, 다행히 당시의 상황과 맞아떨어졌습니다. 원컨대 신을 유 땅에 봉해주면 그것으로 족하겠습니다. 감히 3만 호는 감당치 못하겠습니

---

240 찬후酇侯의 찬酇은 통상 '찬'으로 읽으나 당시만 해도 '차'로 읽었다. 소하의 명호를 두고 '찬후' 또는 '차후'로 표현하는 이유다.

241 이는 장수들이 불만을 토로한 것은 평소 소하를 대단한 사람으로 보지 않았음을 뜻한다.

다.[242]"

이렇게 해서 장량을 유후留侯, 진평을 호유후戶牖侯에 봉했다. 진평이 추사推辭했다.

"이는 신의 공로가 아닙니다."

고황제가 물었다.

"내가 선생의 계모計謀를 써서 전투에서 이기고 적을 물리쳤는데 그대의 공로가 아니라니 이는 무슨 말이오?"

진평이 대답했다.

"위무지魏無知가 없었다면 어찌 신이 기용될 리 있었겠습니까!"

고황제가 탄복했다.

"그대와 같은 사람은 가히 근본을 배반치 않는 '불배본不背本'이라고 이를 만하오."

이내 위무지에게도 상을 내렸다.

3) 고황제 유방이 처음으로 천하를 평정했을 때 자식은 어리고 형제 또한 적었다. 그는 진秦나라가 고립무원의 처지가 되어 패망한 것을 감계로 삼았다. 유씨의 동성同姓을 대거 제후에 봉해 천하를 진무鎭撫코자 했다.

봄 정월 21일, 초왕 한신이 다스렸던 땅을 둘로 나눠 회하의 동쪽 53현에는 종형從兄인 장군 유고劉賈를 세워 형왕荊王으로 삼았다. 설군薛郡산동성 등현과 동해東海산동성 담성현, 팽성彭城강소성 서주시의 36현에는 동생인 문신군文信君 유교劉交를 내세워 초왕으로 삼았다.

---

242 당시 소하가 봉지로 받은 '찬현酇縣'의 인구는 8,000호에 불과했다. 그러나 그의 식읍이 가장 넓었다는 기록에 비춰 그의 식읍이 최소한 3만 호를 넘었음을 대략 짐작할 수 있다. 평양후平陽侯와 유후留侯로 봉해진 조참과 장량의 봉지도 1만 호가 넘었다.

1월 27일, 운중雲中내몽골 탁극탁현과 안문雁門산서성 우옥현, 대군代郡하북성 울현의 53개현에는 형인 의신후宜信侯 유희劉喜를 내세워 대왕代王으로 삼았다. 또 교동膠東산동성 평도현과 교서膠西, 임치臨淄산동성 임치현, 제북濟北산동성 장청현, 박양朴陽산동성 태안현, 성양군城陽郡산동성 거현의 73개 현에는 한미寒微했을 당시 동거 여인과의 사이에서 낳은 자식인 외부지자外婦之子 유비劉肥를 내세워 제왕齊王으로 삼았다. 이어 여러 지역의 백성들 가운데 제나라 말을 할 수 있는 사람은 모두 제나라로 보내 제왕의 백성으로 귀속시켰다.

4) 고황제는 한왕韓王 한신韓信이 무예의 자질이 있다고 여겼다. 그가 다스리는 곳은 북쪽으로 공鞏하남성 공현과 낙洛 땅에 가까웠고, 남쪽으로 완宛하남성 남양시과 섭葉하남성 섭현 땅에 육박했고, 동쪽으로 회양淮陽하남성 회양현을 끼고 있었다. 모두 천하의 강한 군사가 있는 곳이다. 태원군太原郡산서성 태원시의 31개현을 한국韓國으로 삼은 뒤 한왕韓王 한신을 태원의 북쪽으로 옮겨 흉노를 방어하면서 진양晉陽산서성 태원시 영제현 동쪽에 도읍하게 했다. 한왕 한신이 상서했다.

"한국은 변방에 있기 때문에 흉노가 수차례 입구入寇했습니다. 진양은 요새에서 머니 청컨대 마읍馬邑산서성 삭현에 치소治所를 두고자 합니다."

고황제가 이를 허락했다.

5) 고황제가 대공신大功臣 20여 명은 이미 분봉分封했으나 나머지 사람들은 일야日夜로 쟁공爭功하여 논공행상을 할 수 없었다. 어느 날 고황제가 낙양 남궁南宮의 복도複道에서 멀리 바라보았다. 제장들이 서로 모래 위에 모여 앉아 이야기들을 나누고 있는 모습이 눈에 들어왔다. 고황제가 좌우에 물었다.

"저들이 무슨 말을 하고 있는 것이오?"

유후留侯 장량이 대답했다.

"폐하는 모르십니까? 저들은 모반謀反하고 있는 것입니다."

고황제가 물었다.

"천하가 이제 안정되어 가고 있는데 무슨 연고로 반란을 꾀하는 것이오?"

유후가 대답했다.

"폐하는 포의布衣에서 몸을 일으킨 뒤 이들에 의지해 천하를 얻었습니다. 그런데 폐하는 천자가 된 후 분봉한 자는 모두 옛날부터 친애했던 사람들뿐이고, 주살한 사람은 모두 폐하가 평소 미워하거나 원망했던 사람들입니다. 지금 저들 군리軍吏들의 공을 계산하면 천하를 다 내주어도 두루 봉상封賞키 어렵습니다. 이들은 폐하가 공 있는 자들에게 봉상을 모두 내리지 못할까 우려하면서 평소 자신들이 저지른 잘못으로 인해 주살당하지나 않을까 두려워하고 있습니다. 그래서 서로 모여 모반하고 있는 것일 뿐입니다."

고황제가 이내 걱정하며 물었다.

"이를 어찌하면 좋겠소?"

유후가 반문했다.

"황제가 평소 미워했고, 군신들이 공지共知하고 있는 인물 가운데 가장 심한 사람이 누구입니까?"

고황제가 대답했다.

"옹치雍齒에게 구원舊怨이 있소. 그는 일찍이 여러 차례에 걸쳐 나를 곤욕스럽게 만들었소. 나는 그를 죽이려고 했지만 공이 많아 차마 그리하지 못 했소."

유후가 말했다.

"그렇다면 우선 급히 옹치부터 봉하십시오. 그러면 군신들은 각자 스스로 신심信心을 굳게 할 것입니다."

고황제가 치주置酒한 뒤 옹치를 십방什方사천성 십방현에 봉하면서 승상과 어사에게 공로를 확정해 봉상을 행할 것을 독촉했다. 주연이 파하자 군신들이 모두 기뻐하며 말했다.

"옹치도 오히려 후侯가 됐으니 우리들은 아무 걱정을 안 해도 될 것이다."

신 사마광은 평한다.

"장량이 고황제의 모신이 되자 고황제는 심복心腹을 모두 그에게 위임했다. 그는 의당 자신이 고황제에게 말하지 못할 것이 없다고 생각했을 것이다. 그는 어디선가 제장이 모반하고 있다는 말을 들었다가 고황제가 이를 직접 목견目見하고 물어오기를 기다린 연후에 이내 이런 말을 했을 공산이 크다. 대략 고황제가 처음으로 천하를 얻었을 당시 여러 차례 사적인 애증을 가지고 상벌을 내렸기 때문일 것이다. 아니면 자칫 그 해가 공정한 인물에게까지 미치지 않을까 우려했거나 군신들이 서운한 마음을 품고 스스로 위태롭게 여기는 마음을 왕왕 드러냈기 때문일 것이다. 장량은 사건을 이용해 충성심을 바침으로써 황제의 생각을 변이變移시켜 위로는 황제에게 사사로움에 얽매인 실수가 없게 하고 아래로는 시기와 두려움에서 비롯된 모반이 없도록 했다. 이로써 국가의 근심을 없앴으니 그 이로움이 후세에 미치게 됐다. 장량과 같은 사람을 가히 간언을 잘하는 인물인 '선간善諫'이라 일컬을 만하다."

6) 열후가 모두 봉상을 받은 후 조령으로 원훈공신인 원공元功 18인의 위차位次를 정하고자 했다. 모든 사람이 말했다.

"평양후平陽侯 조참曹參은 몸에 70군데의 창상創傷을 입었고, 적의 성을 공격하고 땅을 경략하는 공성약지攻城略地에서 공이 가장 많습니다. 의당 제1위로 삼아야 합니다."

알자謁者인 관내후關內侯 악천추鄂千秋가 진언했다.

"군신들의 의논이 모두 잘못됐습니다. 무릇 조참은 비록 들판에서 싸우고 땅을 경략하는 공이 있기는 하나 이는 다만 일시적인 일에 불과할 뿐입니다. 황제와 초왕이 5년 동안 대치할 때 군사를 잃고 병사들이 대거 전사해 황상조차 도망하여 몸을 숨긴 적이 여러 차례 있었습니다. 그때마다 소하는 항상 관중에서 병사를 보내 충원케 했습니다. 황제가 조령으로 그를 부르기도 전에 수만 명의 군사가 관중에서 파견되어 회합했습니다. 황제의 군량이 수차례 핍절乏絶하고 군사 또한 남은 양식이 모두 떨어졌을 때 소하가 관중에서 육로와 수로로 군량을 전조轉漕하여 급식이 끊이지 않게 했습니다. 황제가 비록 수차례 산동山東의 땅을 잃었으나 소하는 늘 관중을 보전하며 폐하를 기다렸습니다. 이는 만세지공萬世之功입니다. 지금 설령 조참 같은 장령 100명이 없다 한들 한나라에 무슨 손실이 있겠습니까? 또한 한나라가 그들을 얻은들 반드시 한나라의 보존을 기대할 수도 없는 일입니다. 어찌 하루아침의 공을 세운 사람을 만세지공을 세운 사람 위에 두려는 것입니까? 소하가 제1이고, 조참이 그 다음입니다."

고황제가 탄복했다.

"훌륭한 말이오."

이내 소하에게 칼을 차고 신을 신은 채 대전에 오르고, 궐내에서 종종걸음으로 걷지 않는 특권을 내렸다.[243] 고황제가 말했다.

"과인이 듣건대 '현자를 천거한 자가 최고의 상을 받는다'고 했소. 소하의 공이 높은 것이 사실이나 악천추의 말로 그것이 더욱 빛나게 됐소."

---

243 진법秦法에는 여러 신하가 전殿을 오를 때에는 어떤 무기도 몸에 지닐 수 없도록 했다. 이履는 군용이므로 전에 오를 때에는 이를 신을 수가 없었다. 군왕 앞에서는 빠른 걸음인 추보趨步로 존경을 표시해야 했다. 유방이 소하에게 이를 면제해 준 것은 그에 대한 신뢰가 심대했음을 시사한다.

악천추를 그의 식읍과 연관 지어 안평후安平侯에 봉했다. 이날 소하의 부자형제父子兄弟 10여 명에게도 봉상封賞하고, 소하에게는 2,000호를 봉지에 더해 주었다.

7) 고황제가 약양櫟陽섬서성 임동현으로 돌아왔다.

8) 여름 5월 23일, 고황제의 부친인 태공太公을 높여 태상황太上皇[244]이라고 했다.

9) 당초 흉노는 진나라를 두려워했다. 북쪽으로 옮긴 지 10여 년이 됐다. 진나라가 멸망하자 흉노가 다시 조금씩 남쪽으로 내려와 황하를 건넜다.

원래 선우單于 두만頭曼에게 묵돌冒頓이라는 태자가 있었다.[245] 이후 두만은 총애하는 부인인 연지閼氏[246]가 아들을 낳자 그 아들을 태자로 세

---

244 태상황太上皇은 한고제 유방의 부친인 유단刘煓 내지 유단刘湍을 말한다. 그의 원래 이름은 앙昂, 자字는 집가执嘉, 호號는 현초显初 내지 태평太平이다. 원래 '태상황'은 진시황 때 나왔다. 그는 사상 최초로 황제를 칭하면서 선친인 진장양왕秦莊襄王을 '태상황'으로 높였다. 진시황 사후 유방은 사상 2번째로 천하통일을 이뤄 황제를 칭한 뒤에도 평민들처럼 5일에 1번씩 부친 태공을 알현했다. 태공의 집안을 관리하는 사람인 관가管家가 태공에게 말하기를, "하늘에는 2개의 태양이 있을 수 없습니다. 아무리 황제의 부친일지라도 인신人臣에 해당하는 까닭에 황제로 하여금 알현케 해서는 안 됩니다."라고 했다. 얼마 후 유방이 알현 차 왔을 때 태공이 빗자루를 들고 대문 앞을 청소하며 유방을 영접했다. 유방이 크게 놀라 그 이유를 알고는 곧바로 관가에게 중상重賞을 내리고 태공을 '태상황'으로 높였다. 유방의 부친이 생전에 문득 '태상황'이 된 배경이다. 이는 중국의 전 역사를 통틀어 보위에 오르지 않고도 '태상황'이 된 유일무이한 경우이고, 생전에 '태상황'이 된 최초의 사례에 해당한다.

245 흉노 선우 두만頭曼은 제1대 선우로, 성은 연제攣提이다. 선우単于는 유목부족의 지배자를 뜻하는 호칭이다. 두만 선우의 아들 묵돌冒頓 선우는 역사상 처음으로 몽골 고원을 통일한 흉노족의 우두머리이다. 묵돌은 용사勇士를 의미하는 현대 몽골어 '바타르'의 고어古語인 '바가타르'의 음사音写로 추정되고 있다.

246 연지閼氏는 흉노 선우의 부인을 뜻하는 말로, 원래 여성이 화장할 때 사용하는 연지臙脂의 고칭古稱이다. 이후 뜻이 확장되면서 흉노의 부인 또는 한나라 황실의 공주를 지칭하게 됐다. 21세기 현재까지 '연지'는 여인들이 입술이나 볼에 칠하는 화장법으로 남

우고자 했다. 이때는 동호東胡가 강했고, 월지月氏도 번성했다. 두만은 태자 묵돌을 월지에 인질로 보내고자 했다. 태자 묵돌이 인질로 가자마자 두만이 월지를 급격急擊했다. 월지가 태자 묵돌을 죽이려고 하자 묵돌이 그들의 좋은 말을 훔쳐 달아났다. 두만은 태자 묵돌을 장하게 여겨 기병 1만 기를 이끌게 했다.

태자 묵돌이 이내 소리 나는 화살인 명적鳴鏑을 만들어 휘하 기병에게 기사騎射를 훈련시키면서 이같이 명했다.

"내가 명적으로 쏘는 곳을 쏘지 않는 자는 참斬하겠다."

태자 묵돌이 이내 명적으로 자신의 애마를 쏘았다. 이어 자신의 애처愛妻도 쏘았다. 좌우에서 감히 쏘지 못하는 자가 있자 그들을 모두 참했다. 마지막으로 부친인 선우의 애마를 쏘자 좌우가 일제히 활을 쏘았다. 비로소 태자 묵돌은 그들을 쓸 만하다고 생각했다. 두만을 좇아서 사냥을 나가게 되자 이내 명적으로 부친인 두만을 쏘았다. 좌우에 있던 자들이 태자 묵돌을 좇아 두만에게 활을 쏘았다. 태자 묵돌이 마침내 부친인 두만을 죽인 뒤 계모와 동생, 청종하지 않은 대신들을 모두 죽였다. 태자 묵돌이 자립하여 제2대 선우가 됐다.

동호는 흉노 태자 묵돌이 자립해 선우가 됐다는 소식을 접하자 이내 사자를 보내 청했다.

"두만이 생전에 타던 천리마를 갖고 싶다."

흉노 선우 묵돌이 군신들에게 의견을 물었다. 군신들이 이구동성으로 대답했다.

"이는 우리 흉노의 보마寶馬이니 주지 마십시오."

흉노 선우 묵돌이 말했다.

아 있다.

"어찌 사람들과 더불어 땅을 이웃하면서 한 마리의 말을 아낄 것인가?"

그러고는 그 말을 주었다. 얼마 후 동호가 또 사자를 보내 흉노 선우 묵돌에게 청했다.

"선우의 연지 가운데 한 명을 갖고 싶다."

흉노 선우 묵돌이 다시 좌우에 묻자 좌우가 하나같이 화를 냈다.

"동호가 무도하여 이내 연지까지 요구하고 있습니다. 청컨대 이들을 치고자 합니다."

흉노 선우 묵돌이 말했다.

"어찌 사람들과 더불어 땅을 이웃하면서 한 명의 여자를 아끼겠는가?"

마침내 총애하던 연지를 동호에게 주었다. 동호의 왕이 더욱 교만해졌다. 동호와 흉노가 사는 지역의 중간에는 사람이 살지 않는 버려진 땅이 1,000여 리나 됐다. 양쪽 모두 그 변경에 흙으로 만든 망대望臺인 구탈甌脫을 만들어 살고 있었다. 동호가 사자를 보내 흉노 선우 묵돌에게 청했다.

"이곳은 버린 땅이다. 이곳을 갖고 싶다."

흉노 선우 묵돌이 군신에게 묻자 어떤 사람이 말했다.

"그곳은 버린 땅이니 주어도 좋고 주지 않아도 좋습니다."

흉노 선우 묵돌이 대로했다.

"땅은 나라의 근본인데 어찌하여 그것을 준단 말인가?"

그러고는 버린 땅을 주자고 말한 자들을 모두 참한 뒤 말에 올라 하령했다.

"국내에서 늦게 출동하는 자는 참할 것이다."

마침내 동호 부락을 습격했다. 당초 동호는 흉노 선우 묵돌을 가볍게 여겨 아무런 방비도 하지 않았다. 흉노 선우 묵돌이 마침내 동호를 멸했다.

흉노 선우 묵돌은 귀환했다가 다시 서쪽으로 진공하여 월지를 쫓아내고, 남쪽으로 누번樓煩산서성 남현과 백양白羊섬서성 정변현 등 하남河南 두 지역을 병합한 뒤 왕을 칭했다. 이어 연燕과 대代 땅까지 침공했다. 마침내 전에 몽념蒙恬이 탈취했던 흉노의 옛 땅과 한나라의 변경 관내關內에 있는 옛 하남 지역의 요새 일대를 수복했다. 이로써 이들의 영역이 조나朝那영하성 팽양현 서쪽와 부시膚施섬서성 유림시 남쪽 등의 지역까지 이르게 됐다.

당시 한나라 군사들이 항우와 오랫동안 대치하게 되자 중원 지역은 전쟁으로 크게 지쳐 있었다. 흉노 선우 묵돌은 자강自强할 수 있었다. 활을 능히 당길 수 있는 군사가 30여 만 명이나 되어 여러 나라를 위엄으로 복종시켰다.

가을, 흉노가 한왕韓王 한신韓信을 마읍馬邑산서성 삭현에서 포위했다. 한왕 한신이 수차례 흉노에 사자를 보내 화해를 청했다. 한나라가 발병發兵해 그를 구했다. 이때 고황제는 한왕 한신이 수차례 흉노에 사자를 보내자 이심二心을 가진 것으로 의심해 사람을 보내 한신을 책양責讓했다. 한왕 한신이 주살을 당할까 두려워 이해 9월에 마읍을 들어 흉노에 투항했다. 흉노 선우 묵돌이 병사를 이끌고 남쪽으로 구주산句注山산서성 대현 서북쪽을 넘어와 태원太原산서성 태원시을 공격하고 진양晉陽에 이르렀다.

10) 고황제가 진조秦朝의 가혹한 의례를 모두 없애고, 법도 간이簡易하게 했다. 군신들이 술을 마시고 공을 다투는 쟁공爭功을 하다 술에 취하면 함부로 외치며 칼을 뽑아 궁궐의 기둥을 치는 발검격주拔劍擊柱를 하곤 했다. 고황제가 이를 크게 염오厭惡했다. 숙손통叔孫通이 고황제에게 말했다.

"무릇 유자儒者는 함께 나아가 탈취하는 진취進取를 하기는 어려우나 더불어 수성守成할 수는 있습니다. 원컨대 신은 노魯나라 땅의 제생諸生

을 징소徵召[247]하여 신의 제자들과 더불어 조정의 의례를 함께 일으키고자 합니다."

고황제가 물었다.

"어렵지 않겠소?"

숙손통이 대답했다.

"오제五帝는 서로 다른 음악을 사용했고, 삼왕三王도 동일한 예제를 쓰지 않았습니다. 예禮는 시세時世와 인정人情에 따라 형식을 자르거나 보태는 절문節文을 하는 것입니다. 원컨대 고례古禮를 두루 채택한 뒤 진조의 의례를 섞어 새롭게 만들어 내고자 합니다."

고황제가 말했다.

"한 번 만들어 보도록 하시오. 다만 알기 쉽고 내가 능히 실행할 수 있는지를 헤아려 만들도록 하시오."

숙손통의 사자가 노나라 땅의 제생 30여 명을 징소했다. 그러나 2명의 유생이 응소應召를 거부하며 말했다.

"공이 섬긴 군주는 10명에 가깝소.[248] 공은 매번 면전에서 아부하여 군주의 친애와 존경을 받게 됐소. 지금 천하가 막 안정됐으나 사자死者의 장례도 아직 치르지 못하고 상자傷者 또한 아직 일어나지 못하고 있소. 이런 상황에서 다시 예악을 일으키려 하고 있소. 원래 예악이 일어나려면 적덕積德하여 100년이 지나야 가능한 것이오. 나는 차마 공이 한 일을 하지 못하겠소. 공은 이곳을 떠나 더 이상 나를 더럽히지 마시오."

---

247 징소徵召는 황제가 관원으로 채용키 위해 조서를 내려 부르는 것을 말한다. 관부官府에서 채용을 위해 부르는 것은 벽소辟召 내지 벽제辟除로 칭했다. 여기의 벽辟은 공경公卿 혹은 주군州郡에서 인재를 불러들여 막료幕僚로 삼는 것을 뜻한다.

248 실제로 숙손통이 섬긴 사람은 진시황과 2세 황제, 진승, 항량, 초회왕, 항우, 유방 등 모두 7명이다.

숙손통이 웃으며 말했다.

"그대는 실로 비루한 유생이오. 시변時變의 이치를 모르고 있소."

마침내 징소한 30명의 유생과 함께 서쪽으로 간 뒤 황제의 좌우 학자와 자신의 제자 100여 명과 함께 서열의 위치를 표시키 위한 띠 묶음인 면최綿蕞를 만들어 야외에서 예제禮制를 실습했다.[249] 한 달쯤 뒤 고황제에게 고했다.

"가히 시험 삼아 관찰할 수 있습니다."

고황제가 예를 행하게 한 뒤 말했다.

"이 정도의 예의는 나도 능히 할 수 있다."

이내 군신들에게 이를 열심히 익히는 습이習肄를 하도록 했다.

* 太祖高皇帝六年

冬, 十月, 人有上書告楚王信反者. 帝以問諸將, 皆曰, "亟發兵, 坑豎子耳!" 帝默然. 又問陳平. 陳平曰, "人上書言信反, 信知之乎?" 曰, "不知." 陳平曰, "陛下精兵孰與楚?" 上曰, "不能過." 平曰, "陛下諸將, 用兵有能過韓信者乎?" 上曰, "莫及也." 平曰, "今兵不如楚精而將不及, 擧兵攻之, 是趣之戰也, 竊爲陛下危之." 上曰, "爲之奈何?" 平曰, "古者天子有巡狩, 會諸侯. 陛下第出, 僞游雲夢, 會諸侯於陳. 陳, 楚之西界. 信聞天子以好出游, 其勢必無事而郊迎謁. 謁而陛下因禽之, 此特一力士之事耳." 帝以爲然, 乃發使告諸侯會陳曰, "吾將南游雲夢." 上因隨以行. 楚王信聞之, 自疑懼, 不知所

249 '면최綿蕞'는 조회할 때 서열의 위치를 나타내기 위해 띠와 풀 등을 묶어 줄지어 벌여 놓은 것을 말한다. 최蕞는 절蕝과 통한다. 양자 모두 띠를 묶어 위치를 나타낸다는 뜻이다.

爲. 或說信曰, "斬鐘離昧以謁上, 上必喜, 無患." 信從之. 十二月, 上會諸侯於陳, 信持昧首謁上. 上令武士縛信, 載後車. 信曰, "果若人言, '狡▩死, 走狗烹. 飛鳥盡, 良弓藏. 敵國破, 謀臣亡' 天下已定, 我固當烹!" 上曰, "人告公反." 遂械系信以歸, 因赦天下.

田肯賀上曰, "陛下得韓信, 又治秦中. 秦, 形勝之國也, 帶河阻山, 地勢便利. 其以下兵於諸侯, 譬猶居高屋之上建瓴水也. 夫齊, 東有琅邪·卽墨之饒, 南有泰山之固, 西有濁河之限, 北有勃海之利. 地方二千里, 持戟百萬, 此東西秦也, 非親子弟, 莫可使王齊者." 上曰, "善!" 賜金五百斤.

上還, 至洛陽, 赦韓信, 封爲淮陰侯. 信知漢王畏惡其能, 多稱病, 不朝從. 居常鞅鞅, 羞與絳·灌等列. 嘗過樊將軍噲, 噲跪拜送迎, 言稱臣, 曰, "大王乃肯臨臣!" 信出門, 笑曰, "生乃與噲等爲伍!" 上嘗從容與信言諸將能將兵多少. 上問曰, "如我能將幾何?" 信曰, "陛下不過能將十萬." 上曰, "於君何如?" 曰, "臣多多而益善耳." 上笑曰, "多多益善, 何爲爲我禽?" 信曰, "陛下不能將兵而善將將, 此乃信之所以爲陛下禽也. 且陛下, 所謂天授, 非人力也."

甲申, 始剖符封諸功臣爲徹侯. 蕭何封酇侯, 所食邑獨多. 功臣皆曰, "臣等身被堅執銳, 多者百餘戰, 小者數十合. 今蕭何未嘗有汗馬之勞, 徒持文墨議論, 顧反居臣等上, 何也?" 帝曰, "諸君知獵乎? 夫獵, 追殺獸▩者, 狗也. 而發縱指示獸處者, 人也. 今諸君徒能得走獸耳, 功狗也. 至如蕭何, 發縱指示, 功人也." 群臣皆不敢言. 張良爲謀臣, 亦無戰鬥功. 帝使自擇齊三萬戶. 良曰, "始, 臣起下邳, 與上會留, 此天以臣授陛下. 陛下用臣計, 幸而時中. 臣願封留足矣, 不敢當三萬戶." 乃封張良爲留侯. 封陳平爲戶牖侯. 平辭曰, "此非臣之功也." 上曰, "吾用先生謀計, 戰勝克敵, 非功而何?" 平曰, "非魏無知, 臣安得進?" 上曰, "若子, 可謂不背本矣!" 乃復賞魏無知. 帝以天下初定, 子幼, 昆弟少, 懲秦孤立而亡, 欲大封同姓以塡撫天下.

春, 正月, 丙午, 分楚王信地爲二國, 以淮東五十三縣立從兄將軍賈爲荊王, 以薛郡·東海·彭城三十六縣立弟文信君交爲楚王. 壬子, 以雲中·雁門·代郡五十三縣立兄宜信侯喜爲代王. 以膠東·膠西·臨淄·濟北·博陽·城陽郡七十三縣立微時外婦之子肥爲齊王, 諸民能齊言者皆以與齊.

上以韓王信材武, 所王北近鞏·洛, 南迫宛·葉, 東有淮陽, 皆天下勁兵處. 乃以太原郡三十一縣爲韓國, 徙韓王信王太原以北, 備御胡, 都晉陽. 信上書曰, "國被邊, 匈奴數入寇. 晉陽去塞遠, 請治馬邑." 上許之.

上已封大功臣二十餘人, 其餘日夜爭功不決, 未得行封. 上在洛陽南宮, 從覆道望見諸將, 往往相與坐沙中語. 上曰, "此何語?" 留侯曰, "陛下不知乎? 此謀反耳!" 上曰, "天下屬安定, 何故反乎?" 留侯曰, "陛下起布衣, 以此屬取天下. 今陛下爲天子, 而所封皆故人所親愛, 所誅皆平生所仇怨. 今軍吏計功, 以天下不足遍封. 此屬畏陛下不能盡封, 恐又見疑平生過失及誅, 故卽相聚謀反耳." 上乃憂曰, "爲之奈何?" 留侯曰, "上平生所憎·群臣所共知, 誰最甚者?" 上曰, "雍齒與我有故怨, 數嘗窘辱我. 我欲殺之, 爲其功多, 故不忍." 留侯曰, "今急先封雍齒, 則群臣人人自堅矣." 於是上乃置酒, 封雍齒爲什方侯. 而急趣丞相·御史定功行封. 群臣罷酒, 皆喜, 曰, "雍齒尙爲侯, 我屬無患矣!"

臣光曰, "張良爲高帝謀臣, 委以心腹, 宜其知無不言. 安有聞諸將謀反, 必待高帝目見偶語, 然後乃言之邪? 蓋以高帝初得天下, 數用愛憎行誅賞, 或時害至公, 群臣往往有觖望自危之心, 故良因事納忠以變移帝意, 使上無阿私之失, 下無猜懼之謀, 國家無虞, 利及後世. 若良者, 可謂善諫矣."

列侯畢已受封, 詔定元功十八人位次. 皆曰, "平陽侯曹參, 身被七十創, 攻城略地, 功最多, 宜第一." 謁者·關內侯鄂千秋進曰, "群臣議皆誤. 夫曹參雖有野戰略地之功, 此特一時之事耳. 上與楚相距五歲, 失軍亡衆, 跳身遁者數矣, 然蕭何常從關中遣軍補其處, 非上所詔令召, 而數萬衆會. 上之乏絶者數矣. 又軍無見糧, 蕭何轉漕關中, 給食不乏. 陛下雖數亡山東, 蕭何常全關中以待陛下. 此萬世之功也. 今雖無曹參等百數, 何缺於漢. 漢得之, 不必待以全. 奈何欲以一旦之功而加萬世之功哉! 蕭何第一, 曹參次之." 上曰, "善!" 於是乃賜蕭何帶劍履上殿, 入朝不趨. 上曰, "吾聞進賢受上賞. 蕭何功雖高, 得鄂君乃益明." 於是因鄂千秋故所食邑, 封爲安平侯. 是日, 悉封何父子兄弟十餘人, 皆有食邑. 益封何二千戶. 上歸櫟陽.

夏, 五月, 丙午, 尊太公爲太上皇.

初, 匈奴畏秦, 北徙十餘年. 及秦滅, 匈奴復稍南渡河. 單于頭曼有太子曰冒頓. 後有所愛閼氏, 生少子, 頭曼欲立之. 是時, 東胡强而月氏盛, 乃使冒頓質於月氏. 旣而頭曼急擊月氏, 月氏欲殺冒頓. 冒頓盜其善馬騎之, 亡歸. 頭曼以爲壯, 令將萬騎. 冒頓乃作鳴鏑, 習勒其騎射. 令曰, "鳴鏑所射而不悉射者, 斬之!" 冒頓乃以鳴鏑自射其善馬, 旣又射其愛妻. 左右或不敢射者, 皆斬之. 最後以鳴鏑射單于善馬, 左右皆射之. 於是冒頓知其可用. 從頭曼獵, 以鳴鏑射頭曼, 其左右亦皆隨鳴鏑而射. 遂殺頭曼, 盡誅其後母與弟及大臣不聽從者. 冒頓自立爲單于. 東胡聞冒頓立, 乃使使謂冒頓曰, "欲得頭曼時千里馬." 冒頓問群臣, 群臣皆曰, "此匈奴寶馬也, 勿與!" 冒頓曰. "奈何與人鄰國而愛一馬乎!" 遂與之. 居頃之, 東胡又使使謂冒頓曰, "欲得單于一閼氏." 冒頓復問左右, 左右皆怒曰, "東胡無道, 乃求閼氏! 請擊之!" 冒頓曰, "奈何與人鄰國愛一女子乎!" 遂取所愛閼氏予東胡. 東胡王愈益驕. 東胡與匈奴中間有棄地莫居, 千餘里, 各居其邊, 爲甌脫. 東胡使使謂冒頓曰, "此棄地, 欲有之." 冒頓問群臣, 群臣或曰, "此棄地, 予之亦乎, 勿與亦可!" 於是冒頓大怒曰, "地者, 國之本也, 奈何予之!" 諸言予之者, 皆斬之. 冒頓上馬, 令曰, "國中有後出者斬!" 遂襲擊東胡. 東胡初輕冒頓, 不爲備. 冒頓遂滅東胡. 旣歸, 又西擊走月氏, 南並樓煩·白

羊河南王, 遂侵燕·代, 悉收蒙恬所奪匈奴故地與漢關故河南塞至朝那·膚施. 是時, 漢兵方與項羽相距, 中國罷於兵革, 以故冒頓得自强, 控弦之士三十餘萬, 威服諸國. 秋, 匈奴圍韓王信於馬邑. 信數使使胡, 求和解. 漢發兵救之. 疑信數間使, 有二心, 使人責讓信. 信恐誅, 九月, 以馬邑降匈奴. 匈奴冒頓因引兵南逾句注, 攻太原, 至晉陽.

帝悉去秦苛儀法, 爲簡易. 群臣飮酒爭功, 醉, 或妄呼, 拔劍擊柱, 帝益厭之. 叔孫通說上曰, "夫儒者難與進取, 可與守成. 臣願徵魯諸生, 與臣弟子共起朝儀." 帝曰, "得無難乎?" 叔孫通曰, "五帝異樂, 三王不同禮, 禮者, 因時世·人情爲之節文者也. 臣願頗采古禮, 與秦儀雜就之." 上曰, "可試爲之, 令易知, 度吾所能行者爲之." 於是叔孫通使征魯諸生三十餘人. 魯有兩生不肯行, 曰, "公所事者且十主, 皆面諛以得親貴. 今天下初定, 死者未葬, 傷者未起, 又欲起禮·樂. 禮·樂所由起, 積德百年而後可興也. 吾不忍爲公所爲. 公去矣, 無汚我!" 叔孫通笑曰, "若眞鄙儒也, 不知時變." 遂與所微三十人西, 及上左右爲學者與其弟子百餘人, 爲綿蕞, 野外習之. 月餘, 言於上曰, "可試觀矣." 上使行禮, 曰, "吾能爲此." 乃令群臣習肄.

한고제 7년(BC 200)

1) 겨울 10월, 장락궁長樂宮이 완성되자 제후와 군신들이 모두 와서 조하朝賀했다.[250] 여명 이전에 알자謁者가 예의를 지휘하자 신하들이 서열을 좇아 차례로 전문殿門 안으로 들어온 뒤 동쪽에서 진세를 펼치며 얼굴을 서쪽으로 향해 시립했다. 시위侍衛하는 관원인 위관衛官이 섬돌 양쪽에 시립하며 궁정 뜰인 전정殿庭 안에 늘어섰다. 이들 모두 무기를 잡고 기치를 벌려 세운 모습이다. 이어 행차의 예비 경계警戒인 고황제의 전경傳警이 있은 뒤 고황제의 수레인 연輦이 방문을 나왔다.

알자가 제후왕 이하 녹질 600석六百石에 이르는 관원을 차례로 이끌어 받들어 경하敬賀하는 봉하奉賀 의식을 행하자 엄숙한 분위기에 두려워하지 않는 자가 없었다.[251] 예의가 끝나자 다시 취하지 않게 마시는 예주禮酒인 법주法酒를 차려놓았다. 시위侍衛가 전상殿上에 앉자 모두 땅 위에 엎드려 머리를 숙인 뒤 존비尊卑의 차서를 좇아 차례로 일어나 상수上壽했다. 술잔이 여러 차례 행해진 후 알자가 주석을 끝낸다는 뜻의 '파주罷酒'를 전언傳言했다. 이때 어사御史가 집법執法하여 의례를 따라하지 않는 자를 집어내 곧바로 밖으로 끌어냈다. 조하朝賀의 의례를 마친 직후 치주置酒가 이어지는 동안 감히 떠들거나 예를 잃는 자가 없었다. 고황제가 말했다.

"내가 오늘에야 비로소 황제가 귀하다는 사실을 알게 됐다!"

---

250 장락궁은 2년 만에 완성된 셈이다. 이때 미앙궁은 아직 착공되지 않았던 까닭에 장락궁이 유일한 궁전이다. 얼마 후 소하가 장락궁의 서쪽에 미앙궁을 세워 훗날 한혜제는 이곳에서 살았다. 이때 장락궁에는 태후인 여후呂后가 머물며 천하를 호령한 까닭에 사람들은 장락궁을 '동조東朝'라고 했다.

251 한제국의 녹질은 8등급이다. 1등은 1만석, 2등은 2,000석, 3등은 1,000석, 4등은 600석, 5등은 400석, 6등은 300석, 7등은 200석, 8등은 100석이다. 600석은 곧 4등의 관직으로 1년 동안 녹질로 600석을 받는 중급 관원을 지칭한다.

이내 숙손통을 태상太常[252]에 제수하고 황금 500근을 하사했다.

당초 진나라가 천하를 소유했을 때 6국의 예의를 모두 받아들이면서 군주를 높이며 신하를 낮추는 존군억신尊君抑臣의 예제만을 채택해 남겨두었다. 숙손통이 예의를 만들면서 이를 기준으로 하여 크게 증손增損했으나 대략 진나라의 옛 것을 답습한 것이다. 천자天子의 칭호에서 시작해 신료臣僚·궁실宮室·관직官職의 명칭에 이르기까지 약간만 고친 것이다. 그가 만든 예의서禮儀書는 이후 율령律令과 함께 기록되어 사법관인 이관理官이 있는 곳에 수장收藏됐다. 법가法家 또한 다시 밖으로 전하지 않은 까닭에 민신民臣 모두 이를 말하는 자가 없었다.

신 사마광은 평한다.

"예禮가 사물을 만드는 것을 보면 실로 대단하다. 이를 한 개인에 적용하면 움직임에 법도가 있어 백행百行이 갖춰지고, 한 집안에 적용하면 안팎이 구별돼 구족九族이 화목해지고, 한 마을에 적용하면 노소에 질서가 생겨 풍속이 아름다워지고, 한 국가에 적용하면 군신 간에 서열이 분명해져 정치政治가 완성되고, 천하에 적용하면 제후들이 순종하며 복종하게 돼 기강紀綱이 바로 서게 된다. 어찌 단지 사적인 자리인 궤석지상几席之上과 집안 내부인 호정지간戶庭之間에 적용해 불란不亂케 하는 데 그치겠는가? 한나라 고조의 명달明達을 볼 경우 그는 흥망의 이치를 설파한 육가陸賈의 말을 듣고는 칭선稱善하고, 숙손통의 의례를 보고는 탄식歎息했다. 그러나 삼대三代의 왕자王者들과 능히 비견比肩할 수는 없다. 그 병폐는 배우지 않은 데 있었을 뿐이다. 당시 대유大儒를 얻어 보좌케 하면서 그와 더불어 예로써 치천하治天下를 했다면 그 공로와 위엄인 공열功

252 태상太常은 종묘제사 담당관을 말한다. 한경제漢景帝 때 '태상'으로 개칭한 까닭에 봉상奉常으로 표현하는 게 정확하다.

烈이 어찌 여기에 그쳤겠는가? 슬프다, 숙손통의 그릇이 작았으니. 한낱 예의의 찌꺼기와 쭉정이만을 훔쳐 물정과 시속을 좇음으로써 황제의 총애를 얻고자 했을 뿐이다. 결국 선왕의 예제를 몰락시켜 떨치지 못하게 만들었으니 지금에 이르기까지 어찌 그 아픔이 극심하지 않겠는가? 양웅은『법언』에서 비방해 놓기를, '옛날 노나라에 대신이 있었는데 사서에는 그의 이름이 기록되지 않았다. 혹자가 그 노나라 대신이 어떤 사람인지 묻자, 숙손통이 군신지의君臣之義를 제정키 위해 노나라 땅으로 예제를 통달한 선생을 징소徵召하러 갔지만 모시고 갈 수 없었던 두 사람 가운데 한 사람이었다고 답했다. 또 다시 혹자가 만일 그와 같다면 중니仲尼가 자신의 흔적을 남기는 이른바 개적開跡으로 여러 나라에 초빙된 것은 잘못인지 묻자, 중니가 개적을 한 것은 단지 자신이 생각하는 예제를 시행키 위한 것으로 만일 자신의 예제를 버리고 다른 사람의 요구를 좇았다면 비록 규범과 기준이 존재할지라도 그 예의를 어디에 쓸 수 있겠느냐고 반문했다'고 했다. 훌륭하구나, 양웅의 이런 말이! 무릇 대유大儒라면 예의의 규범과 기준을 훼손하면서까지 일시지공一時之功을 좇겠는가?"

2) 고황제가 직접 군사를 이끌고 가 한왕韓王 한신을 쳤다. 그의 군사를 동제銅鞮산서성 심현 남쪽에서 격파하고 그의 장수 왕희王喜의 목을 베었다. 한왕 한신은 흉노 땅으로 도망쳤다. 백토白土섬서성 신목현 서북쪽 출신 만구신曼丘臣과 왕황王黃 등이 옛 조나라 왕실의 후예 조리趙利를 세워 왕으로 삼았다. 이들은 한왕 한신의 패하여 흩어진 패산병敗散兵을 거두면서 한왕 한신 및 흉노와 더불어 한나라 공격을 모의했다. 흉노가 선우 바로 밑의 친왕親王인 좌우 현왕賢王에게 기병 1만여 기를 이끌게 했다. 이들이 왕황 등과 함께 광무廣武산서성 대현 서남쪽 이남에 주둔하다가 이내 진양晉陽까지 이르렀다. 한나라 군사의 공격을 받고 곧바로 패주했다가 다시 주둔하며 모여들었다. 한나라 군사가 승승乘勝하여 추격했다. 마침 극

히 추운 날씨 속에서 우설雨雪을 만나 병사 가운데 10분의 2–3가량은 손가락이 동상에 걸려 떨어져 나가는 일을 당했다.

고황제가 진양에 머물던 중 흉노의 선우 묵돌이 대곡代谷산서성 대동시 동쪽에 있다는 소식을 듣고 공격코자 했다. 공격에 앞서 사람을 보내 흉노의 사정을 정탐케 했다. 묵돌이 이를 알고 장사壯士와 살진 우마牛馬는 감춰두고 다만 노약자와 여윈 가축들만 보이게 했다. 사자 10여 명이 돌아와 모두 흉노를 가히 칠 만하다고 보고했다. 고황제가 다시 유경劉敬을 흉노에 사자로 보내 세밀히 정탐케 했다. 유경이 돌아오기 전에 한나라가 전병력 32만 명의 군사를 보내 그들을 북쪽으로 쫓아내고 구주산句注山을 넘었다. 얼마 후 유경이 돌아와 보고했다.

"두 나라가 교전할 때는 의당 실력을 과장해 장점을 보여주는 법입니다. 그러나 이번에 신이 가보니 저들은 여위고 마른 가축과 노약자들만 보여주고 있습니다. 이는 틀림없이 자신들의 단점만 보여주었다가 기병奇兵을 매복시켜 놓고 승리를 쟁취하려는 것입니다. 제 생각에 흉노를 치는 것은 불가합니다."

이때는 이미 한나라의 군사가 군사행동을 개시한 뒤였다. 고황제가 노해 유경을 욕했다.

"제나라 출신 놈(제로齊虜)이 구설口舌만 가지고 관직을 얻더니 이제는 이내 망언妄言으로 나의 군사를 막는 것인가![253]"

유경을 광무에 잡아 가두게 했다.

고황제 유방이 먼저 평성平城에 도착했을 때 군사들은 아직 모두 도착하지 못 했다. 흉노의 선우 묵돌이 정예한 기병 40만 기를 이끌고 와 백등

---

253 여기의 '득관得官'은 누경이 BC 202년에 장안에 도읍을 정하라고 건의해 유방의 칭송을 받고 관직을 얻은 것을 지칭한다.

白登산서성 대동시에서 7일간이나 고황제 유방을 포위했다. 한나라 군사는 영루 안팎에서 서로 구원하며 군량을 제공할 수 없게 됐다. 고황제 유방이 진평의 비계秘計를 좇아 사자를 시켜 연지閼氏에게 많은 예물을 주었다. 연지가 흉노 선우 묵돌에게 말했다.

"두 나라 군왕은 서로를 궁지로 몰아넣지 마십시오. 지금 설령 한나라 땅을 얻을지라도 선우가 그곳에서 끝까지 살 수는 없는 일입니다. 게다가 한나라 군주 또한 신령神靈하니 선우는 이를 심찰深察해야 합니다."

마침 흉노 선우 묵돌은 왕황 및 조리와 미리 약속했음에도 두 사람의 군사가 오지 않자 그들이 한나라와 모의한 게 아닌가 하는 의심을 하고 있었다. 결국 포위의 일각一角을 풀었다. 마침 큰 안개가 낀 것을 이용해 한나라가 사람을 내보내 안팎을 왕래케 했는데도 흉노는 이를 눈치 채지 못했다. 진평이 강노强弩에 화살 두개씩을 매겨 밖으로 향해 쏘게 한 뒤 풀어진 포위의 일각을 통해 직출直出했다. 고황제 유방이 포위를 뚫고 나가면서 급히 내달리려고 하자 태복太僕 등공滕公이 오히려 서행을 권했다.

고황제 유방이 평성平城에 도착한 데 이어 한나라 대군까지 도착하자 흉노의 기병들은 마침내 포위를 풀고 가버렸다. 한나라도 철군하여 귀환했다. 이때 번쾌로 하여금 그곳에 머물며 대代 땅을 평정케 했다. 광무廣武에 이른 고황제 유방이 유경을 사면하면서 말했다.

"내가 공의 말을 듣지 않아 평성에서 포위되고 말았소. 내가 이미 공에 앞서 사자로 갔던 10명을 참해 버렸소."

이내 유경에게 식읍 2,000호를 주고 관내후로 봉하면서 건신후建信侯로 칭했다. 고황제 유방이 남쪽으로 가다가 곡역曲逆하북성 완현 동남쪽을 지나면서 말했다.

"장관壯觀이구나, 이 현縣이! 내가 천하를 순행했으나 장관을 본 곳은 오직 낙양과 이곳뿐이다."

그러고는 진평을 곡역후로 갱봉更封하고 현 전체를 식읍으로 주었다. 진평은 고황제 유방을 좇아 정벌에 나서면서 모두 여섯 번에 걸쳐 기책奇策을 내었다.[254] 그때마다 고황제 유방은 봉읍을 더 늘려 주었다.

3) 12월, 고황제가 돌아가던 중 조나라 땅을 지났다. 장이의 아들로 노원공주와 혼인한 조왕 장오張敖가 행한 사위로서의 예가 지나치게 겸손했다. 고황제가 두 발을 앞으로 쭉 뻗은 기거箕倨의 모습을 한 채 거만한 어조로 나무랐다. 조나라 재상 관고貫高와 조오趙午 등이 대로해 불만을 표했다.

"우리 왕은 나약한 왕인 잔왕孱王이다!"

이내 조왕에게 충고했다.

"천하의 호걸들이 병기幷起할 때 능력 있는 자가 먼저 자립했습니다. 지금 왕이 극히 공손하게 황제를 섬기는데도 황제는 무례합니다. 청컨대 왕을 위해 그를 죽이고자 합니다."

장오가 손가락을 깨물어 피를 내며 말했다.

"그대들은 어찌하여 이처럼 잘못된 말을 하는 것이오. 작고한 부친인 선인先人 장이가 나라를 잃었을 때 황제에 의지해 다시 나라를 회복할 수 있었소. 그 덕이 자손까지 이어지고 있으니 추호秋毫조차 모두 황제의 공덕이오. 원컨대 공들은 다시는 그런 말을 출구出口하지 마시오."

관고와 조오 등이 서로 모여 말했다.

---

254 당시 진평이 낸 6가지 기책은 다음과 같다. 첫째 거금으로 서초西楚를 이간하고, 둘째, 형편없는 음식으로 항우의 사자를 접대해 항우를 격동케 만들고, 셋째 밤중에 여자들을 군사로 위장시켜 유방으로 하여금 형양의 포위를 뚫고, 넷째 한신을 제왕齊王으로 봉해 안심시키고, 다섯째 운몽 지역을 유람한다고 속여 한신을 포로로 잡고, 여섯째 백등에서 포위를 푼 것 등이다

"이는 우리들이 잘못한 것이다. 우리의 왕은 장자長者여서 배덕背德치 않는다. 하물며 우리는 의를 수호하고 있으니 욕되지 않도록 해야 한다. 지금 황제가 우리의 왕에게 모욕을 주었기 때문에 그를 죽이려고 하는 것이다. 어찌 우리의 왕의 손을 더럽힐 수 있단 말인가? 일이 성사되면 영광은 왕에게 돌아갈 것이고, 실패하면 우리들만 죄를 받으면 될 것이다."

4) 흉노가 대代 땅을 공격했다. 대왕代王 유희劉喜가 나라를 버리고 장안으로 돌아왔다.[255] 고황제가 그의 죄를 사면해주고 합양후郃陽侯로 삼았다.

12월 10일, 황자皇子 유여의劉如意를 대왕으로 세웠다.

5) 봄 2월, 고황제가 장안에 도착했다. 소하가 미앙궁未央宮을 짓고 있었다. 고황제가 궁궐의 장려壯麗함을 보고 크게 노했다. 소하에게 말했다.

"천하가 흉흉匈匈해 수세數歲 동안 노고가 이어지고 있고, 성패 또한 아직 알 수 없는 상황이오. 궁실 영건營建이 이토록 과도過度한 것이오."

소하가 대답했다.

"바로 천하가 아직 평정되지 않은 까닭에 궁실을 영건하려는 것입니다. 무릇 천자는 천하를 집으로 삼는 법입니다. 궁실이 장려하지 않으면 장중한 위엄이 없습니다. 또한 그래야만 후세에 더 추가하지 않을 것입니다."

신 사마광은 평한다.

"왕자王者는 인의仁義를 미덕으로 삼고, 도덕을 위세로 삼는다. 궁실 영건으로 천하를 진압하고 복종시킬 수 있다는 말은 아직 들어본 적이 없다. 오히려 천하가 미정이니 의당 극기절용克己節用하여 구민救民의 급한 수요에 응해야 했다. 그런데도 궁실 영건을 우선으로 삼은 것이다. 어

---

255 당시 한왕韓王 한신이 흉노에 투항하자 유방은 자신의 둘째형인 유희를 대왕으로 삼고 옛 한신의 땅을 다스리게 했다.

찌 힘써야 할 바를 한다고 말할 수 있겠는가? 옛날 우禹는 궁실을 비루卑陋하게 만들었으나 걸桀은 호화로운 경궁傾宮을 영건했다. 창업하여 전통을 세우는 군주는 능히 절약과 검소를 몸소 실행해 자손들에게 보여주는데도 먼 후대인 그 말류末流는 음란사치하고 허황된 일에 빠지는 법이다. 하물며 사치한 것을 자손들에게 보여줄 수 있겠는가? 마침내 '후세에 더 추가하지 않을 것이다'라고 말했으니 이 어찌 황당한 잘못이 아니겠는가? 효무제孝武帝 때에 이르러 갑자기 궁실 영건으로 천하가 파폐罷敝해졌다. 차후酇侯 소하가 반드시 단초를 연 게 아니라고 말할 수는 없는 일이다."

6) 고황제가 약양櫟陽에서 장안으로 천도했다.

7) 처음으로 황실종친 담당 관원인 종정관宗正官을 두어 구족九族을 관리했다.

8) 여름 4월, 고황제가 낙양으로 갔다.

＊ 太祖高皇帝七年

冬, 十月, 長樂宮成, 諸侯群臣皆朝賀. 先平明, 謁者治禮, 以次引入殿門, 陳東·西鄉. 衛官俠陛及羅立廷中, 皆執兵, 張旗幟. 於是皇帝傳警, 輦出房. 引諸侯王以下至吏六百石以次奉賀, 莫不振恐肅敬. 至禮畢, 復置法酒. 諸侍坐殿上, 皆伏, 抑首. 以尊卑次起上壽. 觴九行, 謁者言"罷酒", 御史執法擧不如儀者, 輒引去. 竟朝置酒, 無敢讙嘩失禮者. 於是帝曰, "吾乃今日知爲皇帝之貴也!" 乃拜叔孫通爲太常, 賜金五百斤. 初, 秦有天下, 悉內六國禮儀, 採擇其尊君·抑臣者存之. 及通制禮, 頗有所增損, 大抵皆襲秦故, 自天子稱號下至佐僚及宮室·官名, 少所變改. 其書, 後與律·令同錄, 藏於理官. 法家又復不傳, 民臣莫有言者焉.

臣光曰, "禮之爲物大矣! 用之於身, 則動靜有法而百行備焉. 用之於家, 則內外有別而九族睦焉. 用之於鄉, 則長幼有倫而俗化美焉. 用之於國, 則君臣有敍而政治成焉. 用之於天下, 則諸侯順服而紀綱正焉. 豈直幾席之上·戶庭之間得之而不亂哉! 夫以高祖之明達, 聞陸賈之言而稱善, 睹叔孫通之儀而歎息. 然所以不能比肩於三代之王者, 病於不學而已. 當是之時, 得大儒而佐之, 與之以禮爲天下, 其功烈豈若是而止哉! 惜夫, 叔孫生之爲器小也! 徒竊禮之糠粃, 以依世·諧俗·取寵而已, 遂使先王之禮淪沒而不振, 以迄於今, 豈不痛甚矣哉! 是以揚子譏之曰, "昔者魯有大臣, 史失其名, 曰, '何如其大也!' 曰, '叔孫通欲制君臣之儀, 召先生於魯, 所不能致者二人' 曰, '若是, 則仲尼之開跡諸侯也非邪?' 曰, '仲尼開跡, 將以自用也. 如委己而從人, 雖有規矩·準繩, 焉得而用之!' 善乎揚子之言也! 夫大儒者, 惡肯毁其規矩·準繩以趨一時之功哉!"

上自將擊韓王信, 破其軍於銅鞮, 斬其將王喜. 信亡走匈奴. 白土人曼丘臣·王黃等立趙苗裔趙利爲王, 復收信敗散兵, 與信及匈奴謀攻漢. 匈奴使左·右賢王將萬餘騎, 與王黃等屯廣武以南, 至晉陽, 漢兵擊之, 匈奴輒敗走, 已復屯聚, 漢兵乘勝追之. 會天大寒, 雨雪, 士卒墮指者什二三.

上居晉陽, 聞冒頓居代谷, 欲擊之. 使人覘匈奴, 冒頓匿其壯士·肥牛馬, 但見老弱及羸畜. 使者十輩來, 皆言匈奴可擊. 上復使劉敬往使匈奴, 未還. 漢悉兵三十二萬北逐之, 逾句注. 劉敬還, 報曰, "兩國相擊, 此宜誇矜, 見所長. 今臣往, 徒見羸瘠·老弱, 此必欲見短, 伏奇兵以爭利. 愚以爲匈奴不可擊也." 是時, 漢兵已業行, 上怒, 罵劉敬曰, "齊虜以口舌得官, 今乃妄言沮吾軍!" 械系敬廣武. 帝先至平城, 兵未盡到. 冒頓縱精兵四十萬騎, 圍帝於白登七日, 漢兵中外不得相救餉. 帝用陳平秘計, 使使間厚遺閼氏. 閼氏謂冒頓曰, "兩主不相困. 今得漢地, 而單于終非能居之也. 且漢主亦有神靈, 單于察之!" 冒頓與王黃·趙利期, 而黃·利兵不來, 疑其與漢有謀, 乃解圍之一角. 會天大霧, 漢使人往來, 匈奴不覺. 陳平請令强弩傅兩矢, 外鄕, 從解角直出. 帝出圍, 欲驅. 太僕滕公固徐行. 至平城, 漢大軍亦到, 胡騎遂解去. 漢亦罷兵歸, 令樊噲止定代地. 上至廣武, 赦劉敬, 曰, "吾不用公言, 以困平城. 吾皆已斬前使十輩矣." 乃封敬二千戶爲關內侯, 號爲建信侯. 帝南過曲逆, 曰, "壯哉縣! 吾行天下, 獨見洛陽與是耳." 乃更封陳平爲曲逆侯, 盡食之. 平從帝征伐, 凡六出奇計, 輒益封邑焉.

十二月, 上還, 過趙. 趙王敖執子婿禮甚卑, 上箕倨慢罵之. 趙相貫高·趙午等皆怒, 曰, "吾王, 孱王也!" 乃說王曰, "天下豪桀並起, 能者先立. 今王事帝甚恭, 而帝無禮. 請爲王殺之!" 張敖嚙其指出血, 曰, "君何言之誤! 先人亡國, 賴帝得復, 德流子孫. 秋豪皆帝力也. 願君無復出口!" 貫高·趙午等皆相謂曰, "乃吾等非也. 吾王長者, 不倍德. 且吾等義不辱. 今帝辱我王, 故欲殺之, 何洿王爲! 事成歸王, 事敗獨身坐耳!"

匈奴攻代. 代王喜棄國自歸, 赦爲郃陽侯. 辛卯, 立皇子如意爲代王.

春, 二月, 上至長安. 蕭何治未央宮, 上見其壯麗, 甚怒, 謂何曰, "天下匈匈, 苦戰數歲, 成敗未可知, 是何治宮室過度也!" 何曰, "天下方未定, 故可因以就宮室. 且夫天子以四海爲家, 非壯麗無以重威, 且無令後世有以加也." 上說.

臣光曰, "王者以仁義爲麗, 道德爲威, 未聞其以宮室塡服天下也. 天下未定, 當克己節用以趨民之急. 而顧以宮室爲先, 豈可謂之知所務哉! 昔禹卑宮室而桀爲傾宮. 創業垂統之君, 躬行節儉以示子孫,其末流猶入於淫靡, 況示之以侈乎! 乃云'無令後世有以加', 豈不謬哉! 至於孝武, 卒以宮室罷敝天下, 未必不由酇侯啓之也!"

上自櫟陽徙都長安.

初置宗正官, 以序九族.

夏, 四月, 帝行如洛陽.

제3부 전한시대

권12-한기漢紀 4: 토사구팽을 구사하다

한고제 8년(BC 199)

1) 겨울, 고황제가 한왕 한신의 남은 부대를 동원東垣하북성 정정현 남쪽에서 친 뒤 백인柏人하북성 당현을 지났다. 관고貫高 등이 사람을 화장실 안에 숨겨두었다가 고황제를 치려고 했다. 고황제가 그곳에 묵으려다가 마음에 꺼리는 게 있어 좌우에 물었다.

"이 현 이름이 무엇인가?"

"백인柏人이라고 합니다."

고황제가 말했다.

"'백인'이라면 사람을 핍박한다는 뜻의 '박인迫人'이 된다."

마침내 그곳에 머물지 않고 가버렸다.

12월, 고황제가 동원에서 장안으로 돌아왔다.

2) 봄 3월, 고황제가 장안을 떠나 낙양으로 갔다.

3) 가게를 갖고 물건을 파는 상인인 고인賈人에게 하령해 비단옷인 금錦과 자수 옷인 수繡, 무늬 옷인 기綺, 명주 옷인 곡縠, 고운 갈포 옷인 치絺, 모시 옷인 저紵, 융단 옷인 계罽를 입지 못하게 했다. 무기를 지니거나 수레를 타거나, 말을 타거나 하는 것도 못하게 했다.

4) 가을 9월, 고황제가 낙양에서 장안으로 돌아왔다. 회남왕淮南王과 양왕梁王, 조왕趙王, 초왕楚王이 모두 수종했다.

5) 흉노 선우 묵돌이 수차례 북변北邊을 괴롭혔다. 고황제가 이를 근심해 유경劉敬에게 문의하자 유경이 대답했다.

"천하가 처음으로 평정됐고 사졸 또한 전쟁으로 크게 지쳐 있으니 저들을 무력으로 복종시킬 수는 없습니다. 선우 묵돌은 부친을 죽여 대신하여 보위에 올랐고, 부친의 후궁을 처로 삼았고, 무력으로 위세를 보이고 있으니 인의仁義로 설득할 수도 없습니다.[256] 장구한 계책으로는 오직 그의 자손을 신하로 삼는 길밖에 없습니다. 그러나 폐하가 과연 그런 일을 할 수 있을지 걱정입니다."

고황제가 물었다.

"어찌해야 하는 것이오?"

유경이 대답했다.

"폐하가 장공주長公主인 노원공주를 보내 처로 삼게 하면서 후한 예물을 봉송하면 그는 반드시 크게 애모하여 공주를 연지閼氏로 삼을 것이고, 공주가 아들을 낳으면 태자가 될 것입니다. 또한 매해 세시歲時마다 한나라에는 남아돌지만 저들에게는 귀한 물건을 수차례 내려주고, 겸하여 변사辯士를 사자로 보내 예절로써 효유토록 하십시오. 그리하면 선우 묵돌은 생전에는 실로 사위가 될 것이고, 사후에도 폐하의 외손이 선우가 될 수 있습니다. 어찌 외손이 감히 외조부인 대부大父와 동등한 수준에서 교제하는 항례抗禮를 했다는 애기를 일찍이 들을 수 있겠습니까? 이리하면 가히 싸우지 않고도 점차 신하로 만들 수 있습니다. 만일 폐하가 장공주를 보낼 수 없어 종실이나 후궁을 공주로 사칭詐稱해 보낼 수도 있으나 저들이 알게 되면 소중히 여겨 가까이 두지 않을 것이니 이는 무익한 방

256 실제로 흉노는 아버지의 처였던 여러 어머니를 다시 처로 삼거나 동생이 죽은 형의 처를 처로 맞아 생활을 안정시키고 그 아이들을 자식으로 삼아 기르는 풍속이 있었다.

법입니다."

고황제가 기뻐했다.

"좋은 계책이오."

고황제가 장공주를 보내려고 하자 여후呂侯가 밤낮으로 울면서 말했다.

"신첩에게는 오직 태자와 딸 하나밖에 없는데 어찌하여 딸을 포기해 흉노에게 내주려는 것입니까?"

고황제가 결국 장공주를 보내지 못했다.

** 起玄黓攝提格, 盡昭陽赤奮若, 凡十二年.

* 太祖高皇帝八年

冬, 上東擊韓王信餘寇於東垣, 過柏人. 貫高等壁人於廁中, 欲以要上. 上欲宿, 心動, 問曰, "縣名為何?" 曰, "柏人." 上曰, "柏人者, 迫於人也." 遂不宿而去. 十二月, 帝行自東垣至.

春, 三月, 行如洛陽.

令賈人毋得衣錦·繡·綺·縠·絺·紵·罽, 操兵·乘·騎馬.

秋, 九月, 行自洛陽至. 淮南王·梁王·趙王·楚王皆從.

匈奴冒頓數苦北邊. 上患之, 問劉敬, 劉敬曰, "天下初定, 士卒罷於兵, 未可以武服也. 冒頓殺父代立, 妻群母, 以力為威, 未可以仁義說也. 獨可以計久遠, 子孫為臣耳. 然恐陛下不能為." 上曰, "奈何?" 對曰, "陛下誠能以適長公主妻之, 厚奉遺之, 彼必慕, 以為閼氏, 生子, 必為太子. 陛下以歲時漢所餘, 彼所鮮, 數問遺, 因使辨士風諭以禮節. 冒頓在, 固為子婿. 死, 則外孫為單于. 豈嘗聞外孫敢與大父抗禮者哉! 可無戰以漸臣也. 若陛下不能遣長公主, 而令宗室及後宮詐稱公主, 彼知, 不肯貴近, 無益也." 帝曰, "善!" 欲遣長公主. 呂后日夜泣曰, "妾唯太子·一女, 奈何棄之匈奴!" 上竟不能遣.

한고제 9년(BC 198)

1) 겨울, 고황제가 서인 가정의 여인을 선발해 장공주로 꾸민 뒤 흉노 선우에게 보내 처로 삼게 했다. 유경을 시켜 화친의 맹약을 맺게 했다.

신 사마광은 평한다.

"건신후建信侯 유경이 말하기를, '흉노 선우 묵돌은 잔학한 도적인 잔적殘賊이어서 인의로 설복할 수 없다'고 했다. 그러면서도 그들과 혼인하고자 했으니 얼마나 앞뒤가 서로 어긋나는 일인가? 무릇 골육간의 은혜와 존비의 차서는 오직 인의를 가진 사람만이 알 수 있는 것이다. 그런데 어찌하여 이를 가지고 흉노 선우 묵돌을 복종시키려 했단 말인가? 대략 전 시대의 제왕이 이적을 제어한 사례를 살펴보면, 저들이 복종하면 덕으로 품어주고 배반하면 위엄으로 두려움에 떨게 했다. 그들과 혼인했다는 말은 들어본 적이 없다. 또한 흉노 선우 묵돌은 그의 부친을 금수로 생각해 사냥했는데 어찌 장인인 부옹婦翁에 대한 생각을 가질 수 있겠는가? 건신후의 술책은 극히 소루한 것이다. 게다가 노원공주魯元公主는 이미 조왕趙王 장오의 왕후가 되어 있는데 어떻게 다시 빼앗을 수 있단 말인가?"

2) 유경이 흉노에서 돌아와 말했다.

"흉노의 하남 지역과 백양白羊 부락, 누번왕樓煩王이 있는 곳을 보면 장안에서 가까운 곳은 700리 정도 떨어져 있어 가벼운 차림을 한 기병이면 하루 밤낮만 달려도 관중에 도착할 수 있습니다. 진중은 최근에 파괴돼 백성은 적지만 땅은 비옥해 사람을 더 채워 넣을 여유가 있습니다. 제후들이 처음에 군사를 일으켰을 때에는 제나라 땅의 여러 전씨田氏와 초나라 땅의 소씨昭氏, 굴씨屈氏, 경씨景氏가 아니면 군사를 일으킬 수 없었습니다. 지금 폐하가 비록 관중에 도읍하고는 있으나 실로 이곳은 백성도 적고, 동쪽으로는 6국의 강한 집안들이 있습니다. 어느 날 변고가 일어나면 폐하 역시 베개를 높이고 편히 누울 수만도 없습니다. 원컨대 6국의 후예와 호걸, 명문 집안들을 관중으로 이주시키십시오. 그리하면 무사無事할 때는 이들을 가지고 흉노에 대비할 수가 있고, 제후가 변을 일으킬 때는 이들을 이끌고 동쪽으로 함곡관을 빠져나가 정벌할 수 있습니다. 이것이 근본을 강하게 하고 끝부분을 약하게 하는 강본약말强本弱末의 술책입니다."

고황제가 기뻐했다.

"좋은 계책이오."

11월, 제·초 땅의 대족大族인 소씨昭氏, 굴씨屈氏, 경씨景氏, 회씨懷氏, 전씨田氏 등 5족과 호걸들을 관중으로 이주시켜 좋은 전택田宅을 주었다. 총 10여 만 명이나 됐다.

3) 12월, 고황제가 행차해 낙양으로 갔다.

4) 관고貫高를 원망하던 집안에서 고황제 7년의 일인 이들의 음모陰謀를 알고 위에 변고變告했다. 고황제가 조왕趙王 장오와 모반에 가담한 자들을 모두 체포했다. 조오趙午 등 10여 명이 다투어 스스로 자진코자 했다. 관고가 홀로 화를 내며 꾸짖었다.

"누가 공들에게 그리하라고 했소. 지금 우리의 왕은 실로 모의한 적도 없는데 저들은 왕까지 체포했소. 지금 공들이 죽는다면 우리 왕이 모반하지 않았다는 사실을 누가 밝히겠다는 것이오."

이내 이들은 4면이 밀폐되어 있는 죄수용 수레인 함거檻車에 실려 조왕과 함께 장안에 이르렀다. 관고가 옥리에게 말했다.

"오직 우리들이 저지른 일이오. 왕은 실로 알지 못했소."

옥리가 관고를 다스리면서 볼기를 치는 방태搒笞를 수천 번이나 하고 쇠로 찌르는 자철刺剟을 하자 몸에 더 이상 맞을 곳이 없게 됐다. 그러나 그는 끝내 더 이상 말을 하지 않았다. 이를 딱하게 여긴 여후가 수차례 말했다.

"장왕張王은 공주의 남편이니 의당 그런 일은 하지 않았을 것입니다."

고황제가 화를 냈다.

"장오로 하여금 천하를 차지토록 하면 그가 어찌 그대의 딸과 같은 여인을 찾아내지 못하겠소."

그러고는 들어주지 않았다.

궁정 옥사 사건의 담당관인 정위廷尉가 관고 사건의 전말과 진술한 내용인 공사供辭를 보고했다. 고황제가 말했다.

"장사로다. 누가 그를 잘 아는가? 사적으로 그에게 물어보도록 하라."

중대부中大夫 설공泄公이 말했다.

"신은 그와 읍자邑子 즉 동향인인 까닭에 평소 그를 잘 알고 있습니다. 그는 실로 조나라에 의를 세워 침욕侵辱을 입지 않게 할 생각으로 언약을 중히 여길 사람입니다."

고황제가 설공으로 하여금 황제의 부절을 소지하여 관고가 갇혀 있는 곳으로 가 물어보게 했다. 설공과 관고가 서로 안부 인사를 나누는 모습이 마치 평소 친하게 지내온 사람들처럼 보였다. 설공이 물었다.

"장왕이 과연 계모計謀하지 않았소?"

관고가 대답했다.

"인정상 어찌 자신의 부모와 처자를 사랑하지 않는 사람이 있겠소? 지금 나의 삼족三族이 모두 사형의 논의대상이 되고 있소. 어찌 왕을 아끼는 것이 나의 부모보다 더할 수 있겠소? 단지 조왕을 고려키는 했으나 실제로 모반하지는 않았소. 이는 우리들끼리 한 짓이오."

이어 모반하려고 한 배경과 조왕이 대해 전혀 모르고 있었다는 사실

등을 모두 얘기했다. 설공이 들어가 고황제에게 이를 그대로 보고했다.

봄 정월, 고황제가 조왕 장오를 사면한 뒤 왕위를 폐하고 선평후宣平侯로 삼았다. 대왕代王 유여의劉如意를 옮겨 조왕으로 삼았다. 고황제는 관고의 사람됨이 현명하다고 생각해 설공으로 하여금 이를 모두 이야기해 주게 했다.

"장왕은 이미 옥에서 나갔소."

곧이어 관고를 사면했다. 관고가 기뻐하며 물었다.

"우리 왕이 정말로 나갔소?"

설공이 대답했다.

"그렇소. 황제가 족하를 수차례 칭찬했소. 그래서 족하를 사면하는 것이오."

관고가 말했다.

"내가 몸에 성한 곳이 하나도 없으면서 자진하지 않은 것은 장왕이 황제를 배반하지 않았다는 사실을 밝히려 했기 때문이오. 지금 장왕이 출옥했으니 나의 책임은 이미 다한 것이오. 이제 죽어도 여한이 없소. 하물며 신하가 되어 찬시簒弑의 오명을 쓰고 무슨 면목으로 다시 황제를 섬길 수 있겠소. 설령 황제가 나를 죽이지 않을지라도 내가 마음속으로 어찌 부끄럽지 않을 수 있겠소."

이내 머리를 치켜든 뒤 목구멍을 끊는 절항絶亢을 하여 죽었다.

이를 두고 순자의 후손인 후한 때의 유학자 순열荀悅은 이같이 평했다.

"관고는 앞장서 반란을 꾀하여 살주殺主코자 한 역적이다. 비록 그가 장왕의 무죄를 증명했다고는 하나 장왕을 살리고자 하는 작은 성심誠心이 대역부도한 행위를 덮을 수도 없고, 사적인 품행이 공죄公罪를 속죄贖罪할 수도 없는 일이다.『춘추』가 강조하는 대의인 춘추지의春秋之義는 정도를 지키는 것을 가장 중시하고 있다. 그의 죄를 사면치 않는 것이 가했

다."

신 사마광은 평한다.

"고조는 교만하여 신하를 잃고, 관고는 사나움으로 인해 보위를 잃게 했다. 관고로 하여금 모역謀逆케 한 것은 고조의 잘못이고, 장오로 하여금 망국亡國을 초래케 한 것은 관고의 죄이다."

5) 고황제가 조령을 내렸다.

"병인일丙寅日인 10월 27일 전에 죄를 지은 자 가운데 수사殊死참수斬首 이하의 죄인은 모두 사면하라."

6) 2월, 고황제가 낙양에서 장안으로 돌아왔다.

7) 당초 고황제가 이런 조서를 내린 바 있다.

"조나라의 군신빈객群臣賓客 가운데 감히 장왕을 좇는 자는 모두 멸족할 것이다."

그러나 조나라의 낭중郎中 전숙田叔과 맹서孟舒는 스스로 머리를 깎고 목에 칼을 차는 곤겸髡鉗을 하여 조왕의 가노家奴가 된 뒤 그를 좇았다. 고황제가 장오를 사면한 후 전숙과 맹서 등을 현명하다고 여겨 이내 이들을 소견召見했다. 한나라의 조정대신 가운데 이들보다 나은 자가 없었다. 고황제가 이들을 모두 군수郡守와 황실에서 파견하는 제후국의 재상인 제후상諸侯相에 임명했다.

8) 여름 6월 을미乙未, 일식이 있었다.

9) 고황제가 승상 소하를 상국相國으로 삼았다.[257]

---

257 통상 재상宰相은 시대에 따라 승상丞相과 영윤令尹, 상국相國, 국상國相, 상相, 상서복야尙書僕射, 동중서문하삼품同中書門下三品 등으로 불렸다. 전한제국 당시에는 '상국'이 '승상'보다 권위 있는 호칭으로 불렸다.

＊ 太祖高皇帝九年

冬, 上取家人子名為長公主, 以妻單于. 使劉敬往結和親約.

臣光曰, "建信侯謂冒頓殘賊, 不可以仁義說, 而欲與為婚姻, 何前後之相違也! 夫骨肉之恩, 尊卑之敍, 唯仁義之人為能知之. 奈何欲以此服冒頓哉! 蓋上世帝王之御夷狄也, 服則懷之以德, 叛則震之以威, 未聞與為婚姻也. 且冒頓視其父如禽獸而獵之, 奚有於婦翁! 建信侯之術, 固已疏矣. 況魯元已為趙後, 又可奪乎!"

劉敬從匈奴來, 因言曰, "匈奴河南白羊·樓煩王, 去長安近者七百里, 輕騎一日一夜可以至秦中. 秦中新破, 少民, 地肥饒, 可益實. 夫諸侯初起時, 非齊諸田·楚昭·屈·景莫能興. 今陛下雖都關中, 實少民, 東有六國之強族, 一日有變, 陛下亦未得高枕而臥也. 臣願陛下徙六國後及豪桀·名家居關中, 無事可以備胡, 諸侯有變, 亦足率以東伐. 此強本弱末之術也." 上曰, "善!" 十一月, 徙齊·楚大族昭氏·屈氏·景氏·懷氏·田氏五族及豪桀於關中, 與利田·宅, 凡十餘萬口.

十二月, 上行如洛陽.

貫高怨家知其謀, 上變告之. 於是上逮捕趙王及諸反者. 趙午等十餘人皆爭自剄, 貫高獨怒罵曰, "誰令公為之? 今王實無謀, 而並捕王. 公等皆死, 誰白王不反者?" 乃轞車膠致, 與王詣長安. 高對獄曰, "獨吾屬為之, 王實不知." 吏治, 手旁笞數千, 刺爇, 身無可擊者, 終不復言. 呂后數言曰, "張王以公主故, 不宜有此." 上怒曰, "使張敖據天下, 豈少而女乎!" 不聽. 廷尉以貫高事辭聞. 上曰, "壯士! 誰知者? 以私問之." 中大夫泄公曰, "臣之邑子, 素知之, 此固趙國立義不侵, 為然諾者也." 上使泄公持節往問之箯輿前. 泄公與相勞苦, 如生平歡, 因問曰, "張王果有計謀不?" 高曰, "人情寧不各愛其父母·妻子乎? 今吾三族皆以論死, 豈愛王過於吾親哉? 顧為王實不反, 獨吾等為之.” 具道本指所以為者·王不知狀. 於是洩公入, 具以報上. 春, 正月, 上赦趙王敖, 廢為宣平侯, 徒代王如意為趙王. 上賢貫高為人, 使洩公具告之曰, “張王已出.” 因赦貫高. 貫高喜曰, “吾王審出乎?” 洩公曰, “然.” 洩公曰, “上多足下, 故赦足下.” 貫高曰, “所以不死, 一身無餘者, 白張王不反也. 今王已出, 吾責已塞, 死不恨矣. 且人臣有簒弑之名, 何面目復事上哉! 縱上不殺我, 我不愧於心乎!” 乃仰絕亢, 遂死.

荀悅論曰, “貫高首為亂謀, 殺主之賊. 雖能證明其王, 小亮不塞大逆, 私行不贖公罪. 『春秋』之義大居正, 罪無赦可也.”

臣光曰, “高祖驕以失臣, 貫高狠以亡君. 使貫高謀逆者, 高祖之過也. 使張敖亡國者, 貫高之罪也.”

詔曰, “丙寅前有罪, 殊死已下, 皆赦之.”

二月, 行自洛陽至.

初, 上詔曰, “趙群臣賓客敢從張王者, 皆族.” 郎中田叔·客孟舒皆處髡鉗為王家奴以從. 及張敖既免, 上賢田叔·孟舒等. 召見, 與語, 漢廷臣無能出其右者. 上盡拜為郡守·諸侯相.

夏, 六月, 乙未晦, 日有食之.

是歲, 更以丞相何為相國.

한고제 10년(BC 197)

1) 여름 5월, 유방의 부친인 태상황太上皇[258]이 약양궁櫟陽宮에서 붕어

---

258 유방의 부친은 역사상 생존 시 가장 먼저 태상황太上皇의 자리에 오른 인물이다. 『유씨족보』 내지 야사에 따르면 그의 이름은 유단劉煓이다. 자는 집가执嘉, 호는 현초显初 내지 태평太平이고, 사망 당시 75세였다고 한다.

했다.

가을 7월 24일, 태상황을 만년萬年섬서성 임동현 동북쪽에 장사지냈다. 초왕楚王 유교劉交와 양왕梁王 팽월이 모두 와 마지막 장례까지 참석하는 송장送葬을 했다. 고황제가 약양의 죄수들을 모두 사면했다.

2) 정도定陶 출신 척희戚姬가 고황제의 총애를 받아 조왕 유여의劉如意를 낳았다.[259] 고황제는 태자가 어질기는 하나 나약한 데 반해 유여의는 자신과 비슷하다고 여겼다. 유여의를 조왕으로 봉했음에도 늘 장안에 머물게 했다. 고황제가 관동關東산동山東으로 갈 때면 척희가 늘 뒤따라가 밤낮으로 울고 호소하며 자신의 아들을 태자로 세워달라고 청했다.

여후는 나이도 많고 고황제가 출행할 때 늘 장안에 머문 까닭에 고황제와 더욱 멀어졌다. 고황제는 폐태자廢太子하여 조왕을 태자로 세우고자 했으나 대신들이 다투어 반대하자 뜻을 이룰 수 없었다. 어사대부御史大夫 주창周昌이 조정에서 폐태자 문제로 역쟁力爭하자 고황제가 그 이유를 물었다. 주창이 말을 더듬거리며 크게 화난 표정으로 말했다.

"신의 입으로 말할 수는 없습니다. 그러나 신은 그것이 불가하다는 것을 기…기…기필코, 잘 알고 있습니다. 폐하가 '폐태자'를 하려 해도 신은 기…기…기필코, 조서를 받들 수 없습니다."

고황제가 주창의 더듬거리는 얘기를 들으며 흔연히 대소했다. 여후가 동상청東廂廳에서 귀를 기울여 듣고 있다고 조회가 끝난 뒤 주창에게 무릎을 꿇고 치사致謝하는 궤사跪謝를 했다.[260]

"그대가 아니었으면 태자는 거의 폐위될 뻔했소."

---

259 '희姬'는 전한제국 초기의 비빈妃嬪 가운데 황후 다음으로 높은 1급 내명부內命婦 관직이다. 지위는 재상, 작위는 친왕親王과 같았다. 다만 봉록은 2,000석이다.

260 정침正寢의 동서 방향에 있는 방을 상廂이라고 했다. 여기의 '동상東廂'은 전殿의 동쪽에 있는 당堂을 지칭한다.

당시 조왕의 나이가 10세였다. 고황제는 만세지후萬歲之後[261]에 조왕이 온전하지 못할까 우려했다. 황제의 인장 담당관인 부새어사符璽御史 조요趙堯가 조왕을 위해 조나라에 존귀하며 강력한 재상을 두되 여후와 태자, 군신들이 평소 존경하면서도 꺼리는 경탄敬憚의 인물로 정할 것을 청했다.

고황제가 물었다.

"그렇다면 누가 좋겠소?"

조요가 대답했다.

"어사대부 주창이 바로 그런 사람입니다."

고황제가 주창을 조나라의 재상으로 삼았다. 조요가 주창을 대신해 어사대부가 됐다.

3) 당초 고황제 유방은 양하후陽夏侯 진희陳豨를 조나라의 상국으로 삼아 조趙·대代 땅의 변경에 있는 군사를 감독케 한 바 있다. 진희가 사별辭別이임인사를 하기 위해 회음후 한신을 찾아가자 회음후가 손을 이끄는 설수挈手를 하며 좌우를 물리친 뒤 함께 정원을 거닐다가 이내 앙천탄식仰天歎息하며 물었다.

"그대는 가히 속마음을 털어놓고 얘기할 수 있겠소?"

진희가 대답했다.

"오직 장군의 명령만 좇을 것입니다."

회음후 한신이 말했다.

"공이 머물 곳은 천하의 정병들이 있는 곳이오. 또한 공은 폐하가 믿고 총애하는 신행信幸의 신하요. 그러나 어떤 사람이 문득 공이 모반했다고

261 만세지후萬歲之後는 군왕의 죽음에 대한 아어雅語로, 『사기』「조세가」에 나오는 산릉붕山陵崩과 같은 뜻이다.

고하면 폐하는 틀림없이 그대를 불신할 것이오. 두 번째 그런 얘기를 들으면 폐하는 이내 그대를 의심할 것이오. 세 번째로 그런 얘기를 들으면 반드시 노하여 스스로 군사를 이끌고 갈 것이오. 내가 공을 위해 그 기회를 이용해 중앙에서 기병하면 가히 천하를 도모할 수 있소."

진희는 평소 그의 능력을 알고 있었다. 이내 그 말을 믿고 대답했다.

"가르침을 삼가 받들도록 하겠습니다."

진희는 평소 전국시대 당시 신릉군 위무기魏無忌[262]가 협사俠士를 양성한 것을 흠모해 온 까닭에 휘하에 많은 무리를 두고 있었다. 그가 상국이 되어 변방을 지키다가 휴가를 얻어 귀가하는 고귀告歸를 하기 위해 조나라를 지나갈 당시 그를 따르는 빈객의 수레가 1,000여 대나 됐다. 한단邯鄲하북성 한단시의 관사官舍가 이들로 인해 모두 꽉 찰 정도였다.[263] 조나라 상국 주창이 곧 고황제 유방에게 궁궐로 들어가 알현하는 입현入見을 청했다. 그는 고황제에게 진희의 빈객이 극히 많은 점을 지적하면서 그가 여러 해 동안 밖에서 군사를 지휘할 경우 변란이 일어날까 우려된다고 고했다.

고황제가 사람을 보내 진희의 빈개들이 대代 땅에 머물 때 저지른 모든 불법적인 일을 상세히 조사케 했다. 대부분의 불법사가 진희와 관련되어 있었다. 이런 이유로 진희가 크게 두려워했다. 이때 흉노 땅으로 망명한 한왕韓王 한신이 이를 틈타 왕황王黃 및 만구신曼丘臣 등을 보내 진희를 유인하게 했다.

당초 유방의 부친인 태상황太上皇이 붕어했을 때 고황제가 사람을 시

---

262 '위무기'는 전국시대 말기에 제나라의 맹상군孟嘗君 등과 더불어 많은 식객을 두고 천하를 호령해 명망이 높았던 위나라의 신릉군信陵君을 말한다.

263 당시 2,000석의 관원은 보고를 하여 허락을 받아야만 했다.

켜 진희를 불렀으나 진희는 칭병하며 가지 않았다. 9월이 되자 진희가 마침내 왕황과 함께 반기를 든 뒤 대왕代王을 자칭하며 조·대 지역을 겁략劫略했다. 고황제가 직접 군사를 이끌고 동진하여 그를 친 뒤 한단에 이르렀다. 고황제가 크게 기뻐하며 말했다.

"진희는 한단을 점거한 뒤 장수漳水에 포진할 생각을 하지 못했다. 나는 그가 족히 위해危害가 될 수 없음을 알았다."

이때 주창이 상주문을 올렸다.

"상산常山하북성 원씨현 서쪽의 25개 성읍 가운데 20개 성읍이 무너졌습니다. 청컨대 군수郡守와 군위郡尉를 주살하십시오."

고황제가 물었다.

"군수와 군위가 모반한 것인가?"

주창이 대답했다.

"아닙니다."

고황제가 말했다.

"그렇다면 역부족으로 그리된 것이니 무죄이다."

고황제가 주창에게 명해 조나라 장사 가운데 장수가 될 만 한 자를 선발케 했다. 주창이 4인을 선발해 함께 배견했다. 고황제 유방은 그들을 업신여기며 욕했다.

"수자豎子들이 어찌 장수가 될 수 있는가?"

4인 모두 부끄럽고 두려워 위축된 까닭에 복지伏地했다. 고황제가 이들에게 각기 천호千戶를 봉하고 장수로 삼았다. 좌우가 간했다.

"황제를 좇아 촉蜀·한漢에 들어가고 초나라를 정벌했는데도 아직 봉상封賞이 두루 행해지지 못했습니다.[264] 지금 이들을 봉상하니 이들이 무

264 '촉蜀과 한漢에 들어갔다'는 표현은 진나라가 망한 뒤 항우가 유방을 촉蜀과 한漢

슨 공을 세웠다는 것입니까?"

고황제가 말했다.

"너희들은 알 수 있는 바가 아니다. 진희가 반기를 들었으니 조·대 지역은 모두 진희의 소유라고 할 수 있다. 내가 우격羽檄[265]을 보내 천하의 병사를 징집했으나 아직 도착한 자가 없다. 지금 내가 믿을 수 있는 것은 오직 한단의 군사뿐이다. 내가 어찌 4,000호를 아껴 조나라 자제들을 위무慰撫치 않을 수 있겠는가?"

좌우가 이구동성으로 칭송했다.

"훌륭하십니다."

고황제는 또 진희에게 소속된 장수들이 모두 고인賈人 출신이라는 얘기를 듣자 호언했다.

"내가 이들에게 어떤 것을 주어야 하는지를 알겠다."

이내 많은 황금을 가지고 가 진희의 장수들을 매수케 했다. 진희의 장수들 대부분이 항복했다.

* 太祖高皇帝十年

夏, 五月, 太上皇崩於櫟陽宮. 秋, 七月, 癸卯, 葬太上皇於萬年. 楚王·梁王皆來送葬. 赦櫟陽囚.

定陶戚姬有寵於上, 生趙王如意. 上以太子仁弱, 謂如意類己. 雖封為趙王, 常留之長安. 上之關東, 戚姬常從, 日夜啼泣, 欲立其子. 呂后年長, 常留守, 益疏. 上欲廢太子而立趙王, 大臣爭之, 皆莫能

지역의 한왕漢王으로 봉한 것을 말한다.

265 우격羽檄은 격문을 뜻한다. 나무 판에 쓴 격문에 깃털을 꽂아 보냈던 데서 유래한 말이다.

得. 御史大夫周昌廷爭之強, 上問其說. 昌為人吃, 又盛怒, 曰, "臣口不能言, 然臣期期知其不可! 陛下欲廢太子, 臣期期不奉詔!" 上欣然而笑. 呂后側耳於東廂聽, 既罷, 見昌, 為跪謝, 曰, "微君, 太子幾廢!" 時趙王年十歲, 上憂萬歲之後不全也. 符璽御史趙堯請為趙王置貴強相, 及呂后·太子·群臣素所敬憚者. 上曰, "誰可者?" 堯曰, "御史大夫昌, 其人也." 上乃以昌相趙, 而以堯代昌為御史大夫.

初, 上以陽夏侯陳豨為相國, 監趙·代邊兵. 豨過辭淮陰侯. 淮陰侯挈其手, 辟左右, 與之步於庭, 仰天歎曰, "子可與言乎?" 豨曰, "唯將軍令之!" 淮陰侯曰, "公之所居, 天下精兵處也. 而公, 陛下之信幸臣也. 人言公之畔, 陛下必不信. 再至, 陛下乃疑矣. 三至, 必怒而自將. 吾為公從中起, 天下可圖也." 陳豨素知其能也, 信之, 曰, "謹奉教!" 豨常慕魏無忌之養士, 及為相守邊, 告歸, 過趙, 賓客隨之者千餘乘, 邯鄲官捨皆滿. 趙相周昌求入見上, 具言豨賓客甚盛, 擅兵於外數歲, 恐有變. 上令人覆案豨客居代者諸不法事, 多連引豨. 豨恐, 韓王信因使王黃·曼丘臣等說誘之. 太上皇崩, 上使人召豨, 豨稱病不至. 九月, 遂與王黃等反, 自立為代王, 劫略趙·代. 上自東擊之. 至邯鄲, 喜曰, "豨不南據邯鄲而阻漳水, 吾知其無能為矣."

周昌奏曰, "常山二十五城, 亡其二十城. 請誅守·尉." 上曰, "守·尉反乎?" 對曰, "不." 上曰, "是力不足, 亡罪." 上令周昌選趙壯士可令將者, 白見四人. 上嫚罵曰, "豎子能為將乎?" 四人慚, 皆伏地. 上封各千戶, 以為將. 左右諫曰. "從入蜀·漢, 伐楚, 賞未遍行. 今封此, 何功?" 上曰, "非汝所知. 陳豨反, 趙·代地皆豨有. 吾以羽檄征天下兵, 未有至者, 今計唯獨邯鄲中兵耳. 吾何愛四千戶, 不以慰趙子弟!" 皆曰, "善!" 又聞豨將皆故賈人, 上曰, "吾知所以與之矣." 乃多以金購豨將, 豨將多降.

한고제 11년(BC 196)

1) 겨울, 고황제가 한단에 있었다. 진희의 장수 후창侯敞이 1만여 명을 이끌고 유격을 위해 출병하는 유행遊行을 했다. 왕황王黃은 기병 1,000여 기를 이끌고 곡역曲逆하북성 완현에 주둔했다. 장춘張春은 1만여 명을 이끌고 도하해 요성聊城산동성 요성현을 공격했다. 한나라 장수 곽몽郭蒙과 제나라 장수들이 이들을 공격해 대파했다. 태위太尉 주발周勃이 태원太原산서성 태원시으로 가는 길을 통해 대 땅으로 진입했다. 마읍馬邑산서성 삭현에 이르렀을 때 적들이 투항하지 않자 공격을 가해 잔살殘殺했다.

조왕 조리趙利가 동원東垣을 지켰으나 고황제가 이를 공격해 함락시킨 뒤 진정眞定으로 명칭을 바꿨다. 고황제가 왕황과 만구신의 머리에 1,000금의 상금을 내걸자 휘하들이 이들을 산 채로 잡아왔다. 진희의 군사는 마침내 궤멸되고 말았다.

당시 회음후 한신은 칭병하여 고황제의 진희 공격에 참여치 않고 은밀히 진희에게 사람을 보내 통모通謀했다. 회음후 한신은 야음을 틈타 거짓 조서로 관아에서 복역 중인 형도刑徒와 노예奴隸를 사면한 뒤 이들을 동원해 여후와 태자를 습격하는 방안을 가신들과 함께 모의했다. 각자의 담당부서를 정한 뒤 진희의 회답을 기다렸다.

이때 사인舍人 한 사람이 회음후 한신에게 죄를 지었다. 한신이 그를 가둔 뒤 죽이려고 했다.

봄 정월, 사인의 동생이 위에 고변告變했다. 회음후 한신이 모반을 꾀한 정황이 여후에게 상세히 보고됐다. 여후가 회음후 한신을 부르려고 했으나 혹여 그가 오지 않을까 두려워 이내 상국인 소하와 대책을 모의했다. 고황제가 있는 곳으로부터 사자가 온 것처럼 꾸며 진희를 이미 붙잡아 죽였으니 열후와 군신 모두 축하하러 올 것을 명했다. 회음후 한신이 오자 상국 소하가 말했다.

"그대가 비록 병이 있기는 하나 억지로라도 들어가 경하慶賀토록 하시오."

회음후 한신이 안으로 들어가 경하하자 여후가 즉시 무사들을 시켜 한신을 결박해 종 등의 악기를 두는 장락궁의 종실鐘室로 끌고 간 뒤 그의 목을 베게 했다. 회음후 한신이 참수되기 직전 탄식했다.

"나는 괴철의 계책을 쓰지 않은 것을 후회한다. 끝내 일개 아녀자에게 속았으니 이 어찌 하늘이 이끄는 운명인 천재天載가 아니겠는가!"

마침내 여후가 회음후 한신의 삼족을 멸족했다.

신 사마광은 평한다.

"세인들 가운데 혹자는 말하기를, '한신은 앞장서 한나라 건설의 대책大策을 세웠고, 고조와 더불어 한중漢中에서 기병하여 삼진三秦을 평정하고, 마침내 분병分兵하여 북쪽으로 나아가 위왕魏王 위표을 사로잡고, 대代 땅을 취하고, 조나라를 무너뜨리고, 연나라를 위협하고, 동쪽으로 나아가 제나라를 공격해 이를 소유하고, 다시 남쪽으로 나아가 초나라를 해하垓下에서 멸망시켰다. 한조漢朝의 득천하得天下는 대저 모두 회음후 한신의 공이다'라고 한다. 한신이 괴철의 계략을 거절하고 고조를 진陳 땅에서 맞이한 것을 보면 어찌 반심反心이 있었겠는가? 오랫동안 실직失職으로 불만을 품는 앙앙怏怏을 하다가 마침내 패역悖逆에 빠진 것이다. 무릇 노관盧綰은 같은 고향 사람이라는 구은舊恩으로 연나라에서 남면하여 칭왕하는데 한신은 단지 열후가 되어 조회에나 참여할 수 있었을 뿐이다. 이 어찌 고조가 한신을 배신한 것이 아니겠는가? 고조가 사모詐謀로 진陳 땅에서 회음후 한신을 사로잡았으니 배신으로 말하면 고조에게 분명 그런 점이 있다고 생각한다. 그러나 비록 그렇다 할지라도 한신 역시 죄를 받을 만한 일을 했다. 당초 한나라와 초나라가 형양滎陽에서 대치하고 있을 때 한신은 제나라를 멸망시킨 뒤 환보還報하지 않은 채 스스로 왕이 됐다. 이후에도 한나라 군사가 초나라 군사를 추격해 고릉固陵에 이르렀을 때 한신과 초나라 공격을 기약했음에도 한신은 끝내 오지 않았다. 당시 고조는 실로 한신을 사로잡을 생각이었으나 단지 역부족으로 이를 실행하지 못했을 뿐이다. 천하가 이미 평정된 상황에서 한신이 다시 무엇을 믿을 수 있었겠는가? 무릇 시기를 틈타 이익을 취하는 승시요리乘時徼利는 시정잡배의 속셈이다. 공로를 나누며 은혜와 덕에 보답하는 수공보덕酬功報德은 선비와 군자인 사군자士君子의 마음이다. 한신은 시정배의 속셈으로 그 몸을 이롭게 하면서 다른 사람에게는 사군자의 마음을 바랐으니 이는 이루기 어려운 일이 아니겠는가? 그래서 태사공太史公 사마천도 이를 두고 평하기를, '가령 한신이 도를 배워 겸양하여 자신의 공을 자랑하지 않고, 자신의 능력을 과신하지 않았으면 거의 자신의 뜻을 이뤘을 것이다. 한조에 세운 공으로 볼지라도 주공周公과 소공召公, 태공太公의 무리와 비견할 수 있기에 후세에도 혈식血食를 받았을 것이다. 그런데도 이런 일을 하려고 힘쓰지 않은 까닭에 천하가 이미 안정됐는데 이내 반역을 모의해 종족이 주살하여 멸절됐다. 이 또한 당연한 결과가 아니겠는가?'라고 한 것이다."

2) 장군 시무柴武극포후棘蒲侯가 참합參合산서성 양고현 남쪽에서 한왕韓王 한신韓信을 참했다.

3) 고황제가 낙양으로 돌아온 뒤 회음후 한신이 죽었다는 소식을 듣고 한편으로 기뻐하면서도 한편으로 가련히 여겼다. 여후에게 물었다.

"한신이 죽으면서 무슨 말을 했소?"

여후가 대답했다.

"괴철의 계책을 쓰지 않은 것이 한스럽다고 했습니다."

고황제가 소리쳤다.

"그는 바로 제나라의 변사 괴철이다."

고황제가 제왕齊王 유비에게 조서를 내려 괴철을 잡아들이게 했다. 괴철이 잡혀오자 고황제가 물었다.

"네가 회음후에게 모반을 가르쳤는가?"

괴철이 대답했다.

"그렇습니다. 신이 실로 그에게 가르쳤습니다. 수자豎子가 신의 계책을 쓰지 않았기 때문에 여기서 스스로 주살을 당한 것입니다. 신의 계책을 썼다면 폐하가 어떻게 그를 죽일 수 있었겠습니까?"

고황제가 화를 냈다.

"이 자를 팽살烹殺토록 하라."

괴철이 말했다.

"아, 원통하다. 팽살을 당하게 되다니."

고황제가 물었다.

"네가 한신에게 모반을 가르치고도 무엇이 원통하다는 것인가?"

괴철이 대답했다.

"진나라가 대권을 상실하는 실록失鹿을 하자 천하 사람이 모두 이利를 쫓았습니다. 재주가 많고 빨리 달리는 자가 이를 먼저 잡는 법입니다. 춘추시대 말기의 전설적인 대도大盜인 도척盜跖의 개는 요임금을 보고 짖습니다. 요가 어질지 않기 때문이 아니라 개는 본래 그 주인이 아닌 사람을 보면 짖기 때문입니다. 당시 신은 유독 한신만 알았을 뿐 폐하는 알지 못했습니다. 게다가 천하에는 정예한 기개로 날카로운 칼끝을 지니는 예정지봉銳精持鋒의 쟁봉爭鋒을 통해 폐하가 이룬 취천하取天下를 하고자 하는 사람이 너무나 많습니다. 단지 역량이 미치지 못해 그리하지 못할 뿐입니다. 장차 그들을 모두 팽살할 수 있겠습니까?"

고황제가 분부했다.

"그 자를 그대로 놓아주도록 하라."

4) 황자皇子 유항劉恒을 대왕代王으로 삼고, 진양晉陽에 도읍케 했다.

5) 천하에 대사령을 내렸다.

6) 고황제가 진희를 칠 때 양梁나라에서 군사를 징발했다. 이때 양왕梁王 팽월이 칭병하면서 휘하 장수를 시켜 병사를 이끌고 한단으로 가게 했다. 고황제가 화가 나 사람을 보내 그를 책망했다. 양왕 팽월이 두려워하여 직접 가서 사죄코자 했다. 휘하 장수 호첩扈輒이 만류했다.

"대왕이 처음부터 가지 않다가 책망을 받고난 뒤 가면 곧바로 사로잡히고 말 것입니다. 차라리 발병發兵하여 반기를 드느니만 못합니다."

양왕 팽월이 불청不聽했다. 마침 양나라의 태복太僕이 팽월에게 죄를 짓고 한나라로 도주해 팽월과 호첩이 모반을 꾀하고 있다고 고변했다. 고황제가 사자를 보내 양왕 팽월을 잡아들이게 했다. 양왕 팽월은 이를 전혀 눈치 채지 못한 채 끝내 낙양으로 잡혀 왔다. 유사有司가 그를 치죄한 뒤 보고서를 올렸다.

"모반 형세의 모습이 확실히 있었습니다. 청컨대 법대로 논죄論罪코자 합니다."

그러나 고황제가 그를 사면해 서인으로 만든 뒤 촉 땅의 청의靑衣상천성 아안현로 가게 했다. 양왕 팽월이 서쪽으로 가던 중 정鄭섬서성 화현 땅에 이르렀다가 마침 장안에서 그곳으로 나온 여후와 만나게 됐다. 양왕 팽월이 여후 앞에서 읍체泣涕하는 모습으로 자신의 무죄를 극구 변명하며 고향인 창읍昌邑에 살 수 있도록 허락해 달라고 간청했다. 여후가 이를 허락하고 그와 함께 동행東行했다. 여후가 낙양에 이르러 고황제에게 말했다.

"팽왕彭王은 장사입니다. 지금 그를 촉으로 가게 하면 이는 스스로 근심거리를 남기는 것입니다. 차라리 그를 죽이느니만 못합니다. 그래서 신첩이 삼가 그와 함께 온 것입니다."

여후는 사인舍人을 시켜 양왕 팽월이 다시 반란을 꾀한다고 고하게 했다. 정위廷尉 왕념개王恬開가 팽월의 3족에 대한 이족夷族을 청했다. 고황제가 이를 받아들였다.

3월, 팽월의 삼족이 멸족을 당했다. 고황제가 양왕 팽월의 목을 낙양에 효수梟首한 뒤 하조下詔했다.

"거두어 돌보는 수시收視를 하는 자는 즉시 체포한다."

양나라 대부 난포欒布가 제나라에 사자로 갔다가 돌아온 뒤 효수된 팽월의 머리 아래에서 주사奏事한 뒤 제사를 지내며 곡을 했다. 관원이 그를 체포한 뒤 이 사실을 보고했다. 고황제가 난포를 불러 질책한 뒤 팽살하려고 했다. 바야흐로 그를 들어 끓는 솥에 집어넣으려는 순간 난포가 돌아보며 말했다.

"원컨대 한마디만 하고 죽고 싶습니다."

고황제가 물었다.

"무슨 말인가?"

난포가 대답했다.

"황제가 팽성彭城강소성 동산현에서 포위되고, 형양滎陽하남성 형양현과 성고成皐하남성 범수현 호뢰관 사이에서 패했을 때 항왕項王이 끝내 서진할 수 없었던 이유는 무엇입니까? 오직 팽왕彭王이 양梁 땅에 머물며 한漢과 연합해 공격함으로써 초나라를 고통스럽게 만들었기 때문입니다. 당시는 팽왕이 고개를 한 번 돌려 초나라와 함께하면 한나라가 격파되고, 한나라와 함께하면 초나라가 격파되는 상황이었습니다. 또한 해하垓下의 회전에서도 팽왕이 없었다면 항씨는 망하지 않았을 것입니다. 천하가 평정되자 팽왕은 부절을 나눠 받고 왕의 봉작을 받음으로써 이를 만세에 전하고자 했습니다. 지금 폐하는 양나라 땅에서 군사를 징발하면서 팽왕이 병으로 가지 못하게 됐는데도 그가 모반하는 것이나 아닌지 의심했습니다. 반란의 형상이 구체적으로 만들어지지도 않았는데 미미하여 언급할 가치도 없는 사안을 확대해 그를 심문하여 주멸했습니다. 신은 공신들이 저마다 위태로움을 느낄까 걱정입니다. 지금 팽왕이 이미 죽었으니 신은 살았어도 죽느니만 못합니다. 청컨대 속히 팽살해 주십시오."

이 말을 들은 고황제가 난포를 풀어주고 도위都尉의 벼슬을 내려주었다.

7) 3월 병오丙午, 고황제가 황자 유회劉恢를 양왕으로 삼았다.

3월 11일, 황자 유우劉友를 세워 회양왕淮陽王으로 삼았다. 동군東郡하북성 복양현을 폐해 양왕에게 가봉加封하고, 영천군穎川郡하남성 우현을 폐해 회양왕에게 가봉했다.

8) 여름 4월, 고황제가 낙양에서 장안으로 들어갔다.

9) 5월, 조서를 내려 진秦 땅 출신 남해군南海郡광동성 광주시 일대 군위郡尉 조타趙佗를 남월왕南粵王으로 삼았다.[266] 육가陸賈를 보내 조타에게 새수璽綬를 수여하고 부절을 나눠 준 뒤 향후 서로 사자를 보내도록 했다. 이어 조타에게 명해 백월百越과 화합해 남쪽 변경의 환해患害가 없도록 했다.

당초 진나라 2세 황제 때 남해군위 임효任囂가 병으로 죽게 되자 곧 용천龍川광동성 용천현 현령으로 있는 조타를 불러들여 당부한 바 있다.

"진나라가 무도하여 천하가 모두 고통을 받고 있소. 듣건대 진승陳勝 등이 작란作亂했다고 하니 천하가 언제 안정될지 모르겠소. 이곳 남해는 비록 궁벽하고 중심에서 멀리 떨어져 있기는 하나 도병盜兵이 침공해 여기까지 이르게 되지나 않을까 걱정이오. 나는 흥병興兵하여 새로 만든 길

266 진제국은 전국을 통일한 뒤 전국을 36개 군郡으로 나누고, 각 군에 군수郡守와 군사 책임자인 군위郡尉 및 군감郡監을 둔 바 있다. '남해위'는 남해군의 군위를 말한다. 조타趙佗는 베트남의 건국시조인 '찌에우다'를 지칭한다.

을 끊고 스스로 방비하면서 제후들의 변환 상황을 기다려보고 싶소. 그런 차에 내가 심한 병을 만나게 됐소. 남해군의 치소인 우리 반우番禺광동성 광주시[267]는 험한 산을 등지고 있고, 남해로 막혀 있고, 동서로는 수천 리나 되오. 그 안에서 중국인中國人들이 서로 도와주고 있소. 이곳도 한 주州의 주인이 되어 나라를 세울 만하오. 우리 남해군의 장리長吏 가운데 더불어 이야기할 만한 사람이 없어 공을 불러 이를 알려 주는 것이오."

그러고는 조타에게 글을 내려 남해군 군위郡尉의 직무를 수행케 했다. 임효가 죽자 조타는 바로 횡포橫浦강서성 대유현와 양산陽山광동성 양산현, 양산 서북쪽의 황계관湟溪關에 격문을 보냈다.

"도병盜兵이 곧 밀려올 것이니 급히 길을 끊고 군사를 모아 스스로 지키도록 하라."

점차 법을 적용해 진나라에서 임명한 장리들을 주살하고 자신의 무리를 임시 지방관장인 가수假守로 삼았다. 이후 진나라가 망하자 조타는 바로 계림桂林광서성 계림시과 상군上郡베트남 하노이시을 합병한 뒤 자립하여 남월南越의 무왕武王이 됐다.[268]

육가陸賈가 남월에 이르렀을 때 군위郡尉 조타가 북상투를 하는 퇴결魋結을 하여 두 다리를 쭉 뻗고 앉은 모습으로 육가를 만났다. 육가가 조타에게 말했다.

---

267 반우番禺의 반番은 통상 '번'으로 읽으나 지명 내지 인명으로 사용될 때는 '반'으로 읽는다.

268 조타가 세운 '남월南越'이 베트남 건국의 시원이다. 조타는 베트남어로 '찌에우 부브엉Triệu Vũ Vương'으로 불리고 있다. 이는 무력이 뛰어난 '조무왕趙武王'이라는 뜻이다. 찌에우다는 베트남 사가들로부터 중국에 저항한 위대한 황제로 평가받고 있다. 찌에우다가 건국 초부터 황제를 자칭한 이래 베트남은 시종 칭제건원稱帝建元의 전통을 이어갔다. 중국의 지배를 받다가 10세기경에 재차 독립한 이후에도 이런 전통이 이어져 모든 의례는 이에 준해 행해졌다.

"족하는 중국인이고, 친척과 형제와 조상의 분묘 모두 진정眞定에 있습니다.[269] 지금 족하는 천성天性에 반하여 관대冠帶를 버리고, 좁디좁은 월나라로 천자와 대항하면서 적국이 됐으니 화가 이내 몸에 이르게 될 것입니다. 진나라가 실정失政하자 제후와 호걸들이 병기幷起했으나 오직 한왕만이 먼저 입관入關하여 함양에 근거를 잡았습니다. 그럼에도 항우는 약속을 위반하고 스스로 서초패왕西楚霸王이 되어 제후들을 모두 휘하에 귀속시켰으니 가히 가장 강했다고 할 수 있습니다.

그러나 한왕이 이내 파·촉에서 기병하여 채찍질로 천하의 군사를 독려하는 편태천하鞭笞天下를 하여 마침내 항우를 주살하고 초나라를 멸망시켰습니다. 5년 내에 해내가 평정된 것은 인력으로 인한 것이 아니고 하늘이 그리 한 것입니다. 군왕이 남월에서 칭왕하며 천하가 포악한 역적을 토벌할 때 돕지 않았다는 얘기가 천자의 귀에 들리게 되자 장상將相들이 파병하여 군왕을 토벌코자 했습니다. 그러나 천자는 백성들이 또다시 노고하는 것을 가련하게 생각해 그들을 휴양休養케 할 생각으로 이내 신을 파견해 군왕에게 인새印璽를 전해주고 신표인 부절符節을 쪼개 나눠주며 서로 사자를 교환토록 했습니다. 군왕은 의당 교외에서 영접하고 북면칭신北面稱臣해야 하는데도 새로 만들어져 아직 통일되지도 못한 남월로 여기에서 허세뿐인 강함을 모두 드러내려는 것입니까?

실로 한나라가 이 얘기를 듣게 되면 군왕의 조상 무덤을 파헤쳐 불태우고, 종족을 이멸夷滅할 것입니다. 편장偏將 한 명을 파견해 10만의 군사와 함께 월나라에 임하게 하면 월나라에서 군왕을 죽이고 한나라에 항복하는 것은 손바닥을 뒤집는 것과 같이 쉬운 여반복수如反覆手일 뿐입니

269 당시 중국의 영토는 겨우 장강 유역까지 확대됐을 뿐이다. 백월족이 몰려 사는 주강 유역은 비록 군현을 설치했다고는 하나 실제적으로는 큰 영향을 미치지 못했다.

다."

조타가 문득 몸을 일으켜 바로 앉으며 육가에게 사과했다.

"만이蠻夷의 고장에서 오래 기거하다 보니 예의를 잃었소."

이어 육가에게 물었다.

"나와 소하, 조참, 한신 가운데 누가 현명한 것 같소?"

육가가 대답했다.

"군왕이 가장 현명한 것 같습니다."

조타가 다시 물었다.

"나와 황제는 어느 쪽이 더 현명한 것 같소?"

육가가 대답했다.

"황제는 오제五帝와 삼황三皇의 기업基業을 이어받아 중국中國을 통리統理하고 있습니다. 중원에 사는 사람은 1억 명으로 추정되고, 땅은 사방으로 만 리나 되고, 만물도 은부殷富합니다. 정령政令이 황실 일가一家에서 나오니 이런 상황은 하늘과 땅이 나뉜 이래 아직 없었습니다. 지금 왕의 무리는 겨우 수십 만 명에 지나지 않고, 모두 만이蠻夷이고, 험악한 산과 바다 사이에 처해 있습니다. 비유하면 한나라의 일개 군郡 정도일 뿐이니 어찌 한나라에 비할 수 있겠습니까?"

조타가 대소했다.

"내가 중국에서 기병하지 않았기에 여기서 칭왕 할 수 있는 것이오. 만일 내가 중국에 살았다고 생각해 보시오. 어찌 그렇게 성급히 한나라만 못하다고 하는 것이오."

이내 육가를 남월에 머물게 하면서 함께 술을 마셨다. 몇 달 후 조타가 말했다.

"월나라에는 그간 족히 더불어 말할 사람이 없었소. 그대는 이곳으로 온 뒤 나로 하여금 매일 듣지 못하던 것을 듣게 하고 있소."

곧 육가에게 천금의 가치가 있는 물건을 전대 속에 넣어 하사하고, 별도로 다시 천금에 해당하는 다른 물건을 보내주었다. 육가가 마침내 조타를 남월왕에 제수하여 칭신케 하면서 한나라와의 약속도 봉행케 했다. 귀보歸報하자 고황제가 크게 기뻐하며 육가를 태중대부太中大夫에 제수했다.

육가가 늘 고황제의 면전에서 시서詩書를 말할 때마다 들먹이자 고황제가 욕을 했다.

"너의 어르신(내공乃公)[270]은 마상馬上에서 득천하得天下했는데 시서를 어디에 써먹는단 말인가?"

육가가 말했다.

"마상에서 득천하得天下했을지라도 어찌 계속 마상에서 치천하治天下할 수 있겠습니까? 탕무湯武는 반역하는 방법으로 천하를 취해 순리를 좇아 천하를 지켰습니다. 문무병용文武幷用이 장구히 보전하는 술책입니다. 옛날 오왕吳王 부차夫差와 지백智伯, 진시황秦始皇은 모두 무력만을 사용해 패망했습니다. 만일 진나라가 천하를 겸병한 이후 인의를 행하고, 옛날의 성인을 본받았으면 폐하가 어찌 천하를 지배할 수 있었겠습니까?"

고황제가 부끄러운 기색인 참색慙色을 드러냈다.

"나를 위해 진나라가 실천하失天下하고 내가 득천하한 연유와 고래의 성공하고 실패한 나라의 이야기를 시험 삼아 저술해주시오."

육가가 국가존망의 징후를 약술했다. 모두 12편이다. 매번 한 편씩 지어 올릴 때마다 고황제가 일찍이 칭찬하지 않은 적이 없었다. 좌우 대신과 시위侍衛 모두 만세萬歲를 외치며 환호했다. 그 책을 칭하여 부르기를

270 내공乃公은 '너의 어르신'이라는 뜻으로 원래 군부君父가 신자臣子에 대해 자신을 높여 이르는 말이다. 내乃는 2인칭으로 여汝 내지 이而와 통한다.

『신어新語』라고 했다.

10) 고황제가 병이 나자 접견을 꺼리며 금중禁中에 누워 요양했다. 문호門戶를 지키는 사람에게 조서를 내려 군신들의 입궁을 막게 했다. 강후絳侯 주발과 관영灌嬰 등이 감히 입궁하지 못한 지 10여 일이나 됐다. 하루는 무양후舞陽侯 번쾌가 대궐의 작은 문을 밀치고 곧바로 들어가자 대신들이 그의 뒤를 좇았다. 고황제가 홀로 한 환관의 무릎을 베고 침상에 누워 있었다. 번쾌 등이 고황제를 알현하며 유체流涕했다.

"당초 폐하가 신 등과 함께 풍豐·패沛 땅에서 기병하여 정천하定天下할 때는 그 얼마나 위장威壯했습니까? 지금 천하가 이미 평정됐는데 어찌하여 이토록 지치고 고달픈 것입니까? 폐하의 병이 심하니 대신들이 진공震恐합니다. 신들과 만나 국사를 계획하지 않고 어찌하여 환관 한 사람과 함께하며 사람과 세상사를 끊는 것입니까? 폐하만 조고의 전횡을 보지 못한 것입니까?"

고황제가 웃으며 일어났다.

11) 가을 7월, 회남왕淮南王 경포黥布가 반기를 들었다.

당초 회음후 한신이 죽자 경포는 내심 크게 두려워했다. 양왕 팽월이 주살됐을 때는 살점으로 젓을 담그는 해육醢肉을 하여 제후들에게 하사했다. 사자들이 회남 땅에 이르렀을 때 회남왕 경포는 마침 사냥 중이다. 사자들이 갖고 온 육장肉醬을 보고 회남왕 경포가 대공大恐했다. 은밀히 사람들과 부서部署를 보내 군사를 모으면서 이웃 군에 위급상황에 대비한 경비가 있는지 은밀히 엿보게 했다.

마침 회남왕 경포의 행희幸姬가 병이 나 의원에게 가게 됐다. 의원의 집과 중대부 분혁賁赫의 집은 대문을 마주하고 있었다. 분혁이 이내 후한 예물을 보내며 미희를 좇아와 의원의 집에서 함께 술을 마셨다. 회남왕 경포는 그들이 모여 음란한 짓을 하는 것으로 의심하여 곧 분혁을 체포코자 했다. 분혁이 전거傳車를 타고 장안으로 달려가 글로써 고변했다.

"경포가 모반하려는 게 사실입니다. 변란이 일어나기 전에 주살하는 것이 가할 것입니다."

고황제가 분혁의 주서奏書를 읽고 상국相國 소하에게 대책을 물었다. 소하가 대답했다.

"경포는 그런 일을 할 사람이 아닙니다. 아마도 원한을 가진 사람이 그를 망령되이 무고한 듯합니다. 청컨대 분혁을 가두고 사람을 시켜 회남왕을 은밀히 시험해 보십시오."

회남왕 경포는 분혁이 죄를 짓고 도주해 고변한 사실을 알고는 이내 자신이 은밀히 진행시킨 일이 누설되지나 않았을까 의심했다. 마침 한나라의 사자가 와서 다양한 방법으로 시험하는 것을 보자 이내 분혁의 집안을 족멸族滅한 뒤 발병하여 반기를 들었다. 반란이 일어났다는 보고가 도착하자 고황제가 이내 분혁을 사면해 장군으로 삼았다.

고황제는 제장들을 불러 계책을 묻자 모두 입을 모아 대답했다.

"발병하여 친 뒤 수자豎子를 갱살坑殺하면 그뿐입니다. 그 자가 도대체 무엇을 할 수 있겠습니까?"

여음후汝陰侯 등공滕公이 옛날 초나라의 영윤令尹을 지낸 설공薛公을 불러 묻자 그가 대답했다.

"그는 실로 반기를 들 만합니다."

등공이 물었다.

"황제가 땅을 나눠 봉지封地, 작위를 배분해 봉왕封王을 했소. 그런데도 그가 반기를 든 것은 무슨 까닭이오?"

설공이 대답했다.

"작년인 왕년往年에 양왕 팽월을 죽였고, 재작년인 전년前年에는 회음후 한신을 죽였습니다. 이들 3인은 공을 함께 세운 한 몸 같은 사람들입니다. 그는 이번에는 화가 자신에게 미칠 것을 스스로 의심하여 반란을 일으켰을 것입니다."

등공이 이 말을 고황제에게 전하자 고황제가 이내 설공을 불러 물었다. 설공이 대답했다.

"경포가 반기를 든 것은 조금도 이상할 게 없습니다. 그가 상책을 내면 산동山東은 한나라 소유가 아닐 것입니다. 중책을 내면 승패 전망을 아직 알 수 없습니다. 하책을 내면 폐하는 편히 베개를 베고 잘 수 있습니다."

고황제가 물었다.

"무엇을 '상책'이라고 하는 것이오?"

설공이 대답했다.

"동진하여 오吳강소성 남부를 취하고, 서진하여 초楚하남성 남부를 취하고, 제齊산동성 서부를 병탄하고, 노魯산동성 동부를 취하고, 다시 격문을 연燕하북성 북부과 조趙하북성 남부로 보내 각기 고수固守하면 산동은 한나라의 소유가 아닙니다."

"무엇을 '중책'이라고 하는 것이오?"

설공이 대답했다.

"동진하여 오를 취하고, 서진하여 초를 취하고, 한韓을 병탄하고, 위魏를 취하고, 오창敖倉의 양곡을 장악한 뒤 성고成皐의 입구를 막으면 승패지수를 알 수 없습니다."

"무엇을 '하책'이라고 하는 것이오?"

설공이 대답했다.

"동진하여 오를 취하고, 서진하여 하채下蔡를 취하고, 치중輜重을 월越에 두고, 그 자신이 장사長沙로 돌아오면 폐하는 편히 베개를 베고 잘 수 있고 한나라는 무사할 것입니다."[16]

고황제가 물었다.

"그가 어떤 계책을 낼 것 같소?"

설공이 대답했다.

"하책을 낼 것입니다."

고황제가 물었다.

"어찌하여 상책이나 중책을 버리고 하책을 낸단 말이오?"

설공이 대답했다.

"경포는 전에 여산驪山의 형도刑徒였으나 스스로 노력해 대국인 만승萬乘의 주인 자리에 오르게 됐습니다. 이는 모두 일신을 위한 것으로 후대後代나 백성들의 안녕을 고려한 것이 아닙니다. 그래서 하책을 낼 것이라고 말한 것입니다."

고황제가 칭송했다.

"훌륭한 말이오."

이내 설공을 천호千戶에 봉했다. 이어 황자 유장劉長을 세워 회남왕으로 삼았다.

이때 고황제는 병이 있어 태자에게 군사를 이끌고 가 회남왕 경포를 치게 하려고 했다. 태자 유영劉盈의 빈객인 동원공東園公과 기리계綺利季, 하황공夏黃公, 각리선생角里先生 등 상산4호商山四皓가 건성후建成侯 여석지呂釋之에게 말했다.[272]

---

271 팽월이 '하계'를 내어 '장사長沙로 돌아온다'는 것은 곧 장사왕 요예와 협력해 남방을 경영하며 천하를 취할 뜻을 포기한다는 뜻을 내포하고 있는 것이다.

272 『진류지陳留志』에 따르면 '상산4호'의 동원공은 성이 유庾, 자가 선명宣明으로 원중園中에 산 까닭에 '동원공'이라는 호를 갖게 됐다. 하황공은 성이 최崔, 이름이 광廣, 자가 소통少通으로 제나라 사람이다. 하리夏里에 살며 도를 닦은 까닭에 '하왕공'으로 불리게 됐다. 각리선생은 하내河內의 지軹 땅 출신으로 성은 주周, 이름은 술術, 자는 원도元道이다. 경사京師에 살며 파상선생覇上先生 또는 '각리선생'으로 불렸다고 한다. 기리계에 관해서는 자세한 얘기가 전해지지 않고 있다. 혜제가 '폐태자'를 면하고 보위에 오르게

"태자가 장병將兵하여 공을 세울지라도 지위는 더 올라 갈 수 없고, 공을 세우지 못하면 이로 인해 화를 입게 되오. 그대는 어찌하여 여후에게 황제의 재고를 청하도록 재촉하지 않는 것이오. 여후는 속히 기회를 포착해 황제에게 읍소하기를, '경포는 천하의 맹장으로 용병을 잘합니다. 지금 제장들은 모두 폐하의 과거의 같은 무리입니다. 태자로 하여금 이들을 거느리게 한다면 양에게 이리를 이끌게 하는 사양장랑使羊將狼과 다를 바가 없어 제대로 부릴 수가 없습니다. 또한 경포가 이 소문을 들으면 북을 울리며 서진할 것입니다. 황제가 비록 병이 있다고는 하나 누워갈 수 있는 수레인 치거輜車에 억지로라도 탑승하여 누워서 치료를 받으면 제장들이 감히 진력盡力치 않을 수 없을 것입니다. 황제가 비록 고생스러울지라도 처자를 위해 스스로 떨쳐 일어나게 해 주십시오'라고 해야 하오."

여석지가 즉시 밤중에 여후를 만났다. 여후는 이내 기회를 보아 고황제에게 읍체泣涕하며 상산4호의 뜻을 전했다. 고황제가 말했다.

"나도 실로 수자豎子를 파견하기에는 아직 부족하다고 여겼소. 아무래도 그대의 어르신(이공而公)인 내가 직접 가야만 하겠소."

고황제가 직접 군사를 이끌고 동진했다. 장안에 머물러 지키게 된 군신들이 모두 파상霸上까지 나가 전송했다. 유후留侯 장량은 병이 있었으나 스스로 억지로 일어나 곡우曲郵에 이르러 고황제를 알현했다.

"신도 의당 종군하여야 하나 병이 심합니다. 초나라 사람들은 사납고도 빠르니 원컨대 황제는 전투에 끼어들어 저들과 예봉을 다투는 쟁봉爭鋒을 하지 마십시오."

이어 태자 유영을 장군으로 삼아 관중의 군사를 감독케 할 것을 상주上奏했다. 고황제가 말했다.

된 데에는 이들 '상산4호'의 공이 컸다.

"자방子房은 비록 병이 들었다고는 하나 억지로 누워서라도 태자를 지도해주기 바라오."

이때 숙손통이 태부太傅로 있었으나 이로 인해 유후 장량이 임시로 소부少傅의 직책을 맡게 됐다.[273] 상군上郡·북지北地·농서隴西의 수레와 기병騎兵, 파·촉의 유능한 무관과 도성의 수비사령관이 중위中尉 휘하의 군졸 3만 명을 징발해 태자의 위병衛兵으로 삼은 뒤 파상霸上에 주둔시켰다.

원래 회남왕 경포는 반기를 들면서 제장들에게 호언한 바 있다.

"황제는 이미 늙고 용병을 싫어하여 틀림없이 여기까지 오지는 못할 것이다. 제장에게 지휘를 맡길 것이 빤한데 나는 지금까지 제장들 가운데 오직 회음후 한신과 양왕 팽월만을 걱정했다. 지금 그들 모두 이미 죽었으니 나머지는 족히 두려워할 게 없다."

그래서 마침내 반기를 들었던 것이다. 그는 과연 설공이 말한 바대로 동진하여 먼저 형荊 땅을 쳤다. 형왕荊王 유고가 도주하다가 부릉富陵에서 죽었다. 그 군사를 모두 빼앗은 뒤 회하를 건너 초楚를 공격했다. 초나라가 발병하여 서徐와 동僮 사이에서 싸웠다. 이때 군사를 셋으로 나눈 뒤 3군三軍이 서로 구원해주는 기책奇策을 냈다. 어떤 사람이 초나라 장수에게 충고했다.

"경포는 용병을 잘해 백성들은 평소 그를 두려워합니다. 또한 병법에 이르기를, '제후들이 자신의 영토 안에서 작전하면 그 땅은 산지散地가 되고 만다'고 했습니다.[274] 지금 군사를 셋으로 나눴으니 저들이 우리의

273 당시 태자의 스승으로 태자태부와 태자소부를 두었다. 장량은 이때 '행소부사行少傅事'로 있었다. 여기의 '행行'은 임시직을 의미한다.

274 '산지'는 병사들이 결사적으로 싸우지 않고 조금만 불리해도 모두 궤산潰散하여 각기 그 친구들에게 가버리는 위험한 곳을 말한다. 병사들이 지리를 잘 아는 자국의 영토

일군一軍을 격파하면 나머지는 모두 달아나 버리고 말 것입니다. 어찌 서로 구원해 줄 수 있겠습니까?"

초나라 장수가 이 말을 듣지 않았다. 회남왕 경포가 과연 3군 가운데 1군을 격파하자 나머지 2군이 산주散走했다. 경포가 마침내 병사를 이끌고 서진했다.

＊太祖高皇帝十一年

冬, 上在邯鄲. 陳豨將侯敞將萬餘人游行, 王黃將騎千餘軍曲逆, 張春將卒萬餘人渡河攻聊城. 漢將軍郭蒙與齊將擊, 大破之. 太尉周勃道太原入定代地, 至馬邑, 不下, 攻殘之. 趙利守東垣, 帝攻拔之, 更命曰真定. 帝購王黃·曼丘臣以千金, 其麾下皆生致之. 於是陳豨軍遂敗.

淮陰侯信稱病, 不從擊豨, 陰使人至豨所, 與通謀. 信謀與家臣夜詐詔赦諸官徒·奴, 欲發以襲呂后·太子. 部署已定, 待豨報. 其捨人得罪於信, 信囚, 欲殺之. 春, 正月, 捨人弟上變, 告信欲反狀於呂后. 呂后欲召, 恐其黨不就, 乃與蕭相國謀, 詐令人從上所來, 言豨已得, 死, 列侯·群臣皆賀. 相國紿信曰, "雖疾, 強入賀." 信入, 呂后使武士縛信, 斬之長樂鐘室. 信方斬, 曰, "吾悔不用蒯徹之計, 乃為兒女子所詐, 豈非天哉!" 遂夷信三族.

臣光曰, "世或以韓信為首建大策, 與高祖起漢中, 定三秦, 遂分兵以北, 禽魏, 取代, 僕趙, 脅燕, 東擊齊而有之, 南滅楚垓下, 漢之所以得天下者, 大抵皆信之功也. 觀其距蒯徹之說, 迎高祖於陳, 豈有

내에서 싸울 경우 조금이라도 불리하면 이내 궤산하는 까닭에 전쟁터가 곧 '산지'로 변할 수밖에 없다는 뜻을 담고 있다.

反心哉! 良由失職怏怏, 遂陷悖逆. 夫以盧綰里閈舊恩, 猶南面王燕, 信乃以列侯奉朝請, 豈非高祖亦有負於信哉! 臣以為高祖用詐謀禽信於陳, 言負則有之. 雖然, 信亦有以取之也. 始, 漢與楚相距滎陽, 信滅齊, 不還報而自王. 其後漢追楚至固陵, 與信期共攻楚而信不至. 當是之時, 高祖固有取信之心矣, 顧力不能耳. 及天下已定, 則信復何恃哉! 夫乘時以徼利者, 市井之志也. 酬功而報德者, 士君子之心也. 信以市井之志利其身, 而以君子之心望於人, 不亦難哉! 是故太史公論之曰, '假令韓信學道謙讓, 不伐己功, 不矜其能, 則庶幾哉! 於漢家勳, 可以比周·召·太公之徒, 後世血食矣! 不務出此, 而天下已集, 乃謀畔逆. 夷滅宗族, 不亦宜乎!'"

將軍柴武斬韓王信於參合.

上還洛陽, 聞淮陰侯之死, 且喜且憐之, 問呂后曰, "信死亦何言?" 呂后曰, "信言恨不用蒯徹計." 上曰, "是齊辯士蒯徹也." 乃詔齊捕蒯徹. 蒯徹至, 上曰, "若教淮陰侯反乎?" 對曰, "然, 臣固教之. 豎子不用臣之策, 故令自夷於此. 如用臣之計, 陛下安得而夷之乎!" 上怒曰. "烹之!" 徹曰, "嗟乎! 冤哉烹也!" 上曰, "君教韓信反, 何冤?" 對曰, "秦失其鹿, 天下共逐之, 高材疾足者先得焉. 跖之狗吠堯, 堯非不仁, 狗固吠非其主. 當是時, 臣唯獨知韓信, 非知陛下也. 且天下銳精持鋒欲為陛下所為者甚眾, 顧力不能耳, 又可盡烹之邪?" 上曰, "置之."

立子恆為代王, 都晉陽.

大赦天下.

上之擊陳豨也, 徵兵於梁. 梁王稱病, 使將將兵詣邯鄲. 上怒, 使人讓之. 梁王恐, 欲自往謝. 其將扈輒曰, "王始不往, 見讓而往, 往則為禽矣. 不如遂發兵反." 梁王不聽. 梁太僕得罪, 亡走漢, 告梁王與扈輒謀反. 於是上使使掩梁王, 梁王不覺, 遂囚之洛陽. 有司治"反形已具, 請論如法", 上赦以為庶人, 傳處蜀青衣. 西至鄭, 逢呂后從長安來. 彭王為呂后泣涕, 自言無罪, 願處故昌邑. 呂后許諾, 與俱東. 至洛陽, 呂后白上曰, "彭王壯士, 今徙之蜀, 此自遺患. 不如遂誅之. 妾謹與俱來." 於是呂后乃令其捨人告彭越復謀反. 廷尉王恬闓奏請族之, 上可其奏. 三月, 夷越三族. 梟越首洛陽, 下詔曰, "有收視者, 輒捕之." 梁大夫欒布使於齊, 還, 奏事越頭下, 祠而哭之. 吏捕以聞. 上召布, 罵, 欲烹之. 方提趨湯, 布顧曰, "願一言而死." 上曰, "何言?" 布曰, "方上之困於彭城, 敗滎陽·成皋間, 項王所以遂不能西者, 徒以彭王居梁地, 與漢合從苦楚也. 當是之時, 王一顧, 與楚則漢破, 與漢則楚破. 且垓下之會, 微彭王, 項氏不亡. 天下已定, 彭王剖符受封, 亦欲傳之萬世. 今陛下一徵兵於梁, 彭王病不行. 而陛下疑以為反. 反形未具, 以苛小案誅滅之. 臣恐功臣人人自危也. 今彭王已死, 臣生不如死, 請就烹." 於是上乃釋布罪, 拜為都尉.

丙午, 立皇子恢為梁王. 丙寅, 立皇子友為淮陽王. 罷東郡, 頗益梁. 罷潁川郡, 頗益淮陽.

夏, 四月, 行自洛陽至.

五月, 詔立秦南海尉趙佗為南粵王, 使陸賈即授璽綬, 與剖符通使, 使和集百越, 無為南邊患害. 初, 秦二世時, 南海尉任囂病且死. 召龍川令趙佗, 語曰, "秦為無道, 天下苦之. 聞陳勝等作亂, 天下未知所安. 南海僻遠, 吾恐盜兵侵地至此, 欲興兵絕新道自備, 待諸侯變. 會病甚. 且番禺負山險, 阻南海, 東西數千里, 頗有中國人相輔. 此亦一州之主也, 可以立國. 郡中長吏, 無足與言者, 故召公告之." 即被佗書, 行南海尉事. 囂死, 佗即移檄告橫浦·陽山·湟谿關曰, "盜兵且至, 急絕道, 聚兵自守!" 因稍以法誅秦所置長吏, 以其黨為假守. 秦已破滅, 佗即擊並桂林·象郡, 自立為南越武王. 陸生至, 尉佗魋結·箕倨見陸生. 陸生說佗曰, "足下中國人, 親戚·昆弟·墳墓在真定. 今足下反天性, 棄冠帶, 欲以區區之越與天子抗衡為敵國, 禍且及身矣! 且夫秦失其政, 諸族·豪桀並起, 唯漢王先入關, 據咸陽. 項羽倍約, 自立為西楚霸王, 諸侯皆屬, 可謂至強. 然漢王起巴·蜀, 鞭笞天下, 遂誅項羽, 滅之. 五年之間, 海內平定. 此非人力, 天之所建也. 天子聞君王王南越, 不助天下誅暴逆, 將相欲移兵而誅王. 天子憐百姓新勞苦, 故且休之, 遣臣授君王印, 剖符通使. 君王宜郊迎, 北面稱臣. 乃欲以新造未集之越, 屈強於此! 漢誠聞之, 掘燒王先人冢, 夷滅宗族, 使一偏將將十萬眾臨越, 則越殺王降漢如反覆手耳!" 於是尉佗乃蹶然起坐, 謝陸生曰, "居蠻夷中久, 殊失禮義!" 因問陸生曰, "我孰與蕭何·曹參·韓信賢?" 陸生曰, "王似賢也." 復曰, "我孰與皇帝賢?" 陸生曰, "皇帝繼五帝·三皇之業, 統理中國. 中國之人以億計, 地方萬里, 萬物殷富. 政由一家, 自天地剖判未始有也. 今王眾不過十萬, 皆蠻夷, 崎嶇山海間, 譬若漢一郡耳, 何乃比於漢!" 尉佗大笑曰, "吾不起中國, 故王此. 使我居中國, 何遽不若漢!" 乃留陸生與飲. 數月, 曰, "越中無足與語. 至生來, 令我日聞所不聞." 賜陸生橐中裝直千金, 他送亦千金. 陸生卒拜違法佗為南越王, 令稱臣, 奉漢約. 歸報, 帝大悅, 拜賈為太中大夫.

陸生時時前說稱『詩』·『書』, 帝罵之曰, "乃公居馬上而得之, 安事『詩』·『書』!" 陸生曰, "居馬上得之, 寧可以馬上治之乎? 且湯·武逆取而以順守之. 文武並用, 長久之術也. 昔者吳王夫差·智伯·秦始皇, 皆以極武而亡. 鄉使秦已並天下, 行仁義, 法先聖, 陛下安得而有之!" 帝有慚色, 曰, "試為我著秦所以失天下·吾所以得之者及古成敗之國.” 陸生乃粗述存亡之征, 凡著十二篇. 每奏一篇, 帝未嘗不稱善, 左右呼萬歲. 號其書曰『新語』.

帝有疾, 惡見人, 臥禁中, 詔戶者無得入群臣, 群臣絳·灌等莫敢入, 十餘日. 舞陽侯樊噲排闥直入, 大臣隨之. 上獨枕一宦者臥. 噲等見上, 流涕曰, “始陛下與臣等起豐·沛, 定天下, 何其壯也! 今天下已定, 又何憊也! 且陛下病甚, 大臣震恐. 不見臣等計事, 顧獨與一宦者絶乎? 且陛下獨不見趙高之事乎?” 帝笑而起. 秋, 七月, 淮南王布反. 初, 淮陰侯死, 布已心恐. 及彭越誅, 醢其肉以賜諸侯. 使者至淮南, 淮南王方獵, 見醢, 因大恐, 陰令人部聚兵, 候伺旁郡警急. 布所幸姬病就醫, 醫家與中大夫賁赫對門, 赫乃厚饋遺, 從姬飮醫家. 王疑其與亂, 欲捕赫. 赫乘傳詣長安上變, 言曰, “布謀反有端, 可先未發誅也.” 上讀其書, 語蕭相國, 相國曰, “布不宜有此, 恐仇怨妄誣之. 請系赫, 使人微驗淮南王.” 淮南王布見赫以罪亡上變, 固已疑其言國陰事. 漢使又來, 頗有所驗. 遂族赫家, 發兵反. 反書聞, 上乃赦賁赫, 以為將軍. 上召諸將問計, 皆曰, “發兵擊之, 坑豎子耳, 何能為乎!” 汝陰侯滕公召故楚令尹薛公問之. 令尹曰, “是固當反.” 滕公曰, “上裂地而封之, 疏爵而王之. 其反何也?” 令尹曰, “往年殺彭越, 前年殺韓信. 此三人者, 同功一體之人也, 自疑禍及身, 故反耳.” 滕公言之上, 上乃召見, 問薛公, 薛公對曰, “布反不足怪也. 使布出於上計, 山東非漢

之有也. 出於中計, 勝敗之數未可知也. 出於下計, 陛下安枕而臥矣.” 上曰, “何謂上計?” 對曰, “東取吳, 西取楚, 並齊, 取魯, 傳檄燕·趙, 固守其所, 山東非漢之有也.” “何謂中計?” “東取吳, 西取楚, 並韓, 取魏, 據敖倉之粟, 塞成皋之口, 勝敗之數未可行也.” “何謂下計?” “東取吳, 西取下蔡, 歸重於越, 身歸長沙, 陛下安枕而臥, 漢無

事矣.” 上曰, “是計將安出?” 對曰, “出下計.” 上曰, “何謂廢上·中計而出下計?” 對曰, “布, 故驪山之徒也, 自致萬乘之主, 此皆為身, 不顧後·為百姓萬世慮者也. 故曰出下計.” 上曰, “善!” 封薛公千戶. 乃立皇子長為淮南王.

是時, 上有疾, 欲使太子往擊黥布. 太子客東園公·綺里季·夏黃公·角里先生說建成侯呂釋之曰, “太子將兵, 有功則位不益, 無功則從此受禍矣. 君何不急請呂后, 承間為上泣言, ‘黥布, 天下猛將也, 善用兵. 今諸將皆陛下故等夷, 乃令太子將此屬, 無異使羊將狼, 莫肯為用. 且使布聞之, 則鼓行而西耳! 上雖病, 強載輜車, 臥而護之, 諸將不敢不盡力. 上雖苦, 為妻子自強!’ 於是呂釋之立夜見呂后. 呂后承間為上泣涕而言, 如四人意. 上曰, “吾惟豎子固不足遣, 而公自行耳.” 於是上自將兵而東, 群臣居守, 皆送至霸上. 留侯病, 自強起, 至曲郵, 見上曰, “臣宜從, 病甚. 楚人剽疾, 願上無與爭鋒!” 因說上令太子為將軍, 監關中兵. 上曰, “子房雖病, 強臥而傅太子.” 是時, 叔孫通為太傅, 留侯行少傅事. 發上郡·北地·隴西車騎·巴蜀材官及中尉卒三萬人為皇太子衛, 軍霸上. 布之初反, 謂其將曰, “上老矣, 厭兵, 必不能來. 使諸將, 諸將獨患淮陰·彭越, 今皆已死, 餘不足畏也.” 故遂反. 果如薛公之言, 東擊荊. 荊王賈走死富陵. 盡劫其兵, 渡淮擊楚. 楚發兵與戰徐·僮間. 為三軍, 欲以相救為奇. 或說楚將曰, “布善用兵, 民素畏之. 且兵法, ‘諸侯自戰其地為散地’, 今別為三, 彼敗吾一軍, 餘皆走, 安能相救!” 不聽. 布果破其一軍, 其二軍散走. 布遂

引兵而西.

한고제 12년(BC 195)

1) 겨울 10월, 고황제와 회남왕 경포의 군사가 기현蘄縣 서쪽에서 조우했다. 경포의 군사는 심히 정예했다. 고황제가 용성庸城에서 영루를 굳게 지키면서 경포의 군진을 바라보았다. 마치 항우의 군진을 보는 듯했다. 고황제는 이런 진세를 싫어했다. 고황제와 회남왕 경포가 서로 망견望見하다가 고황제가 먼 거리에서 경포에게 소리쳐 물었다.

"무슨 고생을 하려고 반기를 든 것인가?"

경포가 응답했다.

"황제가 되고 싶기 때문이다."

고황제가 화가 나 욕을 하면서 마침내 대전大戰이 벌어졌다. 회남왕 경포의 군사가 패주하며 회수를 건넜다. 수차례 도주를 멈추고 군사를 돌려 싸웠으나 전세가 불리했다. 회남왕 경포가 100여 명과 함께 강남으로 도주하자 고황제가 별장을 시켜 그들을 추격케 했다.

2) 고황제가 군사를 이끌고 장안으로 돌아오는 길에 고향인 패현沛縣을 지나게 됐다. 이내 행궁인 패궁沛宮에서 주연을 베풀었다. 옛 친구인 고인故人과 부로父老, 여러 노부인, 자제子弟들을 모두 불러 모은 뒤 술을 서로 권하며 옛 이야기를 나누는 좌주도고佐酒道故를 하면서 웃고 즐겼다.

이윽고 주흥이 무르익는 주감酒酣의 상황이 되자 고황제가 직접 노래를 부르고, 일어나 춤을 추고, 강개하여 옛 일을 회고하는 모습을 보였다. 고황제가 이내 눈물이 여러 갈래로 나뉘어 아래로 쏟아지는 모습으로 패현의 부형들에게 말했다.

"나그네는 고향을 비감悲感한 심정으로 그리워하는 법이오. 짐은 패공沛公에서 시작해 포악한 역적을 주살한 뒤 마침내 천하를 갖게 됐소. 금후 패현에 대해 부세賦稅를 왕실의 사용私用에 쓰도록 한 짐의 탕목읍湯

沐邑으로 삼도록 하겠소. 백성들에게 부과한 것을 돌려주어 세세世世로 결코 부과하는 일이 없도록 할 것이오."

그러고는 10여 일 동안 즐겁게 마시다가 떠났다.[275]

3) 한나라의 별장別將들이 경포의 군사를 장강과 황하 사이의 강인 도수洮水의 남쪽과 북쪽에서 공격해 모두 대파했다. 회남왕 경포는 전에 파군番君 오예와 혼인한 바 있다.[276] 이를 이용해 오예의 아들인 장사성왕長沙成王 오신吳臣이 사람을 경포에게 보내 거짓으로 함께 월나라로 도주하자고 유인케 했다. 경포가 그를 믿고 따라갔다. 파양番陽 출신이 경포를 자향玆鄉 내 평민의 전사田舍에서 죽였다.

4) 주발이 대군代郡과 안문雁門, 운중雲中의 땅을 모두 평정한 뒤 진희陳豨를 당성當城에서 참했다.

5) 고황제는 형왕荊王 유고劉賈가 회남왕 경포의 반란으로 자식이 죽어 후사後嗣가 없게 되자 형국荊國을 오국吳國으로 개칭했다.

10월 25일, 고황제가 자신의 형 유중劉仲의 아들 유비劉濞를 세워 오왕으로 삼고, 3개의 군과 53개의 성을 다스리게 했다.

6) 11월, 고황제가 노魯 땅을 지나다가 태뢰太牢로 공자孔子에게 제사를 올렸다.

---

275 『사기』「고조본기」는 패현의 치주置酒에서 주감酒酣의 상황이 되자 고조가 거문고 유사한 13현 악기인 축筑을 타며 다음과 같이 직접 노래를 지어 불렀다고 기록해 놓았다. "큰 바람 몰아치니 구름이 날아오르고, 위엄을 천하에 떨치며 고향에 왔다네. 어찌해야 용사를 얻어 천하를 지킬 것인가! – 大風起兮雲飛揚, 威加海內兮歸故鄉, 安得猛士兮守四方." 이어 패현의 부형들이 한사코 머물기를 청하자 다시 그곳에 머물며 3일 동안 막사를 치고 술을 마셨고, 또 풍읍에도 부역을 면제해주기를 청하자 풍읍까지 면제해 주었다고 덧붙여 놓았다.

276 영포는 2세 황제 2년인 기원전 208년에 파군番君 오예의 사위가 됐다. 남송대의 호삼성胡三省은 '번番'을 '파鄱'와 같은 자로 보아 '파'로 읽어야 한다고 주장했다.

7) 고황제가 경포를 격파하고 귀경한 뒤 병이 더욱 심해졌다. 태자를 바꾸려는 생각이 더 심해졌다. 장량이 간했으나 불청했다. 장량은 칭병하며 업무를 처리하는 시사視事를 하지 않았다. 숙손통叔孫通이 간했다.

"옛날 진헌공晉獻公은 총애하는 여희驪姬로 인해 태자를 폐하고 여희 소생의 해제奚齊를 후사로 세웠습니다. 이로 인해 진나라는 수십 년간에 걸쳐 큰 혼란을 겪고 그 또한 천하의 웃음거리가 되고 말았습니다.[277] 진秦나라는 일찍이 부소扶蘇를 태자로 확정하지 않은 까닭에 이내 조고趙高가 호해胡亥를 사술로 옹립토록 만들어 마침내 제사가 끊어지고 말았습니다. 이는 폐하도 친견親見한 바입니다. 태자가 인효仁孝하다는 것은 천하가 모두 듣고 있는 바입니다. 여후와 폐하는 함께 고생을 참으며 맛없는 음식을 먹었는데 어찌 배신할 수 있겠습니까? 폐하가 필히 적자를 폐위하고 어린 서자를 세우는 폐적입소廢適立少를 하려 들면 원컨대 신을 먼저 죄를 씌워 주살하는 복주伏誅를 하여 목의 피로 땅을 더럽히도록 하십시오."

고황제가 말을 막았다.

"그대는 더 이상 말하지 마시오. 나는 단지 희언戱言을 좀 했을 뿐이오."

숙손통도 물러서지 않았다.

---

277 춘추시대 초기 진晉나라의 19대 군주인 헌공獻公은 여희를 총애한 나머지 그의 소생인 해제奚齊를 태자로 삼고자 했다. 이내 태자였던 신생을 폐하고 태자로 삼았다. 헌공이 죽자 이극이 해제를 죽이자 순식이 다시 해제의 동생인 탁자卓子를 세웠다. 이극이 다시 탁자를 죽이고 망명한 공자 이오夷吾를 맞이해 혜공惠公으로 옹립했다. 이후 혜공이 진秦나라의 노여움을 사 포로로 잡혀 갔다가 돌아온 뒤 사망하자 그의 아들이 회공懷公으로 즉위했다. 이때 19년 동안 망명생활을 하다 진목공秦穆公의 사위가 된 중이重耳가 이내 진목공의 도움으로 회공을 죽이고 보위에 오르게 됐다. 그가 바로 춘추시대에 제환공齊桓公에 뒤이어 두 번째로 패업을 이룬 진문공晉文公이다.

"태자는 천하의 근본입니다. 근본이 한 번 흔들리면 천하가 진동振動합니다. 어찌하여 천하의 근본을 희언 대상으로 삼는 것입니까?"

당시 대신들 가운데 강력히 간쟁하는 자가 많았다. 고황제는 군신들의 마음이 모두 조왕趙王 유여의에게 있지 않다는 것을 알고 이내 그를 태자로 세우려던 작업을 중지했다.

8) 상국 소하는 장안의 땅은 협소한 데 반해 황제의 전용 화원인 상림원上林苑의 많은 공지空地는 버려진 채 방치돼 있다고 생각했다. 백성들로 하여금 안으로 들어가 농사를 짓게 하면서 볏짚을 거두는 수고收稿를 금지해 금수의 먹이로 주고자 했다. 고황제가 대로했다.

"상국이 고인賈人들로부터 재물을 많이 받아먹고는 이내 나의 동산까지 요구하는 것인가?"

상국을 정위廷尉에게 내려 보내 잡아 가두게 했다. 며칠 후 왕위위王衛尉가 고황제를 시위侍衛하다가 문득 고황제 앞으로 나아가 물었다.

"상국이 도대체 무슨 대죄를 범했기에 폐하는 그의 구금을 이토록 급하게 한 것입니까?"

고황제가 대답했다.

"내가 듣건대 이사李斯는 진나라 황제의 재상이 되어 좋은 일은 군주에게 돌리고 나쁜 일은 자신에게 돌렸다고 하오. 그러나 지금 상국은 장사치들로부터 많은 금을 받고는 그들을 위해 내 동산을 달라고 하여 자발적으로 백성에게 아첨하고 있소. 그래서 그를 가둬놓고 치죄케 한 것이오."

왕위위가 말했다.

"무릇 직무에 관한 일인 직사職事에서 백성에게 편리한 것이 있으면 이를 청하여 허락을 받는 것이야말로 실로 재상이 해야 할 일입니다. 폐하는 어찌하여 상국이 고인賈人들로부터 금전을 받았다고 의심하는 것입니까? 게다가 폐하가 초나라와 대치하고 있던 몇 년간의 시기와 진희와 경포가 반란을 일으켰던 시기에 폐하는 친히 군사를 이끌고 나갔습니다. 당시 상국이 관중을 지키면서 만일 관중을 동요케 했다면 관중은 지금 폐하의 소유가 아니었을 것입니다. 상국이 당시에 이익을 꾀하지 않고 어찌 지금에 와서 새삼 고인들의 금을 챙기겠습니까? 진나라는 그 과오를 들으려 하지 않았기에 천하를 잃었고, 이사는 그 과오를 나눠 책임질 사람인데 어찌 족히 그를 본받을 수 있습니까? 폐하는 어찌하여 재상을 그토록 천한 사람으로 의심하십니까?"

고황제가 부끄러운 마음에 유쾌하지 않은 불역不懌의 모습을 보였다. 그날 당장 사자에게 명해 황제의 명을 상징하는 부절符節을 지닌 지절持節의 자격으로 상국을 사면하여 출옥케 했다. 상국 소하는 연로한 데다 평소 공근恭謹했다. 이내 맨발로 달려가 사죄했다. 고황제가 말했다.

"상국은 편히 쉬도록 하시오. 상국이 백성을 위해 상림원을 요구했으나 내가 허락지 않았소. 나는 걸주桀紂와 같은 군주에 불과하고, 상국은 현상賢相이오. 내가 고의로 상국을 가두어 백성들로 하여금 나의 과실을 전해 듣게 하려는 것이었소."

9) 진희가 반기를 들었을 때 연왕 노관盧綰은 발병하여 그 동북쪽을 친 바 있다. 당시 진희는 왕황王黃을 흉노로 보내 구원을 청하고 있었다. 연왕 역시 신하인 장승張勝을 흉노로 보내 진희 등의 군사가 격파당한 사실을 전하게 했다. 장승이 흉노에 이르렀을 때 전에 연왕으로 있던 장도臧荼의 아들 장연臧衍이 망명해 흉노에 머물고 있었다. 장연이 장승을 보고 말했다.

"공이 연나라에서 중시되는 까닭은 흉노의 사정을 잘 알고 있기 때문이오. 연나라가 오래 존속케 된 까닭은 제후들의 계속되는 반란으로 전쟁이 이어지며 끊이지 않기 때문이오. 지금 공은 연나라를 위해 진희 등을 급멸急滅하려고 하나 진희 등이 모두 망하면 다음은 연나라 차례가 될 것이오. 그러면 공들 또한 포로가 되고 말 것이오. 공은 어찌하여 연나라로 하여금 진희에 대한 공격을 늦추고 흉노와 화해토록 만들지 않는 것이오. 전사戰事를 느슨하게 처리할 수만 있다면 연왕은 능히 오랫동안 연나라에서 칭왕할 수 있소. 설령 한나라가 진공할지라도 가히 안국安國할 수 있소."

장승이 이를 옳게 여겨 이내 사적으로 흉노를 사주해 진희의 연나라 공격을 돕게 했다. 연왕 노관은 장승이 흉노와 함께 모반한 것으로 의심해 한나라 조정에 상서해 장승 일족의 멸족에 대한 허락을 청했다. 장승이 돌아와 흉노와 연합케 된 배경을 상세히 설명했다. 연왕이 이내 다른 사람을 치죄하여 장승을 치죄한 것처럼 꾸민 뒤 장승의 가족들을 풀어주며 흉노와의 사이에서 간첩 역할을 수행케 했다. 이어 은밀히 범제范齊를 진희가 있는 곳으로 보내 진희가 장기간 망명해 흉노와 연합하는 것을 사주해 전쟁이 쉽게 결판나지 않도록 획책했다.

한나라에서 경포를 공격할 때 진희는 계속 군사를 지휘해 대 땅에 머물러 있었다. 한나라가 마침내 진희를 쳐 그의 목을 베자 그의 비장裨將이 항복한 뒤 이내 연왕 노관이 범제를 진희가 있는 곳으로 보내 통모通謀한 사실을 고했다. 고황제가 사자를 보내 노관을 소환했으나 노관은 칭병했다. 고황제가 피양후辟陽侯 심이기審食其와 어사대부 조요趙堯에게 명해 연왕을 영접하는 동시에 기회를 이용해 연왕의 좌우에 사실여부를 질문을 통해 조사케 했다. 노관이 더욱 두려워하여 문을 닫아걸고 숨으며 행신幸臣에게 말했다.

"유씨가 아니면서 왕으로 있는 사람은 오직 나와 장사왕長沙王 오예뿐이다. 작년 봄에 한나라는 회음후 한신을 멸족했고, 여름에는 양왕 팽월을 주살했다. 이는 모두 여씨呂氏의 계략이다. 지금 황제가 병이 들어 여후에게 모든 임무를 맡겼다. 여후는 부인婦人인 까닭에 오로지 이성異姓의 왕과 대공신大功臣을 주살할 단서를 찾아내려고만 한다."

노관이 마침내 칭병하여 장안으로 가지 않으면서 좌우 모두 도망하여 숨도록 했다. 노관이 한 말이 누설되자 피양후 심이기가 이내 이 말을 듣고 귀경한 뒤 고황제에게 빠짐없이 보고했다. 고황제가 더욱 화를 냈다. 마침 투항한 흉노가 또한 장승이 흉노로 망명해 연나라의 사자 역할을 수행하고 있다고 말했다. 고황제가 말했다.

"노관이 과연 모반했구나."

봄 2월, 번쾌에게 연나라 상국相國의 신분으로 군사를 이끌고 가 노관을 치게 했다. 황자 유건劉建을 연왕으로 삼았다.

10) 조서를 내렸다.

"남무후南武侯인 직織 역시 월粵나라의 후예이니 그를 세워 남해왕南海王으로 삼도록 하라."

11) 고황제가 회남왕 경포를 공격할 때 유시流矢에 맞은 적이 있었다. 길을 가는 도중 상처가 더욱 심해졌다. 여후가 양의良醫를 맞아들였다. 의원이 입견入見했다.

"병을 고칠 수 있습니다."

고황제가 욕을 했다.

"나는 포의布衣로 있을 당시 3척검三尺劍 들고 천하를 차지했다. 이는 천명이 아니겠는가? 명운은 하늘에 있으니 비록 전설적인 명의인 편작扁鵲이 있은들 무슨 도움이 되겠는가?"

마침내 그에게 더 이상 병을 치료치 못하게 한 뒤 황금 50근을 내려 그냥 물러가게 했다.

여후가 물었다.

"폐하의 백세후百歲後 소상국마저 죽게 되면 누구에게 이를 대신토록 해야 합니까?"

고황제가 대답했다.

"조참曹參이 가하오."

그 다음을 묻자 고황제가 대답했다.

"왕릉王陵이 가하오. 그는 조금은 어리석으니 진평에게 그를 돕게 하면 될 것이오. 진평은 지혜가 남는 바가 있으나 상국의 직책을 홀로 떠맡기는 어렵소. 주발周勃은 중후重厚하나 글이 모자라오. 그러나 유씨를 안전하게 할 사람은 주발이오. 그를 태위太尉로 삼는 것이 가할 것이오."

여후가 다시 그 다음을 묻자 고황제가 말했다.

"그 이후의 일은 그대가 알 수 있는 바가 아니오."

여름 4월 25일, 고황제 유방이 장락궁에서 붕어했다. 이달 28일에 발상하고 천하에 대사령을 내렸다.[278]

12) 당초 노관은 수천 명의 부하와 더불어 변경지대에 머물며 기회를 엿보았다. 그는 내심 고황제의 병이 호전되기를 기대하며 스스로 장안으로 가 사죄코자 했다. 고황제가 붕어했다는 소식을 듣고는 이내 흉노 땅

278 『사기』「고조본기」는 유방이 붕어한 뒤 4일이 지나도록 발상하지 않은 것과 관련해 여후가 심이기審食其와 상의하며 "제장은 전에 황제와 함께 호적명부의 평민인 호민戶民에 편입됐는데 지금은 북면하여 신하가 된 까닭에 늘 앙앙怏怏하고 있소. 지금 어린 군주를 섬겨야 하니 그들을 멸족하지 않으면 천하가 불안케 될 것이오."라고 말하자 어떤 사람이 이 말을 역이기의 동생인 역상酈商에게 알렸고, 역상이 심이기를 찾아가 "내가 듣건대 황제가 이미 붕어했는데도 4일이 지나도록 발상도 하지 않고 제장들을 죽이려 한다고 하니 만일 그리되면 천하가 위태로워질 것이오. 진평과 관영이 10만 군사를 이끌고 형양을 수비하고 있고, 번쾌와 주발이 20만 군사를 이끌고 연燕과 대代 땅을 평정했소. 이들이 황제의 붕어로 제장들 모두 주살당할 것이라는 소식을 듣게 되면 반드시 군사를 연합한 뒤 환군還軍하여 관중을 칠 것이오. 대신들이 안에서 모반하고 제후들이 밖에서 반란을 일으키면 패망은 가위 날듯이 발꿈치를 들고 바라볼 순식간에 이뤄질 것이오."라고 경고하자 비로소 4월 28일에 발상하고 천하에 대사령을 내렸다고 기록해 놓았다.

으로 도주해 들어갔다.

13) 5월 17일, 고황제를 장릉長陵섬서성 함양시 동북쪽에 장사지냈다.

당초 고황제는 학문을 연마하지 않았으나 성정이 명달明達하고 계모計謀를 좋아했다. 능히 남의 말을 들을 줄 알았고, 감문監門이나 수졸戍卒을 만나도 옛 친구처럼 대했다. 최초로 민심에 순응키 위해 약법삼장約法三章을 만들었다. 천하가 평정되자 소하에게는 율령律令을 편차編次하게 하고, 한신에게는 군법軍法을 펴내게 하고[279], 장창張蒼에게는 법식 규정인 장정章程을 정하게 하고[280], 숙손통에게는 예의禮儀를 만들게 했다. 또한 공신들과, 부신符信을 나눠주며 서약을 하여 주사로 써넣은 글인 단서丹書와 쇠에 새겨 넣은 글인 철계鐵契를 만둘어 금궤金匱에 넣은 뒤 석실石室에 두었다가 종묘에 수장케 했다. 비록 매일 일이 너무 많아 일일이 검토할 여가가 없었으나 그 나라 건설의 기본설계 규모가 크고 원대했다.

14) 5월 20일, 태자 유영이 황제皇帝로 즉위한 뒤 고황제의 황후인 여후呂后를 높여 황태후皇太后라고 했다.

15) 당초 고황제의 병이 심해졌을 때 번쾌를 미워한 어떤 사람이 고황제에게 말했다.

"번쾌는 여씨와 결탁해 사당私黨을 만들었습니다. 어느 날 황제가 안가晏駕[281]를 하면 군사를 일으켜 조왕趙王 유여의의 친속親屬을 죽이려고

---

279 당시 장량과 한신에게 병서를 차례로 펴내게 했다. 이들 모두 182가家의 병서에서 그 요체를 뽑아내 35가의 저서를 펴냈다고 한다.

280 원래 '장정章程'의 '장章'은 열거하는 논술의 숫자, '정程'은 무게와 길이 등의 도량형을 뜻한다. 여기서 '장정'이 법식 내지 규정, 조항, 정관 등의 뜻을 지니게 된 것이다.

281 안가晏駕는 군왕의 어가御駕가 늦게 나온다는 뜻을 지니고 있다. 천자는 통상 아침 일찍 일어나 어가를 타고 조회에 참석한다. 만일 홀연히 죽게 되면 조회에 참석할 수 없게 된다. 신하들이 이를 휘諱하여 어가가 늦게 나온다는 완곡한 표현으로 '안가'라는 말을 사용한 것이다.

할 것입니다."

고황제가 대로했다. 진평의 계모를 이용해 강후絳侯 주발을 부른 뒤 병상病床 아래에서 조령詔令을 접수케 했다.

"진평은 속히 전거傳車에 올라타 내달리는 치전馳傳을 하면서 주발을 싣고 번쾌의 군영으로 가 그를 대신해 군사를 거느리게 하라. 군영에 도착하자마자 즉시 번쾌의 머리를 베도록 하라."

조서를 받든 두 사람이 '치전'하다가 아직 군영에 이르지 않았을 때 서로 상의했다.

"번쾌는 황제의 고인故人으로 공 또한 많이 세웠다. 게다가 여후의 동생인 여수呂嬃의 남편이니 황실의 인척인 동시에 현귀顯貴하다. 황제가 분노해 당장 그를 참하고자 했으나 이내 후회할까 우려된다. 차라리 그를 잡아가둬 끌고 간 뒤 황제가 직접 주살토록 하자."

이내 군영으로 가는 도중에 단壇을 만든 뒤 정절旌節을 가지고 가 번쾌에게 단 아래로 오도록 명했다. 번쾌가 조령을 받자 곧 두 손을 묶어 함거에 실은 뒤 장안으로 송치했다. 강후 주발이 번쾌를 대신해 장수가 됐다. 이내 군사를 이끌고 가 반란에 가담한 연나라의 여러 현들을 평정했다.

진평은 장안으로 돌아오던 중 고황제의 붕어 소식을 들었다. 여수呂嬃가 태후에게 참소할까 두려워하여 이내 치전馳傳하여 번쾌를 실은 함거보다 먼저 도착했다. 당시 그는 도중에서 사자를 만나게 됐다. 사자는 진평과 관영 모두 형양滎陽에 주둔하라는 내용의 조령을 전하러 가던 중이다. 진평이 조령을 받은 뒤 즉각 궁궐로 달려가 곡읍哭泣했다. 그의 곡읍이 특히 비통했다. 이내 금중에서 숙위할 수 있도록 강청하여 허락을 얻어냈다. 태후가 진평을 낭중령郎中令으로 삼으면서 혜제의 스승이 되어 가르치도록 했다. 이후 여수가 진평을 참소했으나 실행되지 않았다. 번쾌는 장안에 도착하자마자 곧 사면을 받아 작위와 식읍을 회복했다.

16) 여태후가 궁정 감옥 담당관원인 영항永巷에게 명해 척부인戚夫人을 잡아가둔 뒤 이내 곤겸髡鉗하여 붉은 죄수복를 입고 방아를 찧게 했다. 이어 사자를 보내 조왕을 불렀다. 사자가 3번 왕래하자 조나라 상국 주창周昌이 사자에게 말했다.

"고황제가 신에게 조왕을 부탁했소. 왕은 아직 나이가 어리오. 듣자하니 태후가 척부인을 원망한 나머지 조왕도 불러 함께 주살하려 한다고 하니 신은 감히 왕을 보낼 수 없소. 게다가 지금 왕은 병이 들어 조서를 받들 수 없소."

태후가 노해 이내 사람을 시켜 먼저 주창을 소환했다. 주창이 장안에 이르자 사람을 시켜 다시 조왕을 불렀다. 조왕이 한단을 출발해 아직 장안에 도착하지 않았을 때 혜제惠帝는 태후가 노한 것을 알고 친히 조왕을 파상覇上에서 영접해 함께 입궁한 뒤 스스로 끼고 다니면서 기거起居와 음식飮食을 함께했다. 태후가 조왕을 죽이고자 했으나 기회를 잡을 수가 없었다.

* 太祖高皇帝十二年

冬, 十月, 上與佈兵遇於蘄西, 佈兵精甚. 上壁庸城, 望布軍置陳如項籍軍, 上惡之. 與布相望見, 遙謂布曰, "何苦而反?" 布曰, "欲為帝耳!" 上怒罵之, 遂大戰. 布軍敗走, 渡淮, 數止戰, 不利, 與百餘人走江南, 上令別將追之.

上還, 過沛, 留, 置酒沛宮, 悉召故人·父老·諸母·子弟佐酒, 道舊故為笑樂. 酒酣, 上自為歌, 起舞, 慷慨傷懷, 泣數行下, 謂沛父兄曰, "游子悲故鄉. 朕自沛公以誅暴逆, 遂有天下. 其以沛為朕湯沐邑, 復其民, 世世無有所與." 樂飲十餘日, 乃去.

漢別將擊英布軍洮水南·北, 皆大破之. 布故與番君婚, 以故長沙成王臣使人誘布, 偽欲與亡走越, 布信而隨之. 番陽人殺布茲鄉民田捨.

周勃悉定代郡·雁門·雲中地, 斬陳豨於當城.

上以荊王賈無後, 更以荊為吳國. 辛丑, 立兄仲之子濞為吳王, 王三郡·五十三城.

十一月, 上過魯, 以太牢祠孔子.

上從破黥布歸, 疾益甚, 愈欲易太子. 張良諫不聽, 因疾不視事. 叔孫通諫曰, "昔者晉獻公以驪姬之故, 廢太子, 立奚齊, 晉國亂者數十年, 為天下笑. 秦以不蚤定扶蘇, 令趙高得以詐立胡亥, 自使滅祀, 此陛下所親見. 今太子仁孝, 天下皆聞之. 呂后與陛下攻苦食淡, 其可背哉! 陛下必欲廢適而立少, 臣願先伏誅, 以頸血污地!" 帝曰, "公罷矣, 吾直戲耳!" 叔孫通曰, "太子, 天下本, 本一搖, 天下振動. 奈何以天下為戲乎!" 時大臣固爭者多. 上知群臣心皆不附趙王, 乃止不立.

相國何以長安地狹, 上林中多空地, 棄. 願令民得入田, 毋收藁, 為禽獸食. 上大怒曰, "相國多受賈人財物, 乃為請吾苑!" 下相國廷尉, 械系之. 數日, 王衛尉侍, 前問曰, "相國何大罪, 陛下系之暴也?" 上曰, "吾聞李斯相秦皇帝, 有善歸主, 有惡自與. 今相國多受賈豎金, 而為之請吾苑以媚於民, 故系治之." 王衛尉曰, "夫職事苟有便於民而請之, 真宰相事. 陛下奈何乃疑相國受賈人錢乎? 且陛下距楚數歲, 陳豨·黥布反, 陛下自將而往. 當是時, 相國守關中, 關中搖足, 則關以西非陛下有也! 相國不以此時為利, 今乃利賈人之金乎? 且秦以不聞其過亡天下. 李斯之分過, 又何足法哉! 陛下何疑宰相之淺也!" 帝不懌. 是日, 使使持節赦出相國. 相國年老, 素恭謹, 入, 徒跣謝. 帝曰, "相國休矣! 相國為民請苑, 吾不許, 我不過為桀·紂王,而相國為賢相. 吾故系相國, 欲令百姓聞吾過也."

陳豨之反也, 燕王綰發兵擊其東北. 當是時, 陳豨使王黃求救匈奴. 燕王綰亦使其臣張勝於匈奴, 言豨等軍破. 張勝至胡, 故燕王藏荼子衍出亡在胡, 見張勝曰, "公所以重於燕者, 以習胡事也. 燕所以久存者, 以諸侯數反, 兵連不決也. 今公為燕, 欲急滅豨等. 豨等已盡, 次亦至燕, 公等亦且為虜矣. 公何不令燕且緩陳豨, 而與胡和! 事寬, 得長王燕. 即有漢急, 可以安國." 張勝以為然, 乃私令匈奴助豨等擊燕. 燕王綰疑張勝與胡反, 上書請族張勝. 勝還, 具道所以為者. 燕王乃詐論他人, 脫勝家屬, 使得為匈奴間. 而陰使范齊之陳豨所, 欲令久亡, 連兵勿決. 漢擊黥布, 豨常將兵居代. 漢擊斬豨, 其裨將降, 言燕王綰使范齊通計謀於豨所. 帝使使召盧綰, 綰稱病. 上又使辟陽侯審食其·御史大夫趙堯往迎燕王, 因驗問左右. 綰愈恐, 閉匿, 謂其幸臣曰, "非劉氏而王, 獨我與長沙耳. 往年春, 漢族淮陰, 夏, 誅彭越, 皆呂氏計. 令上病, 屬任呂后. 呂后婦人, 專欲以事誅異姓王者及大功臣." 乃遂稱病不行, 其左右皆亡匿. 語頗洩, 辟陽侯聞之, 歸, 具報上, 上益怒. 又得匈奴降者, 言張勝亡在匈奴為燕使. 於是上曰, "盧綰果反矣!" 春, 二月, 使樊噲以相國將兵擊綰, 立皇子建為燕王.

詔曰, "南武侯織, 亦粵之世也, 立以為南海王."

上擊布時, 為流矢所中, 行道, 疾甚. 呂后迎良醫. 醫入見, 曰, "疾可治." 上嫚罵之曰, "吾以布衣提三尺取天下, 此非天命乎! 命乃在天, 雖扁鵲何益!" 遂不使治疾, 賜黃金五十斤, 罷之. 呂后問曰, "陛下百歲後, 蕭相國既死, 誰令代之?" 上曰, "曹參可." 問其次, 曰, "王陵可, 然少戇, 陳平可以助之. 陳平知有餘, 然難獨任. 周勃重厚少文, 然安劉氏者必勃也, 可令為太尉." 呂后復問其次, 上曰, "此後亦非乃所知也." 夏, 四月, 甲辰, 帝崩於長樂宮. 丁未, 發喪, 大赦天下.

盧綰與數千人居塞下候伺, 幸上疾愈, 自入謝. 聞帝崩, 遂亡入匈奴.

五月, 丙寅, 葬高帝於長陵. 初, 高祖不修文學, 而性明達, 好謀, 能聽, 自監門·戍卒, 見之如舊. 初順民心作三章之約. 天下既定, 命蕭何次律·令, 韓信申軍法, 張蒼定章程, 叔孫通制禮儀. 又與功臣剖符作誓, 丹書·鐵契, 金匱·石室, 藏之宗廟. 雖日不暇給, 規摹弘遠矣.

己巳, 太子即皇帝位, 尊皇後曰皇太后.

初, 高帝病甚, 人有惡樊噲, 雲曰, "黨於呂氏, 即一日上晏駕, 欲以兵誅趙王如意之屬." 帝大怒, 用陳平謀, 召絳侯周勃受詔床下, 曰, "陳平亟馳傳載勃代噲將. 平至軍中, 即斬噲頭!" 二人既受詔, 馳傳, 未至軍, 行計之曰, "樊噲, 帝之故人也, 功多, 且又呂后弟呂之夫, 有親且貴. 帝以仇怒故欲斬之, 則恐後悔. 寧囚而致上, 上自誅之." 未至軍, 為壇, 以節召樊噲. 噲受詔, 即反接, 載檻車傳詣長安. 而令絳侯勃代將, 將兵定燕反縣. 平行, 聞帝崩, 畏呂讒之於太后, 乃馳傳先去. 逢使者, 詔平與灌嬰屯滎陽. 平受詔, 立復馳至宮, 哭殊悲. 因固請得宿衛中. 太后乃以為郎中令, 使傅教惠帝. 是後呂讒乃不得行. 樊噲至, 則赦, 復爵邑.

太后令永巷囚戚夫人, 髡鉗, 衣赭衣, 令舂. 遣使召趙王如意. 使者三反, 趙相周昌謂使者曰, "高帝屬臣趙王, 趙王年少, 竊聞太后怨戚夫人, 欲召趙王並誅之, 臣不敢遣王. 王且亦病, 不能奉詔." 太后怒, 先使人召昌. 昌至長安, 乃使人復召趙王. 王來, 未到. 帝知太后怒, 自迎趙王霸上, 與入宮, 自挾與起居飲食. 太后欲殺之, 不得間.

한혜제漢惠帝 원년(BC 194)

1) 겨울 12월, 혜제가 아침 일찍 사냥을 나갔다. 조왕은 아직 12세에 불과해 일찍 일어날 수 없었다. 태후가 사람을 시켜 짐독鴆毒을 갖고 가 조왕에게 먹이도록 했다. 혜제가 돌아와 보니 조왕은 이미 죽어 있었다. 태후는 마침내 척부인의 손과 발을 자르고, 눈알을 빼고, 휘이煇耳를 하고[282], 벙어리로 만드는 약을 먹게 했다. 이어 측간厠間에 놓아두고 사람돼지인 인체人彘로 불렀다.

며칠 후 여후가 혜제를 불러 '인체'를 보게 했다. 혜제는 '인체'가 척부인이라는 사실을 좌우에 물어서 알게 된 뒤 대곡大哭했다. 이로 인해 이내 병이 나 1년여 동안 일어나지 못했다. 혜제가 사람을 보내 태후에게 말했다.

"이는 사람이 할 바가 아닙니다. 신은 태후의 아들입니다. 그러나 저는 끝내 치천하治天下할 수 없습니다."

혜제가 이날 이후 매일 술을 마시며 음탕하게 즐기며 청정聽政하지 않았다.

신 사마광은 평한다.

"사람의 자식이 되어 부모에게 과오가 있으면 간하고, 간해도 듣지 않으면 곡읍哭泣하며 따라야 한다. 어찌 고황제의 제업帝業을 지켜 천하의 주인이 된 몸으로 자신의 모친의 잔혹殘酷을 차마 볼 수 없다고 하여 끝내 국가를 버리고 백성을 돌보며 아끼지 않은 채 임의로 주색에 빠져 몸을 손상시킬 수 있는 것인가? 효혜제孝惠帝와 같은 경우는 가히 사소한

282 '휘이煇耳'는 독초를 태운 훈기薰氣를 귀에 쐬게 하여 귀머거리로 만드는 것으로 알려져 있다. 그러나 구체적으로 어떤 약을 사용했는지에 대해서는 알 길이 없다. 그보다는 '휘煇'가 '지지다'는 뜻의 전煎과 통하는 점에 비춰 뜨거운 쇠꼬챙이 등을 이용해 귀를 지졌을 가능성이 높다.

인혜仁惠에 돈독해 천하의 대정大正을 모르는 이른바 '독어소인篤於小仁, 미지대의未知大誼'라고 일컬을 만하다."

2) 회양왕淮陽王 유우劉友를 옮겨 조왕으로 삼았다.

3) 봄 정월, 장안성의 서북쪽 성곽을 쌓기 시작했다.

* 孝惠皇帝元年

冬, 十二月, 帝晨出射. 趙王少, 不能蚤起. 太后使人持鴆飲之. 犂明, 帝還, 趙王已死. 太后遂斷戚夫人手足, 去眼, 煇耳, 飲喑藥, 使居廁中, 命曰"人彘." 居數日, 乃召帝觀人彘. 帝見, 問知其戚夫人, 乃大哭, 因病, 歲餘不能起. 使人請太后曰, "此非人所為. 臣為太后子, 終不能治天下." 帝以此日飲為淫樂, 不聽政.

臣光曰, "為人子者, 父母有過則諫. 諫而不聽, 則號泣而隨之. 安有守高祖之業, 為天下之主, 不忍母之殘酷, 遂棄國家而不恤, 縱酒色以傷生! 若孝惠者, 可謂篤於小仁而未知大誼也."

徙淮陽王友為趙王.

春, 正月, 始作長安城西北方.

한혜제 2년(BC 193)

1) 겨울 10월, 유방의 서자인 제도혜왕齊悼惠王 유비劉肥가 내조來朝했다. 태후 앞에서 술을 마실 때 혜제가 제왕 유비를 형으로 대우해 상좌에 앉게 했다. 태후가 노해 제왕 유비 앞에 짐주鴆酒를 따라 놓고 유비에게 축수祝壽를 내린 뒤 이를 마시게 했다. 제왕 유비가 일어나자 혜제도 같이 일어나 술잔을 빼앗았다. 태후가 두려워해 급히 일어나 황제가 든 술잔을 엎었다. 제왕 유비가 이를 괴이하게 생각해 더 이상 마시지 않고 거짓으로 취한 척해 그 자리를 피했다. 이후 그는 그것이 독주라는 사실

을 문지問知하고는 크게 두려워했다. 제나라 내사內史인 사士가 제왕 유비에게 충고해 성양군城陽郡산동성 거현을 노원공주의 탕목읍湯沐邑으로 바치게 했다. 태후가 기뻐하며 이내 유비를 놓아준 뒤 봉지로 돌아가게 했다.

2) 봄 정월 4일, 두 마리의 용이 난릉蘭陵에 사는 평민의 우물에서 나타났다.

3) 농서隴西에 지진이 일어났다.

4) 여름, 가뭄인 한재旱災가 있었다.

5) 합양후郃陽侯 유중劉仲이 훙거薨去했다.

6) 찬문종후酇文終侯 소하가 병이 들자 한혜제가 친히 가서 문병하면서 그 기회를 이용해 소하에게 물었다.

"군君의 백세후百歲後 누가 군을 대신할 수 있겠소?"

소하가 대답했다.

"신하를 아는 사람으로 군주만 한 사람이 없습니다."

혜제가 물었다.

"조참은 어떻소?"

소하가 돈수頓首하며 대답했다.

"황제가 그를 찾아냈으니 신은 죽어도 여한이 없습니다."

가을 7월 5일, 소하가 훙거薨去했다. 소하는 생전에 전택田宅을 고를 때 반드시 궁벽한 곳을 선택해 거주지로 삼으면서 담장과 지붕을 수축하지 않았다. 그가 말했다.

"후손이 현명하면 나의 절검節儉을 배울 것이고, 현명치 못할지라도 세가勢家에게 빼앗기지는 않을 것이다."[283]

---

283 『사기』「소상국세가」는 소하의 후사後嗣가 죄를 지어 봉호를 잃은 것이 4대나 됐으

7월 27일, 조참을 상국으로 삼았다. 조참은 소하가 죽었다는 소식을 듣자 곧바로 사인舍人에게 하령했다.

"속히 행장을 준비토록 하라. 내가 곧 재상이 될 것이다."

얼마 후 과연 사자가 조참을 부르러 왔다.

당초 조참은 미천했을 때 소하와 친하게 지냈다. 이후 서로 장상將相이 되자 원망하는 마음이 생겼다. 그러나 소하가 죽기 직전에 현자를 천거한 사람은 오직 조참뿐이다. 조참 또한 소하를 대신해 재상이 된 뒤 일을 행하면서 이전의 것을 변경치 않고 예외 없이 소하 때의 법령제도인 약속約束을 그대로 준수했다.

군국郡國의 관리를 선발할 때에도 문사文辭에서 질박하고 어눌하고 중후한 장자長者를 뽑았다. 이들 중에서 승상부의 관속인 승상사丞相史를 징소하여 임명했다. 반면에 언행과 일처리가 각박하고 좋은 소문을 얻기에 애쓰는 관리는 곧바로 척거斥去했다. 그러고는 주야로 진한 술인 순주醇酒를 마셨다.

경대부 이하의 관리와 빈객들이 조참을 만나러 오면 승상의 업무를 보지 않았다. 그를 찾아온 사람들이 모두 그에게 무슨 말을 하고 싶어 했으나 그때마다 그는 이들에게 '순주'를 마시게 했다. 틈을 타 다시 말을 하려고 하면 또 다시 '순주'를 마시게 했다. 결국 이들 모두 취한 뒤에 돌아갈

나 그때마다 천자가 곧바로 그 후손을 찾아내 계속 차후酇侯로 봉했다고 기록해 놓았다. 사마천은 「소상국세가」의 사평에서 소하를 이같이 극찬해 놓았다. "소상국은 진나라 때 죽간이나 목판의 글을 칼로 긁어내 다시 쓰는 아전인 도필리刀筆吏로 극히 평범한 녹록錄錄의 행보로 인해 특별한 공적은 없었다. 한나라가 일어날 때 일월의 말광末光에 힘입어 열쇠를 관리하는 것처럼 직무를 이행하는 관약管籥을 충실히 지켰다. 백성들이 진나라 법을 증오하자 시류에 순응해 이를 새롭게 고쳤다. 한신과 경포 등이 모두 주살됐으나 그의 공훈은 찬란했다. 지위는 군신들 가운데 으뜸이었고, 명성은 후세까지 이어졌다. 주나라의 건국공신인 굉요閎夭와 산의생散宜生 등과 공적을 다툴 만했다."

수밖에 없어 종내 입을 열어 말하는 개설開說을 하지 못했다. 그는 늘 이같이 했다. 조참이 다른 사람의 작은 과실을 보면 하나같이 이를 가리고 덮어두자 승상의 부중府中은 별달리 할 일이 없었다.

조참의 아들 조줄曹窋이 중대부가 됐다. 한혜제는 상국이 업무를 제대로 하지 않는 것을 이상히 여겨 이내 '어찌 저토록 짐을 어리게 보는가?'라고 생각게 됐다. 곧 조줄에게 명해 집으로 가 조참에게 사적으로 물어보게 했다. 조참이 노해 아들 주줄을 200대나 채찍 등으로 매를 치는 편태鞭笞를 한 뒤 이같이 말했다.

"속히 입시入侍토록 하라. 천하사天下事는 네가 말할 바가 아니다."

조참이 조현하게 되자 혜제가 조참을 나무랐다.

"지난번 일은 내가 그대에게 간하도록 시킨 일이었소."

조참이 관모를 벗고 사죄했다.

"폐하가 스스로 살피대, 성무聖武의 면에서 고황제와 비교하면 어떻습니까?"

혜제가 대답했다.

"짐이 어찌 감히 선제先帝를 바라볼 수 있겠소."

조참이 다시 물었다.

"폐하가 보건대 신과 소하 가운데 누가 더 현명합니까?"

"그대는 아마 미치지 못할 것이오."

조참이 말했다.

"폐하의 말씀이 옳습니다. 고황제와 소하는 천하를 평정하면서 법령을 밝게 했습니다. 지금 폐하도 팔짱을 끼고 편히 쉬는 수공垂拱을 하고 저 조참 등도 직분을 지키며 고황제와 소하가 만들어 놓을 것을 지키며 잃지 않는 것이 옳지 않겠습니까?"

혜제가 찬탄했다.

"훌륭한 말이오."

조참이 상국이 된 지 3년이 지나자 백성들이 노래를 지어 칭송했다.

소하위법 교약획일	蕭何爲法, 較若畫一
조참대지 수이물실	曹參代之, 守而勿失
재기청정 민이녕일	載其淸淨, 民以寧壹

소하가 입법하니 하나 같이 정제돼 있지
조참이 대신하니 잘 지키며 실수가 없지
청정한 정사로 백성 안녕하고 하나 되지

* 孝惠皇帝二年

冬, 十月, 齊悼惠王來朝, 飮於太后前. 帝以齊王, 兄也, 置之上坐. 太后怒, 酌鴆酒置前, 賜齊王為壽. 齊王起, 帝亦起取卮. 太后恐, 自起泛帝卮. 齊王怪之, 因不敢飮, 佯醉去. 問知其鴆, 大恐. 齊內史士說王, 使獻城陽郡為魯元公主湯沐邑. 太后喜, 乃罷歸齊王.

春, 正月, 癸酉, 有兩龍見蘭陵家人井中. 隴西地震.

夏, 旱.

郃陽侯仲薨.

酇文終侯蕭何病, 上親自臨視, 因問曰, "君即百歲後, 誰可代君者?" 對曰, "知臣莫如主." 帝曰, "曹參何如?" 何頓首曰, "帝得之矣, 臣死不恨!" 秋, 七月, 辛未, 何薨. 何置田宅, 必居窮僻處, 為家, 不治垣屋. 曰, "後世賢, 師吾儉. 不賢, 毋為勢家所奪."

癸巳, 以曹參為相國. 參聞何薨, 告捨人曰, "趣治行! 吾將入相." 居無何, 使者果召參. 始, 參微時, 與蕭何善. 及為將相, 有隙. 至何且死, 所推賢唯參. 參代何為相, 舉事無所變更, 一遵何約束:擇郡國吏木訥於文辭·重厚長者, 即召除為丞相史. 吏之言文刻深·欲務聲名者, 輒斥去之. 日夜飲醇酒. 卿·大夫以下吏及賓客見參不事事, 來者皆欲有言, 參輒飲以醇酒. 間欲有所言, 復飲之, 醉而後去, 終莫得開說, 以為常. 見人有細過, 專掩匿覆蓋之, 府中無事. 參子窋為中大夫. 帝怪相國不治事, 以為"豈少朕與?" 使窋歸, 以其私問參. 參怒, 笞窋二百, 曰, "趣入侍! 天下事非若所當言也!" 至朝時, 帝讓參曰, "乃者我使諫君也." 參免冠謝曰, "陛下自察聖武孰與高帝?" 上曰, "朕乃安敢望先帝!" 又曰, "陛下觀臣能孰與蕭何賢?" 上曰, "君似不及也." 參曰, "陛下言之是也. 高帝與蕭何定天下, 法令既明. 今陛下垂拱, 參等守職, 遵而勿失, 不亦可乎?" 帝曰, "善!"

參為相國, 出入三年, 百姓歌之曰, "蕭何為法, 較若畫一. 曹參代之, 守而勿失.

載其清淨, 民以寧壹."

한혜제 3년(BC 192)

1) 봄, 장안의 600리 내 남녀 14만 6,000명을 징발해 장안성을 축조했다. 30일 만에 끝냈다.

2) 종실의 여인을 공주라고 속여 흉노 선우 묵돌冒頓에게 시집보냈다. 이때 묵돌은 바야흐로 그 세력이 막강했다. 흉노 선우 묵돌이 사자를 시켜 고후高后에게 서신을 보냈다. 문사가 극히 외설스럽고 오만했다.[284] 고

284 묵돌이 보낸 서신은 "나는 적막한 군주이다. 북방의 황량한 초원지대에서 태어나고 소와 말들이 무리를 이루고 있는 들판에서 자라 여러 차례 변경에 다다라 중국의 중심지로 깊숙이 들어가 한 번 놀아보기를 바랐다. 너의 남편이 죽었으니 빈방을 참기 어려울 것으로 생각한다. 우리 두 사람은 이미 그리 즐겁게 살지 못하고 있고, 자신을 즐겁게 할 방

후가 대로해 장상대신將相大臣을 소집해 사자를 참하고 발병하여 진공하는 방안을 논의케 했다. 번쾌가 말했다.

"원컨대 신이 10만의 병사를 이끌고 가 흉노 땅을 횡행橫行코자 합니다."

중랑장中郎將 계포季布가 말했다.

"번쾌는 의당 참해야 합니다. 전에 고황제가 평성平城산서성 대동시에서 흉노에게 포위당했을 때 한나라의 군사는 32만 명이었고 번쾌는 상장군이었는데도 그 포위를 풀지 못했습니다. 아직 노래하듯 신음하는 소리가 끊이지 않고 상이자傷夷者도 이제 일어나는 상황입니다. 그런데도 번쾌는 또다시 천하를 요동케 만들 생각으로 10만의 군사를 이끌고 가 흉노 땅을 횡행하겠다는 망언을 하고 있습니다. 이는 황제의 면전에서 속이는 짓입니다. 이적夷狄은 마치 금수와 같아 그들의 선언善言은 즐거워하기에 부족하고, 악언惡言 또한 화를 내기에 부족합니다."

고후가 말했다.

"옳은 말이오."

대알자大謁者 장석張釋에게 명해 답서를 전하게 했다. 이때 고후 스스로 심히 겸손한 태도로 흉노 선우 묵돌에게 사의謝意를 표하면서 수레 2대와 말 8필을 함께 보냈다. 흉노 선우 묵돌이 다시 사자를 보내와 사례謝禮했다.

"일찍이 중국의 예의가 어떠한지 들어본 적이 없어 결례했으나 폐하가 다행히 이를 용사容赦해 주었습니다."

흉노 선우 묵돌이 사자를 보내면서 말을 함께 바쳤다. 이로써 마침내

법이 없다. 네가 나에게 시집와 각자 자기의 있는 것을 가지고 자기의 없는 것을 교환하는 게 어떠한가?"의 내용으로 되어 있었다.

서로 화친和親케 됐다.

3) 여름 5월, 민월군閩越君 요搖를 세워 동해왕東海王으로 삼았다. 요搖와 무제無諸는 모두 옛날 월왕越王 구천句踐의 후예였다. 이들은 제후들을 좇아 진나라를 멸망시키는 데 공이 많고 그 백성들이 귀부했으므로 그를 왕으로 세운 것이다. 동구東甌절강성 영가현에 도읍한 까닭에 세상에서는 그를 '동구왕'으로 불렀다

4) 6월, 제후왕과 열후의 형도刑徒와 노예 2만 명을 징발해 장안성을 축조했다.

5) 가을 7월, 황실의 마구간인 도구都廐에 화재가 났다.

6) 이 해에 촉蜀 땅의 전저湔氐 부락에서 반란이 일어났다. 이내 공격해 평정했다.

* 孝惠皇帝三年

春, 發長安六百里內男女十四萬六千人城長安, 三十日罷.

以宗室女為公主, 嫁匈奴冒頓單于. 是時, 冒頓方強, 為書, 使使遺高後, 辭極褻嫚. 高後大怒, 召將相大臣, 議斬其使者, 發兵擊之. 樊噲曰, "臣願得十萬衆橫行匈奴中!" 中郎將季布曰, "噲可斬也! 前匈奴圍高帝於平城, 漢兵三十二萬, 噲為上將軍, 不能解圍. 今歌吟之聲未絕, 傷夷者甫起, 而噲欲搖動天下, 妄言以十萬衆橫行, 是面謾也. 且夷狄譬如禽獸, 得其善言不足喜, 惡言不足怒也." 高後曰, "善!" 令大謁者張釋報書, 深自謙遜以謝之, 並遺以車二乘, 馬二駟. 冒頓復使使來謝, 曰, "未嘗聞中國禮義, 陛下幸而赦之." 因獻馬, 遂和親.

夏, 五月, 立閩越君搖為東海王. 搖與無諸, 皆越王句踐之後也, 從諸侯滅秦, 功多, 其民便附, 故立之. 都東甌, 世號東甌王.

六月, 發諸侯王·列侯徒隸二萬人城長安.

秋, 七月, 都廏災.

是歲, 蜀湔氐反, 擊平之.

한혜제 4년(BC 191)

1) 겨울 10월, 장언張嫣을 황후로 세웠다. 황후는 혜제의 누이 노원공주魯元公主의 딸이다. 고후가 중첩된 인척관계를 만들 생각으로 그녀를 혜제의 배필로 삼은 것이다.

2) 봄 정월, 백성들 가운데 부모에 효도하고 형제에게 우애가 있는 효제孝弟가 뛰어나고, 힘써 농사짓는 역전力田을 하는 자를 선발해 부역을 면제해 주었다.

3) 3월 7일, 혜제가 성년식인 관례冠禮를 치렀다. 천하에 대사령을 내렸다.

4) 이민吏民을 방해하는 법령을 줄이거나 없애고, 금서 소지자를 족멸케 한 법률인 진나라의 협서율挾書律을 없앴다.

5) 혜제가 장락궁長樂宮으로 가 태후에게 아침문안을 올리고 평일에 가서 문안할 때마다 늘 경계를 내려 통행을 금하며 길을 치우는 경필警蹕로 인해 백성들을 번잡하게 한다고 생각했다. 미앙궁과 장락궁 사이에 위치한 무고武庫의 남쪽에 길 위에 2층으로 낸 길인 복도複道를 축조했다. 봉상奉常 숙손통叔孫通이 간했다.

"이곳은 매월 고황제를 위해 선제의 의관을 매월 한 번씩 묘원廟院에서 꺼내 사당까지 들고 가는 의례인 출유의관出遊衣冠하는 길입니다. 자손이 어떻게 종묘로 가는 길 위를 지나겠습니까?"

혜제가 두려워하며 말했다.

"급히 복도를 허물도록 하시오."

숙손통이 말했다.

"인주人主는 잘못된 거동이 없어야 합니다. 복도가 이미 만들어져 모든 백성들이 알고 있습니다. 원컨대 폐하는 패현에 만든 제2의 사당인 고조의 원묘原廟를 위수 북쪽에 만든 뒤 매월 그곳으로 출유出遊하고, 종묘를 더욱 넓히십시오. 이것이 대효大孝의 근본입니다."

혜제가 유사有司에게 조서를 내려 원묘를 세우게 했다.

신 사마광은 평한다.

"과실은 사람이라면 반드시 피할 수 없는 것이다. 오직 성현聖賢만이 능히 이를 알아서 고칠 수 있다. 옛날의 성왕은 자신에게 과실이 있는데도 스스로 알지 못할까 걱정했다. 그래서 누구나 비방코자 하는 내용을 적도록 허용한 나무인 비방지목誹謗之木을 설치하고 누구나 간할 수 있도록 허용한 북인 감간지고敢諫之鼓를 둔 것이다. 어찌 백성들이 자신의 과실에 관한 소문을 들을까 두려워했겠는가? 은나라의 현상인 중훼仲虺는 창업주인 성탕成湯을 찬미하며 과실을 고치는 데 인색하지 않다는 뜻의 개과불린改過不吝을 언급했다. 또한 은나라의 현상인 부열傅說은 고종高宗 무정武丁에게 간하면서 과실을 수치로 여기지 않는다는 뜻의 무치과비無恥過非를 언급했다. 이로써 보면 인군人君은 본래 과실이 없는 것을 현명하다고 여기지 않고, 개과改過를 아름답다고 여긴다. 지금 숙손통은 오히려 황제에게 간하기를, '인주는 잘못된 거동이 없어야 한다'고 했다 이는 인군에게 과실을 수식하는 것을 가르친 것이다. 이 어찌 잘못된 일이 아니겠는가?"

6) 장락궁의 홍대鴻臺[30]에 화재가 났다.

7) 가을 7월 20일, 황제를 알현하는 장소로 사용된 미앙궁未央宮 내의 얼음을 넣어두는 빙고氷庫인 능실凌室에 화재가 났다.

7월 21일, 비단 짜는 방인 직실織室에 화재가 났다.

＊ 孝惠皇帝四年

冬, 十月, 立皇後張氏. 後, 帝姊魯元公主女也, 太后欲為重親, 故以配帝.

春, 正月, 舉民孝·弟·力田者, 復其身.

三月, 甲子, 皇帝冠, 赦天下.

省法令妨吏民者. 除挾書律.

帝以朝太后於長樂宮及間往, 數蹕煩民, 乃築覆道於武庫南. 奉常叔孫通諫曰, "此高帝月出游衣冠之道也, 子孫奈何乘宗廟道上行哉!" 帝懼曰, "急壞之!" 通曰, "人主無過舉. 今已作, 百姓皆知之矣. 願陛下為原廟渭北, 衣冠月出游之, 益廣宗廟, 大孝之本." 上乃詔有司立原廟.

臣光曰, "過者, 人之所必不免也, 惟聖賢為能知而改之. 古之聖王, 患其有過而不自知也, 故設誹謗之木, 置敢諫之鼓, 豈畏百姓之聞其過哉! 是以仲虺美成湯曰, '改過不吝.' 傅說戒高宗曰, '無恥過作非.' 由是觀之, 則為人君者, 固不以無過為賢, 而以改過為美也. 今叔孫通諫孝惠, 乃云"人主無過舉", 是教人君以文過遂非也, 豈不謬哉!"

長樂宮鴻台災.

秋, 七月, 乙亥, 未央宮凌室災. 丙子, 織室災.

---

285 '홍대'는 진시황 27년에 축조된 높이 40장의 고대高臺였다고 한다.

한혜제 5년(BC 190)

1) 겨울 벼락이 떨어졌다. 복숭아나무와 자두나무인 도리桃李에 꽃이 피고 대추나무가 열매를 맺었다.

2) 봄 정월, 다시 장안의 600리 내에 있는 남녀 14만 5,000명을 징발해 장안성을 쌓았다. 30일 만에 끝냈다.

3) 여름, 큰 가뭄이 들어 장강과 황하인 강하江河의 물이 줄어들었다. 계곡의 물도 끊겼다.

4) 가을 8월, 평양의후平陽懿侯 조참이 훙거했다.

* 孝惠皇帝五年

冬, 雷. 桃李華, 棗實.

春, 正月, 復發長安六百里內男女十四萬五千人城長安, 三十日罷.

夏, 大旱, 江河水少, 谿谷水絕.

秋, 八月, 己丑, 平陽懿侯曹參薨.

한혜제 6년(BC 189)

1) 겨울 10월, 왕릉王陵을 우승상, 진평陳平을 좌승상으로 삼았다.

2) 제도혜왕齊悼惠王 유비劉肥가 훙거했다.

3) 여름, 문성후文成侯 장량張良이 훙거했다.[286]

---

286 사마천은 장량을 두고 『사기』「유후세가」의 사평에서 이같이 평해 놓았다. "학자들은 대부분 '귀신이 없다'고 말한다. 그러면서도 괴이한 일이 있다고 한다. 유후가 만난 노부老父가 그에게 책을 준 것 또한 괴이하다고 할 것이다. 고황제가 곤경에 처한 적이 여러 번 있었다. 유후는 그때마다 늘 공력功力이 있었다. 이 어찌 하늘의 도움이 아니라고 말할 수 있겠는가? 고황제가 일찍이 말하기를, '무릇 군막 안인 유장지중帷帳之中에서 계책을 세우는 운주책運籌策을 하여 천리 밖의 승부를 결정짓는 것에서 나는 자방만 못하다'고 했다. 나는 자방이 대략 체격이 장대해 위엄이 있는 괴오기위魁梧奇偉의 모습을 하고 있을

4) 주발周勃을 태위로 삼았다.

* 孝惠皇帝六年

冬, 十月, 以王陵為右丞相, 陳平為左丞相.

齊悼惠王肥薨.

夏, 留文成侯張良薨.

以周勃為太尉.

한혜제 7년(BC 188)

1) 겨울, 거기車騎와 유능한 무관인 재관材官을 조발調撥하여 형양으로 보내면서 태위 관영灌嬰으로 하여금 병사를 거느리게 했다.

2) 봄 정월 초하루, 일식이 있었다.

3) 여름 5월 29일, 일식이 있었다. 개기일식이었다.

4) 가을 8월 12일, 혜제가 미앙궁未央宮에서 붕어崩御했다. 천하에 대사령을 내렸다.

9월 5일, 혜제를 안릉安陵섬서성 함양시 동쪽에 장사지냈다.

당초 여태후는 장황후張皇后 언嫣에게 다른 사람의 자식을 데려다 기르면서 그 어미를 죽인 뒤 태자로 삼을 것을 명했다. 혜제를 안장한 뒤 혜제의 후궁소생인 소제少帝 유공劉恭이 즉위했으나 나이가 너무 어렸다. 마침내 태후가 조정에 나아가 천자의 대권을 행사하는 임조칭제臨朝稱制를 했다.[287]

것으로 생각했다. 나중에 그의 화상畵像을 보니 상모狀貌가 부인처럼 예쁜 여인과 같았다. 공자가 말하기를, '용모로 사람을 취하면 추남으로 알려진 담대멸명澹臺滅明과 같은 사람에게 실수하게 된다'고 했다. 유후 장량에 대해서도 또한 그리 말할 수 있을 것이다."

287 제서制書는 천자가 제도에 관해 내리는 명으로 원래는 태후가 행할 수 없는 것이

* 孝惠皇帝七年

冬, 發車騎·材官詣滎陽, 太尉灌嬰將.

春, 正月, 辛丑朔, 日有食之.

夏, 五月, 丁卯, 日有食之, 既.

秋, 八月, 戊寅, 帝崩於未央宮. 大赦天下. 九月, 辛丑, 葬安陵.

初, 呂太后命張愲後取他人子養之, 而殺其母, 以為太子. 既葬, 太子即皇帝位, 年幼. 太后臨朝稱制.

다. '칭제'는 곧 여후가 조회에 나와 변칙적으로 황제의 업무를 보았음을 의미한다. 이로써 한제국은 이후 한문제漢文帝가 등장하기 전까지 모두 8년 동안 사실상 척족인 여씨가 다스리는 나라가 됐다. 여후는 사실상 황제나 다름없는 대권을 행세했다. 전한제국 말기에 왕망王莽이 한나라를 탈취해 신新나라를 세우고, 당제국 초기에 측천무후則天武后가 당나라를 탈취해 주周나라를 세우는 선례가 된 배경이다.

권13-한기漢紀 5: 한문제가 즉위하다

한고후漢高后 **원년**(BC 187)[288]

1) 겨울, 여태후가 여러 여씨呂氏를 왕으로 삼을 생각으로 논의하면서 우승상 왕릉王陵에게 물었다. 왕릉이 대답했다.

"고제高帝가 백마를 죽여 맹약하기를, '유씨가 아닌 사람이 왕이 되면 천하가 공격共擊하라'고 했습니다. 지금 여씨를 왕으로 삼는 것은 이런 맹약에 어긋나는 것입니다."

여태후가 기뻐하지 않았다. 좌승상 진평陳平과 태위 주발周勃에게 물었다. 두 사람이 입을 모아 대답했다.

"고제는 정천하定天下한 뒤 자제들을 왕으로 삼았습니다. 지금은 태후가 천자의 대권을 행사하는 칭제稱制를 하고 있으니 여씨를 왕으로 삼을지라도 불가할 게 없습니다."

여태후가 기뻐했다. 조회가 끝난 후 왕릉이 진평과 주발을 나무랐다.

"당초 고황제와 더불어 희생의 피를 입에 묻히는 잡혈唼血을 하며 맹약할 때 제군諸君은 그 자리에 없었단 말이오. 지금 고황제가 붕어한 뒤 태후가 여주女主가 되어 여씨를 왕으로 삼으려 하는데 제군은 내키는 대

288 당시 유공劉恭이 소제로 즉위했으나 나이가 어린 까닭에 여후가 황제권을 행사했다. 사마광은 이를 중시해 '고황후'로 기년紀年한 것이다.

로 아부하는 마음으로 배약背約하려고 하니 훗날 지하에서 무슨 면목으로 고제를 보려는 것이오."

진평과 강후 주발이 대답했다.

"지금 얼굴을 붉히며 조정에서 간쟁하는 면절정쟁面折廷爭을 하는 것은 신臣이 군君만 못하오. 그러나 사직을 온전히 하여 유씨의 후예를 안정시키는 데는 군이 신만 못하오."

왕릉이 아무 응답도 하지 않았다.

11월 3일, 여태후가 왕릉을 황제의 태부太傅로 삼았다. 실제로는 재상의 권한을 빼앗은 것이다. 안국후安國侯하북성 안국현 왕릉이 마침내 병이 들어 사직한 뒤 봉지로 돌아갔다.

좌승상左丞相 진평이 우승상右丞相, 피양후辟陽侯 심이기審食其가 좌승상으로 승진했다. 여태후가 좌승상에게 국사 대신 궁중 감시를 명하자 하는 일이 마치 궁중의 금위 사령관인 낭중령郎中令과 같았다. 심이기는 이런 이유로 여태후의 총애를 얻었다. 공경公卿 모두 그에게 정사를 결재받았다.

여태후는 전에 조요趙堯가 척부인 소생인 조은왕趙隱王 즉 조왕 조여의劉如意를 위해 모의했던 것을 원망했다. 이내 조요를 죄에 걸려들게 만들었다.[289] 상당군上黨郡산서성 장자현 태수인 임오任敖는 일찍이 패현沛縣의 옥리로 있으면서 여태후에게 덕을 베푼 일이 있었다. 그는 이내 어사대부로 승격됐다.[290]

---

289 조요는 BC 197년에 유방에게 주창周昌을 조나라 재상으로 삼아 조왕 유여의를 보호해야 한다고 건의한 바 있다. 당시 조요는 어사대부로 있었다. 그가 면직된 후 임오任敖가 그 자리를 맡았다.

290 유방이 유랑하여 밖으로 도망 다닐 때 패현에서 훗날 태후가 되는 여후를 체포해 구금했다. 옥리들이 이 젊은 여인을 다투어 희롱했다. 이때 감독관이던 임오는 평소 유방

여태후가 작고한 부친인 선부先父 임사후臨泗侯 여공呂公을 선왕宣王으로 추존追尊하고, 선형先兄 주여국周呂國의 영무후令武侯 여택呂澤을 도무왕悼武王으로 추시追諡했다. 이는 점차 여러 여씨를 왕으로 삼기 위한 사전조치였다.

2) 봄 정월, 진나라 때의 혹법인 중죄인의 부족·모족·처족을 족멸族滅하는 삼족죄三族罪와 중한 거짓을 말한 죄인의 부족·모족·처족을 족멸하는 무고죄誣告罪의 일종인 요언령妖言令을 없앴다.

3) 여름 4월, 노원공주가 홍거薨去했다. 공주의 아들 장언張偃을 노왕魯王으로 삼고, 공주에게 노원태후魯元太后의 시호를 내렸다.

4) 4월 28일, 명분상의 혜제 아들인 유산劉山을 양성후襄城侯, 유조劉朝를 지후軹侯, 유무劉武를 호관후壺關侯에 봉했다.[291] 여태후는 여씨를 왕으로 삼을 생각에 우선 소명所名의 혜제 아들인 유강劉强을 회양왕淮陽王하남성 회향현, 유불의劉不疑를 항산왕恒山王하북성 원씨현 항산으로 삼았다. 외교문서 총책인 대알자大謁者 장석張釋을 시켜 대신들을 선동케 했다. 대신들이 이내 도무왕 여택呂澤의 장자長子인 역후酈侯 여태呂台를 여왕呂王으로 세울 것을 청하자 제나라의 제남군濟南郡을 잘라 여국呂國산동성 역서현의 동평릉으로 삼았다.

과 교분이 있어 일을 일으킨 자들을 때려준 적이 있었다.

291 '소명所名'은 혜제의 자식인지 여부를 단정키 어렵다는 뜻을 담고 있다. 당초 여태후는 혜제의 장황후에게 아들이 없자 후궁 소생을 모두 장황후의 아들로 삼은 뒤 그들의 생모를 죽였다. 소제 유공劉恭의 뒤를 이어 보위에 오른 뒤 유홍劉弘으로 개명한 후소제後少帝 유의劉義 즉 그 이전의 유산劉山, 지후로 있다가 항산왕이 된 유조劉朝, 회양왕 유강劉强, 항산왕으로 있다가 죽은 유불의劉不疑 등이 모두 이 경우에 해당한다. 늘상 '폐세자'의 위기에 시달리다가 가까스로 보위에 오른 뒤 '인체人彘'의 충격 속에 재위 7년 만인 20대 초반에 죽은 한혜제가 여러 명의 후궁 소생을 얻게 됐다는 사실을 수긍키가 어렵다. 여태후가 다양한 방법으로 손을 썼을 가능성을 암시하는 대목이다.

5) 5월 4일, 조왕의 궁궐인 총대叢臺에 화재가 났다.

6) 가을, 도리桃李에 꽃이 피었다.

** 起閼逢攝提格, 盡昭陽大淵獻, 凡十年.

* 高皇后元年

冬, 太后議欲立諸呂為王, 問右丞相陵. 陵曰, "高帝刑白馬盟曰, '非劉氏而王, 天下共擊之' 今王呂氏, 非約也." 太后不說, 問左丞相平·太尉勃曰, "高帝定天下, 王子弟. 今太后稱制, 王諸呂, 無所不可." 太后喜, 罷朝. 王陵讓陳平·絳侯曰. "始與高帝啑血盟, 諸君不在邪? 今高帝崩, 太后女主, 欲王呂氏. 諸君縱欲阿意背約, 何面目見高帝於地下乎?" 陳平·降侯曰, "於今, 面折廷爭, 臣不如君. 全社稷, 定劉氏之後, 君亦不如臣." 陵無以應之. 十一月, 甲子, 太后以王陵為帝太傅, 實奪之相權. 陵遂病免歸. 乃以左丞相平為右丞相, 以辟陽侯審食其為左丞相, 不治事, 令監宮中, 如郎中令. 食其故得幸於太后, 公卿皆因而決事. 太后怨趙堯為趙隱王謀, 乃抵堯罪. 上黨守任敖嘗為沛獄吏, 有德於太后, 乃以為御史大夫. 太后又追尊其父臨泗侯呂公為宣王, 兄周呂令武侯澤為悼武王, 欲以王諸呂為漸.

春, 正月, 除三族罪·妖言令. 夏, 四月, 魯元公主薨. 封公主子張偃為魯王, 諡公主曰魯元太后.

辛卯, 封所名孝惠子山為襄城侯, 朝為軹侯, 武為壺關侯.

太后欲王呂氏, 乃先立所名孝惠子強為淮陽王, 不疑為恆山王. 使大謁者張釋風大臣. 大臣乃請立悼武王長子酈侯台為呂王, 割齊之濟南郡為呂國.

五月, 丙申, 趙王宮叢台災.

秋, 桃·李華.

한고후 2년(BC 186)

1) 겨울 11월, 여숙왕呂肅王 여태呂台가 죽었다.

2) 봄 정월 27일, 지진으로 강도羌道감숙성 무도현와 무도도武都道감숙성 성현의 산이 무너져 내렸다.

3) 여름 5월 9일, 유방의 형인 초원왕楚元王 유교劉交의 아들 유영객劉郢客을 상비후上邳侯, 유방의 서장자인 제도혜왕齊悼惠王 유비劉肥의 아들 유장劉章을 주허후朱虛侯로 삼은 뒤 장안으로 와 궁궐을 야경 수비하는 숙위宿衛를 하도록 했다. 여록呂祿의 딸을 유장에게 시집보냈다.

4) 6월 30일, 일식이 있었다.

5) 가을 7월, 항산애왕恒山哀王 유불의劉不疑가 죽었다.

6) 팔수전八銖錢을 발행했다.[292]

7) 7월 27일, 양성후襄城侯 유산劉山을 항산왕恒山王으로 삼은 뒤 이름을 유의劉義로 개명케 했다.

* 高皇后二年

冬, 十一月, 呂肅王台薨.

春, 正月, 乙卯, 地震. 羌道·武都道山崩.

夏, 五月, 丙申, 封楚元王子郢客為上邳侯, 齊悼惠王子章為朱虛侯, 令入宿衛, 又以呂祿女妻章.

292 '전錢'은 화폐의 단위, '수銖'는 중량의 단위이다. 『한서』「율력지」는 1수의 중량이 좁쌀 100알, 『회남자』는 144알, 『설원』은 96알의 중량과 같다고 했다. 낟알의 크기도 달랐지만 한제국은 재정이 곤란할 때 동銅의 성분을 줄인 까닭에 시기별로 중량에 차이가 있다. 한나라는 진나라가 사용하던 '팔수전八銖錢'을 '협전莢錢'으로 고치고 무게도 '4수'로 줄였다. '협전'이 낙엽처럼 가벼워 백성들이 기피하자 이 해에 다시 중량을 늘린 '팔수전'을 주전케 된 것이다.

六月, 丙戌晦, 日有食之.

秋, 七月, 恆山哀王不疑薨.

行八銖錢.

癸丑, 立襄成侯山為恆山王, 更名義.

한고후 3년(BC 185)

1) 여름, 강수江水와 한수漢水가 넘쳐 4,000여 호가 유실됐다.

2) 가을, 별들이 낮에 보였다.

3) 이수伊水와 낙수洛水가 넘쳐 1,600여 호가 유실됐다. 여수汝水가 넘쳐 800여 가구가 유실됐다.

* 高皇后三年

夏, 江水·漢水溢, 流四千餘家.

秋, 星晝見.

伊水·洛水溢, 流千六百余家. 汝水溢, 流八百余家.

한고후 4년(BC 184)

1) 봄 2월 25일, 명분상의 한혜제 아들인 유태劉太를 창평후昌平侯로 삼았다.

2) 여름 4월 21일, 여태후가 번쾌의 처인 여동생 여수呂嬃를 임광후臨光侯로 봉해 여인으로는 유일하게 제후로 만들었다.

3) 소제少帝 유공劉恭이 점차 장성하면서 자신이 장황후의 친자식이 아니라는 사실을 알게 됐다. 이내 이같이 말했다.

"모후母后가 어찌하여 나의 생모를 죽이고, 나에게 아들이라는 이름을 붙인 것인가? 내가 장성하면 이를 바꿔놓을 것이다."

여태후가 이 말을 전해 듣고 곧 그를 궁중 감옥인 영항永巷에 유폐한 뒤 황제가 병이 들었다고 말했다. 좌우가 소제를 볼 수 없었다. 여태후가 군신들에게 말했다.

"지금 황제가 병이 든 지 오래되어 완쾌될 기미도 없는 데다 정신착란을 일으킨 까닭에 대통을 이어받아 치천하治天下할 수 없게 됐소. 다른 사람으로 대체해야 하겠소."

군신들이 모두 돈수頓首했다.

"황태후가 천하의 모든 백성을 염려해 종묘사직을 안정시키고자 하는 생각이 매우 깊습니다. 군신들은 머리를 조아리며 조서를 받드는 돈수봉조頓首奉詔를 할 따름입니다."

마침내 소제를 폐한 뒤 유폐시켜 죽이는 유살幽殺을 했다.

5월 11일, 항산왕 유의劉義를 새 황제로 세우고 유홍劉弘으로 개명케 했다. 원년元年을 칭하지 않은 것은 여태후가 천하사를 처리했기 때문이다. 지후軹侯 유조劉朝가 항산왕이 됐다.

4) 이 해에 평양후平陽侯 조줄曹窋이 어사대부가 됐다.

5) 유사有司가 남월에 대한 변경 관문의 시장인 관시關市와 철기鐵器 교역의 금지를 고후高后에게 청했다. 남월왕 조타趙佗가 말했다.

"고제가 나를 세우면서 사신과 물건이 서로 통하게 했다. 지금 고후가 참소하는 신하인 참신讒臣의 말만 듣고, 만이蠻夷를 차별대우하고, 기물器物의 소통을 막으니 이는 필시 장사왕의 계책이다. 그가 중국中國에 기대 남월을 격멸擊滅한 뒤 이곳에서까지 왕 노릇을 하면서 자신의 공으로 삼으려는 것이다."

* 高皇后四年

春, 二月, 癸未, 立所名孝惠子太為昌平侯.

夏, 四月, 丙申, 太后封女弟媭為臨光侯.

少帝浸長, 自知非皇后子, 乃出言曰, "後安能殺吾母而名我! 我壯, 即為變!" 太后聞之, 幽之永巷中, 言帝病, 左右莫得見. 太后語群臣曰, "今皇帝病久不已, 失惑昏亂, 不能繼嗣治天下. 其代之." 群臣皆頓首言曰, "皇太后為天下齊民計, 所以安宗廟·社稷甚深. 群臣頓首奉詔." 遂廢帝, 幽殺之. 五月, 丙辰, 立恆山王義為帝, 更名曰弘, 不稱元年, 以太后制天下事故也. 以軹侯朝為恆山王.

是歲, 以平陽侯曹窋為御史大夫.

有司請禁南越關市·鐵器. 南越王佗曰, "高帝立我, 通使物. 今高後聽讒臣, 別異蠻夷, 隔絶器物, 此必長沙王計, 欲倚中國擊滅南越而並王之, 自為功也."

한고후 5년(BC 183)

1) 봄 조타가 칭제하여 남월南越의 무제武帝를 자칭하면서 이내 발병發兵해 장사長沙호남성 장사시를 공격했다. 수개 현을 격파한 뒤 돌아갔다.

2) 가을 8월, 회양회왕淮陽懷王 유강劉强이 죽자 호관후壺關侯 유무劉武를 회양왕으로 삼았다.

3) 9월, 하동河東산서성 하현과 상당上黨산서성 동남부에서 기병을 조발調撥해 북지北地감숙성 영현에 주둔시켰다.

4) 처음으로 수졸戍卒을 매년 순환하도록 영을 내렸다.

* 高皇后五年

春, 佗自稱南越武帝, 發兵攻長沙, 敗數縣而去.

秋, 八月, 淮陽懷王強薨, 以壺關侯武為淮陽王.

九月, 發河東·上黨騎屯北地.

初令戍卒歲更.

한고후 6년(BC 182)

1) 겨울 10월, 여태후가 여왕呂王 여가呂嘉가 교자驕恣한 모습을 보이자 이내 폐위시켰다.

11월, 여택呂澤의 장자인 여숙왕呂肅王 여태呂台의 동생 여산呂産을 여왕呂王으로 삼았다.

2) 봄, 별이 대낮에 보였다.

3) 여름 4월 3일, 천하에 사면령을 내렸다.

4) 주허후朱虛侯 유장劉章의 동생 유흥거劉興居를 동모후東牟侯로 삼은 뒤 장안으로 와 숙위宿衛케 했다.

5) 흉노가 적도狄道감숙성 임도현를 침구侵寇하면서 아양阿陽감숙성 정녕현을 공격했다.

6) 오분전五分錢[293]을 발행했다.

7) 선평후宣平侯 장오張敖가 졸卒했다. 노원왕魯元王의 시호를 내렸다.

* 高皇后六年

冬, 十月, 太后以呂王嘉居處驕恣, 廢之. 十一月, 立肅王弟產為呂王.

春, 星晝見.

夏, 四月, 丁酉, 赦天下.

封朱虛侯章弟興居為東牟侯, 亦入宿衛.

---

293 오분전五分錢은 유협楡莢 모양의 무게 3수, 반경 5푼인 화폐를 말한다. 한흥漢興의 글을 새겨 넣었다.

匈奴寇狄道, 攻阿陽.

行五分錢.

宣平侯張敖卒, 賜謚曰魯元王.

한고후 7년(BC 181)

1) 겨울 12월, 흉노가 적도狄道를 침구侵寇해 2,000여 명을 약탈해 갔다.

2) 봄 정월, 여태후가 조유왕趙幽王 유우劉友를 불렀다. 유우가 여씨 집안의 여인을 왕후로 삼았으나 그녀를 사랑하지 않고 다른 여인을 총애했다. 여씨 집안의 여인이 화가 나 여태후에게 참소했다.

"조왕이 말하기를, '여씨가 어찌 왕이 될 수 있는가? 태후의 백세후百歲後 내가 필히 이들을 칠 것이다'라고 했습니다."

여태후가 조왕을 부른 것이다. 조왕이 도착하자 관저에 가둬놓고, 만나지도 않은 채 위사衛士로 하여금 그를 지키게 하고, 밥도 주지 않았다. 그의 신하들이 혹여 몰래 음식을 들여보내는 절궤竊饋를 하면 곧바로 체포하여 논죄했다. 18일에 조왕이 아사餓死했다. 장안에 있는 백성들의 공동묘지인 민총民冢에 일반백성의 상례로 장사지내게 했다.

3) 1월 30일, 일식이 있었다. 대낮이 밤처럼 어두웠다. 여태후가 이를 증오해 좌우에 이같이 말했다.

"이는 나를 겨눈 것인가?"

4) 2월, 한고제 유방의 아들인 양왕梁王 유회劉恢를 옮겨 조왕으로 삼고, 여왕呂王 여산呂産을 양왕으로 삼았다. 양왕 여산은 봉국으로 가지 않고 후소제後少帝 유홍劉弘의 태부太傅가 됐다.

5) 가을 7월 28일, 창평후昌平侯 유태劉太를 제천왕濟川王으로 삼았다.

6) 여수呂嬃의 딸은 장군인 영릉후營陵侯 유택劉澤의 부인이고, 유택은 유방과 증조부가 같은 6촌 동생인 종조곤제從祖昆弟이다. 제인齊人 전생田生이 유택을 대신해 대알자 장경張卿에게 말했다.

"여러 여씨가 왕이 됐으나 대신들이 아직 잘 복종하지 않습니다. 지금 영릉후 유택은 유씨 가운데 최고 연장자입니다. 지금 경이 태후에게 말해 그를 왕으로 삼으면 여씨의 칭왕稱王이 더욱 확고해질 것입니다."

장경이 안으로 들어가 여태후에게 고하자 여태후도 이를 옳게 여겼다. 이내 제나라의 낭야군琅邪郡산동성 제성현을 떼어낸 뒤 유택을 낭야왕에 봉했다.

7) 조왕 유회劉恢는 조나라로 옮겨지자 내심 불만을 품었다. 이때 여태후가 여산의 딸을 왕후로 삼게 했다. 왕후의 수행관은 모두 여씨였다. 이들이 천권擅權하며 조왕을 은밀히 감시하자 조왕은 자신의 주장을 펼칠 수 없었다. 조왕에게 애희愛姬가 있었으나 왕후가 사람을 시켜 그녀를 짐살鴆殺[294]했다.

6월, 조왕이 비분悲憤을 이기지 못해 자진했다. 여태후가 이 소식을 듣고는 조왕이 여자로 인해 종묘의 예절을 폐기했다고 생각해 후대가 선대의 뒤를 이어 보위에 오르는 권한인 후사後嗣를 폐했다.

8) 이때 여러 여씨들이 권력을 휘두르며 일을 처리하는 천권용사擅權用事를 했다. 주허후 유장은 20세로 용력勇力이 있었다. 그는 유씨들이 직책을 얻지 못하는 것을 분하게 여겼다. 일찍이 여태후를 모시고 연회에서 술을 마신 적이 있었다. 여태후가 유장에게 술 돌리는 일을 관장하는 주령관酒令官 역할을 맡게 했다. 유장이 청했다.

294 짐살鴆殺은 짐새의 깃털을 술에 타 독주를 만들어 죽이는 것을 뜻한다. 짐鴆은 새의 일종으로 깃털에 독이 있다.

"신은 장수의 후예입니다. 청컨대 군법으로 술을 돌리는 행주行酒를 하겠습니다."

여태후가 말했다.

"허락한다."

술자리가 무르익는 주감酒酣의 상황이 되자 유장이 「경전가耕田歌」를 부르겠다고 자청했다. 여태후가 허락하자 유장이 노래했다.

깊이 갈고 조밀히 파종해	심경기종深耕穊種
싹을 심을 때 성글게 심고	입묘욕소立苗欲疏
그 종자가 아닌 것 있으면	비기종자非其種者
호미질 할 때 솎아낸다네	서이거지鋤而去之

여태후가 묵연默然히 있었다. 잠시 후 여씨 가운데 한 사람이 취해 술을 피해 도망갔다. 유장이 곧바로 쫓아가 검을 뽑아 목을 친 뒤 돌아와 보고했다.

"술을 피해 도주하는 자가 있어 신이 군법을 시행해 참수했습니다."

여태후의 좌우가 모두 대경大驚했다. 그러나 이미 군법시행을 허락한 까닭에 죄를 줄 수 없었다. 이렇게 술자리가 끝났다. 이후 여씨들은 주허후 유장을 꺼렸다. 비록 대신일지라도 모두 주허후 유장에게 의지했다. 유씨의 세력이 날로 강해졌다.

승상 진평은 여씨의 발호를 걱정했으나 힘으로 통제할 수 없게 되자 이내 화가 자신에게 미칠까 두려워했다. 일찍이 그가 홀로 조용한 곳에서 깊이 생각에 잠길 때 육가陸賈가 찾아왔다. 그는 방문 사실이 통보되기도 전에 곧바로 방으로 들어왔다. 진평은 그가 들어오는 것도 보지 못했다. 육가가 물었다.

"무엇을 그리 골똘히 생각하는 것입니까?"

진평이 오히려 청했다.

"그대는 내가 무슨 생각을 하고 있는지 한번 헤아려 보시오."

육가가 대답했다.

"족하足下는 극히 부귀하니 더 바랄 게 없습니다. 근심거리라면 여씨와 어린 소주少主에 대한 것밖에 더 있겠습니까?"

진평이 청했다.

"그렇소. 이를 어찌하면 좋겠소."

육가가 대답했다.

"천하가 안녕하면 재상의 재능에 주목하고, 위태로우면 장수의 능력에 주목합니다. 장상將相이 화조調和하면 사대부가 즐겨 따르는 까닭에 천하에 비록 변란이 있을지라도 대권이 나눠지지 않는 것입니다. 사직의 앞날은 문무文武를 장악한 진평과 주발 양군兩君의 손에 달려 있을 뿐입니다. 신은 일찍이 태위인 강후에게 이 말을 하고 싶었습니다. 그러나 강후와 저는 가까이 지내는 까닭에 저의 말을 가볍게 취급할 수밖에 없습니다. 그대는 어찌하여 태위와 서로 사귀며 즐거움을 나누는 교환交驩을 하며 깊이 결속하지 못하는 것입니까?"

육가가 진평을 위해 여씨를 도모키 위한 몇 가지 계책을 세워주었다. 진평이 그 계책에 따라 500금을 강후에게 보내 축수한 뒤 후례厚禮를 갖춰 함께 낙음樂飮했다. 태위도 똑같이 보답했다. 두 사람이 깊이 결속하자 여씨의 음모는 더욱 쇠패衰敗했다. 진평이 노비 100명과 거마車馬 50승, 돈 500만 전錢을 육가에게 보내 일상의 음식 비용으로 쓰게 했다.

9) 여태후가 사자를 대왕代王 유항劉恒에게 보내 조나라로 옮겨 갈 것을 고했다. 대왕이 이를 사양하면서 대代 땅에서 변경을 수비할 것을 원했다. 여태후가 이내 오빠의 아들 여록呂祿을 조왕으로 삼고, 여록의 부친

건성강후建成康侯 여석지呂釋之를 조소왕趙昭王으로 추존했다.

10) 9월, 유방의 아들인 연령왕燕靈王 유건劉建이 훙거했다. 연령왕의 후궁인 미인美人에게 아들이 있었다. 여태후가 사람을 보내 그를 죽인 뒤 연왕의 봉호封號를 폐했다.

11) 융려후隆慮侯 주조周竈에게 명해 군사를 이끌고 가 남월을 치게 했다.

* 高皇后七年

冬, 十二月, 匈奴寇狄道, 略二千餘人.

春, 正月, 太后召趙幽王友. 友以諸呂女為後, 弗愛, 愛他姬. 諸呂女怒, 去, 讒之於太后曰, "王言'呂氏安得王! 太后百歲後, 吾必擊之' 太后以故召趙王, 趙王至, 置邸, 不得見, 令衛圍守之, 弗與食. 其群臣或竊饋, 輒捕論之. 丁丑, 趙王餓死, 以民禮葬之長安民塚次.

己丑, 日食, 晝晦. 太后惡之, 謂左右曰, "此為我也!"

二月, 徙梁王恢為趙王, 呂王產為梁王. 梁王不之國, 為帝太傅.

秋, 七月, 丁巳, 立平昌侯太為濟川王.

呂嬃女為將軍·營陵侯劉澤妻. 澤者, 高祖從祖昆弟也. 齊人田生為之說大謁者張卿曰, "諸呂之王也, 諸大臣未大服. 今營陵侯澤, 諸劉最長. 今卿言太后王之, 呂氏王益固矣." 張卿入言太后, 太后然之, 乃割齊之琅邪郡封澤為琅邪王.

趙王恢之徙趙, 心懷不樂. 太后以呂產女為王后, 王后從官皆諸呂, 擅權, 微伺趙王, 趙王不得自恣. 王有所愛姬, 王后使人鴆殺之. 六月, 王不勝悲憤, 自殺. 太后聞之, 以為王用婦人棄宗廟禮, 廢其嗣.

是時, 諸呂擅權用事. 朱虛侯章, 年二十, 有氣力, 忿劉氏不得職.

嘗入侍太后燕飮，太后令章為酒吏．章自請曰，“臣將種也，請得以軍法行酒.” 太后曰，“可.” 酒酣，章請為『耕田歌』，太后許之．章曰，“深耕穊種，立苗欲疏．非其種者，鋤而去之!” 太后默然．頃之，諸呂有一人醉，亡酒，章追，拔劍斬之而還，報曰，“有亡酒一人，臣謹行法斬之!” 太后左右皆大驚，業已許其軍法，無以罪也，因罷．自是之後，諸呂憚朱虛侯，雖大臣皆依朱虛侯，劉氏為益強．陳平患諸呂，力不能制，恐禍及 己．嘗燕居深念，陸賈往，直入坐，而陳丞相不見．陸生曰，“何念之深也!” 陳平曰，“生揣我何念?” 陸生曰，“足下極富貴，無慾矣．然有憂念，不過患諸呂·少主耳.” 陳平曰，“然! 為之奈何?” 陸生曰，“天下安，注意相．天下危，注意將．將相和調，則士豫附．天下雖有變，權不分．為社稷計，在兩君掌握耳．臣常欲謂太尉絳侯，絳侯與我戲，易吾言．君何不交歡太尉，深相結?” 因為陳平畫呂氏數事．陳平用其計，乃以五百金為絳侯壽，厚具樂飮．太尉報亦如之．兩人深相結，呂氏諸益衰．陳平以奴婢百人·車馬五十乘·錢五百萬遺陸生為飮食費.

太后使使告代王，欲徙王趙．代王謝之，願守代邊．太后乃立兄子呂祿為趙王，追尊祿父建成康侯釋之為趙昭王.

九月，燕靈王建薨，有美人子，太后使人殺之．國除.

遣隆慮侯周灶將兵擊南越.

한고후 8년(BC 180)

1) 겨울 10월 16일, 여숙왕呂肅王의 아들 동평후東平侯 여통呂通을 연왕으로 삼고, 여통의 동생 여장呂莊을 동평후로 삼았다.

2) 3월, 여태후가 재액災厄을 제거하는 푸닥거리제사인 불祓을 지내고 돌아오면서 지도軹道섬서성 서안시 동북쪽를 지나던 중 푸른 개인 창견蒼犬이

나타나 여태후의 겨드랑이를 물고 늘어지는 극撠을 하더니 홀연히 사라졌다. 점을 치자 이런 점사占辭가 나왔다.

"조왕 유여의劉如意가 빌미가 됐다."

여태후가 마침내 겨드랑이 상처로 병을 앓게 됐다.

여태후의 외손자인 노왕魯王 장언張偃은 아직 나이가 어리고 고약孤弱했다.

여름 4월 15일, 여태후가 장언의 부친 장오張敖가 생전에 총애하던 첩의 소생인 장치張侈를 신도후新都侯, 장수張壽를 낙창후樂昌侯로 삼아 노왕을 보필케 했다. 또 중대알자中大謁者 장석張釋을 건릉후建陵侯에 봉했다. 이는 그가 여러 여씨를 왕으로 삼으라고 권한 것을 평가해 포상한 것이다.

3) 장강과 한수漢水가 범람해 1만여 호가 유실됐다.

4) 가을 7월, 여태후가 병이 심해지자 이내 조왕 여록呂祿을 상장군上將軍으로 삼아 도성숙위 군사인 북군北軍을 통어케 했다. 여왕 여산呂産은 황궁숙위 군사인 남군南軍을 통어했다. 여태후가 여록과 여산에게 경계警戒했다.

"여씨가 왕이 된 것에 대신들이 불평하고 있다. 내가 죽으면 황제의 나이가 어려 대신들이 변란을 일으킬까 걱정이다. 반드시 군사를 장악해 궁궐을 수위守衛하고, 결코 나를 위해 장례에 참석하는 송상送喪을 하는 바람에 다른 사람이 군사를 장악하는 일이 없도록 해야 한다."

7월 30일, 여태후가 붕어했다. '천하에 대사령을 내리고 여왕 여산을 상국, 여록의 딸을 황후로 삼는다'는 유조遺詔를 내렸다. 여태후의 장례가 끝난 뒤 유조에 따라 좌승상 심이기가 후소제後少帝 유홍의 태부가 됐다.

5) 여씨들이 변란을 일으키려 했으나 대신인 강후絳侯 주발과 관영灌嬰이 두려워 아직 감히 행동에 옮기지 못했다. 주허후 유장劉章은 여록의

딸을 처로 삼은 까닭에 그들의 음모를 미리 알게 됐다. 곧 은밀히 사람을 보내 그의 형인 제왕齊王 유양劉襄에게 이를 고했다. 제왕으로 하여금 발병發兵해 서진토록 한 뒤 주허후朱虛侯 유장劉章과 유장의 동생인 동모후東牟侯 유흥거劉興居가 내응해 여씨를 죽이고 제왕 유양을 새 황제로 삼고자 한 것이다.

제왕 유양이 이내 자신의 장인 사균駟鈞과 낭중령郎中令 축오祝午, 중위中尉 위발魏勃과 함께 발병發兵을 음모했다. 이때 제나라 재상 소평召平이 말을 듣지 않았다.

8월 26일, 제왕 유양이 사람을 시켜 재상을 죽이려고 하자 이 소문을 들은 재상 소평이 곧 병사를 동원해 왕궁을 포위했다. 위발이 재상 소평을 속였다.

"제왕의 발병發兵은 조정의 군사동원의 신표인 호부虎符병부兵符에 근거한 것이 아닙니다.[295] 재상이 왕궁을 포위한 것은 정말 잘한 일입니다. 저 위발이 재상을 위해 직접 군사를 이끌고 가 제왕을 감시토록 하겠습니다."

재상 소평이 그 말을 믿었다. 위발은 군사를 거느리게 되자 도리어 재상의 관부官府인 상부相府를 포위했다. 재상 소평이 자진했다.

제왕 유양이 곧 사균을 재상, 위발을 장군, 축오를 내사內史로 삼은 뒤 제나라의 전 군사를 출동시켰다. 이어 축오를 시켜 동쪽으로 가 낭야왕

295 '호부虎符'는 신하에게 병권과 군대 이동의 권한을 줄 때 내리는 징표를 말한다. 통상 구리로 만들어 뒤에 글씨를 새긴 '호부'는 군사동원의 수준에 따라 1급에서 5급까지 있었다. 군사가 이동하거나 군사를 동원코자 할 때 둘로 쪼갠 뒤 조정에 비치해 둔 오른쪽 반인 '호부'와 해당 군軍 내지 장수가 소지하고 있는 왼쪽 반인 '호부'를 서로 맞춰보게 했다. 호부가 맞으면 반드시 발병하거나 이동해야만 했다. 이는 전국시대에 나타나 진한 시대 때 하나의 제도로 굳어졌다.

유택劉澤에게 거짓으로 말하게 했다.

"여씨가 작란作亂한 까닭에 제왕이 발병해 서쪽으로 가 그들을 주살코자 합니다. 제왕은 스스로 나이도 어리고 군사에 관한 일도 익히지 않았다고 생각해 나라를 들어 대왕에게 맡기고자 합니다. 대왕은 고황제 이래의 장수입니다. 청컨대 대왕이 임치臨淄까지 임행臨幸하여 제왕과 일을 상의키 바랍니다."

낭야왕 유택은 이 말을 믿고 서쪽으로 달려가 제왕 유양을 만났다. 제왕 유양이 곧 낭야왕 유택을 억류한 뒤 축오를 시켜 낭야국 군사를 총동원해 거느리게 했다. 낭야왕 유택이 제왕 유양에게 말했다.

"대왕은 고황제의 적장손嫡長孫이니 의당 황제로 세워져야 하오. 그러나 지금 여러 대신들이 여우처럼 이리저리 의심하는 호의狐疑를 하며 마음을 정하지 못하고 있소. 나 유택은 유씨 가운데 가장 나이가 많소. 대신들은 실로 나를 기다려 일을 결정하려고 할 것이오. 지금 대왕이 나를 여기에 억류해 아무 일도 못하게 하는 것은 나를 장안으로 보내 계사計事토록 하느니만 못하오."

제왕 유양이 일리가 있다고 생각해 이내 더욱 많은 수레를 준비시켜 낭야왕 유택을 보냈다. 낭야왕 유택이 떠나자 제나라가 마침내 거병하여 서쪽으로 가 제남濟南산동성 역성현을 쳤다. 이어 제후왕들에게 서신을 보내 여러 여씨의 죄상을 나열하면서 곧 거병하여 이들을 주토誅討할 것을 촉구했다.

상국 여산 등은 이 소식을 전해 듣고 곧 영음후潁陰侯 관영에게 명해 군사를 이끌고 가 이들을 치게 했다. 관영은 형양滎陽에 이르러 좌우와 모의했다.

"여씨들이 관중關中에서 군사를 장악한 뒤 유씨를 위태롭게 하여 자립하려고 한다. 지금 내가 제나라를 격파해 환보還報하면 이는 여씨의 기반을 더해 주는 일이 된다."

이내 형양에 주둔한 채 제왕 유양에게 사자를 보내 장차 제후들과 연화連和해 여씨의 변란을 기다렸다가 공주共誅할 것을 설득했다. 제왕 유양이 이 얘기를 듣고는 곧 서쪽 경계 지역으로 환병還兵한 뒤 약속한 소식이 오기를 기다렸다.

여록과 여산은 작란코자 하면서도 안으로 강후 주발과 주허후 유장 등을 꺼렸고, 밖으로 제나라와 초나라의 군사를 두려워했다. 또한 영음후 관영이 배반하지나 않을까 우려했다. 관영의 군사가 제나라 군사와 교전할 때까지 기다렸다가 발병할 생각으로 줄곧 머뭇거리며 결정을 내리지 못하는 유예미결猶豫未決의 모습을 보였다.

당시 제천왕濟川王 유대劉太와 회양왕淮陽王 유무劉武, 항산왕恒山王 유조劉朝, 노왕魯王 장언張偃 모두 나이가 어려 아직 자신의 봉국에 가지 않고 장안에 머물러 있었다. 조왕 여록과 양왕 여산은 각기 군사를 이끌며 남군과 북군을 통어하고 있었다. 이들 모두 여씨의 사람들이다. 열후와 군신들 모두 스스로 생명 부지를 장담할 수 없었다.

태위인 강후 주발도 병권을 장악할 수 없었다. 곡주후曲周侯 역상酈商은 늙고 병약했고 그의 아들 역기酈寄는 여록과 가까이 지냈다. 강후 주발이 이내 우승상 진평과 모의 끝에 역상을 겁박劫迫해 마침내 그의 아들 역기를 보내 조왕 여록을 속이게 했다.

"고제와 여후가 함께 천하를 평정한 까닭에 유씨 왕이 9명, 여씨 왕이 3명이 됐습니다.[296] 이들 모두 대신들의 논의를 거쳤고, 사안을 이미 제후

---

296 '9명의 유씨왕'은 유방의 동생인 초왕 유교劉交를 비롯해 유방의 아들인 대왕 유항劉恒과 회남왕 유장劉長, 유방의 조카인 오왕 유비劉濞, 유방의 종제인 낭야왕 유택劉澤, 유방의 손자인 제왕 유양劉襄, 혜제 유영의 아들로 칭해진 항산왕 유조劉朝와 회양왕 유무劉武·제천왕 유태劉太를 말한다. '3명의 여씨왕'은 양왕 여산呂産과 조왕 여록呂祿, 연

들에게 포고布告통보한 까닭에 모두 사람들이 이를 타당한 것으로 생각합니다. 지금 태후는 붕어하고 황제는 어린데 족하는 조왕의 인새印璽를 차고도 급히 조나라로 가 번국을 지키지 않고, 오히려 상장군上將軍이 되어 군사를 이끌고 여기에 머무르고 있습니다. 이로 인해 대신들과 제후들이 크게 의심하고 있습니다. 족하는 어찌하여 장군의 인새를 돌려보내고 군사를 태위에게 귀속시키지 않는 것입니까? 양왕梁王 여산에게도 청하여 상국의 인새를 돌려주고 대신들과 맹약한 뒤 봉국으로 돌아가게 하십시오. 그러면 제나라 군사는 반드시 군사를 해산할 것이고, 대신들도 안심케 되고, 족하도 베개를 높이 베고 천리의 땅에서 칭왕 할 수 있습니다. 이는 만세지리萬世之利입니다."

조왕 여록은 이 계책이 일리가 있다고 믿어 곧 군사를 태위에게 귀속시키고자 했다. 사람을 시켜 양왕 여산과 여러 여씨 집안의 노인老人에게 이를 보고했다. 일부는 편하다고 하고, 일부는 타당치 못한 불편不便으로 여겨 유예猶豫하며 결정을 내리지 못했다.

이때 조왕 여록이 역기를 믿고 함께 사냥을 나갔다가 도중에 고모인 여수呂嬃의 집을 지나게 됐다. 여수가 대로했다.

"네가 장수가 되어 군사를 버리고자 하니 여씨는 이제 몸 둘 곳이 없게 됐다."

그러고는 주옥珠玉과 보기寶器를 모두 꺼내 당하堂下로 내던져버리면서 탄식했다.

"다른 사람을 위해 이를 지킬 필요가 없다."

9월 4일 아침, 평양후平陽侯 조줄曹窋이 임시로 어사대부의 직책을 맡아 상국 여산을 찾아가 계사計事했다. 이때 낭중령 가수賈壽가 제나라에

왕 여통呂通을 말한다.

사자로 갔다가 돌아온 뒤 수차례에 걸쳐 여산에게 책망했다.

"대왕이 이전에 봉국으로 가지 않았는데 지금 설령 가려고 한들 그것이 가능하겠습니까?"

그러면서 영음후 관영이 제나라 및 초나라와 연합해 여씨들을 죽이려 한다는 사실을 여산에게 자세히 보고하면서 여산에게 속히 입궁할 것을 권했다. 평양후 조줄이 이 말을 듣고는 곧바로 말을 타고 달려가 승상 진평과 태위 주발에게 이 사실을 알렸다.

태위 주발이 북군으로 들어가려고 했으나 들어갈 수 없었다. 이때 양평후襄平侯 기통紀通이 부절符節을 관장하고 있었다. 태위 주발이 곧 기통을 시켜 부절을 갖고 가 거짓으로 황제의 명을 전함으로써 태위의 북군 진입을 허락케 했다. 이어 다시 역기酈寄와 외국 사자의 접대 관원인 전객典客 유게劉揭를 시켜 여록에게 이같이 말하게 했다.

"황제가 태위를 보내 북군을 대신 맡게 하면서 족하를 봉국으로 보낼 생각을 하고 있습니다. 속히 대장군의 인새를 돌려보내고 여기를 떠나도록 하십시오. 그렇지 않으면 큰 화가 닥칠 것입니다."

여록은 역황酈況 즉 역기가 자신을 속이리라고는 생각지 못했다. 마침내 인새를 풀어 전객에게 내주고, 병권을 태위 주발에게 넘겨주었다. 주발이 북군에 이르렀을 때 여록은 이미 떠나고 없었다. 주발은 군문에 들어서자마자 군중軍中에 하령했다.

"여씨를 위하는 사람은 웃통을 벗어 오른쪽 어깨를 드러내는 우단右袒을 하고, 유씨를 위하는 사람은 좌단左袒을 하라."

군중이 모두 좌단했다. 태위가 드디어 북군을 거느리게 됐으나 아직 남군이 남아 있었다. 승상 진평이 주허후 유장을 불러 태위를 돕게 하자 태위 주발이 주허후 유장에게 군문軍門을 감독케 했다. 이어 주발이 평양후 조줄曹窋을 시켜 왕궁 호위부대 총책인 위위衛尉에게 통보케 했다.

"상국 여산을 궁문인 전문殿門 안으로 들여보내지 말라."

여산은 여록이 이미 북군을 떠난 것을 모르고 있었다. 그는 이내 미앙궁未央宮으로 들어가 변란을 일으키고자 했으나 궁문 앞에서 입궁을 거절당해 배회하며 오갔다. 평양후 조줄은 여산을 제압하지 못할까 우려해 곧 말을 타고 태위에게 달려가 정황을 보고했다. 태위 주발도 여러 여씨를 이기지 못할까 우려해 감히 여씨에 대한 주토誅討를 공개적으로 선언하지 못한 채 단지 주허후 유장에게 말했다.

"급히 입궁해 황제를 호위하라."

주허후 유장이 군사를 청하자 태위 주발은 사졸 1,000여 명을 주었다. 주허후 유장은 미앙궁 문으로 들어섰다가 궁정 안에서 여산과 맞닥뜨렸다. 일포日餔[297]에 주허후 유장이 드디어 여산을 치자 여산이 도주했다. 그때 하늘에서 광풍이 크게 일어나자 여산의 종관從官들이 혼란에 빠져 감히 싸울 생각을 하지 못했다. 주허후 유장이 여산을 계속 추격해 낭중부郎中府의 변소 안에서 죽였다.

주허후 유장이 여산을 죽이자 후소제 유홍劉弘이 알자에게 명해 부절符節을 갖고 가 유장을 위로케 했다. 유장이 부절을 빼앗고자 했으나 알자가 이를 듣지 않았다. 부득불 알자를 좇아 수레에 오른 주허후 유장이 치주馳走하여 알자가 소지한 부절을 내세워 장락궁 안으로 진입한 뒤 장락궁 위위衛尉 여경시呂更始의 목을 베었다. 주허후가 북군에 치입馳入해 태위 주발에게 이를 보고하자 주발이 자리에서 일어나 절하며 축하했다. 주허후 유장이 말했다.

"걱정한 것은 오직 여산뿐이었습니다. 지금 그를 주살했으니 천하가 이미 정해졌습니다."

---

297 일포日餔는 저녁 먹을 시간으로, 대략 오후 3-5시의 신申時에 해당한다.

그러고는 사람들을 여러 갈래로 나눠보내 여씨 성을 가진 자를 모조리 체포한 뒤 노소를 막론하고 참수케 했다.

9월 11일, 여록을 체포하여 참수하고, 여수를 매를 쳐 죽이는 태살笞殺을 했다. 사람을 보내 연왕 여통呂通을 주살하고, 노왕 장언張偃을 폐위했다.

9월 18일, 제천왕 유태劉太를 양왕梁王으로 개봉改封했다. 또 주허후 유장을 시켜 여씨의 주토誅討 사실을 제왕齊王 유양에게 통보해 파병罷兵케 했다.

영음후 관영은 형양에 있다가 위발魏勃이 본래 제왕 유양을 부추겨 거병케 했다는 얘기를 듣고 사자를 시켜 위발을 불러오게 했다. 그가 도착하자마자 책문責問했다. 위발이 대꾸했다.

"불이 난 집에서 무슨 여가가 있어 집안 어른에게 고한 뒤 불을 끄겠습니까?"

물러설 때 그의 다리가 전율戰栗했다. 두려움으로 인해 입을 다문 채 끝내 다른 말을 꺼내지 못했다. 관영이 그 모습을 숙시熟視하다가 웃으면서 말했다.

"사람들이 위발을 두고 용맹스럽다고 말했으나 그는 광망狂妄한 용부庸夫에 불과할 뿐이다. 그래 가지고서야 무슨 일을 할 수 있겠는가?"

이내 위발을 놓아주었다. 관영의 군사도 형양에서 장안으로 회군했다.

이를 두고 『한서』를 쓴 반고班固는 역기酈寄를 이같이 찬贊했다.[298]

"효문제 때 천하 사람이 역기를 친구를 팔아먹은 자인 매우賣友로 여

---

298 원문은 반고찬왈班固贊曰이다. 여기의 찬贊은 통상 사가史家의 사평史評을 뜻하는 명사로 사용된 것이다. 원래 '찬'은 크게 뛰어나게 아름다운 점을 칭송하는 잡찬雜贊과 죽음을 슬퍼하며 칭송하는 애찬哀贊 및 포폄褒貶을 가해 역사적 의미를 부여하는 사찬史贊으로 나뉜다. 반고의 '찬'은 사찬에 해당한다.

켰다. 무릇 '매우'는 이익을 위해 의를 잊는 견리망의見利忘義를 말하는 것이다. 그러나 당시 역기의 부친은 공신功臣이었고, 동시에 신체를 제압해 강요하는 겁지劫持를 당했다.[299] 비록 여록을 부러뜨렸다고는 하나 사직을 안정시킴으로써 군신과 부자의 의리를 온전히 했으니 상찬賞讚 받을 만한 일이다."

7) 여러 대신들이 서로 드러나지 않게 모의했다.

"소제少帝 유홍劉弘과 양왕梁王 유태劉太, 회양왕淮陽王 유무劉武, 항산왕恒山王 유조劉朝 모두 효혜제의 진정한 아들이 아니다. 여후가 다른 사람의 자식을 사술을 써 빼앗고 그 어미를 죽인 뒤 후궁에서 기르게 하면서 효혜제의 아들이라고 속여 후사後嗣와 제후왕으로 세움으로써 여씨를 강하게 만든 것이다. 지금 여씨들은 모두 이족夷族했으나 저들이 장성해 용사用事하면 우리는 멸족케 될 것이다. 제왕諸王 가운데 가장 현명한 사람을 골라 황제로 세우느니만 못하다."

누군가가 말했다.

"제왕은 고황제의 장손이니 가히 옹립할 만하오."

대신들이 모두 말했다.

"외척 여씨가 악독해 종묘를 거의 위태롭게 하고, 공신들을 어지럽게 만들었소. 제왕 유양의 장인 사균駟鈞은 흉포하기가 호랑이 가운데 으뜸인 자이오. 그를 옹립하면 또 다른 여씨 일족을 불러들이는 것과 같소. 대왕代王 유항은 현재 고황제의 아들 가운데 가장 연장자이고 인효관후仁

---

299 이 구절은 반고가 역기에 대한 세평을 반박한 것으로 당시 강후 주발이 역기의 부친인 역상을 협박해 역기로 하여금 여록을 속이게 한 것을 언급한 것이다. 사마광이 굳이 『한서』에 나오는 반고의 찬讚을 인용한 것은 그 또한 역기에 대해 동일한 생각을 갖고 있음을 드러낸 것이다. 반고가 인용한 앞 구절의 '견리망의見利忘義'는 『논어』에 나오는 '견리사의見利思義'에 대칭되는 말이다.

孝寬厚하오. 대국代國 태후 박씨薄氏의 가문도 근량謹良하오. 연장자를 세우는 것이 실로 순리에 맞고, 게다가 천하에 인효가 널리 알려져 있으니 더 말해 무엇 하겠소."

이내 서로 함께 모여 논의한 뒤 은밀히 사람을 보내 대왕代王 유항劉恒을 불렀다.

대왕 유항이 조정 대신들이 보낸 사자를 접하고는 이내 좌우에게 물었다. 낭중령 장무張武 등이 대답했다.

"한나라 대신은 모두 고제 때의 대장으로 군사를 익힌 데다 속임수 구사를 잘합니다. 이들의 속셈은 현재의 권위權位에 그치지 않았음에도 다만 고황제나 여태후의 위엄을 두려워했을 뿐입니다. 지금 이미 여러 여씨들을 주살해 경사京師를 피로 물들였습니다. 이들은 겉으로는 대왕을 영접한다고는 하나 실제로는 믿을 수 없습니다. 원컨대 대왕은 칭질稱疾칭병하여 가지 말고 변화를 정관靜觀토록 하십시오."

중위中尉 송창宋昌이 앞으로 나와 말했다.

"군신들의 논의는 모두 잘못됐습니다. 진나라가 실정失政하자 제후와 호걸들이 병기幷起했습니다. 저마다 득천하得天下하려는 사람이 1만 명을 헤아렸으나 끝내 천자의 자리에 오른 사람은 오직 유씨 한 사람입니다. 이로써 천하 사람이 천자가 될 수 있다는 희망이 끊겼으니 이것이 첫 번째 이유입니다. 고황제가 자제들을 왕으로 책봉한 땅은 견아상제犬牙相制개의 이빨처럼 나뉘어 서로 견제함의 형국을 이뤘습니다. 이것이 반석과 같은 근본인 이른바 반석지종磐石之宗입니다. 천하 사람이 모두 그 강대함에 굴복했으니 이것이 두 번째 이유입니다. 한나라가 일어나 진나라의 가혹한 정사를 없애고, 법령을 줄이고, 덕혜德惠를 베풀어 사람들이 스스로 안정됐기에 동요키가 어렵게 됐습니다. 이것이 세 번째 이유입니다.

여태후가 위엄으로 여러 여씨 가운데 3명을 왕으로 세워 권력을 휘두르며 전제專制하려고 했습니다. 그러나 태위 주발이 한 개의 부절符節로 북군에 들어가 일거에 큰소리로 호령하자 군사들이 모두 좌단左袒하며 유씨를 위해 여씨에 반기를 들어 끝내 여씨를 멸했습니다. 이는 하늘이 준 것으로 사람의 힘으로 한 것이 아닙니다. 지금 대신들이 설령 변란을 일으키고자 할지라도 백성들을 부릴 수 없는 상황에서 저들이 어찌 하나로 통일할 수 있겠습니까?

바야흐로 지금 안으로는 주허후朱虛侯 유장劉章 및 동모후東牟侯 유흥거劉興居와 같은 종친이 있고 밖으로는 오吳나라의 유비劉濞와 초楚나라의 유교劉交, 회양군淮陽郡의 유장劉章, 낭야군琅邪郡의 유택劉澤, 제齊나라의 유양劉襄, 대代나라의 유항劉恒 등 강자가 있어 변란을 일으키고자 해도 쉽지 않습니다. 지금 고황제의 아들은 회남왕淮南王 유장劉長과 대왕代王만 남아 있습니다. 두 분 가운데 대왕이 연장자일 뿐만 아니라 현성인효賢聖仁孝가 천하에 널리 알려져 있습니다. 대신들이 천하의 인심으로 대왕을 맞아 황제로 세우고자 하는 것입니다. 의심하지 마십시오."

대왕 유항은 생모인 박태후薄太后에게 이를 보고한 뒤에도 유예猶豫하며 결정을 내리지 못했다. 거북점을 쳐 불로 그을린 거북등이 가로로 갈라져 대길大吉을 상징하는 대횡大横의 점괘를 얻었다. 복사卜辭는 이러했다.

"대횡의 조짐이 극히 분명하니 나는 천왕天王이 되어 하나라의 계啓가 부친 우왕을 빛냈듯이 보위를 이어 유방의 공업을 빛낼 것이다."

대왕 유항이 물었다.

"과인은 이미 왕이 되어 있는데 또 무슨 왕이란 말이오?"

복인卜人이 대답했다.

"이른바 '천왕'은 바로 '천자'를 말하는 것입니다."

대왕 유항이 외숙인 박소薄昭를 파견해 강후 주발을 만나보게 했다. 강후 등이 박소에게 대왕을 영접해 새 황제로 옹립하려는 이유를 소상히 밝혔다. 박소가 환보還報하며 덧붙였다.

"정황이 믿을 만합니다. 의심할 게 없습니다."

대왕이 이내 웃으면서 중위 송창에게 말했다.

"과연 공의 말과 같소."

대왕 유항이 이내 장안으로 출발하면서 송창에게 참승驂乘을 명했다.[300] 장무張武 등 6명은 문서전달과 사신접대용의 빠른 전거傳車인 전승傳乘을 타고 대왕을 수행하여 장안으로 갔다. 고릉故陵섬서성 고릉현에 이른 대왕이 가던 길을 멈추고 휴식을 취하면서 송창에게 먼저 장안으로 달려가 변화 상황을 파악케 했다. 송창이 장안에서 북쪽으로 3리가량 떨어진 위하渭河의 다리인 위교渭橋에 이르자 미리 나와 있던 승상 진평 이하 모두 관원이 그를 영접했다. 송창이 이를 환보했다.

마침내 대왕 유항이 위교渭橋에 수레를 몰아 도착하자 군신들이 배알하며 칭신稱臣했다. 유항이 수레에서 내린 뒤 답례의 절을 했다. 태위 주발이 앞으로 나와 말했다.

"단독 배견의 한가한 틈을 내주기를 청합니다."

송창이 막았다.

"말하고자 하는 것이 공사公事이면 공적으로 말하시오. 사사私事라면 불가하오. 왕자王者는 사사로운 일을 말할 여유가 없소."

태위 주발이 이내 무릎을 꿇고 천자의 새부璽符를 올렸다. 대왕 유항이 사양했다.

---

300 '참승'은 존귀한 사람의 수레에 탈 때 왼쪽의 마부와 대칭되는 오른쪽에서 시중드는 사람을 말한다. 오른쪽에 앉는 까닭에 '우참右驂'이라고도 했다.

"대나라 사자를 위한 빈관인 대저代邸에 이른 뒤 논의토록 하겠소."

윤9월 29일, 대왕이 장안에 이르러 대저代邸에서 여장을 풀자 군신들이 뒤를 수행하여 대저에 이르렀다. 승상 진평 이하 백관이 재배再拜하며 말했다.

"소자少帝 유홍劉弘 등은 효혜제의 자식이 아닌데도 부당히 종묘를 받들었습니다. 대왕大王은 고제의 장자로 의당 후사가 되어야 합니다. 원컨대 속히 천자의 자리에 오르기 바랍니다."

대왕 유항이 빈주賓主의 예에서 주인의 자리에 앉는 서향西向을 하여 3번 겸양하고, 또 군신君臣의 예에서 군주의 자리에 앉는 남향南向을 하여 2번 겸양한 뒤 마침내 천자의 자리에 올랐다.[301] 군신들이 예에 따라 차례대로 시립侍立했다.

동모후 유흥거劉興居가 말했다.

"여씨를 주살할 때 신은 아무 공도 세우지 못했습니다. 청컨대 저에게 궁정을 소제하는 제궁除宮을 허락해 주십시오."

동모후 유흥거는 태복太僕인 여음후 등공滕公 하후영과 함께 곧바로 입궁해 후소제後少帝 유홍劉弘 앞에서 힐난했다.

"족하足下는 유씨의 자식이 아닌데도 부당히 보위에 앉아 있는 것이오."

이어 무기를 든 좌우의 호위무사를 돌아보며 무기를 내려놓고 떠나는 부병파거掊兵罷去를 명했다. 몇 사람이 이를 거부했다. 내관內官의 총책인

301 당시 주빈主賓의 관계로 앉을 때에는 동서, 군신君臣의 관계로 앉을 때에는 남북으로 앉았다. 대왕 유항이 대국의 저택에 도착해 조정대신들이 이 저택을 방문한 까닭에 유항이 주인의 자격으로 동쪽에 앉아 대신들에게 세 번 사양한 것이다. 대신들의 권고로 다시 북쪽에 앉아 남면南面하여 북향한 신하들에게 두 번 사양한 것은 군신의 관계가 이미 성립됐음을 의미한다.

환자령宦者令 장석張釋이 타일러 고하는 유고諭告를 하자 이들도 마침내 무기를 내려놓았다. 등공 하후영이 곧 승거乘車와 여거輿車를 불러 후소제 유홍을 싣고 나가게 했다. 유홍이 물었다.

"나를 어디로 데려가려는 것이오?"

등공 하후영이 대답했다.

"황궁 밖에 머물 곳이 있습니다."

그러고는 궁궐수요품 공급 관청인 소부少府에 안치했다. 이내 천자의 법가法駕를 받들고 대저代邸로 가 보고했다.[302]

"궁궐을 삼가 청소했습니다."

대왕 유항이 이날 저녁에 미앙궁으로 들어갔다. 알자謁者 10인이 무기를 든 채 미앙궁의 정문인 단문端門을 수비하며 물었다.

"천자가 궁 안에 있소. 족하는 무슨 일로 입궁하려는 것이오?"

대왕 유항이 이를 태위 주발에게 말하자 주발이 가서 효유曉諭했다. 알자 10인이 모두 부병파거掊兵罷去를 명하자 마침내 대왕 유항이 입궁했다. 이날 밤에 송창을 위장군衛將軍에 임명해 남군과 북군을 진무鎭撫케 했다. 이어 장무張武를 낭중령에 임명해 황궁을 수호케 했다. 또한 유사를 부서별로 나눈 뒤 각각 양왕梁王 유태劉太와 회양왕淮陽王 유무劉武, 항산왕恒山王 유조劉朝, 후소제後少帝 유홍劉弘을 그들의 저택에서 죽이게 했다. 대왕 유항이 전전前殿으로 돌아와 자리에 앉은 뒤 밤중에 하조下詔해 천하에 사면령을 내렸다.

302 황제의 의장 행렬은 크게 '대가大駕'와 '법가法駕', '소가小駕'의 3등급이 있었다. 법가는 경조윤京兆尹도성 낙양의 수령과 의전총책인 집금오執金吾, 장안령長安令이 앞에서 길을 인도하고, 시중侍中이 참승했다. 행렬에 따르는 수레는 모두 36대였다.

* 高皇后八年

冬, 十月, 辛丑, 立呂肅王子東平侯通為燕王, 封通弟莊為東平侯.

三月, 太后示犮, 還, 過軹道, 見物如蒼犬, 撠太后掖, 忽不復見. 卜之, 云"趙王如意為祟." 太后遂病掖傷. 太后為外孫魯王偃年少孤弱, 夏, 四月, 丁酉, 封張敖前姬兩子侈為新都侯, 壽為樂昌侯, 以輔魯王. 又封中大謁者張釋為建陵侯, 以其勸王諸呂, 賞之也.

江·漢水溢, 流萬餘家.

秋, 七月, 太后病甚, 乃令趙王祿為上將軍, 居北軍. 呂王產居南軍. 太后誡產·祿曰, "呂氏之王, 大臣弗平. 我即崩, 帝年少, 大臣恐為變. 必據兵衛宮, 慎毋送喪, 為人所制!" 辛巳, 太后崩, 遺詔:大赦天下, 以呂王產為相國, 以呂祿女為帝后. 高後已葬, 以左丞相審食其為帝太傅.

諸呂欲為亂, 畏大臣絳·灌等, 未敢發. 朱虛侯以呂祿女為婦, 故知其謀, 乃陰令人告其兄齊王, 欲令發兵西, 朱虛侯·東牟侯為內應, 以誅諸呂, 立齊王為帝. 齊王乃與其舅駟鈞·郎中令祝午·中尉魏勃陰謀發兵. 齊相召平弗聽. 八月, 丙午, 齊王欲使人誅相. 相聞之, 乃發卒衛王宮. 魏勃紿召平曰, "王欲發兵, 非有漢虎符驗也. 而相君圍王固善, 勃請為君將兵衛王." 召平信之. 勃既將兵, 遂圍相府, 召平自殺. 於是齊王以駟鈞為相, 魏勃為將軍, 祝午為內史, 悉發國中兵. 使祝午東詐琅邪王曰, "呂氏作亂, 齊王發兵欲西誅之. 齊王自以年少, 不習兵革之事, 願舉國委大王. 大王, 自高帝將也. 請大王幸之臨菑, 見齊王計事." 琅邪王信之, 西馳見齊王. 齊王因留琅邪王, 而使祝午盡發琅邪國兵, 並將之. 琅邪王說齊王曰, "大王, 高皇帝適長孫也, 當立. 今諸大臣狐疑未有所定, 而澤於劉氏最為長年, 大臣固待澤決計. 今大王留臣, 無為也, 不如使我入關計事." 齊王以為然, 乃益具車送琅邪王. 琅邪王既行, 齊遂舉兵西攻濟南. 遺諸侯王書, 陳諸呂之罪, 欲擧兵誅之. 相國呂產等聞之, 乃遣潁陰侯灌嬰將兵擊之. 灌嬰至滎陽, 謀曰, "諸呂擁兵關中, 欲危劉氏而自立. 今我破齊還報, 此益呂氏之資也." 乃留屯滎陽, 使使諭齊王及諸侯與連和, 以待呂氏變, 共誅之. 齊王聞之, 乃還兵西界待約.

呂祿·呂產欲作亂, 內憚絳侯·朱虛等, 外畏齊·楚兵, 又恐灌嬰畔之. 欲待灌嬰兵與齊合而發, 猶豫未決. 當是時, 濟川王太·淮陽王武·常山王朝及魯王張偃皆年少, 未之國, 居長安. 趙王祿·梁王產各將兵居南·北軍. 皆呂氏之人也. 列侯群臣莫自堅其命. 太尉絳侯勃不得主兵. 曲周侯酈商老病, 其子寄與呂祿善. 絳侯乃與丞相陳平謀, 使人劫酈商, 令其子寄往紿說呂祿曰, "高帝與呂后共定天下, 劉氏所立九王, 呂氏所立三王, 皆大臣之議, 事已布告諸侯, 皆以為宜. 今太后崩, 帝少, 而足下佩趙王印, 不急之國守藩, 乃為上將, 將兵留此, 為大臣諸侯所疑. 足下何不歸將印, 以兵屬太尉, 請梁王歸相國印, 與大臣盟而之國. 齊兵必罷, 大臣得安, 足下高枕而王千里, 此萬世之利也." 呂祿信然其計, 欲以兵屬太尉. 使人報呂產及諸呂老人, 或以為便, 或曰不便, 計猶豫未有所決. 呂祿信酈寄, 時與出游獵, 過其姑呂嬃. 嬃大怒曰, "若為將而棄軍, 呂氏今無處矣!" 乃悉出珠玉·寶器散堂下, 曰, "毋為他人守也!"

九月, 庚申旦, 平陽侯窋行御史大夫事, 見相國產計事. 郎中令賈壽使從齊來, 因數產曰, "王不早之國, 今雖欲行, 尚可得邪!" 具以灌嬰與齊·楚合從欲誅諸呂告產, 且趣產急入宮. 平陽侯頗聞其語, 馳告丞相·太尉. 太尉欲入北軍, 不得入. 襄平侯紀通尚符節, 乃令持節矯內太尉北軍. 太尉復令酈寄與典客劉揭先說呂祿曰, "帝使太尉守北軍, 欲足下之國. 急歸將印辭去. 不然, 禍且起." 呂祿以為酈況不欺己, 遂解印屬典客, 而以兵授太尉. 太尉至軍, 呂祿已去. 太尉入軍門, 行令軍中曰, "為呂氏右袒, 為劉氏左袒!" 軍中皆左袒, 太尉遂將北軍. 然尚有南軍. 丞相平乃召朱虛侯章佐太尉, 太尉令朱虛侯監軍門, 令平陽侯告衛尉曰, "毋入相國產殿門." 呂產不知呂祿已去北軍, 乃入未央宮, 欲為亂. 至殿門, 弗得入, 徘徊往來. 平陽侯恐弗勝, 馳語太尉. 太尉尚恐不勝諸呂, 未敢公言誅之, 乃謂朱虛侯曰, "急入宮衛帝!" 朱虛侯請卒, 太尉予卒千餘人. 入未央宮門, 見產廷中. 日餔時, 遂擊產, 產走. 天風大起, 以故其從官亂, 莫敢鬥, 逐產, 殺之郎中府吏廁中. 朱虛侯已殺產, 帝命謁者持節勞朱虛侯. 朱虛侯欲奪其節, 謁者不肯. 朱虛侯則從與載, 因節信馳走, 斬長樂衛尉呂更始. 還, 馳入北軍報太尉. 太尉起, 拜賀朱虛侯曰, "所患獨呂產. 今已誅, 天下定矣!" 遂遣人分部悉捕諸呂男女, 無少長皆斬之. 辛酉, 捕斬呂祿而笞殺呂嬃, 使人誅燕王呂通而

廢魯王張偃. 戊辰, 徙濟川王王梁. 遣朱虛侯章以誅諸呂事告齊王, 令罷兵. 灌嬰在滎陽, 聞魏勃本教齊王舉兵, 使使召魏勃至, 責問之. 勃曰, "失火之家, 豈暇先言丈人而後救火乎!" 因退立, 股戰而栗, 恐不能言者, 終無他語. 灌將軍熟視笑曰, "人謂魏勃勇, 妄庸人耳, 何能為乎!" 乃罷魏勃. 灌嬰兵亦罷滎陽歸.

班固贊曰, "孝文時, 天下以酈寄為賣友. 夫賣友者, 謂見利而忘義也. 若寄父為功臣而又執劫, 雖摧呂祿以安社稷, 誼存君親可也."

諸大臣相與陰謀曰, "少帝及梁·淮陽·恆山王, 皆非真孝惠子也. 呂后以計詐名他人子, 殺其母養後宮, 令孝惠子之, 立以為後及諸王, 以強呂氏. 今皆已夷滅諸呂, 而所立即長, 用事, 吾屬無類矣. 不如視諸王最賢者立之." 或言曰, "齊王, 高帝長孫, 可立也." 大臣皆曰, "呂氏以外家惡而幾危宗廟, 亂功臣. 今齊王舅駟鈞, 虎而冠. 即立齊

王，復為呂氏矣．代王方今高帝見子最長，仁孝寬厚，太后家薄氏謹良．且立長固順，況以仁孝聞天下乎!" 乃相與共陰使人召代王．

代王問左右，郎中令張武等曰，"漢大臣皆故高帝時大將，習兵，多謀詐．此其屬意非止此也，特畏高帝·呂太后威耳．今已誅諸呂，新喋血京師，此以迎大王為名，實不可信．願大王稱疾毋往，以觀其變．" 中尉宋昌進曰，"群臣之議皆非也．夫秦失其政，諸侯·豪桀並起，人人自以為得之者以萬數，然卒踐天子之位者，劉氏也，天下絕望，一矣．高帝封王子弟，地犬牙相制，此所謂磐石之宗也，天下服其強，二矣．漢興，除秦苛政，約法令，施德惠，人人自安，難動搖，三矣．夫以呂太后之嚴，立諸呂為三王，擅權專制．然而太尉以一節入北軍一呼，士皆左袒為劉氏，叛諸呂，卒以滅之．此乃天授，非人力也．今大臣雖欲為變，百姓弗為使，其黨寧能專一邪? 方今內有朱虛·東牟之親，外畏吳·楚·淮陽·琅邪·齊·代之強．方今高帝子，獨淮南王與大王．大王又長，賢聖仁孝聞於天下，故大臣因天下之心而欲迎立大王．大王勿疑也．" 代王報太后計之．猶豫未定，卜之，兆得大橫．占曰，"大橫庚庚，余為天王，夏啟以光．" 代王曰，"寡人固已為王矣，又何王?" 卜人曰，"所謂天王者，乃天子也．" 於是代王遣太后弟薄昭往見絳侯，絳侯等具為昭言所以迎立王意．薄昭還報曰，"信矣，無可疑者．" 代王乃笑謂宋昌曰，"果如公言．" 乃命宋昌參乘，張武等六人乘傳，從詣長安．至高陵，休止，而使宋昌先馳之長安觀變．昌至渭橋，丞相以下皆迎．昌還報．代

王馳至渭橋，群臣拜謁稱臣，代王下車答拜．太尉勃進曰，"願請間．" 宋昌曰，"所言公，公言之．所言私，王者無私．" 太尉乃跪上天子璽·符．代王謝曰，"至代邸而議之．"

後九月，己酉晦，代王至長安，捨代邸，群臣從至邸．丞相陳平等

皆再拜言曰, "子弘等皆非孝惠子, 不當奉宗廟. 大王, 高帝長子, 宜為嗣. 願大王即天子位." 代王西鄉讓者三, 南鄉讓者再, 遂即天子位. 群臣以禮次侍. 東牟侯興居曰, "誅呂氏, 臣無功, 請得除宮." 乃與太僕汝陰侯滕公入宮, 前謂少帝曰, "足下非劉氏子, 不當立!" 乃顧麾左右執戟者掊兵罷去. 有數人不肯去兵, 宦者令張釋諭告, 亦去兵. 滕公乃召乘輿車載少帝出. 少帝曰, "欲將我安之乎?" 滕公曰, "出就捨." 捨少府. 乃奉天子法駕迎代王於邸, 報曰, "宮謹除." 代王即夕入未央宮. 有謁者十人持戟衛端門, 曰, "天子在也, 足下何為者而入?" 代王乃謂太尉. 太尉往諭, 謁者十人皆掊兵而去, 代王遂入. 夜, 拜宋昌為衛將軍, 鎮撫南北軍. 以張武為郎中令, 行殿中. 有司分部誅滅梁·淮陽·恆山王及少帝於邸. 文帝還坐前殿, 夜, 下詔書赦天下.

한문제漢文帝 전前원년(BC 179)[303]

1) 겨울 10월 7일, 낭야왕인 유택劉澤을 연왕으로 개봉改封했다.[304] 조

303 한나라는 한무제 때부터 연호年號를 사용하기 시작했다. 한문제와 한경제 때는 중대한 사건이 벌어질 때마다 개원改元을 하며 기년을 다시 시작한 바 있다. 통상 재위 9년이 넘어 10년째가 되는 해를 다시 원년元年으로 삼아 개원하는 관행이 있었다. 『사기』「진본기秦本紀」에 따르면 진秦나라는 진혜문왕秦惠文王 14년인 기원전 311년에 왕호王號를 처음으로 사용하면서 이 해를 혜문왕 원년元年으로 개원한 바 있다. 개원이 이뤄진 해의 앞선 기간을 전원前元, 그 이후의 시기를 다시 중원中元 및 후원後元 등으로 표현한 것은 후대의 사가들이 서사敍事의 편의를 위해 채택한 것으로, 단지 선후先後의 명칭을 덧붙인 것에 지나지 않는다. 한문제의 재위 전 기간을 전원前元과 후원後元, 한경제의 재위 전 기간을 전원前元과 중원中元 및 후원後元으로 구분한 게 그렇다. 사가들은 전원과 중원 및 후원을 전前, 중中, 후後로 약칭해 기술했다.

304 전 해인 기원전 180년에 유택은 제왕인 유양의 술수로 나라를 빼앗기고 장안으로 도망쳐 왔다가 유항을 영립迎立하는 공을 세웠다. 그는 유항이 즉위하자 유항의 도움으로 나라를 되찾게 됐다.

유왕趙幽王[305]의 아들 유수劉遂를 조왕으로 삼았다.

2) 진평이 병으로 사직하려고 하자 황제가 그 이유를 물었다. 진평이 대답했다.

"고황제 때에는 주발의 공로가 신보다 못했으나 여씨들을 쳐부수는 데에는 신의 공로가 주발만 못합니다. 원컨대 우승상을 주발에게 양여하게 해 주십시오."

11월 8일, 황제가 진평을 좌승상, 태위인 주발을 우승상, 대장군 관영을 태위로 삼았다. 여씨들이 빼앗았던 제나라와 초나라의 옛 땅은 모두 회복시켜 돌려주었다.

3) 여씨들을 주살한 공로를 논의해 우승상인 주발 이하 공신들에게 식읍의 호수를 더해주고 상금을 차등 있게 내려주었다. 조회가 끝나자 강후는 빠른 걸음으로 나가 마치 자신의 뜻을 다 얻은 듯했으나 황제는 그에게 공손하게 예우하며 늘 눈으로 그를 배웅했다. 이를 보고 낭중인 안릉安陵 출신 원앙袁盎이 간했다.

"여러 여씨들이 패역하여 대신들이 함께 그들을 쳐부수었습니다. 이때 승상은 태위여서 병권을 잡고 있다가 적당한 기회를 만나 성공을 한 것입니다. 지금 승상이 군주에게 교만한 기색을 띠고 있고 폐하는 겸양하니 신하와 군주간의 예를 잃겠습니다. 감히 말씀 올리건대 폐하는 그런 태도를 취하지 마십시오."

이후 조회부터 황제가 승상에게 장중하게 대하자 승상이 두려워했다.

4) 12월, 조서를 내렸다.

"법이라는 것은 백성을 다스리기 위한 올바른 기준이다. 법을 범했으

305 조유왕趙幽王은 기원전 181년에 여후의 명으로 장안으로 왔다가 아사한 유우를 말한다.

면 이를 죄로 다스려야 마땅하나 죄 없는 부모, 처자, 형제와 자식까지 연루시켜 잡아들이는 것은 옳지 않다. 짐은 그 법은 채택하지 않겠다. 따라서 처자와 여러 친척 관계자를 연루시키는 율령을 폐지한다."

5) 봄 정월, 유사가 일찍 태자를 세울 것을 청했다. 황제가 말했다.

"짐은 덕이 부족하고 천하에서 성현으로 덕을 갖춘 사람을 널리 구해 천하를 선양할 수도 없다. 이런 상황에서 미리 태자를 세우겠다고 말하는 것은 나의 덕이 부족함을 더하는 것이다. 그것은 천천히 하겠다."

유사가 말했다.

"미리 태자를 세우는 것은 종묘와 사직을 튼튼하게 하려 함이니 천하를 잊지 마십시오."

황제가 말했다.

"초나라 왕은 숙부, 오왕은 형, 회남왕은 동생이오. 그런데 어찌 그들을 참여시키지 않는단 말이오? 덕 있는 사람을 선택하지 않고 반드시 나의 아들을 말한다면 사람들은 짐이 똑똑하고 덕 있는 사람을 잊고 오로지 아들만 아낀다 할 것이오. 이는 천하를 걱정시키는 일이 아니겠소?"

유사가 굳게 청했다.

"옛날 은나라와 주나라가 나라를 세워 편안하게 다스린 것이 1,000여 년인데 이런 방법을 사용했습니다. 아들로 후사를 세우는 것은 그 내력이 오래됐습니다. 고황제가 천하를 평정한 뒤 태조가 됐고, 그 자손들이 후사가 돼 세세토록 끊이지 않는데 지금 후사를 세우지 않고 제후와 종실에서 다시 선택한다는 것은 고황제의 뜻이 아닙니다. 후사를 뽑는 방법을 고친다고 논의하는 것은 마땅치 않습니다. 아들이신 유계劉啓가 가장 연장자이고, 순박하며 후덕하고 어지니 청컨대 그를 태자로 삼으십시오."

황제가 이내 이를 허락했다.

6) 3월, 태자의 모친인 두씨竇氏를 황후로 삼았다. 황후는 청하淸河 관

진觀津하북성 무읍현 출신이다. 황후에게는 두광국竇光國이라는 동생이 있었다. 자는 소군少君이다. 어려서 어떤 사람이 유괴하여 팔아버린 후 10여 집을 전전하다가 두황후가 세워졌다는 소식을 듣고 글을 올려 자신의 사정을 진술했다. 불러서 물어보고 시험해보니 사실이었다. 이내 전택과 금전을 후히 내려주고 형인 두장군竇長君과 함께 장안에 살게 했다. 강후와 관영 장군 등이 말했다.

"우리들이 죽지 않는다면 우리의 운명은 이 두 사람에게 달려 있다. 두 사람은 미천한 출신이라 사부나 빈객을 고르지 않을 수 없을 것이고, 그리 되면 또다시 여씨를 본받을 터이니 큰일이다."

선비들 가운데 덕을 갖춘 사람만을 골라 함께 살게 했다. 이로 말미암아 두장군과 두소군은 겸양한 군자가 돼 존귀하게 됐다는 이유로 교만하게 사람을 대하지 않았다.

7) 조서를 내려 홀아비와 과부, 고아, 무의탁 노인과 가난한 사람들을 구제할 것을 명했다. 이어 이같은 명을 내렸다.

"80세 이상 된 사람에게는 매월 쌀과 고기와 술을 내리고, 90세 이상 된 사람에게는 비단과 솜을 더 내려주라. 내려주는 물건 가운데 의당 죽을 끓일 쌀을 주어야 하는데 현장縣長이 직접 보고 현승縣丞이나 현위縣尉가 물건을 가지고 가라. 90세가 아직 되지 않은 사람에게는 각 부서의 소리小吏인 색부嗇夫나 영사令史가 물건을 직접 가지고 가도록 하라. 녹질이 2천석인 군郡의 태수는 독찰을 담당한 도리都吏를 파견해 여러 곳을 다니다가 원래의 뜻에 맞지 않게 시행하는 자가 있으면 이를 감독토록 하라."

8) 초나라 원왕元王인 유교劉交가 죽었다.

9) 여름 4월, 제나라와 초나라에 지진이 났다. 29개의 산이 같은 날 붕괴하고 큰물이 지하에서 솟아나왔다.

10) 이때 천리마를 갖다 바친 사람이 있었다. 황제가 말했다.

"황제의 어기御旗인 난기鸞旗를 앞세우고, 소속된 수레인 속거屬車가 뒤따르면 길사吉事로 가는 길행吉行은 하루에 50리, 군사를 이끌고 가는 사행師行은 30리를 간다. 짐이 천리마를 타고 홀로 어디를 앞서 가겠는가?"

그러면서 말을 돌려주고 여비를 주어 보냈다. 이어 이같이 하조下詔했다.

"짐은 헌물을 받지 않겠다. 사방에 영을 내려 헌물을 바치지 못하게 하라."

11) 황제가 먼저 천하에 은혜를 베풀자 제후들과 사방이 멀고 가까운 곳에 있는 오랑캐들이 화답했다. 대代 땅에서 올 때의 공로를 살펴 송창宋昌을 장무후壯武侯로 봉했다.

12) 황제가 국가의 업무를 더욱 잘 익혔다. 조회에서 우승상인 주발에게 물었다.

"천하에서 1년에 얼마나 많은 사건을 판결하는가?"

주발이 알지 못하는 사실을 사과했다. 황제가 또 물었다.

"1년에 전錢과 곡식이 얼마나 들어오는가?"

주발이 또다시 알지 못하는 것을 사과했다. 당황하고 부끄러워 등에서 땀이 배어 나왔다. 황제가 이번에는 좌승상 진평에게 물었다. 진평이 대답했다.

"주관하는 사람이 있습니다."

황제가 말했다.

"주관하는 사람이 누구요?"

진평이 말했다.

"폐하가 사건의 판결에 관한 것을 물으면 그 책임은 정위가 지는 것이고, 전곡에 관한 일을 물으면 그 책임은 치속내사治粟內史가 지고 있습니다."

황제가 말했다.

"갖가지 일에 그것을 주관하는 사람이 있으면 그대가 주관하는 일은 무엇이오?"

진평이 사과했다.

"폐하는 신의 노둔駑鈍을 모른 채 재상의 자리를 맡겼습니다.[306] 재상은 무릇 위로는 천자를 보필하고 음양을 순조롭게 다스려 사시四時에 순응하고, 아래로는 만물의 마땅함을 이뤄야 합니다. 또한 밖으로는 네 오랑캐와 제후들을 진무鎭撫하고 안으로는 백성들을 친히 귀부하게 하고, 경과 대부들로 하여금 각기 그 직책을 책임지도록 해야 합니다."

황제가 이내 훌륭하다고 말했다. 우승상 주발이 크게 부끄러워했다. 둘이 함께 물러나오다 진평을 나무랐다.

"그대는 어찌하여 평소 나에게 그런 대답을 가르쳐주지 않았던 것이오?"

진평이 웃으며 말했다.

"그대는 재상의 지위에 있으면서 그 임무를 모르는 것입니까? 폐하가 장안에 있는 도적의 숫자를 물으면 그대는 억지로 대답하려고 한 것입니까?"

강후는 자신의 능력이 진평에게 많이 못 미침을 깨달았다. 얼마 안 있어 어떤 사람이 주발에게 말했다.

---

306 원문은 '폐하부지기노하陛下不知其駑下, 사대죄재상使待罪宰相'이다. 여기의 대죄待罪는 어떤 관직을 맡게 됐다는 뜻인 당관當官의 겸어謙語이다. '대죄재상待罪宰相'은 곧 재상의 자리에 올라 제대로 일을 하지 못한 탓에 죄를 얻게 됐다는 취지를 담고 있다. '대죄'가 이후 '당관當官'의 의미로 전용된 배경이다.

"그대는 이미 여러 여씨를 죽이고 대왕을 세워 그 위세를 천하에 떨쳤습니다. 그로 인해 후한 상을 받고 높은 자리에 앉았지만 오래 가면 오히려 화가 몸에 닥칠 것입니다."

주발도 역시 스스로 위태로워질 것이 염려돼 이내 칭병하여 재상의 인을 돌려보낼 것을 청했다. 황제가 이를 허락했다.

가을 8월 27일, 우승상인 주발을 면직시켰다. 좌승상인 진평 혼자만 승상으로 남았다.

13) 당초 융려후인 주조가 남월을 공격한 바 있다. 덥고 습한 기후 때문에 사졸들이 역질을 크게 앓아 고후의 공격 명령에도 불구하고 오령五嶺광동성과 호남성 경계을 넘을 수가 없었다. 그러다가 1년 후 고후가 죽자 바로 군사행동을 그만 두었다. 남월왕 조타는 이를 이용해 군사를 가지고 민월閩越복건성 복주시 일대과 서구西甌광서성 귀현와 낙駱낙월駱越에 뇌물을 보내거나 위협해 복속시켰다. 동서가 1만여 리가 됐다. 황제의 의장인 황색비단으로 지붕을 덮은 황제 전용수레인 황옥黃屋에 의장용 큰 깃발인 좌독左纛을 꽂고 스스로 조서詔書와 제서制書를 황제의 명으로 내리는 칭제稱制를 하며 중국과 동등하게 처신했다.

황제는 진정眞定하북성 정정현에 있는 조타 조상의 무덤을 지킬 읍을 마련해주고, 해마다 때맞춰 제사를 올리게 했다. 또한 그 형제들을 불러 관위를 높여주고 후한 상까지 내려주며 아껴주었다. 그리고 고제 11년에 사자로 간 적이 있는 육가陸賈를 다시 남월에 사자로 보내면서 조타에게 이같은 서신을 보냈다.

"짐은 고황제의 측실 아들이어서 밖으로 버려져 북쪽의 번국인 대代에 있었소. 그곳은 거리가 먼 데다 막혀 있었고 또한 내가 어리석어 아직 서신을 못 보냈소. 고황제가 기제신棄諸臣[52]을 하자 효혜제가 즉위했소. 그러나 고후가 스스로 모든 일을 처리하다 불행히도 고후마저 병이 났소.

여러 여씨들이 반란을 일으켰으나 공신들이 힘을 모아 그들을 벌써 죽였소. 짐이 사양했지만 왕과 후, 그리고 이吏들이 놓아주지 않는 연고로 부득불 황제의 자리에 세워져 지금 즉위했소. 얼마 전까지 왕이 장군인 융려후에게 서신을 보내 친형제를 남월로 보내달라고 청했고, 또한 장사長沙에 있는 2장군二將軍[308]을 철수시켜 달라고 했다는 말을 들었소. 짐은 왕의 서신을 받고 장군 박양후博陽侯의 주둔군을 철수시키고, 진정眞定에 있는 친형제들에게는 이미 사람을 보내 안부를 물었고, 선조들의 무덤도 잘 손질하게 했소. 전에 왕이 변경에서 군사를 동원해 노략하는 재앙이 그치지 않는다는 말을 들었소. 당시 장사 땅에서는 고생을 했고, 남군南郡호남성 강릉현이 더욱 심하다고 하오. 비록 왕의 나라라고 한들 이로움만 있겠소? 반드시 사졸들이 죽는 일도 많을 것이고, 훌륭한 장수와 관원들을 다치게 하고, 다른 사람의 처를 과부로 만들고, 다른 사람의 아들을 고아로 만들고, 다른 사람의 부모를 외로운 사람으로 만들 것이오. 아마도 하나를 얻고 열을 잃을 것이니 짐은 차마 그렇게는 못 하겠소. 짐이 개의 이빨처럼 서로 들어와 있는 땅을 정리하고 싶어 관원에게 물으니 관원은 고황제가 장사의 땅을 경계로 했기 때문이라고 했소. 짐이 이것을 임의로 변경시키지는 않겠소. 지금 짐이 왕의 땅을 얻는다 해도 크다고 여기기에는 부족하오. 또 왕의 재산을 다 얻는다 해도 부유하다고 여기기에는 부족하오. 오령 이남을 복속시켜 왕이 스스로 이를 다스리시오. 비록 그렇다 할지라도 왕이 황제를 자칭한다니 두 황제가 함께 존재하면 한쪽의 수레를 탄 사자는 그 길을 다니지 못하여 다툴 것이오. 싸우며 양보하

307 기제신棄諸臣은 여러 신하를 버린다는 뜻으로 황제의 죽음에 관한 아어雅語이다.

308 2장군二將軍은 고후 7년인 기원전 181년에 조타가 장사를 공격했을 때 장사의 경계활동을 담당케 된 두 장수를 가리킨다.

지 않는 것은 어진 사람이 해서는 안 될 일이오. 원컨대 왕과 더불어 아에 있었던 원한은 털어버리고 지금부터는 옛날처럼 사자를 교환하기로 합시다."

육가가 남월에 이르자 남월왕은 두려운 나머지 머리를 조아리며 사죄했다. 또한 조서를 받들고 오랫동안 번신이 돼 공물을 바치는 자신의 직책을 잘 수행하기를 원한다고 했다. 연후에 나라 전체에 명을 내렸다.

"내가 듣건대 두 영웅은 함께 서 있을 수 없고, 두 현인은 세상을 함께 살 수 없다고 했다. 한나라의 황제는 현명한 천자이다. 오늘부터 황제의 제서制書와 황옥黃屋, 좌독左纛을 철폐하라."

이어 이런 내용의 서신을 올렸다.

"만족 오랑캐의 추장이며 늙은 신하인 조타가 우매하여 죽을죄를 짓고 황제 폐하에게 두 번 절하며 글을 올립니다. 이 늙은이는 옛 월나라의 관원이었습니다. 고황제가 다행히 신 조타에게 인새를 하사하여 남월왕으로 삼았습니다. 효혜황제가 즉위해 의義를 생각해 차마 우리 월나라와의 관계를 끊지 않으시고 이 늙은이에게 내려주신 것이 아주 두터웠습니다. 그런데 고후가 일을 처리하면서 우리를 만족 오랑캐라고 특별히 구분 짓고 '만족 오랑캐인 월나라에는 금철金鐵과 농기구, 말과 소, 양을 주지 말라. 준다고 해도 숫놈을 주지 암놈은 주지 말라'고 명했습니다. 벽지에 있는 이 늙은이의 말과 소와 양은 늙어버렸고, 제사도 재대로 지내지 못해 하늘에 죽을죄를 지었습니다. 내사內史인 번藩과 중위中尉인 고高, 어사御史인 평平 등 3인으로 하여금 글을 올려 사과하게 했으나 모두 회답을 해주지도 않았습니다. 게다가 이 늙은이의 부모 분묘는 이미 파서 없애고 형제와 종족들도 죽이기로 했다는 말이 바람결에 들려왔습니다. 이내 관원들이 서로 의논하기를 '지금 안으로는 한나라에게서 도움을 얻을 수 없고, 밖으로는 다른 나라와 비교해 스스로 높고 뛰어나지 못하게 됐습니다'라고 했습니다. 그런 고로 명호名號를 바꾸어 황제라고 했지만 우리나라에서만 황제노릇을 했고, 감히 천하에 해를 끼칠 생각은 없었습니다. 그런데 고황제가 이 소식을 듣고 크게 노해 남월의 봉호를 철폐하고 사자의 왕래를 끊었습니다. 이 늙은이는 장사왕長沙王이 신을 참소해 그런 줄로 알고 군사를 동원해 그 변경을 쳤습니다. 이 늙은이는 월나라에서 49년 동안 있었고, 지금은 손자들을 품에 안고 있습니다. 그러나 아침에 일어나고 밤에 자지만 잠을 자도 편치 않고, 밥을 먹어도 달지 않고, 눈에는 살결이 곱고 아름다운 여인도 보이지 않고, 귀에는 종고鐘鼓의 음악소리도 들리지 않는 것은 한나라를 섬길 수가 없어서입니다. 지금 폐하가 다행히 저를 가련히 여겨 옛 봉호를 회복시켜 주고 옛날처럼 한나라와 사자를 왕래하게 하니 이 늙은이는 죽어도 명성을 훼손치 않겠습니다. 명호를 고쳐 감히 황제를 칭하지 않겠습니다."

14) 제나라의 애왕哀王인 유양劉襄이 죽었다.

15) 황제가 하남河南하남성 낙양현 군수 오공吳公의 치적이 천하에 제일이라는 말을 듣고 불러서 정위를 시켰다. 오공은 낙양 사람인 가의賈誼를 추천했고, 황제는 또 그를 불러 박사로 삼았다. 이때 가생賈生의 나이는 20여 세였다. 황제는 그의 글 솜씨와 박식함을 아껴 1년 만에 태중대부太中大夫까지 승급시켰다. 가생은 10월을 정월로 간주하는 진나라의 역법인 정삭正朔을 고치고, 복색服色[309]을 바꾸고, 관직명을 확정하고, 예악을 일으키는 등 한나라의 제도를 만들어 진나라 때의 법률을 고치기를 청했다. 황제는 겸양한 생각에 여기까지 고칠 생각은 감히 하지 못했다.

309 복색服色은 당시 5덕론에 따라 황색을 써야 했음에도 진나라의 흑색을 사용한 사실을 지적한 것이다.

＊ 太宗孝文皇帝前元年

冬, 十月, 庚戌, 徙琅邪王澤為燕王. 封趙幽王子遂為趙王.

陳平謝病. 上問之, 平曰, "高祖時, 勃功不如臣, 及誅諸呂, 臣功亦不如勃, 願以右丞相讓勃." 十一月, 辛巳, 上徙平為左丞相, 太尉勃為右丞相, 大將軍灌嬰為太尉.

諸呂所奪齊·楚故地, 皆復與之. 論誅諸呂功, 右丞相勃以下益戶·賜金各有差. 絳侯朝罷趨出, 意得甚. 上禮之恭, 常目送之. 郎中安陵袁盎諫曰, "諸呂悖逆, 大臣相與共誅之. 是時丞相為太尉, 本兵柄, 適會其成功. 今丞相如有驕主色, 陛下謙讓. 臣主失禮, 竊為陛下弗取也!" 後朝, 上益莊, 丞相益畏.

十二月, 詔曰, "法者, 治之正也. 今犯法已論, 而使無罪之父母·妻子·同產坐之, 及為收帑, 朕甚不取! 其除收帑諸相坐律令."

春, 正月, 有司請蚤建太子. 上曰. "朕既不德, 縱不能博求天下賢聖有德之人而禪天下焉, 而曰豫建太子, 是重吾不德也. 其安之!" 有司曰, "豫建太子, 所以重宗廟·社稷, 不忘天下也." 上曰, "楚王, 季父也. 吳王, 兄也. 淮南王, 弟也, 豈不豫哉? 今不選舉焉, 而曰必子, 人其以朕為忘賢有德者而專於子, 非所以憂天下也!" 有司固請曰, "古者殷·周有國, 治安皆千餘歲, 用此道也. 立嗣必子, 所從來遠矣. 高帝平天下為太祖, 子孫繼嗣世世不絕, 今釋宜建而更選於諸侯及宗室, 非高帝之志也. 更議不宜. 子啟最長, 純厚慈仁, 請建以為太子." 上乃許之.

三月, 立太子母竇氏為皇后. 皇后, 清河觀津人. 有弟廣國, 字少君, 幼為人所略賣, 傳十餘家, 聞竇後立, 乃上書自陳. 召見, 驗問, 得實, 乃厚賜田宅·金錢, 與兄長君家於長安. 絳侯·灌將軍等曰, "吾屬不死, 命乃且縣此兩人. 兩人所出微, 不可不為擇師傅·賓客. 又復效呂氏, 大事也!" 於是乃選士之有節行者與居. 竇長君·少君由此為退讓君子, 不敢以尊貴驕人.

詔振貸鰥·寡·孤·獨·窮困之人. 又令曰, "八十已上, 月賜米·肉·酒. 九十已上, 加賜帛·絮. 賜物當稟鬻米者, 長吏閱視, 丞若尉致. 不滿九十, 嗇夫·令史致. 二千石遣都吏循行, 不稱者督之."

楚元王交薨.

夏, 四月, 齊·楚地震, 二十九山同日崩, 大水潰出.

時有獻千里馬者. 帝曰, "鸞旗在前, 屬車在後, 吉行日五十里, 師行三十里. 朕乘千里馬, 獨先安之?" 於是還其馬, 與道里費, 而下詔曰, "朕不受獻也. 其令四方毋求來獻."

帝既施惠天下, 諸侯·四夷遠近歡洽. 乃修代來功, 封宋昌為壯武侯.

帝益明習國家事. 朝而問右丞相勃曰, "天下一歲決獄幾何?" 勃謝不知. 又問曰, "一歲錢穀出入幾何?" 勃又謝不知, 惶愧, 汗出沾背. 上問左丞相平. 平曰, "有主者." 上曰, "主者謂誰?" 曰, "陛下即問決獄, 責廷尉. 問錢穀, 責治粟內史." 上曰, "苟各有主者, 而君所主者何事也?" 平謝曰, "陛下不知其駑下, 使待罪宰相. 宰相者, 上佐天子, 理陰陽, 順四時. 下遂萬物之宜. 外鎮撫四夷諸侯. 內親附百姓, 使卿大夫各得任其職焉." 帝乃稱善. 右丞相大慚, 出而讓陳平曰, "君獨不素教我對!" 陳平笑曰, "君居其位, 不知其任邪? 且陛下即問長安中盜賊數, 君欲強對邪?" 於是絳侯自知其能不如平遠矣. 居頃之, 人或說勃曰, "君既誅諸呂, 立代王, 威震天下. 而君受厚賞, 處尊位, 久之, 即禍及身矣." 勃亦自危, 乃謝病, 請歸相印, 上許之. 秋, 八月, 辛未, 右丞相勃免, 左丞相平專為丞相.

初, 隆慮侯灶擊南越, 會暑濕, 士卒大疫, 兵不能踰領. 歲餘, 高後崩, 即罷兵. 趙佗因此以兵威財物賂遺閩越·西甌·駱, 役屬焉. 東西萬餘里, 乘黃屋左纛, 稱制與中國侔. 帝乃為佗親塚在真定者置守邑, 歲時奉祀. 召其昆弟, 尊官·厚賜寵之. 復使陸賈使南越, 賜佗書曰, "朕, 高皇帝側室之子也, 棄外, 奉北藩於代. 道里遼遠, 壅蔽樸愚, 未嘗致書. 高皇帝棄群臣, 孝惠皇帝即世. 高後自臨事, 不幸有疾, 諸呂為變, 賴功臣之力, 誅之已畢, 朕以王·侯·吏不釋之故, 不得不立. 今即位. 乃者聞王遺將軍隆慮侯書, 求親昆弟, 請罷長沙兩將軍. 朕以王書罷將軍博陽侯. 親昆弟在真定者, 已遣人存問, 修治先人塚. 前日聞王發兵於邊, 為寇災不止. 當其時, 長沙苦之, 南郡尤甚. 雖王之國, 庸獨利乎! 必多殺士卒, 傷良將吏, 寡人之妻, 孤人之子, 獨人父母, 得一亡十, 朕不忍為也. 朕欲定地犬牙相入者, 以問吏, 吏曰, '高皇帝所以介長沙土也' 朕不得擅變焉. 今得王之地, 不足以為大. 得王之財, 不足以為富. 服領以南, 王自治之. 雖然, 王之號為帝. 兩帝並立, 亡一乘之使以通其道, 是爭也. 爭而不讓, 仁者不為也. 願與王分棄前惡, 終今以來, 通使如故."

賈至南越, 南越王恐, 頓首謝罪, 願奉明詔, 長為藩臣, 奉貢職. 於是下令國中曰, "吾聞兩雄不俱立, 兩賢不並世. 漢皇帝, 賢天子. 自今以來, 去帝制·黃屋·左纛." 因為書, 稱曰, "蠻夷大長·老夫臣佗昧死再拜上書皇帝陛下老夫, 故越吏也, 高皇帝幸賜臣佗璽, 以為南越王. 孝惠皇帝即位, 義不忍絕, 所以賜老夫者甚厚. 高後用事, 別異蠻夷, 出令曰, '毋與蠻夷越金·鐵·田器·馬·牛·羊. 即予, 予牡, 毋予牝' 老夫處僻, 馬·牛·羊齒已長. 自以祭祀不修, 有死罪, 使內史藩·中尉高·御史平凡三輩上書謝過, 皆不反. 又風聞老夫父母墳墓已壞削, 兄弟宗族已誅論. 吏相與議曰, '今內不得振於漢, 外無以自高異' 故更號為帝, 自帝其國, 非敢有害於天下. 高皇后聞之, 大怒, 削去南越之籍，使使不通．老夫竊疑長沙王讒臣，故發兵以伐其邊．老夫處越四十九年，於今抱孫焉．然夙興夜寐，寢不安席，食不甘味，目不視靡曼之色，耳不聽鐘鼓之音者，以不得事漢也．今陛下幸哀憐，復故號，通使漢如故．老夫死，骨不腐．改號，不敢為帝矣!”

齊哀王襄薨.

上聞河南守吳公治平為天下第一，召以為廷尉．吳公薦洛陽人賈誼，帝召以為博士．是時賈生年二十餘．帝愛其辭博，一歲中，超遷至太中大夫．賈生請改正朔，易服色，定官名，興禮樂，以立漢制，更秦法．帝謙讓未遑也.

한문제 전2년(BC 178)

1) 겨울 10월, 곡역헌후曲逆獻侯인 진평이 죽었다.

2) 열후에게 조서를 내려 각기 자기 봉국으로 돌아가라고 했다. 장안에서 관원이 된 자와 머물도록 조서를 받은 사람도 각기 큰 아들을 봉국으로 보내게 했다.

3) 11월 2일, 주발이 다시 승상이 됐다.

4) 11월 30일, 일식이 있었다. 황제가 조서를 내렸다.

"군신들은 모두 짐의 과실에 대해 생각해보고, 보고도 미치지 못한 것을 알아가지고 짐에게 알려주기 바란다. 현량한 사람과 방정한 사람, 그리고 직언을 하고 끝까지 간할 수 있는 사람을 뽑아서 짐이 미치지 못한 것을 고칠 수 있도록 하라."

각기 맡은 바 임무를 다하고 경비를 절감해 백성들을 편하게 했고, 위장군황제의 자위군을 없앴다. 그리고 태복太僕위장군 휘하의 말 담당관원은 쓰기에 족할 정도의 말만 남기고 나머지는 모두 역참에 보내주도록 했다.

영음후潁陰侯 관영을 수행하는 기병인 기종자騎從者 가산賈山이 글을 올려 정치를 잘하는 길과 혼란이 오게 하는 길에 대했다.

"신이 듣건대, 벼락이 치고 지나간 자리는 꺾이지 않는 것이 없고, 1만 균鈞의 무게로 눌림을 당하면 부서지지 않는 것이 없다고 했습니다. 그런데 지금 임금의 위엄은 벼락 정도가 아니고, 장중하기로 말씀드리면 1만 균 정도가 아닙니다. 길을 터놓고 간하기를 구하고, 평화로운 낯으로 이를 받아들이고, 그 말을 채용해 그 사람을 등용해도, 선비들은 오히려 두려워하며 감히 스스로를 다하지 못합니다. 하물며 방종하고 방자하며 횡포하여 자신의 허물을 듣기 싫어하는 사람이야 말할 나위도 없습니다. 위엄으로 이들을 떨게 하고 장중함으로 이들을 누르면 비록 요나 순의 지혜를 갖고 전국시대 진秦나라의 용사인 맹분孟賁의 용기를 갖고 있다 해도 어찌 꺾이지 않을 사람이 있겠습니까? 이처럼 군주가 스스로의 허물을 듣지 않으려고 들면 사직이 위태로워집니다. 옛날 주나라에 1,800여 개의 후국이 있었는데 9주의 백성을 가지고 1,800명이나 되는 후국의 군주들을 봉양하게 했지만 군주들은 재물에 여유가 있었고, 백성들은 여력을 갖고 있어 그 군주들을 칭송하는 노래가 지어졌습니다. 그런데 진나라 황제는 1,800개의 후국에 사는 백성들에게 자신 한 사람만을 봉양하라 하여도 백성들은 힘이 다 빠져 그 요역을 감당할 수 없었습니다. 그는 단 1명의 군주일 뿐이고 그 자신이 즐기려고 한 것은 말을 달려 수렵하는 오락뿐이었지만 천하 사람이 이를 공급할 수가 없었습니다. 진나라 황제는 자신의 공덕을 계산해 그 후손들이 세세무궁토록 누릴 것으로 헤아렸으나 그가 죽자 몇 달 만에 천하에서는 사방으로 그를 공격해 종묘가 끊기고 말았습니다. 진나라 황제가 멸망하면서도 스스로 알지 못한 것은 무엇 때문입니까? 천하 사람이 감히 이야기를 하지 못했기 때문입니다. 그들이 감히 이야기를 하지 못한 까닭은 무엇입니까? 노인을 봉양하는 의로움을 없애고, 보필하는 신하를 없애고, 관원을 비방하는 사람을 물리치고, 직간하는 신하를 죽였기 때문입니다. 모함하고 아부하고 억지 얼굴을 하는 사람들만 진나라 황제 옆에 모여 그 덕을 보면 요순보다 현명하고 그 공을 보아도 탕무湯武보다 뛰어나다고 말하면서 천하가 무너졌는데도 이 사실을 말하지 못했습니다. 지금 폐하는 천하 사람으로 하여금 현량하고 방정한 선비를 뽑게 해 천하 사람을 모두 즐겁게 하고 '장차 요순의 도와 삼왕의 공을 일으키려 한다'고 말하십시오. 그럼 천하의 선비들 가운데 아주 깨끗한 사람으로 아름다운 덕을 잇게 할 것입니다. 지금 반듯하고 올바른 선비들은 모두 조정 내에 있습니다. 그 가운데 현명한 사람을 뽑아 그들로 하여금 상시常侍나 여러 관원 노릇을 하게 했는데 그들과 더불어 말을 달려 사냥을 하는 일이 하루에도 두세 번입니다. 이를 보며 신은 조정이 해이해지고 백관들이 일하는데 게을러질까 두렵습니다. 폐하가 즉위해서는 스스로 부지런해 천하를 후하게 대해주시고 쓰임을 절약하고 백성을 사랑하고, 옥사를 고르게 하고, 형벌을 느슨하게 하니 천하에 기뻐하지 않는 자가 없습니다. 신이 듣건대, 산동山東에서는 관원들이 조령을 공포하면 백성들은 비록 늙고 마르고 병들었다 할지라도 지팡이를 짚고 나가 이를 듣는다고 합니다. 죽기 전에 잠시라도 덕화의 성과를 맛보려 들기 때문입니다. 지금 공로를 세운 업적이 바야흐로 이뤄져서 그 명성이 널리 알려지고 세상이 밝아져서 사방으로 이러한 기풍이 뻗어나가 좇고 있습니다. 그런데 호걸 같은 신하와 반듯하고 올바른 선비들이 더불어 매일 사냥을 하며 토끼나 여우를 잡아 큰 업적을 다치게 하고 천하의 기대를 끊어버리고 있으니 신은 이를 애도합니다. 옛날에 대신들은 더불어 연회하는 놀이는 하지 않았고, 모두 스스로 반듯하고 올바르게 하는데 힘쓰고 절의를 높였습니다. 군신들 가운데 몸을 바르게 하고 수행하지 않는 사람이 없었던 덕분에 마음을 다 바쳐 대례大禮에 어긋남이 없었습니다. 그러나 근래 무릇 선비라는 사람들이 집안에서는 수행을 하면서 천자의 조정에서는 이를 파괴하고 있습니다. 신은 이를 삼가 민망하게 여깁니다. 폐하와 군신들이 연회를 열더라도 대신과 방정方正들과 더불어 조정의 논의를 하면 놀이에서도 즐거움을 잃지 않고 조회에서도 예를 잃지 않게 됩니다. 이것이 법도에 맞는 일입니다."

황제가 이를 기쁘게 받아들였다. 이후 조회에 나갈 때마다 낭관이나 종관들이 서書나 소疏를 올리면 연輦이 가는 것을 중지시켜서 그 말을 받아들이지 않는 일이 없었다. 그 말이 쓸 만한 것이 못되면 내버려두고, 쓸 만한 것이면 채택해 훌륭하다고 말하지 않는 일이 없었다.

황제가 파릉霸陵에서 서쪽으로 험한 산비탈을 달리고자 했다. 중랑장인 원앙이 말을 달려와 수레와 나란히 하고는 황제의 수레를 끄는 말의 고삐를 잡아당겼다. 황제가 물었다.

"장군, 겁나는 것이오?"

원앙이 대답했다.

"신이 듣건대, '천금을 가진 사람은 모서리 쪽의 마루에는 앉지 않는다'고 했습니다.[310] 성스러운 군주는 수레를 위험스럽게 타면서 요행히 괜찮을 것을 바라지 않습니다. 지금 폐하는 자신을 가벼이 여기며 6마리가 끄는 수레를 타고 나는 듯 험준한 산을 내려가려 하니 만일 폐하가 임의로 스스로 가볍게 행동해 말이 놀라 수레가 부서지는 변고라도 생기면 고조와 태후를 어떻게 대하려는 것입니까?"

황제가 이내 중지했다.

황제가 아끼는 신부인愼夫人은 금중禁中에서 늘 황후와 같은 자리에

310 원문은 '천금지자千金之子, 좌불수당坐不垂堂'이다. 마루의 모서리에 앉아 있다가 지붕에서 기왓장이 떨어지면 다칠 수 있다는 의미이다. 부귀한 집안의 자손은 조금이라도 위험한 자리에는 앉히지 않는다는 뜻을 내포하고 있다.

앉았다. 하루는 중림원의 경비를 맡은 관청인 낭서郎署에 황후와 신부인이 같은 자리를 마련하자 원왕이 신부인의 좌석을 끌어서 뒤로 물리었다. 신부인이 대로해 앉으려 하지 않았고, 황상도 대로해 일어나 금중으로 들어갔다. 원앙이 앞으로 나아가 고했다.

"신이 듣건대, '높고 낮은 것에는 순서가 있어야 상하가 평화롭다'고 했습니다. 폐하는 이미 황후를 세웠고, 신부인은 첩입니다. 첩과 주인이 어떻게 같이 앉을 수 있겠습니까? 폐하가 그를 총애하면 차라리 후한 상을 내리십시오. 폐하가 신부인을 위하는 것이 오히려 그에게 화가 되기 때문입니다. 폐하는 인체人彘 사건을 못 보셨습니까?"

그 말을 들은 황제가 기뻐하면서 신부인을 불러 말하자 신부인이 원앙에게 금 50근을 하사했다.

가의가 황제에게 말했다.

"춘추시대 중엽 제환공齊桓公을 도와 패업霸業을 이룬 관중管仲은 저서인 『관자管子』「목민牧民」에서 말하기를, '창고에 물건이 가득하면 예절을 알고, 의식이 풍족하면 영욕을 안다'고 했습니다. 백성들에게 쓸 것이 부족한데도 잘 다스릴 수 있었다는 말은 옛날부터 오늘날까지 들어 본 적이 없습니다. 옛 사람이 말하기를, '한 지아비가 밭을 갈지 않으면 누군가는 배를 주리고, 한 여자가 길쌈을 하지 않으면 누군가에게 추위가 닥친다'고 했습니다. 물건은 생산하는 데에는 일정한 시간이 필요한데 이를 절제하지 않고 쓰면 물건을 생산하는 힘이 반드시 다 소진됩니다. 옛날에 천하를 다스릴 때에는 아주 세심하고 모든 것을 주의 깊게 했던 고로 그 축적된 것이 충분히 믿을 만했습니다. 그런데 지금은 근본에 위배되고 지엽적인 것을 좇는 일이 잦으니 이는 천하에 커다란 해가 됩니다. 음란하고 사치한 습속은 날로 자라니 이는 천하의 커다란 도적입니다. 이처럼 해롭고 도적 같은 일이 공공연히 이뤄지면 막을 길이 없습니다. 커다란 천명은 장차 기울어질 것이고, 이를 떨쳐 구할 길이 없게 됩니다. 생산하는 사람이 적고 이를 쓰는 사람이 많으면 천하의 재산이 어찌 부족하지 않겠습니까? 한나라가 건립된 지 거의 40년이 되어갑니다. 그런데 공사公私 간에 축적된 것은 실로 애통할 지경입니다. 비가 내려야 할 때를 잃고 안 내려서 백성들은 겁먹은 여우가 힐끔힐끔 돌아보듯 하고, 해마다 흉년이 들어서 수입이 없어지자 작위와 아들을 팔려고 한다는 소문이 귀에 들립니다. 어디에 이처럼 위급한 일이 있겠습니까? 이와 같은데 위에서는 놀라지도 않습니다. 세상의 기근과 풍년은 하늘이 하는 일입니다. 우와 탕도 이런 일을 겪었습니다. 불행히도 사방으로 2,000~3,000리에 한재旱災가 들었다면 나라에서 어떻게 돕겠습니까? 또 갑자기 변경에 급한 일이라도 생겨 수십만 혹은 수백만의 군사가 동원된다면 나라에서 이들을 어떻게 먹일 것입니까? 병화兵禍와 한재가 서로 상승작용을 하여 천하의 재물이 크게 부족해지니 용기와 힘 있는 자는 무리를 모아 사방을 어지럽히고 직업을 잃는 사람과 말라빠진 늙은이들은 아들을 바꿔 그 뼈를 씹게 됩니다. 정치가 잘 통하지 않으면 먼 곳에서 참칭僭稱할 수 있는 능력을 지닌 자들이 다투어 일어납니다. 그때 가서 놀라 이를 만회하려 하면 어찌 목적을 이룰 수 있겠습니까? 무릇 저축이라는 것은 천하의 커다란 명령입니다. 곡식이 많고 재물에 여유가 있으면 무엇인들 이루지 못하겠습니까? 공격하면 빼앗을 수 있고, 지키려면 굳게 지킬 수 있고, 싸운다면 이기고, 적을 품어주면서 먼 곳에 있는 사람들을 귀부시키려고 한다면 누구를 초대한들 오지 않겠습니까? 지금 백성들은 모두 농사를 짓도록 돌려보내 근본에 귀착시켜야 합니다. 천하 사람들로 하여금 각기 자신의 힘으로 생산한 것을 먹게 하고 상공업과 같은 말업末業이나 놀고먹는 백성들을 돌려서 남쪽 농경지에서 농사를 짓게 한다면 저축이 충분하고 사람들은 각자 즐겁게 일할 수 있을 것입니다. 하면 천하를 부유하게 하고 안정시킬 수 있는데 바로 이것 때문에 위태롭고 두렵게 되니 폐하를 위해 이를 애석하게 생각하는 바입니다."

가의의 말에 마음이 움직인 황제는 봄 정월 15일에 조서를 내려 권농勸農을 상징하는 황실의 전지田地인 적전籍田을 열게 하고, 황제가 친히 밭을 갈아 천하의 백성을 이끌었다.

5) 3월, 유사가 황제의 아들을 세워 제후왕으로 삼기를 청했다. 먼저 조나라 유왕의 작은 아들인 유벽강劉辟彊을 하간왕河間王하북성 헌현으로 삼도록 조서를 내리고, 주허후 유장을 성양왕城陽王산동성 거현, 동모후 유흥거를 제북왕濟北王산동성 장청현으로 삼았다. 연후에 황제의 아들인 유무를 내세워 대왕代王하북성 울현, 유참劉參을 태원왕太原王산서성 태원시, 유읍劉揖을 양왕梁王하남성 상구시으로 삼았다.

6) 5월, 조서를 내렸다.

"옛날 천하를 다스리는데 조정에 좋은 말을 건의하는 정기旌旗[311]와 정부를 비방하는 나무를 세웠던 것은 치도에 관한 말을 막힘없이 통하게 하여 간하게 하려 했던 것이다. 지금 우리의 법法에는 비방과 요언죄妖言罪[312]가 있어 군신들로 하여금 속에 있는 모든 생각을 감히 말할 수 없게 하고, 짐도 과실을 들을 수 없게 한다. 어찌 먼 곳의 현량賢良을 오게 할 수 있겠는가? 이를 폐지한다."

7) 9월, 조서를 내렸다.

"농사는 천하의 근본이고, 백성들이 믿고 살아갈 바이다. 그런데 백성들이 본업에 힘쓰지 않고 상공업 등의 말업末業을 섬기기 때문에 사는 것

311 정기旌旗는 통상 의장용 깃발을 뜻하나 여기서는 요임금이 모든 얘기를 듣고자 하는 취지에서 만든 깃대를 지칭한다.

312 요언죄妖言罪는 요사스런 말을 한 죄목으로 기원전 187년에 폐지한 바 있다. 이때 다시 한 번 폐지를 확인한 것이다.

이 어려워진다. 짐은 그렇게 되는 것을 근심한다. 지금 짐은 군신들을 이끌고 이들에게 농사를 권한다. 천하의 백성들에게 금년 전조田租의 반을 내려준다."

8) 연나라의 경왕敬王 유택劉澤이 죽었다.

* 太宗孝文皇帝前二年

冬, 十月, 曲逆獻侯陳平薨.

詔列侯各之國, 為吏及詔所止者, 遣太子.

十一月, 乙亥, 周勃復為丞相.

癸卯晦, 日有食之. 詔曰, "群臣悉思朕之過失及知見之所不及, 匄以啟告朕. 及舉賢良·方正·能直言極諫者, 以匡朕之不逮." 因各敕以職任, 務省繇費以便民, 罷衛將軍. 太僕見馬遺財足, 餘皆以給傳置.

穎陰侯騎賈山上書言治亂之道曰, "臣聞雷霆之所擊, 無不摧折者. 萬鈞之所壓, 無不糜滅者. 今人主之威, 非特雷霆也. 執重, 非特萬鈞也. 開道而求諫, 和顏色而受之, 用其言而顯其身, 士猶恐懼而不敢自盡. 又況於縱欲恣暴·惡聞其過乎! 震之以威, 壓之以重, 雖有堯·舜之智, 孟賁之勇, 豈有不摧折者哉! 如此, 則人主不得聞其過, 社稷危矣. 昔者周蓋千八百國, 以九州之民養千八百國之君, 君有餘財, 民有餘力, 而頌聲作. 秦皇帝以千八百國之民自養, 力罷不能勝其役, 財盡不能勝其求. 一君之身耳, 所自養者馳騁弋獵之娛, 天下弗能供也. 秦皇帝計其功德, 度其後嗣世世無窮. 然身死才數月耳, 天下四面而攻之, 宗廟滅絕矣. 秦皇帝居滅絕之中而不自知者, 何也? 天下莫敢告也. 其所以莫敢告者, 何也? 亡養老之義, 亡輔弼之臣, 退誹謗之人, 殺直諫之士. 是以道諛·媮合苟容, 比其德則賢於堯·舜, 課其功則賢於湯·武. 天下已潰而莫之告也. 今陛下使天下舉賢良方正之士, 天下皆欣欣焉曰, '將興堯舜之道·三王之功矣' 天下之士, 莫不精白以承休德. 今方正之士皆在朝廷矣. 又選其賢者, 使為常侍·諸吏, 與之馳驅射獵, 一日再三出. 臣恐朝廷之解馳, 百官之墮於事也. 陛下即位, 親自勉以厚天下, 節用愛民, 平獄緩刑. 天下莫不說喜. 臣聞山東吏布詔令, 民雖老羸癃疾, 扶杖而往聽之, 願少須臾毋死, 思見德化之成也. 今功業方就, 名聞方昭, 四方鄉風而從. 豪俊之臣, 方正之士, 直與之日日獵射, 擊兔·伐狐, 以傷大業, 絕天下之望, 臣竊悼之. 古者大臣不得與宴游, 使皆務其方而高其節, 則群臣莫敢不正身修行, 盡心以稱大體. 夫士, 修之於家而壞之於天子之廷, 臣竊愍之. 陛下與眾臣宴游, 與大臣·方正朝廷論議, 游不失樂, 朝不失禮, 議不失計, 軌事之大者也." 上嘉納其言.

上每朝, 郎·從官上書疏, 未嘗不止輦受其言. 言不可用置之, 言可用采之, 未嘗不稱善. 帝從霸陵上欲西馳下峻阪. 中郎將袁盎騎, 並車攬轡. 上曰, "將軍怯邪?" 盎曰, "臣聞'千金之子, 坐不垂堂' 聖主不乘危, 不徼幸. 今陛下騁六飛馳下峻山, 有如馬驚車敗, 陛下縱自輕, 奈高廟·太后何!" 上乃止. 上所幸慎夫人, 在禁中常與皇后同席坐. 及坐郎置, 袁盎引卻慎夫人坐. 慎夫人怒, 不肯坐. 上亦怒, 起, 入禁中. 盎因前說曰, "臣聞'尊卑有序, 則上下和' 今陛下既已立後, 慎夫人乃妾. 妾·主豈可與同坐哉! 且陛下幸之, 即厚賜之. 陛下所以為慎夫人, 適所以禍之也. 陛下獨不見'人彘'乎!" 於是上乃說, 召語慎夫人, 慎夫人賜盎金五十斤.

賈誼說上曰, "『管子』曰, '倉廩實而知禮節, 衣食足而知榮辱' 民不足而可治者, 自古及今, 未之嘗聞. 古之人曰, '一夫不耕, 或受之饑. 一女不織, 或受之寒' 生之有時而用之亡度, 則物力必屈. 古之治天下, 至纖至悉, 故其畜積足恃. 今背本而趨末者甚眾, 是天下之大殘也! 淫侈之俗, 日日以長, 是天下之大賊也! 殘·賊公行, 莫之或止. 大命將泛, 莫之振救. 生之者甚少而靡之者甚多, 天下財產何得不蹶. 漢之為漢, 幾四十年矣, 公私之積, 猶可哀痛. 失時不雨, 民且狼顧. 歲惡不入, 請賣爵子. 既聞耳矣, 安有為天下阽危者若是而上不驚者! 世之有饑·穰, 天之行也. 禹·湯被之矣. 即不幸有方二三千里之旱, 國胡以相恤? 卒然邊境有急, 數十百萬之眾, 國胡以饋之? 兵·旱相乘, 天下大屈, 有勇力者聚徒而衡擊, 罷夫·羸老, 易子而咬其骨. 政治未畢通也, 遠方之能僭擬者並舉而爭起矣. 乃駭而圖之, 豈將有及乎! 夫積貯者, 天下之大命也. 苟粟多而財有餘, 何為而不成! 以攻則取, 以守則固, 以戰則勝, 懷敵附遠, 何招而不至! 今驅民而歸之農, 皆著於本. 使天下各食其力, 末技·游食之民轉而緣南畝則畜積足而人樂其所矣. 可以為富安天下, 而直為此廩廩也, 竊為陛下惜之!"

上感誼言, 春, 正月, 丁亥, 詔開藉田, 上親耕以率天下之民.

三月, 有司請立皇子為諸侯王. 詔先立趙幽王少子辟強為河間王, 朱虛侯章為城陽王, 東牟侯興居為濟北王. 然後立皇子武為代王, 參為太原王, 揖為梁王.

五月, 詔曰, "古之治天下, 朝有進善之旌, 誹謗之木, 所以通治道而來諫者也. 今法有誹謗·妖言之罪, 是使眾臣不敢盡情而上無由聞過失也, 將何以來遠方之賢良! 其除之!"

九月, 詔曰, "農, 天下之大本也, 民所恃以生也. 而民或不務本而事末, 故生不遂. 朕憂其然, 故今茲親率群臣農以勸之. 其賜天下民今年田租之半."

燕敬王澤薨.

자치통감 1

발행일 1쇄 2021년 3월 30일
지은이 사마광
역 주 신동준
펴낸이 여국동
펴낸곳 도서출판 인간사랑
출판등록 1983. 1. 26. 제일-3호
주소 경기도 고양시 일산동구 백석로 108번길 60-5 2층
물류센타 경기도 고양시 일산동구 문원길 13-34(문봉동)
전화 031)901-8144(대표) | 031)907-2003(영업부)
팩스 031)905-5815 **전자우편** igsr@naver.com
페이스북 http://www.facebook.com/igsrpub
블로그 http://blog.naver.com/igsr
인쇄 하정인쇄 **출력** 현대미디어 **종이** 세원지업사

ISBN 978-89-7418-842-9
978-89-7418-841-2 (세트)

* 책값은 뒤표지에 있습니다. * 잘못된 책은 바꿔드립니다.

20여 년에 걸친 고 신동준 작가의 동양 고전 번역 작업의 총결산

『관자』 상·하

중국의 역사문화는 모두 춘추전국시대의 제자백가 사상에서 비롯되었다. 제자백가의 효시가 바로 사상 최초의 정치경제학자인 관중이다. 지피지기 차원에서라도 위정자와 기업CEO는 물론 일반인 모두 『관자』가 역설한 경세제민과 부국강병 이치를 통찰할 필요가 있다. 그래야 난세에 살아남을 수 있다. 민족의 염원인 한반도통일을 조속히 실현해 명실상부한 '동북아 허브시대'를 조기에 개막할 수 있는 비결도 여기에 있다.

『당시삼백수』 수정증보판

청조 건륭제 때 활약한 손수가 53세 때 직접 편찬한 당시선집이다. 당시 손수는 53세였다. 굳이 책의 제목에 '삼백수'를 단 것은 『시경』을 흉내 낸 것이다. 건륭 28년인 1763년에 부인 서난영과 함께 『당시삼백수』를 편찬했다. 그는 이 책을 편찬할 때 심덕잠의 『당시별재』 및 왕사정의 『고시선』을 참고해 310수를 정선했다.

『고전으로 분석한 춘추전국의 제자백가』 상·하

『고전으로 분석한 춘추전국의 제자백가』 하권. 제4부 '무위자연의 자유를 즐겨라 – 도가道家', 제5부 '엄법으로 천하를 평정하라 – 법가法家', 제6부 '지피지기로 승리를 취하라 – 병가兵家', 제7부 '상대의 속마음을 공략하라 – 세가說家'로 구성되었다.

『시경』 수정증보판

『시경』은 황하를 중심으로 한 중원 일대 여러 나라의 노래가사를 모아 놓은 것이다. 노래가사의 주종이 서정시의 형식을 띠고 있기에 시집일 뿐이지 엄밀히 말하면 악보가 빠진 가요 및 가곡 선집에 해당한다. 그럼에도 『시경』은 '경經' 표현이 암시하듯이 수천 년 동안 『역경』 및 『서경』 등과 더불어 유가경전의 상징인 3경 내지 5경의 하나로 취급돼 왔다. 말할 것도 없이 공자가 『시경』을 편수編修했다는 믿음 때문이었다.

『한비자』 상·하

21세기의 관점에서 볼 때 『한비자』는 동서고금을 통틀어 난세 리더십의 압권에 해당한다. 실제로 진시황은 『한비자』를 읽고 500여 년에 달하는 춘추전국시대의 난세상황을 일거에 종식시켰다. 삼국시대 당시 천하의 재사 제갈량도 죽기 직전 후주 유선에게 올린 글에서 반드시 『한비자』를 숙독할 것을 권한 바 있다.

『십팔사략』 상·하

『십팔사략』에는 춘추전국시대에 활약한 수많은 영웅호걸은 물론 사상 최초로 천하를 통일한 진시황을 비롯해 초한지제의 주인공인 항우와 유방, 삼국지 영웅인 조조와 유비 및 손권, 『정관정요』의 당사자인 당태종과 유일무이한 여제인 측천무후, 사상 최대의 대제국을 건설한 칭기즈칸 등이 쉼 없이 등장한다.

『정관정요』을 통해 역사무대에 등장한 무수한 영웅호걸과 재자가인들의 지략과 대응, 행보 등을 자연스럽게 알 수 있다. 무엇보다도 치세와 난세의 차이에 따른 임기응변의 리더십을 터득할 수 있다.

『묵자』 수정증보판

묵자는 대략 공자가 세상을 떠난 지 10여 년 뒤 태어나, 맹자가 태어나기 10여 년 전 세상을 떠난 것으로 추정되고 있다. 예수보다 약 4백여 년 가량 앞서 인류가 서로 평화롭게 사는 비결을 전수한 셈이다. 그가 말한 '겸애'는 관념적인 사랑이 아니다. 타인을 이롭게 하는 것이 곧 자신을 이롭게 하는 길이라고 설파한 게 그렇다.

원래『묵자』는 71편이었으나 현존하는 것은 53편이다. 진시황의 천하통일을 계기로 묵가가 감쪽같이 사라지면서『묵자』 또한 훼손을 면치 못한 결과다. 현존 53편으로도 나름 묵가사상의 요체를 파악할 수 있다.

『춘추좌전』 상·하

동아시아 역사문화를 이해하는 열쇠『춘추좌전』. 이번 전면개정판은 두예와 공영달의 주소를 기본으로 하면서『춘추공양전』과『춘추곡량전』은 물론 역대 제가의 학설을 모두 참조한『춘추좌전』의 결정판이라고 할 수 있으며,『춘추좌전』의 편제에 관한 한 가장 체계적인 책이라고 할 수 있다.

사상사적으로 볼 때『춘추좌전』의 위대한 면모는 국가의 흥체 이치를 있는 그대로 기술한 사서라는 사실에서 찾을 수 있다. 또한 치세와 난세의 관점에서 볼 때『춘추좌전』은 난세의 전형인 춘추전국시대의 핵심인 춘추시대 역사를 가장 체계적으로 정리해 놓았다.『춘추좌전』에 대한 이해가 없으면 결국 춘추전국시대를 제대로 파악할 길이 없고, 춘추전국시대를 모르면 동아시아의 역사문화를 이해할 길이 없게 된다.

『국어』 전면개정판

춘추시대를 알려면 반드시 읽어야 할 필독서. 『국어』가 주로 춘추시대를 주도한 '춘추5패'와 이들을 뒷받침한 군신君臣들의 활약을 기술하고 있으며 당시의 상황을 생생히 그리고 있다.

『서경』

『서경』은 사서인 동시에 문학서적의 성격을 띠고 있다. 『시경』과 더불어 고대문학의 양대 기념비로 간주되고 있는 게 그렇다. 『서경』은 『시경』이 운문韻文 문학의 시원이라는 평가를 받고 있는 것처럼 산문散文의 효시라는 평가를 받고 있다. 현존 『서경』은 총 58편으로 구성되어 있으며, 크게 2가지 점에서 오늘날에도 고전의 역할을 충분히 수행하고 있다.

첫째, 이상향인 왕도王道 리더십 모델을 제시하고 있다. 비록 성사된 적도 없고, 앞으로 성사될 가능성이 거의 희박하지만 전 인류가 서로 협심해 추구해야 할 평화공동체의 이상향이 그것이다. 둘째, 정치의 존재이유인 위민爲民 리더십 모델을 제시하고 있다. 모든 방향으로 눈과 귀를 활짝 열어 민심의 향배를 파악하고, 통치의 기본목표를 신민 앞에 제시하며 장기적인 안목의 국가정책 비전을 제시코자 한 이유다.

『장자』

21세기는 풍부한 상상력을 바탕으로 한 소프트웨어의 콘텐츠가 국력을 좌우하는 시대이다.『장자』는 그 보고에 해당한다.『장자』의 보물창고는 그 종류가 매우 다양한데도 대부분 문예와 철학의 창고만 뒤지고 있다. 본서는 리더십 분야 창고의 문을 여는 첫 시도에 해당한다. 위정자와 기업 CEO 등의 리더십은 문예와 자연과학 분야 못지않게 창조적인 상상력이 절실히 요구되는 분야이다. 본서가 척박한 한국의 리더십 풍토에 천공을 자유로이 넘나드는 장자의 상상력이 적극 유입되는 계기로 작용했으면 하는 바람이다.

『전국책』

중국 전국 시대에 활약한 책사와 모사들의 문장을 모은『전국책』의 완역본.『전국책』은 전한 시대의 유향이 서주, 동주, 진, 제, 초, 조, 위, 한, 연, 송, 위, 중산의 12개 나라 역사를 33권으로 정리한 것이다.『춘추』가 엄밀하고 정확한 역사서인 데 반하여『전국책』은 그 시대 인물의 말과 행동을 좋은 표현으로 적은 일종의 일화집으로, 단순히 외교지략을 얻는 데 그치는 것이 아니라 이야기를 통해 치국의 병략을 터득할 수 있도록 도와준다.『전국책』에는 주나라 원왕에서부터 진나라 시황이 여섯 나라를 멸하였던 시기까지 240여 년 간의 역사가 실려 있으며, 전국시대를 주름잡은 세객들의 활약상을 함께 만나볼 수 있다.

풍몽룡의 동주열국지 1-5권

난세의 전형인 춘추전국시대를 수많은 일화를 곁들여 흥미진진하게 파헤친 고전『열국지』.『열국지』는 겉으로만 역사소설일 뿐 사실상 사서에 해당한다. 실제로『열국지』의 내용은 거의 모두『사기』와『춘추좌전』,『전국책』,『자치통감』 등의 정통 사서에서 취한 것이다.

나머지 내용도『오월춘추』 등에서 취한 것으로, 풍몽룡 자신이 문학적 상상력을 발휘해 쓴 내용은 거의 없다고 해도 과언이 아니다. 선인의 언행만 기술할 뿐 창작하지는 않겠다고 언명한 공자의 술이부작 원칙을 철저히 지킨 셈이다.

하지만『열국지』는 여타 사서처럼 마냥 딱딱하지 않고 이야기 구성이 탄탄하며 내용도 흥미진진하다. 그 이유는 역사소설 형식을 빌린 덕분이다. 따라서『열국지』 독자들은『춘추좌전』과『사기』,『자치통감』 등의 정통 사서의 내용을 박진감 넘치는 이야기체 형식으로 읽는 것이나 다름없다.